譯註 思政殿訓義 資治通鑑綱目 13

晉 武帝 太康 원년~晉 元帝 太興 원년

編著 朱熹
책임번역 成百曉
공동번역 尹銀淑 延錫煥

전통문화연구회

**國譯委員**

責任飜譯　成百曉
共同飜譯　尹銀淑　延錫煥
諮問委員　吳圭根
潤　　文　朴勝珠　南賢熙　李孝宰
校　　訂　李孝宰　金曉東　咸明淑
出　　版　金圭賢　金曉東
管　　理　咸明淑
普　　及　徐源英

# 思政殿訓義 資治通鑑綱目을 발간하며

본회가 東洋古典의 飜譯과 教育, 情報化 등 古典現代化 사업을 시작한 지 어느덧 25년이 지났다. 그간 많은 어려움이 있었으나 1988년 본회가 발족한 뒤 동양고전 번역사업에 착수하여 四書三經을 註까지 懸吐完譯함으로써 東洋學과 韓國學 전공자들의 필독서가 되어 教育界와 文化界까지 많은 영향을 주었다.

본회에서는 四書三經, 十三經 등 儒家의 핵심 경전을 번역하는 동시에 동양고전의 한 축인 歷史 고전에도 눈을 돌려 《通鑑節要》, 《國語》, 《戰國策》뿐만 아니라, 동양 역사철학의 진수가 담긴 《春秋左氏傳》을 완역함으로써 東洋學과 韓國學 연구에 礎石과 架橋를 마련하였다. 이러한 성과를 바탕으로 經史一體의 모범인 《資治通鑑綱目》 완역을 기획하여 번역에 착수하였다.

'經史一體'란 經典과 歷史가 하나라는 동양의 독특한 관념인데, 이는 기록을 통해 인물과 사건을 도덕적으로 평가하는 풍토를 낳았다. 이러한 기록문화의 중시는 다른 문화권에서는 엄두도 못 낼 막대한 역사 기록을 남기게 하는 배경이 되었다. 굳이 중국 역사서를 언급할 것 없이 《朝鮮王朝實錄》, 《承政院日記》, 《日省錄》 같은 방대한 우리의 역사문헌은 이를 잘 보여준다. 이러한 우리 선조들의 역사 서술에 큰 영향을 미친 책이 바로 朱熹의 《資治通鑑綱目》이다.

《資治通鑑綱目》은 조선시대 經筵에서 가장 많이 읽은 역사서이자 우리나라 역사 서술에 가장 큰 영향을 미쳤다는 점에서 현재 韓國學 研究에 필수적인 동양 역사 고전이라 할 수 있다. 비록 중국의 역사서이지만, 우리 先學들이 중국의 性理學을 독자적으로 계승 발전시킨 것처럼 《資治通鑑綱目》 역시 우리의 입장에서 보다 정밀하고 종합적으로 읽고자 하였다. 그 결실이 바로 世宗朝 때 간행된 思政殿訓義本 《資治通鑑綱目》이다.

동양의 대표적 역사서는 紀傳體의 《史記》, 編年體의 《資治通鑑》, 綱目體의 《資治通鑑綱目》으로 대변된다. 北宋 때의 司馬光은 帝王이 여가에 친람하여 정치에 도움이 되게 할 목적으로 《資治通鑑》을 편찬하였고, 朱熹는 《資治通鑑》을 바탕으로 이를 압축적으로 정리하여 보다 읽기 쉽게 하면서 유교적 褒貶을 엄정히 내렸다는 점에서, 이 책들은 제왕의 정치교과서 역할을 하였다. 이런 ≪資治通鑑≫과 ≪資治通鑑綱目≫에 대해 조선조 문화군주였던 세종의 주도하에 연구가 진행되었으며, 그 결과물이 바로 思政殿訓義本 ≪資治通鑑≫과 ≪資治通鑑綱目≫이다.

思政殿은 景福宮의 便殿으로, 세종이 이곳에서 당대 뛰어난 문신들을 참여시켜 ≪資治通鑑≫과 ≪資治通鑑綱目≫에 대한 訓義의 편찬을 주도하였다. 訓義는 의미를 해석한다는 뜻으로, 思政殿訓義는 기존 중국에서 이루어진 ≪資治通鑑≫과 ≪資治通鑑綱目≫의 주석을 集大成하고 군주와 신하들이 읽기 쉽도록 우리만의 주석서를 만든 것이다. 중국 이외 나라에서 ≪資治通鑑≫과 ≪資治通鑑綱目≫ 전체에 주석을 단 것은 조선이 처음일 것이다.

현재까지도 ≪資治通鑑≫과 ≪資治通鑑綱目≫을 원전으로 읽기 위해서는 중국의 연구성과에 의지하여야 했다. 비록 ≪資治通鑑≫은 중국, 일본, 한국에서 번역되었으나 주석까지 완역되지 못하였고, ≪資治通鑑綱目≫도 중국에서 본문만 번역된 상황이다. 이번 우리나라의 독자적인 주석서인 思政殿訓義本 ≪資治通鑑綱目≫의 완역을 통해 기존에 잊혔던 세종 시기의 ≪資治通鑑綱目≫에 대한 연구 성과를 알리는 동시에, 이를 동양학과 한국학 연구에 활용할 수 있는 기반을 마련하고자 한다. 아울러 이를 통해 古典現代化의 水準을 높이고 融合的이고 自生的인 학문연구가 이루어질 수 있기를 바라는 바이다.

끝으로 이번 思政殿訓義本 ≪資治通鑑綱目≫의 번역에 참여하여 헌신하시는 모든 분들께 무한한 감사를 드린다. 또한 고전현대화에 대한 政府의 지대한 關心과 支援에 감사를 드리며, 그간 직간접으로 지도편달하여 주신 학계와 교육계 및 문화계 인사 여러분께 심심한 謝意를 표하며, 앞으로도 따뜻한 관심과 엄정한 叱正을 부탁드리며 내내 평강과 행복을 기원한다.

社團法人 傳統文化硏究會 會長 李啓晃

# 凡 例

1. 본서는 南宋 때 朱熹가 編著하고, 朝鮮 世宗 때 思政殿에서 訓義한 ≪資治通鑑綱目≫을 번역한 것으로 ≪譯註 思政殿訓義 資治通鑑綱目≫ 제13책이다.
2. 본서의 底本은 서울대학교 규장각 소장본(奎7500, 藍書 口訣)이며, 규장각(奎7512, 朱書 口訣)과 국립중앙도서관(한古朝50-5, 墨書 口訣) 소장본을 참조하였다. 이들은 모두 木版本으로, 大字(綱)는 晉陽大君(世祖)이 써서 鑄造한 丙辰字, 中小字(目, 訓義 등)는 甲寅字로 되어 있다.

   이 밖에도 嚴文儒와 顧宏義가 校點한 ≪資治通鑑綱目≫(≪朱子全書≫ 8~11, 上海古籍出版社·安徽教育出版社, 2002), 文淵閣四庫全書 ≪御批資治通鑑綱目≫, 朝鮮 世宗 때 간행된 思政殿訓義 ≪資治通鑑≫(국립중앙도서관 일산古221-43), 標點資治通鑑小組에서 標點한 ≪資治通鑑≫(中華書局, 1992(제5판)) 등을 참고하였다.
3. 綱과 目의 원문에는 규장각(奎7500, 奎7512)과 국립중앙도서관(한古朝50-5)의 口訣本을 참조하여 懸吐하였고, 訓義는 한국에서 재래로 사용해오던 표점방식을 보완하여 文理의 이해를 돕는 수준에서 간략히 標點하였다.
4. '綱'과 '目'을 구분하기 위해 각각 번역문 앞에 【綱】과 【目】을 표기하였다. 目은 내용이 길 경우 의미 단락별로 分節하였다. 訓義는 저본의 해당 위치에 ①, ②, ③ 등으로 표기하고 綱이나 目 아래에 번역문과 원문을 배치하였다.

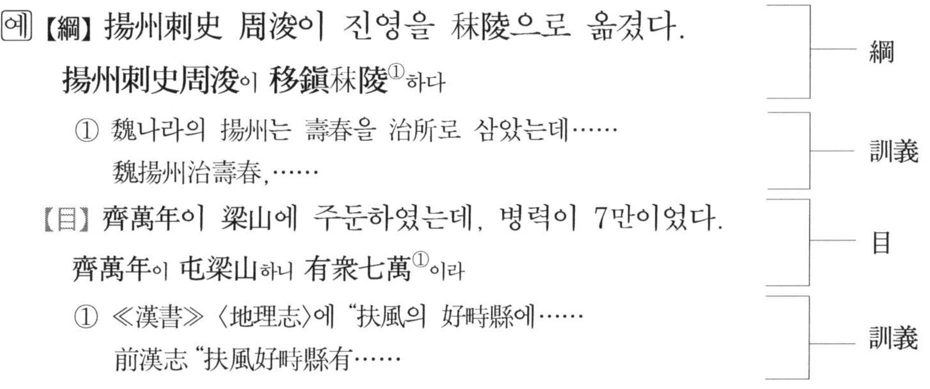

5. 번역문은 한글과 한자를 혼용하였으며, 맞춤법과 띄어쓰기는 한글 맞춤법과 표준어 규정을 따랐다.
6. 원문이나 번역문의 한자 중에 僻字나 讀音이 특수한 글자는 한글로 音을 달아주었다.
7. 譯註는 校勘, 人物, 制度, 官職, 역사적 사건, 인용문의 出典, 異說, 故事, 전문용어, 難解語 등에 관한 사항을 밝혔다.
8. 校勘은 원문의 誤字, 脫字, 衍文, 倒文 등을 대상으로 하였다.
9. 附錄에 실린 年表는 綱을 중심으로 ① 君王의 즉위와 사망, 年號, 改元 ② 정치, 경제, 사회, 문화의 주요 사건 ③ 주요 인물의 행적과 사망 등을 서술하되, 東洋史 학술 연표들을 참고하였다(參考書目 年表 관련 자료 참조).
10. 본서의 校勘에 사용된 符號는 다음과 같다.

( )〔 〕: (저본의 誤字)〔교감한 正字〕
〔 〕: 저본의 脫字 보충
( ): 저본의 衍字 표시

11. 본서에 사용한 주요 부호는 다음과 같다.

“ ”: 인용
‘ ’: “ ” 안의 재인용
「 」: ‘ ’ 안의 재인용
『 』: 「 」 안의 재인용
( ): 원문의 讀音 및 번역문의 間註
〔 〕: 번역문에서 뜻은 같으나 音이 다른 漢字, 원문의 漢字나 句節 표기
譯註에서 인용한 원문표기
≪ ≫: 書名
〈 〉: 篇章名, 作品名, 補充譯
【 】: 綱과 目의 표시
◑, ○ : 저본에 사용된 부호 遵用

12. 본서 訓義에 사용한 標點은 다음과 같다.

. : 문장의 종결
, : 한 문장 안에서 句나 節의 구분이 필요한 곳
· : 대등한 명사나 구절의 병렬
“ ”: 인용
‘ ’: “ ” 안의 재인용
「 」: ‘ ’ 안의 재인용

# 參考書目

◇ 底本


- ≪資治通鑑綱目≫, 朱熹(宋) 撰, 思政殿 訓義, 규장각 소장본.(奎7500)


◇ 底本 관련자료


- ≪資治通鑑綱目≫, 朱熹(宋) 撰, 思政殿 訓義, 규장각 소장본.(奎7512)
- ≪資治通鑑綱目≫, 朱熹(宋) 撰, 思政殿 訓義, 국립중앙도서관 소장본.(한古朝50-5)
- ≪資治通鑑綱目≫(≪朱子全書≫ 8~11), 朱熹(宋) 撰, 嚴文儒・顧宏義 校點, 上海古籍出版社・安徽教育出版社, 2002.
- ≪御批資治通鑑綱目≫, 朱熹(宋) 撰, 聖祖(淸) 批, 文淵閣四庫全書 제689~692책 史部447~450, 臺灣商務印書館, 1983~1986.
- ≪資治通鑑≫, 司馬光(北宋) 撰, 思政殿 訓義, 국립중앙도서관 소장본.(일산古221-43)
- ≪資治通鑑≫, 司馬光(北宋) 撰, 胡三省(元) 音註, 中華書局, 1992.(제5판)


◇ 經部


- ≪論語集註大全≫, 朱熹(宋) 集註, 胡廣(明) 等 編, 朝鮮 內閣本, 影印本, 學民文化社.
- ≪孟子集註大全≫, 朱熹(宋) 集註, 胡廣(明) 等 編, 朝鮮 內閣本, 影印本, 學民文化社.
- ≪書傳大全≫, 蔡沈(宋) 集傳, 胡廣(明) 等 編, 朝鮮 內閣本, 影印本, 學民文化社.
- ≪詩傳大全≫, 朱熹(宋) 集傳, 胡廣(明) 等 編, 朝鮮 內閣本, 影印本, 學民文化社.
- ≪禮記集說大全≫, 陳澔(元) 集說, 胡廣(明) 等 編, 朝鮮 內閣本, 影印本, 學民文化社.
- ≪周禮注疏≫, 鄭玄(漢) 注, 賈公彦(唐) 疏, 北京大學出版社, 2000.
- ≪周易傳義大全≫, 程頤(宋) 傳, 朱熹(宋) 本義, 胡廣(明) 等 編, 朝鮮 內閣本, 影印本, 學民文化社.
- ≪春秋經傳集解≫, 左丘明(周) 傳, 杜預(晉) 註, 林堯叟(宋)・朱申(宋・元) 附註, 朝鮮 金屬活字本(戊申字), 影印本, 保景文化社.
- ≪爾雅注疏≫, 郭璞(晉) 注, 邢昺(北宋) 疏, 北京大學出版社, 2000.

◇ 史部

- ≪綱目訂誤≫, 陳景雲(淸) 撰, 文淵閣四庫全書 제323책 史部81, 臺灣商務印書館, 1983~1986.
- ≪舊唐書≫, 劉昫(後晉) 等撰, 中華書局, 1996.
- ≪國語≫, 左丘明(周) 撰, 文淵閣四庫全書 제406책 史部164, 臺灣商務印書館, 1983~1986.
- ≪北史≫, 李延壽(唐) 撰, 中華書局, 1996.
- ≪史記≫, 司馬遷(漢) 撰, 中華書局, 1974.
- ≪史記索隱≫, 司馬貞(唐) 編, 文淵閣四庫全書 제246책 史部4, 臺灣商務印書館, 1983~1986.
- ≪史記正義≫, 張守節(唐) 編, 文淵閣四庫全書 제247~248책 史部5~6, 臺灣商務印書館, 1983~1986.
- ≪史記集解≫, 裴駰(南朝 宋) 編, 文淵閣四庫全書 제245~246책 史部3~4, 臺灣商務印書館, 1983~1986.
- ≪三國志≫, 陳壽(晉) 撰, 裴松之(南朝 宋) 注, 中華書局, 1959.
- ≪宋書≫, 沈約(南朝 梁) 撰, 中華書局, 1997.
- ≪水經注≫, 酈道元(北魏) 撰, 文淵閣四庫全書 제573책 史部331, 臺灣商務印書館, 1983~1986.
- ≪新唐書≫, 歐陽脩(北宋)・宋祁(北宋) 等 撰, 中華書局, 1975.
- ≪魏書≫, 魏收(北齊) 撰, 中華書局, 1974.
- ≪資治通鑑釋文≫, 史炤(宋) 撰, 臺灣商務印書館, 1980.
- ≪晉書≫, 房玄齡(唐) 等 撰, 中華書局, 1997.
- ≪通鑑釋文辯誤≫, 胡三省(元) 撰, 文淵閣四庫全書 제312책 史部70, 臺灣商務印書館, 1983~1986.
- ≪通鑑五十卷詳節要解≫, 九淵禪師(朝鮮) 著, 국립중앙도서관 소장본.(한古朝50-61-55)
- ≪通鑑地理通釋≫, 王應麟(宋) 撰, 文淵閣四庫全書 제312책 史部70, 臺灣商務印書館, 1983~1986.
- ≪漢書≫, 班固(後漢) 撰, 中華書局, 2002.
- ≪漢書補註≫, 王先謙(淸) 補注, 王雲五 主編, 臺灣商務印書館, 1968.

- ≪後漢書≫, 范曄(南朝 宋) 撰, 中華書局, 1996.
- ≪後漢書集解≫, 王先謙(淸) 集解, 臺灣商務印書館, 1968.


◇ 子部


- ≪老子道德經≫, 河上公(漢) 撰, 文淵閣四庫全書 제1055책 子部361, 臺灣商務印書館, 1983~1986.
- ≪墨子閒詁≫, 孫詒讓(淸) 撰, 中華書局, 1998.
- ≪辨惑編≫, 謝應芳(元) 撰, 文淵閣四庫全書 제709책 子部15, 臺灣商務印書館, 1983~1986.
- ≪莊子≫, 莊周(周) 撰, 文淵閣四庫全書 제1058책 子部362, 臺灣商務印書館, 1983~1986.
- ≪古今事文類聚≫, 祝穆(南宋), 文淵閣四庫全書 제925~929책 子部231~235, 臺灣商務印書館, 1983~1986.


◇ 集部


- ≪畫墁集≫, 張舜民(北宋), 文淵閣四庫全書 제1117책 集部56, 臺灣商務印書館, 1983~1986.


◇ 研究論著 및 飜譯書


- 加藤繁・公田連太, ≪國譯 資治通鑑≫, 景仁文化社, 1996.
- 宮崎市定, ≪九品官人法の研究≫, 岩波書店, 1992.
- 權重達, ≪資治通鑑≫ 1~32, 삼화, 2007~2010.
- 馬建石 主編, ≪文白對照 資治通鑑輯覽≫ 1~36, 國際文化出版公司, 2002.
- 柏楊 編譯, ≪柏楊白話版 資治通鑑≫, 北岳文藝出版社, 2006.
- 成百曉 譯註, ≪譯註 通鑑節要≫ 1~9, 傳統文化研究會, 2005~2011.
- 孫通海・李巨泰 主編, ≪文白對照 資治通鑑綱目≫ 1~5, 長征出版社, 1996.
- 辛聖坤, 〈魏晉南北朝時期 部曲에 대한 再考察〉, ≪東洋史學研究≫ 40, 1992.
- 李國祥 等, ≪資治通鑑全譯≫, 貴州人民出版社, 1994.
- 李宗侗・夏德儀 等 校註, ≪資治通鑑今註≫ 1~15, 臺灣商務印書館, 1985.
- 資治通鑑新注編纂委員會 編, ≪資治通鑑新注≫ 1~10, 陝西人民出版社, 1998.
- 張宏儒・沈志華 主編, ≪文白對照全譯 資治通鑑≫ 1~3, 改革出版社, 1991.
- 池松旭, ≪詳密註釋 通鑑諺解≫, 學民文化社, 1992.

- 許嘉璐 主編, ≪晉書全譯≫(二十四史全譯) 1～4, 漢語大詞典出版社, 2004.
- ――――――, ≪宋書全譯≫(二十四史全譯) 1～3, 漢語大詞典出版社, 2004.
- ――――――, ≪魏書全譯≫(二十四史全譯) 1～4, 漢語大詞典出版社, 2004.
- 黃惠賢, ≪中國政治制度通史4 魏晉南北朝≫, 人民出版社, 1996.


◇ 사전 및 공구서


- 戴逸 主編, ≪二十六史大辭典≫, 吉林人民出版社, 1993.
- 山腰敏寬, ≪中國歷史公文書讀解辭典≫, 汲古書院, 2004.
- 施丁・沈志華 共譯, ≪資治通鑑大辭典≫ 上・下, 吉林人民出版社, 1994.
- 呂宗力 主編, ≪中國歷代官制大辭典≫, 北京出版社, 1994.
- 日中民族科學研究所 編, ≪中國歷代職官辭典≫, 國書刊行會, 1980.
- 中國大百科全書總編輯委員會 編, ≪中國大百科全書≫, 中國大百科全書出版社, 2009.
- 中國歷史大辭典編纂委員會 編, ≪中國歷史大辭典≫, 上海辭書出版社, 2000.
- 陳振江, ≪二十六史典故辭典≫ 上・下, 天津人民出版社, 1994.
- 倉修良 主編, ≪史記辭典≫, 山東教育出版社, 1991.
- ――――――, ≪漢書辭典≫, 山東教育出版社, 1996.
- 貝塚茂樹 等 編, ≪アジア歷史事典≫, 平凡社, 1952～1962.


◇ 데이터베이스(DB) 자료


- 한국고전종합DB(http://db.itkc.or.kr)
- 동양고전종합DB(http://db.cyberseodang.or.kr)
- 상우천고(http://www.s-sangwoo.kr)
- 電子版 文淵閣四庫全書, 上海古籍出版社.


◇ 年表 관련 자료


- 柏楊, ≪中國歷史年表 上・下≫, 南海出版社, 2006.
- 松丸道雄 等 編, ≪中國史 2≫, 山川出版社, 1996.
- 沈起煒, ≪中國歷史大事年表≫, 上海辭書出版社, 2001.
- 川本芳昭, ≪中國の歷史 中華の崩壞と擴大(魏晉南北朝)≫, 講談社, 2005.

# 目次

# 思政殿訓義 資治通鑑綱目 제17권 상

-晉 武帝 太康 원년(280)~晉 惠帝 元康 9년(299)-

≪資治通鑑綱目≫ 제17권은 庚子年 晉나라 武帝 太康 원년(280)부터 甲子年 晉나라 惠帝 永興 원년(304)까지이니, 모두 25년이다.

起庚子晉武帝太康元年하여 盡甲子晉惠帝永興元年이니 凡二十五年이라

## 庚子年(280)

**【綱】** 晉나라 世祖 武皇帝 太康 원년이다. 봄에 여러 군대가 함께 전진하니, 吳나라 丞相 張悌가 晉軍을 맞이하여 싸우다가 죽었다. 3월에 龍驤將軍 王濬이 舟師(수군)를 거느리고 石頭城에 들어가니, 吳主 孫皓가 나와 항복하였다.

**晉世祖武皇帝太康元年**이라 **春**에 **諸軍**이 **竝進**하니 **吳丞相張悌迎戰**이라가 **死之**하다 **三月**에 **龍驤將軍王濬**이 **以舟師入石頭**하니 **吳主皓出降**[1]하다

---

1) 諸軍竝進……吳主皓出降 : "'死之'라고 쓴 것은 충절을 인정한 것이다. '迎戰(맞이하여 싸우다)'이라고 쓴 경우가 있지 않은데, 여기에서 '맞이하여 싸우다가 죽었다.'고 쓴 것은 거듭 인정한 것이다. 무릇 나라가 멸망할 적에 '死之'라고 쓴 것은 나라가 멸망할 때에 좋게 여긴 말이니, 나라가 비록 망했으나 사람이 없지 않다고 말한 것이다. ≪資治通鑑綱目≫이 끝날 때까지 나라가 멸망한 경우에 '死之'라고 쓴 것이 세 나라이다. 蜀漢이 망할 때에 傅僉과 諸葛瞻과 北地王에게 썼고, 吳나라가 망할 때에 張悌에게 썼고, 涼나라가 망할 때에 掌據에게 썼으니, 모두 나라가 멸망할 때에 좋게 여긴 말이다. 〔書死之 予節也 未有書迎戰者 書迎戰死之 重予之也 凡國滅 書死之 亡國之善辭也 以爲國雖亡而不爲無人焉耳 終綱目 國滅 書死之者三國 漢之亡也 書傅僉諸葛瞻北地王 吳之亡也 書張悌 涼之亡也 書掌據 皆亡國之善辭也〕" ≪書法≫

"'石頭城에 들어갔다.'고 쓴 것은 어째서인가. 晉軍이 아직 吳나라의 國都에 이르지 않았는데 孫皓가 나와 항복하였으니, 기타 社稷을 위하여 죽지 않은 자와 또 다른 것이다.〔○書入石頭 何 未及國也 而皓出降 與他不死社稷者 又異矣〕" ≪書法≫

"孫皓의 죄가 桀王보다도 더 심하였다. 張悌는 그가 패망할 줄을 알았는데 그의 승상이 되었으니, 지혜롭다고 말할 수가 없다. 그러나 그가 諸葛靚에게 고한 말을 보면 또한 죽음에 대처하는 것을 잘 알았다고 이를 만하다. 그러므로 ≪자치통감강목≫에서 이에 대하여 '諸軍이 함께 진격했다.'고 썼으면 적의 형세가 매우 강함을 볼 수 있고, '맞이하여 싸우다가 죽었다.'고 썼으

【目】 정월에 王渾이 横江으로 출동하였는데, 진격하는 곳마다 모두 승리하였다. 2월에 王濬과 唐彬이 〈吳나라의〉 丹陽監인 盛紀를 격파하였다. 吳나라 사람은 長江의 자갈이 있는 要害處에 모두 쇠사슬을 가지고 가로막아 적의 전함이 들어오지 못하게 하였다. 또 끝이 뾰족한 鐵椎를 만들었는데 길이가 한 길이 넘었다. 이것을 은밀히 강 가운데에 설치하여 침공하는 전함을 맞아 막게 하였다.

王濬이 큰 뗏목 수십 개를 만들었는데, 사방 둘레가 백여 步였다. 풀을 묶어 인형을 만들되 갑옷을 입히고 지팡이를 잡게 하고서 헤엄을 잘 치는 자로 하여금 뗏목을 가지고 먼저 가다가 철퇴를 만나면 철퇴가 뗏목에 걸려 제거되도록 하였다. 또 큰 횃불을 만들었는데, 길이가 10여 丈이고 크기가 수십 아름이었다. 여기에 麻油(참기름)를 부어서 전함 앞에 두었다가 쇠사슬을 만나면 횃불에 불을 붙여 태우니, 순식간에 불기운이 솟아올라 쇠사슬이 녹아 끊어졌다. 이에 전함을 방해하는 장애물이 없어져 마침내 西陵과 荊門, 夷道를 점령하였다.

杜預가 牙門 周旨 등을 보내어 기병 8백 명을 거느리고 한밤중에 長江을 건너가서 樂鄕을 기습하게 할 적에 수많은 旗幟를 펼치고 巴山에 불을 놓았다.

正月에 王渾이 出横江하니 所向皆克이라 二月에 王濬, 唐彬이 擊破丹陽監盛紀①하다 吳人이 於江磧要害處에 竝以鐵鎖横截之②하고 又作鐵錐하니 長丈餘니 暗置江中하여 逆拒舟艦③이라 濬이

---

면 항거하고 싸우다가 적에게 죽임을 당한 것임을 볼 수 있으니, 이는 충절을 온전히 지켰음을 인정한 것이다. 그렇지 않다면 吳나라 전체의 많은 사람 가운데 한 사람도 더 이상 국난에 죽지 않아 장제가 말한 것과 같이 되니, 또한 치욕이 아니겠는가. 이는 진실로 書法의 뜻이다.〔孫皓罪浮于桀 張悌知其敗亡 而爲之相 不足以言智 然觀其告諸葛靚之言 亦可謂審於處死者 故綱目於此書諸軍竝進 則見敵勢之甚强 書迎戰死之 則見拒戰而死敵 此所以予其全節者也 不然 以全吳之衆 無復一人死難 如悌所云 不亦辱乎 此固書法之意也〕" ≪發明≫

"또 말하였다. '吳나라를 평정하였을 때에 王渾과 王濬이 功을 다투었다. 이제 여기에서 쓴 것을 보면 왕준이 舟師를 거느리고 石頭城에 들어가자 「吳主 孫皓가 나와서 항복했다.」고 하였다. 그렇다면 그 공이 진실로 왕준에게 돌아가는 것이니, 이는 論功行賞하는 斷案이다.'〔○ 又曰 平吳之擧 渾濬爭功 今觀此書 濬以舟師入石頭 吳主皓出降 則其功固有歸矣 此論功行賞之斷案也〕" ≪發明≫

書法은 '筆法'이란 말과 같다. 朱子는 ≪자치통감강목≫을 편찬할 적에 孔子의 ≪春秋≫ 筆法을 따라 綱과 目으로 나누었는바, 綱은 ≪春秋≫의 經文을, 目은 ≪春秋左氏傳≫의 傳文을 따랐다. ≪자치통감강목≫의 筆法을 밝힌 것으로는 劉友益(宋)의 ≪綱目書法≫, 尹起莘(宋)의 ≪綱目發明≫이 그 대표작이라 할 수 있는데, 이 두 책은 현재 淸나라 聖祖(康熙帝)가 엮은 ≪御批資治通鑑綱目≫에 모두 수록되어 있다. 이 필법은 綱에 주안점이 맞춰져 있는데, 우리나라 학자들이 특별히 이 ≪자치통감강목≫을 愛讀한 이유는 바로 이 필법에 있다. ≪어비자치통감강목≫에는 이외에도 汪克寬(元)의 ≪綱目凡例考異≫ 등 많은 내용이 수록되어 있으나, 본서에서 다 소개하지 못하고 ≪강목서법≫과 ≪강목발명≫의 중요한 것만을 발췌하여 수록하였다. 또한 陳濟(明)의 ≪資治通鑑綱目集覽正誤≫를 인용하여 오류를 바로잡기도 하였다. 본고에서는 각각 ≪書法≫, ≪發明≫, ≪正誤≫로 요약하여 표기하였다.

作大筏數十하니 方百餘步라 縛草爲人하여 被甲持杖하고 令善水者로 以筏先行이라가 遇鐵錐하면 錐輒著筏而去④하다 又作大炬하니 長十餘丈이요 大數十圍라 灌以麻油하여 在船前이라가 遇鎖하면 然炬燒之하니 須臾에 融液斷絶⑤이라 於是에 船無所礙하니 遂克西陵, 荊門, 夷道⑥하다 杜預遣牙門周旨等하여 帥奇兵八百하고 夜渡江하여 襲樂鄕할새 多張旗幟하고 起火巴山⑦하다

① ≪輿地志≫에 "歸州의 秭歸縣 동쪽에 丹陽城이 있으니, 吳나라의 변방 지역으로, 여기에는 督이 있고 監이 있다." 하였다. 督은 여러 軍事를 감독하는 직책이고, 監은 여러 軍事를 감시하는 직책이다. 盛紀는 사람의 성명이다.
輿地志"歸州秭歸縣, 東有丹陽城, 吳之邊鎭, 有督有監." 督者, 督諸軍事之職. 監者, 監諸軍事之職. 盛紀, 姓名.
② 물가에 모래와 돌이 있는 것을 磧이라 한다.
水渚有沙石曰磧.
③ 錐는 끝이 예리한 쇠망치이다.
錐, 鋒芒銳者.
④ 著(붙음, 닿음)은 陟略의 切[2]이니, 아래에 보이는 "著手"의 著도 이와 같다.
著, 陟略切, 下著手同.
⑤ 融은 불기운이 위로 솟아오르는 것이다. 液은 녹아서 기름처럼 흐르는 것이다.
融, 炊氣上出也. 液, 流膏也.
⑥ 荊門은 西陵의 동쪽, 夷道의 서쪽에 있다.
荊門, 在西陵之東・夷道之西.
⑦ 巴山은 歸州의 巴東縣에 있다.
巴山, 在歸州巴東縣.

【目】吳나라 都督 孫歆이 두려워하여 江陵督인 伍延에게 편지를 보내기를 "북쪽에서 쳐들어온 여러 군대가 마침내 날듯이 쉽게 장강을 건너왔다." 하였다. 周旨 등이 성 밖에서 매복하고 있었는데, 손흠이 군대를 보내어 나와 王濬에게 항거하다가 대패하고 돌아가니, 복병들이 뒤따라 들어가 손흠을 생포하여 돌아왔다. 왕준이 吳나라 수군 도독인 陸景을 공격하여 죽이고, 杜預가 진격하여 江陵을 점령하고 吳나라 장수 오연을 참수하였다. 이에 沅水와 湘水 以南으로 交州, 廣州와 인접해 있는 州郡들이 모두 소문을 듣고 印綬를 보내오자, 두예가 節을 잡고 詔令이라고 稱하여 이들을 鎭撫하였다.

---

2) 切 : 反切音을 표시한 것이다. '反(번)'은 뒤집는다(되치다)는 뜻으로 번역을 의미하고, '切'은 자른다는 의미이다. 앞 글자의 初聲을 따고 뒷글자의 中聲과 終聲을 따서 읽는다.

황제는 왕준에게 詔令을 내려 胡奮, 王戎과 함께 夏口와 武昌을 평정하게 하고 강물을 따라 승승장구하여 곧바로 秣陵에 이르게 하였으며, 두예에게 零陵과 桂陽郡을 안정시켜 衡陽 지역의 懷柔를 담당하도록 하였다. 두예는 마침내 병력을 나누어 왕준과 왕융에게 더 보태주고 羅尙을 파견하여 왕준과 연합하여 武昌을 공격하여 함락시켰다.

吳都督孫歆이 懼하여 與江陵督伍延書曰 北來諸軍이 乃飛渡江也라하니라 旨等이 伏兵城外러니 歆이 遣軍出拒王濬이라가 大敗而歸하니 伏兵이 隨入하여 虜歆而還하다 濬이 擊殺吳水軍都督陸景하고 預進克江陵하여 斬吳將伍延하니 於是에 沅, 湘以南으로 接于交, 廣에 州郡이 皆望風送印綬[①]어늘 預杖節稱詔而撫之하다 詔濬하여 與胡奮, 王戎으로 共平夏口, 武昌하고 順流長(鶩)〔騖〕[3)]하여 直造秣陵하고 預當鎭靜零, 桂하여 懷輯衡陽[②]하다 預遂分兵益濬, 戎하고 遣羅尙하여 與濬合攻武昌하여 降之하다

① 沅은 音이 元이다. 沅水는 牂牁에서 발원하고 湘水는 零陵에서 발원하니, 모두 장강으로 들어간다. 交州와 廣州는 春秋時代 百粤(백월)의 땅인데 漢나라 때에는 여기에 교주를 설치하였고, 吳主 孫休는 교주를 나누어 광주를 설치하였다.
沅, 音元. 沅水出牂牁, 湘水出零陵, 皆入江. 交・廣, 春秋百粤地, 漢置交州, 吳主休分交州, 置廣州.

② 零은 零陵郡을 이르고, 桂는 桂陽郡을 이른다. 衡陽은 吳主 孫亮의 泰平(太平) 2년(257)에 長沙의 西部都尉를 나누어 세웠다.
零, 謂零陵郡. 桂, 謂桂陽郡. 衡陽, 吳主亮泰平二年, 分長沙西部都尉立.

【目】杜預가 여러 군대와 회의할 적에 혹자는 말하기를 "100년 동안 있었던 적을 다 죽일 수가 없고, 막 봄이 되어서 봄물이 불어나 오래 주둔하기가 어려우니, 마땅히 오는 겨울을 기다려서 다시 총공격해야 합니다." 하였다. 두예가 말하기를 "옛날 樂毅는 濟西의 一戰에서 승세를 타고 강한 齊나라를 겸병하였다. 지금 우리 군대는 위엄을 이미 떨쳤으니, 비유하건대 대나무를 쪼개는 것과 같으니, 대나무를 몇 마디 쪼갠 뒤에는 모두 칼날이 닿기만 하면 쪼개져서 더 이상 손쓸 곳이 없는 것과 같다." 하고는 마침내 여러 장수들에게 方略을 지시하고서 곧바로 吳나라 도성인 建業으로 진공하였다.

預與衆軍會議할새 或曰 百年之寇를 未可盡克이요 方春水生하여 難於久駐하니 宜俟來冬하여 更

3) (鶩)〔騖〕: 저본에는 '鶩'으로 되어 있으나, ≪資治通鑑≫에 의거하여 '騖'로 바로잡았다.

爲大擧라하여늘 預曰 昔에 樂毅藉濟西一戰하여 以幷彊齊①하니 今兵威已振하여 譬如破竹이라 數節之後에는 皆迎刃而解하여 無復著(착)手處也라하고 遂指授群帥方略하여 徑造建業하다

① 〈"樂毅藉濟西一戰 以幷彊齊"는〉 일이 周나라 赧王 31년에 보인다.[4] 藉(빌리다, 의뢰하다)는 慈夜의 切이다.
事見周赧王三十一年. 藉, 慈夜切.

【目】 吳나라 丞相 張悌가 沈瑩과 諸葛靚을 독려하여 병력을 거느리고 牛渚에 이르니, 심영이 말하기를 "상류의 우리 군대가 평소 경계하고 대비함이 없어서 晉나라 수군이 반드시 여기에 이를 것이니, 마땅히 힘을 모아 대비해야 합니다. 만약 다행히 승리한다면 장강 서쪽 지역이 저절로 소탕될 것입니다. 이제 장강을 건너가 적과 싸우다가 불행히 패한다면 大事가 잘못될 것입니다."라고 하였다. 이에 장제가 다음과 같이 말하였다.

"吳나라가 장차 망할 것은 어진 이와 어리석은 이가 모두 아는 바이다. 이제 장강을 건너가면 오히려 決戰할 수가 있다. 만일 실패하여 망한다면 함께 사직을 위하여 죽어 더 이상 여한이 없게 될 것이요, 만약 승리한다면 兵勢가 만 배나 더 증가할 것이니, 승세를 타고 적을 맞이하여 공격하면 격파하지 못할 걱정이 없다. 만약 가만히 앉아서, 蜀 방면의 병사들[5]이 오기를 기다리면 우리의 병사들이 다 흩어지고 군주와 신하가 모두 항복하여 國難에 죽은 자가 다시는 한 사람도 없게 될까 염려스러우니, 치욕스럽지 않겠는가."

吳丞相張悌 督沈瑩, 諸葛靚하여 帥衆至牛渚①하니 瑩曰 上流諸軍이 素無戒備하여 晉水軍이 必至此리니 宜畜力以待之라 若幸而勝이면 江西自清②이라 今渡江與戰이라가 不幸而敗하면 則大事去矣니이다 悌曰 吳之將亡은 賢愚所知라 及今渡江이면 猶可決戰이니 若其敗喪이면 同死社稷하여 無所復恨이요 若其克捷이면 兵勢萬倍니 乘勝迎之하면 不憂不破라 若坐待蜀兵之至하면 恐士衆散盡하고 君臣俱降하여 無復一人死難者리니 不亦辱乎아

4) 일은……보인다 : 周나라 赧王 31년에 燕나라의 樂毅가 上將軍이 되어 燕과 趙, 楚, 韓, 魏의 군사를 거느리고 齊나라에 들어가 濟西에서 齊軍을 격파하고는 그 승세를 타고 齊나라의 수도인 臨淄로 쳐들어가 성을 함락시키자, 燕나라 湣王이 악의를 昌國君에 봉하여 齊나라에 머물며 아직 함락되지 않은 성을 굴복시키도록 하니, 악의가 6개월 동안 齊나라의 70여 성을 굴복시켰던 일을 가리킨다.(≪資治通鑑綱目 제1권 하≫)

5) 蜀……병사들 : 晉나라 王濬·唐彬 등이 蜀 지역에서 장강을 따라 내려오는 수군을 가리킨다.(≪資治通鑑新注≫, 陝西人民出版社, 1998)

① 牛渚는 일명 和石이니, 太平州의 當塗縣 북쪽에 있다. 산 아래에 낚시터가 있는데, 옛날 나루터이다. 和州의 橫江浦와 마주해 있으니, 六朝時代 때 屯戍하던 지역이다.
牛渚, 一名和石, 在太平州當塗縣北. 山下有磯, 古津渡也. 與和州之橫江浦相對, 六朝屯戍之地.

② 大江(長江)이 북쪽으로 흐르니, 建業에서 말한다면 歷陽과 皖城(환성)이 모두 장강의 서쪽이 된다.
大江北流, 自建業言之, 歷陽·皖城, 皆爲江西.

【目】 3월에 吳나라 군대가 장강을 건너가서 晉나라 揚州刺史 周浚과 싸워 板橋에서 대패하였다. 諸葛靚이 도망가고자 하여 사람을 보내어 張悌를 맞이하려 하자, 장제가 가려고 하지 않으니, 제갈정이 직접 가서 옷깃을 잡아끌며 말하기를 "나라의 보존과 멸망은 본래 큰 운수가 있으니, 卿 한 사람이 지탱할 수 있는 것이 아닙니다. 어찌하여 일부러 죽음을 자초하십니까?" 하였다.

장제가 눈물을 떨구며 말하기를 "仲思여! 오늘은 바로 내가 죽을 날이다. 또 내가 어린아이였을 적에 경의 집안 丞相(諸葛亮)의 눈에 들어 발탁되었으니, 나는 항상 제대로 죽지 못하여 名賢의 돌보아주신 은혜를 저버릴까 두려워하였다. 이제 社稷을 위하여 몸을 희생하려 하니, 다시 무슨 말을 하겠는가." 하자, 제갈정이 눈물을 흘리고 떠나갔다. 장제는 마침내 晉나라 군대에게 살해당하였고 沈瑩 등도 함께 참수되니, 吳나라 사람들이 매우 두려워하였다.

三月에 渡江하여 與晉揚州刺史周浚戰하여 大敗于板橋①하니 靚이 欲遁去하여 使迎悌한대 悌不肯이어늘 靚이 自往牽之하고 曰 存亡이 自有大數하니 非卿一人所支라 奈何故自取死잇고 悌垂涕曰 仲思아 今日은 是我死日也②라 且我爲兒童時에 便爲卿家丞相所識拔③하니 常恐不得其死하여 負名賢知顧라 今以身徇社稷이니 復何道邪④아 靚이 流涕而去하다 悌遂爲晉兵所殺하고 幷斬瑩等하니 吳人이 大震이러라

① 張舜民이 말하였다. "秦淮의 서남쪽으로 나와 길을 가서 동쪽 언덕을 따라 작은 夾路 가운데를 10리쯤 가면 板橋店을 지나게 된다."6)
張舜民曰 "出秦淮西南行, 循東岸行小夾中十里, 過板橋店."

② 仲思는 諸葛靚의 자이다.
仲思, 靚字.

---

6) 張舜民이……된다 : 張舜民은 北宋시대 인물로, 자는 芸叟, 호는 浮休居士이며, 벼슬은 監察御史, 諫議大夫 등을 지냈다. 인용한 내용은 장순민의 ≪畫墁集≫ 권7 〈郴行錄〉에 보인다.

③ 丞相은 諸葛亮을 말한 것이다. 張悌는 襄陽 사람이니, 제갈량이 荊州에 있을 적에 어린아이인 그를 안 듯하다.
丞相, 謂諸葛亮也. 悌, 襄陽人, 蓋亮在荊州, 識之於童幼也.

④ 道는 말함이다.
道, 言也.

【目】 처음에 王濬에게 詔令을 내려 建平으로 내려가서는 杜預의 지휘를 받게 하고 建業에 이르러서는 王渾의 지휘를 받게 하였다. 왕준이 西陵에 이르니, 두예가 말하기를 "왕준이 이미 건평을 점령했다면 흐르는 강물을 따라 승승장구하여 위엄과 명성이 이미 드러났으니, 나에게 제재를 받을 필요가 없다." 하고는 마침내 그에게 편지를 보내기를 "足下가 이미 적의 서쪽 藩屛을 꺾었으니, 응당 곧바로 전진하여 建業을 점령해서 累代에 걸쳐 도망해 있던 적을 토벌하고 도탄에 빠져 있는 吳나라 사람들을 해방시켜 군대를 수습하여 도성으로 돌아올 수 있다면 이 또한 역대에 보기 드문 훌륭한 일이다." 하였다. 왕준이 크게 기뻐하고 表文을 올리면서 두예의 편지를 함께 올렸다.

張悌가 패전하여 죽자 揚州 別駕 何惲(하운)이 刺史 周浚에게 이르기를 "속히 장강을 건너가서 곧바로 建業으로 향하여야 합니다." 하니, 주준이 그로 하여금 王渾에게 아뢰게 하였다. 하운이 말하기를 "왕혼은 일의 機會에 어둡고 자기 몸을 조심하여 죄책을 면하고자 해서 반드시 우리의 의견을 따르지 않을 것입니다." 하였으나, 주준이 굳이 그를 보냈다. 과연 왕혼이 말하기를 "내가 조령을 받을 적에 단지 장강의 북쪽에 주둔하게만 하였고 가볍게 진격하라고 하지는 않았으니, 지금 명령을 어기면 승리를 하여도 훌륭한 일이 되지 못하고, 만약 승리하지 못하면 매우 무거운 죄를 받을 것이다. 또 조령에 龍驤將軍 王濬으로 하여금 나의 지휘를 받게 하였으니, 마땅히 그대의 州에서 배와 노를 장만하여 함께 渡江할 뿐이다." 하였다.

何惲이 말하기를 "용양장군이 먼 곳에 있는 적을 이겼습니다. 이미 공적을 세운 사람이 와서 지휘를 받는다는 말은 들어보지 못했습니다. 또 明公이 上將軍이 되어서 승리할 수 있는 기회를 보면 전진해야 하니, 어찌 일일이 조령을 기다립니까." 하였으나 왕혼이 듣지 않았다.

初에 詔王濬하여 下建平하여 受杜預節度하고 至建業하여 受王渾節度러니 濬이 至西陵한대 預曰 濬이 已得建平이면 則順流長驅하여 威名已著하니 不宜受制於我라하고 遂與書하여 曰 足下旣摧其

西藩하니 便當徑取建業하여 討累世之逋寇하고 釋吳人於塗炭하여 振旅還都하면 亦曠世一事也①니라 濬이 大說(열)하여 表呈預書하다 及張悌敗死에 揚州別駕何惲이 謂刺史周浚호되 宜速渡江하여 直指建業이니이다 浚이 使白王渾한대 惲曰 渾이 闇於事機하고 而欲愼己免咎하여 必不我從이리이다 浚이 固使之러니 渾이 果曰 受詔에 但屯江北하고 不使輕進하니 今者違命이면 勝不足多요 若其不勝이면 爲罪已重이라 且詔令龍驤受我節度하니 但當具君舟檝하여 一時俱濟耳②니라 惲曰 龍驤이 克萬里之寇하니 以旣成之功으로 來受節度는 未之聞也라 且明公이 爲上將하여 見可而進이니 豈一一須詔令乎잇가 渾이 不聽③하다

① 〈"曠世一事也"는〉 역대에 보기 드문 일을 말한다.
言歷世所曠見之事.
② 檝(노)은 楫과 같다.
檝, 與楫同.
③ 須은 기다림이다.
須, 待也.

【目】 王濬이 武昌에서 강물을 따라 내려가니, 吳主 孫皓가 장군 張象을 보내어 수군 만 명을 거느리고 막게 하였다. 吳나라 병사들이 晉나라 군대의 깃발을 바라보고 항복하니, 吳나라 사람들이 크게 두려워하였다. 吳主의 총애하는 신하 岑昏은 마음이 음험하고 아첨을 잘하여 九卿의 반열에 올랐고, 토목공사를 일으키기를 좋아하여 백성들을 고통스럽게 하였다.

이때에 대궐 가운데에 수백 명이 모여 吳主에게 청하기를 "북쪽 군대가 날로 가까이 오는데 우리 병사들이 칼을 들고 싸우지 않으니, 장차 어찌합니까?" 하였다. 吳主가 말하기를 "무슨 연고인가?" 하니, 대답하기를 바로 "잠혼 때문입니다." 하였다. 吳主가 말하기를 "만약 그렇다면 마땅히 이 종놈을 가지고 백성들에게 사죄하여야 한다." 하니, 여러 사람들이 함께 잠혼을 체포하여 屠戮하였다.

吳나라 陶濬이 吳主에게 이르기를 "蜀 지방의 배가 모두 작으니, 이제 마땅히 2만의 병력을 얻어 큰 배를 타고 싸우면 충분히 적을 격파할 수 있습니다." 하였다. 이에 병력을 규합하여 陶濬에게 節鉞을 주었는데, 吳나라 군대는 출동하기도 전에 궤멸하였다.

濬이 自武昌으로 順流而下하니 吳主遣將軍張象하여 帥舟師萬人禦之러니 望旗而降하니 吳人이 大懼러라 吳主之嬖臣岑昏이 以傾險諛佞으로 致位九列하여 好興功役하여 爲衆患苦①러니 至是하여

殿中數百人이 請於吳主曰 北軍日近이어늘 而兵不擧刃하니 將如之何잇고 吳主曰 何故오 對曰 正坐岑昏耳니이다 吳主曰 若爾면 當以奴謝百姓이니라 衆共收昏하여 屠之하다 吳陶濬이 謂吳主曰 蜀船皆小하니 今當得二萬兵하여 乘大船以戰이면 自足破之니이다 於是에 合衆授濬節鉞이러니 未發而潰하다

① "九列"은 九卿의 서열이다.
九列, 九卿之序列.

【目】 이때에 琅邪王 司馬伷(사마주)도 가까운 지역에 와 있었다. 吳主가 使者를 나누어 보내어 王渾과 王濬에게 편지를 받들어 올려 항복을 청하고 玉璽와 인끈을 사마주에게 보내었다.

왕준의 수군이 三山을 지날 적에 왕혼이 사자를 보내어 함께 일을 논의할 것을 요구하였으나, 왕준이 돛을 올려 곧바로 建業으로 향하고 답하기를 "바람의 기세가 빨라서 정박할 수 없다." 하였다. 이날에 왕준의 병력이 8만이고 두 대씩 나란히 짝을 지은 배들이 100리에 늘어 있었다. 晉軍이 북을 치고 함성을 지르며 石頭城에 들어가니, 吳主 孫皓가 두 손을 뒤로 묶고 얼굴은 앞을 향하고서 棺을 수레에 싣고 軍門에 나와 항복하였다. 왕준이 그의 포박을 풀고 관을 불태우고 圖籍을 거두니, 4개 州와 43개 郡에 52만 3천의 戶口와 23만의 병력을 접수하였다.

時에 琅邪王伷亦臨近境이라 吳主分遣使者하여 奉書渾, 濬하여 請降而送璽綬於伷하다 濬舟師過三山①할새 渾이 遣信하여 要與論事②어늘 濬이 擧帆直指建業하고 報曰 風利하여 不得泊也로라 是日에 濬戎卒八萬이요 方舟百里하여 鼓譟入于石頭③하니 吳主皓面縛輿櫬[7]하여 詣軍門降이어늘 濬이 解縛焚櫬하고 收其圖籍하니 克州四, 郡四十三, 戶五十二萬三千, 兵二十三萬④하다

① 胡三省이 말하였다. "三山은 지금 建康府 上元縣 서남쪽 45리 지점에 있으며, 또 서쪽은 바로 江寧夾이다."
胡三省曰 "三山, 在今建康府上元縣西南四十五里, 又西卽江寧夾."
② 信은 바로 信使(使者)이다. 要(요구하다)는 邀로 읽는다.
信, 卽信使. 要, 讀曰邀.
③ "方舟"는 배 두 척을 나란히 하여 가는 것이다.
方舟者, 併兩舟而行也.
④ 吳나라는 이때 荊州와 揚州, 交州와 廣州 4개 州를 소유하였다.

7) 輿櫬 : 관을 실은 수레를 대동하는 것으로, 죽음을 결심하거나 또는 죄가 있어서 마땅히 죽어야 한다는 뜻을 나타내는 것이다.

吳有荊・揚・交・廣四州.

【目】 朝廷에서는 이미 吳나라가 평정되었다는 말을 듣고 여러 신하들이 모두 축하하고 축수를 올렸는데, 황제는 술잔을 잡고 눈물을 흘리며 말하기를 "이것은 羊太傅(羊祜)의 공이다." 하였다. 이때 驃騎將軍 孫秀는 축하하지 않고 남쪽을 향하여 눈물을 떨구며 말하기를 "옛날에 討逆將軍은 약관의 나이에 일개 校尉의 신분으로 창업을 하였는데 지금 後主(嗣君)가 江南을 들어 포기하니, 아득하고 아득한 푸른 하늘아! 이는 무슨 사람인가." 하였다.

◑朝廷이 聞吳已平하고 群臣이 皆賀上壽어늘 帝執爵流涕하고 曰 此는 羊太傅之功也①니라 (票)〔驃〕[8]騎將軍孫秀不賀하고 南面流涕하고 曰② 昔에 討逆은 弱冠에 以一校尉創業③이러니 今後主擧江南而棄之하니 悠悠蒼天아 此何人哉오하니라

① 羊祜에게 太傅를 추증하였다.
羊祜贈太傅.
② 孫秀는 吳主 孫皓의 從弟인데, 泰始 6년(270)에 晉나라로 망명해왔다.
秀, 吳主皓從弟, 泰始六年來奔.
③ 後漢 獻帝 때 曹操가 表文을 올려서 孫策을 討逆將軍으로 삼았다. 이보다 앞서 袁術은 표문을 올려 손책을 懷義校尉로 삼았는데, 이때 나이가 겨우 20세였으므로 이렇게 말한 것이다.
漢獻帝時, 曹操表孫策爲討逆將軍. 先是, 袁術表策爲懷義校尉, 時策才二十歲故云.

【目】 吳나라가 항복하기 전에 晉나라의 大臣들이 모두 가볍게 진격해서는 안 된다고 말하였으나, 張華만이 반드시 승리할 수 있다고 강하게 고집하였다. 賈充이 표문을 올려 말하기를 "吳나라 땅을 다 평정할 수가 없고 곧 여름이어서 長江과 淮河 지방이 낮고 습하여 전염병이 반드시 창궐할 것이니, 마땅히 군대를 召還하여 후일을 도모해야 합니다. 비록 장화를 腰斬刑에 처하더라도 천하에 사죄할 수가 없습니다." 하였다. 황제가 말하기를 "이것은 나의 뜻이니, 장화는 다만 나와 의견을 같이하였을 뿐이다." 하였다.

杜預는 가충이 상주하여 군대를 해산할 것을 청했다는 말을 듣고 급히 표문을 올려 굳게 간쟁하려 하였다. 두예의 使者가 轘轅山(洛陽 근교의 산)에 이르렀을 적에 吳나라가 이미 항복하였다. 가충은 부끄럽고 두려워 대궐에 나와 벌을 내릴 것을 청하였는데,

8) (票)〔驃〕: 저본에는 '票'로 되어 있으나, ≪晉書≫에 의거하여 '驃'로 바로잡았다.

황제는 그를 어루만지고 불문에 부쳤다.

◑ 吳之未下也에 大臣이 皆以爲未可輕進이라호되 獨張華堅執하여 以爲必克하다 賈充이 上表하여 稱吳地未可悉定이요 方夏江淮下濕하여 疾疫必起리니 宜召軍還하여 以爲後圖니 雖要斬張華라도 不足以謝天下리이다 帝曰 此是吾意니 華는 但與吾同耳니라 杜預聞充奏乞罷兵하고 馳表固爭이러니 使至轘轅에 而吳已降이라 充이 慚懼하여 詣闕請罪어늘 帝撫而不問하다

**【綱】** 여름 4월에 孫皓에게 歸命侯의 작위를 내리고 使者를 보내어 荊州와 揚州 지방을 순행하여 吳나라의 가혹한 정사를 없애게 하였다.

**夏四月**에 **賜孫皓爵歸命侯**하고 **遣使行荊, 揚**하여 **除吳苛政**[9]하다

【目】 孫皓에게 歸命侯의 작위를 내리고 사자를 보내어 荊州와 揚州로 나누어 가서 州의 牧과 郡의 太守 이하를 위로하고 가혹한 정사를 없애니, 吳나라 사람들이 크게 기뻐하였다.

賜孫皓爵歸命侯하고 遣使하여 分詣荊, 揚하여 撫慰牧, 守已下하고 除其苛政하니 吳人이 大悅이러라

【目】 王濬이 동쪽으로 내려갈 적에 吳나라의 城邑을 지키던 군대들이 모두 소문을 듣고 귀순하였으나, 유독 建平太守 吾彦은 성을 굳게 지키고 항복하지 않았다. 그러다가 吳나라가 망했다는 말을 듣고는 마침내 항복하니, 황제는 그를 金城太守로 삼았다.

◑ 王濬之東下也에 吳城戍皆望風款附호되 獨建平太守吾彦이 嬰城不下러니 聞吳亡하고 乃降한대 帝以爲金城太守하다

【目】 5월에 孫皓가 洛陽에 이르러 머리에 진흙을 바르고 두 손을 뒤로 묶고 얼굴은 앞을 향하고서 東陽門에 나오자, 詔命을 내려서 謁者를 보내어 포박을 풀고 의복과 수레를 하사하고 그의 자제들을 郎官으로 제수하였다. 그리고 吳나라에서 오랫동안 명망 있는

---

9) 遣使行荊揚 除吳苛政 : "漢나라 高祖가 처음 關中에 들어갔을 적에 '秦나라의 가혹한 법을 없앴다.'고 썼고, 世祖(光武帝)가 처음에 河北에 이르렀을 적에 '王莽의 가혹한 정사를 없앴다.'고 썼는데, 이때 '吳나라의 가혹한 정사를 없앴다.'라고 썼으니, 이는 백성들을 위로한 군대로써 晉나라를 인정한 것이다.〔漢高之初入關也 書除秦苛法 世祖之初至河北也 書除莽苛政 於是書曰除吳苛政 其予晉以弔民之師也〕" ≪書法≫

가문의 사람들을 재능에 따라 발탁하여 등용하였으며, 孫氏의 장수와 관리로서 長江을 건너온 자들에게는 10년 동안 賦稅를 면제하고, 백성들에게는 20년 동안 부세를 면제하였다.

황제가 前殿에 나와서 신하들을 크게 모으고서 손호를 引見하고 이르기를 "朕이 이 자리를 마련하여 卿을 기다린 지가 오래이다." 하니, 손호가 대답하기를 "臣도 南方에서 이러한 자리를 만들어 폐하를 기다렸습니다." 하였다.

賈充이 손호에게 이르기를 "듣건대 그대가 남방에 있을 적에 사람의 눈알을 파내고 사람의 얼굴 가죽을 벗겼다 하니, 이것이 무슨 형벌인가?" 하니, 손호가 대답하기를 "신하 중에 군주를 시해하거나 간사한 마음을 품고 不忠하는 자가 있으면 이 형벌을 가했다." 하니, 가충이 묵묵히 듣고서 매우 부끄러워하였다.

◑五月에 皓至하여 泥頭面縛하고 詣東陽門①이어늘 詔遣謁者解縛하고 賜以衣服車乘하며 拜其子弟爲郎하고 吳之舊望을 隨才擢敍하며 孫氏將吏渡江者를 復(복)十年하고 百姓을 復(복)二十年하다 帝臨軒大會하여 引見(현)皓하고 謂曰 朕設此座以待卿이 久矣②로라 皓曰 臣於南方에 亦設此座以待陛下니이다 賈充이 謂皓曰 聞君在南方에 鑿人目하고 剝人面이라하니 此何等刑也오 皓曰 人臣이 有弑其君及姦回不忠者하면 則加此刑耳③니라 充이 默然甚愧러라

① ≪晉書≫ 〈地理志〉에 "洛陽城 동쪽에 建春門, 東陽門, 淸明門이 있다." 하였다.
晉志 "洛陽城東有建春・東陽・淸明三門."

② 見(알현하게 하다)은 賢遍의 切이다.
見, 賢遍切.

③ 賈充이 대대로 魏나라의 은혜를 받았는데 간사한 마음을 품고 晉나라에 붙어 高貴鄕公을 시해한 일을 指斥한 것이다.[10]
斥充世受魏恩, 而姦回附晉, 弑高貴鄕公也.

【目】 황제가 조용히 散騎常侍 薛瑩에게 孫皓가 망한 이유를 묻자, 대답하기를 "손호가 소인들을 친근히 하고 형벌을 함부로 내려서 大臣과 여러 장수들이 저마다 자기 몸을 보존하지 못하였으니, 이것이 멸망한 이유입니다." 하였다. 후일에 또다시 吾彦에게 묻

10) 賈充이……것이다 : 魏나라의 제4대 황제인 高貴鄕公 曹髦를 가충이 시해한 것을 이른다. 고귀향공은 제위에 오르기 전의 작위인데 시호가 없어 이렇게 칭하였다. 조모는 曹조의 손자로, 曹芳이 폐위된 뒤 황제에 즉위하여 처음에는 총명하고 재주가 있어 많은 사람들의 기대를 모았으나, 司馬師에 이어 司馬昭가 정권을 장악함으로써 실권을 행사하지 못하였다. 司馬氏의 횡포가 심해지자 王沈 등과 함께 사마소를 제거하려 하다가 사마소의 심복인 賈充 등에 의해 살해당하고 사마소에 의해 曹奐이 다음 황제로 옹립되었다.(≪三國志≫ 권4 〈魏書 高貴鄕公傳〉)

자, 대답하기를 “吳나라 군주는 英明하고 준걸스러웠으며 宰輔들도 현명하였습니다.” 하였다. 황제가 웃으며 말하기를 “이와 같다면 무슨 이유로 망했는가?” 하니, 오언이 대답하기를 “하늘의 복록이 영원히 끊기어 국운이 돌아갈 곳이 있으므로 폐하에게 사로잡힌 것입니다.” 하니, 황제가 그의 말을 좋게 여겼다.

帝從容問散騎常侍薛瑩皓所以亡한대 對曰 皓昵近小人하고 刑罰放濫하여 大臣諸將이 人不自保하니 此其所以亡也니이다 他日에 又問吾彦한대 對曰 吳主英俊하고 宰輔賢明하니이다 帝笑曰 若是면 何故亡고 彦曰 天祿永終하여 歷數有屬이라 故爲陛下禽耳니이다하니 帝善之하다

【目】諸葛靚이 도망하여 숨고서 나오지 않았다. 황제는 그와 옛 친분이 있었는데, 그가 자신의 누님인 琅邪王 王妃의 집에 있음을 알고는 찾아가서 만나보려고 하였다. 그러자 제갈정이 측간으로 도망하였는데, 황제가 가까이 다가가 그를 보니 제갈정이 눈물을 흘리며 말하기를 “신이 몸에 옻칠하고 얼굴 가죽을 벗기지 못하고서 다시 성상의 얼굴을 뵈니, 진실로 부끄럽고 한스럽습니다.” 하였다. 詔令을 내려 그를 侍中으로 삼았으나, 굳이 사양하고 받지 않고 鄕里로 돌아가서 종신토록 조정을 향해 앉지 않았다.

諸葛靚이 逃竄不出이어늘 帝與之有舊라 知其在姊琅邪王妃家하고 因就見焉한대 靚이 逃于厠이어늘 帝逼見之하니 靚流涕하고 曰 臣이 不能漆身皮面하고 復見(현)聖顏하니 誠爲慙恨①이니이다 詔以爲侍中한대 固辭不拜하고 歸于鄕里하여 終身不向朝廷而坐하니라

① 〈“漆身皮面”은〉 옛날에 豫讓이 자신의 몸에 옻칠하고 聶政이 자신의 얼굴 가죽을 벗긴 것을 가리킨다.[11]
豫讓漆身, 聶政皮面.

【綱】吳나라를 평정한 공신들을 封하고 관직을 제수하였다.

---

11) 옛날에……가리킨다 : 자기를 알아준 사람을 위해 자신의 몸을 아끼지 않고 복수를 감행하였던 豫讓과 聶政의 고사를 가리킨다. 예양은 戰國時代 晉나라 사람으로 智伯을 섬겨 총애를 받았는데, 趙襄子가 지백을 쳐서 멸망시키자, 지백의 원수를 갚기 위해 신분을 숨기고 일부러 죄수가 되어 조양자 집안의 측간 벽을 바르며 조양자를 암살하고자 하였고, 이 일이 실패하자 몸에 옻칠을 하여 모습을 나병 환자처럼 바꾸고 숯을 삼켜 벙어리가 되어 조양자를 刺殺하려고 하다가 조양자에게 잡히자 自決하였다. 섭정은 전국시대 자객으로, 자기에게 은덕을 베푼 韓나라의 대신인 嚴仲子를 위해 그의 원수인 韓나라 정승 俠累를 죽인 뒤에 스스로 자신의 낯가죽을 벗기고 배를 갈라 죽었다.(≪史記≫ 권86 〈刺客列傳 豫讓・聶政〉)

## 封拜平吳功臣하다

【目】王濬이 建業으로 들어갈 적에 그 다음날 王渾이 비로소 장강을 건너가서는 왕준이 자기를 기다리지 않았다 하여 마음에 몹시 부끄러워하고 분노하여 장차 왕준을 공격하려 하였다. 이때 왕준의 參軍인 何攀(하반)이 왕준에게 孫皓를 압송하여 왕혼에게 줄 것을 권하니, 이로 말미암아 사태가 다소 풀리게 되었다.

何惲이 周浚에게 편지를 보내어 그로 하여금 諫하여 왕혼에게 〈왕준과 功을 다투는 일을〉 중지하게 하였으나, 왕혼이 받아들이지 않고 표문을 올려 "왕준이 詔令을 어겨 자신의 지휘를 받지 않았다."고 말하니, 왕혼의 아들 王濟는 公主에게 장가들고 친족들이 강성하였다. 有司가 檻車로 왕준을 압송할 것을 청하자, 황제는 허락하지 않고 다만 詔書를 내려 왕준을 꾸짖으니, 왕준이 다음과 같이 上書하였다.

"臣이 지난번에 詔書를 받았을 적에, 곧바로 秣陵으로 나아가라 하셨습니다. 15일 三

王浚과 王渾이 공을 크게 다투다

山에 이르렀는데, 이때 왕혼이 북쪽 江岸에 있으면서 신에게 편지를 보내어 만나자고 하였으나, 신이 거느린 수군이 바람이 거세게 일어서 배를 돌릴 방도가 없었습니다. 정오에 말릉에 도착하여 저녁때가 되어서야 왕혼이 신에게 '마땅히 지휘를 받으라.'고 내린 符文을 받았습니다. 그런데 符文에는 신으로 하여금 다음날 돌아와 石頭城을 포위하게 하고 또 현재 군인들의 定員과 名單을 파악하여 올릴 것을 요구하였습니다. 신이 생각하건대 孫皓가 이미 와서 항복하였으니 부질없이 석두성을 포위할 이유가 없었고, 또 병사들의 정원을 파악하는 일도 지금 급히 해야 할 것이 아니어서 받들어 쓸 수가 없었으니, 신이 감히 밝은 制命을 소홀히 하고 버린 것이 아닙니다. 군주를 섬기는 도리는 진실로 社稷에 이로우면 목숨을 각오하고 하는 것이니, 만약 혐의를 돌아보고 죄책을 피한다면 이것은 신하가 자신을 이롭게 하고자 불충하는 일이요, 밝은 군주와 사직의 복이 아닙니다."

王濬之入建業也에 其明日에 王渾이 乃濟江하여 以濬不待己라하여 意甚愧忿하여 將攻濬이어늘 濬參軍何攀이 勸濬送皓與渾하니 由是로 事得解하다 何惲이 與周浚牋하여 使諫止渾한대 渾이 不納하고 表濬違詔하여 不受節度하니 渾子濟尙公主하고 宗黨彊盛[①]이라 有司請檻車徵濬한대 帝弗許하고 但以詔書責之하니 濬이 上書曰 臣前被詔書에 直造秣陵하니이다 以十五日至三山하니 渾在北岸하여 遣書邀臣호되 臣水軍風發하여 無緣迴船이요 及以日中至秣陵하여 暮乃被渾所下當受節度之符[②]하니 欲令明日還圍石頭하고 又索諸軍人名定見[③]하니이다 臣以爲皓已來降하니 無緣空圍石頭요 又兵人定見은 亦非當今之急이라 不可承用이니 非敢忽棄明制也니이다 事君之道는 苟利社稷이면 死生以之니 若顧嫌避咎하면 此人臣不忠之利요 非明主社稷之福也니이다

① 公主는 文帝의 딸인 常山公主이다.
公主, 文帝女常山公主也.

② 被는 받음이다. 마땅히 王渾의 지휘를 받으라는 符文이니, 해가 저물 때에 비로소 내려보낸 공문을 받은 것이다.
被, 蒙也. 當受渾節度之符文, 於日暮時, 方蒙行下.

③ "人名定見"은 인명과 定員을 알 수 있게 한 것을 이른다.
人名定見, 謂人名定數可見者也.

【目】王渾이 또다시 周浚의 편지를 올렸는데 편지에 이르기를 "王濬이 孫皓의 궁중을 불태우고 보물을 얻었다."고 말하였다. 이에 왕준이 또다시 表文을 올려 다음과 같이 변명하였다.

"윗사람을 범하고 군주를 범함은 용서할 수 있는 죄이고, 權臣의 지시를 거스름은 그 화를 예측할 수 없습니다. 손호가 막 항복하여 자수할 것을 도모할 적에 좌우의 측근들이 이미 재물을 약탈하고 불을 놓아 궁중을 불태웠는데, 신이 도착하여 마침내 저지하였습니다. 주준이 맨 먼저 손호의 궁중에 들어갔고 왕혼이 먼저 손호의 배에 올랐는데, 신이 뒤늦게 들어갔을 적에는 결국 앉을 자리조차 없었습니다. 만약 남은 보물이 있었다면 왕혼과 주준이 먼저 얻었을 것입니다. 금년에 吳나라를 평정함은 진실로 국가의 큰 경사이나, 신의 처지에서는 도리어 허물과 죄를 받게 되었습니다."

渾이 又騰周浚書에 云 濬이 燒皓宮하여 得其寶物①이라하니 濬이 復表曰 夫犯上干主는 其罪可救요 乖忤貴臣은 禍在不測이니이다 孫皓方圖降首②에 左右已劫其財物하여 放火燒宮이어늘 臣至하여 乃救止之하니이다 周浚이 先入皓宮하고 王渾이 先登皓舟하니 及臣後入에 乃無席可坐니이다 若有遺寶면 則渾, 浚이 已先得之矣라 今年平吳는 誠爲大慶이나 於臣之身엔 更受咎累니이다

① 〈"又騰周浚書"는〉 그 글을 전하여 황제에게 알리려고 한 것이다.
騰其書, 使上聞.
② "降首"는 항복하여 자수함을 이른다.
降首, 謂降服而首罪也.

【目】 王濬이 京師에 이르자, 有司가 왕준이 詔令을 어겨 크게 불경하다 하여 廷尉에게 회부할 것을 청하였으나, 황제가 허락하지 않았다. 王渾과 왕준이 계속하여 戰功을 다투므로 황제가 정위 劉頌에게 명하여 이 일을 따지게 하였는데, 왕혼의 공적을 상등으로 삼고 왕준의 공적을 다음으로 삼으니, 황제는 유송의 판결이 사리에 위배된다 하여 京兆太守로 좌천시켰다. 황제는 마침내 조령을 내려 賈充과 왕혼에게 食邑 8천 戶를 더해주고 왕혼의 작위를 公으로 승진하였으며, 왕준을 輔國大將軍으로 삼아 杜預, 王戎과 함께 모두 縣侯에 봉하고 여러 장수들에게도 차등을 두어 賞을 하사하였다. 策命을 내려 羊祜의 사당에 고하게 하고 그의 夫人을 봉하여 萬歲鄕君이라 하여 식읍 5천 호를 삼게 하였다.

濬이 至京師하니 有司奏濬違詔하여 大不敬이라하여 請付廷尉한대 不許하다 渾, 濬이 爭功不已어늘 帝命廷尉劉頌하여 校其事러니 以渾爲上功하고 濬爲中功①하니 帝以頌折法失理라하여 左遷京兆太守②하다 乃詔增賈充及渾邑八千戶하고 進渾爵爲公하며 以濬爲輔國大將軍하여 與杜預, 王戎으로

皆封縣侯하고 諸將賞賜有差[③]하다 策告羊祜廟하고 封其夫人爲萬歲鄕君하여 食邑五千戶하다

① 劉頌은 漢나라 廣陵厲王 劉胥의 후손이다.
頌, 漢廣陵厲王胥之後也.

② 折은 결단함이다. 魏나라 文帝가 禪讓을 받고는 京兆尹을 京兆太守로 고쳐 여러 郡과 똑같게 하였다.
折, 斷也. 魏文帝受禪, 改京兆尹爲太守, 夷於列郡.

③ 왕준은 襄陽縣侯가 되고, 두예는 當陽縣侯가 되고, 왕융은 安豐縣侯가 되었다.
濬爲襄陽縣侯, 預爲當陽縣侯, 戎爲安豐縣侯.

【目】 王濬은 功이 많은데 王渾의 父子와 그의 도당들에게 억눌림을 당했다고 생각하여 매양 나아가서 황제를 뵙고 말할 적에 간혹 울분을 이기지 못하고 인사도 하지 않고 곧장 나가버렸다.

益州 護軍 范通이 왕준에게 이르기를 "卿의 功은 훌륭하나 훌륭함에 대처하는 방법이 십분 善하지 못함이 한스럽습니다. 경이 회군하던 날에 私第에서 角巾을 쓰고서 吳나라를 평정한 일을 자신의 입으로 말씀하지 않으며, 만약 묻는 자가 있으면 번번이 '聖主의 덕이요 여러 장수의 공이니, 老夫가 무슨 힘이 있겠는가.'라고 말한다면, 이것은 藺生이 廉頗를 굴복시킨[12)] 방법입니다." 하자, 왕준이 말하기를 "내가 처음 鄧艾의 화를 경계하여 말이 없을 수 없었는데, 끝내 이것을 가슴속에서 버리지 못한 것은 나의 편협한 성질 때문이다." 하였다.

당시 사람들이 모두 왕준은 공이 많은데 보답이 가볍다 하여 그를 위해 울분을 토했다. 박사 秦秀 등이 표문을 올려 억울함을 말하자, 황제가 마침내 왕준을 鎭軍大將軍으로 승진시켰다. 왕혼이 일찍이 왕준에게 찾아갔었는데, 왕준은 철저하게 守衛를 갖춘 뒤에야 그를 만났다.

濬이 自以功大로되 而爲渾父子黨與所抑이라하여 每進見(현)陳說에 或不勝忿憤하고 徑出不辭라 益州護軍范通이 謂曰 卿이 功則美矣나 然恨所以居美者 未盡善也라 卿旋旆之日에 角巾私第하여

12) 藺生이……굴복시킨 : 인생은 전국 시대 趙나라의 재상 藺相如인바, 和氏璧과 관련된 외교 문제를 지혜롭게 처리하고 秦나라에서 돌아와 上卿이 되자, 廉頗가 오랫동안 큰 공을 세운 자기보다 높은 지위에 있다고 하여 인상여에게 모욕을 가하려 하였다. 그런데도 인상여가 국가의 일을 먼저 생각하고 사적인 감정을 뒤로 돌리자, 염파가 가시나무 매를 짊어지고 인상여의 집에 찾아가서 사과하였다. 이후 두 사람이 刎頸之交를 맺어 매우 친하게 지내면서 국사를 돌보았다. 이에 이들 두 사람이 조정에 있는 동안에는 秦나라에서 감히 趙나라를 공격하지 못하였다.(≪史記≫ 권81 〈廉頗藺相如列傳〉)

口不言平吳之事①하고 若有問者하면 輒曰 聖主之德이요 群帥之功이니 老夫 何力之有리오하면 此藺(인)生所以屈廉頗也니라 濬曰 吾始懲鄧艾之禍하여 不得無言이어니와 其終不能遣諸胸中은 是吾褊也②니라 時人이 咸以濬功重報輕이라하여 爲之憤邑③이라 博士秦秀等이 上表訟之한대 帝乃遷濬鎭軍大將軍하다 渾이 嘗詣濬이러니 濬이 嚴設備衛然後에 見之러라

① 旋은 다시 돌아옴이다. 旆는 旐(거북과 뱀의 그림이 있는 깃발)의 끝에 베 조각을 매단 깃발이니, 깃발의 술이 크게 늘어져 있는 것이다. 角巾은 뿔이 있는 두건이다.
旋, 復返也. 旆, 繼旐之旗, 沛然而垂. 角巾, 巾之有角者.

② 鄧艾가 죽은 것은 鍾會가 방해하여 등애의 실정이 위로 전달되지 못했기 때문이다.13)
鄧艾之死, 以鍾會所蔽, 艾情不得上通也.

③ 爲(위하다)는 去聲이다. 邑(근심하다)은 唈과 통하니, "憤邑"은 분노하고 불평하며 서글퍼하고 탄식함을 이른다.
爲, 去聲. 邑, 與唈通. 憤邑, 言憤懣不平而嗚唈嘆息也.

【目】杜預가 襄陽으로 돌아가서 이르기를 "천하가 비록 편안하나 전쟁을 잊으면 반드시 위태롭다." 하고는 마침내 부지런히 武備를 닦아 거듭 엄하게 국경을 지키게 하였으며, 滍水(치수)와 淯水를 끌어다가 농지 만여 頃(1경은 약 1만 평)을 관개하고 揚口에 水路를 열어 零陵과 桂陽에 漕運을 통하게 하니, 公私間에 큰 도움을 주었다.

두예는 말을 제대로 타지 못하고 활을 쏘면 갑옷을 꿰뚫지 못했으나, 용병하여 승전함은 여러 장수들이 미치지 못하였다. 진영에 있을 적에 洛陽의 貴族과 要路에 있는 사람들에게 자주 선물을 보냈는데 혹자가 그 이유를 묻자, 두예가 대답하기를 "나는 다만 그들이 나를 해칠까 두려워서일 뿐이요, 유익함을 구하는 것은 아니다." 하였다.

杜預還襄陽하여 以爲天下雖安이나 忘戰必危라하여 乃勤於講武하여 申嚴戍守하며 又引滍, 淯水하여 以浸田萬餘頃①하고 開揚口하여 通零, 桂之漕하니 公私賴之②러라 預身不跨馬하고 射不穿札이로되 而用兵制勝은 諸將莫及③이라 在鎭에 數(삭)餉遺洛中貴要어늘 或問其故한대 預曰 吾但恐

---

13) 鄧艾가……때문이다 : 鍾會의 모함으로 인하여 등애가 監軍 衛瓘에게 죽임을 당한 것을 가리킨다. 魏나라 景元 4년(263)에 등애가 蜀漢의 도성인 成都를 함락하여 後主가 항복함으로써 蜀漢이 망하니, 이 공으로 등애가 太尉에 올랐다. 등애는 성도에 있으면서 吳나라를 멸망시킬 계책을 세우는 데에 온 힘을 쏟았으나, 한편으로 자신의 공로를 과시하고 자랑하였다. 이를 미워한 종회가 등애가 올린 글과 表文을 가로채어 그것을 모두 오만무례한 내용으로 바꾸었다. 이로 인해 魏나라에서 檻車로 등애를 압송하였는데, 등애 本營의 將兵들이 등애를 탈출시켰으나, 감군 衛瓘이 田續을 보내어 등애 父子를 綿竹의 서쪽에서 덮쳐 살해하였다.(≪資治通鑑≫ 권78 〈魏紀〉 元皇帝 下)

爲害요 不求益也라하더라

① 滍는 음이 雉이고, 淯은 음이 育이다. ≪水經註≫에 "滍水는 南陽 魯山縣 서쪽 堯山에서 발원하여, 동쪽으로 犨縣(주현)을 지나고 또다시 동남쪽으로 昆陽縣을 지나며, 또다시 동북쪽으로 潁川 定陵縣을 지나 동쪽으로 汝水로 들어간다. 淯水는 弘農 盧氏縣 攻離山에서 발원하여, 동남쪽으로 南陽 서쪽 鄂縣과 宛縣을 지나 꺾어 돌아 남쪽으로 淯陽縣을 지나, 또다시 남쪽으로 新野縣을 지나가고 서쪽으로 鄧縣을 지나서 남쪽으로 沔水로 들어간다." 하였다.
滍, 音雉. 淯, 音育. 水經註"滍水, 出南陽魯山縣西堯山, 東逕犨縣, 又東南逕昆陽縣, 又東北逕潁川定陵縣, 東入于汝. 淯水, 出弘農盧氏縣攻離山, 東南逕南陽西鄂縣·宛縣而屈, 南過淯陽縣, 又南過新野縣, 西過鄧縣, 南入于沔."

② ≪水經註≫에 "揚水는 위로 江陵郡 赤湖의 물을 이어받아 동북쪽으로 흘러 郢城의 남쪽을 지나가고 또다시 동북쪽으로 三湖의 물과 만난다. 삼호는 세 줄기의 물이 합하여 한 물이 되어서 동쪽으로 荒谷을 지나가는데 동쪽 언덕에 冶父城(야보성)이 있으니, ≪春秋左氏傳≫에 '莫敖가 荒谷에서 목을 매어 죽고 여러 장수들이 冶父에서 갇히었다.'라고 한 것이 이곳을 말한 것이다. 봄과 여름에 물이 많아지면 남쪽으로 장강과 통하고 그렇지 않으면 남쪽으로 장강의 둑을 따라 흘러간다. 양수는 또다시 동북쪽의 華容縣으로 들어가고 또다시 동북쪽으로 柞溪水와 합류하며 또다시 북쪽으로 竟陵縣을 지나고 또다시 북쪽으로 沔水로 흘러드니, 이곳을 揚口라 한다." 하였다.
水經註"揚水, 上承江陵縣赤湖, 東北流, 逕郢城南, 又東北與三湖水會. 三湖者, 合爲一水, 東通荒谷, 東岸有(治)〔冶〕[14]父城. 春秋傳曰'莫敖縊于荒谷, 群帥囚於冶父', 謂此處也. 春夏水盛, 則南通大江, 否則南迄江隄. 揚水, 又東入華容縣, 又東北與柞溪水合, 又北逕竟陵縣, 又北注于沔, 謂之揚口."

③ 跨는 枯化의 切이니, 말을 탐이다. 札은 갑옷이니, "射不穿札"은 활을 쏠 적에 힘이 없음을 말한 것이다.
跨, 枯化切, 騎也. 札, 甲札也. 射不穿札, 言射無力也.

**【綱】** 겨울 10월에 尙書 胡威가 卒하였다.

冬十月에 尙書胡威卒하다

【目】 胡威가 尙書가 되었을 적에 일찍이 時政의 寬大함을 간하였다. 황제가 말하기를 "尙書郎 이하에게는 내가 관대하게 한 적이 없었다." 하니, 호위가 말하기를 "신이 말씀드린 것이 어찌 丞과 郎과 令史에 해당하는 것이겠습니까. 바로 신과 같은 무리

14) (治)〔冶〕: 저본에는 '治'로 되어 있으나, ≪水經註≫에 의거하여 '冶'로 바로잡았다.

를 말한 것이니, 이렇게 해야 비로소 교화를 엄숙히 하고 법을 밝힐 수 있습니다." 하였다.

威爲尙書에 嘗諫時政之寬한대 帝曰 尙書郞以下를 吾無所假借로라 威曰 臣之所陳이 豈在丞, 郞, 令史리오 正謂如臣等輩니 始可以肅化明法耳니이다

【綱】 처음으로 司州를 설치하였다.

初置司州하다

【目】 이해에 司隷가 통솔하는 郡을 가지고 司州를 설치하니, 도합 州가 19에 郡國이 173이고, 戶口가 2,459,840이었다.

是歲에 以司隷所統郡으로 置司州하니 凡州十九에 郡國一百七十三이요 戶二百四十五萬九千八百四十①이러라

① 19州는 司州, 兗州, 豫州, 冀州, 幷州, 靑州, 徐州, 荊州, 揚州, 涼州, 雍州, 秦州, 益州, 梁州, 寧州, 幽州, 平州, 交州, 廣州를 이른다.
州十九, 謂司・兗・豫・冀・幷・靑・徐・荊・揚・涼・雍・秦・益・梁・寧・幽・平・交・廣.

【綱】 詔令을 내려 州郡의 군대를 해산하였다.

詔罷州郡兵[15]하다

【目】 다음과 같이 詔令을 내렸다.

"漢나라 말기부터 천하가 분열되어 刺史가 안으로는 백성의 일을 직접 다스리고 밖으로는 兵馬를 통솔하였는데, 이제 천하가 통일되었으니, 마땅히 창과 방패를 감추고 거

15) 詔罷州郡兵 : "漢나라 高祖에게는 일찍이 '군대를 해산하여 집으로 돌려보냈다.'고 썼고, 光武帝에게도 일찍이 '車騎와 材官을 해산하여 다시 평민으로 돌아가게 했다.'고 썼으니, 모두 찬미한 것이다. 그렇다면 여기에서 '州郡의 군대를 해산하였다.'고 쓴 것은 찬미한 것인가. 武備를 망각하였음을 비난한 것이다. 큰 郡에 무관 100명과 작은 군에 50명을 가지고 어떻게 비상사태를 대비할 수 있겠는가. 永寧 연간 이후에 武備를 망각한 폐해가 나타났다. 그러므로 이것을 써서 비난한 것이다.〔漢高嘗書兵罷歸家矣 光武亦嘗書罷車騎材官 還復民伍矣 皆美之也 此書罷州郡兵 其美之歟 譏忘武也 大郡百人 小郡五十 何足以備不虞哉 永寧之後 忘武之弊見矣 故書譏之〕" ≪書法≫

"천하가 비록 편안하나 전쟁을 잊으면 반드시 위태로운데, 晉나라 武帝는 겨우 吳會 지방을 점령하자, 이미 武備를 폐할 마음이 있었다. 그러므로 '詔令을 내려 州郡의 군대를 해산했다.'고 써서 그 잘못을 드러낸 것이다.〔天下雖安 忘戰必危 晉武甫平吳會 已有撤備之意 故書詔罷州郡兵 以著其失〕" ≪發明≫

두어야 한다. 刺史의 직책을 모두 漢나라의 고사와 같게 하고, 州郡의 군대를 전부 제거하여 큰 郡에는 武官 100명을 두고, 작은 郡에는 무관 50명을 두게 하라."

交州牧인 陶璜이 上言하기를 "交州와 廣州는 東西로 수천 리요 복속하지 않는 자가 6만여 戶여서 관청의 다스림에 복종하는 자가 겨우 5천여 家입니다. 두 州는 입술과 이와 같아서 오직 군대를 주둔해야 지킬 수 있습니다. 또 寧州의 여러 오랑캐들은 上流를 점거하여 수로와 육로가 아울러 통하니, 州의 병사를 줄여 孤單하고 虛弱함을 보여서는 안 됩니다." 하였다. 僕射 山濤도 "주군의 무비를 제거해서는 안 됩니다."라고 말하였으나, 황제가 듣지 않았다.

高逸圖 山濤

永寧 연간 이후에 도적이 봉기하자 주군이 통제하지 못하니, 천하가 마침내 크게 혼란하여 산도가 말한 것과 같게 되었다. 그러나 이후로 자사가 병사와 백성의 정사를 겸하니, 州와 鎭이 더욱 중하게 되었다.

詔曰 自漢末로 四海分崩하여 刺史內親民事하고 外領兵馬러니 今天下爲一하니 當韜戢干戈라 刺史分職을 皆如漢氏故事①하고 悉去州郡兵하여 大郡은 置武吏百人하고 小郡은 五十人하라 交州牧陶璜이 上言호되 交, 廣은 東西數千里요 不賓屬者六萬餘戶하여 服官役이 纔五千餘家니이다 二州脣齒하여 惟兵是鎭②이니이다 又寧州諸夷가 接據上流하여 水陸竝通③하니 州兵未宜約損以示單虛니이다 僕射山濤 亦言不宜去州郡武備라호되 帝不聽이러니 及永寧之後에 盜賊이 群起하여 州郡이 不能制하니 天下遂大亂하여 如濤所言④이라 然其後에 刺史復兼兵民之政하여 州鎭이 愈重矣러라

① 〈"刺史分職皆如漢氏故事"는〉 刺史가 郡縣의 長吏(수령)를 살피고 천거할 뿐이라는 말이다. 察擧郡縣長吏而已.

② 交州는 合浦, 交趾, 新昌, 武平, 九眞, 九德, 日南을 통치하고, 廣州는 南海, 臨賀, 始安, 始興, 蒼梧, 鬱林, 桂林, 高涼, 高興, 寧浦郡을 통치하였다.
交州, 統合浦・交趾・新昌・武平・九眞・九德・日南. 廣州, 統南海・臨賀・始安・始興・蒼梧・鬱林・桂林・高涼・高興・寧浦郡.

③ 僕水, 葉楡水, 勞水, 橋水가 모두 寧州의 경계에서 발원하여 交州와 廣州의 경계로 들어가며, 또 霍弋[16]이 寧州에서 楊稷 등을 보내어 교주와 광주를 經略하니, 이는 수로와 육로가 아울러 통하는 것이다.

僕水・葉楡水・勞水・橋水, 皆出寧州界, 入交・廣界. 又霍弋自寧州遣楊稷等, 經略交・廣, 是水陸竝通也.

④ 永寧은 晉 惠帝의 연호이다.
永寧, 惠帝年號.

## 辛丑年(281)

**【綱】** 晉나라 世祖 武皇帝 太康 2년이다. 봄 3월에 吳나라의 伎妾〔妓妾〕 5천 명을 뽑아서 궁중으로 들여왔다.

**二年**이라 **春三月**에 **選吳伎妾五千人**하여 **入宮**[17]하다

---

16) 霍弋 : 字가 紹先으로, 삼국시대 蜀漢 때부터 西晉 초기에 고위 군관을 지낸 인물이다. 劉備 때에 太子舍人이었고 유비 사후에는 諸葛亮 밑에서 丞相府記室로 있었다. 제갈량이 죽은 뒤에는 黃門侍郞이 되었고 劉禪이 태자가 된 뒤에는 中庶子가 되어 태자를 직간으로 보필하였다. 이후 永昌郡의 蠻夷가 난을 일으켰을 적에 永昌太守에 임명되어 오랑캐를 토벌하였고 평정된 뒤에는 監軍翊軍將軍이 되어 南中의 여러 郡을 통솔하였다. 유선이 晉나라에 항복한 후에도 계속해서 南中都督이 되어 交阯, 日南, 九眞 세 郡을 평정하여 그 공으로 列侯에 봉해졌다.(≪三國志≫ 권41 〈蜀書 霍弋傳〉)

17) 選吳伎妾五千人入宮 : "이보다 앞서 한번은 '公卿의 딸을 뽑았다.'고 썼고 한번은 '양갓집의 딸을 취했다.'고 썼는데, 모두 비난한 것이다. 이때 다시 '吳나라의 伎妾을 뽑았다.'고 썼으니, 晉 武帝의 마음이 더욱 여색에 빠진 것이다. 그러므로 앞서 5천 명을 취한 것을 쓰지 않았는데, 이때에는 이것을 썼다. ≪資治通鑑綱目≫이 끝날 때까지 '〈미인을〉 가려 뽑았다.'고 쓴 것이 5번인데 진 무제가 3번을 차지하였다.(癸巳年(273) 조에 자세히 보인다.)〔先是一書選公卿女矣 一書取良家女矣 皆譏也 於是復書選吳伎妾 晉武之志益荒矣 故前取五千人 不書 於此特書之 終綱目 書采選五 晉武居三焉(詳癸巳年)〕" ≪書法≫

"成湯이 桀王을 추방한 뒤에 스스로 '두려워하고 두려워하여 위태롭게 여기고 조심해서 장차 깊은 못에 빠질 듯이 여긴다.'고 말하였는데, 晉 武帝는 吳나라를 평정하고서 곧장 잔치하고 놀았고, 심지어는 吳나라의 伎妾 5천 명을 뽑아 궁중에 들였으니, 이는 모두 멸망한 吳나라의 물건이다. 이미 妲己의 고사를 들어 이들을 죽여 吳나라 백성들을 위로하지 못하고 도리어 마침내 잘못된 전철을 따랐다. 또 더 나아가 마침내 여색에 빠져 병이 들어 목숨을 잃게 되었고, 육신이 미처 차가워지기도 전에 사직이 잿더미가 되고 생민들이 도탄에 빠졌다. 이것을 본 뒤에야 帝王이 조심하고 두려워하며 노력한 것이 진실로 안일과 즐거움을 싫어하고 근심과 부지런함을 좋아한 것이 아니었음을 알 수 있다. 거하는 자리가 하늘의 지위이고 다스리는 바가 하늘의 직책이며 잘못을 저지른 자에게 형벌을 내리는 것을 하늘의 토벌이라 하고 훌륭한 자에게 상을 주는 것을 하늘의 명령이라 하여, 새벽에 일찍 일어나서 부지런히 정사를 하여 하늘과 함께 운행하는 것은 바로 사직과 백성을 위한 계책이다. 아! 진 무제가 만일 이 뜻을 알았다면 장차 이른 새벽부터 밤늦도록 부지런히 힘쓰느라 편안히 잠잘 겨를도 없었을 것이니, 어찌 뒤뜰에서 놀고 잔치하는 잘못이 있었겠는가. 이것을 책에 크게 쓴 것은 후대의 본보기로 삼은 것이다.〔成湯放桀之後 自謂慄慄危懼 若將殞于深淵 晉武平吳甫爾 遽事宴遊 甚至選其伎妾五千入宮 此皆亡吳之物 旣不能擧妲己故事 誅之以弔吳民 反乃尋其覆轍 又甚益之 遂至沈湎成疾 以殞其軀 肉未及寒 社稷爲墟 生民塗炭 然後知帝王兢兢業業 固非惡佚樂而

【目】 황제는 吳나라를 평정한 뒤에 자못 놀고 잔치함을 일삼아서 정사를 태만히 하니, 宮庭에 있는 여인이 거의 만 명에 가까웠다. 황제는 항상 羊이 끄는 수레를 타고 양이 가는 대로 내버려두고는 〈양이 어느 宮人의 거처에〉 도착하면 곧 그곳에서 잠을 자니, 궁인들이 다투어 대나무 잎을 문에 꽂아놓고 소금물을 땅에 뿌려서 황제의 수레를 유인하였다.

황후의 친정 아비인 楊駿과 아우 楊珧와 楊濟가 처음 권력을 행사하여 권세가 내외를 휩쓰니, 당시 사람들이 이들을 일러 三楊이라 하였다. 그리하여 옛 신하들은 대부분 소외되어 물러났다. 山濤가 여러 번 황제에게 規諫을 하였으나 황제는 비록 알더라도 고치지 못하였다.

帝既平吳에 頗事遊宴하여 怠於政事하니 掖庭이 殆將萬人이라 常乘羊車하고 恣其所之하여 至便宴寢①하니 宮人이 競以竹葉插戶하고 鹽汁灑地하여 以引帝車②러라 后父楊駿及弟珧, 濟始用事하여 勢傾內外하니 時人이 謂之三楊이라 舊臣이 多被疏退러라 山濤數(삭)有規諷하니 帝雖知而不能改러라

① ≪晉書≫ 〈輿服志〉에 "羊이 끄는 수레는 일명 '輦車'이니, 위는 軺와 같고 수레의 곁채에 伏兔[18]가 있으며, 수레바퀴에 옻칠을 하고 그림을 그렸다."라고 하였다.
晉志 "羊車, 一名輦車, 上如軺, 伏兔箱, 漆畫輪軛."
② 양이 댓잎을 좋아하고 짠 것을 좋아하므로 댓잎과 소금물을 가지고 황제의 수레를 유인한 것이다.
羊嗜竹葉而喜鹹, 故以二者引帝車.

【綱】 겨울 10월에 鮮卑의 慕容涉歸가 昌黎를 침략하였다.

冬十月에 鮮卑慕容涉歸寇昌黎하다

【目】 처음에 鮮卑의 莫護跋이 비로소 변방 밖에서 들어와 遼西의 棘城 북쪽에 살면서 이름을 慕容部라 했었다. 손자 慕容 涉歸에 이르러 遼東의 북쪽으로 옮기고 대대로 중국에 붙어서 여러 차례 정벌을 따라 출전해서 공을 세워 大單于에 제수되었는데, 이때에 처음으로 배반하여 昌黎縣을 침략하였다.

---

好憂勤也 所居天位 所治天職 刑曰天討 賞曰天命 夙寤晨興 與天同運 正所以爲社稷生靈計耳 嗚呼 晉武苟知此意 則將蚤夜孜孜 寢不遑安 烏有遊宴後庭之失哉 大書于冊 爲後鑑也〕" ≪發明≫

18) 伏兔 : 古代 수레의 부속 부품으로, 수레 곁채의 밑판과 車軸을 연결하는데, 형태가 엎드려 있는 토끼와 같아서 이렇게 부른 것이다.(≪周禮≫ 〈考工記 輈人〉)

**初**에 **鮮卑莫護跋**이 **始自塞外**로 **入居遼西棘城之北**하여 **號慕容部**①러니 **至孫涉歸**하여 **遷於遼東之北**하고 **世附中國**하여 **數**(삭)**從征討有功**하여 **拜大單于**러니 **至是始叛**하여 **寇昌黎**②하다

① 棘城은 昌黎縣의 경계에 있다. 莫護跋이 宣帝(司馬懿)를 따라 公孫氏를 공격할 적에 공을 세우고 率義王에 제수되어 처음으로 극성의 북쪽에 나라를 세웠다. 이때 燕代 지역에는 步搖冠을 많이 썼는데 막호발이 이것을 보고 좋아하여 마침내 보요관을 쓰니, 여러 부족들이 인하여 이들을 '步搖'라고 불렀다. 이후에 그 음이 와전되어 '慕容'이라 하고 그대로 氏로 삼았다. 혹자는 말하기를 "二儀(하늘과 땅)의 덕을 사모하고 三光(해와 달과 별)의 모습을 이었으므로 이것으로 氏를 삼았다." 하였다. 胡三省이 말하기를 "步搖에서 유래했다는 설은 虛誕하고, 혹자의 설은 慕容氏가 중국을 차지하자 그의 신하들이 따라서 붙인 말이다." 하였다.

棘城, 在昌黎縣界. 莫護跋從宣帝伐公孫氏有功, 拜率義王, 始建國于棘城之北. 時燕代多冠步搖冠, 莫護跋見而好之, 遂襲冠焉, 諸部因(乎)〔呼〕[19]爲步搖. 其後音訛轉曰慕容, 因以爲氏. 或云"慕二儀之德, 繼三光之容, 故以爲氏." 胡三省曰"步搖之說誕, 或云之說, 慕容氏既得中國, 其臣子從而爲之辭."

② 莫護跋이 木延을 낳고 목연이 涉歸를 낳았다. 昌黎는 漢나라의 交黎縣이니, 遼西郡에 속하였고 東漢에서는 遼東屬國都尉에 속하였다. 魏나라 正始 5년(244)에 鮮卑가 안으로 歸附하자 다시 요동속국을 설치하고 昌黎縣을 세워 이들을 거처하게 하였는데, 뒤에 昌黎郡을 세웠다.

莫護跋生木延, 木延生涉歸. 昌黎, 漢之交黎縣, 屬遼西郡, 東漢屬遼東屬國都尉. 魏正始五年, 鮮卑內附, 復置遼東屬國, 立昌黎縣以居之, 後立昌黎郡.

【目】 **漢·魏** 이래로 羌族, 胡族, 鮮卑族으로서 항복한 자들을 대부분 변방 안의 여러 郡에 살게 하였는데, 그 뒤에 이민족들이 분노와 원한으로 인하여 자주 長吏(수령)를 살해하니, 점점 백성들의 폐해가 되었다. 侍御史 郭欽이 다음과 같이 상소하였다.

"戎狄이 강포하고 추악하여 예로부터 患難이 되었습니다. 魏나라 초기에 백성들이 적어서 서북의 여러 郡에 모두 오랑캐들이 거처하게 되었고, 안으로 京兆에까지 이르러 魏郡과 弘農에 왕왕 이들이 거주하고 있습니다. 지금은 비록 이들이 복종하고 있으나 만약 100년 뒤에 兵亂의 警報가 있으면, 오랑캐 기병들이 平陽과 上黨에서 3일 안으로 孟津, 北地, 西河, 太原, 馮翊, 安定, 上郡까지 도달하여 모두 오랑캐의 조정이 될 것입니다. 마땅히 吳나라를 평정한 위세와 智謀가 있는 신하와 용맹한 장군의 지략을 써서 內郡에 있는 오랑캐들을 점차 변방으로 옮겨 사방 오랑캐들이 출

19) (乎)〔呼〕: 저본에는 '乎'로 되어 있으나, ≪資治通鑑≫의 註에 의거하여 '呼'로 바로잡았다.

입하는 禁令을 엄하게 하고 先王의 荒服의 제도를 밝혀야 하니, 이것이 萬代의 장구한 계책입니다."

황제는 그 말을 듣지 않았다.

◑ 自漢, 魏以來로 羌, 胡, 鮮卑降者를 多處之塞內諸郡이러니 其後數(삭)因忿恨하여 殺害長吏하여 漸爲民患이라 侍御史郭欽이 上疏曰 戎狄彊獷하여 歷古爲患[①]이라 魏初民少하여 西北諸郡이 皆爲戎居하고 內及京兆하여 魏郡, 弘農이 往往有之하니 今雖服從이나 若百年之後에 有風塵之警이면 胡騎自平陽, 上黨으로 不三日而至孟津, 北地, 西河, 太原, 馮翊, 安定, 上郡하여 盡爲狄庭矣리이다 宜及平吳之威와 謀臣猛將之略하여 漸徙內郡雜胡於邊地하여 峻四夷出入之防하고 明先王荒服之制니 此萬世長策也니이다 不聽[②]하다

① 彊은 巨良의 切이니, 횡포함이다. 獷은 古猛의 切이니, 추악한 모양이다.
彊, 巨良切, 暴橫也. 獷, 古猛切, 麤惡貌.

② 禹貢의 五服은 서로의 거리가 사방 5천 리여서, 荒服에서 안으로 甸服과의 거리가 2천 리였다.[20]
禹貢五服, 相距方五千里, 荒服內距甸服二千里.

**【綱】** 揚州刺史 周浚이 진영을 秣陵으로 옮겼다.

**揚州刺史周浚**이 **移鎭**秣陵[①21)]하다

① 魏나라의 揚州는 壽春을 治所로 삼았는데, 晉나라가 吳나라를 점령하고서는 마침내 치소를 秣陵으로 옮겼다.
魏揚州治壽春, 晉平吳, 乃移治秣陵.

【目】 吳나라 백성 중에 복종하지 않은 자들이 자주 침략하고 반란을 일으키자, 周浚이 모두 토벌하여 평정하고 나이 많은 노인들을 賓禮로 예우하고 준걸스러운 人才들을 찾

20) 禹貢의……리였다 : ≪書經≫ 〈夏書 禹貢〉에 왕성을 중심으로 사방 500리 간격으로 명칭을 달리하여 구분하였는데, 왕성이 포함된 맨 안쪽이 甸服이고, 그 다음이 차례대로 侯服, 綏服, 要服, 荒服인바, 황복에서 전복까지의 거리가 2,000리라고 한 것이다.

21) 揚州刺史周浚 移鎭秣陵 : "晉代에는 刺史들 가운데에 기록할 만한 자는 모두 난을 다스린 것으로 일컬어졌고, 周浚으로부터 이하는 劉沈, 劉琨, 王遜, 賈疋(가아), 麴允, 祖逖, 陶侃, 周訪, 譙王 司馬丞, 段匹磾가 모두 칭찬할 만한 자이다. 明帝 이후로는 자사를 제수하고 파면하는 것이 〈황제에게서 결정되지 않고〉 대부분 國政을 집행하는 자의 뜻에서 나올 뿐이었다.〔晉世刺史 其可書者 皆以戡亂稱 自周浚而下 劉沈劉琨王遜賈疋麴允祖逖陶侃周訪譙王丞段匹磾 皆可稱者也 明帝以後 刺史除罷 大抵出於柄國者之意而已矣〕" ≪書法≫

아보고서 위엄과 은혜를 함께 행하니, 吳나라 사람들이 기뻐하고 복종하였다.

吳民之未服者 屢爲寇亂이어늘 浚이 皆討平之하고 賓禮故老하고 搜求俊乂하여 威惠竝行하니 吳人이 悅服이러라

## 壬寅年(282)

【綱】 晉나라 世祖 武皇帝 太康 3년이다. 봄 정월 초하루에 황제가 친히 南郊에서 제사하였다.

三年이라 春正月朔에 帝親祀南郊하다

【目】 제사하는 예가 끝나자, 황제가 司隷校尉 劉毅에게 "朕은 漢나라의 어느 황제에게 견줄 만한가?"라고 물으니, 대답하기를 "桓帝와 靈帝입니다."라고 하였다. 황제가 말하기를 "어찌 이들에 견주는가?" 하니, 대답하기를 "환제와 영제는 관직을 팔아먹고서 그 돈을 국가의 창고에 들였고 폐하는 관직을 팔아서 그 돈을 사사로이 집에 들였으니, 이것을 가지고 말한다면 아마 그들만도 못할 듯합니다." 하였다. 황제가 크게 웃으며 말하기를 "환제와 영제는 이런 말을 모두 듣지 못했는데 지금 짐에게는 직언하는 신하가 있으니, 참으로 내가 그들보다 낫다." 하였다.

禮畢에 帝問司隷校尉劉毅하여 曰 朕은 可方漢何帝오 對曰 桓, 靈이니이다 帝曰 何至於此오 對曰 桓, 靈은 賣官하여 錢入官庫하고 陛下는 賣官하여 錢入私門하시니 以此言之하면 殆不如也니이다 帝大笑曰 桓, 靈은 不聞此言이어늘 今朕有直臣하니 固爲勝之로다

【目】 劉毅가 권세 있는 귀족들의 잘못을 규찰하고 바로잡으면서 돌아보고 꺼리는 바가 없었다. 太子가 북을 치고 나팔을 불며 東掖門으로 들어오자 유의가 탄핵하여 아뢰었다.

中護軍 羊琇(양수)가 황제의 은총을 믿고서 교만하고 사치하였으며 자주 법을 범하였는데, 유의가 탄핵하기를 "양수의 죄가 사형에 해당합니다."라고 하였다. 황제가 齊王 司馬攸를 보내어 은밀하게 〈양수의 죄를 묵인해줄 것을〉 유의에게 청하니, 유의가 이를 허락하였다. 그런데 都官從事인 程衛가 곧바로 진영으로 달려 들어가 양수의 屬吏들을

체포하여 심문하고는, 양수의 죄상이 낭자하게 많음을 먼저 아뢴 뒤에 유의에게 말하였다. 황제는 부득이하여 양수를 免職하였는데, 얼마 후에 다시 白衣의 신분으로 직무를 수행하게 하였다.

毅糾繩豪貴하여 無所顧忌[①]라 太子鼓吹하고 入東掖門이어늘 毅劾奏之[②]하다 中護軍羊琇가 恃寵驕侈하여 數(삭)犯法이어늘 毅劾奏琇罪當死한대 帝遣齊王攸하여 私請於毅하니 毅許之러니 都官從事程衛가 徑馳入營하여 收琇屬吏考問하여 先奏琇所犯狼籍(자)하고 然後에 言於毅[③]하니 帝不得已免琇官이러니 未幾에 復使白衣領職[④]하다

① 糾는 감독함이다. 繩은 탄핵하여 바로잡음이다.
糾, 督也. 繩, 彈正也.
② 臣子가 宮掖(宮庭)의 門에 이르면 의장대와 인도자를 물리치고 수레에서 내려 걸어서 들어오는데, 태자가 북을 치고 나팔을 불면서 掖門으로 들어왔으니, 불경한 것이다.
臣子至宮掖門, 屛儀導, 下車而入, 太子鼓吹入掖門, 爲不敬.
③ 屬(소속된 부하)은 之欲의 切이다.
屬, 之欲切.
④ 〈"白衣領職"은〉 그 품계를 내쳐 서민의 신분과 똑같게 만들고 계속해서 직무를 수행하게 한 것이다.
黜其品秩, 同於民庶, 而仍領其職.

【目】 羊琇는 景獻王后의 사촌아우이고, 後將軍 王愷는 文明王后의 아우이고, 散騎常侍 石崇은 石苞의 아들이다. 세 사람은 모두 재물이 풍부하였는데 서로 경쟁하듯이 사치를 숭상하였다. 이에 車騎司馬 傅咸이 다음과 같이 상소하였다.

"先王이 천하를 다스릴 적에 고기를 먹고 비단옷을 입는 것에 모두 일정한 제도가 있었으니, 사치하여 재물을 소비하는 것이 천재지변보다 더 심하기 때문입니다. 옛날에 사람이 많고 땅이 좁았는데도 저축이 있었던 것은 절약하였기 때문이요, 지금 토지가 넓고 인민이 적은데도 부족함을 염려하는 것은 사치하기 때문입니다. 임금께서 세상 사람들이 검소함을 숭상하기를 바라신다면 마땅히 사치함을 질책하여야 하니, 사치한 자들이 질책을 받지 않으면 더욱더 서로 끝없이 사치를 숭상하게 될 것입니다."

琇는 景獻后之從父弟也요 後將軍王愷는 文明后之弟也요 散騎常侍石崇은 苞之子也[①]라 三人이 皆富於財하여 競以奢侈相高라 車騎司馬傅咸이 上書曰[②] 先王之治天下에 食肉衣帛이 皆有

其制③하니 奢侈之費가 甚於天災하니이다 古者에 人稠地狹而有儲蓄은 由於節也요 今土廣人稀而患不足은 由於奢也라 欲時人崇儉인댄 當詰其奢니 奢不見詰이면 轉相高尙하여 無有窮極矣리이다

① 景帝(司馬師)의 羊后는 시호가 景獻이다. 文帝(司馬昭)의 王后는 시호가 文明이다.
景帝羊后, 謚景獻. 文帝王后, 謚文明.

② 《晉書》〈職官志〉에 "驃騎 이하 여러 大將軍으로서 開府하지 않거나 都督으로서 節을 잡은 자가 아니면 長史와 司馬 각각 한 사람을 두었다." 하였다.
晉志 "驃騎以下及諸大將軍, 不開府, 非持節都督者, 置長史·司馬各一人."

③ 옛날에 일반 백성들은 50세가 지난 뒤에야 고기를 먹고, 60세가 지난 뒤에야 비단옷을 입었다.[22]
古者黎民五十而後食肉, 六十而後衣帛.

【綱】 張華를 都督幽州軍事로 삼았다.

以張華都督幽州軍事하다

【目】 尙書 張華가 文學과 才識으로 당시에 명성이 자자하니, 의논하는 자들이 모두 마땅히 三公이 되어야 한다고 말하였으나, 荀勖(순욱)과 馮紞(풍담)이 그가 吳나라를 공격하는 계책을 냈다 하여 매우 미워하였다. 마침내 황제가 장화에게 묻기를 "누가 後事를 맡을 만한 자인가?" 하니, 장화가 "밝은 덕을 갖춘 至親 가운데에 齊王(司馬攸)과 같은 이가 없습니다."라고 대답하니, 장화는 이 때문에 황제의 뜻에 거슬렸다.

순욱이 이로 인해 장화를 참소해서 都督幽州로 삼았는데, 장화가 오랑캐와 中夏 사람들을 어루만져서 명망이 더욱 높아졌다. 황제가 다시 그를 불러오고자 하였는데, 풍담이 곁에서 모시고 있다가 조용히 鍾會에 대하여 언급하였다. 풍담이 말하기를 "종회가 배반한 것은 거의 太祖 때문입니다." 하니, 황제가 얼굴빛을 바꾸고 말하기를 "卿은 무슨 말을 하는가?" 하였다. 풍담이 관을 벗고 사죄하며 아뢰기를 "말을 잘 부리는 자는

22) 옛날에……입었다 : 이 내용은 《禮記》〈王制〉의 "50세에 비로소 쇠하고, 60세에 고기가 아니면 배부르지 않고, 70세에 비단옷이 아니면 따뜻하지 않다.〔五十 始衰 六十 非肉不飽 七十 非帛不煖〕"라는 말과 《孟子》〈梁惠王上〉의 "5畝의 집 주변에 뽕나무를 심게 한다면 50세 된 자가 비단옷을 입을 수 있으며, 닭과 돼지와 개와 큰 돼지의 기름을 새끼 칠 때를 잃지 않게 한다면 70세 된 자가 고기를 먹을 수 있다.〔五畝之宅 樹之以桑 五十者可以衣帛矣 鷄豚狗彘之畜(휵) 無失其時 七十者可以食肉矣〕"라는 말에서 원용한 것인데, 50세나 6, 70세는 고대에는 모두 老人에 속한 연령인바, 이 나이가 된 이후에 고기를 먹고 비단옷을 입게 하였다는 말에는 先王이 천하를 다스릴 적에 백성들로 하여금 어른을 높이고 노인을 공경하며 財用을 절약하고 생업에 부지런히 힘쓰게 하고자 했던 뜻이 들어 있다.

반드시 여섯 고삐의 완급을 알맞게 조절할 줄 압니다. 그러므로 漢 高祖는 다섯 명의 왕을 높이고 총애하였으나 끝내 誅滅하였고, 光武帝는 여러 장수들을 억제하여 끝을 잘 마쳤습니다. 이것은 위로는 인자함과 포악함의 차이가 있고, 아래로는 어리석음과 지혜로움의 차이가 있어서가 아니라 억제하고 드높임과 주고 빼앗음을 적절하게 시행하였기 때문입니다.

尙書張華 以文學才識으로 名重一時하니 論者皆謂宜爲三公이라호되 荀勗·馮紞이 以伐吳之謀로 深疾之러라 會에 帝問華호되 誰可託後事者오 華對以明德至親이 莫如齊王이라하니 由是忤旨라 勗이 因而譖之하여 以華都督幽州러니 華撫循夷·夏하여 譽望益振이라 帝復欲徵之러니 紞이 侍側이라가 從容語及鍾會라 紞曰 會之反은 頗由太祖①하니이다 帝變色하여 曰 卿是何言邪오 紞이 免冠謝曰 善御者는 必知六轡緩急之宜라 故로 漢高尊寵五王而誅滅②하고 光武抑損諸將而克終③하니 非上有仁暴之殊요 下有愚智之異也라 蓋抑揚與奪이 使之然耳니이다

① 文帝(司馬昭)는 廟號가 太祖이다.
文帝, 廟號太祖.
② 다섯 왕은 두 명의 韓信(淮陰侯 韓信과 韓王 信)과 彭越, 英布, 盧綰이다.
五王, 兩韓信·彭越·英布·盧綰.
③ 光武帝는 功臣들로 하여금 정사에 관여하지 못하게 하였으므로 모두 福祿을 보존하여 주벌을 받지 않았다.
光武不使功臣預政事, 故皆保其福祿, 無誅譴者.

【目】 鍾會는 재주와 지혜에 한계가 있었는데 太祖는 끝없이 과장하여 칭찬해서 종회로 하여금 스스로 '자신의 계책 중에 잘못된 계책이 없고 보상할 수 없는 큰 공로가 있다.'고 여기게 하여 마침내 흉악한 역모를 도모하게 된 것입니다. 그때 만약 〈태조께서〉 그의 작은 재능을 錄用하면서 큰 예로써 절제하였다면 반란을 일으킬 마음이 생길 리가 없었을 것입니다." 하였다. 황제는 "옳다." 하였다.

會才智有限이어늘 而太祖誇奬無極하여 使會自謂算無遺策하고 功在不賞이라하여 遂構凶逆耳니이다 向令錄其小能하고 節以大禮면 則亂心이 無由生矣리이다 帝曰 然하다

【目】 馮紞이 머리를 조아리고 말하기를 "폐하께서는 이미 臣의 말을 옳게 여기셨으니, 마땅히 〈서리를 밟으면〉 단단한 얼음이 이루어지는 조짐을 생각하여 鍾會와 같은 무리로 하여금 다시는 국가를 傾覆하지 못하도록 하셔야 합니다." 하였다. 황제가 말하기를

"오늘날 어찌 다시 종회와 같은 자가 있겠는가." 하니, 풍담이 인하여 좌우를 물리치고 말하기를 "계책을 도모하는 폐하의 신하 중에 천하에 큰 공을 드러내어 한 방면의 鎭을 점거한 자들이나 軍馬를 총괄하는 자들은 모두 성상이 염려해야 할 대상입니다." 하였다. 황제가 침묵을 하니, 이로 말미암아 張華를 등용하려던 계획을 중지하고 부르지 않았다.

紞이 稽首曰 陛下既然臣之言하시니 宜思堅冰之漸하여 勿使如會之徒로 復致傾覆이니이다 帝曰 當今에 豈復有如會者邪리오 紞이 因屛左右하고 而言曰 陛下謀畫之臣이 著大功於天下하여 據方鎭, 總戎馬者가 皆在聖慮矣니이다 帝默然하니 由是止하고 不徵華하다

**【綱】** 여름 4월에 魯公 賈充이 卒하였다.

**夏四月**에 **魯公賈充**이 **卒**[23]하다

**【目】** 賈充이 늙고 병들어서 자신의 諡號의 기록을 걱정하자, 從子인 賈模가 말하기를 "옳고 그름은 오래되면 저절로 나타나니, 엄폐할 수가 없습니다." 하였다. 이때에 가충이 죽으니, 후사가 없었다. 그의 아내 郭槐가 외손인 韓謐(한밀)을 世孫으로 삼고자 하였는데, 曹軫이 간하기를 "禮에 他姓으로 후사를 삼는 글이 없습니다." 하였다. 곽괴가

---

23) 魯公賈充卒 : "賈充은 弑逆한 죄인인데 '魯公'이라고 쓴 것은 어째서인가. 이것은 晉나라 황제의 뜻이기 때문이다. 賈妃가 사나우니, 晉 武帝가 그를 폐출하고자 하였는데, 楊后가 오히려 '公閭(가충의 字)가 큰 공로가 있다.'라고 말하였다. 그렇다면 晉나라에서 가충에게 혜택을 베풂이 지극한 것이다. 작위를 씀은 司馬氏의 마음을 드러낸 것이다.〔充 弑逆罪人也 書魯公 何 晉志也 賈妃之悍 晉武欲廢之 楊后猶曰 公閭有大勳勞 然則晉之德充 至矣 書爵 所以著司馬氏之心也〕" ≪書法≫

"賈充은 晉나라의 靈公을 시해한 逆臣인 趙穿과 같은 인물이다. 庾純과 高貴鄕公이 질문한 것과 孫皓가 군주를 시해하여 불충하다고 말한 것을 보면 가충의 죄악은 다만 온 나라가 알았을 뿐만이 아니요, 비록 이웃의 적국이라도 알았던 것이다. 그런데 이제 ≪資治通鑑綱目≫에서 그의 작위를 쓰고 '卒'이라고 써서 조금도 폄하한 말이 없음은 어째서인가. 天理는 사람의 마음에 본래 있는 것이니, 가충이 비록 큰 죄악을 저질렀으나 老病으로 죽게 되었을 때에 비로소 자신의 諡號의 기록을 근심하였다. 그렇다면 이것은 小人의 마음이 비로소 자신의 악행을 편안히 여기지 못한 것이다. 〈博士 秦秀는 가충이〉 '기강과 법도를 혼란스럽게 만들었다.' 하여 '荒公'이라고 시호할 것을 청하였으니, 진수도 오히려 晉나라를 위해서 그의 죄악을 엄폐하고 비호하여, 직언으로 배척하고자 하지 않은 것이다. 書法이 이와 같으니, 어찌 그를 인정하였겠는가. 이는 바로 晉나라가 간악한 역적을 높여주고 장려하여 始終을 보호해준 뜻을 드러낸 것이니, 이는 그 뜻을 나타낸 것이다.〔賈充 晉之趙穿耳 觀庾純高貴鄕公之問 與孫皓弑君不忠之謂 則充之罪惡 非惟擧國知之 雖隣敵亦知之矣 今綱目 書爵書卒 略無貶詞 何哉 天理 人心之固有 充雖元惡 然老病垂死 方且自憂諡傳 則是小人之心 未始安於爲惡也 昏亂紀度 請諡荒公 博士秦秀 猶是爲晉掩護 不欲斥言之耳 書法如此 豈予之哉 正以著晉氏崇獎姦賊 保全始終之意 顯其志也〕" ≪發明≫

表文을 올리기를 "가충의 유언입니다." 하니, 황제가 이를 허락하고 이어서 詔令을 내리기를 "만일 功이 太宰(가충)와 같고 처음 封하여 후사가 없는 자가 아니면 이것을 準例로 삼을 수 없다." 하였다.

太常에서 시호를 논하게 되자 博士 秦秀가 말하기를 "가충이 禮를 어기고 情에 빠져서 큰 인륜을 어지럽혔습니다. 옛날 鄫나라가 외손인 莒나라의 公子를 길러 후사로 삼았는데, ≪春秋≫에 '莒나라 사람이 鄫나라를 멸했다.'라고 썼으니, 이는 아버지와 할아버지의 血食을 끊고 조정의 혼란한 근원을 열어놓았기 때문에 이렇게 쓴 것입니다. 살펴보건대 시호 짓는 법에 기강과 법도를 혼란시킨 것을 '荒'이라고 하니, '荒公'이라고 시호할 것을 청합니다." 하였는데, 황제가 시호를 '武'로 바꾸었다.

充이 老病하여 自憂諡傳①이어늘 從子模曰 是非는 久自見(현)이니 不可掩也②니이다 至是하여 薨하니 無嗣라 妻郭槐欲以外孫韓謐爲世孫③한대 曹軫이 諫曰 禮無異姓爲後之文이니이다 槐表陳之하여 云充遺意라하니 帝許之하고 仍詔自非功如太宰요 始封無後者면 不得以爲比④하라하다 及太常議諡에 博士秦秀曰 充이 悖禮溺情하여 以亂大倫이라 昔에 鄫養外孫莒公子爲後어늘 春秋에 書莒人滅鄫⑤하니 絶父祖之血食하고 開朝廷之亂原이니이다 案諡法에 昏亂紀度曰荒이니 請諡荒公하노이다 帝更(경)曰武라하다

① 諡는 〈살았을 때의〉 행실의 자취이다. 傳(기록)은 柱戀의 切이니, 傳이란 생존했을 때의 행실을 모두 기록해서 후세에 전하는 것이다. 賈充이 스스로 간사하고 弑逆을 해서 후세에 마땅히 나쁜 시호를 加할 줄을 알고, 또 훌륭한 史官의 사필에 誅罰을 면치 못할 줄을 안 것이다.
諡者, 行之迹. 傳, 柱戀切. 傳者, 以生存之行悉錄之, 可傳於後世也. 充自知姦回弑逆, 後當加惡諡, 且不能逃良史之筆誅.

② 見(나타남)은 賢遍의 切이다.
見, 賢遍切.

③ 韓謐은 賈充의 사위인 韓壽의 아들이다. 世孫은 嫡孫으로서 할아버지와 아버지의 대를 잇는 자를 이른다.
謐, 充壻韓壽之子. 世孫, 謂嫡孫承祖父之世者.

④ "始封無後者"는 처음 封地를 받고 대를 이을 후사가 없는 자를 이른다.
始封無後者, 謂初受封而無繼嗣者.

⑤ ≪春秋穀梁傳≫에 "'莒나라 사람이 鄫나라를 멸했다.' 하였는데, 참으로 멸망시킨 것이 아니고 他姓을 세워 제사를 받들게 함은 바로 멸망하는 道임을 말한 것이다." 하였다.
穀梁傳 "'莒人滅鄫.' 非滅也, 立異姓以涖祭祀, 滅亡之道也."

【綱】 겨울 12월에 齊王 司馬攸를 大司馬 都督靑州軍事로 삼았다.

**冬十二月**에 **以齊王攸爲大司馬**하여 **都督靑州軍事**하다

【目】 齊王 司馬攸의 덕망이 날로 융성해지니, 荀勗, 馮紞, 楊珧가 모두 그를 미워하였다. 풍담이 황제에게 말하기를 "폐하께서 詔令을 내려 제후들에게 封國으로 나아가게 한 것은 친한 자부터 시작하여야 하는데, 齊王이 홀로 京師에 있는 것이 온당하겠습니까." 하였다. 순욱이 말하기를 "백관들의 마음이 모두 齊王에게 돌아가 있습니다. 폐하께서 한 번 조령을 내려 그에게 봉국으로 나아가게 하시면 반드시 온 조정의 사람들이 불가하다 할 것이니, 그러면 신의 말이 사실로 증명될 것입니다." 하였다. 황제는 그의 말을 옳게 여겨 마침내 사마유를 大司馬 都督靑州諸軍事로 삼았다.

이에 王渾이 다음과 같이 上書하였다.

"사마유는 至親이면서 성대한 덕을 갖춘 인물이니, 마땅히 조정의 정사를 도와야 하는데, 이제 봉국으로 내보내며 헛된 이름을 빌려주어 군대를 주관하고 방면을 다스리는 실제가 없으니, 폐하께서 先帝와 太后가 사마유를 대우한 예전의 뜻을 따르지 않으실까 염려스럽습니다. 만약 '同姓을 너무 총애할 경우 吳나라와 楚나라처럼 반역을 하고 난을 일으키는 도모가 있을 것이다.'라고 한다면, 漢나라의 呂氏, 霍氏, 王氏가 모두 어떤 사람입니까. 옛날 일을 일일이 살펴보건대 輕重이 있는 바에 폐해가 없지 않았으니,[24] 오직 마땅히 正道에 맡기고 忠良을 구할 뿐입니다. 만약 지혜와 계책으로 사람을 시기한다면 비록 친한 사람이라도 의심을 받으니, 소원한 자를 어찌 보존할 수 있겠습니까."

**齊王攸德望**日隆하니 **荀勗, 馮紞, 楊珧皆惡**(오)**之**라 **紞**이 **言於帝曰 陛下詔諸侯之國**을 **宜從親者始**니 **齊王**이 **獨留京師可乎**잇가 **勗曰 百僚皆歸心齊王**하니 **陛下試詔之國**하시면 **必擧朝以爲不可**하리니 **則臣言驗矣**리이다 **帝以爲然**하여 **乃以攸爲大司馬, 都督靑州諸軍事**하다 **王渾**이 **上書**하여 **以攸至親盛德**으로 **宜贊朝政**이어늘 **今出之國**하여 **假以虛號**하고 **而無典戎幹方之實**하니 **懼非陛下追述先帝, 太后待攸之宿意也**①니이다 **若以同姓寵之太厚**하면 **則有吳, 楚逆亂之謀**인댄 **漢之呂,**

---

24) 輕重이……않았으니 : 輕重은 권력을 적게 주고 많이 줌을 이른다. 만일 옛날 漢 景帝 때에 同姓인 吳·楚가 반란을 일으켰다 하여 지금 齊王 司馬攸에게 많은 권력을 주어서는 안 된다고 말할 경우, 高祖 劉邦의 妻族인 呂氏와 宣帝 때의 外戚인 霍氏와 平帝 때의 외척인 王氏는 모두 異姓으로서 亂을 일으켜 나라를 혼란에 빠트리거나 멸망하게 하였으니, 外戚이든 同姓이든 권력이 너무 지나치면 폐해가 된다는 뜻이다. 이때 외척인 三楊이 권력을 행사하였으므로 王渾이 이렇게 말한 것이다.

霍, 王氏는 皆何人也②잇고 歷觀古事컨대 輕重所在에 無不爲害니 唯當任正道而求忠良耳니이다 若以智計猜物이면 雖親이나 見疑니 疏者庸可保乎잇가

① "典戎"은 군대를 통솔하는 것이다. 幹은 바로잡음이니, ≪詩經≫에 "조회 오지 않는 나라를 바로잡는다." 하였다.
典戎, 典兵也. 幹, 正也, 詩 "幹不庭方."

② 漢나라 景帝 때에 吳王 劉濞와 楚나라 元王 劉戊가 모반을 하였고, 高后 때의 여러 呂氏와 宣帝 때의 여러 霍氏와 平帝 때의 王莽은 모두 외척으로 찬탈하고 반역하였으니, 王渾의 뜻은 齊王을 마땅히 의심해서는 안 되고 三楊을 믿어서는 안 됨을 말한 것이다.
漢景帝時, 吳王濞·楚元王戊謀反, 高后時諸呂·宣帝時諸霍·平帝時王莽, 皆以外戚簒逆, 渾之意蓋謂齊王不當疑, 三楊不當信也.

【目】이에 扶風王 司馬駿과 光祿大夫 李憙와 中護軍 羊琇와 侍中 王濟, 甄德이 모두 極諫하였다. 왕제와 견덕은 또 그 아내인 공주로 하여금 모두 들어가 눈물을 흘리면서 황제에게 司馬攸를 머물게 할 것을 청하자, 황제가 노하여 王戎에게 이르기를 "형제간은 지극히 친한 사이이다. 이제 齊王을 내보냄은 본래 朕의 집안일인데 견덕과 왕제가 연이어 부인을 보내와서 朕이 살아 있는데도 와서 곡을 한단 말인가." 하고는 마침내 왕제와 견덕을 궁중에서 내보냈으며, 이희는 마침내 연로하다 하여 직위를 내놓고 집에 있다가 卒하였다.

이희는 조정에 있을 적에 친인척과 친구들과 함께 의복과 음식만 나누어 먹고 일찍이 천자의 관작을 남에게 사사로이 내리지 않으니, 사람들이 이 때문에 그를 칭찬하였다.

於是에 扶風王駿과 光祿大夫李憙와 中護軍羊琇와 侍中王濟, 甄德이 皆切諫①하고 濟, 德이 又使其妻公主로 俱入涕泣하여 請帝留攸한대 帝怒하여 謂王戎曰 兄弟는 至親이라 今出齊王은 自是朕家事어늘 而甄德, 王濟連遣婦來하여 生哭人耶아하고 乃出濟, 德하고 而憙遂以年老遜位하여 卒於家하다 憙在朝에 姻親故人을 與之分衣共食하고 而未嘗私以王官②하니 人이 以此稱之하니라

① 甄德은 文帝의 딸인 長廣公主에게 장가들었다.
德尙文帝女長廣公主.

② 〈"未嘗私以王官"은〉 천자의 官爵을 남에게 사사로이 내리지 않음을 말한 것이다.
言不以天子官爵有私於人.

【綱】 散騎常侍 薛瑩이 卒하였다.

**散騎常侍薛瑩**이 **卒**하다

【目】 혹자가 吳郡 사람 陸喜에게 이르기를 "薛瑩은 吳나라 선비 중에 마땅히 제일의 인물이 되겠는가?" 하니, 육희가 다음과 같이 말하였다.

"孫皓가 無道하니, 吳나라 선비들 중에 침묵을 지키고 몸을 숨겨 등용되지 않은 자가 제일이고, 높은 자리를 피하고 낮은 자리에 거하여 적은 녹봉으로써 농사짓는 것을 대신한 자가 두 번째이며, 강직하게 나라를 깊이 생각하여 정사를 집행하고 두려워하지 않은 자가 세 번째이고, 時宜를 참작해서 때때로 작은 이익을 바친 자가 네 번째이며, 온화하고 공손하고 행실을 닦고 신중하여 군주에게 영합하지 않은 자가 다섯 번째이다. 이것 외에는 굳이 다시 나열할 것이 없다. 저 上等의 선비들은 대부분 자취를 없애 재앙에서 멀어졌고, 中等의 선비들은 명성과 직위를 소유하여 殃禍와 가까워졌으니, 설영이 처신한 바를 살펴보면 네 번째와 다섯 번째의 사이에 속할 것이다."

或이 謂吳郡陸喜曰 瑩於吳士에 當爲第一乎아 喜曰 孫皓無道하니 吳國之士 沈默其體하여 潛而勿用者 第一也요 避尊居卑하여 祿以代耕者 第二也요 侃然體國하여 執政不懼者 第三也①요 斟酌時宜하여 時獻微益者 第四也요 溫恭修愼하여 不爲諂首者 第五也니 過此以往은 不足復數라 故彼上士는 多淪沒而遠悔吝하고 中士는 有聲位而近禍殃하니 觀瑩之處身本末하면 其四五之間乎인저

① 侃은 剛直함이다.
侃, 剛直也.

癸卯年(283)

【綱】 晉나라 世祖 武皇帝 太康 4년이다. 봄 정월에 祭酒 曹志 등을 除名하고 齊王 司馬攸에게 備物[25]과 특별한 예를 하사하였다.

---

25) 備物 : ≪春秋左氏傳≫ 定公 4년에 "備物典策"이라 하였는데, 楊伯峻의 注에 備物은 服物로 古字에 備와 服은 通用되었는데, 服物은 生者와 死者의 衣服과 佩物만을 가리킨 것이 아니고 사용하는 禮儀까지 가리킨 것이라고 하였다. 또 본서 149쪽 訓義 ①에 그 내용이 보인다.

### 四年이라 春正月에 除祭酒曹志等名하고 賜齊王攸備物殊禮[26]하다

【目】 황제가 太常에게 명하여 齊王에게 높여 줄 물건을 의논하자, 博士 庾旉(유부)와 秦秀 등이 다음과 같이 아뢰었다.

"옛날 禮에 三公은 〈특별히 전담하는〉 직책이 없어 앉아서 道를 논하였으니, 방면의 임무를 가지고 옭아맸다는 말을 듣지 못했습니다. 오직 周나라 宣王이 朝夕의 위급함을 구원한 뒤에야 召穆公에게 명하여 가서 淮夷를 정벌하게 하였습니다. 그러므로 그 詩에 이르기를 '徐方이 王命을 어기지 않자 왕이 곧 돌아오라 하셨다.' 하였으니,[27] 재상은 오랫동안 밖에 있어서는 안 됩니다. 지금 천하가 이미 평정되어 천지 사방이 한 가족이 되었으니, 장차 三事(三公)를 자주 맞이하여 함께 태평의 기초를 논해야 합니다. 그런데 다시 封國으로 내보내시니, 옛 법에 위배됩니다."

帝命太常하여 議崇錫齊王之物한대 博士庾旉, 秦秀等曰① 古禮에 三公無職하여 坐而論道하니 不聞以方任嬰之②라 惟宣王이 救急朝夕然後에 命召穆公[28]하여 征淮夷라 故其詩曰 徐方不回어늘 王曰旋歸라하니 宰相은 不得久在外也니이다 今天下已定하여 六合爲家하니 將數(삭)延三事하여 與論太平之基어늘 而更出之하니 違舊章矣③니이다

① 旉는 敷로 읽는다. 庾旉는 庾純의 아들이다.

---

26) 除祭酒曹志等名 賜齊王攸備物殊禮 : "殊禮(특별한 예)는 무엇인가. 六佾(여섯 줄의 춤추는 항렬)과 軒縣과 黃鉞과 朝車이다. 殊禮에는 3가지가 있다. ≪資治通鑑綱目≫이 끝날 때까지 殊禮를 쓴 것이 10번인데, 오직 齊王 司馬攸에게만 '하사했다.'고 썼다. '〈신하가 황제에게 拜禮를 올릴 적에 禮를 돕는 자가〉 신하의 이름을 부르지 않고 劍을 차고 신을 신고 궁전으로 올라갔다.'고 쓴 것이 4번인데, 오직 蕭何에게만 '하사했다.'고 썼다. 그렇다면 여기서 먼저 '曹志를 除名했다.'고 쓴 것은 어째서인가. 황제가 正論을 어기고 친한 자와 어진 이를 소원히 함을 나타낸 것이다. 제명한 例가 3가지이니, '아무개를 除名했다.'는 것은 죄가 없다는 말이요, '아무개가 죄로써 제명됐다.'는 것은 죄가 있다는 말이요, 다만 '아무개가 제명됐다.'고 쓴 것은 죄가 적다는 말이다.〔殊禮 何 六佾軒縣黃鉞朝車也 殊禮有三 終綱目 書殊禮十 惟齊王攸得書賜 書贊拜不名 劍履上殿四 惟蕭何得書賜 然則此其先書除曹志名 何以見帝之違正論而疏親賢也 除名之例三 除某名者 無罪之辭也 某以罪除名者 有罪之辭也 但書某除名者 薄乎云爾之辭也〕" ≪書法≫

27) 周나라……하였으니 : 召穆公은 召虎로, 목공은 그의 시호이며, 그 詩는 ≪詩經≫의 〈大雅 常武〉를 가리킨다. ≪시경≫에는 〈江漢〉과 〈常武〉가 나란히 나열되어 있는데, 朱子의 ≪集傳≫에 "宣王이 召穆公을 불러 淮水 남쪽의 오랑캐를 평정하자, 詩人이 찬미하였으니, 이 〈江漢〉은 그 일을 총괄하여 서술한 것이다." 하였으며, 〈常武〉는 "태사인 皇父(황보)에는 수행하는 六軍을 정돈하여 군대의 일을 修治해서 淮夷의 난을 제거하고 이 南方의 나라에 은혜를 베풀게 한 것이다."라고 풀이하였다.

28) 惟宣王……命召穆公 : ≪晉書≫ 〈庾旉傳〉에는 "宣王中興 四夷交侵 救急朝夕 然後命召穆公征淮夷"라 하였다.

甹, 讀曰敷. 甹, 純之子也.

② 禜은 옭아맴이다.

禜, 縈也.

③ 敷은 음이 朔이다. 三事는 三公이니, 하늘과 땅과 사람의 세 가지 일을 관장하였다. ≪漢書≫ 〈百官公卿表〉에 "司馬는 하늘을 주관하고 司徒는 사람을 주관하고 司空은 땅을 주관하니, 이것이 三公이다." 하였다.

數, 音朔. 三事, 三公也, 掌天地人三事. 漢百官表"司馬主天, 司徒主人, 司空主土, 是爲三公."

【目】曹志가 탄식하기를 "어찌 이와 같은 재주와 이와 같은 친함이 있으면서 근본을 세우고 교화를 돕지 못하고 멀리 바다 귀퉁이로 나간단 말인가. 晉나라의 융성함이 이제 위태로워질 것이다." 하였다. 이에 다음과 같이 奏議하였다.

"옛날 왕실을 좌우에서 보필한 분으로 同姓인 경우에는 周公이 있고 異姓인 경우에는 太公이 있었는데, 모두 자신이 조정에 거주하여 5대가 지나도록 反葬하였습니다. 周나라가 쇠하게 되자 비록 五霸가 번갈아 일어났으나, 어찌 周公, 召公의 정치와 똑같이 논할 수 있겠습니까. 伏羲氏 이래로 어찌 한 姓氏가 홀로 천하를 소유했겠습니까. 마땅히 지극히 공평한 마음을 미루어서 천하와 利害를 함께하여야 비로소 국가를 장구하게 누릴 수 있습니다. 이 때문에 秦나라와 魏나라의 경우 황제가 〈대권을 독점하여〉 자신이 죽을 때까지만 나라를 보유하였고, 周나라와 漢나라는 〈천하와 이익을 함께하여〉 친한 자와 소원한 자가 모두 쓰임이 되어 제 역할을 하였으니, 이것은 지난 일 중에 분명한 증거입니다. 제가 생각하건대 마땅히 博士 등이 논의한 것과 같이 해야 합니다."

황제가 크게 노여워하여 말하기를 "조지가 아직도 내 마음을 밝게 알지 못하니, 하물며 四海의 人心이겠는가. 또 박사는 내가 물은 바에 답하지 않고 묻지 않은 것에 답하여 멋대로 異論을 만들어내는구나." 하고는 마침내 조지의 관직을 파면하고 나머지를 모두 廷尉에 회부하였다.

曹志嘆曰 安有如此之才, 如此之親하고 不得樹本助化하여 而遠出海隅리오 晉室之隆이 其殆矣乎인저 乃奏議曰 古之夾輔王室이 同姓則周公이요 異姓則太公이니 皆身居朝廷하여 五世反葬①하니이다 及其衰也하여 雖有五霸代興이나 豈與周, 召之治로 同日而論哉②잇가 自羲皇以來로 豈一姓所能獨有리오 當推至公之心하여 與天下共其利害라야 乃能享國久長이라 是以로 秦, 魏纔得沒身하고 而周, 漢親疏爲用하니 此前事之明驗也라 志以爲當如博士議라하노이다 帝大怒하여 曰

曹志尙不明吾心하니 況四海乎[③]아 且博士不答所問하고 而答所不問하여 橫造異論[④]이라하고 遂免志官하고 其餘를 皆付廷尉하다

① ≪禮記≫ 〈檀弓〉에 말하기를 "太公이 齊나라의 營丘에 봉해졌었는데, 5대에 이르도록 모두 周나라로 反葬했다." 하였다. 陳澔가 말하기를 "태공이 비록 齊나라에 봉해졌으나 周나라에 남아 太師가 되었으므로 죽어서 마침내 周나라에 장례하였다. 자손들이 감히 그 근본을 잊을 수가 없으므로 또한 齊나라에서 周나라로 反葬하여 先塋을 따르다가 5대가 지나 親이 다한 뒤에야 그친 것이다." 하였다.
記檀弓曰 "太公封於營丘, 比及五世, 皆反葬於周." 陳澔曰 "太公雖封於齊, 而留周爲太師, 故死而遂葬於周. 子孫不敢忘其本, 故亦自齊而反葬於周, 以從先人之兆, 五世親盡而後止也."

② 〈"雖有五霸代興……而論哉"는〉 五霸가 번갈아 일어나서 周나라 왕실을 높였으나 周公, 召公이 좌우에서 보필한 정치와 똑같이 논할 수 없음을 말한 것이다.
言五霸代興, 以尊周室, 不可與周·召夾輔之治同日而論也.

③ 曹志는 본래 魏나라 陳思王 曹植의 아들이고, 조식이 魏 文帝와 형제간이었는데, 문제가 조식을 禁하고 制裁한 것이 어떠하였기에 아직도 내 마음을 밝게 알지 못하는가 한 것이다.
謂志本魏陳思王植之子, 植於魏文帝兄弟也, 文帝之禁制植者, 爲何如, 今尙不能明吾之心乎.

④ 물은 것은 齊王에게 禮物을 높이 하사하는 것뿐이었고, 제왕을 마땅히 내보내야 하는가의 여부를 묻지 않은 것이다.
所問者, 崇錫齊王禮物而已, 不問齊王當出與不當出也.

【目】 廷尉 劉頌이 아뢰기를 "庾旉 등이 크게 불경한 죄를 지었으니, 마땅히 棄市해야 합니다." 하였다. 尙書가 판결해줄 것을 奏請하자 尙書인 夏侯駿이 말하기를 "8座의 관직을 세움은 바로 이런 때를 위한 것이다." 하고는 마침내 홀로 반박하는 의논을 하니, 이 의논이 궁중에 머문 지 7일이 되어서야 비로소 詔令을 내려 유부 등 7명에 대해 사형을 면제하고 除名을 시켰다. 그리고 司馬攸에게 備物과 典策을 하사할 것을 명하고, 〈그의 封國에〉 軒縣의 음악과 六佾의 춤을 설치하게 하고, 〈그의 행차에〉 黃鉞과 朝車와 乘輿의 副車를 따르게 하였다.

廷尉劉頌이 奏호되 旉等이 大不敬하니 當棄市니이다 尙書奏請報聽한대 尙書夏侯駿曰 官立八座는 正爲此時[①]라하고 乃獨爲駁議하니 留中七日[②]에 乃詔旉等七人을 免死除名[③]하고 命攸備物典策하고 設軒縣之樂과 六佾之舞와 黃鉞, 朝車하고 乘輿之副從焉[④]하다

① 漢나라 成帝가 中書의 환관을 파하고 尙書 5명을 두되, 한 사람은 僕射가 되고 네 사람은 4曹가 되었는바, 첫 번째는 '常侍曹'이고 두 번째는 '二千石曹'이고 세 번째는 '民曹'이고, 네

번째는 '主客曹'였다. 뒤에 또다시 三公曹를 설치하니, 이것이 5曹가 된다. 光武帝가 常侍曹를 고쳐 '吏部曹'라 하고 또 中都官曹를 설치하게 하여 합해서 6曹(六曹尙書)가 되었으며, 여기에 尙書令과 尙書僕射 두 사람을 아울러 8座라 하였다. 뒤에 吏部를 고쳐 '選部'라 하였고, 魏나라에서는 또 選部를 고쳐 '吏部'라 하였으며, 또 左民·客曹와 五兵·度支가 있어서 모두 五曹尙書이고, 尙書左僕射와 尙書右僕射 2명과 尙書令 1명을 더하여 8座가 되었다. 晉나라는 魏나라와 같았다. 爲(위하다)는 去聲이다.
漢成帝罷中書宦者, 置尙書五人. 一人爲僕射, 四人分爲四曹, 一曰常侍曹, 二曰二千石曹, 三曰民曹, 四曰主客曹, 後又置三公曹, 是爲五曹. 光武改常侍曹, 爲吏部曹, 又置中都官曹, 合爲六曹, 幷令·僕二人, 謂之八座. 後改吏部爲選部, 魏又改選部爲吏部, 又有左民·客曹·五兵·度支, 凡五曹尙書, 左右二僕射·一令爲八座. 晉與魏同. 爲, 去聲.

② 〈"留中七日"은〉 아뢴 글을 궁중에 머물러두어 7일 동안 답하지 않은 것이다.
留所奏於宮中, 七日不報.

③ 7인은 庾旉, 太叔廣, 劉暾, 繆蔚, 郭頤, 秦秀, 傅珍이다. 유돈은 劉毅의 아들이다.
七人, 謂庾旉·太叔廣·劉暾·繆蔚·郭頤·秦秀·傅珍. 暾, 毅之子也.

④ 朝(조회하다)는 直遙의 切이다.
朝, 直遙切.

**【綱】** 3월 초하루에 일식이 있었다.

三月朔에 日食하다

**【綱】** 大司馬인 齊王 司馬攸가 卒하였다.

◑ 大司馬齊王攸卒[29]하다

【目】 司馬攸가 분하고 원통해하여 병이 났다. 그래서 先后의 陵을 지킬 것을 청하였으나 허락받지 못하였고, 御醫가 가서 진찰할 적에 임금의 뜻에 맞추어 모두 병이 없다고 말하였다. 河南尹 向雄(상웅)이 간하기를 "폐하의 子弟가 비록 많으나 덕망이 있는 자는

29) 大司馬齊王攸卒 : "이것을 쓴 것은 晉나라를 위하여 애석히 여긴 것이다. 司馬攸가 행동거지를 예법에 맞게 하여 잘못한 일이 적었으니, 참으로 어질었다. 지극히 친하고 또 어진데, 다만 荀勗, 馮紞이 참소하여 〈사마유가〉 황제 사후에 우려할 존재가 될 것이라고 속인 것을 가지고 기어이 그를 내보내려 해서 피를 토하고 죽는 데에 이르렀으니, 황제 또한 매우 혼우하다. 만일 齊王이 죽지 않았다면 어찌 잔약한 후사에 유익함이 없었겠는가. 그러므로 ≪資治通鑑綱目≫에 특별히 써서 애석히 여긴 것이다.〔書 爲晉惜也 攸擧動以禮 鮮有過事 賢也 至親且賢 徒以荀馮浸潤 詭爲身後之慮 必欲出之 以至嘔血而卒 帝亦闇甚矣 使齊王不死 豈無益於孱弱之嗣乎 故綱目特書惜之〕" ≪書法≫

적습니다. 齊王이 서울에 거처하면 유익한 바가 실로 크니, 생각하지 않으면 안 됩니다." 하였으나, 황제가 그 말을 받아들이지 않으니, 상웅은 분하고 원통해하며 卒하였다. 사마유의 병이 더욱 위독하였으나 오히려 封國으로 출발할 것을 재촉하니, 사마유가 피를 토하고 薨하였다. 황제가 가서 喪에 곡하자 아들인 司馬冏(사마경)이 울부짖고 발을 구르며 하소연하니, 詔令을 내려서 즉시 어의를 誅殺하게 하였다.

攸憤怨發病하여 乞守先后陵한대 不許[①]하고 御醫診視에 希旨하여 皆言無疾[②]이라 河南尹向雄이 諫曰 陛下子弟雖多나 然有德望者少라 齊王이 臥居京邑하면 所益實深하니 不可不思也니이다 帝不納하니 雄이 憤恚而卒하다 攸疾轉篤이로되 猶催上道하니 攸嘔血而薨하다 帝往臨喪한대 其子冏이 號踊陳訴어늘 詔卽誅醫하다

① 先后는 文明皇后를 이른다.
先后, 謂文明皇后也.
② 診은 止忍의 切이니, 안후를 살피고 진맥하는 것이다.
診, 止忍切, 候脈也.

【目】 처음에 황제는 司馬攸를 매우 돈독히 사랑하였는데, 荀勗과 馮紞에게 모함을 받아 황제가 자신이 죽은 이후에 문제가 될 것이라 여겼으므로 그를 내보내려고 하였다. 그가 薨하자 황제가 끊임없이 애통해하였는데, 풍담이 곁에서 모시고 있다가 말하기를 "齊王은 명성이 실제보다 지나쳐서 천하의 마음이 그에게 돌아갔는데 지금 스스로 薨하였으니, 이는 사직의 복입니다. 폐하께서는 어찌 지나치게 슬퍼하십니까." 하니, 황제는 눈물을 거두고 슬픔을 그쳤다. 사마유는 행동거지를 예법에 맞게 하여 잘못하는 일이 적으니, 황제가 그를 경외해서 引見하여 함께 거처할 때마다 반드시 말을 가린 뒤에 하였다.

初에 帝愛攸甚篤이러니 爲荀勗, 馮紞所搆하여 欲爲身後之慮라 故出之하다 及薨에 帝哀慟不已어늘 馮紞이 侍側하여 曰 齊王이 名過其實하여 天下歸之러니 今自薨殞하니 社稷之福也라 陛下何哀之過시니잇고 帝收淚而止하다 攸擧動以禮하여 鮮有過事하니 帝敬憚之하여 每引同處에 必擇言而後發하니라

**【綱】** 여름에 琅邪王 司馬伷(사마주)가 卒하였다.

夏에 琅邪王伷卒[30)]하다

【目】 司馬伷의 諡號를 '武'라 하였다. 아들 司馬覲이 뒤를 이었다.

諡曰武라 子覲이 嗣하다

**【綱】** 겨울에 河南, 荊州, 揚州에 홍수가 졌다.

冬에 **河南·荊·揚**이 **大水**하다

**【綱】** 歸命侯 孫皓가 卒하였다.

◑**歸命侯孫皓卒**[31]하다

甲辰年(284)

**【綱】** 晉나라 世祖 武皇帝 太康 5년이다. 봄 정월에 龍이 武庫의 우물 안에 나타났다.

**五年**이라 **春正月**에 **龍見**(현)**武庫井中**하다

【目】 靑龍 두 마리가 武庫의 우물 안에 나타났다. 황제가 이를 구경하고 기뻐하는 기색이 있자 백관들이 장차 축하하려 하였는데, 劉毅가 말하기를 "옛날에 용이 夏나라 조정에 내려와서 끝내 周나라의 화가 되었으니, 옛날의 典籍을 찾아보건대 용에게 축하하는 禮가 없었습니다." 하였다. 그리하여 마침내 축하하는 것을 중지하였다.

靑龍二見(현)武庫井中하니 帝觀之하고 有喜色한대 百官將賀러니 劉毅曰 昔에 龍降夏庭하여 卒爲周禍하니 尋案舊典에 無賀龍之禮하니이다 乃止①하다

① 夏后氏가 쇠할 적에 두 마리의 용이 夏나라 조정에 내려와서 말하기를 "우리는 褒나라의 두 군주이다."라고 하였다. 夏나라 임금이 이 용을 죽일 것인가, 보관할 것인가, 그대로 버릴 것인가를 점쳤는데 吉한 것이 없었다. 용의 침을 보관할 것을 점치자 마침내 길하므로 幣帛을 펼쳐놓고 策文을 써서 고하니, 용은 없어지고 침만 남았다. 이에 침을 匵에 넣어 내

30) 琅邪王伷卒 : "'司馬伷가 卒했다.'고 쓴 것은 어째서인가. 東晉의 세대를 자세히 쓴 것이다.〔卒伷 何 詳東晉之世也〕" ≪書法≫

31) 歸命侯孫皓卒 : "'孫皓가 卒했다.'고 쓴 것은 어째서인가. 후덕함을 보존한 것을 인정한 것이다. 吳나라가 멸망하고 4년이 지난 때였다.〔書孫皓卒 何 予存厚也 吳滅 於是四年矣〕" ≪書法≫

버려두었다. 夏나라가 망하자 이 궤를 殷나라와 周나라에 전하였는데, 夏·殷·周 三代에서 꺼내지 않았다. 그러다가 周 厲王의 말년에 이르러서 이것을 꺼내 보았는데, 침이 뜰로 흘러서 제거할 수 없을 정도였다. 여왕이 부인들로 하여금 옷을 벗고 시끄럽게 떠들게 하니, 침이 검은 자라로 변하여 후궁으로 들어갔다. 어린 첩이 이것과 교접하고서 임신하여 자식을 낳았는데, 두려운 마음에 그 자식(계집아이)을 버렸다. 宣王 때에 어린 계집아이가 동요를 부르기를 "뽕나무 활과 箕나무로 만든 箭筒이 실로 周나라를 망친다." 하였다. 이때 이 기물을 파는 부부가 있었으므로 선왕이 사람을 시켜서 그 부부를 잡아 죽이게 하였다. 이들 부부는 길에서 도망하다가 어린 첩이 버린 요망한 자식을 보았는데, 밤에 슬피 우는 것을 듣고 가엾게 여겨 거두어서 마침내 褒나라로 도망하였다. 뒤에 褒나라 사람이 죄를 짓자 요망한 자식을 들여 속죄하니, 이 자식이 褒姒이다. 幽王이 그를 보고 사랑하여 아들 伯服을 낳았다. 그리하여 申后와 太子를 폐하고 포사와 백복을 대신 세우니, 폐출된 后의 아비 申侯가 繒나라와 西夷와 犬戎과 함께 유왕을 공격하여 죽였다. 漦는 용이 토한 침인데, 침은 용의 精氣이다. 檿은 산뽕나무이고, 나무 활을 弧라 한다. 箕는 나무 이름이고, 服은 箭筒이다.

夏后氏之衰, 有二龍止於夏庭, 而言曰"予, 褒之二君也." 夏帝卜殺之·去之·止之, 莫吉. 卜請其漦而藏之, 乃吉. 於是布幣而策告之, 龍亡而漦在, 乃匵去之. 夏亡, 傳匵於殷·周, 三代莫發. 至厲王之末, 發而觀之, 漦流于庭, 不可除. 厲王使婦人贏而譟之, 漦化爲玄黿, 入後宮, 童妾遇之而孕, 生子, 懼而棄之. 宣王之時, 童女謠曰"檿弧箕服, 實亡周國." 於是有夫婦鬻是器者, 宣王使執而僇之, 逃於道, 見童妾所棄妖子, 聞其夜啼, 哀而收之, 遂亡奔褒. 後褒人有罪, 入妖子以贖, 是爲褒姒. 幽王見而愛之, 生子伯服, 廢申后及太子, 而立褒姒·伯服代之. 廢后之父申侯與繒·西夷·犬戎, 共攻殺幽王. 漦, 龍所吐沫, 沫, 龍之精氣也. 檿, 山桑, 木弓曰弧. 箕, 木名. 服, 矢房也.

## 乙巳年(285)

**【綱】** 晉나라 世祖 武皇帝 太康 6년이다. 봄 정월에 尙書左僕射 劉毅가 卒하였다.

**六年**이라 **春正月**에 **尙書左僕射劉毅卒**하다

【目】 처음에 陳群은 吏部에서 천하의 선비들을 자세히 살피고 조사하지 못한다고 생각하였다. 그러므로 郡國과 州로 하여금 각기 中正을 설치하였는데 모두 本土의 사람 중에 조정의 관직을 맡고 있거나 덕이 충만하고 재주가 뛰어난 자를 뽑아서 중정을 삼아

서 그들로 하여금 〈해당 지역의 선비를〉 銓衡하는 등급을 매겨서 9品(鄕品)으로 나누어서 말과 행실이 잘 닦여지고 드러난 자가 있으면 品을 올려주고 道義를 훼손한 자가 있으면 品을 낮추게 하였다.[32] 吏部에서 이것(향품)을 근거하여 관직을 補任하였는데, 시행한 지가 점점 오래되자 중정이 적임자가 아닌 경우도 있어서 간악한 병폐가 날로 불어났다.

初에 陳群이 以吏部不能審覈天下之士라 故令郡國及州로 各置中正하되 皆取本土之人 任朝廷官하고 德充才盛者爲之하여 使銓次等級하여 以爲九品①하여 有言行修著하면 則升之하고 道義虧缺하면 則降之하니 吏部憑以補授하여 行之浸久에 中正이 或非其人하여 姦敝日滋러라

① 그 재주와 덕을 상고하여 등급을 매기는 것을 '銓次'라 한다. 使는 본음대로 읽으니, 아래 글에 붙여 읽는다. 본토의 사람 중에 현재 조정의 관직을 맡고 있거나 덕이 충만하고 재주가 뛰어난 자를 뽑아 中正으로 삼아 그로 하여금 〈본토 선비들을〉 銓次하는 등급을 매겨 9品으로 나눈 것을 말한 것이다.
考其才德而等第之, 謂之銓次. 使, 如字,[33] 屬(촉)下句. 言取本土之人, 見(현)任朝廷之官, 德充而才盛者爲中正, 使之銓次等級, 爲九品也.

【目】 劉毅가 일찍이 다음과 같이 상소하였다.

"中正를 설치함에 정사에 손해되는 것이 여덟 가지입니다. 등급의 높고 낮음을 권세의 강약에 따라 결정하고 옳고 그름의 판단을 관직의 성쇠에 따라 가려서 동일한 사람을 두고 열흘 사이에 평가가 달라지니, 上品에는 빈한한 가문의 출신이 없고 下品에는 권세 있는 집안 출신이 없는 것이 첫 번째입니다.

州都(中正)를 설치한 것은 본래 州里의 공론이 심복하는 사람을 취하여 장차 이견을 조율하고 논의를 일치시키기 위한 것이었습니다. 그런데 이제 그 직임은 중하게 여기면서 그 직임을 맡을 사람은 가볍게 선발하여 반박하는 의론이 州里에 제멋대로 행해지게 하고 大臣들 사이에 서로 꺼리고 싫어하는 틈이 생기게 하는 것이 두 번째입니다.

---

32) 처음에……하였다 : 이는 九品官人法 또는 九品中正制라고도 불리는 관리 등용제도이다. 漢나라의 秩石制에 의한 관직의 등급을 1品에서 9품까지의 官品으로 재편성하고서 郡國에 中正官을 설치하고 이들에게 현 관료들과 仕官 대상자들의 자질을 심사하게 하였다. 이 제도는 처음에 漢나라 관료를 평가하여 魏나라 관료로 재편입하는 데 목적을 두었다. 그러나 시간이 갈수록 현임자들에 대한 평가가 아닌 신임관을 주 대상으로 하였다. 중정관이 관내 인물들을 1품에서 9품까지 등급을 매겼는데, 이를 鄕品이라고 한다. 초임관을 起家官이라 하는데, 기가관은 향품보다 4등급 낮추어 그에 해당하는 관품의 관직을 부여하였다. 魏나라 말기 司馬懿의 건의에 따라 州에 中正(大中正)을 두게 되면서 향품의 결정권이 점차 중앙으로 집중하게 되었다.(宮崎市定, ≪九品官人法の硏究≫, 岩波書店)

33) 如字 : 한 글자에 여러 독음이 있는 경우 本音대로 읽으라는 것이다.

劉毅가 中正九品을 논하여 上言하다

본래 격식을 세워 9品을 만든 것은 생각건대 재주와 덕에 優劣의 구분이 있고 同類들 사이에 高下의 구별이 있어서인데 지금 優劣이 뒤바뀌고 高下가 전도되는 것이 세 번째입니다.

폐하께서 잘하는 자에게 상을 내리고 잘못하는 자에게 벌은 줌에 법으로 제재하지 않음이 없으신데, 오직 中正만은 상벌의 제한이 없고 또 사람들이 訴訟하는 것을 금하여 억울하게 낮은 등급을 받은 자가 위로 아뢸 수 없는 것이 네 번째입니다.

毅嘗上疏曰 中正之設이 損政者八이라 高下逐彊弱하고 是非隨興衰하여 一人之身이 旬日異狀하니 上品無寒門하고 下品無勢族이 一也니이다 置州都者는 本取州里淸議所服하여 將以鎭異同, 一言議也[1]어늘 今重其任而輕其人하여 使駁論橫於州里하고 嫌隙結於大臣이 二也[2]니이다 本立格爲九品者는 謂才德有優劣하고 倫輩有首尾也어늘 今乃優劣易地하고 首尾倒錯이 三也[3]니이다 陛下賞善罰惡에 無不裁之以法이어시늘 獨中正은 無賞罰之防하고 及禁人訴訟하여 使受枉者로 不獲上聞이 四也니이다

① 州都는 中正을 이른다.
州都, 謂中正.
② 橫(제멋대로)은 戶孟의 切이다.
橫, 戶孟切.
③ 錯(잘못되다)는 千古의 切이다.
錯, 千古切.

【目】 한 나라의 선비가 많은 경우는 천 명이 넘습니다. 혹 다른 고을로 옮겨가면 그의 얼굴도 알지 못하는데 中正이 臺府에서 칭찬하는 말을 듣고 뽑으며 유언비어 중에 그의 잘못을 채택하는 것에 불과하여 자신의 견해에 맡기면 사람을 알지 못하는 폐단이 있고 남의 견해를 받아들이면 피차의 편벽됨이 있는 것이 다섯 번째입니다.

무릇 인재를 구함은 백성들을 다스리기 위해서인데 지금 관직을 맡아서 공적이 현저한 자는 혹 낮은 등급에 있고 관직에 있으면서 공적이 없는 자는 도리어 높은 등급을 얻어서 실제적인 공효를 억제하고 헛된 명성을 높이며 겉으로 화려함만 조장하고 실제의 공적을 폐지하는 것이 여섯 번째입니다.

모든 관직은 일이 똑같지 않고 사람은 재능이 똑같지 않은데 이제 그 재주의 마땅한 바를 살피지 않고 다만 등급을 9品으로 만들어 品에 따라 사람을 취하고 혹은 재능이 뛰어난 분야가 아닌데도 평가한 말만 가지고 사람을 취하니, 본래의 등급에 제한되어 한갓 근거 없는 빈말을 늘어놓아 등급과 평가한 말이 서로 방해가 되는 것이 일곱 번째입니다.

등급을 강등한 사람은 그들의 죄를 드러내지 않고 등급을 올려준 사람은 그들의 잘한 점을 나열하지 않아서 각각 자신의 사랑하고 미워하는 감정에 따라 私黨을 심으니, 천하 사람들이 어찌 德行을 닦기를 게을리하고 人事만을 예의 주시하지 않겠습니까. 이것이 여덟 번째입니다.

이것을 가지고 논한다면 관직의 이름은 '中正'이라고 하나 실로 간악한 부서가 되고 일의 이름은 '9品'이라고 하나 여덟 가지의 손해됨이 있으니, 마땅히 중정을 파하고 한 시대의 제도를 다시 세워야 합니다."

一國之士 多者는 千數라 或流徙異邦하여 面猶不識하니 不過采譽於臺府하고 納毁於流言하여 任己則有不識之蔽하고 聽受則有彼此之偏이 五也니이다 凡求人才는 以治民也어늘 今當官著效者 或附卑品하고 在官無績者 更獲高敍하여 抑功實而隆虛名하고 長浮華而廢考績이 六也①니이다 凡

官不同(人)〔事〕하고 (事)〔人〕不同能[34)]이어늘 今不狀其才之所宜하고 而但第爲九品하여 以品取人하고 或非才能之所長이로되 以狀取人하니 則爲本品之所限하여 徒結白論하여 品狀相妨이 七也[②]니이다 所下不彰其罪하고 所上이 不列其善하여 各任愛憎하여 以植其私하니 天下之人이 焉得不解德行而銳人事리오 八也니이다 由此論之하면 職名中正이나 實爲姦府요 事名九品이나 而有八損이니 宜罷中正하고 更立一代之制니이다

① 長(조장하다)은 知兩의 切이다.
長, 知兩切.

② 白은 素(공)이다. 素餐을 해석하는 자가 空餐(공밥)이라고 하였으니, "白論"은 빈말과 같다.
白, 素也. 釋素餐者, 以爲空餐, 白論, 猶空言也.

【目】衛瓘도 다음과 같이 말하였다.

"魏나라는 漢나라가 망하고 혼란한 뒤를 이어서 人士들이 사방으로 유리하여 자세히 상고할 수 있는 일정한 곳이 없으므로 9品의 제도(九品中正制)를 세웠습니다. 이제 九州가 통일되었으니, 마땅히 土斷[35)]을 사용하여야 합니다. 公卿 이하의 관리를 선발할 때 거주하는 곳을 기준으로 삼아 다시는 객지에 寓居하는 자로 멀리 다른 지방에 소속시키지 말아야 합니다. 모두 中正을 없애서 가령 賢良한 자나 재주 있는 자를 천거할 적에 각기 그 지방의 鄕論을 따르게 하면, 浮華함을 다투는 風氣가 저절로 그쳐 각각 자기 자신에게서 구할 것입니다."

始平王의 文學인 李重은 다음과 같이 말하였다.

"9品의 제도를 폐지하고 나서 마땅히 먼저 이주하는 길을 열어주어서 사람들이 원하는 지역으로 아울러 나아가는 것을 허락하면 土斷의 실제가 행해질 것입니다."

---

34) 凡官不同(人)〔事〕(事)〔人〕不同能 : 저본에는 '凡官不同人 事不同能'로 되어 있으나, ≪晉書≫〈劉毅傳〉에는 '凡官不同事 人不同能'에 의거하여 바로잡았다.

35) 土斷 : 晉나라와 南朝에서 시행한 제도이다. 西晉時代에 잦은 戰亂으로 인해 사람들의 이주가 많아지면서 本籍으로 호적을 파악하기 어려워졌다. 이에 현거주지에 따라 호적을 정하는 정책이 실시되는데, 이것이 土斷이다. 토단의 시작은 위의 衛瓘 등이 올린 상소에서 시작된 것으로 본다. 위관 등의 주장은 九品中正制의 폐단을 논하면서 漢代 鄕擧里選制로 돌아가자는 것이다. 이에 현거주지를 중심으로 호적을 재편성하고 이 호적을 중심으로 그 지역의 鄕論을 통해 인재를 선발할 것을 주장한 것이다. 그러나 이후 전란이 심화되어 華北 지역을 5胡에게 상실하고 강남에 東晉이 형성되는데, 이때 중원 지역의 豪族들이 江南 지방으로 많이 이주하였다. 이들은 원래 있던 중원 지역의 郡縣의 戶籍을 그대로 갖고 있어 임시로 寓居하는 군현을 형성하였는바, 이들을 僑置郡縣이라 한다. 그러다가 東晉 哀帝 때에 桓溫이 土斷法을 확대 시행하여 교치군현을 합병하여 호적을 정돈하니, 이것을 '庚戌土斷'이라 칭하였다. 그 후 南朝의 각 왕조에서도 이 토단법을 확대 시행하여 왕권통치를 강화하고 豪族들의 노동력을 빼앗아 부역과 병력의 자원을 확대하는 수단으로 사용하였다.

황제는 비록 이들의 말을 좋게 여겼으나 끝내 고치지 못하였다.

衛瓘이 亦以爲魏氏承喪亂之後하여 人士流移하여 考詳無地라 故立九品之制하니이다 今九域同規하니 宜用土斷[①]이라 自公卿以下는 以所居爲正하여 無復縣客遠屬異土[②]하니 盡除中正하여 使擧善進才에 各由鄕論이면 則華競自息하여 各求於己矣리이다 始平王文學李重이 以爲九品旣除에 宜先開移徙하여 聽相幷就하면 則土斷之實이 行矣[③]리이다 帝雖善其言이나 而終不能改러라

① 斷은 결단함이니, 〈"土斷"은〉 土着한 지역으로 〈호적을〉 결정한 것이다.
斷, 決也. 以土著爲斷也.
② 縣(매다)은 懸으로 읽으니, 〈"縣客"은〉 먼 지역 客舍에 거주하는 것이다.
縣, 讀曰懸. 縣寄客寓也.
③ 魏나라 이후로 王國에는 師友와 文學 각각 한 사람을 두었다. 幷은 倂으로 읽는다.
自魏以來, 王國置師友·文學各一人. 幷, 讀曰倂.

【綱】 王渾을 尙書左僕射로 삼았다.

以王渾爲尙書左僕射하다

【目】 이때에 王渾의 아들 王濟가 侍中이 되었는데, 일찍이 사건에 연루되어 관직에서 파면되었다.[36] 오랜 뒤에 황제가 和嶠에게 이르기를 "내 장차 왕제를 꾸짖은 뒤에 벼슬을 주려고 하는데, 어떻겠는가?" 하니, 화교가 대답하기를 "왕제는 재주가 준걸스럽고 명석해서 굴복시킬 수 없을 듯합니다." 하였다.

황제가 왕제를 불러서 꾸짖고는 얼마 뒤에 말하기를 "이제 부끄러운 줄 아는가?" 하니, 왕제가 대답하기를 "한 자의 삼베와 한 말의 곡식이란 동요를 항상 폐하를 위하여 부끄럽게 생각합니다. 다른 사람(황제)은 친한 자(齊王 司馬攸)를 소원하게 하는데 신하들이 친한 자를 친하게 하지 못하였으니,[37] 이 때문에 폐하께 부끄럽습니다." 하였다. 황제는 묵묵히 있었다.

---

36) 이때에……파면되었다 : ≪資治通鑑≫에는 이 기사 앞에 다음과 같은 내용이 있다. 王濟의 아버지 王渾이 尙書로서 일을 처리한 것이 마땅하지 않자 왕제가 법에 따라 처리하니, 왕제의 從兄 王佑가 왕제가 그 부친을 용납하지 못했다고 비난하자 황제가 이로 인해 왕제를 소원히 하였다가 뒤에 사건에 연루하여 면직시켰다.

37) 다른……못하니 : '다른 사람'은 바로 황제를 가리킨 것으로, 황제가 친족인 齊王 司馬攸를 친애하지 못하고 소원히 하는데, 신하들이 황제에게 간하여 사마유를 친하게 대하라고 하였으나 황제가 간언을 듣지 않아 결국 이렇게 하지 못하였다는 말이다.

時에 渾子濟爲侍中이러니 嘗坐事免官이라 久之에 帝謂和嶠曰① 我將罵濟而後官之하노니 如何오 嶠曰 濟俊爽하여 恐不可屈이니이다 帝召濟責讓之하고 旣而요 曰 頗知愧不②아 濟曰 尺布斗粟之謠를 常爲陛下愧之③하노이다 他人은 能令親者疏어늘 臣은 不能令親者親④하니 以此愧陛下耳니이다 帝默然이러라

① 和嶠는 和洽의 손자이다.
嶠, (給)〔洽〕[38]之孫也.
② 不는 '否'로 읽는다.
不, 讀曰否.
③ 漢나라 淮南厲王 劉長은 高帝의 작은아들이었다. 文帝가 즉위하자 유장은 가장 친하다고 스스로 생각하여 교만하고 방자하며 법을 받들어 따르지 않았다. 그러다가 폐출을 당하여 蜀 지역으로 유폐하게 되자, 밥을 먹지 않고 굶어죽었다. 이에 백성들이 노래를 지어 부르기를 "〈형제간에는〉 한 자의 삼베도 오히려 꿰매 입을 수 있고 〈형제간에는〉 한 말의 곡식도 오히려 방아 찧어 먹을 수 있는데, 형제 두 사람이 서로 용납하지 못한다." 하였다. 지금 王濟가 이 말을 원용한 것은 晉 武帝가 齊王 司馬攸를 포용하지 못함을 비유한 것이다.
漢淮南厲王長, 高帝少子也. 文帝卽位, 長自以最親, 驕蹇不奉法, 被廢處蜀, 不食而死. 民作歌曰 "一尺布尙可縫, 一斗粟尙可舂, 兄弟二人不相容." 今王濟援此, 以喩晉武不能容齊王攸也.
④ 〈"臣不能令親者親"은〉 황제에게 간하여도 듣지 않음을 이른 것이다.
謂諫而不聽也.

【綱】 가뭄이 들었다.

旱하다

【綱】 가을 8월 초하루에 일식이 있었다.

◑秋八月朔에 日食하다

【綱】 겨울에 慕容廆(모용외)가 遼西 지역을 침략하였다.

◑冬에 慕容廆寇遼西하다

38) (給)〔洽〕: 저본에는 '給'으로 되어 있으나 ≪資治通鑑≫에 의거하여 '洽'으로 바로잡았다.

【目】 처음에 慕容涉歸가 卒하니, 아우 慕容刪이 簒奪하여 즉위하였다. 이때에 모용산이 부하에게 살해당하였으므로 모용섭귀의 아들인 慕容廆를 맞이하여 세웠는데, 모용섭귀는 宇文部와 원한 관계에 있었다. 모용외가 우문부를 토벌할 것을 청했으나 조정에서 허락하지 않자, 모용외가 노하여 遼西로 침략하여 백성들을 죽이고 노략질한 것이 매우 많으니, 이로부터 매년 변경을 침범하였다.

初에 慕容涉歸卒하니 弟刪이 簒立이러니 至是하여 刪이 爲其下所殺한대 迎涉歸子廆하여 立之하니 涉歸與宇文部有隙①이라 廆請討之어늘 朝廷弗許하니 廆怒하여 入寇遼西하여 殺略甚衆하니 自是로 每歲犯邊하다

① 宇文部도 鮮卑의 종족이다. 그 선조에 大人이 있었으니, 이름을 '普回'라 하였다. 보회가 사냥을 하다가 玉璽와 세 인끈을 얻었는데, 옥새에 새겨진 글은 '皇帝璽(황제의 옥새)'라 하였다. 보회가 이것을 하늘이 자신에게 주었다고 하니, 그 지역 풍속에 천자를 일러 '宇文'이라 하므로 國號를 '宇文'이라 하고 아울러 姓氏로 삼은 것이다.
宇文部, 亦鮮卑種. 其先有大人曰普回, 因狩得玉璽三紐, 文曰皇帝璽. 普回以爲天授, 其俗謂天子曰宇文, 故國號宇文, 倂以爲氏.

丙午年(286)

【綱】 晉나라 世祖 武皇帝 太康 7년이다. 봄 정월 초하루에 일식이 있었다.

七年이라 春正月朔에 日食하다

【綱】 司徒 魏舒가 벼슬을 그만두었다.

◑ 司徒魏舒罷하다

【目】 魏舒가 병을 칭탁하고 자리를 사양하였다. 위서는 무슨 일을 할 적에 반드시 행동을 먼저 하고 말을 뒤에 하니, 자리를 사양할 적에 아는 자가 없었다. 衛瓘이 그에게 편지를 보내기를 "매번 足下와 함께 이 일을 의논하였으나 나는 날마다 결행하지 못하였으니, '바라보면 앞에 있다가 갑자기 뒤에 있다.'[39]고 이를 만하다." 하였다.

---

39) 바라보면……있다 : 도저히 따라갈 수 없는 경지를 말하는바, ≪論語≫ 〈子罕〉에서 顔淵이 孔子의 도에 대해 "우러러볼수록 더욱 높고 뚫을수록 더욱 견고하며, 바라봄에 앞에 있더니 홀연히 뒤에

舒稱疾遜位하다 舒所爲에 必先行而後言하니 遜位之際에 莫有知者라 衛瓘이 與書하여 曰 每與足下로 共論此事로되 日日未果①하니 可謂瞻之在前이요 忽焉在後矣로다

① 衛瓘은 "자신도 자리를 사양하고자 하여 함께 이 일을 의논하였으나, 하루 이틀 계속 끌다가 말한 바와 같이 결행하지 못하였다."고 말한 것이다.
瓘言亦欲遜位, 與共論此事, 日復一日, 未果如言.

丁未年(287)

【綱】 晉나라 世祖 武皇帝 太康 8년이다. 봄 정월 초하루에 일식이 있었다.

八年이라 春正月朔에 日食하다

【綱】 太廟殿이 무너졌는데, 가을 9월에 다시 建築하였다.

◑ 太廟殿陷하니 秋九月에 改營之[40]하다

戊申年(288)

【綱】 晉나라 世祖 武皇帝 太康 9년이다. 봄 정월 초하루에 일식이 있었다.

九年이라 春正月朔에 日食[41]하다

---

있도다.〔仰之彌高 鑽之彌堅 瞻之在前 忽焉在後〕"라고 감탄한 말을 인용한 것이다.

40) 太廟殿陷……改營之 : "위에서는 '정월 초하루에 일식이 있었다.'고 썼고 아래에서는 '太廟殿이 무너졌다.'고 썼으니, 태묘가 정월에 무너진 것이다. 정월에 무너졌는데 9월에 다시 建築하여 2년 뒤인 4월에 완성하였으니, 황제가 종묘에 대해 소홀함이 이와 같았다. 使者를 보내어 종묘를 건축하여 6일 만에 완성하였다는 것과는 크게 다르다.(漢나라 昭帝 元鳳 4년(B.C. 77)) 그러므로 다음 해인 10년에 '태묘가 이루어졌다.'고 썼으니, 무릇 궁실과 종묘에 대해 '이루어졌다.'고 쓴 것은 다 오랜 뒤에 이루어진 것이다.〔上書正月朔日食 下書太廟殿陷 則陷於正月也 陷於正月 營於九月而成於後二年之四月 帝之慢於宗廟如此 其與遣使作治 六日而成者 大異矣(漢昭帝元鳳四年) 故十年書太廟成 凡宮室宗廟書成皆久而後成者也〕" ≪書法≫

41) 春正月朔 日食 : "일식이 三朝(정월 초하루)에 있었으니, 이것은 큰 이변이다. 황제(武帝)의 세대에 일찍이 두 번 썼었는데, 이때 또다시 있어서 3년 동안 연이어 보이니, ≪資治通鑑綱目≫을 서술한 이래로 일찍이 없던 일이다. 황제가 즉위하여 이때 24년이 되었는데 일식을 쓴 것이 열일곱 번이요, 三朝에 일식이 있었던 것이 모두 다섯 번이며 게다가 3년 동안 연이어 나타났다. 그런데 한 해 사이로 나라에 大喪이 있었으니, '변고가 이유 없이 생기지 않는다.'는 것이 옳은 말이다. 兩晉 시대

【綱】 여름 6월 초하루에 일식이 있었다.

◑ **夏六月朔**에 **日食**하다

【綱】 가뭄이 들었다.

◑ **旱**하다

【綱】 가을 8월에 별이 비처럼 쏟아졌다.

◑ **秋八月**에 **星隕如雨**하다

【綱】 지진이 있었다.

◑ **地震**[42)] 하다

己酉年(289)

【綱】 晉나라 世祖 武皇帝 太康 10년이다. 여름 4월에 太廟가 완성되었다.

---

의 일식의 수가 武帝 때와 같은 적이 없었다.〔日食三朝 大異也 帝之世 嘗再書矣 於是又頻三年見之 自綱目以來 未之有也 帝卽位 至是二十四年 書日食十有七 而食三朝者 凡五 又且連歲三見 間一歲而國有大喪 變不虛生 信哉 兩晉日食之數 未有如武帝者矣〕"≪書法≫

"≪春秋≫에 일식을 쓴 것이 많았으나 3년 동안 연이어 正朝에 일식이 있다고 쓴 적은 없었으니, 단지 ≪춘추≫만이 아니요 역대에도 없었다. 이는 천하의 큰 변고이다. 晉 武帝가 이때 음악과 여색에 마음을 다하였으므로 災變이 이와 같았으며, 심지어는 太廟殿이 무너지고 별이 비처럼 쏟아졌음을 번갈아 책에 썼다. 만일 그가 두려워하여 깨달을 줄을 알아서 물욕을 없애고 정사를 다시 바로잡아 忠良한 신하를 발탁하여 등용하고, 마음에 두려워하며 행실을 닦고 살펴서 화가 당장 닥쳐올 것처럼 조심하였더라면 오히려 혹시라도 하늘의 마음을 돌릴 수 있었을 것이다. 그런데 마침내 여색에 빠져 〈하늘의 변고를〉 안일하게 여기고 경계하지 않으니, 그런 뒤에 하늘도 더 이상 경계를 보이지 않아서 황제가 마침내 세상을 떠났다. 이후로 禍와 難이 계속 일어나서 반드시 크게 파괴되고 몹시 피폐하게 된 뒤에 그쳤으니, 군주가 이것을 본다면 경계하고 두려워할 바를 알지 못할 수 있겠는가.〔春秋書日食多矣 未有連三年日食正旦者 非惟春秋 雖歷代亦無之 此天下之大異也 晉武是時 極意聲色 故災變若此 甚至太廟殿陷 星隕如雨 迭書于冊 使其惕然知寤 屛去物慾 改紀其政 擢用忠良 一意恐懼修省 若禍至之無日 猶或天意可回 今乃昏於沈湎 恬弗之警 然後天亦不復示戒 而帝遂卽世矣 自是而後 禍難繼興 必至于大壞極弊而後已 人主觀此 可不知所警懼也哉〕"≪發明≫

42) 地震 : "漢나라 建興 15년에 지진을 쓴 뒤로 50년 동안 알려진 것이 없었는데, 이때 다시 보인다.〔自漢建興十五年書地震 是後五十年無聞焉 於是再見〕"≪書法≫

**十年**이라 **夏四月**에 **太廟成**하다

【綱】 慕容廆가 항복하자, 그를 鮮卑都督으로 삼았다.

◑ **慕容廆降**이어늘 **以爲鮮卑都督**하다

【目】 慕容廆가 東夷校尉 何龕(하감)을 알현할 적에 士大夫의 禮를 따라 두건과 의복을 입고 門에 이르렀다. 하감이 군대를 무장하고 그를 만나보자, 모용외가 마침내 군복으로 갈아입고 들어갔다. 사람이 그 이유를 물으니, 모용외가 말하기를 "주인이 禮로써 손님을 대하지 않으니, 손님이 어찌하겠는가." 하였다. 하감은 이 말을 듣고 매우 부끄러워하였다.

鮮卑의 段國單于가 딸을 모용외에게 시집보내어 慕容皝(모용황), 慕容仁, 慕容昭를 낳았다. 모용외는 遼東이 궁벽하고 멀다 하여 徒河의 靑山으로 거처를 옮겼다.

**廆謁見**(현)**東夷校尉何龕**할새 **以士大夫禮**하여 **巾衣詣門**①이러니 **龕**이 **嚴軍以見之**어늘 **廆乃改服戎衣而入**하다 **人問其故**한대 **廆曰 主人**이 **不以禮待客**하니 **客何爲哉**리오하니 **龕**이 **聞之**하고 **甚慙**이러라 **鮮卑段國單于**가 **以女妻廆**하여 **生皝, 仁, 昭**②하다 **廆以遼東僻遠**이라하여 **徙居徒河之靑山**③하다

① 東夷校尉는 晉 武帝가 설치한 것이니, 遼東에 治所를 두었다. 龕은 口含의 切이다. "巾衣(두건과 의복)"는 사대부의 의관이니, 魏나라와 晉나라 사이에 사대부들이 존귀한 분을 알현할 때에 巾褠(두건과 홑옷)를 입는 것을 예의로 삼았다.
東夷校尉, 蓋帝所置, 治遼東. 龕, 口含切. 巾衣, 士大夫衣冠, 魏・晉間, 士大夫謁見尊貴, 以巾褠爲禮.

② 慕容氏와 段氏는 마침내 혼인한 나라가 되었다. 皝은 胡廣의 切이니, 慕容皝, 慕容仁, 慕容昭는 모용외의 세 아들 이름이다.
慕容・段氏, 遂爲婚姻之國. 皝, 胡廣切. 皝・仁・昭, 廆之三子名.

③ 徒河縣은 前漢 때에는 遼西에 속하였고 後漢 때에는 遼東 屬國에 속하였으며, 魏나라와 晉나라 때에는 없애어 昌黎郡의 경계로 편입하였다가 뒤에 慕容氏가 다시 도하현을 설치하였다.
徒河縣, 前漢屬遼西, 後漢屬遼東屬國, 魏・晉省併, 入昌黎郡界, 後慕容氏復置徒河縣.

【綱】 겨울 10월에 明堂과 南郊와 五帝의 자리를 회복하였다.

**冬十月**에 **復**(복)**明堂及南郊・五帝位**하다

【綱】 11월에 尙書令 荀勗이 卒하였다.

◑ 十一月에 尙書令荀勗이 卒하다

【目】 荀勗은 재주가 있고 생각이 깊어서 군주의 뜻을 잘 살폈다. 이 때문에 능히 총애를 견고히 하여 오랫동안 中書에 있으면서 중요한 기무를 전담하였는데, 尙書로 옮기고 나서는 큰 실의에 빠졌다. 어떤 사람이 그를 축하하자, 순욱은 말하기를 "나의 鳳凰池를 빼앗았는데, 諸君들은 어찌 축하하는가." 하였다.

勗有才思하여 善伺人主意①라 以是로 能固其寵하여 久在中書하여 專管機事러니 及遷尙書에 甚罔悵②이러라 人有賀之者한대 勗曰 奪我鳳凰池하니 諸君何賀邪③오하니라

① 思(생각함)는 相吏의 切이다.
思, 相吏切.
② 罔은 惘과 通하고 悵은 慠으로 쓴 데도 있으니, 惘慠은 실의에 빠진 모양이다.
罔, 與惘通. 悵或作慠. 惘慠, 失志貌.
③ 中書는 궁중에서 가까우므로 鳳凰池라고 한 것이다.
中書, 近禁地, 故云鳳凰池.

【綱】 여러 왕을 내보내어 節을 주어 封國으로 가서 여러 州의 軍事를 감독하게 하고 아들과 손자 6인을 봉하여 왕으로 삼았다.

遣諸王하여 假節之國하여 督諸州軍事[43]하고 封子孫六人爲王하다

【目】 황제가 음악과 여색에 마음을 다하여 마침내 병이 들었다. 楊駿은 汝南王 司馬亮을 시기하여 그를 大司馬로 삼아 豫州의 여러 軍事를 도독하게 하고 許昌에 진주

43) 督諸州軍事 : 都督諸州諸軍事를 가리킨다. 都督諸州諸軍事는 都督, 督州, 都督諸軍事, 督諸州軍事 등으로 다양하게 쓰이는데, 보통 관할 지역을 넣어 都督某州諸軍事의 형태로 쓰인다. 본서에서는 글의 구조상 都督이 동사로 쓰일 경우 都督諸州諸軍事를 번역한 경우가 있다. 督은 後漢 光武帝 시기에 督軍御史라는 직명이 보이나 後漢 말기에서 三國時代에 집중적으로 보이기 시작한다. 특히 당시 혼란으로 인해 刺史를 중심으로 한 지방통치체제가 한계를 나타내고, 또한 지방에 주둔한 군대의 역할이 중시되었다. 주둔군의 사령관이 그 지방의 민정까지 통할하게 되어 都督諸州諸軍事가 등장한 것으로 보인다. 이에 吳나라와 蜀나라는 군사적 요지에 督이나 都督을 두어 그 지역의 민정까지 통할하였으며, 魏나라의 경우 文帝 黃初 初期에 정식으로 都督諸軍事를 두었다고 보고 있다. 黃初 3년(222)에 설치된 都督中外諸軍事는 지역의 군사적 통치보다 국가 차원의 중요한 군사적 임무에 있어서 총사령관을 의미한다.

하게 하였다.

또 皇子인 南陽王 司馬柬을 옮겨 秦王으로 삼아 關中을 도독하게 하고, 司馬瑋를 楚王으로 삼아 荊州를 도독하게 하고, 司馬允을 淮南王으로 삼아 揚州와 江州의 여러 군사를 도독하게 하였는데, 모두 節을 주어 封國으로 가게 하였다. 그리고 황자인 司馬乂를 長沙王, 司馬穎을 成都王, 司馬晏을 吳王, 司馬熾를 豫章王, 司馬演을 代王으로 삼고 손자 司馬遹(사마휼)을 廣陵王으로 삼았다.

**帝極意聲色**하여 **遂至成疾**하니 **楊駿**이 **忌汝南王亮**하여 **以爲大司馬**하여 **都督豫州諸軍事**하여 **使鎭許昌**하고 **又徙皇子南陽王柬**하여 **爲秦王**하여 **都督關中**하고 **瑋爲楚王**하여 **都督荊州**하고 **允爲淮南王**하여 **都督揚, 江二州諸軍事**호되 **竝假節之國**①하고 **立皇子乂爲長沙王**하고 **穎成都王**하고 **晏吳王**하고 **熾豫章王**하고 **演代王**하고 **孫遹廣陵王**하다

① 살펴보건대 晉 惠帝 元康 원년(291)에 有司가 아뢰기를 "荊州와 揚州는 강토가 매우 넓어서 다스리기가 더욱 어렵다." 하였다. 이에 揚州의 豫章, 鄱陽, 廬陵, 臨川, 南康, 建安, 晉安과 荊州의 桂陽, 安成, 武昌 등 도합 10郡을 떼어 江州를 설치하였으니, 그렇다면 이때에는 아직 강주가 있지 않았다. 의심컨대 "江二" 두 글자는 연문인 듯하니, 다시 널리 상고하기를 기다린다. 晉나라 제도에 都督諸軍事는 使持節이 있고, 持節이 있고, 假節이 있다. 사지절은 二千石 이하를 마음대로 죽일 수 있고, 持節은 관직이 없는 사람을 죽일 수 있는데 軍事의 경우에는 使持節과 같고, 假節의 경우에는 軍事에 한하여 軍令을 범한 자를 죽일 수 있다.

按惠帝元康元年, 有司奏"荊・揚二州, 疆土曠遠, 統理尤難." 於是割揚州之豫章・鄱陽・廬陵・臨川・南康・建安・晉安, 荊州之桂陽・安成・武昌合十郡, 置江州, 則此時未有江州也. 疑江二二字衍, 更俟博考. 晉制, 都督諸軍事, 有使持節, 有持節, 有假節. 使持節, 得殺二千石以下. 持節, 殺無官位人, 若軍事, 與使持節同. 假節, 惟軍事得殺犯軍令者.

【目】 처음에 황제가 才人 謝玖(사구)를 태자에게 하사하여 司馬遹을 낳았다. 궁중에 일찍이 밤에 화재가 났는데, 황제가 누대에 올라 이것을 바라보았다. 이때 사마휼의 나이가 다섯 살이었는데, 황제의 옷소매를 잡아당겨 어둠 속으로 들어가며 말하기를 "한밤중에 창졸간에는 마땅히 비상사태에 대비하셔야 하니, 불빛에 의해 군주를 보이게 해서는 안 됩니다." 하였다. 황제는 그를 기특히 여겨 항상 사마휼이 宣帝(司馬懿)와 닮았다고 칭찬하였다. 그러므로 천하 사람들이 모두 그에게 마음이 돌아가고 우러렀다.

황제는 태자가 재주가 없음을 알았으나 사마휼의 총명하고 지혜로움을 믿었기 때문

에 태자를 폐하고 다시 세우려는 마음이 없었다. 그리고 다시 王佑의 계책에 따라 태자의 同母弟 司馬柬과 司馬瑋, 司馬允을 나누어 요해처에 진주시켰다. 또 楊氏의 핍박을 염려해서 왕우를 北軍中候로 삼아 禁軍을 관장하게 하였다.

初에 帝以才人謝玖로 賜太子하여 生遹[①]하다 宮中이 嘗夜失火어늘 帝登樓望之한대 遹年五歲러니 牽帝裾하여 入闇中하고 曰 暮夜倉猝에 宜備非常이니 不可令照見人主니이다 帝奇之하여 嘗稱遹似宣帝라 故天下咸歸仰之러라 帝知太子不才나 然恃遹明慧라 故無廢立之心하고 復用王佑謀하여 以太子母弟柬, 瑋, 允으로 分鎭要害[②]하고 又恐楊氏之偪하여 以佑爲北軍中候하여 典禁兵[③]하다

① 황제는 漢·魏의 제도를 채택하여 3명의 夫人과 9명의 嬪 아래에 美人과 才人, 中才人을 두었으니, 품계는 千石 이하에 비하였다. 玖는 擧有의 切이다.
帝採漢·魏之制, 三夫人·九嬪之下 有美人·才人·中才人, 爵視千石以下. 玖, 擧有切.
② 王佑는 王濟의 從兄이다. 요해처는 雍州, 荊州, 揚州의 지역을 이른다.
佑, 濟從兄也. 要害, 謂雍·荊·揚之地.
③ 北軍中候는 漢나라 관직이니, 北軍의 五營을 관장했는데, 魏나라에서 없앴다. 泰始 4년(268)에 中軍將軍을 파하고 북군중후를 설치하였는데, 7년에 또다시 파하고 中領軍에 합병되었다.
北軍中候, 漢官, 掌北軍五營, 魏省. 泰始四年, 罷中軍將軍, 置北軍中候, 七年又罷, 中領軍併焉.

【目】황제는 司馬遹을 위하여 동료와 보좌관을 엄선할 적에, 散騎常侍인 劉寔이 뜻과 행실이 청렴하고 검소하다 하여 명하여 皇孫의 傅로 삼았다.

유식은 당시 세속이 출세하는 것을 좋아하고, 청렴하고 겸양하는 자가 적다해서 일찍이 〈崇讓論〉을 지어 처음 관직에 제수되어 사례하는 글을 올리고자 하는 자로 하여금 반드시 어진 이를 추천하고 유능한 이에게 사양하게 하여, 한 관직에 결원이 생기면 사람들에게 양보를 많이 받은 자를 가려 등용하게 하려고 하였다. 〈숭양론〉에 다음과 같이 말하였다.

"인정상 다투는 마음이 있으면 자기보다 나은 자를 훼방하여 우열을 구분하기 어렵고, 사양하는 마음이 있으면 자기보다 나은 사람을 앞 다투어 추천해서 어진 이와 지혜로운 이가 드러나게 되니, 이러한 때에 능히 뒤로 물러나 몸을 닦는다면 겸양하는 자가 많아질 것이다. 출세하는 것을 추구하면서 사람들이 사양해주기를 바라면, 이는 뒷걸음질을 치면서 전진하고자 하는 것과 같다."

○帝爲遹하여 高選僚佐하니 以散騎常侍劉寔이 志行淸素라하여 命爲之傅[①]하다 寔은 以時俗이 喜進趣하고 少廉讓이라하여 嘗著崇讓論하여 欲令初除官通謝章者로 必推賢讓能[②]하여 一官闕이면 則擇爲人所讓多者하여 用之라 以爲人情이 爭則欲毁己所不如하여 而優劣難分하고 讓則競推於勝己하여 而賢智顯出이니 當此時也하여 能退身修己하면 則讓之者多矣라 馳騖進趣而欲人見讓이면 猶却行而求前也라하니라

① 魏나라 이래로 제후왕의 나라에 師·友를 설치하였는데, 晉나라는 景帝(司馬師)의 諱를 피하여 師를 傅로 바꿨다.
自魏以來, 王國置師·友, 晉避景帝諱, 改師爲傅.
② 通은 올림이다. "謝章"은 황제가 관직을 제수해준 것에 사례하는 奏章을 이른다.
通, 進也. 謝章, 謂謝除官之章表也.

【目】 이때에 또다시 宗室의 여러 사람을 봉하니, 淮南相 劉頌이 다음과 같이 상소하였다.

"폐하께서는 法禁을 평소 너그럽게 시행하여 갑자기 개혁할 수 없다고 여기십니다. 그러나 세상을 바로잡고 폐단을 구제함을 또한 마땅히 점진적으로 하여야 합니다. 비유하건대 배를 운행할 적에 비록 급류를 곧바로 가로질러 건너가지는 못하나, 마땅히 점점 물결을 순히 따라가서 차츰 나갈 곳으로 향한 뒤에야 물을 건널 수 있는 것과 같습니다. 신이 듣건대 '社稷을 위한 계책에는 친족과 어진 이를 봉하는 것보다 더한 것이 없다.' 하였습니다. 그러나 마땅히 사세를 자세히 살펴 제후 중에 義를 따라 행동하는 자로 하여금 그 힘이 충분히 서울을 보호할 수 있게 하고, 禍를 일으킬 마음을 가슴속에 품은 자로 하여금 그 세력이 독단적으로 무슨 일을 할 수 없게 하여야 하는데, 이것을 질서정연하게 시행하기가 매우 어렵습니다.

폐하께서는 마땅히 고금을 통달한 현명한 선비와 함께 깊이 계책을 세우소서. 周나라의 제후들은 죄가 있을 경우 몸은 죽임을 당했으나 나라는 보존되었고, 漢나라의 제후들은 죄가 있거나 자식이 없는 경우에 나라가 따라서 망하였으니, 지금 마땅히 漢나라 제도를 뒤집고 周나라 제도를 따른다면 아랫사람이 견고하고 윗사람이 편안할 것입니다. 천하는 지극히 크고 萬事는 지극히 많습니다. 이 때문에 聖王이 자신은 요점만 잡고 사무는 아랫사람에게 맡겼으니, 이는 수고로움을 꺼리고 편안함을 좋아해서가 아니요 진실로 정사하는 체통이 그러하기 때문이었습니다.

○時에 又封宗室數人하니 淮南相劉頌이 上疏하여 曰 陛下以法禁素寬하여 未可遽革이니이다

然이나 矯時救弊를 亦宜以漸이니 譬猶行舟에 雖不橫截迅流나 當漸靡而往하여 稍向所趣然後에 得濟也①니이다 臣聞爲社稷計는 莫如封建親賢이라하니이다 然이나 宜審量事勢하여 使諸侯率義而動者는 其力이 足以維帶京邑하고 包藏禍心者는 其勢不足獨以有爲니 其齊此甚難하니이다 陛下는 宜與達古今之士로 深共籌之하소서 周之諸侯는 有罪에 身誅而國存하고 漢之諸侯는 有罪어나 或無子者는 國隨以亡②하니 今宜反漢循周하면 則下固而上安矣리이다 天下至大하고 萬事至衆이라 是以로 聖王이 執要於己하고 委務於下하니 非憚勞而好逸이요 誠以政體宜然也니이다

① 이것은 냇물을 건넘을 끌어와 비유한 것이다. 靡는 順함이다. 큰 냇물을 건너가는 자는 비록 "큰 냇물을 건널 적에 가로질러 건너간다."고 하나, 반드시 물살이 점점 약해지는 곳을 따라서 갈 곳을 향하여 배를 몰아 육지에 오른 뒤에야 다 건너게 되는 것이다. 이렇게 하지 않으면 물살에 휩쓸려서 나갈 곳을 향해 배를 제어하지 못하여 江岸으로 오를 수 없다.
此, 引濟川爲譬也. 靡, 順也. 濟大川者, 雖曰 橫絶大川, 亂流而渡, 然必因水勢漸靡而行舟向其所趣, 以登陸之路, 然後汔濟. 否則爲水勢所使, 不能制舟以向所趣, 不得登岸矣.

② 자신은 죽임을 당하였으나 나라가 보존된 경우는 周나라가 齊 哀公을 삶아 죽였으나 그 아우 靜을 세우고, 宣王이 魯侯 伯御를 誅殺하였으나 孝公을 세웠던 것과 같은 따위이다.[44]
身誅而國存, 如周烹齊哀公而立其弟靜, 宣王誅魯侯伯御而立孝公之類.

【目】 처음 일을 처리할 때에는 능력이 있고 없음을 구별하기가 매우 어렵고, 뒤에 成敗에 따라 功과 罪를 분별함은 매우 쉬운 일입니다. 이제 폐하께서는 일의 처음에는 정밀하시고 일의 결과를 살필 때에는 소략하시기 때문에 정사의 효과가 좋지 못한 것입니다. 군주가 진실로 능히 평이한 곳에 거하여 요점을 잡아 성패가 분명해진 뒤에 공과 죄를 고찰하면, 아랫사람들이 誅罰과 賞에서 도피할 수가 없습니다.

옛날에는 六卿이 관직을 나누어 담당해서 冢宰가 우두머리가 되었고, 秦나라와 漢나라 이후로는 九卿이 사무를 집행하여 丞相이 총괄하였습니다. 지금은 尙書가 통제하고 결단하며 여러 卿들은 이루어놓은 것을 받들어 시행하니, 옛날 제도에 비하여 권한이 너무 큽니다. 여러 사무를 밖으로 外寺에게 맡겨 전담하게 하고 상서는 큰 강령을 통솔하여 연말에 功績을 고과하고 장부를 상고하여 상과 벌을 시행하면, 이 또한 좋을 것입니다. 지금 〈外寺에서는〉 모두 걸핏하면 이루어놓은 것을 윗사람(상서)에게 받기 때문

44) 周나라가……따위이다 : 춘추시대 때 紀侯가 齊 哀公을 周나라 천자에게 참소하여 천자가 애공을 烹殺하고 애공의 아우 靜(胡公)을 세운 것과 伯御가 魯나라 懿公을 시해하여 지위를 찬탈한 후 즉위 11년째에 周나라 宣王이 魯나라를 정벌하여 백어를 죽이고 懿公의 아우 稱(孝公)을 세운 것을 말한다.(≪史記≫ 권32 〈齊太公世家〉·권33 〈魯周公世家〉)

에 위에서 잘못한 것을 다시 아랫사람에게 죄줄 수가 없으니, 연말에 공적이 제대로 이루어지지 못하더라도 책임지울 곳을 알 수 없습니다.

夫居事始以別能否는 甚難也요 因成敗以分功罪는 甚易也어늘 今陛下精於造始하고 而略於考終하시니 此政功所以未善이니이다 人主誠能居易執要하여 考功罪於成敗之後하면 則群下無所逃其誅賞矣리이다 古者에 六卿分職하여 冢宰爲師하고 秦, 漢以來로 九列執事하여 丞相都總[①]이러니 今尙書制斷하고 諸卿奉成하니 於古制에 爲太重[②]이라 可出衆事付外寺하여 使得專之[③]하고 尙書統領大綱하여 歲終에 課功校簿而行賞罰이면 斯亦可矣리이다 今動皆受成於上이라 故로 上之所失을 不得復以罪下하니 歲終에 事功不建이라도 不知所責也니이다

① 〈"古者……丞相都總"은〉 西漢 이전의 제도이다.
此, 西都以前制也.

② 漢나라 光武帝 이래로 관리의 일을 尙書에게 책임지워 일이 臺閣으로 돌아가니, 여러 卿들은 이루어놓은 것을 받들어 시행할 뿐이었다.
自漢光武以來, 以吏事責尙書, 事歸臺閣, 諸卿奉成而已.

③ 外寺는 여러 卿의 寺를 이른다.
外寺, 謂諸卿寺.

【目】 자잘한 사고와 잘못은 인정상 반드시 있게 마련이니, 이것을 모두 법으로 다스리면 조정과 초야에 제대로 서 있을 수 있는 사람이 없을 것입니다. 근세의 監司들은 대체로 큰 강령은 진작시키지 못하고 하찮은 잘못은 반드시 들추어내니, 이것은 豪强들을 두려워하여 피하고 또 자신이 맡은 일이 잘못될까 두려워한 데서 연유한 것입니다. 그렇게 되면 法網을 삼가 치밀하게 하여 하찮은 죄까지 망라하여 탄핵하는 주청을 이어지게 하니, 겉보기에는 공정함을 다한 듯하나 실은 법을 파괴하는 것입니다. 이 때문에 聖王은 자질구레한 일을 지적하는 것을 좋게 여기지 않고 반드시 흉악하고 교활한 주청을 책망하니, 이렇게 하면 정사를 해치는 간악함이 자연히 없어질 것입니다.

創業의 功勳은 교화를 세우고 법제를 정해서 遺風으로 하여금 사람들의 마음을 결속하고, 남은 功烈로 하여금 幼弱한 군주를 바로잡는 데에 있습니다. 그리하여 후세의 군주가 이것에 의지하여 비록 혼암한 군주라도 현명한 군주처럼 행하고 어리석은 군주라도 명철한 군주처럼 행해야 비로소 숭상할 만합니다. 官署를 수리하는 일과 모든 부역의 경우에는 장래에 굳이 폐하의 명령을 기다리지 않고도 스스로 잘할 수 있는 것입니

다. 그런데 이제 폐하를 필요로 하지 않는 것은 부지런히 하고 후세에 의지하여 믿을 것들은 손상시키시니, 삼가 잘못이라고 여깁니다.”

황제는 그의 말을 따르지 못하였다.

夫細故繆妄은 人情之所必有니 而悉糾以法이면 則朝野無立人矣니이다 近世爲監司者는 類大綱不振하고 而微過必擧하니 蓋由畏避豪彊하고 而又懼職事之曠이면 則謹密網以羅微罪하여 使奏劾相接하니 狀似盡公이나 實則撓法이라 是以로 聖王이 不善碎密之案하고 必責凶猾之奏하니 則害政之姦이 自然禽矣니이다 夫創業之勳은 在於立教定制하여 使遺風繫人心하고 餘烈匡幼弱하여 後世憑之하여 雖昏猶明하고 雖愚若智라야 乃足尙也[①]니이다 至夫修飾官署와 凡諸作役은 此將來所不須於陛下而自能者也[②]어늘 今勤所不須하고 以傷所憑하시니 竊以爲過矣라하노이다 帝不能用하다

① 〈“後世憑之……雖愚若智”는〉 法制를 닦고 밝게 하여 비록 후사가 昏愚하더라도 의거할 바가 있게 하면, 정치가 오히려 밝고 지혜로운 사람이 하는 것처럼 잘됨을 말한 것이다. 이 말은 太子가 선조의 遺業을 제대로 따르지 못하고 皇帝도 자손에게 물려줄 법도가 없음을 가리킨 것이다.
言法制修明, 雖後嗣昏愚, 有所據依, 則其治猶若明智之爲也. 此言, 蓋指太子不能克隆堂構, 而帝又無典則以貽子孫也.

② 須는 기다림이다.
須, 待也.

【綱】 劉淵을 匈奴의 北部都尉로 삼았다.

以劉淵爲匈奴北部都尉[①]하다

① 이때에 匈奴五部帥를 고쳐 五部都尉라 하였다.
時, 改匈奴五部帥, 爲五部都尉.

【目】 劉淵이 재물을 가볍게 여기고 베풀기를 좋아하였으며 마음을 다하여 사람들을 대하니, 五部의 호걸과 幽州와 冀州에 유명한 학자들이 대부분 그에게 가서 귀의하였다.

淵이 輕財好施하고 傾心接物하니 五部豪傑과 幽, 冀名儒가 多往歸之러라

## 庚戌年(290)

**【綱】** 晉나라 孝惠皇帝 永熙 원년이다. 여름 4월에 楊駿을 太尉로 삼아 정사를 보필하게 하고 황제가 崩하니, 태자 司馬衷이 즉위하여 皇后를 높여 '皇太后'라 하고 皇后 賈氏를 세웠다.

**孝惠皇帝永熙元年**이라 **夏四月**에 **以楊駿爲太尉**하여 **輔政**[45]하고 **帝崩**①하니 **太子衷卽位**하여 **尊皇后曰皇太后**라하고 **立皇后賈氏**[46]하다

---

45) 以楊駿爲太尉 輔政 : "어린 임금을 부탁함은 큰일이니, ≪書經≫의 〈顧命〉 한 편을 보면 이것을 알 수 있다. 漢나라 이후에는 대체로 명성과 덕망이 높은 자로 거하게 하였고, 또한 그 책임을 한 사람에게만 맡긴 적이 없었다. 晉나라 惠帝는 용렬하고 어리석었으니, 가령 賢者가 그를 보필하였더라도 오히려 화를 면치 못할까 염려스러운데, 하물며 일개 미련하고 잘못된 무리에 있어서랴. 그러나 이때 晉나라 武帝가 정신이 혼란하여 制命이 궁중의 여인(皇太后)에게서 나왔다. 그러므로 '楊駿을 太尉로 삼았다.'고 썼으면 온 조정에 사람이 없어서 부탁할 바를 잃은 뜻을 나타낸 것이요, '정사를 보필했다.'고만 쓰고 '遺命을 받았다.'고 쓰지 않았으면 이 명령이 올바르게 나오지 않아서 일찍이 황제가 직접 돌아보고 부탁함을 받은 뜻이 없음을 드러낸 것이다. 그렇다면 晉나라의 혼란은 이미 이때 조짐이 있었던 것이니, 어찌 8명의 왕이 화를 만들기를 기다린 뒤에 나타났겠는가. 군주가 이것을 본다면 또한 어진 이를 가려 쓰고 재능 있는 자를 등용해서 미리 후손을 편안히 하는 계책을 세우는 것이 옳을 것이다.〔託孤 大事也 觀之顧命一書 則可見矣 自漢以來 率以名德重望居之 亦未有獨任其責者 晉惠庸愚 使賢者輔之 猶懼不免 況一蠢繆之徒乎 然是時晉武迷亂 制由中闈 故書以楊駿爲太尉 則見擧朝無人 失所付託之意 書輔政而不書受遺 則見命出非正 未嘗親受顧託之意 然則晉氏之亂 蓋已兆於此時矣 豈待八王造禍而後見哉 人主觀此 其亦擇賢用能 預爲燕翼之謀 可乎〕" ≪發明≫

46) 帝崩……立皇后賈氏 : "賀善의 贊에 말하였다. '晉나라 武帝가 즉위한 이래로 종실의 禁錮를 제거했다고 쓰고, 傅玄 등을 諫官으로 삼았다고 쓰고, 山陽公(漢 獻帝)을 監護하는 군대를 파했다고 쓰고, 옛날 漢나라 名臣의 자손들을 등용했다고 쓰고, 기이한 기예와 이상한 복장을 바치는 것을 禁했다고 써서 왕왕 볼만한 것이 있었다. 그러나 자식을 아는 데 어두워서 賈氏를 태자의 妃로 들여 다섯 왕의 혼란을 계도하였고, 讒言을 믿는 데 가려져서 齊王을 소홀히 하고 배척하여 후사를 편하게 하는 계책을 잃었고, 환란을 방비함에 어두워 劉淵을 높이고 총애하여 오랑캐가 중화를 어지럽히는 화를 유도하였다. ≪資治通鑑綱目≫에 매번 이것을 깊이 애석히 여겨 자세히 썼다. 이는 武帝가 황제의 지위를 낙으로 삼아 심원한 생각이 없어서였다. 이 때문에 晉나라의 국운이 막 새로워졌으나 災異가 거듭 이르러서 일식이 있었다고 열일곱 번 쓴 중에 三朝(정월 초하루)에 일식이 있었다고 쓴 것이 다섯 번이고, 水災를 쓴 네 번 중에 몇 州를 연한 것이 두 번이고, 별의 변고를 쓴 네 번 중에 紫微宮에 孛星이 나타난 것이 두 번이고, 또 큰 역병을 쓰고 병충해를 쓰고 가뭄을 썼으니, 무제가 비록 황제의 기업을 開創하였으나 죽고 나서 천하가 크게 혼란한 것이 당연하다.'〔賀善贊曰 晉武卽位以來 書除宗室禁錮 書以傅玄等爲諫官 書罷山陽督軍 書用故漢名臣子孫 書禁獻奇技異服 往往有可觀者 然暗於知子 納妃賈氏 而啓五王之亂 蔽於信讒 疏斥齊王 而失燕翼之謀 昧於防患 尊寵劉淵 而基亂華之禍 綱目每深惜而備書之 蓋其以位爲樂 無深長思 是以晉運方新 而災異狎至 書日食十有七而食三朝者五 書水災四 而連數州者二 書星變四 而孛紫宮者再 而又書大疫, 書螟 書旱 雖能開創帝業 身歿而天下大亂 宜矣〕" ≪書法≫

"皇后를 세움은 나라의 吉禮이다. 반드시 성대한 의식이 있어야 하는데, 만약 이것을 지리멸렬하게 하면 조상을 높이고 종묘를 받드는 뜻이 아니다. 만약 반드시 六禮를 갖추어야 한다면 나라에 大

① 향년이 55세였다.
壽, 五十五.

【目】 황제가 병이 위독하자, 楊駿이 홀로 궁중에서 병을 간호하니, 大臣들이 모두 좌우에 있지 못하였다. 양준이 인하여 자신의 사사로운 뜻으로 요직과 좌우의 측근들을 모두 바꾸고 자신의 심복을 세웠는데, 마침 황제가 병이 조금 호전되어 정색하고 그에게 이르기를 "어찌 이와 같이 하는가." 하였다. 이때 汝南王 司馬亮이 아직 출발하지 않고 있었다. 이에 황제는 〈中書省에〉 명을 내려 詔書를 지어 사마량과 양준이 함께 정사를 보필하게 하고 조정의 선비 중에 명망이 있는 자를 가려서 보좌하게 하고자 하였는데, 마침 황제가 다시 정신이 혼미하였다. 황후가 양준으로 하여금 정사를 보필하게 할 것을 아뢰었는데, 황제가 고개를 끄떡였다.

帝疾篤에 楊駿이 獨侍疾禁中하니 大臣이 皆不得在左右라 駿이 因以私意로 改易要近하여 樹其心腹[①]이러니 會에 帝少間하여 正色하고 謂曰 何得便爾[②]오 時에 汝南王亮이 尙未發[③]이라 乃令作詔하여 以亮與駿으로 同輔政하고 且欲擇朝士有聞望者하여 佐之[④]러니 會에 帝復迷亂이라 皇后奏以駿輔政한대 帝頷之[⑤]하다

① 要는 淸要職과 權要職을 이른다. 近은 군주의 좌우 측근에 있는 신하를 이른다.
要, 謂淸要・權要之官. 近, 謂左右邇臣也.
② 間은 본음대로 읽으니, 間은 병이 조금 차도가 있는 것이다.
間, 如字. 間者, 病小差也.
③ 지난해에 司馬亮을 내보내어 豫州를 都督하게 하였다.

---

喪이 있는데 어찌 이것을 행할 수 있겠는가. 더구나 뒤를 이은 군주가 막 애통해하는 초기를 당하였는데, 이날에 즉시 황후를 세우는 典禮를 거행함은 무슨 일인가. 또 賈氏가 元妃가 되어서 지위와 칭호가 이미 정해져 있다. 부인은 애당초 바깥에서 하는 일이 없어서 직위를 계승하는 군주와 똑같지 않으니, 만약 서서히 길례를 따르더라도 늦지 않을 것이다. 그렇지 않다면 달수를 날수로 바꾸어 喪期가 끝나기를 조금 기다린 뒤에 하더라도 괜찮을 것이다. 그런데 이제 황후의 지위를 바로잡는 데 급급하여 마침내 太后와 함께 높여서 시어머니와 며느리의 구분이 조금도 없었으니, 가씨가 반역을 하고 난을 일으킨 화가 이로부터 싹튼 것이다. 《資治通鑑綱目》에 위에서는 '황제가 崩했다.'고 쓰고, 다음에는 '황태후를 높였다.'고 쓰고, 다음에는 '황후 가씨를 세웠다.'고 썼으니, 이것을 나란히 놓고 보면 그 뜻이 이 안에 분명하게 들어 있다. 그렇다면 가씨의 죄악이 어찌 후일에 시어머니를 시해하고 자식을 죽이고 정사를 어지럽히고 나라를 패망하게 하기를 기다린 뒤에 드러나겠는가. 아! 슬프다.〔立后 國之吉禮 必有盛儀 若滅裂爲之 則非尊祖承祧之意 若必備六禮 則國有大喪 豈宜行此 況嗣君方當痛割之初 乃於是日 卽擧其典 何邪 且賈氏旣爲元妃 位號已定 婦人初無外事 與人君繼位不同 若徐徐從吉 亦未爲晩 不然 則少須易月之後 猶云可也 今乃汲汲正位 遂與太后竝尊 略無婦姑之別 賈氏逆亂之禍 自此萌矣 綱目 上書帝崩 次書尊皇太后 次書立后賈氏 比而觀之 其義曉然在中 然則賈氏之惡 豈待他時弑姑殺子亂政敗國而後見哉 吁〕" 《發明》

去年, 遣亮出督豫州.

④ 閒(명망)은 去聲이다.
閒, 去聲.

⑤ 頷(턱을 끄덕이다)은 戶感의 切이다.
頷, 戶感切.

【目】 황후가 華廙(화이)와 何劭(하소)를 불러 詔令을 만들어서 楊駿을 太尉 都督中外諸軍 錄尙書事를 제수하고, 이어서 司馬亮을 재촉하여 鎭으로 가게 하였다. 황제가 다시 조금 차도가 있어 "汝南王이 왔느냐?"고 묻자, 좌우들이 아직 오지 않았다고 말하였는데, 황제는 마침내 崩하였다.

황제는 도량이 넓고 관대하며 후덕하고 사리를 밝게 통달하고 도모하기를 좋아하였으며, 直言을 수용하면서 일찍이 남에게 얼굴빛을 잃은 적이 없었다.

后召華廙, 何(邵)〔劭〕[47]하여 作詔하여 授駿太尉, 都督中外諸軍, 錄尙書事하고 仍趣(촉)亮赴鎭[①]하다 帝復小間하여 問汝南王이 來未아 左右言未至러니 遂崩하다 帝宇量弘厚하고 明達好謀하며 容納直言하여 未嘗失色於人이러라

① 華廙는 華歆의 손자이고 華劭는 華曾의 아들이다. 趣(재촉하다)는 促으로 읽는다.
廙, 歆之孫. (邵)〔劭〕, 曾之子也. 趣, 讀曰促.

【目】 太子가 즉위하니, 楊駿이 太極殿에 들어가 거처하면서 虎賁 백 명으로 자신을 호위하였다. 司馬亮이 감히 喪에 臨哭하지 못하고 大司馬府의 문 밖에서 곡하였으며 表文을 올려서 장례의 기일을 넘겨 길을 떠나겠다고 요구하였는데, 혹자가 사마량이 양준을 토벌하려 한다고 고발하였다. 양준이 은밀히 군대를 파견하여 그를 토벌하게 하였는데, 사마량이 밤에 말을 달려 許昌으로 가서 마침내 죽음을 면하였다.

太子卽位하니 駿이 入居太極殿하여 以虎賁百人自衛하다 亮이 不敢臨喪하여 哭於大司馬門外하고 表求過葬而行[①]이러니 或告亮欲討駿이어늘 駿이 密遣兵圖之하니 亮이 夜馳赴許昌하여 乃免하다

① 臨(임하다)은 본음대로 읽는다. 司馬亮이 大司馬府에서 鎭으로 나갈 적에 길을 떠나지 않아 아직 府中에 있었으나, 감히 궁중에 들어와 喪에 臨哭하지 못하고 대사마부의 문밖에서 곡한 것이다.
臨, 如字. 亮自大司馬出鎭, 未行, 尙居府中, 不敢入宮臨喪, 而哭於大司馬府門外.

47) (邵)〔劭〕: 저본에는 '邵'로 되어 있으나, ≪資治通鑑≫에 의거하여 '劭'로 바로잡았다. 아래도 같다.

【綱】 5월에 武帝(司馬炎)를 峻陽陵에 장례하고 여러 신하들에게 詔令을 내려 지위를 올려주고 爵位를 차등 있게 하사하였다.

五月에 葬峻陽陵하고 詔群臣增位하고 賜爵有差[48)]하다

【目】 楊駿은 자신이 평소 아름다운 명망이 없음을 알고는 封邑과 爵位를 두루 올려주어서 여러 사람들에게 잘 보이고자 하였다. 將軍 傅祗가 그에게 이르기를 "帝王이 처음 崩하였을 때 신하가 功을 논한 적은 있지 않습니다." 하였으나, 양준은 따르지 않았다. 詔令을 내려 中外의 여러 신하들에게 지위를 올려주고 작위를 차등 있게 하사하였으며, 租와 調를 1년 동안 면제하였다.

散騎侍郎 何攀이 아뢰기를 "황제께서는 東宮의 지위에 오른 지 20여 년 만에 이제 大業을 이으셨는데, 상을 나누어주고 관작을 내린 것이 革命한 초기보다 더하여 輕重이 맞지 않습니다. 또 우리 大晉이 무궁한 후세에 이어질 것이니 〈지금 만든〉 制度를 마땅히 후세에 남겨야 하는데, 만약 관작이 있는 자를 반드시 승진시킨다면 몇 대 뒤에는 公侯 아닌 자가 없을 것입니다." 하였으나 따르지 않았다.

楊駿이 自知素無美望하고 欲普進封爵하여 以求媚於衆이라 將軍傅祗謂曰[①] 未有帝王始崩而臣下論功者也니라 駿이 不從하다 詔中外群臣增位하고 賜爵有差하며 復租調一年[②]하다 散騎侍郎何攀이 奏曰 帝正位東宮二十餘年에 今承大業이어늘 而班賞行爵이 優於革命之初하여 輕重不倫이니이다 且大晉卜世無窮하니 制當垂後어늘 若有爵必進이면 則數世之後에 莫非公侯矣리이다 不從하다

① 傅祗는 傅嘏의 아들이다.
祗, 嘏之子也.

② 復은 면제함이다. 調(戶稅)는 徒弔의 切이다. ≪唐書≫의 註에 "田地가 있으면 조세가 있으

48) 葬峻陽陵……賜爵有差 : "새로 國喪이 났을 때 皇后를 세우고, 한 달이 지나 장례하고, 장례하고서 賞을 시행함은 모두 혼란한 정사이다. 그러므로 자세히 써서 비판한 것이다.〔新喪立后 踰月而葬 葬而行賞 皆亂政也 故詳書譏之〕" ≪書法≫

"위에서는 '武帝를 峻陽陵에 장례했다.'고 쓰고 아래에서는 '詔令을 내려 여러 신하들의 지위를 올려주고 작위를 하사했다.'고 썼으니, 이는 국상을 다행으로 여겨 즐거워한 것이다. 小人인 楊駿이 이것을 가지고 여러 사람들에게 잘 보이고자 하였으나 끝내 일에 아무런 유익함이 없었고, 여러 신하들에 이르러서는 황제가 승하하여 슬피 부르짖는 때를 당하였으나 태연히 이것을 받아서 한 사람도 사양하는 자가 없었다. 이것을 곧바로 책에 썼으니, 이는 서로 비난한 것이다.〔上書葬峻陽陵 下書詔群臣增位賜爵 則是以國喪爲幸而樂之也 楊駿小人 欲以是取媚於衆 而卒無益於事 至於群臣 當哀號弓劍之時 亦恬然受之 無一人辭者 直書于冊 交譏之爾〕" ≪發明≫

니 조세는 곡식을 내는 것이고, 家戶가 있으면 調가 있으니 調는 비단, 솜, 삼베, 삼을 내는 것이다." 하였다.

復, 除也. 調, 徒弔切. 唐書注"有田則有租, 租出穀, 有戶則有調, 調出繒·纊·布·麻."

**【綱】楊駿을 太傅 大都督으로 삼아서 黃鉞을 주고 조정의 정사를 다스리게 하고서 백관들이 자기 직책을 총괄하여 그의 명을 따르게 하였다.**

以楊駿爲太傅, 大都督하여 假黃鉞 錄朝政하고 百官이 總己以聽[49]하다

---

49) 以楊駿爲太傅……百官總己以聽 : "'黃鉞을 주었다.'고 쓴 것이 司馬昭로부터 시작되었으니, 사마소는 황월을 받은 이후부터 점점 신하 노릇을 하지 않았다. 楊駿이 처음 정사를 보필함에 아무 의심 없이 황월을 차지하여 스스로 화를 당함에 이르지 않으면 그치지 않았다. 그러므로 ≪資治通鑑綱目≫이 끝날 때까지 '백관들이 자기 직책을 총괄하여 명령을 들었다.'고 쓴 것이 3번인데 글이 양준보다 더 자세한 경우가 없으니, 이것을 빼면 백관들이 자기 직책을 총괄했다고 쓴 적이 없다. ≪자치통감강목≫이 끝날 때까지 '황월을 빌려주었다.'고 쓴 것이 7번이고(司馬昭, 楊駿, 謝安, 蕭道成, 高歡, 湘東王 蕭繹, 楊堅), '황월을 加했다.'고 쓴 것이 4번이다.(齊王 司馬攸, 會稽王 道子, 世子 元顯, 劉裕인데, 제왕 사마유의 경우 '殊禮(특별한 예)'라고 썼다.)〔書假黃鉞 自司馬昭始 昭自受鉞 駸駸乎不臣矣 駿始輔政而居之不疑 不至於自禍 不止也 故終綱目 書百官總己以聽三 辭莫詳於楊駿者 舍是無書百官總己者矣 終綱目 書假黃鉞七(司馬昭 楊駿 謝安 蕭道成 高歡 湘東王繹 楊堅) 加黃鉞四(齊王攸書殊禮 會稽王道子世子元顯劉裕)〕" ≪書法≫

"≪周易≫ 鼎卦 九四爻辭에 이르기를 '솥의 다리가 부러져서 公上에게 올릴 밥을 뒤엎으니, 그 모습이 얼굴이 붉어져서 흉하다.' 하였다. 九四는 大臣의 지위가 되어서 천하의 일을 책임졌으니, 마땅히 어진 이와 지혜로운 자를 널리 구하여 힘을 다해 함께 다스려도 오히려 감당하지 못할까 두렵다. 九四爻가 마침내 아래로 初爻에 응하니, 초효는 陰柔의 小人이어서 등용할 수 없는 자인데, 九四가 그를 기용하니 임무를 감당하지 못하여 일을 망친다. 그래서 솥발이 부러져 담은 음식을 뒤엎어 무안하여 얼굴에 땀이 나고 모습이 붉어져 흉하게 되는 것이다. 聖人이 이미 그 뜻을 〈象傳〉에 드러냈고 〈繫辭傳〉에 또다시 '德이 적으면서 지위가 높고 지혜가 적으면서 도모하는 것이 크고 힘이 적으면서 짐이 무거우면 禍에 미치지 않는 이가 적다.'는 말씀을 더하셨다. 그런 뒤에야 大臣의 지위에 처한 자는 맡은 바가 이와 같이 중하므로 진실로 올바르지 않은 자를 등용하여 국가의 일을 실패하게 해서는 안 됨을 알 수 있는 것이다. 楊駿은 매우 작은 器局을 가진 下愚의 재주로 기둥과 주춧돌처럼 감당하기 어려운 임무를 담당하게 되자, 아무런 의심 없이 이를 차지하였다. 이때 요망한 賈后는 안에서 엿보고 諸王들은 밖에서 엿보았으며, 군주의 덕은 혼우하고 용렬하였고 여러 소인들이 도사리고 있었으니, 비록 上智의 인물이 윗자리에 있더라도 오히려 화를 면치 못할까 염려스러웠다. 천거를 사양한 王彰의 말을 보건대 이른바 '소인을 가까이하고 군자들을 소원히 한다.'는 것은 바로 ≪주역≫ 鼎卦의 '公上에게 올릴 밥을 뒤엎는다.'는 경계를 범한 것이다. 양준의 소행이 이와 같으니, 망하지 않기를 바라고자 하나 그렇게 되기 어려운 것이다. ≪資治通鑑綱目≫에서 '양준을 太傅 大都督으로 삼아 황월을 빌려주고 조정의 정사를 다스리게 하고 백관들이 직책을 총괄하여 그의 명령을 듣게 하였다.'라고 글을 줄이지 않고 번다하게 썼다. 여기에서 양준이 적임자가 아니어서 중한 임무를 감당하지 못하는 뜻을 書法에 은연히 드러냈음을 볼 수 있는바, 이를 통해 후세에 자기가 차지해서는 안 될 자리에 있는 자를 경계한 것이다. 聖人이 솥의 象을 취하여 ≪주역≫에 담은 뜻이 어찌 나를 속이겠는가.〔在易鼎之九四曰 鼎折足 覆公餗 其形渥 凶 夫九四爲大臣之位 任天下之事 宜廣求賢智 協力共理 猶懼弗勝 而四乃下應初爻 初陰柔小人 不可用者 而四用之 宜其不勝任而敗事 至於折鼎之足 傾覆其實 赧然赧汗 而其形渥 凶也 聖人旣著其義於象 而於繫辭 復申之以德薄位尊 智小謀大 力少任重 鮮不

【目】 傅咸이 楊駿에게 이르기를 "황제가 諒闇[50]에서 삼년상을 행하지 않은 지가 오래되었습니다. 지금 上이 겸허하여 公에게 정사를 맡겼는데 천하 사람들이 좋게 여기지 않으니, 공이 이 자리를 감당하기가 쉽지 않을까 염려됩니다. 周公은 大聖人이셨는데도 오히려 유언비어를 초래하였는데, 더구나 上의 춘추가 成王의 어린나이가 아니지 않습니까. 나아가고 물러가는 마땅함을 明公은 깊이 생각하여야 합니다." 하였으나, 양준은 따르지 않았다.

**傅咸**이 **謂駿曰 諒闇不行**이 **久矣**①라 **今上**이 **謙沖**하사 **委政於公**이로되 **而天下不以爲善**하니 **懼明公未易當也**하노이다 **周公**은 **大聖**으로도 **猶致流言**이어든 **況上春秋非成王之年乎**②잇가 **進退之宜**를 **明公**이 **當審思之**니이다 **駿**이 **不從**하다

① 漢나라 文帝가 喪期를 단축하라는 詔令을 내리고부터 뒤를 이은 군주가 卽吉(탈상)을 행하고 정사를 다스리니,[51] 諒闇에서 삼년상을 치르는 제도가 행해지지 못한 지 오래되었다.
自漢文短喪之詔, 嗣君卽吉聽政, 諒闇三年之制, 不行久矣.

② 황제의 당시 나이가 32세였다.
帝時年三十二.

【目】 楊濟가 傅咸에게 편지를 보내기를 "속담에 이르기를 '자식이 어리석으면 관청의 일을 끝마치려고 한다.' 하였는데, 관청의 일은 쉽게 끝마칠 수가 없다." 하였다.

부함이 답서에 이르기를 "衛公이 말씀하기를 '술과 여색이 사람을 죽이는 것이 直言을 하는 것보다 더 심하다.' 하였는데, 술과 여색에 빠져 죽는 것은 사람들이 후회하지 않고 직언을 함으로 인해 화를 초래하는 것은 미리 두려워하니, 이는 마음이 바르지 못하여 구차한 행실을 明哲로 삼고자 하기 때문입니다. 예로부터 정직한 말로

---

及矣之語 然後知居大臣之位者 所任若是其重 固不可用非其人而敗乃公事也 楊駿以斗筲下愚之才 當柱石難勝之任 居之不疑 是時孽后窺伺於內 諸王窺伺於外 君德昏庸 群小蟠結 雖以上智居之 猶慮不免 觀王彰辭辟之語 所謂昵比小人 疏遠君子 正犯覆餗之戒 駿之所爲若此 求欲不亡 難矣 綱目書以楊駿爲太傅大都督 假黃鉞 錄朝政 百官總已以聽 詞繁而不殺 則足以見駿非其人 不勝重任之意 隱然於書法之間 所以爲後世處非其據者之戒也 聖人象鼎繫易之意 豈欺我哉〕" ≪發明≫

50) 諒闇 : 임금이 居喪할 때의 거처를 말하는데, 전하여 제왕의 거상을 뜻하는 말로 쓰인다. ≪禮記≫ 〈喪服四制〉에 "殷나라 高宗이 양암에서 3년 동안 말하지 않았다.〔高宗諒闇 三年不言〕"라는 ≪書經≫의 말이 인용되어 있고 ≪論語≫ 〈憲問〉에는 고종이 양암에서 3년 동안 말하지 않은 까닭에 대해 "임금이 죽었을 때에는 백관들이 자신의 직책을 총괄하여 3년 동안 총재의 명을 듣는다.〔君薨 百官總已以聽於冢宰三年〕"라고 하였다.

51) 漢나라……다스리니 : 三年 服喪의 제도를 漢 文帝가 하루를 한 달로 계산하는 '以日易月制'로 고쳐서 36일 만에 복을 벗게 하는 제도를 만들었는데, 그 뒤로 역대 왕조에서 모두 그 관행을 따랐기 때문에 이렇게 말한 것이다.(≪漢書≫ 권4 〈文帝紀〉)

써 화를 자초한 자는 굽은 것을 바로잡다가 지나치게 바르게 하거나 혹은 충성과 독실함이 없으면서 높은 명성을 얻고자 하기 때문에 남의 분노를 초래한 것이니, 성실하게 충성하고 유익하게 하면서 도리어 원망과 미움을 받는 자가 어찌 있겠습니까." 하였다.

**楊濟遺咸書**하여 **曰 諺云 生子癡**면 **了官事**라하니 **官事未易了也**①니라 **咸復書曰 衛公有言**②호되 **酒色殺人**이 **甚於作直**③이라하니 **坐酒色死**는 **人不爲悔**하고 **而逆畏以直致禍**하니 **此由心不能正**하여 **欲以苟且爲明哲耳**④라 **自古以直致禍者**는 **當由矯枉過正**이어나 **或不忠篤而欲以亢厲爲聲**이라 **故致忿耳**니 **安有悾悾忠益而返見怨疾乎**⑤아

① 〈"生子癡……官事未易了也"는〉 傅咸이 直言을 하다가 禍를 부를까 염려한 것이다.[52]
慮咸以直言致禍也.
② 衛公은 아마도 衛瓘인 듯하니, 이때 太保가 되었고 작위가 菑陽公이었다.
衛公, 疑卽衛瓘, 時爲太保, 爵菑陽公.
③ 옳은 것을 옳다 하고 그른 것을 그르다 하는 것을 直이라 한다.
是謂是, 非謂非曰直.
④ ≪詩經≫에 이르기를 "이미 밝고 또 明哲하여 그 몸을 보존한다." 하였으니, 이는 세상 사람들이 直言을 하지 못하고 다만 구차한 행실을 保身의 계책으로 삼음을 말한 것이다.
詩曰 "旣明且哲, 以保其身." 此言世人不能直言, 特以苟且爲保身之計耳.
⑤ 悾은 苦紅의 切이니, "悾悾"은 신실함이요 정성스러움이다.
悾, 苦紅切, 悾悾, 信也, 慤也.

【目】 楊駿은 賈后가 음험하고 사납고 權謀와 지략이 많다 하여 그를 꺼려서 자기 생질인 段廣으로 하여금 정사의 기밀을 관장하게 하고 張劭(장소)로 하여금 禁軍을 주관하게 하였으며, 詔令이 있을 적에는 언제나 황제가 다 살펴보고 나면 들어가서 太后에게 올린 뒤에 행하게 하였다.

馮翊 太守 孫楚가 양준에게 이르기를 "公이 외척으로서 伊尹과 霍光의 책임을 맡아[53]

---

52) 傅咸이……것이다 : 大事는 쉽게 끝마칠 수 없는 것인데 傅咸이 그렇게 할 수 있다고 믿고 어리석게 직언을 고집하다가 禍를 초래할까 염려스럽다는 말이다.(≪晉書≫ 권47 〈傅咸傳〉)

53) 伊尹과……맡아 : 군주를 가까이에서 보좌하는 重臣의 책임을 맡았음을 이른다. 이윤은 殷나라 湯임금을 도와 夏나라의 桀王을 정벌한 공으로 재상이 되었는데, 탕임금이 죽은 뒤에 그의 손자 太甲이 탕임금의 법을 무너뜨리자 이윤이 그를 桐宮으로 내쫓고 3년 뒤에 태갑이 잘못을 뉘우치자 다시 맞아들여 복위시켰다.(≪史記≫ 권3 〈殷本紀〉) 霍光은 漢나라 武帝 때 大司馬 大將軍으로 遺詔를 받아 어린 昭帝를 보좌하였는데, 소제가 죽은 뒤 昌邑王을 세웠으나 그의 음란한 행동을 보고 폐위시키고 宣帝를 세워 나라를 안정시켰다.(≪漢書≫ 권68 〈霍光傳〉)

정무에 종실들을 참여시켜 함께 다스리지 않으니, 禍가 언제 닥칠지 모릅니다." 하였으나, 양준이 따르지 않았다.

양준의 고모 아들인 弘訓少府 蒯欽(괴흠)이 여러 번 직언을 하다가 양준의 뜻을 범하니, 사람들이 그를 위하여 염려하였다. 괴흠이 말하기를 "楊文長이 비록 우매하나 그래도 죄 없는 사람은 죽일 수 없음을 아니, 나를 소원히 함에 불과하다. 나는 그와 소원해져야 화를 면할 수 있다. 그렇지 않으면 그와 함께 三族이 멸할 것이다." 하였다.

駿以賈后險悍하고 多權略이라하여 忌之하여 以其甥段廣管機密하고 張劭典禁兵하여 凡有詔命에 帝省訖이어든 入呈太后然後에 行之러라 馮翊太守孫楚謂曰① 公以外戚으로 居伊, 霍之任하여 而不與宗室共參萬機하니 禍至無日矣리이다 駿이 不從하다 駿姑子弘訓少府蒯欽이 數(삭)以直言犯駿하니 人爲之懼②라 欽曰 楊文長雖闇이나 猶知人無罪不可殺이니 不過疏我라 我得疏라야 乃可以免이니 不然이면 與俱族矣③리라

① 孫楚는 孫資의 손자이다.
楚, 資之孫也.
② 景皇后가 弘訓宮에 거처하면서 少府를 두었다. 爲(위하다)는 去聲이다.
景皇后居弘訓宮, 置少府. 爲, 去聲.
③ 文長은 楊駿의 字이다.
文長, 駿字.

【目】楊駿이 匈奴의 東部 사람 王彰를 辟召하여 司馬로 삼자, 왕창이 도망하고 받지 않았다. 그의 친구가 괴이하게 여겨 물으니, 왕창이 다음과 같이 말하였다.

"예로부터 한 성씨에 두 황후[54]가 있는 경우는 실패하지 않은 적이 없었다. 하물며 楊太傅는 小人을 가까이하고 君子를 소원히 하면서 권력을 독단하여 스스로 방자함에 있어서이겠는가. 내가 변경을 넘어가서 피하더라도 오히려 화가 미칠까 두려운데, 어찌 그의 벽소에 응하겠는가. 또 武帝가 社稷의 큰 계책을 생각하지 아니하여 뒤를 이은 아들이 이미 임무를 감당하지 못하고 遺命을 받은 자가 또 적임자가 아니니, 즉시 천하가 혼란해질 것이다."

駿이 辟匈奴東部人王彰하여 爲司馬①한대 彰이 逃不受어늘 其友怪問之하니 彰曰 自古一姓二

54) 한……황후 : 晉 武帝의 첫 번째 황후인 武元皇后 楊氏(楊艶)는 楊炳의 딸이며 두 번째 황후인 武悼皇后 楊氏(楊芷)는 楊駿의 딸로 둘은 친척간이다.

后는 未有不敗라 況楊太傅昵近小人하고 疏遠君子하여 專權自恣乎아 吾踰海塞以避之라도 猶恐及禍하니 奈何應其辟乎아 且武帝不惟社稷大計[②]하여 嗣子既不克負荷하고 受遺復非其人이니 天下之亂을 可立待也니라

① 匈奴의 東部는 바로 匈奴 左部이니, 太原 茲氏縣에 거주하였다.
匈奴東部, 卽匈奴左部也, 居太原茲氏縣.
② 惟는 생각함이다.
惟, 思也.

【綱】 가을 8월에 廣陵王 司馬遹을 세워 皇太子로 삼았다.

秋八月에 立廣陵王遹爲皇太子하다

【目】 司馬遹이 이미 태자의 자리에 오르자, 何劭, 裴楷, 王戎, 張華, 楊濟, 和嶠를 師保로 삼고 어머니 謝氏를 제수하여 淑媛으로 삼으니, 賈后는 항상 謝氏를 다른 방에 가두어 두고서 태자와 서로 만나는 것을 허락하지 않았다.

遹既立에 以何劭, 裴楷, 王戎, 張華, 楊濟, 和嶠爲師保하고 拜母謝氏爲淑媛[①]하니 賈后常置謝氏於別室하여 不聽與太子相見하다

① 何劭는 太師가 되고 裴楷는 少師가 되고 王戎은 太傅가 되고 張華는 少傅가 되고 楊濟는 太保가 되고 和嶠는 少保가 되었다. ≪晉書≫ 〈輿服志〉에 "淑妃, 淑媛, 淑儀, 修華, 修容, 修儀, 婕妤, 容華, 充華가 바로 九嬪이니, 銀으로 만든 인장에 푸른 끈이다." 하였다.
劭爲太師, 楷爲少師, 戎爲太傅, 華爲少傅, 濟爲太保, 嶠爲少保. 晉志"淑妃・淑媛・淑儀・修華・修容・修儀・婕妤・容華・充華, 是爲九嬪, 銀印靑綬."

【目】 당초에 和嶠가 일찍이 武帝에게 말하기를 "태자가 순후하고 예스러운 풍모가 있는데 말세에는 거짓이 많으니, 폐하의 왕업을 제대로 완수하지 못할까 염려됩니다." 하였다.

뒤에 荀勖이 함께 무제를 모시고 있었는데, 무제가 말하기를 "태자가 근간에 많이 진전되었으니, 卿이 함께 가보라." 하였다. 순욱 등이 돌아와서 태자가 밝은 식견과 고아한 태도가 있다고 칭찬하였으나, 화교는 말하기를 "태자의 聖스러운 자질이 처음과 같습니다." 하니, 무제가 기뻐하지 않고 일어났다.

이때 화교가 司馬遹을 따라 조회하자, 賈后가 황제로 하여금 묻게 하기를 "卿이 예전

에 내가 왕업을 제대로 완수하지 못할 것이라고 말했다 하는데, 지금은 참으로 어떤가?" 하니, 화교가 대답하기를 "신이 옛날 先帝를 섬길 적에 일찍이 이러한 말씀을 올렸는데, 이 말이 맞지 않음은 국가의 복입니다." 하였다.

初에 和嶠嘗言於武帝曰 太子有淳古之風이어늘 而末世多僞하니 恐不了陛下家事니이다 後에 與荀勗同侍러니 武帝曰 太子近進하니 卿可俱詣之①니라 旣還에 勗等이 稱太子明識雅度한대 嶠曰 聖質如初라하니 武帝不悅而起하다 及是하여 嶠從遹入朝한대 賈后使帝問曰 卿이 昔謂我不了家事라하니 今定如何오 嶠曰 臣이 昔事先帝에 曾有是言하니 言之不效는 國之福也니이다

① "近進"은 근래에 진전됨이 있음을 이른다.
近進, 謂近來有進益也.

**【綱】** 劉淵을 匈奴 五部의 大都督으로 삼았다.

**以劉淵爲匈奴五部大都督**하다

**【綱】** 琅邪王 司馬覲이 卒하였다.

**◑ 琅邪王覲**이 **卒**하다

【目】 시호를 恭이라 하였다. 아들 司馬睿가 뒤를 이었다.

諡曰恭이라하다 子睿嗣하다

辛亥年(291)

**【綱】** 晉나라 孝惠皇帝 元康 원년이다. 봄 3월에 皇后 賈氏가 太傅 楊駿을 죽이고, 皇太后를 폐하여 庶人으로 삼았다.

**元康元年**이라 **春三月**에 **皇后賈氏殺太傅楊駿**하고 **廢皇太后**하여 **爲庶人**[55)]하다

---

55) 皇后賈氏……爲庶人 : "며느리가 그 시어머니를 폐한 것은 큰 죄악이므로 賈氏라고 指斥하여 쓴 것이다.〔婦廢其姑 大惡也 故斥書賈氏〕" ≪書法≫
"楊駿은 힘은 적은데 책임이 무거워 전복을 자초하였고 楊后는 친한 사람에게 사사로이 해서 국가의 대사를 망쳤으니, 모두 돌아볼 가치가 없다. 그러나 ≪資治通鑑綱目≫에 '太傅를 죽이고 太后를 폐했다.'고 써서 모두 賈氏에게 죄를 돌린 것은 상하의 구분을 어지럽힐 수 없기 때문이다. 가씨의

【目】 처음에 賈后가 太子妃가 되어 일찍이 질투하다가 직접 여러 사람을 죽였다. 또 창으로 임신한 첩을 찌르니, 태아가 칼날에 찔려 떨어져 죽었다. 武帝가 크게 노하여 장차 그녀를 廢하려 하였는데, 楊后가 아뢰기를 "賈公閭(賈充)가 社稷에 큰 공로가 있으니, 어찌 그 딸이 질투한다 하여 공로를 잊을 수 있습니까." 하여, 태자비가 폐해지지 않았다. 양후가 여러 번 태자비를 경계하고 타이르니, 태자비는 그녀가 자기를 도와준 것을 알지 못하고 도리어 원한을 품었다.

이때에 이르러 며느리의 도리로 太后를 섬기지 않고 또 정사에 관여하고자 하였으나, 楊駿에게 제재를 당하였다. 殿中中郎인 孟觀과 李肇는 모두 양준이 평소 禮를 갖추지 않은 자들이었다. 가후는 黃門(환관)인 董猛으로 하여금 맹관과 이조와 함께 양준을 주살하고 태후를 폐위할 것을 도모하고, 또 사람을 보내어 楚王 司馬瑋에게 이 사실을 알리니, 사마위가 이를 허락하고 마침내 들어가 조회할 것을 요구하였다.

初에 賈后爲太子妃하여 嘗以妬로 手殺數人하고 又以戟擲(극척)孕妾하여 子隨刃墮라 武帝大怒하여 將廢之러니 楊后曰 賈公閭有大勳於社稷하니 豈可以其女妬而忘之邪잇가하여 妃得不廢①하다 后數(삭)誡厲妃하니 妃不知其助己하고 返以爲恨이러라 至是하여 不以婦道事太后하고 又欲預政이나 而爲楊駿所抑이라 殿中中郎孟觀, 李肇는 皆駿所不禮也②라 賈后使黃門董猛으로 與觀, 肇로 謀誅駿하고 廢太后하고 又使報楚王瑋한대 瑋許之하고 乃求入朝하다

① 公閭는 賈充의 字이니, 晉나라가 魏나라를 대신할 적에 가충의 힘이 컸다.
公閭, 充字. 晉之代魏, 充力居多.

② 晉나라 제도에는 二衛(천자 좌우에 두는 호위군)에 殿中將軍·中郎·校尉·司馬를 설치하였다. 觀은 본음대로 읽는다.
晉制, 二衛置殿中將軍·中郎·校尉·司馬. 觀, 如字.

【目】 이때에 孟觀과 李肇가 황제에게 아뢰고 밤에 詔書를 만들어 楊駿이 謀反했다고 무함하게 하고, 東安公 司馬繇(사마요)에게 명해서 궁중에 있는 병사 400명을 거느리고 이들을 토벌하게 하였으며, 司馬瑋는 司馬門에 군대를 주둔하였다.

양준은 변고가 났다는 말을 듣고 官屬들을 불러 모아 상의하니, 主簿 朱振이 다음과

---

죄악이 이와 같은데도 晉나라 조정의 公卿들이 일찍이 이의를 제기하지 않고 모두들 간사한 말을 꾸며 그 일을 증명하여 완성시켰는데, 유독 張華만이 다소 올바른 의논을 하였으나 결국에 또한 그 말을 이리저리 바꾸었다. 三綱이 이미 땅에 떨어졌으니, 夷狄의 화가 없기를 바라더라도 될 수 있겠는가.〔楊駿力小任重 自取顚隮 楊后私其所親 傾覆大事 皆不足恤 然綱目書殺太傅 廢太后 皆歸罪賈氏者 上下之分 不可亂也 賈氏之惡如此 而晉朝公卿 曾無立異 莫不相與文飾姦言 證成其事 獨一張華稍存正議 終亦遷就其說 三綱旣絶 欲無夷狄之禍 得乎〕" ≪發明≫

같이 말하였다.

"필시 환관들이 賈后를 위하여 공에게 불리한 일을 도모한 것입니다. 마땅히 雲龍門을 불태워 위협하여 이 일을 도모한 자의 우두머리를 요구하고 東宮과 外營의 병사를 인솔하여 皇太子를 데리고 입궁해서 간악한 사람을 잡아야 합니다. 그리하면 궁전 안이 놀라고 두려워해서 반드시 일을 꾸민 자를 참수하여 보낼 것입니다. 그렇지 않으면 환란을 면하기 어렵습니다."

양준은 평소 겁이 많고 나약하여 결정하지 못하였는데, 마침내 말하기를 "雲龍門은 魏나라 明帝가 建造한 것이다. 공사에 매우 많은 비용을 들였으니, 어찌 이것을 불태울 수 있겠는가." 하였다.

皇太后가 비단에 글을 써서 화살에 매달아 성 밖으로 쏘아 보냈는데, "楊太傅를 구원하는 자에게는 상을 내릴 것이다."라는 내용이었다. 가후가 이로 인하여 태후도 함께 모반했다고 선언하였다. 얼마 후에 殿中의 병사들이 나와서 양준의 官府를 불태우니, 양준이 마구간으로 도망하였다. 병사들이 쫓아가 양준을 죽이고 마침내 楊珧와 楊濟, 張劭와 段廣 등을 체포해서 모두 삼족을 멸하였다. 이에 앞서 양요가 형장에 임하여 동안공 사마요에게 말하기를 "표문이 石函에 남아 있으니, 張華에게 물으면 나를 살려주게 될 것이다." 하였으나, 사마요는 듣지 않았다. 사마요는 琅邪武王(司馬伷)의 아들이다.

至是하여 觀, 肇啓帝하고 夜作詔하여 誣駿謀反하고 命東安公繇하여 帥殿中四百人討之①하고 瑋屯司馬門하다 駿이 聞變하고 召官屬謀之하니 主簿朱振曰 必閹豎(엄수)爲賈后하여 謀不利於公②이니 宜燒雲龍門以脅之하여 索造事者首③하고 引東宮及外營兵하여 擁皇太子入宮하여 取姦人이면 殿內震懼하여 必斬送之하리이다 不然이면 無以免難이니이다 駿이 素怯懦不決이라 乃曰 雲龍門은 魏明帝所造라 功費甚大하니 奈何燒之리오 皇太后題帛爲書하여 射城外하여 曰 救太傅者는 有賞하리라 賈后因宣言太后同反하다 尋에 殿中兵이 出燒駿府④하니 駿이 逃于廐어늘 就殺之하고 遂收珧, 濟及張劭, 段廣等하여 皆夷三族하다 珧臨刑에 告東安公繇曰 表在石函하니 可問張華⑤니라 繇不聽하니 繇는 琅邪武王之子也라

① 司馬繇가 太康 10년(289)에 봉작을 받았다. 晉나라 제도에 종실 중에 郡公에 봉해진 자는 제도가 小國의 王과 같았다.
繇, 太康十年受封. 晉制, 宗室封郡公者, 制度如小國王.

② 爲(위하다)는 去聲이다.
爲, 去聲.

③ 雲龍門은 洛陽 宮城의 정남쪽 문이다.
雲龍門, 洛陽宮城正南門.
④ 尋는 얼마 후이다.
尋, 俄也.
⑤ 楊珧의 표문은 武帝 咸寧 2년(276)에 보이니, 石函을 만들어 종묘에 보관하였다.[56)]
珧表, 見武帝咸寧二年, 作石函, 藏之宗廟.

【目】 賈后가 詔令을 위조하여 太后를 永寧宮으로 압송하고 다시 여러 公에게 넌지시 지시하여 황제에게 아뢰게 하기를 "황태후가 사직을 위태롭게 할 것을 도모하여 스스로

賈南風이 조정의 權柄을 찬탈하다

56) 楊珧의……보관하였다 : 泰始 10년(274) 7월에 皇后 楊氏가 죽고 2년 뒤 咸寧 2년(276)에 황제가 다시 황후의 從妹를 황후로 세웠는데, 미모가 빼어나고 婦德이 있었다. 황제가 당초 后를 맞이할 적에 后의 숙부인 楊珧가 표문을 올리기를 "자고로 한 가문에서 황후가 두 명이 있는 경우에 종통을 제대로 보전한 적이 없습니다. 바라건대 이 표문을 종묘에 숨겨두십시오. 훗날에 臣의 말과 같이 되면 禍를 면할 수 있을 것입니다.〔自古一門二后 未有能全其宗者 乞藏此表於宗廟 異日如臣之言 得以免禍〕"라고 하자, 황제가 허락했는데, 이것을 가리킨다.(≪資治通鑑≫ 권80)

천명을 끊었으니, 폐하께서 비록 母后에 대하여 한없는 정이 있으시겠지만, 신하들은 감히 조령을 받들 수가 없습니다." 하였다. 中書監 張華가 건의하기를 "황태후는 先帝에게 죄를 얻은 것이 아니요, 이제 그 친족들과 무리를 이루어 聖上의 세대에 어머니 노릇을 하지 못한 것이니, 마땅히 漢나라 때에 趙太后를 폐한 故事에 武皇后라고 칭한 것을 따라 다른 궁궐에 처소를 정하여 始終을 보전하게 해야 합니다." 하였다.

有司가 태후를 폐하여 庶人으로 삼아서 金墉城으로 보낼 것을 주청하니, 황제가 조령을 내려 허락하였다. 또다시 아뢰기를 "어제 조령에 '楊駿의 아내 龐氏를 용서하여 태후의 마음을 위로하라.'고 하셨는데 이제 태후가 폐위되었으니, 방씨를 廷尉에 회부하여 형벌을 집행할 것을 청합니다." 하자, 황제가 조령을 내려 이 말을 따랐다. 방씨가 형벌을 받게 되자, 태후가 방씨를 껴안고 울부짖으며 머리털을 자르고 이마를 조아리면서 賈后에게 표문을 올려 妾이라고 칭하면서 자기 어머니의 목숨을 보전하게 해줄 것을 청하였으나, 살펴보지 않았다.

賈后矯詔하여 送太后于永寧宮①하고 復諷群公하여 奏曰 皇太后圖危社稷하여 自絶于天하니 陛下雖懷無已之情이나 臣下不敢奉詔니이다 中書監張華議호되 皇太后非得罪於先帝요 今黨其所親하여 爲不母於聖世니 宜依漢廢趙太后故事에 稱武皇后하여 居異宮하여 以全始終②이니이다 有司奏請廢太后爲庶人하여 詣金墉城하니 詔可하다 又奏昨詔原駿妻龐氏하여 以慰太后之心이러니 今太后廢하니 請以龐付廷尉行刑한대 詔從之하다 龐臨刑에 太后抱持號叫하고 截髮稽顙하여 上表賈后하여 稱妾하여 請全母命하니 不省하다

① 魏나라는 永寧宮을 세워 太后가 이곳에 거처하였다.
魏建永寧宮, 太后居之.
② 趙太后를 폐위한 고사는 漢나라 哀帝 元壽 2년(B.C. 1)에 보인다.[57]
廢趙太后故事, 見漢哀帝元壽二年.

【目】董養이 太學에 遊學하였는데, 明倫堂에 올라 다음과 같이 탄식하였다.

"조정이 명륜당을 세움은 장차 무엇을 하려는 것이었는가. 매번 赦免하는 글을 볼 때마다 모반한 대역죄를 모두 용서하였는데 조부모와 부모를 죽임에 이르러 사면하

57) 趙太后를……보인다 : 趙太后는 皇太后인 趙飛燕을 가리키는바, 漢나라 哀帝 元壽 2년 7월에 王莽이 太皇太后에게 아뢰어 황태후가 예전에 여동생인 趙昭儀와 함께 황제의 총애를 독차지하여 후궁들의 侍寢을 막아 繼嗣를 끊기게 했다고 하자, 태황태후가 황태후를 폄하하여 '孝成皇后'라고 칭하고 거처를 北宮으로 옮기게 하였고, 8월에 효성황후를 폐위하니, 스스로 목숨을 끊었는데, 이를 가리킨다.(≪資治通鑑≫ 권35)

지 않은 것은 王法에 용서할 수 없다고 여기기 때문이었다. 公卿들의 대처하는 의논이 여기에 이르니, 하늘과 사람의 이치가 이미 없어졌다. 큰 난리가 장차 일어날 것이다."

董養이 遊太學이러니 升堂하여 歎曰 朝廷이 建斯堂은 將以何爲乎①아 每覽赦書에 謀反大逆을 皆赦로되 至於殺祖父母, 父母하여 不赦者는 以爲王法所不容故也라 公卿處議至此하니 天人之理旣滅이라 大亂將作矣②로다

① 〈"朝廷建斯堂 將以何爲乎"는〉 庠序(學校)가 효도하고 공경하는 의리를 밝히기 위한 것인데, 지금 母子 간의 큰 윤리를 없앴으니, 그렇다면 학교를 세움은 과연 무엇을 위함인가라는 말이다.
言庠序, 所以申孝悌之義, 今滅母子之大倫, 則建學果何爲也.
② 董養은 뒤에 아내와 함께 행장을 챙겨 짊어지고 蜀 지방으로 들어갔는데, 어디에서 죽었는지 알지 못한다.
養後與妻荷擔入蜀, 不知所終.

【綱】汝南王 司馬亮을 불러 太宰로 삼아서 太保 衛瓘과 錄尙書事가 되게 하였다.

徵汝南王亮하여 爲太宰하여 與太保衛瓘으로 錄尙書事하다

【目】司馬亮은 여러 사람들에게 환심을 사고자 하여 楊駿을 주살한 功을 의논하여 督과 장수로서 侯가 된 자가 1,081명이었다. 御史中丞 傅咸이 말하기를 "功이 없으면서 많은 상을 받으면 사람들이 모두 나라에 화가 있음을 좋게 여기게 될 것이니, 이는 화의 근원이 끝이 없게 되는 것이다." 하였으나, 사마량은 따르지 않았다. 사마량은 자못 권세를 전횡하였는데, 부함이 다시 간하였으나 또한 듣지 않았다.

亮이 欲悅衆하여 論誅楊駿功하여 督將侯者 千八十一人①이라 御史中丞傅咸曰 無功而獲厚賞이면 則人莫不樂國之有禍하리니 是禍原無窮也라한대 亮이 不從하다 亮이 頗專權勢어늘 咸이 復諫호되 亦不從하다

① 將(장수)은 卽亮의 切이다. "督將侯"는 督과 장수로서 侯爵에 봉해진 자를 이른다.
將, 卽亮切. 督將侯, 謂督與將之封侯爵者.

【目】賈后의 族兄인 賈模와 從舅인 郭彰과 여동생의 아들인 賈謐(가밀)이 楚王 司馬瑋와 東安王 司馬繇와 함께 정사에 관여하였다. 가후의 포악함과 사나움이 날로 심해지니,

사마요가 은밀히 가후를 폐위할 것을 도모했는데, 사마요의 형 司馬澹이 평소 사마요를 미워하여 여러 번 司馬亮에게 참소하니, 詔令을 내려 사마요를 파면하고 버려서 帶方으로 귀양 보냈다.

이에 가밀과 곽창의 권세가 더욱 성하였다. 가밀은 비록 교만하고 사치하였으나 사대부들을 맞이하기를 좋아하였고, 곽창은 石崇과 陸機, 육기의 아우 陸雲과 潘岳, 摯虞와 左思, 牽秀와 劉輿, 유여의 아우 劉琨 등과 모두 가밀에게 붙으니, 이들을 이름하여 24友라 하였다. 석숭과 반악은 더욱 아첨하여 매번 가밀과 廣城君 郭槐가 외출하게 되면 모두 수레에서 내려 길 왼쪽에 서서 먼 길을 바라보고 절하곤 하였다.

賈后族兄模와 從舅郭彰과 女弟之子賈謐이 與楚王瑋, 東安王繇로 竝預政①하다 后暴戾日甚하니 繇密謀廢后러니 繇兄澹이 素惡(오)繇하여 屢譖於亮하니 詔免繇官하여 廢徙帶方②하다 於是에 謐, 彰權勢愈盛이라 謐은 雖驕奢나 而喜延士大夫하고 彰은 與石崇, 陸機, 機弟雲, 潘岳, 摯虞, 左思, 牽秀, 劉輿, 輿弟琨等으로 皆附於謐하니 號二十四友③라 崇與岳이 尤諂하여 每謐及廣城君郭槐出에 皆降車路左하여 望塵而拜러라

① 司馬繇는 東安公에서 작위가 승진하여 왕이 되었다.
繇, 自東安公進爵爲王.
② 帶方縣은 漢나라 때에는 樂浪郡에 속하였는데 公孫度가 帶方郡을 설치하였다.
帶方縣, 漢屬樂浪郡, 公孫度置帶方郡.
③ 摯은 脂利의 切이니, 姓氏이다. 劉輿는 漢나라 中山靖王 劉勝의 후손이다.
摯, 脂利切, 姓也. 輿, 漢中山靖王勝之後也.

**【綱】 여름 6월에 皇后가 太宰 司馬亮과 太保 衛瓘과 楚王 司馬瑋를 죽였다.**

**夏六月에 皇后殺太宰亮, 太保瓘及楚王瑋[58)]하다**

58) 皇后殺太宰亮……楚王瑋 : "司馬亮과 衛瓘이 楚王(司馬瑋)의 강퍅함을 미워하여 그의 兵權을 빼앗고자 하였는데, 간신이 틈을 타 초왕으로 하여금 사마량과 위관을 죽이게 하였고, 초왕 또한 화를 면치 못하였다. 《資治通鑑綱目》에서는 이것을 구분하지 않고 모두 賈后가 죽였다고 썼다. 초왕이 가후를 위하여 두 사람을 죽였고 얼마 후 제멋대로 두 사람을 죽였다 하여 죽임을 받았으니, 비록 초왕에게 손을 빌렸다고 하나 실제로는 모두 賈氏가 죽인 것이다. 書法이 실정에 근원하여 죄를 정해서 죄악을 가후에게 돌림이 마땅하다. 더구나 또한 세상을 어지럽힌 일로 깊이 변론할 필요가 없는 것에 있어서랴.〔亮瓘惡楚王之剛愎 欲去其兵權 孽臣乘隙 使楚殺亮瓘 而楚亦不免 綱目不復分別 皆以后殺書之 蓋楚爲后殺二人 而尋以專殺受戮 雖曰假手於楚 其實皆賈氏殺之耳 書法原情定罪 歸惡於賈 宜矣 況亦亂世之事 不足深辨者乎〕" 《發明》

【目】 太宰 司馬亮과 太保 衛瓘이 北軍中候인 楚王 司馬瑋가 성질이 강퍅하여 사람을 죽이기를 좋아한다 해서 그의 병권을 빼앗고 裴楷로 대신하게 하려고 하였는데, 사마위가 노여워하여 배해가 감히 관직을 받지 못하였다. 다시 사마위를 封國으로 보내려고 도모하였는데, 사마위의 長史인 公孫宏과 舍人 岐盛이 사마위에게 스스로 賈后에게 잘 보일 것을 권하니, 가후가 사마위를 머물러두어 太子少傅를 겸하게 하였다.

기성은 평소 楊駿과 친하였다. 위관은 그의 反覆無常함을 미워하여 장차 체포하려 하였는데, 기성이 마침내 장군 李肇를 통하여 사마위의 명령이라고 사칭하고는 사마량과 위관을 가후에게 참소하여 "장차 황제를 폐위하고 다른 사람을 세울 것을 도모한다." 하였다. 가후는 평소 위관을 원망하였고, 또 두 公(사마량과 사마위)이 정권을 잡아서 자기가 마음대로 할 수 없을까 염려하였다.

太宰亮과 太保瓘이 以北軍中候楚王瑋 剛愎好殺이라하여 欲奪其兵權하고 以裴楷代之하니 瑋怒하여 楷不敢拜①어늘 復謀遣瑋之國이러니 瑋長史公孫宏과 舍人岐盛이 勸瑋自昵於賈后②하니 后留瑋하여 領太子少傅하다 盛이 素善於楊駿이라 瓘이 惡(오)其反覆하여 將收之러니 盛이 乃因將軍李肇하여 矯稱瑋命하고 譖亮, 瓘於賈后하여 云 將謀廢立이라하니 后素怨瓘③하고 且患二公秉政하여 己不得專恣라

① 〈"不敢拜"는〉 감히 절하고 中候의 직책을 받지 못한 것이다.
不敢拜受中候之職.
② 岐는 姓이다.
岐, 姓也.
③ 〈"后素怨瓘"은〉 衛瓘이 龍床을 어루만진 일 때문이다.[59]
以瓘撫牀事也.

【目】 6월에 〈賈后는〉 황제로 하여금 손수 詔書를 써서 司馬瑋에게 내리기를 "太宰(司馬亮)와 太保(衛瓘)가 伊尹과 霍光의 일[60]을 하고자 하니, 왕이 마땅히 詔令을 선포하여

59) 衛瓘이……때문이다 : 咸寧 4년(278)에 征北大將軍 衛瓘을 尙書令으로 삼았는데, 이때 朝野의 사람들이 모두 太子(晉 惠帝)가 昏愚하여 왕권을 이을 수 없다는 것을 알았다. 위관이 매번 아뢰고자 하였으나 감히 실행하지 못하였는데, 마침 陵雲臺에서 侍宴을 하자, 위관이 거짓으로 취한 척하고 용상 앞에 꿇어앉아 아뢰고 싶은 말이 있다고 하였다. 황제(晉 武帝)가 하고 싶은 말이 무엇이냐고 하니, 위관이 말하려다가 그만두기를 세 번 하고는 이어서 손으로 용상을 어루만지며 "이 자리가 아깝습니다."라고 한 적이 있는데, 이 일을 가리킨다.(≪資治通鑑≫ 권80)

60) 伊尹과……일 : 군주를 가까이에서 보좌하는 重臣의 일을 이른다. 伊尹과 霍光에 대해서는 본서 77쪽 역주 53) 참조.

여러 宮門에 군대를 주둔하고 사마량과 위관의 관직을 파면하라." 하였으며, 밤중에 黃門(환관)들로 하여금 이 조서를 가지고 가서 사마위에게 주게 하니, 사마위 또한 이 틈을 타서 사사로운 원한을 보복하고자 하여 마침내 本軍들을 무장하고 다시 詔令을 사칭하여 36軍을 부른 다음 公孫宏과 李肇를 보내어 병력을 거느리고 사마량의 官府를 포위하게 하였으며, 淸河王 司馬遐에게 위관을 체포하게 하였다.

長史 劉準이 사마량에게 이르기를 "이는 반드시 간사한 계책입니다. 府中에는 준걸들이 숲과 같이 많으니, 오히려 힘껏 싸울 만합니다." 하였으나, 사마량은 듣지 않고 마침내 이조에게 잡혀가면서 탄식하기를 "나의 충심을 천하 사람들에게 가슴을 열어 보일 수 있다." 하였다. 世子인 司馬矩와 함께 죽었다. 위관의 좌우 측근 또한 사마하가 조령을 사칭한 것인가 의심하여 "체포하는 것을 항거하고 직접 표문을 올려 답을 받기를 기다리고서 주벌에 나아가도 늦지 않다."고 청하였으나, 위관은 듣지 않았다.

六月에 使帝作手詔하여 賜瑋曰 太宰, 太(傅)〔保〕[61] 欲爲伊, 霍之事하니 王宜宣詔하여 屯諸宮門하고 免亮, 瓘官이라하고 夜使黃門을 齎以授瑋하니 瑋亦欲因此復(복)私怨하여 遂勒本軍①하고 復矯詔하여 召三十六軍②하여 遣宏, 肇하여 以兵圍亮府하고 淸河王遐收瓘하다 長史劉準이 謂亮曰 此必姦謀라 府中俊乂如林하니 猶可力戰이라한대 不聽하고 遂爲肇所執하여 歎曰 我之赤心을 可破示天下也로라 與世子矩俱死하다 瓘左右亦疑遐矯詔하여 請拒之하고 須自表得報하여 就戮未晩이라하니 瓘이 不聽하다

① 本軍은 司馬瑋가 관장하는 北軍이다.
本軍, 瑋所掌北軍也.
② 晉나라는 洛陽城 안팎에 36軍이 있었다.
晉洛城內外三十六軍.

【目】 처음에 衛瓘이 司空이 되었을 적에 帳下督인 榮晦가 죄를 짓자 배척하여 보냈는데, 이때에 영회가 司馬遐를 따라 위관을 체포해서 위관과 그의 자손 9명을 모두 제멋대로 죽였다.

岐盛이 이 틈을 타 司馬瑋를 설득해서 賈氏와 郭氏 등을 주살하여 皇室을 바로잡으라고 하였으나, 사마위가 미처 결정하지 못했는데 마침 날이 밝았다. 張華가 董猛을 시켜서 賈后를 설득하기를 "楚王이 司馬亮과 衛瓘 두 公을 주살하였으면 위엄과 권세가 모

61) (傅)〔保〕: 저본에는 '傅'로 되어 있으나, ≪資治通鑑≫에 의거하여 '保'로 바로잡았다.

두 초왕에게 돌아갈 것이니, 군주가 어떻게 스스로 편안할 수 있겠습니까. 마땅히 초왕에게 마음대로 살인한 죄를 뒤집어씌워 주살해야 합니다." 하였다.

마침내 殿中將軍을 보내어 騶虞幡을 가지고 가서 병사들을 지휘하게 하기를 "초왕이 詔令을 위조하였으니, 그 말을 듣지 말라." 하였다. 이에 병사들이 모두 병기를 내려놓고 무장을 해제하자, 마침내 사마위를 잡아 참수하고 公孫宏과 岐盛은 삼족을 멸하였다.

初에 瓘爲司空에 帳下督榮晦有罪어늘 斥遣之[①]러니 至是하여 晦從遐收瓘하여 輒殺瓘及子孫共九人하다 盛이 因說(세)瑋하여 誅賈, 郭以正王室이나 瑋未決에 會天明이라 張華使董猛으로 說賈后曰 楚王이 既誅二公이면 則威權이 盡歸之矣니 人主何以自安이리오 宜以專殺之罪誅之니이다 乃遣殿中將軍하여 齎騶虞幡하여 麾衆하여 曰 楚王矯詔하니 勿聽也[②]하라 衆皆釋仗이어늘 遂執瑋斬之하고 宏, 盛은 夷三族하다

① 晉나라 제도에 여러 公과 여러 대장군은 모두 帳下督과 門下督을 두었다.
晉制, 諸公及諸大將軍, 皆置帳下督及門下督.

② 騶虞幡은 騶虞라는 짐승을 깃발 위에 그려 수놓은 것이다. 晉나라 제도에 白虎幡과 추우번이 있었으니, 白虎는 위엄이 있고 사나워서 죽임을 주장하므로 전투를 독려할 때 사용하고, 추우는 인자한 짐승이므로 군대를 해산할 때 사용하였다.
騶虞幡, 繪繡騶虞於幡上. 晉制, 有白虎幡·騶虞幡, 白虎威猛主殺, 故以督戰, 騶虞, 仁獸, 故以解兵.

【目】衛瓘의 딸이 자기 나라의 신하들에게 편지를 보내기를 "先公(衛瓘)의 이름과 시호가 아직 드러나지 않았는데 온 나라에 아무도 말하는 이가 없으니, ≪春秋≫에서 지적한 허물은 그 잘못이 어디에 있는가." 하였다. 太保의 主簿인 劉繇 등이 누런 깃발을 잡고 登聞鼓를 쳐서 위관의 억울함을 하소연하자, 마침내 詔令을 내려서 榮晦의 종족을 주살하고 司馬亮과 위관의 작위를 追復하였으며, 사마량의 시호를 '文成'이라 하고 위관의 시호를 '成'이라 하였다.

衛瓘女與國臣書曰[①] 先公名謚未顯이어늘 一國無言하니 春秋之失이 其咎安在[②]오 太保主簿劉繇等이 執黃幡하고 撾登聞鼓하여 訟瓘冤[③]하니 乃詔族誅榮晦하고 追復亮, 瓘爵位하고 謚亮曰文成이라하고 謚瓘曰成이라하다

① 泰始 연간 초기에 衛瓘이 菑陽侯에서 작위가 승진하여 公이 되었다. "國臣"은 그 官屬을 이르니, 主簿인 劉繇 등과 같은 사람이다.

泰始初, 瓘自菑陽侯進爵爲公. 國臣, 謂其官屬, 如主簿劉繇等.

② 〈"春秋之失"은〉 ≪春秋公羊傳≫에 이르기를 "≪春秋≫에 군주가 시해되었는데 역적을 토벌하지 않으면 '신하가 없다.'고 한다." 하였다.
公羊傳曰 "春秋君弑, 賊不討, 以爲無臣子也."

③ 撾는 張瓜의 切이니, 친다는 뜻이다. ≪周禮≫에 "太僕이 路鼓를 大寢門 밖에 세워 곤궁한 자가 억울한 뜻을 왕에게 아뢰게 함을 기다린다." 하였는데, 註에 "窮은 곤궁하고 억울하게 직책을 잃은 자가 와서 이 북을 두드려 자신의 억울함을 왕에게 아뢰게 함을 이른다." 하였으니, 이는 登聞鼓의 시초이다. 등문고란 이름은 魏나라와 晉나라 사이에 시작된 듯하다.
撾, 張瓜切, 擊也. 周禮 "太僕建路鼓於大寢之門外, 以待達窮者." 註 "窮, 謂窮冤失職者, 來擊此鼓, 以達於王." 此則登聞鼓之始也. 登聞鼓之名, 蓋始於魏・晉之間.

**【綱】 賈模와 張華, 裴頠(배외)를 侍中으로 삼아 모두 중요한 기밀을 관장하게 하였다.**

**以賈模, 張華, 裴頠爲侍中**하여 **竝管機要**[62)]하다

【目】 賈后가 조정의 정사를 전횡하여 賈模를 散騎常侍로 삼아 侍中을 加하였다. 賈謐은 가후와 모의하여 '張華가 他姓이어서 上을 핍박하는 혐의가 없고 선비다우며 지략이 있어서 여러 사람의 신망을 받는다.' 하였다. 그리하여 마침내 장화를 侍中 中書監으로 삼고 裴頠를 시중으로 삼고 裴楷를 中書令으로 삼아 시중을 가하여 右僕射 王戎과 함께 중요한 기밀을 관장하게 하였다.

장화가 황실에 충성을 다하여 군주가 잘못하거나 빠트린 것을 미봉하니, 가후가 비록 흉포하고 험악하였으나 오히려 그를 존경하고 소중히 여길 줄을 알았다. 가후는 가모와 배외와 합심하여 정사를 보필하였으므로 몇 년 사이에 비록 혼우한 군주가 위에 있었으나 朝野가 안정되었다.

---

62) 以賈模……竝管機要 : "張華가 박학하고 문견이 많아서 晉나라의 유명한 사람이 되었다. 賈氏는 '張華가 선비답고 또 지략이 있어서 사람들에게 존경을 받으므로 그로 하여금 정사를 보필하게 하는 것이 자신을 위한 계책이 된다.'고 여겼다. 그러나 장화는 이때에 거취의 의리를 깊이 밝히지 못하고 역적인 황후에게 몸을 맡겼다. 비록 '몇 년 사이에 朝野가 안정되었다.'고 말했으나 큰 근본이 확립되지 못했으니, 어찌 스스로 화를 면할 수 있었겠는가. ≪資治通鑑綱目≫에 '장화가 賈模와 裴頠와 함께 중요한 기밀을 관장했다.'고 썼으니, 그렇다면 그가 '위태로운 나라에 들어가지 않고 혼란한 나라에 거주하지 않는다.'는 뜻을 크게 모른 것이다. 애석하다.〔張華博物洽聞 爲晉名人 賈氏以其雅有籌略 爲衆所依 使之輔政 爲賈氏之計得矣 華於此時 不能深明去就之義 委身賊后 雖曰數年之間朝野安靜 然大本不立 豈能自免 綱目書華與模頠竝管機要 則其昧於危邦不入亂邦不居之意多矣 惜哉〕" ≪發明≫

賈后專朝하여 以模爲散騎常侍하여 加侍中하다 謐이 與后謀하여 以張華庶姓이라 無逼上之嫌하고 而儒雅有籌略하여 爲衆望所依[①]라하여 乃以華爲侍中, 中書監하고 裴頠爲侍中하고 裴楷爲中書令하여 加侍中하여 與右僕射王戎으로 竝管機要[②]하다 華盡忠帝室하여 彌縫遺闕하니 后雖凶險이나 猶知敬重이러라 與模, 頠로 同心輔政이라 故數年之間에 雖闇主在上이나 而朝野安靜이러라

① "庶姓"은 同姓이 아닌 것이다.
庶姓, 非同姓.

② 裴頠은 裴秀의 아들이다.
頠, 秀之子也.

## 壬子年(292)

**【綱】 晉나라 孝惠皇帝 元康 2년이다. 봄 2월에 皇后 賈氏가 前 皇太后 楊氏를 金墉城에서 시해하였다.**

二年이라 春二月에 皇后賈氏弑故皇太后楊氏于金墉城[63)]하다

【目】 이때에 太后에게는 아직도 10여 명의 모시는 자가 있었다. 賈后가 이들을 모두 빼앗고 음식을 끊었는데 8일 만에 卒하니, 賈后가 시신을 엎어 빈소하였다.

時에 太后尙有侍御十餘人이러니 賈后悉奪之하고 絶膳八日而卒하니 賈后覆而殯之[①]하다

① 〈"賈后覆而殯之"는〉 太后에게 영혼이 있어서 혹 先帝인 武帝에게 억울함을 하소연할까 두려워한 것이다.

---

63) 皇后賈氏弑故皇太后楊氏于金墉城 : "이때에 賈后가 太后의 侍御하는 사람을 모두 빼앗고 음식을 끊자 8일 만에 죽었는데, 곧바로 '太后를 시해했다.'고 쓴 것은 그 죄를 바로잡은 것이다. 그러므로 재차 '賈氏'라고 지척한 것이다. ≪資治通鑑綱目≫이 끝날 때까지 태후를 '시해했다.'고 쓴 것이 9번인데 '황후에게 시해당했다.'고 쓴 것이 2번이다.(晉나라 賈氏와 魏나라 胡氏)〔於是 后悉奪太后侍御 絶膳八日而終 直書曰弑 正其罪也 故再斥賈氏 終綱目 太后書弑九 而爲后所弑二(晉賈氏 魏胡氏)〕" ≪書法≫
"자식은 어머니를 폐할 수 없고 며느리는 시어머니를 폐할 수 없는 것이다. 앞서 이미 '태후를 폐하여 庶人으로 삼았다.'고 썼는데, 여기에서는 여전히 '前 皇太后'라고 쓴 것은 그의 폐위를 인정하지 않은 것이다. 모시는 자들을 빼앗고 음식을 끊어 卒하였는데, 곧바로 弑라고 쓴 것은 그의 죄를 바로잡은 것이다. 역적인 황후가 이와 같이 멋대로 행동하였으니, 그러고도 晉나라에 사람이 있다고 하겠는가. 군자가 오히려 그 조정에서 벼슬할 수 있겠는가.〔子不可以廢母 婦不可以廢姑 前已書廢太后爲庶人 而此猶書故皇太后者 不予其廢也 奪其侍御 絶膳而卒 直書曰弑者 正其罪也 賊后恣行若此 晉國猶爲有人乎 君子猶可立其朝乎〕" ≪發明≫

恐太后有靈, 或訴寃於先帝.

### 癸丑年(293)

**【綱】** 晉나라 孝惠皇帝 元康 3년이다. 여름 6월에 弘農 지역에 우박이 내렸다.

三年이라 夏六月에 弘農雨雹[64)]하다

【目】 깊이가 3尺이었다.

深三尺이러라

### 甲寅年(294)

**【綱】** 晉나라 孝惠皇帝 元康 4년이다. 큰 기근이 들었다.

四年이라 大饑하다

**【綱】** 司隸校尉 傅咸이 卒하였다.

◑ 司隸校尉傅咸이 卒하다

【目】 傅咸은 성질이 강직하고 소탈하며 풍채와 품격이 엄숙하고 단정하였다. 처음에 司隸校尉가 되어서 "뇌물이 멋대로 유행하니, 마땅히 깊이 끊어야 한다."고 上言하고는 上奏하여 河南尹 司馬澹 등의 관직을 파면시키니, 京師가 숙연하였다.

咸性剛簡하고 風格峻整이러니 初爲司隸하여 上言貨賂流行하니 所宜深絶이라하여 奏免河南尹澹等官하니 京師肅然[①]이러라

---

64) 弘農雨雹 : "이때 우박의 깊이가 3尺이었으니, 큰 이변이다. ≪資治通鑑綱目≫에 우박을 쓴 것이 24번인데, 깊이가 5寸인 적이 있었고(元康 5년(295)) 깊이가 2척인 적이 있었고(漢나라 景帝 2년(B.C. 155)) 깊이가 2척 5촌인 적이 있었으나(漢나라 宣帝 地節 4년(B.C. 66)) 이보다 더 깊은 적은 있지 않았다.〔於是雹深三尺 大異也 綱目書雹二十有四 有深五寸者矣(元康五年) 有深二尺者矣(漢景帝二年) 有深二尺五寸者矣(漢宣帝地節四年) 未有深於此者也〕" ≪書法≫

① 澹은 河南尹의 이름이다.
澹, 河南尹之名.

【綱】 慕容廆가 大棘城으로 옮겨 거주하였다.

**慕容**廆**徙居大棘城**하다

乙卯年(295)

【綱】 晉나라 孝惠皇帝 元康 5년이다. 여름 6월에 동해에 우박이 내렸다.

**五年**이라 **夏六月**에 **東海雨雹**[65)]하다

【目】 깊이가 5寸이었다.

深五寸이라

【綱】 荊州, 揚州, 兗州, 豫州, 青州, 徐州에 홍수가 졌다.

**荊**, **揚**, 兗, **豫**, **青**, **徐州大水**[66)]하다

【綱】 겨울 10월에 무기고에 불이 났다.

◑**冬十月**에 **武庫火**[67)]하다

65) 東海雨雹 : "≪資治通鑑綱目≫에 우박이 내린 것이 24번인데 이 뒤로는 쓴 것이 없으니, 이는 史官이 빠뜨린 것이다.〔綱目書雹二十四 自是無書者矣 史失之也〕" ≪書法≫

66) 荊……徐州大水 : "이는 큰 이변이다. 홍수가 거의 천하의 절반에 이르렀다. ≪資治通鑑綱目≫이 끝날 때까지 홍수가 몇 州에 이어진 것이 11번인데 이보다 많은 적은 있지 않았다.〔大異也 水殆半天下矣 終綱目 水連數州者十一 未有多於此者〕" ≪書法≫

67) 武庫火 : "이때에 累代의 보물과 2백만 병사의 병기를 소실하였으니, 큰 이변이다. ≪資治通鑑綱目≫에 무기고에 화재가 났다고 쓴 것이 1번이고(漢나라 安帝 元初 4년(117)) 무기고에 불이 났다고 쓴 것이 3번이니(漢나라 桓帝 延熹 4년(161), 이해(293), 唐나라 玄宗 天寶 10년(751)), 이해보다 더 심한 적은 없었다.〔於是焚累代之寶及二百萬人器械 大變也 綱目書武庫災一(漢安帝元初四年) 武庫火三(漢桓帝延熹四年 是年 唐玄宗天寶十載) 莫甚於是年矣〕" ≪書法≫

【目】 累代의 보물과 2백만 병사의 병기를 소실하였다.

焚累代之寶及二百萬人器械하다

**【綱】 索頭部(鮮卑 拓跋部)가 그 나라를 나누어 세 部로 만들었다.**

**索頭分其國하여 爲三部하다**

【目】 하나는 上谷의 북쪽 濡源(난원)의 서쪽에 거주하니 拓跋祿官이 직접 통솔하였고, 하나는 代郡 參合陂의 북쪽에 거주하니 兄의 아들인 拓跋猗㐌(탁발의타)로 하여금 통솔하게 하였고, 하나는 定襄의 盛樂 옛 성에 거주하니 탁발의타의 아우 拓跋猗盧로 하여금 이들을 통솔하게 하였다.

代 지역의 사람 衛操가 從子인 衛雄과 같은 郡 사람인 箕澹과 함께 가서 拓跋氏에게 의탁하고는 탁발의타와 탁발의로를 설득해서 晉나라 사람들을 불러 받아들이게 하니, 탁발의타가 그를 좋아해서 그에게 國事를 맡겼는바 晉나라 사람 중에 귀부하는 자가 점점 많아졌다.

一居上谷之北, 濡源之西하니 祿官이 自統之[①]하고 一居代郡參合陂之北하니 使兄子猗㐌統之[②]하고 一居定襄之盛樂故城하니 使猗㐌弟猗盧統之하다 代人衛操與從子雄과 及同郡箕澹으로 往依拓跋氏하고 說(세)猗㐌, 猗盧하여 招納晉人[③]한대 猗㐌悅之하여 任以國事하니 晉人附者稍衆이러라

① 濡는 乃官의 切이다. ≪水經註≫에 "濡水는 변방 밖에서 흘러와 변방으로 들어오니, 발원지는 멀리 북쪽 변방 가운데에 있다. 後魏(北魏) 太武帝 때에 이르러 禦夷鎭을 濡水 발원지의 서북쪽에 설치하였다."라고 하였다. 上年(몇 년 전)에 拓跋弗이 죽고 숙부인 拓跋祿官이 즉위하였으니, 탁발불은 拓跋悉祿의 아우이고 拓跋綽의 아들이다.
濡, 乃官切. 水經註"濡水從塞外來入塞, 其發源之地, 遠在北荒中. 至後魏太武帝時, 置禦夷鎭於濡源之西北." 上年拓跋弗卒, 叔父祿官立, 弗, 悉祿弟, 綽之子也.

② 參合陂는 代郡 參合縣에 있었다. 後漢과 晉나라 때에는 삼합현을 없앴는데, 拓跋氏 魏나라가 다시 縣을 설치하여 梁城郡에 소속시켰다. 兄은 바로 拓跋沙漠汗이다. 猗는 於宜의 切이고, 㐌는 音이 駝이다.
參合陂, 在代郡參合縣. 後漢·晉省參合縣, 拓跋魏復置縣, 屬梁城郡. 兄卽沙漠汗. 猗, 於宜切, 㐌, 音駝.

③ 箕澹은 사람의 성명이다.
箕澹, 姓名.

丙辰年(296)

【綱】 晉나라 孝惠皇帝 元康 6년이다. 봄에 張華를 司空으로 삼았다.

六年이라 春에 以張華爲司空하다

【綱】 여름에 匈奴 郝度元(학도원)이 배반하였다.

◑夏에 匈奴郝度元이 反하다

【目】 匈奴 郝度元이 馮翊과 北地, 馬蘭에 있는 羌族과 盧水의 胡族들과 함께 배반하여 北地太守를 살해하였다. 征西大將軍 趙王 司馬倫이 총애하는 사람 孫秀의 말을 신용하여 雍州刺史 解系와 군대의 일을 다투니, 조정에서는 사마륜을 불러 들어오게 하고 梁王 司馬肜(사마융)으로 대신하게 하였다.

해계가 表文을 올려 손수를 주살해서 氐族과 羌族에게 사과할 것을 청하자, 張華가 이것을 사마융에게 알려서 그로 하여금 손수를 주살하게 하였는데, 손수의 친구가 그를 위하여 사마융을 설득해서 죽음을 면하게 하였다. 사마륜이 마침내 손수의 계책을 따라 賈氏와 郭氏와 깊이 결탁하니, 賈后가 손수를 크게 사랑하고 신임하였다. 손수가 이로 인하여 錄尙書事가 될 것을 요구하였으나 장화와 裴頠가 불가하다고 고집하니, 사마륜과 손수가 이 때문에 그들을 원망하였다.

匈奴郝度元이 與馮翊, 北地, 馬蘭羌, 盧水胡로 俱反하여 殺北地太守[①]하다 征西大將軍趙王倫이 信用嬖人孫秀하여 與雍州刺史解系로 爭軍事[②]하니 朝廷이 徵倫還하고 以梁王肜代之[③]하다 系表請誅秀以謝氐, 羌이어늘 張華以告肜하여 使誅之러니 秀友人이 爲之說(세)肜하여 得免하다 倫이 遂用秀計하여 深交賈, 郭하니 賈后大愛信之라 因求錄尙書事어늘 張華, 裴頠固執不可라하니 倫, 秀由是怨之러라

① 北地에 馬蘭山이 있는데 羌族들이 그 안에 거주하고 인하여 種落(종족 부락)의 이름으로 삼았으니, 이때 아마도 馮翊과 北地 두 郡의 경계에 속한 듯하다. 盧水의 胡族은 安定의 경계에 거주하였다.

北地有馬蘭山, 羌居其中, 因爲種落之名, 時蓋屬馮翊・北地二郡界也. 盧水胡, 居安定界.

② 解系는 사람의 성명이다.

解系, 姓名.

③ 司馬肜은 宣帝의 아들이니, 泰始 원년(265)에 封地를 받았다.
肜, 宣帝子也, 泰始元年, 受封.

【綱】 가을 8월에 秦州와 雍州의 氐族과 羌族의 齊萬年이 배반하자, 겨울 11월에 장군 周處 등을 보내어 토벌하게 하였다.

秋八月에 秦雍氐羌齊萬年이 反이어늘 冬十一月에 遣將軍周處等하여 討之하다

【目】 처음에 御史中丞 周處가 관리들을 탄핵할 적에 권력이 있고 위세가 높은 자를 피하지 않았다. 梁王 司馬肜이 일찍이 법을 위반하자, 주처가 조사하여 탄핵하였다. 이때에 秦州, 雍州의 氐族과 羌族이 모두 배반하여 그들의 장수인 齊萬年이 황제의 칭호를 참칭하고 涇陽을 포위하자, 詔令을 내려서 주처를 建威將軍으로 삼아 安西將軍 夏侯駿에게 예속되어 토벌하게 하였다. 이에 中書令 陳準이 다음과 같이 말하였다.

"하후준과 梁王(사마융)은 모두 貴戚 출신으로 장수의 재목이 아닙니다. 나가 싸워도 명예를 바라지 않고 후퇴하여도 죄를 두려워하지 않으며, 주처는 사람이 충직하고 용맹하고 과감하여 그를 미워하는 원수만 있고 후원해주는 이가 없으니, 마땅히 孟觀에게 조령을 내려서 정예병 1만 명으로 주처의 선봉대가 되게 하면 반드시 적을 섬멸할 수 있을 것입니다. 그렇지 않으면 양왕이 마땅히 주처로 하여금 선봉이 되게 하고 구원하지 아니하여 죽음에 빠트릴 것이니, 틀림없이 실패할 것입니다."

조정에서는 이 말을 따르지 않았다. 제만년은 주처가 공격해온다는 소식을 듣고 말하기를 "周府君은 文武의 재주가 있으니, 만약 자신이 專斷하여 오면 내가 당할 수 없지만 혹 남에게 제재를 받으면 이는 사로잡힐 뿐이다." 하였다.

初에 御史中丞周處 彈劾에 不避權威러니 梁王肜이 嘗違法이어늘 處按劾之하다 至是하여 秦, 雍氐, 羌이 悉反하여 其帥齊萬年이 僭帝號하고 圍涇陽[①]이어늘 詔以處爲建威將軍하여 隷安西將軍夏侯駿하여 以討之하다 中書令陳準 曰 駿及梁王이 皆貴戚이요 非將帥之才라 進不求名하고 退不畏罪[②]하며 周處는 忠直勇果하여 有仇無援하니 宜詔孟觀하여 以精兵萬人으로 爲處前鋒이면 必能殄寇리이다 不然이면 梁王이 當使處先驅하고 而不救以陷之리니 其敗必也리이다 朝廷이 不從하다 萬年이 聞處來하고 曰 周府君이 有文武才하니 若專斷而來면 不可當也어니와 或受制於人이면 此成禽耳라하니라

① 涇陽縣은 前漢 때에는 安定郡에 속하였는데, 後漢과 晉나라 때에는 없앴다.
涇陽縣, 前漢屬安定郡, 後漢·晉省.
② 景懷皇后가 夏侯氏이므로 夏侯駿을 외척이라고 한 것이다.
景懷皇后, 夏侯氏也, 故駿爲外戚.

【綱】 關中 지방에 기근이 들고 역병이 유행하였다.

關中이 饑疫하다

【綱】 12월에 略陽의 氐族인 楊茂搜가 仇池를 점거하였다.

◑ 十二月에 略陽氐楊茂搜 據仇池하다

【目】 처음에 略陽 淸水의 氐族인 楊駒가 처음 仇池에 거주하였는데, 구지는 사방 넓이가 100頃이고 그 부근의 평평한 땅이 20여 리이며, 사면이 깎아지른 절벽으로 지대가 높아서 羊의 창자처럼 굽은 길이 36번을 돌아 올라갔다. 그의 손자 楊千萬에 이르러 魏나라에 복속하여 百頃王에 봉해졌다. 양천만의 손자 楊飛龍이 점점 강성해져서 略陽으로 옮겨 거주하고 생질인 令狐茂搜를 양자로 삼았다. 楊茂搜(영호무수)가 齊萬年의 난리를 피하여 부족을 거느리고 구지로 돌아와 살면서 스스로 輔國將軍 右賢王이라 칭하니, 關中의 사람 중에 피난간 자들이 대부분 그에게 귀의하였다. 양무수가 이들을 영접하고 어루만져 받아들였으며, 떠나가고자 하는 자들은 호위하여 물자를 주어 떠나보냈다.

初에 略陽淸水氐楊駒 始居仇池하니 仇池方百頃이요 其旁平地二十餘里며 四面이 斗絶而高하여 爲羊腸蟠道三十六回而上①이러니 至其孫千萬하여 附魏하여 封爲百頃王하다 千萬孫飛龍이 浸彊盛하여 徙居略陽하여 以其甥令狐茂搜爲子하다 茂搜避齊萬年之亂하여 帥部落하고 還保仇池하여 自號輔國將軍, 右賢王하니 關中人士避亂者 多依之라 茂搜迎接撫納하고 欲去者는 衛護資送之러라

① 略陽縣은 漢나라 때에는 天水郡에 속하였고, 後漢 때에는 천수군을 고쳐 漢陽郡이라 하였다. 後漢 獻帝 初平 4년(193)에 漢陽과 上郡을 나누어 永陽郡을 설치하였고, 魏나라 때에는 이것을 고쳐 廣魏郡이라 하였으며, 晉 武帝 泰始 연간에 略陽郡으로 이름을 바꾸었다. 淸水縣은 前漢 때에는 천수군에 속하였는데, ≪後漢書≫의 〈地理志〉에는 없으며, ≪晉書≫

〈地理志〉에는 다시 보인다. 仇池는 ≪漢書≫ 〈地理志〉에 이른바 '天池大澤'이라는 곳이니, 武都郡 武都縣 서쪽에 있었는바 ≪水經註≫에 이른바 '瞿塘'이라는 곳이다. 皤은 蒲官의 切이니, 皤道는 도로가 굴곡진 것이다.

略陽縣, 漢屬天水郡, 後漢改天水郡, 爲漢陽郡. 獻帝初平四年, 分漢陽・上郡, 置永陽郡, 魏改爲廣魏郡, 武帝泰始中, 更名略陽郡. 淸水縣, 前漢屬天水郡, 後漢志省, 晉志復見(현). 仇池, 漢書地理志所謂天池大澤, 在武都郡武都縣西, 水經註所謂瞿塘者也. 皤, 蒲官切, 皤道, 道路皤曲.

丁巳年(297)

**【綱】** 晉나라 孝惠皇帝 元康 7년이다. 봄 정월에 將軍 周處가 齊萬年과 싸워 패하여 죽었다.

**七年**이라 **春正月**에 **將軍周處及齊萬年戰敗**하여 **死之**[68]하다

【目】 齊萬年이 梁山에 주둔하였는데, 병력이 7만이었다. 梁王 司馬肜과 夏侯駿은 周處로 하여금 5천 명의 병력을 이끌고 공격하게 하니, 주처가 말하기를 "군대는 후속 부대가 이어지지 않으면 반드시 패하니, 이 몸이 죽을 뿐만이 아니라 국가에 치욕을 초래할 것입니다." 하였으나, 사마융과 하후준은 다그쳐 보냈다. 주처가 제만년을 六陌에서 공격할 적에 병사들이 밥을 먹기도 전에 사마융이 빨리 출전하도록 재촉해서 이른 아침부터 저녁때까지 싸워 적을 참수하고 사로잡은 것이 매우 많았고, 활줄이 끊어지고 화살이 다 떨어졌으나 구원병이 오지 않았다. 좌우에서 주처에게 후퇴할 것을 권하였으나 주처는 검을 어루만지며 말하기를 "이는 내가 충절을 다하고 목숨을 바칠 때이다." 하고는 마침내 힘껏 싸우다가 죽었다. 조정에서는 비록 사마융을 나무랐으나 또한 죄주지 못하였다.

**齊萬年**이 **屯梁山**하니 **有衆七萬**①이라 **梁王肜**과 **夏侯駿**이 **使周處**로 **以五千兵擊之**어늘 **處曰 軍**

68) 將軍周處及齊萬年戰敗 死之 : "'死之'라고 쓴 것은 어째서인가. 충절을 인정한 것이다. ≪資治通鑑綱目≫이 끝날 때까지 '死之'라고 쓴 것이 54번인데 晉나라에 13번을 썼다.(周處, 劉沈, 嵇紹, 譙登, 庾珉 등, 吉朗, 辛賓, 段匹磾, 譙王 司馬承, 卞壼, 桓彝, 沈勁, 吉挹) '세상이 혼란하면 충신을 안다.'는 말이 참으로 옳다.〔書死之 何 予節也 終綱目書死之五十四 而晉世書十有三(周處 劉沈 嵇紹 譙登 庾珉等 吉朗 辛賓 段匹磾 譙王承 卞壼 桓彝 沈勁 吉挹) 世亂識忠臣 信哉〕" ≪書法≫

無後繼면 必敗리니 不徒亡身이라 爲國取恥니이다 肜, 駿이 逼遣之하다 處攻萬年於六陌[②]할새 軍士未食에 肜이 促令速進하여 自旦戰至暮에 斬獲甚衆하고 絃絶矢盡호되 救兵不至라 左右勸處退한대 處按劍하고 曰 是吾效節致命之日也라하고 遂力戰而死하다 朝廷이 雖以尤肜이나 而亦不能罪也[③]러라

① ≪漢書≫ 〈地理志〉에 "扶風의 好畤縣에 梁山이 있다." 하였다.
前漢志 "扶風好畤縣有梁山."
② 六陌은 馬嵬山 서쪽에 있다.
六陌, 在馬嵬山西.
③ 尤는 허물이다.
尤, 過也.

【綱】 가을 7월에 雍州와 秦州에 가뭄이 들고 역병이 유행하였다.

秋七月에 雍, 秦이 旱疫하다

【目】〈곡식이 귀하여〉 쌀 한 斛이 1만 錢이었다.

米斛萬錢이러라

【綱】 9월에 王戎을 司徒로 삼았다.

九月에 以王戎爲司徒하다

【目】 王戎은 三公이 되어 세상 사람들과 부침하여 황제의 잘못을 바로잡은 바가 없었고 동료들에게 일을 맡기고는 마음대로 나가 놀고 방탕하였으며, 성품이 또 탐욕스럽고 인색해서 그의 田園이 온 천하에 두루 퍼져 있었다. 매번 직접 牙籌(상아 주판)를 잡고서 밤낮으로 會計하여 항상 부족한 듯이 여겼다. 집에 좋

高逸圖 王戎

은 오얏이 있었는데 이것을 팔 적에 남이 좋은 종자를 얻을까 두려워 항상 씨에 구멍을 뚫었고, 사람을 칭찬하고 선발할 적에 오로지 허황된 명성을 높이 샀다.

阮咸의 아들 阮瞻이 일찍이 왕융을 찾아가 보았는데, 왕융이 묻기를 "聖人은 名教를 귀하게 여겼고 老子와 莊子는 자연을 밝혔는데, 그 뜻이 다른가? 같은가?" 하니, 완첨이 말하기를 "아마도 같지 않겠습니까." 하였다. 왕융은 한동안 감탄하고는 마침내 그를 辟召하니, 당시 사람들이 그를 일러 '三語掾'이라 하였다.

戎爲三公하여 與時浮沈하여 無所匡救하고 委事僚寀하여 輕出遊放①하며 性復貪吝하여 園田이 徧天下라 每自執牙籌하여 晝夜會計하여 常若不足이러라 家有好李러니 賣之에 恐人得種하여 常鑽其核②하고 凡所賞拔이 專事虛名이라 阮咸之子瞻이 嘗見戎한대 戎이 問曰 聖人은 貴名敎하고 老莊은 明自然하니 其旨異同가 瞻曰 將無同③이리이다 戎이 咨嗟良久에 遂辟之하니 時人이 謂之三語掾④이라하니라

① 寀는 此宰의 切이니, 같이 벼슬하는 것을 僚라 하고, 같은 자리에 있는 것을 寀라한다.
寀, 此宰切. 同官爲僚, 同地爲寀.
② 鑽는 祖官의 切이니, 뚫음이다.
鑽, 祖官切, 刺也.
③ "將無"는 無乃, 得無라고 말함과 같은 따위이니, "將無同"은 그 뜻이 대개 같음을 말한 것이다. 곧바로 '同'이라고 말하지 않고 '將無同'이라고 말한 것은 晉나라 사람들의 말하는 태도가 본래 그러한 것이다. 짐작하건대 옳다고는 생각하나 감히 자신 있게 주장하지 않은 것이다.
將無, 猶言無乃·得無之類, 將無同, 其意蓋言同也. 不直云同, 而云將無同者, 晉人語度自爾也. 意以爲是而未敢自主也.
④ "三語"는 '將無同' 세 글자를 가리킨다.
三語, 指將無同三字.

【目】 이때 王衍이 尙書令이 되고 樂廣이 河南尹이 되었는데, 淸談을 잘하고 마음이 세속의 일에서 초탈하여 명성이 당세에 두터우니, 朝野의 사람들이 다투어 사모하고 본받았다. 왕연은 아우 王澄과 함께 인물을 품평하기를 좋아하였는데, 온 세상이 이것을 儀準(본보기)으로 삼았다. 왕연은 정신과 마음이 밝고 빼어났다. 젊었을 때에 山濤가 그를 보고 말하기를 "어떤 老嫗(늙은 할미)가 이와 같은 아이를 낳았는고. 그러나 천하의 蒼生을 그르칠 자는 틀림없이 이 사람일 것이다." 하였다.

악광은 성품이 담박하고 검약하여 깨끗하고 원대하여 남과 다툼이 없었고, 매번 담론

할 적에 요약된 말로 이치를 분석해서 사람들 마음을 굴복시켰으나 자기가 알지 못하는 것은 침묵하였다. 언제나 사람을 논할 적에 반드시 먼저 그의 장점을 칭찬하니 그의 단점은 말하지 않아도 저절로 드러났다.

是時에 王衍이 爲尙書令하고 樂廣이 爲河南尹이러니 皆善淸談하고 宅心事外하여 名重當世하니 朝野爭慕效之[①]러라 衍이 與弟澄으로 好題品人物하니 擧世以爲儀準이러라 衍이 神情明秀라 少時에 山濤見之하고 曰 何物老嫗生寧馨兒오 然이나 誤天下蒼生者는 未必非此人也[②]라하니라 廣은 性이 沖約淸遠하여 與物無競하고 每談論에 以約言析理하여 厭(압)人之心이로되 而其所不知는 默如也[③]러라 凡論人에 必先稱其所長하니 則所短不言自見(현)이러라

① 宅은 거함이다.
宅, 居也.
② 寧은 音이 甯이고 또 平聲이니, 如此라는 말과 같다. 馨은 어조사이다.
寧, 音甯, 又平聲, 猶言如此. 馨, 語助也.
③ "析理"는 요약된 말로 義理를 분석하기를 나무를 쪼개듯이 함을 말한다. 厭은 於叶의 切이니, 굴복시킴이다.
析理, 謂約言以分別義理, 如破木然. 厭, 於叶切, 伏也.

【目】王澄과 阮咸, 완함의 從子인 阮脩와 胡毋輔之, 謝鯤과 王尼와 畢卓이 모두 자유분방함을 통달함으로 여겨서 술에 취하고 옷 벗고 있는 것을 잘못이라고 여기지 않았다. 호무보지가 일찍이 술을 실컷 마셨는데, 그의 아들 胡毋謙之가 큰 소리로 부르기를 "彦國이 많이 늙었으니, 이렇게 해서는 안 된다." 하니, 호무보지가 기뻐하여 웃고는 불러 들어오게 하여 함께 술을 마셨다.

畢卓의 이웃에 사는 郎官이 술을 빚었는데, 술이 익자 필탁이 밤에 술동이 사이로 가서 몰래 술을 마시다가 술을 관장하는 자에게 포박을 당하였다. 다음 날 아침에 살펴보니, 바로 畢吏部였다. 樂廣이 듣고 비웃으면서 말하기를 "名敎 안에 본래 즐거운 경지가 있는데, 어찌 이와 같이 할 것이 있겠는가." 하였다.

澄及阮咸과 咸從子脩와 胡毋輔之, 謝鯤, 王尼, 畢卓이 皆以任放爲達하여 醉狂裸體를 不以爲非[①]러라 輔之嘗酣飮하니 其子謙之 厲聲呼之하여 曰 彦國이 年老하니 不得爲爾라하니 輔之歡笑하고 呼入共飮[②]하니라 卓의 比舍郎이 釀熟[③]이러니 因夜至甕間하여 盜飮이라가 爲掌酒者所縛이라 明旦에 視之하니 乃畢吏部也[④]라 廣이 聞而笑之하고 曰 名敎內에 自有樂地하니 何必乃爾오하니라

① 毋는 音이 無이니, 胡毋는 複姓이다. 任은 물건을 자연 그대로 내버려두는 것이고, 放은 마

음을 풀어놓아 제재하지 않는 것이다.
毋, 音無. 胡毋, 複姓. 任者, 任物之自然. 放者, 縱其心而不制.

② 彦國은 胡毋輔之의 字이다.
彦國, 輔之字.

③ 比는 가까움이다. 釀은 술을 빚음이다.
比, 近也. 釀, 醞也.

④ 〈"畢吏部"는〉 畢卓이 일찍이 吏部의 郎이 되었다.
卓嘗爲吏部郎.

【目】 처음에 何晏 등이 ≪老子≫와 ≪莊子≫를 祖述하고 이론을 세워 이르기를 "천지의 만물이 모두 無를 근본으로 삼으니, 無라는 것은 물건을 열어주고 일을 이루어주어서 가는 곳마다 존재하지 않음이 없는 것이다. 陰과 陽이 이것에 의지하여 化生하고, 賢者가 이것에 의지하여 덕을 이룬다. 그러므로 無의 作用은 벼슬이 없어도 귀한 것이다." 하니, 王衍 등이 이 말을 좋아하고 소중히 여겼다. 이로 말미암아 사대부들이 모두 浮幻과 虛誕을 숭상하여 職業(직무)을 폐하였다.

初에 何晏等이 祖述老, 莊하고 立論하여 以爲天地萬物이 皆以無爲本하니 無也者는 開物成務하여 無往不存者也[①]라 陰陽이 恃以化生하고 賢者恃以成德이라 故로 無之爲用이 無爵而貴矣라하니 衍等이 愛重之라 由是로 士大夫皆尙浮誕하여 廢職業이러라

① 何晏의 뜻은 "모든 일과 물건이 無에서 생겨나니, 無는 물건이 아직 생겨나지 않고 일이 아직 나타나지 않은 것이다." 하였다. 그러므로 "無는 물건을 열고 일을 이룬다."라고 한 것이다.
何晏之旨, 以爲"事事物物, 自無而有. 無者, 物之未生, 事之未形見者也." 故曰"無者開物成務."

【目】 裴頠가 〈崇有論〉을 지어서 그 폐해를 해소하고자 하였는데, 그 내용은 다음과 같다.

"利欲은 덜 수는 있으나 완전히 없앨 수는 없고, 事務는 줄일 수는 있으나 완전히 없앨 수는 없다. 談論하는 자들이 有形의 폐해를 깊이 나열하고 空無의 아름다움을 매우 칭찬하여, 마침내 經世하는 일을 하찮게 여기고 功利의 쓰임을 천시하며 부화하고 방탕한 일을 높이 여기고 經世實用하는 어진 이를 비하하니, 사람의 마음이 원하는 바에 명예와 이익이 뒤따른다. 이에 글을 쓸 적에는 虛無를 바탕으로 삼는 것을 '玄妙하다.' 하

고, 관직에 있을 때에는 맡은 직책을 친히 다스리지 않는 것을 '고아하고 원대하다.' 하고, 자신의 몸을 받들 적에 청렴과 지조를 돌보지 않는 것을 '曠達하다.' 한다. 그러므로 길흉의 禮를 무너뜨리고 행동거지의 儀表를 소홀히 하며, 長幼의 질서를 문란하게 하고, 귀천의 등급을 혼란하게 하여 못 하는 짓이 없다.

만물의 태어남은 有에서 나누어지는 것이다. 그러므로 마음은 일이 아니지만 일은 반드시 마음을 말미암아 만들어지니 마음을 無라고 할 수가 없고, 匠人은 器物이 아니지만 기물은 반드시 장인을 통해서 만들어지니 장인을 일러 有가 아니라고 할 수가 없다. 이로 말미암아 살펴보면 有를 이루는 것은 모두 有이니, 虛無가 이미 존재하는 여러 백성들에게 무슨 유익함이 있겠는가."

그러나 세상의 習俗이 이미 이루어져서 배외의 〈숭유론〉도 이것을 바로잡지 못하였다.

裴頠著崇有論하여 以釋其蔽하니 曰 利欲은 可損而未可絶有也요 事務는 可節而未可全無也라 談者 深列有形之累하고 盛稱空無之美하여 遂薄綜世之務하고 賤功利之用①하며 高浮游之業하고 卑經實之賢②하니 人情所徇에 名利從之라 於是立言에 藉於虛無를 謂之玄妙하고 處官에 不親所職을 謂之雅遠하고 奉身에 散其廉操를 謂之(廣)〔曠〕[69]達이라 故로 悖吉凶之禮하고 忽容止之表하며 瀆長幼之序하고 混貴賤之級하여 無所不至라 夫萬物之生이 以有爲分者也③라 故로 心은 非事也로되 而制事必由於心하니 不可謂心爲無也요 匠은 非器也로되 而制器必須於匠하니 不可謂匠非有也라 由此而觀하면 濟有者는 皆有也니 虛無 奚益於已有之群生哉리오하니라 然이나 習俗已成하여 頠論이 亦不能救러라

① 綜은 子宋의 切이니, 베틀의 올이다. "綜世之務"는 當世의 사무를 정리함에 베틀에 날실과 씨실이 교착함이 있는 것과 같아 모두 기강이 있게 함을 이른다.
綜, 子宋切, 機縷也. 綜世之務, 謂整理當世之事, 使皆有紀, 若機之有錯綜.

② "經實"은 經世의 실용이 있음을 이른다.
經實, 謂有經世之實用者.

③ 〈"夫萬物之生 以有爲分者也"는〉 물건이 아직 생기기 전에는 有와 無가 나누어지지 않았으나, 이미 생겨 존재하면 無와 이미 나누어지는 것이다.
物之未生, 則有無未分, 旣生而有, 則與無爲已分矣.

**【綱】 索頭部 拓跋猗㐌(탁발의타)가 서쪽으로 여러 나라를 공략하였다.**

69) (廣)〔曠〕: 저본에는 '廣'으로 표기되었으나, ≪資治通鑑≫에 의거하여 '曠'으로 바로잡았다.

**索頭**猗㐌가 **西略諸國**하다

【目】**拓跋**猗㐌가 **漢北**을 건너와서 서쪽 지역을 순행하며 여러 나라를 공략하니, 항복하여 그에게 붙은 나라가 30여 개였다.

猗㐌**度漢北**하여 **巡西略諸國**하니 **降附者三十餘國**①이러라

① 이미 漢北으로 건너갔다가 마침내 서쪽으로 가서 여러 나라를 공략하여 점령한 것이다. 旣度漢北, 遂西行, 略取諸國.

戊午年(298)

**【綱】** 晉나라 孝惠皇帝 元康 8년이다. 가을 9월에 荊州, 豫州, 徐州, 揚州, 冀州에서 큰 홍수가 졌다.

**八年**이라 **秋九月**에 **荊, 豫, 徐, 揚, 冀州大水**하다

**【綱】** 侍御史 李苾을 보내어 漢川(漢中)의 流民들을 위로하게 하였다.

○**遣侍御史李苾**하여 **慰勞漢川流民**[70)]하다

【目】**略陽**의 **巴氐**인 **李特**과 **李庠**, **李流**가 모두 재주와 무예가 있어서 말타기와 활쏘기를 잘하였으며 성품이 **豪俠**하니, **州黨**들이 대부분 그에게 붙었다. **齊萬年**이 배반할 적에 **關中** 지역이 거듭 기근이 드니, **略陽**과 **天水** 등 6개 **郡**에서 **流離**하여 **漢川**으로 들어간 백성이 수만 가호였다. **流民**들이 도로에서 질병을 앓거나 궁핍한 자가 있으면 **李特**의 형제가 이들을 구휼하였다. 이로 말미암아 백성들의 마음을 얻으니, 유민들이 **漢中**에 이르러 조정에 글을 올려 **巴, 蜀**에서 **寄食**하게 해달라고 요구하였다.

조정에서는 의논하여 **侍御史 李苾**을 보내어 **節**을 잡고 가서 유민들을 위로하고 또 이들을 감찰하여 **劍閣**에 들어가지 못하게 하였다. 이필은 유민들에게 뇌물을 받아먹고는

---

70) 遣侍御史李苾 慰勞漢川流民 : "晉나라가 蜀 지역을 잃은 것이 李苾로부터 비롯되었으므로 삼가 쓴 것이다.〔晉之失蜀 自苾始 故謹書之〕" ≪書法≫

表文을 올려 “유민 10여만 명은 漢中의 한 郡이 능히 구휼할 수 있는 것이 아닙니다. 蜀지방에는 저축된 창고가 있으니, 마땅히 그리로 가서 먹게 하여야 합니다.” 하자, 조정에서는 그 말을 따랐다. 이로 말미암아 유민들이 梁州와 益州로 흩어지게 되어 금지할 수가 없었다.

이특은 검각에 이르러 크게 탄식하기를 “劉禪이 이와 같이 험한 지형을 가지고도 손을 뒤로 묶고 얼굴을 든 채 남에게 항복하였으니, 어찌 용렬한 재주가 아니겠는가.” 하였다.

**略陽巴氐李特**과 **庠, 流 皆有材武**하여 **善騎射**하고 **性任俠**하니 **州黨**이 **多附之**①라 **及齊萬年反**에 **關中**이 **荐饑**하니 **略陽, 天水等六郡民**이 **流移入漢川者 數萬家**②라 **道路**에 **有疾病窮乏者**하면 **特兄弟振救之**하니 **由是**로 **得衆心**하여 **流民**이 **至漢中**하여 **上書求寄食巴, 蜀**하니 **朝議遣侍御史李苾**하여 **持節慰勞**하고 **且監察之**하여 **不令入劍閣**하다 **苾**이 **受流民賂**하고 **表言流民十萬餘口**는 **非漢中一郡所能賑贍**이라 **蜀有倉儲**하니 **宜令就食**이라하니 **從之**하다 **由是**로 **散在梁, 益**하여 **不可禁止**라 **特**이 **至劍閣**하여 **太息曰 劉禪**이 **有如此地**하여 **面縛於人**하니 **豈非庸才邪**아하니라

① 처음에 張魯가 漢中에 있을 적에 賨(종) 땅 사람 李氏가 巴西의 宕渠(탕거)에서 한중으로 가 장로에게 의지하였다. 魏나라 武帝(曹操)가 한중을 점령하니, 이씨가 5백여 가호를 거느리고 그에게 귀순하였으므로 그를 장군으로 제수하여 略陽의 북쪽 지역으로 옮기고 이들을 이름하여 ‘巴氐’라 하였다. 李庠과 李流는 李特의 두 아우의 이름이다.
初, 張魯在漢中, 賨人李氏, 自巴西宕渠往依之. 魏武帝克漢中, 李氏將五百餘家歸之, 拜爲將軍, 遷于略陽北土, 號曰巴氐. 庠·流, 李特二弟名.

② 漢川은 바로 漢中郡의 지역이다.
漢川, 卽漢中郡之地.

**【綱】** 將軍 孟觀을 보내어 齊萬年을 토벌하게 하였다.

**遣將軍孟觀**하여 **討齊萬年**하다

【目】 張華가 孟觀이 침착하고 굳세며 文武의 재주가 있다고 천거해서 그로 하여금 齊萬年을 토벌하게 하니, 맹관은 몸소 화살과 砲石을 맞으며 십여 차례 크게 싸워서 모두 격파하였다.

**張華 薦觀沈毅有文武材用**하여 **使討齊萬年**하니 **觀**이 **身當矢石**하고 **大戰十數**하여 **皆破之**하다

## 己未年(299)

**【綱】** 晉나라 孝惠皇帝 元康 9년이다. 봄 정월에 孟觀이 齊萬年을 공격하여 사로잡았다.

九年이라 春正月에 觀이 擊萬年하여 獲之하다

【目】太子洗馬 江統은 생각하기를 "西戎과 北狄이 中華를 어지럽히니, 마땅히 일찍 그 근원을 끊어야 한다."고 해서 마침내 〈徙戎論〉을 지어 조정을 경계하니, 그 내용은 다음과 같다.

"四夷[71] 가운데 西戎과 北狄이 가장 심하니, 이들은 약하면 中華를 두려워하고 복종하고 강하면 침공하고 배반한다. 이 때문에 道가 있는 군주가 이들을 대함에 대비가 있고 이들을 막음에 일정한 법칙이 있어서, 비록 이들이 머리를 조아리고 폐백을 가지고 오더라도 변방의 성에 견고한 수비를 풀지 않고, 강하고 포악하여 침략하더라도 군대를 遠征에 동원하지 않아서 境內가 편안함을 얻고 국경이 침략받지 않게 할 뿐이었다. 그러다가 周나라가 통치의 기강을 잃자 제후들이 제멋대로 공격하였다. 서융과 북적이 이 틈을 타고 중국에 들어오니, 혹 제후들이 이들을 유인하고 편안히 어루만져서 자기들의 쓰임으로 삼았다. 이로부터 四夷가 서로 침략하여 중국에 뒤섞여 살았는데, 秦나라 始皇帝가 천하를 통일하자 군대의 위엄이 사방에 미쳐서 북쪽 오랑캐를 물리치고 남쪽 越을 패주시키니, 이때를 당하여 중국에는 다시 四夷가 없게 되었다.

太子洗馬江統이 以爲戎, 狄亂華하니 宜早絶其原이라하여 乃作徙戎論하여 以警朝廷하니 曰 四夷之中에 戎, 狄爲甚하니 弱則畏服하고 彊則侵叛이라 是以로 有道之君이 待之有備하며 禦之有常하여 雖稽顙執贄나 而邊城不弛固守①하고 彊暴爲寇나 而兵甲不加遠征②하여 期令境內獲安하고 疆埸不侵而已러니 及至周室失統에 諸侯專征이라 戎, 狄乘間하여 得入中國③하니 或招誘安撫하여 以爲己用④이라 自是로 四夷交侵하여 中國錯居⑤러니 及秦始皇幷天下에 兵威旁達하여 攘胡走越하니 當是時하여 中國無復四夷也라

① 漢나라 元帝 때에 匈奴의 單于가 변방 요새의 수비를 파할 것을 청하였으나, 侯應이 "不可하다." 하였으니, 이것이 이른바 "굳게 수비함을 풀지 않았다."는 것이다.

71) 四夷 : 사방의 오랑캐란 뜻으로, 東夷와 西戎, 南蠻과 北狄을 가리킨다.

漢元帝時, 匈奴單于請罷邊塞守備, (漢)〔侯〕[72]應以爲不可, 所謂不弛固守也.

② 周나라 宣王이 잠시 玁狁(험윤)을 공격하여 太原에 이르러서 국경까지 다 갔다가 돌아왔다.[73] 비유하면 모기나 등에와 같아서 몰아 쫓아낼 뿐이니, 이른바 "멀리 정벌을 加하지 않았다."는 것이다.

周宣王薄伐玁狁, 至于太原, 盡境而還, 譬猶蟁蝱, 驅之而已, 所謂不加遠征也.

③ 〈"戎狄乘間 得入中國"은〉 戎이 魯나라 濟西 지역을 공격하고 山戎이 燕나라를 괴롭히고 狄이 衛나라와 邢나라를 공격하고, 長狄이 세 나라로 침입한 것과 같은 따위이다.[74]

如戎伐魯濟西, 山戎病燕, 狄伐衛·邢, 長狄入三國之類.

④ 〈"或招誘安撫 以爲己用"은〉 申나라와 繒나라가 西戎의 군대를 거느리고 周나라 幽王을 공격하여 죽였으며, 晉나라가 陸渾의 戎族을 伊川으로 옮겨서 그들과 掎角의 형세를 이루어 秦나라 군대를 殽 땅에서 패퇴시켰고, 楚나라가 蠻의 군대를 동원하여 晉나라와 鄢陵에서 싸웠던 것과 같은 것이다.[75]

如申·繒以西戎攻殺周幽王, 晉遷陸渾之戎於伊川, 與之掎角, 以敗秦師于殽, 楚以蠻軍與晉戰于鄢陵.

⑤ 〈"四夷交侵 中國錯居"는〉 徐夷가 齊, 晉, 魯, 宋의 사이에 있고 鮮虞가 燕과 晉의 국경에 끼

---

72) (漢)〔侯〕: 저본에는 '漢'으로 되어 있으나, ≪資治通鑑≫ 註에 의거하여 '侯'로 바로잡았다.

73) 周나라……돌아왔다 : 이 내용은 ≪詩經≫ 〈小雅 六月〉의 "戎車가 이미 편안하니 輊와 같고 軒과 같으며, 네 마리 말이 이미 건장하니 이미 건장하고 길들여졌도다. 잠깐 玁狁을 정벌하여 太原에 이르니, 문무를 겸비한 吉甫여, 萬邦이 법으로 삼도다.〔戎車既安 如輊如軒 四牡既佶 既佶且閑 薄伐玁狁 至于大原 文武吉甫 萬邦爲憲〕"라는 구절에 대해 朱子가 ≪詩經集傳≫에서 "태원에 이르렀다는 것은 축출할 뿐이요, 끝까지 추격하지 않음을 말한 것이니, 先王이 戎狄을 다스리는 법이 이와 같았다."라고 풀이한 데에 보인다. 吉甫는 周나라 宣王 때 북벌을 담당한 太師 尹吉甫로, 鎬京에 침입한 험윤을 격퇴하는 등 召穆公 등과 함께 선왕을 보좌하여 쇠락한 周나라를 중흥시키는데 지대한 공헌을 하였다.

74) 戎이……따위이다 : 모두 춘추시대에 있었던 일들로, 山戎이 燕나라를 괴롭힌 것은 ≪史記≫ 권32 〈齊太公世家〉 齊 桓公 23년에 "山戎이 燕나라를 공격했다.〔山戎伐燕〕"고 보이고, 狄이 衛나라를 공격한 것은 ≪春秋左氏傳≫ 閔公 2년에 "겨울 12월에 狄人이 衛나라를 공격하였다.〔冬十二月 狄人伐衛〕"라고 보이고, 狄이 邢을 공격한 것은 ≪春秋≫ 莊公 32년에 "狄이 邢을 공격하였다.〔狄伐邢〕"라고 보이는데, 나머지는 자세하지 않다.

75) 申나라와……것이다 : 모두 춘추시대에 있었던 일로, "申나라와 繒나라가……幽王을 공격하여 죽였으며"는 幽王이 총애하는 褒姒가 아들 伯服을 얻고는 申后와 태자 宜臼를 폐하자, 신후의 아버지 申侯가 繒나라, 犬戎과 연합하여 유왕을 살해한 후 의구를 왕위(平王)에 세운 일을 말한다.(≪史記≫ 권4 〈周本紀〉) "晉나라가 陸渾의……殽땅에서 패퇴시켰고"는 平王이 東遷할 때 周나라 대부인 辛有가 伊川에 갔다가 머리를 풀어 헤치고 야외에서 제사 지내는 광경을 보고는 "이곳은 100년이 채 못 가서 오랑캐의 땅이 될 것이다. 周나라의 예가 먼저 없어졌다."라고 하였는데, 僖公 22년에 과연 晉나라와 秦나라가 陸渾의 융족을 伊川으로 이주시키고, 희공 33년에 晉나라가 융족과 함께 秦나라를 殽 땅에서 패퇴시켰던 일을 말한다.(≪春秋左氏傳≫ 僖公 22년, 33년) "楚나라가……싸웠던 것"은 晉나라가 厲公 6년에 鄭나라를 칠 때 楚나라가 東夷(楚나라의 동쪽 오랑캐)를 거느리고 鄭나라를 구원하였는데, 마침내 鄢陵에서 晉나라가 楚나라를 패배시켰던 일을 말한다.(≪國語≫ 〈晉語 6 晉敗楚師於鄢陵〉)

어있고 赤狄이 上黨의 지역에 거주하고 陸渾의 戎族이 伊水와 洛水의 사이에 거주하고 義渠와 大荔(대려)가 秦과 晉의 국경에 거주하고 戎蠻子가 梁山과 霍山의 지역에 거주한 것과 같다.[76]

如徐夷在齊・晉・魯・宋之間, 鮮虞介燕・晉之境, 赤狄居上黨之地, 陸渾戎居伊・洛之間, 義渠・大荔居秦・晉之域, 戎蠻子居梁・霍之地.

【目】漢나라 建武 연간에 馬援이 隴西太守를 겸하여 배반한 羌族들을 토벌하고 그 남은 종족을 關中으로 옮겨서 馮翊과 河東의 빈 지역에 살게 하였다. 몇 년이 지난 뒤에 이들의 族類가 점점 번성하였는데, 永初 연간에 반란을 일으키니, 오랑캐와 中夏가 모두 피폐하였다. 이 뒤로부터 남은 불씨가 꺼지지 않아서 조금의 기회만 있으면 번번이 다시 침공하고 배반하였는데, 魏나라 武帝가 武都의 氐族을 秦川으로 옮겨서 이들에게 蜀漢을 막게 하였다. 이는 임시방편의 계책이니, 지금 이미 그 폐해를 받고 있다.

漢建武中에 馬援이 領隴西太守하여 討叛羌하여 徙其餘種於關中하여 居馮翊・河東空地하니 數歲之後에 族類蕃息이러니 永初叛亂에 夷, 夏俱敝[①]라 自此之後로 餘燼不盡하여 小有際會면 輒復侵叛이러니 魏武帝徙武都氐於秦川하여 以禦蜀하니 蓋權宜之計니 今已受其敝矣라

① 살펴보건대 漢나라 光武帝 建武 11년(35)에 馬援이 羌族을 토벌하여 항복하게 하였는데 安帝 永初 원년(107)에 강족이 배반하였으니, 건무 11년부터 영초 원년까지는 모두 73년인바 "數歲之後(몇 년이 지난 후)"는 마땅히 "數十歲之後(몇 십 년이 지난 후)"가 되어야 한다.

按漢光武建武十一年, 馬援討羌降之, 安帝永初元年, 羌反. 自建武十一年, 至永初元年, 凡七十三年, 數歲之後當作數十歲之後.

---

76) 徐夷가……같다 : 徐夷는 현재 江蘇省 西北 지역의 徐州 일대에 있었던 부족으로, 춘추시대에 揚子江과 淮河 사이의 强國이 되어 齊나라 桓公과 연합하여 楚나라에 대항하기도 하였는데, 춘추시대 말기에 吳나라에 의해 멸망했다. 鮮虞는 현재 河北省 平山 일대에 있었던 부족으로, 춘추시대에 晉나라와 燕나라 사이에 있으면서 晉나라와 전쟁을 많이 하였고, 춘추시대 말기에 中山國을 세웠다. 赤狄은 현재 山西省 일대에 분포하여 살았던 부족으로, 晉나라 사람들과도 섞여서 지내기도 하였던 狄人의 한 분파인데, 춘추시대에 적인들 가운데 힘이 가장 강했던 부족이었다. 陸渾의 戎族은 현재 河南省 洛陽 일대에 있었던 부족으로, 춘추시대 말기에 晉나라에 의해 멸망하였다. 義渠와 大荔(대려)는 현재 甘肅省 慶陽 일대와 陝西省 渭南 일대에 있었던 부족으로, 의거는 춘추시대에 세력이 秦나라, 魏나라와 맞먹을 정도로 강한 부족이었는데 전국시대에 秦나라에 의해 멸망하였고, 대려는 춘추시대 초기에 '大荔戎國'이라고 불리며 晉나라에 속해 있었는데 秦나라 穆公이 전쟁에서 晉나라를 이기면서 秦나라에 속하게 되었다. 戎蠻子는 현재 潁河 상류인 河南省 鄭州와 周口 일대에 분포하였던 西戎의 한 분파로, 춘추시대 말기에 楚나라에 의해 멸망하였다.

【目】關中은 帝王이 거주하는 곳이니, 西戎과 北狄이 이 지역에 있어야 한다는 말을 듣지 못하였다. 오랑캐들은 우리와 같은 종류가 아니니 그 마음이 반드시 다를 것이요, 士庶人들이 그들을 우습게 보아 그들의 유약함을 업신여기니, 탐욕스럽고 포악한 성질로 분노의 감정을 품고서 중국의 허점을 노리고 방비가 소홀한 틈을 타 번번이 횡포와 반역을 저지르는 것은 필연적인 형세이다.

이제 중국 군대의 위엄이 한창 강성한 때에 그들이 사망하거나 흩어지고 關中 사람들과 家戶마다 원수가 된 기회를 이용하여 여러 羌族들을 옮겨서 先零(선령)과 罕幵(한견), 析支의 지역에 정착시키고, 여러 氐族을 내보내서 隴右로 돌아가게 하여 陰平과 武都의 경계에 안착시켜야 한다. 그리고 그들이 목적지에 도착하기에 충분한 양식을 도로에서 지급해서 각각 본래의 종족에 붙어 옛 터전으로 돌아가게 해야 한다. 그리하여 屬國都尉와 撫夷護軍으로 하여금 가서 이들을 편안히 살게 하면 오랑캐와 晉人(漢族)이 뒤섞이지 않아 모두 제자리를 얻을 것이다. 비록 그들이 중화를 어지럽힐 마음이 있더라도 중국과 매우 멀고 山河가 장애물이 되어 막아주니, 큰 폐해는 일으키지 못할 것이다.

夫關中은 帝王所居니 未聞戎狄宜在此土也①라 非我族類니 其心必異하고 而士庶翫習하여 侮其輕弱하니 以貪悍之性으로 挾憤怒之情하여 候隙乘便하여 輒爲橫逆이니 此必然之勢也라 今宜及兵威方盛하여 因其死亡流散하고 與關中之人으로 戶爲仇讐之際②하여 徙諸羌하여 著先零, 罕幵, 析支之地하고 徙諸氐하여 出還隴右하여 著陰平, 武都之界③하고 稟其道路之糧하여 令足自致④하여 各附本種하여 反其舊土하여 使屬國, 撫夷로 就安集之⑤하면 戎, 晉이 不雜하여 竝得其所리니 縱有猾夏之心이나 絶遠中國하여 隔閡(애)山河하니 爲害不廣矣⑥리라

① 周나라는 豐과 鎬에 도읍하였고 秦나라는 咸陽에 도읍하였고 漢나라는 長安에 도읍하였는데, 모두 關中의 지역이다.
周都豐·鎬, 秦都咸陽, 漢都長安, 皆關中之地.

② 〈"與關中之人 戶爲仇讐之際"는〉 氐族과 羌族이 배반하여 평민들에게 난폭한 짓을 행하고 노략질을 자행하니, 關中 사람들이 그들을 원망하여 家戶마다 모두 원수와 적으로 여김을 말한다.
謂氐·羌之反, 暴掠平民, 關中之人, 怨毒之, 戶皆爲讎敵.

③ 著(붙이다)은 直略의 切이다. 先零과 罕幵과 析支의 지역은 湟中으로부터 서쪽으로 賜支,[77]

77) 賜支 : 羌族이 살던 지역의 한 지명으로, '사지'에 대해서는 ≪後漢書≫ 권87 〈西羌傳〉에 "사지는 〈禹貢〉에 이른바 '析支'라고 한 곳이다.〔賜支者 禹貢所謂析支者也〕"라고 보이는데, ≪書經≫ 〈夏書 禹貢〉의 '析支'에 대해 蔡沈의 ≪書經集傳≫에 "석지는 河關의 서쪽 천여 리 지점에 있다.〔析支 在河關西

河首, 陰平, 武都에 이르니, 모두 옛날 白馬氐의 지역이다.

著, 直略切. 先零・罕幵・析支之地, 自湟中西至賜支・河首・陰平・武都, 舊白馬氐地也.

④ 稟은 마땅히 廩이 되어야 하니, 지급함이다.

稟, 當作廩, 給也.

⑤ "屬國, 撫夷"는 屬國都尉와 撫夷護軍을 이른다.

屬國・撫夷, 謂屬國都尉及撫夷護軍也.

⑥ 閡(막다)는 礙와 같다.

閡, 與礙同.

【目】 幷州의 오랑캐는 본래 匈奴 중에 용맹하고 포악한 적이다. 建安 연간에 右賢王 去卑로 하여금 呼廚泉을 유인하여 인질로 삼게 해서 그 部落들이 흩어져 6郡에 거주하는 것을 허락하였는데, 이제 5部가 되어서 戶口가 수만에 이른다. 이들은 몸이 날쌔고 용맹하며 〈弓術과 乘馬에〉 능수능란함이 氐族과 羌族보다 갑절이나 뛰어나니, 만약 비상사태가 벌어지면 幷州의 지역은 한심하게 될 것이다. 正始 연간에 毌丘儉이 高句驪를 토벌하고 그 남은 種族을 滎陽의 戶落에 옮긴 것이 〈백여 가호였는데〉 지금은 천으로 헤아린다. 몇 대가 지난 뒤에는 반드시 더욱더 많아질 것이니, 지금 우리 백성들이 생업을 잃으면 오히려 혹 그곳으로 도망하여 배반한다. 기르는 犬馬도 몸뚱이가 살찌고 충만하면 때로 주인을 무는데, 하물며 오랑캐들이 변란을 일으키지 않겠는가. 다만 그들 스스로 돌아보건대 자신들이 미약해서 변란을 일으키지 못할 뿐이다.

나라를 다스리는 자는 백성이 적음을 근심하지 않고 편안하지 못함을 근심하는 것이다. 광활한 四海와 풍부한 병사와 백성을 가지고 있는데, 어찌 오랑캐가 內地에 있기를 기다린 뒤에야 만족할 것이 있겠는가. 이들을 모두 거듭 타일러 출발시켜 본래의 지역으로 돌아가 故鄕을 그리워하는 저들의 정을 위로하고 이 중국을 은혜롭게 하는 것이 제일 좋은 계책이다."

조정에서는 이 말을 따르지 못하였다.

幷州之胡는 本匈奴桀惡之寇也라 建安中에 使右賢王去卑로 誘質呼廚泉하여 聽其部落散居六郡[①]이러니 今爲五部하여 戶至數萬하고 驍勇便利가 倍於氐, 羌하니 若有不虞면 則幷州之域이 可爲寒心이라 正始中에 毌丘儉이 討句驪하고 徙其餘種於滎陽戶落이 今以千計[②]라 數世之後에 必至

千餘里]"라고 보인다.

殷熾니 今百姓失職이면 猶或亡叛[③]이라 犬馬肥充에 則有噬齧이어든 況於夷狄이 能不爲變이리오 但顧其微弱耳[④]라 夫爲邦者는 憂不在寡而在不安[⑤]이라 以四海之廣과 士民之富로 豈須夷虜在內然後에 取足哉리오 此等을 皆可申諭發遣하여 還其本域하여 慰彼土思하고 惠此中國이 於計爲長也니이다 朝廷이 不能用[⑥]이러라

① 質은 音이 致이다. 6郡은 幷州에서 통솔한 6개 군을 이른다. ≪晉書≫ 〈匈奴傳〉에 "匈奴가 晉나라 사람과 뒤섞여 살아서 平陽과 西河, 太原, 新興, 上黨, 樂平에 있지 않은 곳이 없다." 하였다.
質, 音致. 六郡, 謂幷州所統六郡也. 晉書匈奴傳曰 "匈奴與晉人雜居, 平陽・西河・太原・新興・上黨・樂平莫不有焉."

② 落은 거주함이다.
落, 居也.

③ 백성들이 밭을 갈고 우물을 파는 일을 편안히 여기지 못하면 이것이 생업을 잃는 것이다.
民不得安於耕鑿, 是失職也.

④ 顧는 안으로 돌아봄이다.
顧, 內顧也.

⑤ ≪論語≫ 〈季氏〉에 "孔子가 말씀하시기를 '내가 듣건대 나라를 소유하고 집안을 소유한 자는 백성이 적음을 근심하지 않고 고르지 못함을 근심하며, 가난함을 근심하지 않고 편안하지 않음을 근심한다.' 하였다."라고 하였다.
論語 "孔子曰 '丘聞有國有家者, 不患寡而患不均, 不患貧而患不安.'"

⑥ "土思"는 고향을 그리워하는 마음을 이른다.
土思, 謂懷土之思.

【綱】 成都王 司馬穎을 平北將軍으로 삼아서 鄴 지역에 진주시키고, 河間王 司馬顒(사마옹)을 鎭西將軍으로 삼아서 關中에 진주시켰다.

以成都王穎으로 爲平北將軍하여 鎭鄴하고 河間王顒으로 爲鎭西將軍하여 鎭關中하다

【目】 賈謐이 東宮을 모시고 講할 적에 太子를 오만하게 대하자 司馬穎이 이것을 보고 질책하니, 가밀이 노하여 賈后에게 말해서 그를 내보내고 또 司馬顒을 關中에 진주시켰다. 처음에 武帝가 石函의 제도[78]를 만들어서 지극히 친한 친족이 아니면 관중을 진주

78) 石函의 제도 : 石函은 돌로 만든 함(궤짝)으로, 여기에 황제의 명령을 보관하여 오래도록 따르게 한 제도이다.

하지 못하게 하였는데, 사마옹은 安平獻王 司馬孚의 손자였다. 재물을 가볍게 여기고 선비를 좋아하니, 조정에서 그를 어질다고 여겼으므로 등용한 것이다.

**賈謐**이 **侍講東宮**할새 **對太子倨傲**어늘 **穎**이 **見而叱之**하니 **謐**이 **怒**하여 **言於賈后**하여 **出之**하고 **又以顒鎭關中**하다 **初**에 **武帝作石函之制**하여 **非至親**이면 **不得鎭關中**이러니 **顒**은 **安平獻王孚之孫也**라 **輕財愛士**하니 **朝廷以爲賢**이라 **故**로 **用之**하니라

# 思政殿訓義 資治通鑑綱目 제17권 하

-晉 惠帝 元康 9년(299)~晉 惠帝 永興 원년(304)-

【綱】 가을 8월에 侍中 賈模가 卒하니, 裴頠(배외)를 尙書僕射로 삼았다.

**秋八月**에 **侍中賈模卒**하니 **以裴頠爲尙書僕射**하다

【目】 賈后가 음란함과 포학함이 날로 심하여 太醫令인 程據 등과 은밀히 간통하였다. 裴頠가 賈模, 張華와 함께 황후를 폐위하고 다시 謝淑妃를 황후로 세울 것을 의논하였는데, 가모와 장화가 모두 다음과 같이 반대하였다.

"주상이 스스로 황후를 폐하고 내칠 뜻이 없으신데, 우리들이 멋대로 행했다가 혹시라도 성상이 옳게 여기지 않으시면 장차 어찌하겠습니까. 또 여러 왕들이 한창 강성하여 각각 붕당을 세우고 있으니, 하루아침에 화가 일어나면 목숨도 잃고 나라도 위태로워 社稷에 유익하지 않을까 두렵습니다."

이에 배외가 말하기를 "진실로 공의 말씀과 같다. 그러나 中宮이 혼우하고 포학한 짓을 자행하니, 난이 당장 일어날 수 있다." 하니, 장화가 다음과 같이 말하였다.

"卿 두 분은 모두 중궁의 친척이므로 말씀을 드리면 믿음을 받을 수도 있으니, 마땅히 禍를 초래하지 않도록 警戒의 말씀을 자주 아뢰어 거의 큰 잘못이 없게 하면 천하가 아직 혼란에 이르지 않아 우리들이 편안히 놀면서 한 해를 마칠 수 있습니다."

賈后淫虐日甚하여 私於太醫令程據等이라 裴頠與賈模及張華로 議廢后하고 更(경)立謝淑妃[①]러니 模, 華皆曰 主上이 自無廢黜之意어시늘 而吾等이 專行之라가 儻上心不以爲然이면 將若之何오 且諸王方彊하여 朋黨各異하니 恐一旦禍起하면 身死國危하여 無益社稷이리라 頠曰 誠如公言이나 然中宮이 逞其昏虐하니 亂可立待也니라 華曰 卿二人은 於中宮에 皆親戚이니 言或見信이니 宜數(삭)爲陳禍福之戒하여 庶無大悖하면 則天下尙未至於亂이니 吾曹得以優游卒歲而已[②]니라

① 謝淑妃는 태자의 어머니이다.
謝淑妃, 太子之母也.

② 爲(위하다)는 去聲이다.

爲, 去聲.

【目】裴頠가 아침저녁으로 그의 從母인 廣城君 郭槐를 설득하여 賈后에게 태자를 친애하고 후대하도록 경계하고 타이르게 하였으며, 賈模도 여러 번 가후를 위하여 禍와 福을 말하자, 가후는 도리어 가모가 자기를 훼방한다 하여 소원하게 대하니, 가모가 우울과 분통 속에서 지내다가 卒하였다.

배외는 비록 가후의 친족이었으나 평소 명망이 높으니, 세상 사람들은 그가 행여 권세의 자리를 차지하지 못할까 염려하였다. 그리하여 배외를 尙書僕射로 임명하고 또 詔令을 내려서 門下省의 일을 전담하게 하니, 배외가 表文을 올려 굳이 사양하였다.

혹자가 배외에게 이르기를 “그대가 진언할 수 있으면 마땅히 中宮에게 말을 다해야 할 것이요, 말을 해도 따르지 않으면 마땅히 먼 곳으로 떠나야 한다. 만일 두 가지 중에 하나도 하지 못하면 비록 표문을 10번 올리더라도 화를 면하기 어려울 것이다.” 하였으나, 배외는 그의 말을 따르지 못하였다.

頠旦夕說(세)其從母廣城君하여 令戒諭賈后以親厚太子하고 模亦數(삭)爲后言禍福한대 后反以模爲毁己而疎之하니 模憂憤而卒하다 頠雖后親屬이나 然雅望素隆하니 四海惟恐其不居權位라 頠拜尙書僕射하고 又詔專任門下事①하니 頠上表固辭어늘 或謂曰 君可以言이면 當盡言於中宮이요 言而不從이면 當遠引而去니 儻二者不立이면 雖有十表라도 難以免矣니라 頠不能從하다

① 晉나라 제도에 侍中과 給事黃門侍郎이 함께 門下省의 일을 관장하였다. 裴頠가 시중이 되어서 문하성의 일을 전담한 것은 賈后의 뜻이다.
晉制, 侍中與給事黃門侍郎, 同管門下事. 頠爲侍中, 專任門下事, 賈后之意也.

【目】황제는 사람됨이 어리석고 미련하였다. 일찍이 華林園에 있으면서 蝦蟆(개구리 따위의 양서류)의 울음소리를 듣고 좌우 신하들에게 이르기를 “이 蝦蟆가 官을 위해서 우는가? 사사로운 개인을 위해 우는가?” 하였다.

이때 천하에 기근이 들어서 백성들이 굶어 죽었는데, 황제는 이 말을 듣고 말하기를 “어찌하여 고기죽을 먹지 않는가.” 하였다. 이 때문에 여러 신하들이 권세를 차지하여 정사가 여러 곳에서 나와 통일되지 못하였으며, 세력이 있고 지위가 높은 집안들이 번갈아 서로 사람을 추천하고 청탁해서 벼슬을 마치 서로 물건을 사고팔듯이 하였으며, 賈氏와 郭氏 집안이 횡포를 부려서 뇌물을 공공연하게 주고받으니, 南陽 魯褒가 〈錢神論〉을 지어 비난하였다.

또 조정의 신하들이 까다롭게 살피는 것을 서로 숭상하고, 합의점을 찾기 어려운 의논이 있을 때마다 각기 사사로운 의견을 주장하니, 형률이 일치되지 못하여 獄訟이 크게 증가하였다.

帝爲人이 戇騃(당애)①라 嘗在華林園하여 聞蝦蟆(하마)하고 謂左右曰 此鳴者는 爲官乎아 爲私乎②아하다 時에 天下荒饉하여 百姓餓死러니 帝聞之하고 曰 何不食肉糜③오하니 由是로 權在群下하여 政出多門하고 勢位之家 更(경)相薦託하여 有如互市하고 賈, 郭恣橫하여 貨賂公行하니 南陽魯褒作錢神論以譏之④하니라 又朝臣이 務以苛察相高하여 每有疑議에 各立私意하여 刑法不壹하여 獄訟繁滋러라

① 騃는 語駭의 切이니, 어리석음이다.
騃, 語駭切, 癡也.

② 魏나라가 芳林園을 세웠는데, 뒤에 齊王 曹芳의 諱를 피하여 '華林園'으로 고쳤다. 爲(위하다)는 去聲이다.
魏起芳林園, 後避齊王芳諱, 改曰華林園. 爲, 去聲.

③ 糜는 忙皮의 切이니, 죽을 말한다.
糜, 忙皮切, 粥也.

④ 〈錢神論〉에 다음과 같이 말하였다. "돈의 형체는 乾·坤의 象이 있어서[1] 형처럼 친애하고 字를 '孔方'이라 한다.[2] 〈돈은〉 德이 없으면서도 지위가 높아지고 권세가 없으면서도 힘이 성대해져 고관대작의 집으로 들어가고 대궐문으로 들어가서 위태로운 자를 편안하게 할 수 있고 죽을 사람을 살릴 수 있으며 귀한 자를 천하게 할 수 있고 산 사람을 죽일 수 있다. 이 때문에 분쟁은 돈이 아니면 이기지 못하고 벼슬길이 침체한 자는 돈이 아니면 승진하지 못하며, 원수는 돈이 아니면 풀리지 못하고 좋은 명성은 돈이 아니면 드러나지 못한다. 붉은 관복을 입고 요직에 있는 洛陽의 선비들이 모두 우리 家兄(돈)을 끊임없이 좋아한다. 우리 가형의 손을 꼭 잡고서 품속에서 절대로 떨어트리지 않으니, 지금 사람들에게는 오직 돈이 최고이다."
論曰"錢之爲體, 有乾坤之象, 親之如兄, 字曰孔方. 無德而尊, 無勢而熱, 排金門, 入紫闥, 危可使安, 死可使活, 貴可使賤, 生可使殺. 是故忿爭非錢不勝, 幽滯非錢不拔, 怨讐非錢不解, 令聞非錢不發. 洛中朱衣當塗之士, 愛我家兄, 皆無已已. 執我之手, 抱我終始, 凡今之人, 惟錢而已."

【目】 尙書 劉頌이 다음과 같이 상소하였다.

1) 돈의……있어서 : 乾과 坤의 두 형상이 있다는 것은 돈(동전)의 모양이 바깥은 하늘처럼 둥글고 안은 땅처럼 네모난 뜻을 취하여 말한 것이다.
2) 字를……한다 : 돈을 '孔方'이라고 칭하는바, 돈의 구멍이 네모난 모양임을 뜻으로 취한 것이다.

"근세 이래로 법령이 점점 여러 곳에서 나와 법령이 매우 통일되지 못하니, 관리들이 지킬 방법을 알지 못하고 아랫사람이 피할 방법을 알지 못합니다. 군주와 신하의 직분이 각각 맡은 바가 있는데, 법은 반드시 받들고자 하므로 법을 주관하는 자로 하여금 법조문을 지키게 하고, 논리는 궁하고 막힘이 있으므로 大臣으로 하여금 침체함을 풀어주게 하고, 일에는 시의에 적절함이 있으므로 군주가 권력으로 결단합니다. 법을 주관하는 자가 법조문을 지킴은 예컨대 張釋之가 犯蹕한 자에게 법을 집행하기를 공평하게 한 것[3]과 같은 것이고, 大臣이 침체함을 풀어줌은 公孫弘이 郭解의 獄事를 결단한 것[4]과 같은 것이고, 군주가 권세로 결단함은 漢나라 高祖가 丁公을 죽인 것[5]과 같은 것입니다. 본래 이러한 경우가 아니면 모두 법령에 따라 처리하니, 그런 뒤에야 법이 아랫사람들에게 신임을 받아 政事를 말할 수 있습니다."

이에 詔令을 내려서 郎과 令史로 하여금 다시 법령에서 벗어나 논박하는 자들을 일에 따라 보고하게 하였다. 그러나 또한 고치지 못하였다.

尙書劉頌이 上疏曰 近世以來로 法漸多門하여 令甚不一하니 吏不知所守하고 下不知所避라 夫君臣之分이 各有所司하니 法欲必奉이라 故令主者守文하고 理有窮塞이라 故使大臣釋滯하고 事有時宜라 故人主權斷하나니 主者守文은 若釋之執犯蹕之平也요 大臣釋滯는 若公孫弘斷郭解之獄也요 人主權斷은 若漢祖戮丁公之爲也니이다 自非此類면 皆以律令從事니 然後에 法信於下하여

---

3) 張釋之가……것 : 張釋之는 漢나라 文帝 때의 명신이고, 犯蹕은 어가를 범한다는 뜻으로 황제가 출행할 적에 사람들이 통행하지 못하도록 辟除하는 것을 범함을 이른다. 장석지가 廷尉를 맡아 법을 공정하고 엄격하게 집행하였는데, 한번은 문제가 中渭橋를 지날 적에 다리 아래에 있던 사람이 달려나와 御駕의 말이 놀랐다. 문제가 장석지에게 처리하게 하자 "한 사람이 犯蹕한 행위이므로 벌금형에 처해야 합니다." 하였다. 문제가 노하여 더 무겁게 처벌하라고 요구하였으나 장석지가 법규에 따라야 한다고 설득하니, 문제가 결국 수긍하였다.(≪史記≫ 권102 〈張釋之列傳〉, ≪資治通鑑≫ 권14 漢 文帝 3년)

4) 公孫弘이……것 : 郭解는 武帝 때의 협객으로, 따르는 사람이 많아 布衣의 평민이면서도 권세가 막강하였으며 증오하는 인물이 있으면 반드시 살해했는데, 훗날 행실을 고쳐 공손하게 살았으므로 사람들에게 존경을 받았다. 어떤 儒生이 곽해가 마음대로 法을 범하여 어질지 않다고 비판하자 곽해의 門客이 곽해 모르게 이 유생을 죽인 일이 있었는데, 御史大夫 公孫弘이 논죄하기를 "곽해는 평민의 신분으로 豪俠을 좋아하고 권세를 행사하는 자이다. 사소한 원한 때문에 살인하였는데 곽해는 그 사실을 모르고 있다. 이는 곽해가 죽인 것을 알고 있는 것보다 더 심한 죄이니, 大逆無道한 죄로 처단해야 한다." 하여 마침내 곽해를 멸족하였다.(≪漢書≫ 권92 〈游俠傳〉, ≪資治通鑑≫ 권18 漢武帝 元朔 2년)

5) 漢나라……것 : 丁公은 楚나라 項羽의 장수로 高祖 劉邦을 추격하여 彭城의 서쪽에서 접전을 벌였는데, 고조가 "두 훌륭한 인물이 어찌 서로 해치려고 하는가?〔兩賢豈相厄哉〕"라고 설득하자, 군대를 이끌고 돌아갔다. 항우가 죽자 정공이 고조를 찾아갔는데, 고조는 정공이 항우의 신하로서 불충하였다는 죄목으로 정공을 참수하여 후세의 신하들이 그를 거울삼도록 하였다.(≪史記≫ 권100 〈季布列傳〉, ≪資治通鑑≫ 권11 漢 高祖 5년)

可以言政矣니이다 乃下詔하여 郎, 令史復出法駁案者를 隨事以聞이나 然亦不能革也①러라

① 郎과 令史는 尙書郞과 尙書令史·蘭臺令史이다. "出法駁案"은 법 밖으로 나와서(법을 초월하여) 논박함을 이른다.
郎·令史, 尙書郞及尙書·蘭臺令史也. 出法駁案者, 謂出於法之外而爲駁議也.

【目】裴頠가 平陽 사람 韋忠을 張華에게 천거하자 장화가 그를 辟召하였는데, 위충은 병으로 사양하고 벼슬에 나아가지 않았다. 어떤 사람이 그 이유를 묻자, 위충이 다음과 같이 말하였다.

"張茂先은 화려하기만 하고 실제가 없으며 裴逸民은 욕심이 많아 만족할 줄을 모른다. 그리하여 떳떳한 禮를 버리고 역적인 황후를 따르니, 이것이 어찌 대장부가 할 짓이겠는가. 항상 그 깊은 못에 빠져서 餘波가 나에게 미칠까 염려되니, 하물며 내가 치마를 걷고 나아가겠는가."

關內侯 索靖(삭정)은 천하가 장차 혼란할 줄을 알고 洛陽의 宮門에 있는 銅으로 만든 낙타를 가리키며 탄식하기를 "마침내 네가 가시나무 덤불 속에 묻히는 것을 보겠구나." 하였다.[6)]

頠薦平陽韋忠於張華①한대 華辟之러니 忠이 辭疾不起하다 人問其故하니 忠曰 張茂先은 華而不實하고 裴逸民은 慾而無厭하여 棄典禮而附賊后하니 此豈大丈夫之所爲②리오 常恐其溺於深淵而餘波及我하니 況可褰裳而就之哉아 關內侯索(삭)靖이 知天下將亂③하고 指洛陽宮門銅駝하고 嘆曰 會見汝在荊棘中耳④로다

① 魏나라 邵陵厲公 正始 8년(247)에 河東郡의 汾北을 나누어 平陽郡으로 만들었다.
魏邵陵厲公正始八年, 分河東郡之汾北, 爲平陽郡.
② 茂先은 張華의 자이고, 逸民은 裴頠의 자이다. 厭(만족하다)은 於鹽의 切이다.
茂先, 華字. 逸民, 頠字. 厭, 於鹽切.
③ 索은 蘇各의 切이다.
索, 蘇各切.
④ "銅駝"는 蜀漢 後主 建興 15년(237)에 魏나라 明帝가 長安에서 洛陽으로 옮겨왔다.
銅駝, 漢後主建興十五年, 魏明帝自長安徙之洛陽.

6) 關內侯……하였다 : 索靖(239~303)은 惠帝 때에 關內侯가 된 인물로, ≪晉書≫ 권60 〈索靖列傳〉에 "삭정이 선견지명과 원대한 기국이 있어 천하가 장차 혼란할 줄을 알고 洛陽의 宮門에 있는 銅으로 만든 낙타를 가리키며 탄식하기를 '마침내 네가 가시나무 덤불 속에 묻히는 것을 보겠구나.' 하였다.〔靖有先識遠量 知天下將亂 指洛陽宮門銅駝 歎曰會見汝在荊棘中耳〕"라고 하였다.

【綱】 겨울 11월 초하루에 일식이 있었다.

冬十一月朔에 日食하다

【綱】 12월에 太子 司馬遹을 폐하여 庶人으로 삼았다.

◑十二月에 廢太子遹爲庶人[7]하다

【目】 처음에 廣城君 郭槐는 賈后가 자식이 없다 하여 항상 가후에게 太子를 사랑할 것을 권하였고, 韓壽의 딸을 태자의 妃로 삼고자 하였다. 태자도 韓氏와 혼인하여 스스로 지위를 견고히 하고자 하였으나, 한수의 아내인 賈午와 가후가 모두 듣지 않고 태자를 王衍의 작은 딸에게 장가들게 하였다. 태자는 왕연의 長女가 아름다운데 가후가 賈謐(가밀)을 그녀에게 장가들게 했다는 말을 듣고는 마음에 불평을 하여 이것을 자주 말하였다.

뒤에 광성군이 병이 들어 임종할 때 가후의 손을 잡고 태자에게 마음을 다하라고 당부하였으며, 또 말하기를 "趙粲과 賈午는 반드시 너의 집안을 어지럽힐 것이다." 하였다. 그러나 가후는 이를 따르지 않고 다시 조찬과 가오와 함께 태자를 살해할 것을 모의하였다.

初에 廣城君郭槐 以賈后無子라하여 常勸后慈愛太子하고 欲以韓壽女爲太子妃하니 太子亦欲婚韓氏以自固로되 壽妻賈午及后 皆不聽하고 而爲太子하여 聘王衍少女①하다 太子聞衍長女美어늘 而后爲賈謐聘之하고 心不能平하여 頗以爲言이러라 及廣城君病하여 臨終에 執后手하여 令盡心於太子하고 又曰 趙粲, 賈午는 必亂汝家②리라 后不從하고 更與粲, 午로 謀害太子러라

① 賈午는 賈后의 여동생이다.
賈午, 賈后之妹.

② 趙粲은 武帝의 궁인이다.
趙粲, 武帝宮人.

---

7) 廢太子遹爲庶人 : "司馬遹를 폐위한 것은 賈后인데 '皇后'라고 쓰지 않음은 어째서인가. 황제의 죄를 질책한 것이다. 황제가 아버지가 되어 속임수를 분별하지 못하였으니, 그렇다면 그 죄가 진실로 다른 사람에게 있지 않은 것이다. ≪資治通鑑綱目≫은 근본을 바로잡기 때문에 '가후가 폐했다.'고 쓰지 않았고, 그를 죽임에 이르러서는 '가후가 죽였다.'고 썼다.〔廢遹者 賈后也 不書皇后 何 罪帝也 帝爲人父而不能辨其詐 則罪固不在人矣 綱目正本 故不書后廢 至其殺之也 則書后殺矣〕" ≪書法≫

賈后가 皇太子를 모해하다

【目】 太子가 어려서는 훌륭한 명성이 있었는데 장성하자 학문을 좋아하지 않고 오직 좌우의 시종들과 장난하고 놀았으며, 賈后가 또 환관들로 하여금 태자를 유인해서 사치하고 포악한 행위를 하게 하니, 이 때문에 평판이 점점 나빠졌다. 태자는 종종 조정에서 황제를 모시는 것을 폐하고 방종하게 놀고 안일하였으며, 궁중에 시장을 만들어 사람들로 하여금 고기를 썰어 팔고 술을 팔게 하고, 태자가 직접 고기의 斤兩을 저울질하면 무게가 조금도 어긋나지 않았는데, 그의 어머니가 본래 백정의 딸이었으므로 태자가 이것을 좋아한 것이었다. 게다가 西園에서 아욱과 채소, 쪽 열매와 닭, 麵 등의 물건을 팔게 하여 그 이익을 거두었고, 또 陰陽의 術數를 좋아하여 피하거나 꺼리는 것이 많았다.

太子幼有令名이러니 及長에 不好學하고 惟與左右嬉戲하며 后復使黃門輩誘之하여 爲奢虐하니 由是로 名譽浸減이러라 或廢朝侍而縱遊逸하고 於宮中爲市하여 使人屠酤하고 手揣(췌)斤兩호되 輕

重不差[①]하니 其母는 本屠家女也라 故太子好之러라 又令西園으로 賣葵菜, 藍子, 鷄, 麪等物하여 而收其利하고 又好陰陽小數하여 多所拘忌[②]러라

① 屠는 고기를 써는 것이다. 酤는 술을 파는 것인데, 일설에는 "술을 사는 것이다."라고 하였다.
屠, 割肉也. 酤, 賣酒也. 一曰"買酒."

② 葵 또한 채소이다. 藍(쪽)은 盧甘의 切이니, 풀 중에 청색을 물들일 수 있는 것이다. ≪本草圖經≫에 이르기를 "쪽 열매는 사람들의 집에 딸린 채소밭에 두둑을 만들어 심는다. 3, 4월에 싹이 나오는데, 싹의 높이가 3, 4尺이며 잎은 여뀌와 같고 꽃은 홍백색이다. 열매도 여뀌와 같으나 크기가 크고 흑색이며 5, 6월에 열매를 딴다." 하였다. 麪은 소맥을 갈아서 만든다.
葵亦菜也. 藍, 盧甘切, 草可以染青者也. 本草圖經曰"藍實, 人家蔬圃中作畦種蒔. 三月・四月生, 苗高三四尺許, 葉似水蓼, 花紅白色, 實亦若蓼子而大, 黑色. 五月・六月採實." 麪, 屑麥爲之.

【目】洗馬 江統이 太子에게 上書하여 다섯 가지 일을 아뢰었으나 따르지 않았다. 中舍人 杜錫이 매번 忠心으로 諫言을 극진히 올려서 태자에게 德業을 닦고 훌륭한 명성을 보존할 것을 매우 간절한 말로 권하니, 태자가 이것을 싫어하여 두석이 항상 앉는 털방석 가운데에 바늘을 꽂아놓아 거기에 찔려 피가 흐르게 하였다.

태자는 성질이 剛直하여 賈謐이 中宮을 믿고 교만하게 구는 것을 알고 너그럽게 보아 넘기지 못하였다. 가밀이 賈后에게 참소하기를 "태자가 사사로운 재물을 많이 저축하여 소인들과 결탁하는 것은 우리 賈氏를 제거하려는 것이니, 일찍 계책을 도모하는 것만 못합니다." 하였다.

가후는 마침내 태자의 단점을 소문내고 또 거짓으로 자신이 임신을 했다 하여 볏짚으로 만든 물건(해산에 사용하는 물품의 일종)과 해산 준비물을 안으로 들이게 하고는 妹夫인 韓壽의 아들을 데려다가 길렀다.

洗馬江統이 上書하여 陳五事호되 不從[①]이라 中舍人杜錫이 每盡忠諫하여 勸太子修德業, 保令名하여 言辭懇切[②]하니 太子患之하여 置針著(착)錫常所坐氈中하여 刺之流血[③]이러라 太子性剛하니 知賈謐恃中宮驕貴하고 不能假借之[④]라 謐이 譖於后曰 太子多畜私財하여 以結小人者는 爲賈氏故也니 不如早圖之니이다 后乃宣揚太子之短하고 又詐爲有娠하여 內(납)藁物, 產具하고 取妹夫韓壽子하여 養之하다

① 다섯 가지 일은 다음과 같다. 첫 번째는 비록 약간의 고통(병환)이 있더라도 마땅히 병을

무릅쓰고 황제를 뵙고 모셔야 할 것이요, 두 번째는 마땅히 부지런히 保傅를 뵙고 善한 방도를 물어야 할 것이요, 세 번째는 방을 아름답게 꾸미는 공사를 우선 줄이고 後園의 조각하는 여러 일을 한결같이 모두 없애야 할 것이요, 네 번째는 西園에서 아욱과 쪽을 파는 일은 국가의 체통을 손상하고 훌륭한 명성을 훼손하는 것이니 하지 말아야 할 것이요, 다섯 번째는 담장을 수리하고 기와를 바르게 놓는 일은 굳이 사소한 禁忌에 구애될 필요 없이 시행해야 할 것이다.

五事, 一曰雖有微苦, 宜力疾朝侍. 二曰宜勤見保傅, 咨詢善道. 三曰畫室之功, 可且減省(생), 後園刻鏤雜作, 一皆罷遣. 四曰西園賣葵・藍之屬, 虧敗國體, 貶損令聞. 五曰繕墻正瓦, 不必拘攣小忌.

② ≪晉書≫ 〈職官志〉에 "太子 中舍人이 네 사람인데 咸寧 4년(278)에 두었는바, 舍人 중에 재주와 학문이 뛰어난 자를 이 벼슬에 임명하여 中庶子와 함께 文翰을 관장하게 하니, 직위가 黃門侍郎과 같았으며 중서자의 아래와 洗馬의 위에 있었다." 하였다. 杜錫은 杜預의 아들이다.

晉志 "太子中舍人四人, 咸寧四年置, 以舍人才學美者爲之, 與中庶子共掌文翰, 職如黃門侍郎, 在中庶子下・洗馬上." 錫, 預之子也.

③ 著(놓다)은 陟略의 切이다.

著, 陟略切.

④ 〈"不能假借之"는〉 상대방에게 말과 얼굴빛을 너그럽게 꾸미려 하지 않는 것을 말한다.

言不肯假借以辭色而媚之.

【目】 이때 朝野에서는 모두 賈后가 太子를 살해할 뜻이 있음을 알았다. 左衛率 劉卞이 이 일을 가지고 張華에게 묻자, 장화가 말하기를 "그대는 어찌하고자 하는가?" 하였다. 유변이 말하기를 "東宮에는 준걸들이 숲처럼 많고 四率의 정예병이 만 명이니, 만약 공의 명령을 얻는다면 황태자가 조회할 때를 인하여 들어가 錄尙書事의 직임을 맡고, 賈后를 金墉城에 廢하는 것은 黃門(환관) 두 명의 힘이면 됩니다." 하였다. 그러나 장화는 다음과 같이 반대하였다.

"지금 천자는 남면하여 천하를 다스리고 있고, 태자는 자식의 입장에 있다. 나는 또 阿衡[8]의 직책에 임명되지 않았는데, 갑자기 서로 이것을 행하면 이는 君父를 무시하고

8) 阿衡 : 商나라 때의 가장 높은 벼슬자리인데, 伊尹이 일찍이 이 관직을 맡은 적이 있었기 때문에 湯王의 어진 재상인 이윤을 가리키기도 하고 재상을 가리키는 말로 쓰이기도 한다. ≪書經≫ 〈商書 太甲〉에 "새로 즉위한 왕이 아형에게 불순히 하였다.〔惟嗣王 不惠于阿衡〕"고 하였는데, 蔡沈의 ≪集傳≫에 "아형은 商나라의 관직 이름으로, 천하가 의지하여 균평하게 됨을 말한 것이니, 또한 保衡이라고도 한다. 혹은 이윤의 호라고도 한다.〔阿衡 商之官名 言天下之所倚平也 亦曰保衡 或曰 伊尹之號〕"라고 보인다. 당시 이윤도 아형으로 있으면서 막강한 권력을 행사하였다. 湯王이 죽고 얼마 후 太甲이 즉

불효하는 것을 천하에 보이는 것이다. 비록 능히 성공하더라도 오히려 죄를 면치 못할 터인데, 하물며 권력이 있는 친척들이 조정에 가득해서 위엄과 권력이 통일되지 않으니, 성공을 기필할 수 있겠는가."

가후는 자못 이 말을 듣고는 劉卞을 雍州刺史로 삼으니, 유변은 독약을 마시고 죽었다.

時에 朝野咸知后有害太子之意라 左衛率劉卞이 以問張華①한대 華曰 君欲如何오 卞曰 東宮俊乂如林하고 四率精兵萬人이니 若得公命이면 皇太子因朝하여 入錄尙書事하고 廢賈后于金墉城은 兩黃門力耳니이다 華曰 今天子當陽하고 太子는 人子也②라 吾又不受阿衡之命③이어늘 忽相與行此면 是無君父而以不孝示天下也라 雖能有成이라도 猶不免罪어든 況權戚滿朝하여 威柄不一하니 成可必乎아 后頗聞之하고 以卞爲雍州刺史하니 卞이 飮藥而死하다

① 率은 所律의 切이다. 황제가 東宮에 있을 적에 衛率을 설치하니 처음에는 中衛率이라고 하였다. 泰始 5년(269)에 이것을 나누어 左衛率과 右衛率로 삼아 각각 한 軍을 거느리게 하였으며, 愍懷太子가 동궁에 있으면서 또 다시 前衛率과 後衛率을 더하니, 이것을 '四率'이라 이른다. 민회태자는 司馬遹의 시호이다.
率, 所律切. 帝在東宮, 置衛率, 初曰中衛率, 泰始五年, 分爲左右, 各領一軍, 愍懷在東宮, 又加前後二率, 謂之四率. 愍懷太子, 遹諡也.

② 군주가 남쪽을 향하여 밝은 곳을 보고 서서 천하를 다스리므로 "當陽"이라 한 것이다.
人主南面, 鄕明而立, 以治天下, 故曰當陽.

③ 〈"吾又不受阿衡之命"은〉 張華가 자신이 맡은 일과 임무는 伊尹으로 자처할 수 없음을 말한 것이다.
華自言事任不可以伊尹自居.

【目】12월에 황후가 거짓으로 황제가 편치 않다고 사칭하고 태자를 불러 入朝하게 하였다. 태자가 오자 별실에 가두어두고 계집종인 陳舞를 보내어 황제의 명으로 술 서 되를 하사하고 재촉하여 다 마시게 하니, 태자가 마침내 크게 취하였다.

황후가 黃門侍郞인 潘岳으로 하여금 글의 초고를 짓게 하면서 詔令이라고 칭하고 쓰게 하였다. 이 글에 "폐하가 마땅히 스스로 생을 마쳐야 하니 스스로 마치지 않으면 내가 응당 들어가서 마치게 할 것이요, 中宮이 마땅히 스스로 속히 생을 마

---

위하였으나 방탕한 짓을 자행하자, 이윤은 그를 탕왕의 묘소가 있는 桐 땅으로 유배 보냈다가 태갑이 개과천선한 뒤에 그를 복위시키고 자신은 퇴임하였는바, 여기서는 張華가 賈后를 폐위시킬 수 있는 지위에 있지 않음을 말한 것이다.

쳐야 하니 스스로 마치지 않으면 내가 응당 내 손으로 마치게 하겠다. 그리고 아울러 謝妃와 함께 약속하고 기한을 정하여 두 곳에서 함께 출동해서 患害를 제거할 것이다." 하니, 태자가 술에 취해 정신이 혼미해서 마침내 쓰라는 대로 썼으나, 글자의 태반은 제대로 글자가 되지 못하였다. 황후가 글자를 보충하여 작성해서 황제에게 올렸다.

十二月에 后詐稱帝不豫하고 召太子入朝하여 既至에 置于別室하고 遣婢陳舞하여 以帝命賜酒三升하고 逼使盡飲之하니 遂大醉라 后使黃門侍郎潘岳으로 作書草하여 稱詔使書之하니 文曰 陛下宜自了니 不自了면 吾當入了之요 中宮이 又宜速自了니 不自了면 吾當手了之리라 幷與謝妃共要하여 刻期兩發하여 掃除患害[①]라하니 太子醉迷하여 遂依而寫之호되 字半不成이라 后補成之하여 以呈帝하다

① 要는 약속함이니, 〈"幷與謝妃共要……掃除患害"는〉 함께 이 글을 가지고 謝妃와 약속하고 기일을 정하여 內外가 함께 출동함을 말한 것이다.
要, 約也. 言幷以書與謝妃約, 刻期內外俱發也.

【目】 황제가 式乾殿에 행차하여 公卿들을 불러 들어오게 해서 태자의 글을 보여주고 말하기를 "司馬遹의 글이 이와 같으니, 사약을 내리노라." 하였다. 여러 王公들 중에 말을 하는 자가 없었는데, 張華가 말하기를 "이것은 나라의 큰 禍입니다. 예로부터 항상 正嫡을 폐출함으로 인하여 멸망과 혼란을 초래하였으니, 원컨대 폐하께서는 자세히 살피소서." 하였다. 裴頠는 말하기를 "마땅히 먼저 이 글을 전한 자를 조사하여 비교하라." 하고, 또 청하기를 "태자가 손수 쓴 글인가를 비교하여야 하니, 속임수가 있을까 두렵다."라고 하였다. 그리하여 의논이 해가 기울 때까지도 결단을 보지 못하였다.

황후는 일이 뒤바뀔까 염려해서 마침내 글을 올려 태자를 파면하여 庶人으로 삼기를 청하자, 황제가 조령을 내려 허락하고 그의 아들 司馬虨과 司馬臧과 司馬尙을 모두 金墉城에 유폐하였다.

王衍은 스스로 표문을 올려 태자와 이혼할 것을 청하자, 황제가 이를 허락하였다. 謝淑媛을 죽였고, 사마반도 얼마 후 卒하였다.

帝幸式乾殿[①]하여 召公卿入하여 以太子書示之하고 曰 遹書如此하니 令賜死하노라 諸王公이 莫有言者라 張華曰 此는 國之大禍라 自古로 常因廢黜正嫡하여 以致喪亂하니 願陛下詳之하소서 裴

頠以爲宜先檢校傳書者라하고 又請比校太子手書니 恐有詐妄이라하니 議至日西不決이라 后懼事變하여 乃表免太子爲庶人한대 詔許之하고 與其子虨, 臧, 尙으로 皆幽于金墉城[②]하다 王衍이 自表離婚이어늘 許之하다 殺謝淑媛하고 虨亦尋卒하다

① 式乾殿은 마땅히 皇后宮에 있었을 것이다. 坤은 어머니가 되고 乾은 아버지가 되는바, 〈"式乾"은〉 황후가 천하의 어머니가 되어서 乾을 법식으로 삼음을 말한 것이니, 남편을 따르라는 뜻이다.
式乾殿, 當在皇后宮. 坤爲母, 乾爲父. 言皇后爲天下母, 以乾爲式, 從夫之義也.
② 虨과 臧과 尙은 太子의 세 아들의 이름이다. 虨은 甫斤과 方閑의 두 가지 切이다.
虨·臧·尙, 太子三子之名. 虨, 甫斤·方閑二切.

### 庚申年(300)

**【綱】** 晉나라 孝惠皇帝 永康 원년이다. 봄 정월에 前 太子 司馬遹을 許昌에 유폐하였다

永康元年이라 春正月에 幽故太子遹于許昌하다

【目】 賈后는 黃門으로 하여금 自首하여 태자와 함께 반역하고자 하였다고 말하게 하였다. 이에 황제는 詔令을 내려 자수했다는 글을 公卿들에게 반포하여 보여주고 천 명의 병사를 보내어 太子를 호위하여 許昌에 유폐하고는 궁궐 내의 신하들에게 조령을 내려 태자에게 拜辭하고 전송하지 못하게 하였다.

江統 등 다섯 사람이 태자를 송별할 적에 伊水에 이르러 拜辭하고 눈물을 쏟았는데 司隷가 포박하여 獄으로 보내니, 河南尹 樂廣이 모두 풀어서 보내주었다.

賈后使黃門自首하여 欲與太子爲逆이라한대 詔以首辭로 班示公卿하고 遣千兵하여 衛太子하여 幽于許昌하고 詔宮臣不得辭送이러라 江統等五人이 送至伊水하여 拜辭涕泣[①]이어늘 司隷收縛送獄하니 河南尹樂廣이 皆解遣之하다

① 다섯 사람은 江統, 潘滔, 王敦, 杜蕤(두유), 魯瑤인데, 王敦은 王覽의 손자이다. ≪水經註≫에 "伊水는 伊闕의 가운데를 지나고 東北으로 흘러 洛陽縣의 남쪽에 이르렀다가 북쪽의 洛水로 들어간다." 하였다.
五人, 江統·潘滔·王敦·杜蕤·魯瑤. 敦, 覽之孫也. 水經註"伊水過伊闕中, 東北至洛陽

(城)〔縣〕[9]南, 北入于洛."

**【綱】** 3월에 尉氏縣(울지현)에 피가 비처럼 떨어졌고, 妖星이 南方에 보이고 太白星이 낮에 보이고 中台星이 갈라졌다.

**三月**에 **尉氏雨血**하고 **妖星**이 **見**(현)**南方**하고 **太白**이 **晝見**(현)하고 **中台星**坼[①10]하다

① 尉氏縣은 漢나라 이후로 陳留郡의 속현이었다. 별이 요상함을 보이나 별의 이름을 알지 못하기 때문에 다만 '妖星'이라고 말하였다. ≪晉書≫ 〈天文志〉에 다음과 같이 보인다. "妖星은 첫 번째는 彗星, 두 번째는 孛星, 세 번째는 大棓(대봉), 네 번째는 地槍, 다섯 번째는 天欃(천참), 여섯 번째는 蚩旗(치기), 일곱 번째는 天衝, 여덟 번째는 國星, 아홉 번째는 昭明, 열 번째는 司危, 열한 번째는 天欃彗, 열두 번째는 五殘, 열세 번째는 六賊, 열네 번째는 獄漢, 열다섯 번째는 旬始, 열여섯 번째는 天鋒, 열일곱 번째는 燭星, 열여덟 번째는 蓬星, 열아홉 번째는 長庚, 스무 번째는 四塡, 스물한 번째는 地維이다." 見(보이다)은 賢過의 切이다. 太白은 陰星으로, 上公과 大將軍의 象이다. 아침에 東方에서 나오는 것이 啓明星이고 해질 때 西方에서 보이는 것이 長庚星이다. 동쪽에서 나왔으면 동쪽으로 지고 서쪽에서 나왔으면 서쪽으로 져야 하는데 별이 午時가 넘도록 하늘에 뻗쳐 있는 것을 經天이라 하니, 낮에 별이 午方(남방 하늘)의 위에 나타나는 것을 이른다. 太白星이 낮에 나타나 해와 밝음을 다투는 것은 강한 나라가 약해지고 작은 나라가 강해지며 여자가 창성해지는 조짐이다. 中台星은 三台星(上台星·中台星·下台星으로 구성됨, 각각 2개의 별로 총 6개의 별로 이루어짐)의 中台星이고 坼은 갈라짐이니, 〈"中台星坼"은〉 中台星의 두 별이 희미하게 멀리 떨어진 것을 이른 것이다.

---

9) (城)〔縣〕: 저본에는 '城'으로 되어 있으나, ≪水經註≫와 ≪資治通鑑≫의 註에 의거하여 '縣'으로 바로잡았다.

10) 尉氏雨血……中台星坼: "≪資治通鑑綱目≫이 끝날 때까지 '雨血'을 쓴 것이 2번이고(漢 惠帝 4년(B.C. 191), 이해(300)), '太白'을 쓴 것이 6번이고(漢 安帝 永初 6년(112)에 자세하게 썼다.) '晝見'을 쓴 것이 2번이다(이해와 五代의 己酉年(949)). 한 달 안에 災異의 증거가 아울러 생긴 것이 이때와 같은 적이 없었다. 妖星이 보이고 中台星이 갈라진 것과 같은 경우는 ≪자치통감강목≫에서 각각 한 번씩 썼을 뿐이다.〔終綱目 書雨血二(漢惠帝四年 是年) 書太白六(詳漢安帝永初六年) 而書晝見者 二(是年 五代己酉年) 未有一月之中 異證竝作 如斯時者也 至若妖星見 中台坼 綱目各一書而已〕" ≪書法≫
"≪資治通鑑綱目≫에서 쓴 것을 살펴보면 天變이 이와 같았으니, 이 책을 읽는 자들은 오히려 한심하게 생각한다. 누가 張華를 일러 '학식이 넓다.'고 말했는가. 그는 마침내 고요히 기다리고자 하였으니, 太后를 시해하고 太子를 죽인 것이 고요한 것인지 고요하지 않은 것인지 모르겠다. 당시의 조정이 혼란하여 지위에 있는 자들은 애당초 나무랄 것이 못 되고, 오직 張華 한 사람만이 취할 점이 있는 듯하였으나, 마침내 아들 張韙의 말을 듣고 지위를 양보하여 떠나가지 못하고 얼마 후에 마침내 滅族되었으니, 애처로울 따름이다.〔觀綱目所書 天變如此 讀者猶爲寒心 孰謂張華號爲博洽 乃欲靜以待之 不知弑太后殺太子 靜邪否邪 當時朝廷昏亂 在位者 初無足責 獨一張華 似若可取 乃不能聽其子韙之言 遜位而去 未幾 遂赤其族 可哀也已〕" ≪發明≫

尉氏縣, 自漢以來, 屬陳留郡. 星見妖而不知其名, 故但曰妖星. 晉天文志 "妖星, 一曰彗星, 二曰孛星, 三曰大棓, 四曰地槍, 五曰天欃, 六曰蚩旗, 七曰天衝, 八曰國星, 九曰昭明, 十曰司危, 十一曰天欃彗, 十二曰五殘, 十三曰六賊, 十四曰獄漢, 十五曰旬始, 十六曰天鋒, 十七曰燭星, 十八曰蓬星, 十九曰長庚, 二十曰四塡, 二十一曰地維." 見, 賢遍切. 太白, 陰星, 上公・大將軍之象也. 晨出東方, 爲啓明, 昏見西方, 爲長庚. 出東當伏東, 出西當伏西, 過午爲經天, 謂晝見午上也. 太白晝見, 與日爭明, 彊國弱, 小國彊, 女主昌. 中台星, 三台之中台星也. 拆, 裂也. 中台二星爲之奄奄踈闊也.

【目】張華의 작은 아들 張韙(장위)가 장화에게 벼슬자리를 내놓을 것을 권하자, 장화가 말하기를 "天道가 심오하여 아득하니, 조용히 기다리는 것만 못하다." 하였다.

張華少子韙 勸華遜位한대 華曰 天道幽遠하니 不如靜以待之니라

**【綱】賈皇后가 前 太子 司馬遹을 죽였다.**

**皇后殺故太子遹**[11]하다

【目】太子가 이미 폐위되자 여러 사람들의 마음이 분노하였는데, 衛督인 司馬雅가 일찍이 東宮에서 일을 하다가 殿中郎인 士猗(사의) 등과 함께 賈后를 폐하고 太子를 복위할 것을 도모하였다.

이때 右軍將軍인 趙王 司馬倫이 병권을 쥐고 있고 성품이 탐욕스러워서 그의 힘을 빌려 일을 이룰 수 있다 하여, 마침내 孫秀를 설득하기를 "지금 나라에 후사를 이을 적통이 없으니, 사직이 장차 위태로울 것입니다. 大臣이 장차 큰일을 일으키려 하는데, 公은 명분상 中宮을 받들어 섬겨서 賈氏와 郭氏와 매우 친하여 太子가 폐위될 적에 모두 '미리 알았다.'고 말을 합니다. 하루아침에 일이 일어나면 禍가 반드시 미칠 것이니, 어찌 미리 도모하지 않습니까." 하였다. 손수가 이것을 司馬倫에게 말하니, 사마륜이 그 말을 옳게 여겨 마침내 通事令史인 張林에게 알려 內應하게 하였다.

---

11) 皇后殺故太子遹 : "전일에 태자가 유폐되었을 적에 '皇后'라고 쓰지 않은 것은 晉나라 조정의 公卿들이 올바른 의논을 굳게 지켜서 힘을 다해 죽음으로 간쟁하지 못함을 책망한 것이고, 지금 태자의 죽음에 '황후가 죽였다.'고 쓴 것은 명분을 바로잡고 죄를 정하여 첫 번째 惡이 반드시 돌아갈 곳이 있게 한 것이며, 태자가 이미 폐위되었는데 '庶人'이라고 말하지 않은 것은 賈后가 폐위함을 인정하지 않은 것이니, 일의 변고에 따라 저울질하여 판단하였으니, 이는 진실로 ≪資治通鑑綱目≫의 書法의 뜻이다.〔前日太子幽廢 不書皇后者 責晉朝公卿不能堅守正議 竭力死爭也 今此太子之死 書皇后殺者 正名定罪 首惡必有所歸也 太子旣廢 不書曰庶人者 不予賈后之廢也 隨其事變而權衡之 此固綱目書法之意也〕" ≪發明≫

太子既廢에 衆情忿怒러니 衛督司馬雅 嘗給事東宮이라가 與殿中郎士猗等으로 謀廢賈后하고 復太子①할새 以右軍將軍趙王倫이 執兵柄하고 性貪冒(묵)하여 可假以濟事②라하여 乃說(세)孫秀曰 今國無嫡嗣하니 社稷將危라 大臣이 將起大事어늘 而公이 名奉事中宮하여 與賈, 郭親善하여 太子之廢에 皆云豫知③라 一朝事起하면 禍必相及하리니 何不先謀之乎아 秀言於倫하니 倫이 然之하여 遂告通事令史張林하여 使爲內應④하다

① 司馬雅는 宗室 중에 소원한 친족이다. 士猗는 사람의 성명이다.
雅, 宗室之疎屬也. 士猗, 姓名.
② 冒는 音이 墨이니, 또한 탐하는 것이다.
冒, 音墨, 亦貪也.
③ 〈"太子之廢 皆云豫知"는〉 司馬倫과 孫秀가 太子를 폐위하는 계책을 미리 앎을 말한 것이다.
言倫・秀豫知廢太子之謀.
④ 通事令史는 中書令史이다. 中書侍郎은 본래 通事郎이니, 官名이 비록 바뀌었으나, 令史는 여전히 通事를 앞에 놓았다.
通事令史, 中書令史也. 中書侍郎, 本通事郎, 官名雖改, 令史猶以通事冠之.

【目】 장차 거사하려 할 적에 孫秀가 또다시 司馬倫에게 다음과 같이 말하였다.

"태자는 총명하고 강하고 용맹하니, 만약 東宮으로 돌아오면 반드시 남에게 제재를 받지 않을 것입니다. 明公은 평소 賈后와 한 黨이었으니, 지금 비록 큰 功을 세우더라도 태자는 '公이 다만 백성들의 바람에 압박을 받아서 죄를 면하려고 거사했을 뿐이다.' 라고 생각하여, 반드시 명공의 공을 큰 恩德으로 여기지 않을 것입니다. 거사를 지연시켜서 시기를 늦추는 것만 못합니다. 이렇게 되면 賈后가 반드시 太子를 살해할 것이니, 그런 뒤에 가후를 폐하여 태자를 위해 복수한다면, 어찌 禍를 면할 뿐이겠습니까. 다시 뜻을 얻을 수 있습니다."

사마륜이 그 말을 옳게 여겼다. 손수는 인하여 사람을 시켜 反間計를 실행하여 "殿中 사람이 황후를 폐하고 태자를 맞이하고자 한다."고 말하게 하니, 가후는 太醫令 程據로 하여금 독약을 타서 黃門 孫慮를 보내어 許昌에 가서 태자를 핍박하여 죽이게 하였다.

將發에 秀又謂倫曰 太子聰明剛猛하니 若還東宮이면 必不受制於人이라 明公이 素黨於賈后하니 今雖建大功이나 太子謂公特逼於百姓之望하여 以免罪耳라하여 必不深德明公①이리이다 不若遷延緩期하면 賈后必害太子하리니 然後에 廢后하여 爲太子報讐하면 豈徒免禍리오 更可以得志리이다 倫이 然之러라 秀因使人行反間하여 言殿中人이 欲廢皇后하고 迎太子②라하니 后使太醫令程據로

和毒藥하여 遣黃門孫慮하여 至許昌하여 逼太子殺之[③]하다

① 〈"公特逼於百姓之望 以免罪耳"는〉 백성들이 太子가 復位되기를 바라니, 司馬倫 등이 이를 두려워하고 압박을 받았으므로 賈氏를 배반하고 태자를 복위시켜 스스로 죄에서 벗어나려고 한다는 말이다.
言百姓望太子復, 倫等畏逼, 故背賈氏, 復太子, 以求自免罪.

② 司馬雅와 士猗는 모두 殿中의 사람이다.
司馬雅·士猗, 皆殿中人也.

③ 和(섞다)는 戶臥의 切이다.
和, 戶臥切.

【綱】 여름 4월 초하루에 일식이 있었다.

夏四月朔에 日食하다

【綱】 趙王 司馬倫이 皇后 賈氏를 폐하여 庶人으로 삼아서 죽이고, 마침내 司空 張華와 僕射 裴頠를 죽이고 스스로 相國이 되어 故 太子의 지위와 칭호를 追復하였다.

◑ 趙王倫이 廢皇后賈氏하여 爲庶人하여 殺之하고 遂殺司空張華와 僕射裴頠하고 自爲相國하고 追復故太子位號[12)]하다

12) 廢皇后賈氏……追復故太子位號 : "'황후가 시해당했다.'고 씀은 으레 있는 일인데 여기서는 유독 '殺'이라고 쓴 것은 어째서인가. 賈后는 弑逆을 저지른 역적이기 때문이다. 그렇다면 어찌해서 '誅'라고 쓰지 않았는가. 司馬倫의 행위를 토벌로 인정하지 않은 것이다. 사마륜의 행위를 토벌로 인정하지 않음은 어째서인가. 사마륜의 뜻이 장차 나라를 도둑질하려 하였으니, 그렇다면 의로운 토벌이 아닌 것이다. 張華와 裴頠가 역적인 가후에게 붙은 자인데, 어찌하여 관직을 썼는가. 사마륜이 제멋대로 죽인 행위를 인정하지 않은 것이다. '遂殺'이라고 쓴은 어째서인가. 황후를 죽일 적에 '마침내 아무아무를 죽였다.' 했으면 그들이 황후의 徒黨이 됨이 분명한 것이다. 故 太子의 지위와 칭호를 詔令으로 회복하였는데, 어찌해서 '詔策'이라고 쓰지 않았는가. 賈氏가 기필코 태자를 죽이기를 기다린 뒤에 이것을 구실 삼아 가후를 죄책한 것은 사마륜의 본래 계책이니, '詔令으로 회복하였다.'고 쓰지 않고 사마륜에게 연결시킨 것은 사마륜의 뜻을 드러낸 것이다. ≪資治通鑑綱目≫의 뜻이 깊다. ≪자치통감강목≫이 끝날 때까지 황후의 시해에 '殺'이라고 쓴 것이 두 번이다.(이해(300) 晉나라의 賈氏와 唐나라 肅宗 寶應 원년(762)의 張氏이다.) 列國의 后는 여기에 들어 있지 않다.〔皇后書弑 恒也 此獨書殺 何 弑逆之賊也 然則曷爲不書誅 不以討予倫也 其不以討予倫 何 倫志將竊國 則非義討矣 張裴附賊后者也 則何以書官 不予倫之專殺也 其書遂殺 何 殺后 遂殺某某 則其爲后黨明矣 故太子位號 詔復之也 曷爲不書詔策 賈氏之必殺太子 然後借以罪之者 倫之本謀也 不書詔復而繫之倫 所以著倫志也 綱目之旨深矣 終綱目 皇后弑書殺二(是年晉賈氏 唐肅宗寶應元年張氏) 列國之后不與焉〕" ≪書法≫
"賈氏에게는 하늘과 땅에 용납할 수 없는 죄가 있으니 마땅히 그 誅罰을 바로잡아야 하는데, 다만

趙王이 군사를 일으켜 賈后를 주살하다

【目】 趙王 司馬倫과 孫秀가 司馬雅로 하여금 張華에게 고하기를 "趙王이 公들과 함께 社稷을 바로잡아 천하를 위해 폐해를 제거하고자 한다." 하였는데, 장화가 이를 거절하였다. 사마아가 노하여 말하기를 "칼날이 장차 목에 가해지더라도 오히려 이런 말을 하겠는가." 하고는 뒤도 돌아보지 않고 나갔다.

사마륜이 詔令을 위조하여 三部의 司馬에게 명령하기를 "中宮(賈后)이 賈謐 등과 함께 태자를 죽였다. 이제 車騎將軍(사마륜)으로 하여금 宮中에 들어와 중궁을 폐하게 하노

---

'殺'이라고만 쓴 것은 司馬倫의 토벌을 인정하지 않은 것이다. 사마륜이 臣子가 되어서 國母를 살해했는데, '弑'라고 쓰지 않은 것은 가씨가 악행을 저지른 역적이어서 국모가 될 수 없기 때문이다. 위에서는 '后를 폐하고 大臣을 죽였다.'고 쓰고, 아래에서는 '태자의 지위와 칭호를 회복했다.'고 쓴 것은 趙王 司馬倫의 亂이 賈后가 태자를 폐하여 죽임으로 인하여 발생하였음을 밝힌 것이다. 그 일의 輕重에 따라 재단하고 참작하였으니, 이는 《資治通鑑綱目》이 훌륭한 《자치통감강목》이 된 이유이다.〔賈氏有覆載不容之罪 宜正其誅 而止書曰殺者 不予司馬倫之討也 倫爲臣子 戕害國母 而不書弑者 賈氏惡逆 不得爲主母也 上書廢后殺大臣 下書復太子位號者 明趙倫之亂 因廢殺太子而發也 隨其輕重而裁酌之 玆綱目之所以爲綱目也歟〕" 《發明》

니, 너희들이 명령을 따르면 關內侯의 봉작을 하사할 것이고 따르지 않으면 삼족을 誅殺하겠다." 하니, 병사들이 모두 그를 따랐다. 문을 열고 밤중에 들어가 齊王 司馬冏(사마경)을 보내어서 백 명의 병사들을 거느리고 문을 밀치고 들어가 황제를 맞이해서 東堂으로 행차한 다음 가밀을 불러 참수하였다. 그리하여 마침내 황후를 폐하여 庶人으로 삼았으며 趙粲과 賈午를 체포하여 끝까지 고문하고 八座[13] 이상의 대신들을 불러 모두 밤중에 궁중으로 들어오게 하였다.

趙王倫, 孫秀使司馬雅로 告張華曰 趙王이 欲與公共匡社稷하여 爲天下除害하노라 華拒之한대 雅怒曰 刃將加頸이라도 猶爲是言邪아하고 不顧而出하다 倫이 矯詔하여 勅三部司馬曰① 中宮이 與賈謐等으로 殺太子라 今使車騎入하여 廢中宮②하노니 汝等이 從命이면 爵賜關中侯요 不從者면 誅三族하리라 衆皆從之어늘 開門夜入하여 遣齊王冏하여 將百人하고 排閤迎帝하여 幸東堂하여 召賈謐斬之하다 遂廢后爲庶人하고 收趙粲, 賈午하여 考竟하고 召八(坐)〔座〕[14]以上하여 皆夜入殿하다

① 晉나라는 二衛에 前驅, 由基, 强弩의 三部 司馬가 있었다.
晉二衛, 有前驅・由基・强弩三部司馬.
② 이때 司馬倫이 車騎將軍으로 右軍將軍을 겸하였다.
時倫以車騎將軍, 領右軍將軍.

【目】 司馬倫은 은밀히 孫秀와 함께 황제의 자리를 찬탈할 것을 도모하였다. 그리하여 먼저 조정에 명망 있는 사람을 제거하고 또 옛 원한을 보복하고자 해서 마침내 張華와 裴頠, 解結 등을 궁전 앞에서 붙잡았다.

장화가 張林에게 이르기를 "卿이 忠臣을 해치고자 하는가?" 하니, 장림은 이것이 詔令이라고 칭하며 질책하기를 "卿이 宰相이 되어서 太子가 폐위될 때 절개에 죽지 못함은 어째서인가?" 하니, 장화가 말하기를 "式乾殿의 의논에 臣이 諫한 일이 모두 그대로 있으니, 다시 조사해보면 된다." 하였다. 장림이 말하기를 "諫하여 따르지 않으면 왜 직위에서 떠나가지 않았는가?" 하니, 장화가 대답할 말이 없었다. 마침내 모두 참수를 하고 삼족을 멸하였다.

倫이 陰與秀謀簒位하여 欲先除朝望하고 且報宿怨하여 乃執張華, 裴頠, 解結等於殿前①하다 華謂張林曰 卿欲害忠臣邪아 林이 稱詔詰之하여 曰 卿爲宰相하여 太子之廢에 不能死節은 何也오

13) 八座 : 東漢에서는 六曹의 尙書와 尙書令, 尙書僕射를 합한 명칭이었고, 三國의 魏와 南朝의 宋, 齊에서는 五曹의 尙書에 尙書令, 尙書左僕射, 尙書右僕射를 합한 명칭이었다.

14) (坐)〔座〕: 저본에는 '坐'로 되어 있으나, ≪資治通鑑≫에 의거하여 '座'로 바로잡았다.

華曰 式乾之議에 臣諫事具存하니 可覆按也니라 林曰 諫而不從이면 何不去位오 華無以對러라 遂皆斬之하고 夷三族하다

① 司馬倫과 孫秀가 張華와 裴頠를 원망한 일은 元康 6년(296)에 보인다.[15] 解結은 解系의 아우이니, 손수가 關中을 어지럽히자 해결이 손수의 죄가 마땅히 주살을 해야 한다고 의논하였으므로 또한 해결을 원망한 것이다.
倫・秀怨華・頠事, 見元康六年. 結, 系弟也, 秀亂關中, 結議秀罪應誅, 故亦怨之.

【目】解結의 딸이 裴氏에게 시집가기로 하여 다음날 시집가게 되었는데, 禍가 일어났다. 배씨가 이것을 알고 그녀를 살려주고자 하였으나 딸이 말하기를 "우리 집이 이미 이와 같게 되었으니, 내 어찌 살겠는가." 하고는 또한 죄에 걸려 죽었다. 조정은 이로 말미암아 옛 제도를 고칠 것을 의논하여 시집가기로 한 딸은 친정을 따라 죽지 않게 하였다.

司馬倫이 賈庶人을 金墉城으로 압송하고 董猛과 孫慮, 程據 등을 주살하였다.

閻纘은 張華의 시신을 어루만지고 통곡하며 말하기를 "내 일찍이 君에게 직위를 내놓으라고 하였는데 따르지 않다가 지금 과연 화를 면치 못했으니, 이는 天命이다." 하였다.

解結女適裴氏하여 明日當嫁而禍起라 裴氏欲認活之한대 女曰 家旣若此하니 我何以活爲리오하고 亦坐死하니 朝廷이 由是로 議革舊制하여 女不從死①하다 倫이 送賈庶人于金墉하고 誅董猛, 孫慮, 程據等②하다 閻纘이 撫張華尸하고 慟哭曰③ 早語君遜位而不肯이러니 今果不免하니 命也로다

① 〈"女不從死"는〉 친정 부모의 집을 따라 죄에 걸려 죽지 않는 것이다.
不從父母家坐死也.

② 楊太后와 太子 司馬遹이 폐위될 적에 史冊에는 모두 庶人으로 삼았다고 쓰지 않았는데, 여기서는 유독 '賈庶人'이라고 쓴 것은 그의 죄를 바로잡은 것이다.
楊太后・太子遹之廢, 史皆不書爲庶人, 此獨書賈庶人者, 正其罪也.

③ 閻纘은 閻圃의 손자이다.
纘, 圃之孫也.

【目】이에 司馬倫이 스스로 都督中外諸軍事 相國 侍中이 되고 孫秀 등이 모두 兵權을

---

15) 司馬倫과……보인다 : 본서 95쪽에 보인다.

차지하였으며, 文·武官으로서 侯에 封해진 자가 수천 명이었다. 사마륜은 평소 용렬하고 어리석었으며 또 손수에게 제재를 받으니, 손수가 中書令이 되어서 위엄과 권세가 조정을 진동하였다. 그리하여 천하 사람들이 모두 손수를 섬기고 사마륜에게는 요구함이 없었다.

詔令을 내려서 故 太子 司馬遹의 지위와 칭호를 追復하고 司馬臧을 세워 臨淮王으로 세웠다.

有司가 아뢰기를 "尙書令 王衍이 大臣의 지위만 차지하여 태자가 모함을 당할 적에 구차히 禍를 면하려는 뜻이 있었으니, 종신토록 禁錮하기를 청합니다." 하니, 황제가 이를 따랐다.

於是에 倫이 自爲都督中外諸軍事, 相國, 侍中하고 孫秀等이 竝據兵權하고 文武封侯者 數千人이라 倫이 素庸愚하고 復受制於秀하니 秀爲中書令하여 威權이 振朝廷이라 天下皆事秀而無求於倫이러라 詔追復故太子遹位號하고 立臧爲臨淮王하다 有司奏尙書令王衍이 備位大臣하여 太子被誣에 志在苟免하니 請禁錮終身하노이다 從之①하다

① 〈"太子被誣 志在苟免"은〉 太子가 王妃에게 편지를 보내어 스스로 억울한 무고임을 아뢰었으나, 王衍이 감히 이것을 황제에게 아뢰지 못하였다.
太子遺王妃書, 自陳誣枉, 衍不敢以聞.

【目】 司馬倫이 人望을 거두고자 하여 海內에 명망과 덕이 있는 인사를 선발하고 등용해서 李重과 荀組를 左, 右長史로 삼고 王堪과 劉謨를 左, 右司馬로 삼고 束晳을 記室로 삼고 荀崧(순숭)과 陸機를 參軍으로 삼았다.

李重은 사마륜이 딴마음이 있음을 알고는 병을 핑계로 사양하고 취임하지 않았는데, 사마륜이 끊임없이 핍박하자, 근심과 울분이 쌓여 병이 생겼다. 그리하여 부축받아 끌려가서 제수한 것을 받았는데, 며칠 만에 卒하였다.

사마륜은 마침내 詔令을 위조해서 사자를 보내어 금가루를 탄 술을 가지고 가서 賈后에게 하사하여 金墉城에서 죽게 하였다.

倫이 欲收人望하여 選用海內名德之士하여 以李重, 荀組로 爲左, 右長史하고 王堪, 劉謨로 爲左, 右司馬하고 束晳으로 爲記室하고 荀崧, 陸機로 爲參軍①하다 重이 知倫有異志하고 辭疾不就한대 倫이 逼之不已라 憂憤成疾하여 扶曳受拜러니 數日而卒②하다 倫이 遂矯詔하여 遣使齎金屑酒하여 賜賈后하여 死于金墉城하다

① 荀組은 荀勖의 아들이다. 束晳은 사람의 성명이다. 記室은 文翰을 주관한다. 荀崧은 荀彧의 玄孫이다.
組, 勖之子也. 束晳, 姓名. 記室, 主文翰. 崧, 彧之玄孫也.

② 曳는 끎이니, 사람으로 하여금 부축하여 李重을 끌고 가서 제수한 長史의 직책을 받게 한 것이다.
曳, 牽引也, 使人扶曳李重, 令受拜除長史之職.

【綱】 5월에 臨淮王 司馬臧을 세워 皇太孫으로 삼았다.

五月에 立臨淮王臧하여 爲皇太孫[16]하다

【綱】 가을 8월에 淮南王 司馬允이 趙王 司馬倫을 토벌하다가 이기지 못하고 죽었다.

◑秋八月에 淮南王允이 討趙王倫이라가 不克而死하다

【目】 趙王 司馬倫이 司馬允을 驃騎將軍로 삼아 中護軍을 겸하게 하였다. 사마윤은 성품이 침착하고 굳세니, 宿衛하는 장병들이 모두 두려워하고 복종하였다. 사마윤은 사마륜과 孫秀가 딴마음이 있음을 알고는 토벌할 것을 도모하였는데 사마륜과 손수가 사마윤을 太尉로 옮기니, 겉으로는 우대하여 높이는 뜻을 보였으나 실제는 그의 병권을 빼앗은 것이었다.

사마윤이 마침내 封國(淮南)의 병사 수백 명을 거느리고 곧바로 출동하여 크게 고함치기를 "趙王이 반란하였기에 내가 토벌하노니, 나를 따르는 자는 왼쪽 웃통을 벗으라." 하였다. 이에 따르는 자가 매우 많으니, 마침내 相府(相國의 府)를 포위하였다. 사마륜이 그와 싸워 여러 번 패해서 죽은 자가 천여 명이었다.

사마윤이 承華門 앞에 結陣하니, 中書令 陳淮가 사마윤에게 호응하고자 해서 황제에게 말하여 伏胤을 보내어 白虎幡을 가지고 싸움을 화해시키려 하였다. 그런데 사마륜의 아들 汝陰王 司馬虔이 門下省에 있으면서 은밀히 복윤과 맹세하기를 "부귀를 마땅히 그대와 함께하겠다." 하니, 복윤은 마침내 사마윤에게 거짓으로 "淮南王을 도

---

16) 立臨淮王臧 爲皇太孫 : "'太孫'이라고 쓴 것이 이때 처음 시작되었다. ≪資治通鑑綱目≫이 끝날 때까지 '太孫'이라고 쓴 것이 3번이니(晉나라 司馬臧, 齊나라 蕭昭業, 唐나라 李重熙) 끝까지 즉위한 자는 있지 않았다.〔書太孫始此 終綱目 書太孫三(晉司馬臧 齊昭業 唐重熙) 未有終立者也〕" ≪書法≫

우라는 詔令이 있다."고 말하였다. 사마윤이 이것을 알지 못하고 진영을 열어 詔令을 받으려 하니, 복윤이 이로 인하여 그를 죽였다. 사마윤의 사건에 걸려 멸문의 화를 당한 자가 수천 명이었다.

趙王倫이 以允爲(票)〔驃〕[17]騎將軍하여 領中護軍하다 允이 性沈毅하니 宿衛將士 皆畏服之라 知倫, 秀有異志하고 謀討之러니 倫, 秀轉允爲太尉하니 外示優崇이나 實奪其兵權①이러라 允이 遂帥國兵數百人하고 直出하여 大呼曰 趙王反일새 我討之하노니 從者는 左袒②하라 於是에 從者甚衆이라 遂圍相府③하다 倫이 與戰屢敗하여 死者千餘人이라 允이 結陳於承華門前④하니 中書令陳淮 欲應允하여 言於帝하여 遣伏胤하여 持白虎幡以解鬪⑤하다 倫子汝陰王虔이 在門下省⑥이러니 陰與胤誓曰 富貴를 當共之하리라 胤이 乃詐言有詔助淮南王이라하니 允이 不之覺하고 開陳受詔어늘 胤이 因殺之하니 坐允夷滅者數千人이러라

① 中護軍은 병권을 주관하니, 太尉로 바뀌면 병권을 잃게 된다.
中護軍掌兵, 轉太尉, 則兵權去矣.
② 國兵은 淮南國의 병사이다.
國兵, 淮南國兵也.
③ 이때 司馬倫이 東宮을 相府로 삼았다.
時倫以東宮爲相府.
④ 陳(진영)은 陣으로 읽으니, 아래의 "開陳"의 陳도 같다. 太子宮은 太宮의 동쪽 薄室門 밖에 있는데, 가운데에 承華門이 있다.
陳, 讀曰陣, 下開陳同. 太子宮, 在太宮東薄室門外, 中有承華門.
⑤ 앞서 中書令 陳準이 있었으니, 원문의 淮자는 準자의 誤字인 듯하다. 白虎幡은 군대를 지휘하여 나가 싸우게 하는 것이요 싸움을 풀어 화해시키는 것이 아니니, 진준은 아마도 황제가 용렬하고 어리석었기 때문에 白虎幡으로 군대를 지휘할 것을 청하여 司馬倫의 군대로 하여금 이것을 보고 司馬允이 사마륜을 공격함은 황제의 命에서 나온 것이라고 인식하여 장차 스스로 궤멸하게 하고자 한 듯하다. 그렇지 않다면 어떻게 司馬允에게 응할 수 있겠는가.
前有中書令陳準, 淮蓋準字之誤也. 白虎幡, 以麾軍進戰, 非以解鬪也. 陳準蓋以帝庸愚, 故請以白虎幡麾軍, 欲倫兵見之, 以爲允之攻倫, 出於帝命, 將自潰也. 否則何以應允.
⑥ 司馬虔이 이해에 封地를 받았다.
虔是年受封.

**【綱】** 趙王 司馬倫이 黃門侍郎 潘岳과 衛尉 石崇 등을 죽였다.

---

17) (票)〔驃〕: 저본에는 '票'로 되어 있으나, ≪資治通鑑≫에 의거하여 '驃'로 바로잡았다.

## 趙王倫이 殺黃門郎潘岳과 衛尉石崇等[18]하다

【目】처음에 孫秀가 낮은 관리로 있었을 적에 潘岳이 여러 번 그를 매질하였고, 石崇의 생질인 歐陽建은 평소 司馬倫과 사이가 좋지 못하였으며, 석숭에게 愛妾 綠珠가 있었는데 손수가 그녀를 달라고 요구하였으나 주지 않았다.

淮南王 司馬允이 실패하자, 손수는 이로 인하여 석숭과 반악, 구양건이 사마윤을 받들어 亂을 일으켰다고 말하고서 이들을 체포하였다. 석숭이 탄식하기를 "종놈들이 나의 재물을 이롭게 여겼구나." 하자, 체포하는 자가 말하기를 "재물이 禍가 됨을 알았다면 왜 일찍 흩어주지 않았는가?" 하니, 석숭이 대답하지 못하였다.

처음에 반악의 어머니가 일찍이 반악을 꾸짖기를 "너는 마땅히 만족함을 알아야 하는데, 끊임없이 탐내고 있다." 하였다. 실패하게 되자, 반악은 어머니에게 사죄하기를 "어머니의 충고를 저버렸습니다." 하였다. 마침내 모두 멸족을 당하였다.

初에 孫秀嘗爲小吏하니 岳이 屢撻之①하고 崇之甥歐陽建이 素與倫有隙②하고 崇이 有愛妾綠珠어늘 秀求之호되 不與③러라 及淮南王允敗에 秀因稱崇, 岳, 建이 奉允爲亂이라하여 收之하다 崇이 嘆曰 奴輩利吾財耳로다 收者曰 知財爲禍인댄 何不早散之오 崇이 不能答하다 初에 岳母常誚責岳하여 曰 汝當知足이어늘 而乾沒不已乎④아하더니 及敗에 岳이 謝母曰 負阿母라하니라 遂皆族誅하다

① 孫秀는 琅邪 사람이다. 潘岳이 琅邪의 內史가 되었는데, 손수가 낮은 관리가 되어 반악의 급사가 되었으나 교활하고 약삭빠르고 잘난 체하니, 반악은 그의 사람됨을 미워하여 자주 매를 때려서 욕보였다.
秀, 琅邪人. 岳爲琅邪內史, 秀爲小吏, 給岳, 狡黠自喜, 岳惡(오)其爲人, 數(삭)撻辱之.

② 歐陽建이 司馬倫의 罪惡을 표문으로 올린 것은 元康 6년(296)에 보인다.
建表倫罪惡, 見元康六年.

③ 綠珠는 梁氏의 딸인데 용모가 빼어났고 젓대를 잘 불었다. 石崇이 交州로 사명을 띠고 가면서 眞珠 3섬으로 그녀를 샀다.
綠珠, 梁氏女, 有容貌, 善吹笛. 崇使交州, 以眞珠三斛買之.

④ 〈"汝當知足而乾沒不已"는〉 潘岳이 그칠 줄 모르고 계속해서 때를 틈타 이익을 취함을 경계한 것이다. 乾은 音이 干이니, 이익을 얻음을 乾이라 하고 이익을 잃음을 沒이라 한다. 一

18) 趙王倫……衛尉石崇等 : "〈潘岳과 石崇은〉 賈后의 徒黨인데 '殺'이라고 쓰고 관직을 쓴 것은 어째서인가. 趙王 司馬倫이 제멋대로 죽임을 인정하지 않은 것이다.〔賈黨也 書殺書官 何 不予倫之專殺也〕" ≪書法≫

說에는 〈"乾沒"은〉 물을 가지고 비유한 것이니, 이익을 보고 달려가서 비록 물이 말라 육지에 있고 물에 빠져 이마까지 잠기더라도 모두 돌아보지 않는 것을 말한다.

蓋戒岳乘時射利, 不知止也. 乾, 音干, 得利爲乾, 失利爲沒. 一說以水爲喩也, 言其視利而趨, 雖乾而在陸, 沒而滅頂, 皆所不顧也.

**【綱】** 齊王 司馬冏(사마경)을 平東將軍으로 삼아 許昌에 鎭駐하게 하였다.

**以齊王冏爲平東將軍**하여 **鎭許昌**하다

【目】 齊王 司馬冏이 공로에 따라 遊擊將軍으로 승진하였는데, 사마경은 마음에 만족하지 못하였다. 孫秀는 이것을 간파하였고 또 그가 안에 있는 것이 마음에 걸려 마침내 平東將軍을 삼아 나가 許昌에 鎭駐하게 하였다.

齊王冏이 以功遷遊擊將軍하니 冏意不滿이라 孫秀覺之하고 且憚其在內하여 乃以爲平東將軍하여 出鎭許昌하다

**【綱】** 趙王 司馬倫이 스스로 九錫[19]을 加하였다.

**趙王倫**이 **自加九錫**하다

【目】 孫秀가 趙王 司馬倫에게 九錫을 加할 것을 의논하니, 吏部尙書 劉頌이 말하기를 "옛날 漢나라에서 魏나라에게 준 것과 魏나라에서 晉나라에게 준 것[20]은 모두 한때 임시로 사용한 것이니, 通行할 수 있는 것이 아닙니다. 周勃과 霍光은 그 功이 지극히 컸으나 九錫을 하사하는 命이 있었다는 말을 듣지 못하였다." 하였다.

張林이 그를 죽이려 하자, 손수가 말하기를 "張華와 裵頠를 죽여 이미 세상의 신망을 잃었으니, 다시 劉頌을 죽여서는 안 된다." 하여 마침내 중지하였다.

이에 詔令을 내려서 사마륜에게 구석을 가하고 다시 그의 아들 司馬荂와 손수, 장림 등의 관직을 더 올려주어 모두 현달한 요직에 있게 하였다.

孫秀議加倫九錫하니 吏部尙書劉頌曰 昔에 漢之錫魏와 魏之錫晉은 皆一時之用이니 非可通

---

19) 九錫 : 천자가 공로가 큰 제후와 대신에게 하사한 9가지 물품이다.

20) 漢나라에서……것 : 漢나라 獻帝가 魏王 曹操와 曹丕에게 九錫을 내리고 魏나라 元帝가 晉王 司馬昭에게 九錫을 내린 일을 말한다.

行①이라 周勃, 霍光이 其功至大나 不聞有九錫之命也로라 張林이 欲殺之한대 秀曰 殺張, 裴하여 已傷時望하니 不可復殺頌이라하니 乃止하다 遂下詔하여 加倫九錫하고 復加其子荂及秀, 林等官하여 竝居顯要②하다

① 〈"昔漢之錫魏 魏之錫晉"은〉 왕조를 禪讓하게 된 뒤에 九錫을 내림이 있으니, 떳떳한 법이 아님을 말한 것이다.
謂禪代然後有九錫, 非常典也.
② 荂는 枯花의 切이고, 또 音이 孚이다.
荂, 枯花切, 又音孚.

【目】司馬倫과 여러 아들들은 완악하고 비루하고 무식하였으며 孫秀는 교활하고 약삭빠르고 탐욕스럽고 음탕하니, 그들과 함께 일하는 자들이 모두 간사하고 아첨하는 자들이었다. 이들은 오직 영화와 이익을 다투어서 깊은 계책과 원대한 지략이 없고, 뜻과 趣向이 달라서 서로 미워하였다.

손수의 아들 孫會는 체형이 작고 외모가 추악하여 奴僕 중에 가장 못난 자와 같았는데, 손수는 그로 하여금 황제의 딸인 河東公主에게 장가들게 하였다.

倫及諸子 頑鄙無識하고 秀狡黠貪淫하니 所與共事者 皆邪佞之士라 惟競榮利하여 無深謀遠略하고 志趣乖異하여 互相憎疾이러라 秀子會形貌短陋하여 如奴僕之下者러니 秀使尙帝女河東公主하다

【綱】겨울 11월에 皇后 羊氏를 세웠다.

冬十一月에 立皇后羊氏하다

【目】皇后는 尙書郎 羊玄之의 딸이니, 孫秀의 徒黨이다.

后는 尙書郎玄之之女니 秀之黨也라

【綱】前 益州刺史 趙廞(조흠)이 반란하였다.

前益州刺史趙廞이 反하다

【目】詔令을 내려서 益州刺史 趙廞을 불러 大長秋로 삼고 成都內史 耿滕(경등)으로 대신

하게 하니, 조흠은 賈后의 인척이었다. 조정에서 자기를 부른다는 말을 듣고 매우 두려워하였고, 또 晉나라가 쇠약하고 혼란하여 은근히 蜀 지역을 점거할 뜻을 품고서 마침내 창고를 털어 流民들을 구휼하였으며 李特의 형제들을 후대하여 심복으로 삼으니, 이특 등이 그의 세력을 믿고서 무리를 모아 도둑질하였다.

경등이 자주 은밀히 표문을 올리기를 "流民들은 강하고 사납고 蜀 지역 사람들은 나약하여 주인이 객을 제대로 통제하지 못해서 반드시 혼란의 계기가 될 것이니, 마땅히 그들로 하여금 本地로 돌아가게 해야 합니다." 하였다. 조흠은 이 말을 듣고 그를 미워하였다.

詔徵益州刺史趙廞하여 爲大長秋하고 以成都內史耿滕代之①하니 廞은 賈后之姻親也라 聞徵甚懼②하고 且以晉室衰亂이라하여 陰有據蜀之志하여 乃傾倉廩하여 賑流民하고 厚遇李特兄弟하여 以爲爪牙하니 特等이 恃勢하여 聚衆爲盜라 滕이 數(삭)密表호되 流民剛剽하고 蜀人懦(나)弱③하여 主不能制客하여 必爲亂階하리니 宜使還本地니이다 廞이 聞而惡(오)之러라

① 廞은 虛金의 切이다. 晉나라 여러 王國에 內史를 두었으니, 이는 漢나라 王國의 相과 같았다.
廞, 虛金切. 晉諸王國置內史, 猶漢王國相也.
② 賈后의 親黨으로 연좌됨을 두려워한 것이다.
懼以賈后親黨連坐.
③ 懦(나약하다)은 奴亂의 切이다.
懦, 奴亂切.

【目】 益州에서는 詔書를 받고 文武官 천여 명을 보내어 耿滕을 맞이하니, 이때 成都는 少城을 治所로 하고 益州는 太城을 치소로 하였는바, 趙廞은 그대로 太城에 있고 떠나가지 않았다.

경등이 州에 들어가려고 하자, 功曹 陳恂이 諫하기를 "지금 조흠과 원한을 맺은 것이 이미 깊으니, 少城에 잠시 머물러서 그 변고를 관찰하는 것만 못합니다. 여러 縣에 격문을 돌리고 村과 保를 규합하여 秦氏를 대비하여야 합니다." 하였으나, 경등은 그 말을 따르지 않았다. 조흠이 군대를 보내어 맞이하여 싸우니, 경등은 패하여 죽었다.

州被詔書하고 遣文武千餘人하여 迎滕하다 時에 成都治少城하고 益州治太城①이러니 廞이 猶在太城하여 未去라 滕이 欲入州한대 功曹陳恂이 諫曰 今構怨已深②하니 不如留少城以觀其變이라 檄諸縣하고 合村保하여 以備秦氏라호되 滕이 不從③이러니 廞이 遣兵逆戰하니 滕이 敗死하다

① 胡三省이 말하였다. "두 城(太城과 少城)은 모두 秦나라 張儀가 쌓은 것이다. 장의가 이미 太城을 쌓고 1년 뒤에 다시 少城을 쌓았으니, 태성은 지금 成都府의 子城이고, 소성은 오직 서쪽·남쪽·북쪽 세 삼면에 벽이 있으며 동쪽은 바로 태성의 서쪽 담장이다."
胡三省曰 "二城, 皆秦張儀所築. 儀旣築太城, 後一年, 又築少城. 太城, 今成都府子城也. 少城, 唯西南北三壁, 東卽太城之西墉也."
② 이는 趙廞과 耿滕이 원한을 맺음을 말한 것이다.
此, 言廞·滕構怨也.
③ 保는 작은 城이다. 李特 등은 본래 巴의 氐族이다. 蜀 지역 사람이 이들이 秦州 경계로 옮겨 가서 거주함으로 인해 "秦氐"라고 칭한 것이다.
保, 小城也. 李特等, 本巴氐. 蜀人, 以其徙居秦州界, 因謂之秦氐.

【目】趙廞은 또다시 군대를 보내어 西夷校尉 陳總을 맞아 싸우니, 진총의 主簿인 趙模가 말하기를 "지금 마땅히 속히 행군하여 忠順한 사람을 돕고 반역한 자를 토벌하면 누가 감히 동요하겠습니까." 하였으나, 진총은 길에서 지체하다가 魚涪津에 이르러 이미 조흠의 군대를 만났다. 조모가 진총에게 아뢰어 재물을 흩어서 병사들을 모집하여 싸우자고 하였으나 진총은 또다시 듣지 않으니, 병사들이 마침내 스스로 궤멸하였다.

조흠은 진총을 죽이고 스스로 益州牧이라 칭하고 관속을 배치하고 수령을 바꾸었다. 李庠 등이 4천의 기병을 거느리고 조흠에게 귀의하니, 조흠은 그를 心腹으로 맡겨 6郡의 건장하고 용맹한 사람 만 명을 불러 모아 북쪽 길을 차단하게 하였다.

廞이 又遣兵하여 逆西夷校尉陳總하니 總主簿趙模曰 今當速行하여 助順討逆이면 誰敢動者[①]리오 總이 緣道停留하여 比至魚涪津에 已遇廞軍[②]이라 模白總하여 散財募兵以戰호되 總이 又不聽하니 衆遂自潰라 廞이 殺之하고 自稱益州牧하고 置僚屬하고 易守令하다 李庠等이 以四千騎歸廞이어늘 廞이 委以心膂하여 使招合六郡壯勇萬人하여 以斷北道[③]하다

① 順은 耿滕을 이르고 逆은 趙廞을 이르니, 〈"助順討逆"은〉 陳總으로 하여금 경등을 돕고 조흠을 토벌하게 한 것이다.
順, 謂耿滕. 逆, 謂趙廞. 使總助滕討廞也.
② 犍爲郡 南安縣에 魚涪津이 있다.
犍爲郡南安縣, 有魚涪津.
③ "六郡"은 바로 天水와 略陽 등 6개 郡이다. "壯勇"은 流民 중에 건장하고 용맹한 자이다. "北道"는 關中(長安)에서 蜀으로 들어가는 길이다.
六郡, 卽天水·略陽等六郡. 壯勇, 流民之壯勇者. 北道, 自關中入蜀之道.

## 辛酉年(301)

**【綱】** 晉나라 孝惠皇帝 永寧 원년이다. 봄 정월에 張軌를 涼州刺史로 삼았다.

**永寧元年**이라 **春正月**에 **以張軌爲涼州刺史**하다

【目】 散騎常侍 張軌는 세상이 한창 난리가 많다 하여 은밀히 河西 지역을 점거할 뜻을 두었으므로 涼州刺史가 되기를 요구하였다. 이때 도적이 횡행하고 鮮卑가 침략하였다. 장궤가 宋配와 氾瑗(범원)을 謀主로 삼아 이들을 모두 토벌하여 격파하니, 위엄이 서쪽 지역에 드러났다.

**散騎常侍張軌 以時方多難**이라하여 **陰有保據河西之志**라 **故求爲涼州**러라 **時**에 **盜賊縱橫**하고 **鮮卑爲寇**라 **軌以宋配, 氾瑗爲謀主**하여 **悉討破之**하니 **威著西土**러라

**【綱】** 趙王 司馬倫이 스스로 皇帝라 칭하고 황제(晉 惠帝)를 金墉城으로 옮기고 太孫 司馬臧을 죽였다.

**趙王倫**이 **自稱皇帝**하고 **遷帝于金墉城**하고 **殺太孫臧**[21)]하다

【目】 趙王 司馬倫이 황제를 핍박하고 玉璽와 印綬를 빼앗고 法駕를 갖추어 궁으로 들어가서 즉위하였다. 황제(惠帝)는 궁에서 나와 金墉城에 거처하여 '太上皇'으로 높여졌고, 皇太孫(司馬藏)을 폐하여 濮陽王으로 삼아 죽였다. 孫秀를 侍中 中書監으로 삼고 그 나머지 徒黨들을 모두 卿과 장수로 삼았으며, 종과 군졸들도 또한 작위를 加하였다. 매번

---

21) 趙王倫……殺太孫臧 : "王莽이 '스스로 新皇帝라 칭했다.'고 썼는데, 이때 다시 보인다. ≪資治通鑑綱目≫이 끝날 때까지 황제를 칭함에 '自'라고 쓴 것이 두 번뿐이다.(漢나라 孺子 嬰의 初始 2년(9), 이해(301)) 왕망은 구리 궤짝을 칭탁하고 司馬倫은 神의 말씀을 칭탁하였으니, 이는 모두 근거 없이 그러한 것이므로 '自'라고 쓴 것이다.〔莽書自稱新皇帝矣 於是復見 終綱目稱皇帝 書自者二而已(漢孺子嬰初始二年 是年) 莽託銅匱 倫託神語 皆無故而然 故書自〕" ≪書法≫

"'趙王 司馬倫이 스스로 황제를 칭했다.'고 쓴 것을 보면 魏王 曹丕가 황제를 칭한 것과 무엇이 다르겠는가. 그리고 '사마륜이 황제를 金墉城으로 옮겼다.'고 쓴 것을 보면 曹操가 獻帝를 許로 옮긴 것과 무엇이 다르겠는가. 이전의 史書에서는 성공과 실패를 가지고 인물을 논하였다. 그러므로 記述에 드러냄이 서로 큰 차이가 있었는데 ≪資治通鑑綱目≫에서 나란히 썼으니, 찬탈하고 시해한 사람은 모두 그 실제가 똑같은 것이다. 또 어찌 이것이 옳고 저것이 그른 차이가 있겠는가. 슬프다.〔觀趙王倫自稱皇帝之書 與魏王曹丕稱皇帝 何異 觀倫遷帝于金墉城之書 與曹操遷帝于許 何殊 自前史 以成敗論人 故見於紀述者 大相遼絶 至綱目 等而書之 則凡簒弑之人 其實一耳 又豈有此是彼非之間哉 噫〕" ≪發明≫

司馬倫이 皇帝를 폐위하고 스스로 서다

朝會할 때에 貂蟬(초선)이 자리에 가득하니, 당시 사람들이 속담을 짓기를 "貂皮 꼬리가 부족하여 개 꼬리로 이었다." 하였다.

이해에 천하에서 천거한 賢良과 秀才, 孝廉이 모두 시험보지 않고 그대로 임용되고, 郡國의 計吏와 太學生으로서 나이가 16세 이상인 자는 모두 관리로 임명되었다. 그리고 사면하는 날 守令 중에 현직에 있는 자들을 모두 侯에 봉하였으며, 郡縣의 綱紀를 모두 孝廉과 廉吏로 삼으니, 府庫의 저축이 하사하는 물건을 충당할 수가 없었다. 그리고 侯가 된 자가 너무 많아서 印을 주조하여 다 지급하지 못하자, 혹은 白版으로 봉하였다.

趙王倫이 逼奪璽綬하고 備法駕入宮하여 卽位①하다 帝出居金墉城하여 尊爲太上皇하고 廢皇太孫하여 爲濮陽王하여 殺之하다 以孫秀爲侍中, 中書監하고 其餘黨與 皆爲卿, 將하고 奴卒亦加爵位②하다 每朝會에 貂蟬盈坐③하니 時人이 爲之諺曰 貂不足하여 狗尾續이라하니라 是歲에 天下所擧

賢良, 秀才, 孝廉이 皆不試④하고 郡國計吏及太學生年十六以上者를 皆署吏하고 守令赦日在職者를 皆封侯하며 郡縣綱紀를 竝爲孝廉, 廉吏⑤하니 府庫之儲 不足以供賜與하고 應侯者多하여 鑄印不給하여 或以白版封之러라

① ≪資治通鑑≫에는 "황제의 지위에 올라 천하에 사면령을 내렸다." 하였다.
通鑑 "卽帝位, 赦天下."

② 將(장수)은 卽亮의 切이니, "卿將"은 卿相과 列卿과 여러 中郎將이다.
將, 卽亮切. 卿將, 卿相·列卿及諸中郎將也.

③ 武冠은 한편으로는 武弁이라고도 하니, 여러 武官들이 착용한다. 侍中과 中常侍는 황금의 고리를 加하고 매미를 붙여 문양으로 삼고 貂皮 꼬리로 장식을 하니, 이것을 趙惠文冠이라 이른다. 胡廣이 말하기를 "趙나라 武靈王이 오랑캐의 복식을 본받아 금 고리로 머리를 꾸미고 앞에 초피 꼬리를 꽂아 귀한 직책의 장식으로 삼았는데, 秦나라가 趙나라를 멸망시키고는 이 관을 가까운 신하들에게 하사했다." 하였다.
武冠, 一曰武弁, 諸武官冠之. 侍中·中常侍, 加黃金璫, 附蟬爲文, 貂尾爲飾, 謂之趙惠文冠. 胡廣說曰 "趙武靈王效胡服, 以金鐺飾首, 前插貂尾, 爲貴職, 秦滅趙, 以其冠賜近臣."

④ 옛 제도에 賢良과 秀才와 孝廉은 모두 策文으로 시험한 뒤에 관직에 보임하였다.
舊制, 賢良·秀·孝, 皆策試而後補官.

⑤ 郡綱紀는 모두 孝廉으로 삼고 縣綱紀는 모두 廉吏로 삼은 것이니, 郡綱紀는 功曹의 등속이고 縣綱紀는 主簿와 錄事와 史의 등속이다. 廉吏 또한 選擧의 한 과목이다. 이는 史官이 司馬倫과 孫秀가 지나친 은혜로 여러 사람의 마음을 얻고자 했음을 말한 것이다.
郡綱紀, 竝爲孝廉, 縣綱紀, 竝爲廉吏. 郡綱紀, 功曹之屬, 縣綱紀, 主簿·錄事·史之屬. 廉吏亦選擧之一(利)〔科〕.[22] 史言 倫·秀欲以濫恩收衆心.

**【綱】** 巴氐의 李特이 趙廞을 죽이자, 詔令을 내려 羅尙을 益州刺史로 삼았다.

**巴氐李特**이 **殺趙廞**이어늘 **詔以羅尙爲益州刺史**[23]하다

【目】李庠이 몸이 날래고 용맹하고 사람들의 마음을 얻으니, 趙廞이 점점 그를 시기하였다. 마침 이상이 조흠에게 尊號를 칭하라고 권하자, 조흠은 이상을 대역죄인으로 몰아

22) (利)〔科〕: 저본에는 '利'로 되어 있으나, ≪資治通鑑≫ 註에 의거하여 '科'로 바로잡았다.

23) 巴氐李特殺趙廞 : "趙廞에 대해 일찍이 '반란했다.'고 썼는데, 어찌하여 '誅'라고 쓰지 않았는가. 이는 李特이 사사로이 죽였기 때문이다. 처음에 李庠이 조흠에게 尊號를 칭하라고 권하자, 조흠은 大義를 칭탁하여 이상을 참수하였는데 이특이 이에 조흠을 원망하여 죽였으니, 그렇다면 이것은 사사로운 원한을 보복했을 뿐인 것이다. 그러므로 조흠에 대해 비록 '반란했다.'고 썼으나 ≪資治通鑑綱目≫에서 끝내 이특이 한 일을 토벌로 인정하지 않은 것이다.〔廞嘗書反矣 曷爲不以誅書 特私也 初李庠勸稱尊號 廞託大義 斬庠 特於是怨廞殺之 則是復私怨而已矣 故廞雖書反 綱目終不以討予特也〕" ≪書法≫

참수하고 다시 李特을 등용하여 督將으로 삼았다. 이특은 조흠을 원망하여 마침내 그를 공격해 죽이고 군대를 풀어 크게 노략질하였으며, 使者를 보내어 洛陽에 가서 조흠의 죄상을 아뢰었다.

李庠이 驍勇하고 得衆心하니 趙廞이 浸忌之라 會에 庠이 勸廞稱尊號하니 廞以庠大逆이라하여 斬之하고 復用李特爲督將하다 特이 怨廞하여 遂攻殺之하고 縱兵大掠하고 遣使詣洛陽하여 陳廞罪狀하다

【目】 처음에 梁州刺史 羅尙은 趙廞이 배반했다는 말을 듣고, 표문을 올려 "조흠은 본래 빼어난 재주를 가진 자가 아니니, 패망할 것을 기다릴 수 있습니다." 하였다. 詔令을 내려 나상을 益州刺史로 임명하여 廣漢太守 辛冉 등을 감독해서 蜀으로 들어가게 하니, 李特은 이 말을 듣고 두려워하여 아우 李驤으로 하여금 나상을 맞이해 진귀한 보물을 올리게 하자, 나상은 기뻐하여 이양을 騎督으로 삼았다.

신염이 나상을 설득하기를 "이특 등은 오로지 도적질을 하니, 마땅히 이번 기회에 참수하여야 한다. 그렇지 않으면 틀림없이 후환이 될 것이다." 하였으나, 나상은 따르지 않았다.

初에 梁州刺史羅尙이 聞廞反하고 表廞素非雄才라 敗亡을 可待라하더니 詔拜尙益州刺史하여 督廣漢太守辛冉等하여 入蜀하다 特이 聞之하고 懼하여 使弟驤으로 迎獻珍玩이어늘 尙이 悅하여 以驤爲騎督①하다 冉이 說(세)尙曰 特等이 專爲盜賊하니 宜因會斬之니 不然이면 必爲後患이라호되 尙이 不從하다

① 騎督은 騎兵을 감독하는 것이다.
騎督, 督騎兵.

【綱】 3월에 齊王 司馬冏(사마경)과 成都王 司馬穎과 河間王 司馬顒(사마옹) 등이 군대를 일으켜 司馬倫을 토벌하니, 사마륜이 군대를 보내어 막았다.

三月에 齊王冏及成都王穎과 河間王顒等이 擧兵討倫하니 倫이 遣兵拒之하다

【目】 齊王 司馬冏이 사신을 보내어 成都王 司馬穎과 河間王 司馬顒과 常山王 司馬乂와 新野公 司馬歆에게 通告하고 征과 鎭[24]에 격문을 보내어 말하기를 "逆臣인 孫秀가 趙王

24) 征과 鎭 : 魏晉 이래 將軍과 大將軍의 칭호로, 征東, 鎭東, 征西, 鎭西 등이 있어서 군대의 일을 감독하고 지방을 수비하였는데, 통틀어 征, 鎭이라고 하였으며, 東, 西, 南, 北에 모두 있어 四征, 四鎭

을 미혹하게 하고 誤導하니, 마땅히 함께 토벌하여야 한다. 명을 따르지 않는 자가 있으면 주벌이 三族에 미칠 것이다." 하였다.

사마영이 鄴令 盧志를 불러 계책을 상의하니, 노지가 말하기를 "忠順에 의지하여 반역자들을 토벌하면 백성들이 틀림없이 부르지 않아도 스스로 이를 것입니다." 하였다. 사마영이 그 말을 들으니, 원근에서 호응하여 朝歌縣에 이르자 병력이 20여 만이나 되었다.

사마흠은 사마경의 격문을 받고서 따라야 할지 말아야 할지를 알지 못하였는데, 총애하는 사람 王綏(왕수)가 말하기를 "趙王은 〈公(사마흠)과 친속 관계가〉 친하면서 강하고 齊王은 소원하면서 약하니, 마땅히 조왕을 따라야 합니다." 하였다. 參軍 孫洵이 큰 소리로 말하기를 "조왕은 흉악한 역적이니, 천하가 마땅히 함께 주살해야 한다. 무슨 親疏와 彊弱이 있겠는가." 하니, 사마흠이 마침내 사마경을 따랐다.

齊王冏이 遣使하여 告成都王穎, 河間王顒, 常山王乂及新野公歆하고 移檄征, 鎭하여 稱逆臣孫秀迷誤趙王하니 當共討之니 有不從命이면 誅及三族[①]호리라 穎이 召鄴令盧志하여 謀之[②]하니 志曰 杖順討逆이면 百姓이 必不召自至하리이다 穎이 從之하니 遠近이 響應하여 至朝歌에 衆이 二十餘萬이러라 歆이 得冏檄하고 未知所從이러니 嬖人王綏曰 趙는 親而彊하고 齊는 疎而弱하니 宜從趙[③]이니이다 參軍孫洵이 大言曰 趙王凶逆하니 天下當共誅之라 何親疎彊弱之有리오 歆이 乃從冏하다

① 武帝 太康 10년(289)에 司馬乂를 봉하여 長沙王으로 삼았는데, 楚王 司馬瑋가 주살을 당하자, 사마예는 사마위와 어머니가 같은 형제라 하여 常山王으로 폄직되었다가 뒤에 옛 封號를 회복하였다. 司馬歆은 扶風王 司馬駿의 아들이니, 太康 10년에 封地를 받았다. 征과 鎭은 四征과 四鎭으로, 방면을 맡은 자이다.
武帝太康十年, 封乂爲長沙王, 楚王瑋之誅, 乂以同母, 貶爲常山王, 後復舊封. 歆, 扶風王駿之子也. 太康十年, 受封. 征・鎭, 四征・四鎭, 居方面者.

② 盧志는 盧毓(노육)의 손자이다.
志, 毓之孫也.

③ 司馬歆의 아버지 司馬駿과 司馬倫은 모두 宣帝(司馬懿)의 아들이니, 사마흠은 사마륜에게 叔姪 간이 되어서 그 친속이 가깝고, 司馬冏은 사마흠에게 從子(조카)가 되어서 그 친속이 사마륜에 비하여 소원하다.
歆父駿與倫, 皆宣帝子, 歆於倫爲叔姪, 其屬親, 冏於歆爲從子, 其屬視倫爲疎.

---

이라고 칭하기도 하였다.

【目】 司馬顒이 처음에는 長史 李含의 계책을 따라 司馬冏의 使者를 붙잡고 張方을 보내어 군대를 거느리고 가서 司馬倫을 도우려 하였는데, 두 王의 兵勢가 강성하다는 말을 듣고는 다시 장방을 불러 돌아오게 하고 다시 두 왕에게 붙었다. 司馬倫과 孫秀는 자신들을 토벌하는 군대가 일어났다는 말을 듣고 크게 두려워하여 孫輔와 張泓과 司馬雅를 보내어 군대를 거느려 사마경을 막고, 손수의 아들 孫會와 士猗(사의)와 許超는 군대를 거느려 사마영을 막게 하였다.

顒이 初用長史李含謀하여 執冏使하고 遣張方하여 將兵助倫이러니 及聞二王兵盛하고 復召方還하고 更附二王[①]하다 倫, 秀 聞兵起하고 大懼하여 遣孫輔, 張泓, 司馬雅하여 帥兵拒冏하고 秀子會及士猗, 許超는 率兵拒穎하다

① 두 왕은 齊王 司馬冏과 成都王 司馬穎을 이른다.
二王, 謂齊王冏・成都王穎.

【綱】 윤3월 초하루에 日食이 있었다.

閏月朔에 日食하다

【綱】 정월로부터 이달까지 五星이 서로 經天하여 縱橫해서 일정함이 없었다.

◑自正月로 至于是月히 五星이 互經天하여 縱橫無常[①25)]하다

25) 五星……縱橫無常 : "일찍이 '熒惑星과 歲星이 역행했다.'고 썼었고(漢 景帝 2년(B.C. 155)에 자세히 보인다.), 또 일찍이 '五星이 역행했다.'고 썼었다(漢 景帝 後3년(B.C. 141)). 그러나 모두 일정한 장소가 있었고, 縱橫으로 經天해서 몇 달이 지나도록 그치지 않은 경우는 있지 않았다. 이후로는 황실이 서로 屠戮하여 천하가 크게 어지러워 懷帝와 愍帝가 播遷을 하고 중국이 침몰하였으니, 이것이 바로 그 應驗이다. ≪資治通鑑綱目≫이 끝날 때까지 별의 변고에 '經天'을 쓴 것이 두 번이고(이해(301), 唐 高祖 武德 9년(626)), '縱橫해서 일정함이 없다.'고 쓴 것이 이번 한 번뿐이다.〔嘗書熒惑歲星逆行矣(詳景帝二年) 又嘗書五星逆行矣(景帝後三年) 然皆有定所也 未有縱橫經天 歷數月而未已者 自是以後 王室相屠 天下大亂 懷愍播蕩 神州陸沈 此其應矣 終綱目 星變書經天二(是年 唐高祖武德九年) 縱橫無常 則一而已〕" ≪書法≫

"≪春秋≫에 별의 異變을 쓴 것이 많으나 이와 같이 심한 경우는 있지 않았다. 上天이 군주를 사랑하는 마음은 비록 심히 쇠약하고 혼란한 세상이라도 일찍이 경계를 告하는 바가 없지 않았고 또한 일찍이 아래에서 응함이 나타나지 않은 적이 없었다. 前日에 中台星이 갈라졌을 적에 張華 등이 계책을 바꿀 줄을 모르다가 모두 그 一族이 도륙을 당하였다. 이제 禍亂이 이미 지극하자, 이때에 하늘의 변고가 이와 같았는데, 이윽고 여러 왕이 서로 殺傷을 하여 魚肉이 되었고, 오랑캐가 이 틈을 타서 또한 서로 倂呑하여 中原이 도탄에 빠지고 懷帝와 愍帝가 蒙塵하여 병란의 화가 그치지 않았다. 춘추시대 이래로 또한 이와 같이 참혹한 경우는 있지 않았으니, 이는 모두 五星이 종횡한 응험이다. ≪資治通鑑綱目≫에서 이것을 게시하여 썼으니, 晉나라에 있어서는 진실로 구원할 수 있는 이

① 해는 陽으로 人君의 道이고, 별은 陰으로 신하의 道이다. 해가 나오면 별이 사라지니, 신하가 專斷할 수 없는 것이다. 낮에 별이 午方(南方)의 위에 나타나는 것을 經天이라 하니, 그 점괘는 '신하가 신하 노릇 하지 않고 왕을 바꿈'이 된다. 지금 五星이 經天함은 하늘의 재변에 일찍이 있지 않았던 것이다.
日陽, 君道也. 星陰, 臣道也. 日出則星亡, 臣不得專也. 晝而星見午上, 爲經天, 其占爲不臣, 爲更王. 今五星悉經天, 天變所未有也.

【綱】 여름 4월에 成都王 司馬穎이 司馬倫의 군대를 공격하여 패퇴시키고 군대를 거느려 황하를 건너가니, 左衛將軍 王輿 등이 황제를 맞이하여 復位하였고 司馬倫은 伏誅되었다.

◐ **夏四月**에 **成都王穎**이 **擊敗倫兵**하고 **帥師濟河**하니 **左衛將軍王輿等**이 **迎帝復位**하고 **倫**이 **伏誅**[26)]하다

【目】 張泓 등이 齊王 司馬冏과 潁水 가에서 싸워 여러 번 격파하였다. 장홍이 사마경의 진영을 공격하자 사마경이 군대를 출동하여 그의 別將을 격파하니, 장홍 등이 마침내 후퇴하였다.

成都王 司馬穎의 선봉 부대가 黃橋에 이르러 孫會와 士猗, 許超에게 패하니, 사마영이 후퇴하고자 하였다. 이때 盧志가 말하기를 "지금 우리 군대가 승리하지 못하였으니, 적은 우리를 얕보는 마음이 있을 것입니다. 다시 정예병을 선발하여 밤중에 별을 보고 길을 떠나 행군 속도를 배가해서 적의 예상 밖으로 나아가는 것보다 좋은 계책이 없으니, 이것이 기이한 용병술입니다." 하니, 사마영이 그 말을 따랐다.

**張泓等**이 **與齊王冏**으로 **戰於潁上**하여 **屢破之**[①]하다 **泓**이 **攻冏營**이어늘 **冏**이 **出兵**하여 **擊破其別將**하니 **泓等**이 **乃退**하다 **成都王穎前鋒**이 **至黃橋**하여 **爲孫會, 士猗, 許超所敗**[②]하니 **穎**이 **欲退**어늘 **盧志曰 今我軍失利**하니 **敵有輕我之心**이라 **不若更選精兵**하여 **星行倍道**하여 **出敵不意**니 **此用兵之奇也**니이다 **穎**이 **從之**[③]하다

---

치가 없으나, 이는 또한 來世를 경고함일 것이다.〔春秋書星變多矣 未有如是之甚者 夫上天仁愛之心 雖甚衰亂之世 未嘗無所告戒 亦未嘗不應于下 前日中台星拆 張華等不知變計 皆赤其族 今禍亂已極 於是天變若此 旣而諸王互相魚肉 胡虜乘之 亦互相呑食 中原塗炭 懷愍蒙塵 兵禍不已 自春秋以來 亦未有如是之慘者 此皆五星縱橫之應也 綱目揭而書之 在晉固無可救之理 抑亦警告來世也歟〕" ≪發明≫

26) 迎帝復位 : "≪資治通鑑綱目≫이 끝날 때까지 폐위된 황제가 복위되었다고 쓴 것이 4번이다(晉나라 惠帝와 安帝, 唐나라 中宗과 昭宗).〔終綱目 廢帝書復位四(晉惠帝 安帝 唐中宗 昭宗)〕" ≪書法≫

① 潁水는 潁川 陽城縣의 少室山에서 발원하여 동남쪽으로 흘러 陽翟縣의 북쪽을 지나간다.
潁水, 出潁川陽城縣少室, 東南流, 過陽翟縣之北.
② 朝歌縣의 서쪽에 黃澤이 있는데 이 黃澤의 물이 오른쪽으로 蕩水로 들어가는바, 이곳을 黃雀溝라 하니, 黃雀橋는 당연히 황작구 위에 있을 것이다.
朝歌西有黃澤, 澤水右入蕩水, 謂之黃雀溝, 橋當在溝上.
③ "星行"은 밤에 길을 떠나 별을 보면서 가는 것이다.
星行者, 夜行戴星而行也.

【目】 司馬倫이 黃橋의 공로에 賞을 주어 士猗와 許超와 손회가 모두 節을 잡으니, 이로 말미암아 軍政이 통일되지 못하였고, 또 승리한 것을 믿고는 방비를 하지 않았다. 司馬穎이 湨水(격수)에서 이들을 공격하자 손회 등이 대패하니, 사마영이 승승장구하여 황하를 건너갔다.

倫이 賞黃橋之功하여 猗, 超, 會 皆持節하니 由是로 軍政不一하고 且恃勝하여 不設備러라 穎이 擊之于(溴)〔湨〕[27]水한대 會等이 大敗어늘 穎이 乘勝長驅濟河①하다

① 湨은 古闃의 切이다. 湨水는 河內의 軹縣(지현)에서 발원하여 동남쪽으로 溫水에 이르러 황하로 들어간다.
湨, 古闃切, 湨水出河內軹縣, 東南至溫, 入河.

【目】 司馬冏 등이 군대를 일으켰을 때부터 백관과 군사들이 모두 司馬倫과 孫秀를 誅殺하고자 하였다. 그러다가 河北의 군대가 패하자 左衛將軍 王輿가 진영에 있는 병사를 거느리고 궁중으로 들어가니, 三部의 司馬가 안에서 호응하여 손수를 中書省에서 공격하여 참수하고, 黃門으로 하여금 사마륜을 데리고 집으로 돌아오게 하였으며, 황제를 金墉城에서 맞이하여 端門으로 들어와 殿에 오르게 하니, 여러 신하들이 머리를 조아리며 謝罪하였다.

使者를 나누어 보내어 세 왕을 위로하고 사마륜에게 사약을 내리고 그 아들을 체포하여 죽였으며, 百官 중에 사마륜에게 제수된 자는 모두 배척하여 면직하니, 臺, 省, 府, 衛에 겨우 몇 명만 남게 되었다. 司馬穎과 司馬顒이 모두 洛陽에 이르니, 군대를 일으킬 때부터 60여 일 동안 전투하여 죽은 자가 10만 명에 가까웠다.

---

27) (溴)〔湨〕: 저본에는 '溴'로 되어 있으나, ≪資治通鑑≫의 註와 ≪爾雅≫ 등에 의거하여 '湨'으로 바로잡았다.

自冏等起兵으로 百官軍士 皆欲誅倫, 秀라 及河北軍敗에 左衛將軍王輿 帥營兵入宮하니 三部司馬爲應於內하여 攻孫秀於中書省하여 斬之하고 使黃門으로 將倫還第①하고 迎帝于金墉城하여 自端門入하여 升殿하니 群臣이 頓首謝罪러라 分遣使者하여 慰勞三王하고 賜倫死하고 收其子誅之하며 凡百官爲倫所用者를 皆斥免하니 臺, 省, 府, 衛에 僅有存者②러라 穎, 顒이 皆至洛陽하니 自兵興으로 六十餘日에 戰鬪死者 近十萬人이러라

① 將은 본음대로 읽으니, 인솔함이다. 洛陽城 안에 汶陽里가 있으니, 司馬倫의 私第가 이곳에 있었다.
將, 如字, 引也. 洛陽城中, 有汶陽里, 倫私第在焉.

② 臺와 省 중에 尙書, 御史, 謁者는 臺이고, 門下, 中書, 秘書는 省이다. 府는 여러 公府이다. 衛는 2衛와 6軍이다.
臺·省, 尙書·御史·謁者, 臺, 門下·中書·秘書, 省也. 府, 諸公府也. 衛, 二(南)〔衛〕[28] 及六軍也.

**【綱】** 6월에 齊王 司馬冏을 大司馬로 삼아 정사를 보필하게 하고, 成都王 司馬穎을 大將軍으로 삼고 河間王 司馬顒을 太尉로 삼아 각각 그들의 鎭으로 돌아가게 하였다.

六月에 以齊王冏爲大司馬하여 輔政하고 成都王穎爲大將軍하고 河間王顒爲太尉하여 各還鎭하다

【目】 齊王 司馬冏이 洛陽에 들어오니, 갑옷을 입은 병사가 수십 만이었다. 위엄이 京師에 진동하였다. 詔令을 내려서 사마경을 大司馬로 삼아 九錫을 加하고 備物과 典策을 하사하는 것을 宣帝와 景帝, 文帝와 武帝가 魏나라를 보필하게 했던 故事[29]와 같게 하였으며, 成都王 司馬穎을 大將軍 都督中外諸軍事로 삼고 黃鉞을 주고 錄尙書事로 삼고 九錫을 加하였다. 그리고 河間王 司馬顒은 侍中과 太尉로 삼고, 常山王 司馬乂는 撫軍大

28) (南)〔衛〕: 저본에는 '南'으로 되어 있으나, ≪資治通鑑≫ 註에 의거하여 '衛'로 바로잡았다.

29) 宣帝와……故事 : 宣帝, 景帝, 文帝, 武帝는 司馬懿, 司馬師, 司馬昭, 司馬炎의 시호인바, 魏나라 황제가 이들에게 이와 같은 특혜를 주었기 때문에 비유한 것이다. 사마의는 魏나라의 武帝 曹操, 文帝 曹丕, 明帝 曹叡, 哀帝 曹芳 등 4대를 보필하며 공을 세워 舞陽侯에 봉해진 뒤에 정변을 일으켜 魏나라의 권력을 장악하여 그 권력이 장자 사마사와 차자 사마소를 거쳐 손자 사마염이 帝位를 찬탈, 西晉을 세우는 데까지 이어지도록 기초를 닦은 사람이다. 사마염은 西晉을 세운 뒤에 그를 宣帝로 추존하였고, 사마사와 사마소 또한 景帝와 文帝로 추존하였다.(≪晉書≫ 〈帝紀〉)

將軍으로 삼고, 新野公 司馬歆의 작위를 승진하여 王으로 삼았다. 齊王과 成都王, 河間王의 3府에 각각 掾屬 40명을 두니, 武官의 칭호가 빽빽하게 나열되었고 文官은 인원수를 채울 뿐이었다. 식견이 있는 자들은 兵難이 그치지 않을 줄을 알았다.

齊王冏이 入洛陽하니 甲士數十萬이라 威震京師러라 詔以爲大司馬하여 加九錫하고 備物典策을 如宣, 景, 文, 武輔魏故事①하고 成都王穎爲大將軍하여 都督中外諸軍事하고 假黃鉞하고 錄尙書事하고 加九錫하고 河間王顒爲侍中, 太尉하고 常山王乂爲撫軍大將軍하고 進新野公歆爵爲王하며 齊, 成都, 河間三府에 各置掾屬四十人하니 武號森列하고 文官은 備員而已라 識者知兵之未戢也②러라

① "備物典策"은 威儀의 물건을 고루 하사하고 아울러 史官의 서책에 쓰는 典을 하사하여 법에 따라 당시의 일을 기록하게 한 것을 이른다.
備物典策, 謂備賜威儀之物, 及史官書策之典, 使之依法書時事也.

② 東漢 이래로 公府에는 모두 掾이 있고 屬이 있었으나, 다만 무관의 칭호는 띠지 않았다.
自東漢以來, 公府皆有掾有屬, 但不帶武號耳.

【目】司馬歆이 司馬冏을 설득하여 司馬穎의 兵權을 빼앗게 하고, 司馬乂 또한 사마영에게 사마경을 도모하라고 권하니, 이 말을 들은 자들은 근심하고 두려워하였다.

盧志가 사마영에게 이르기를 "大王이 곧바로 앞장서서 황하를 건넜으니, 더불어 功을 견줄 자가 없습니다. 그러나 두 영웅은 양립하지 못하니, 마땅히 太妃의 가벼운 병환을 핑계 삼아 돌아가 昏定晨省[30]할 방법을 찾으시고 조정의 중한 임무를 齊王에게 맡겨서 이를 통해 四海의 인심을 수합하여야 합니다." 하자, 사마영이 그 말을 따라서 표문을 올려 "사마경의 功德이 萬機[31]를 맡기기에 적합하다."고 청하고는 즉시 사양하고 鄴 지역으로 돌아가니, 이로 말미암아 선비와 백성들의 찬양이 모두 사마영에게 돌아갔다.

사마경이 劉殷을 辟召하여 軍諮祭酒로 삼고 曹攄(조터)를 記室로, 江統과 荀晞(구희)를 參軍事로, 張翰과 孫惠를 掾으로, 顧榮과 王豹를 主簿로 삼았다.

歆이 說(세)冏奪穎兵權하고 乂亦勸穎圖冏하니 聞者憂懼①러라 盧志謂穎曰 大王이 逕前濟河하니

30) 昏定晨省 : 자식이 부모를 위해 날이 어두워지면 잠자리를 보살펴드리고 새벽이면 문안함을 이른다.

31) 萬機 : 萬幾라고도 표기하는바, 幾微 또는 機務가 많다는 뜻으로, 군주의 임무를 가리킨다. 이는 ≪書經≫ 〈虞書 皐陶謨〉의 "하루 이틀에도 幾微의 일이 만 가지입니다.〔一日二日萬幾〕"라고 한 皐陶(고요)의 말에서 유래한 것이다.

功無與貳라 然이나 兩雄不俱立하니 宜因太妃微疾하여 求還定省②하고 委重齊王하여 以收四海之心③이니이다 穎이 從之하여 表請冏功德이 宜委以萬機라하고 卽辭歸鄴하니 由是로 士民之譽가 皆歸穎이러라 冏이 辟劉殷爲軍諮祭酒하고 曹攄爲記室④하고 江統, 荀晞參軍事⑤하고 張翰, 孫惠爲掾⑥하고 顧榮, 王豹爲主簿⑦하다

① 〈이 말을 들은 자들이〉 근심하고 두려워한 것은 司馬冏과 司馬乂, 司馬穎이 반드시 군대에 의지하여 서로를 도모해서 장차 그 禍亂에 걸릴까 염려한 것이다.
憂懼者, 以冏與乂・穎必阻兵相圖, 將罹其禍也.

② 司馬穎의 어머니 程才人이 책봉되어 成都太妃가 되었다.
穎母程才人, 冊爲成都太妃.

③ 朝政의 重任을 齊王에게 맡기면 四海의 사람들은 司馬穎이 공이 큰데도 자처하지 않는다고 생각하여 장차 사마영에게 민심이 돌아가는 것이다.
委朝政之重於齊王, 則四海之人, 謂穎功大不居, 將歸心於穎.

④ 晉나라 제도에 文武官의 公과 여러 방면을 담당하는 四征과 四鎭의 府에 모두 軍諮祭酒를 설치하였다. 曹攄(조터)는 曹肇의 손자이다.
晉制, 文武官公及諸方面征・鎭府, 皆置軍諮祭酒. 攄, 肇之孫也.

⑤ 晉나라는 여러 公과 여러 從公[32] 중에 持節都督이 되면 參軍을 6명으로 增員하였다.
晉諸公・諸從公, 爲持節都督, 增參軍爲六員.

⑥ 翰은 音이 寒이다. 孫惠는 孫賁의 曾孫이다.
翰, 音寒. 惠, 賁之曾孫也.

⑦ 顧榮은 顧雍의 손자이다.
榮, 雍之孫也.

【目】 劉殷이 어려서 아버지를 여의고 가난하여 曾祖母를 봉양할 적에 효성으로 이름이 났는데, 사람들이 비단과 곡식을 주면 유은은 받고서 사양하지 않고 곧바로 말하기를 "후일에 내가 귀하게 되면 마땅히 보답하겠다." 하였다. 장성하자 경서와 역사책을 두루 통달하고 성품이 드높아 큰 뜻이 있어서 검소하되 누추하지 않고 깨끗하되 꼬장꼬장하지 아니하여, 사람들이 바라보면 절로 머리가 숙여져 침범하지 못하였다.

司馬冏은 何勖을 中領軍으로 삼고 董艾에게 중추적인 임무를 맡기고, 또 그 장수와 보좌관 중에 공이 있는 자인 葛旟(갈여) 등을 봉하여 縣公으로 삼아서 心腹의 임무를 맡기니, 이들을 五公이라 호칭하였다.

32) 從公 : 품계가 公과 같은 사람을 가리킨다. ≪晉書≫ 권24 〈職官志〉에 "여러 공 및 開府位의 從公은 품계가 제일 높으니, 봉록으로 매일 다섯 斛을 받는다.〔諸公及開府位從公者 品秩第一 食奉日五斛〕"라고 보인다.

殷이 幼孤貧하여 養曾祖母에 以孝聞이러니 人以穀帛遺之하면 殷이 受而不謝하고 直云 待後貴當相酬耳라하더라 及長에 博通經史하고 性이 倜儻(척당)有大志하여 儉而不陋하고 淸而不介하여 望之頹然而不可侵也러라 冏以何勖爲中領軍하고 董艾典樞機하고 又封其將佐有功者葛旟等하여 爲縣公하여 委以心膂하니 號曰五公①이러라

① 葛旟(갈여)는 牟平公, 路秀는 小黃公, 衛毅는 陰平公, 劉眞은 安鄕公, 韓泰는 封丘公이다.
葛旟牟平公, 路秀小黃公, 衛毅陰平公, 劉眞安鄕公, 韓泰封丘公.

【目】 司馬穎이 鄴 지역에 이르자, 九錫과 특별한 예를 사양하고 표문을 올려 의병을 일으킨 功臣을 논하였으며, 河北의 邸閣에 있는 쌀을 운반하여 陽翟의 굶주린 백성들을 구휼하고 黃橋의 戰士들을 斂襲하여 제사하며 그 집안을 정표할 것을 청하니, 이것은 모두 盧志의 계책이었다.

司馬穎은 모습은 아름다웠으나 정신이 혼우하여 책을 읽을 줄 몰랐다. 그러나 성품이 溫厚하고 정사를 노지에게 맡겼으므로 그 아름다운 명성을 이룰 수 있었다.

穎이 至鄴하여 讓九錫殊禮하고 表論興義功臣하며 乞運河北邸閣米하여 以振陽翟饑民하고 斂祭黃橋戰士하고 旌顯其家하니 皆盧志之謀也라 穎이 形美而神昏하여 不知書나 然氣性敦厚하고 委事於志라 故得成其美焉이러라

【目】 처음에 司馬冏이 中書郎 陸機가 趙王 司馬倫을 위해 禪位하는 詔書를 지었다고 의심하고 그를 체포하여 죽이고자 하였는데, 司馬穎이 그를 위해 변호하여 죽음을 면할 수 있었다. 사마경은 인하여 表文을 올려 그를 平原內史로 삼고 그의 아우 陸雲을 淸河內史로 삼으니, 육기의 친구인 顧榮과 戴淵은 中國에 兵難이 많다 하여 육기에게 吳 지역으로 돌아갈 것을 권하였으나, 육기는 자신을 온전히 구제해준 사마영의 은혜를 입었다고 생각하고 또 사마영이 당시에 명망이 있어서 더불어 功을 세울 수 있다고 여겨 마침내 떠나가지 않고 그대로 머물렀다.

初에 冏이 疑中書郎陸機 爲趙王倫撰禪詔하고 收하여 欲殺之어늘 穎이 爲辨理得免①이러라 因表爲平原內史하고 以其弟雲爲淸河內史하니 機友人顧榮, 戴淵이 以中國多難이라하여 勸機還吳한대 機以受穎全濟之恩하고 且謂穎有時望하여 可與立功이라하여 遂留不去하다

① 爲(위하다)는 모두 去聲이다.
爲, 竝去聲.

**【綱】** 겨울 10월에 李特이 廣漢을 점거하고 전진하여 成都를 공격하였다.

**冬十月**에 **李特**이 **據廣漢**하고 **進攻成都**하다

【目】 처음에 조정에서 符節을 秦州와 雍州에 내려보내어 流民 중에 蜀으로 들어간 자들을 불러 돌아오게 하고 또 御史 馮該를 보내어 이것을 감독하게 하였는데, 李特의 형인 李輔가 略陽에서 蜀으로 와서 이특에게 말하기를 "中國이 막 혼란하니 다시 돌아가서는 안 된다." 하였다. 이특이 그 말을 옳게 여겨 여러 번 閻式을 보내어 羅尙에게 찾아가서 〈蜀에서 本地로 돌아가는 것을〉 가을까지 잠시 중지할 것을 요구하였고, 또 나상과 풍해에게 뇌물을 바치니, 나상과 풍해가 이를 허락하였다.

황제가 璽書를 益州에 내려보내 6개 郡의 流民 중에 이특과 함께 趙廞을 토벌한 자들의 공로를 조목조목 나열하여 올리게 해서 장차 이들에게 功과 賞을 가하려 하였는데, 辛冉이 이것을 자기 공로로 삼고자 하여 사실대로 보고하지 않으니, 사람들이 모두 원망하였다.

나상은 유민들을 감독하여 7월에 강제로 길을 떠나게 하였다. 이때 유민들이 梁州와 益州에 분포되어 있으면서 남의 집에서 머슴살이를 하였는데, 州郡에서 강제로 보낼 것이라는 말을 듣고는 사람마다 근심하고 원망하였으며, 또 장마가 져서 강물이 불어나고 곡식이 아직 익지 않아서 旅費로 삼을 것이 없었다. 이특이 다시 겨울까지 중지할 것을 요구하였으나 신염과 犍爲太守 李苾이 不可하다 하였다.

初에 朝廷이 符下秦, 雍하여 召還流民入蜀者하고 又遣御史馮該하여 督之러니 李特兄輔 自略陽至蜀하여 言中國方亂하니 不足復還이라한대 特이 然之하여 累遣閻式하여 詣羅尙하여 求權停至秋하고 又納賂於尙及該하니 尙, 該許之하다 璽書下益州하여 條列六郡流民與特同討趙廞者하여 將加功賞이러니 辛冉이 欲以爲己功하여 不以實上하니 衆咸怨之①러라 尙이 督流民하여 七月上道하니 時에 流民이 布在梁, 益하여 爲人傭力이러니 聞州郡逼遣하고 人人愁怨하며 且水潦方盛하고 年穀未登하여 無以爲行資라 特이 復求停至冬이어늘 辛冉及犍爲太守李苾이 以爲不可하다

① 上(올리다)은 時掌의 切이니, 아래도 같다. 衆은 6개 郡의 무리이다.
上, 時掌切, 下同. 衆, 六郡之衆也.

【目】 辛冉이 성질이 탐욕스럽고 포악하여 流民의 首領을 죽이고 그 재물을 빼앗고자 해서 마침내 李苾과 함께 羅尙에게 아뢰어 특별히 관문을 설치하여 수색하게 하였다.

李特이 여러 번 유민을 위하여 기한을 더 연장해줄 것을 청하니, 유민들이 모두 감격하여 이특을 믿어 서로 거느리고 귀의하는 이들이 많았는데, 이특은 마침내 큰 진영을 綿竹에 만들어 거처하게 하였다.

신염이 또다시 榜文을 나누어 써 붙여서 이특 형제에게 현상금을 걸어 잡아오게 하자, 이특이 이 방문을 가지고 돌아가서 아우 李驤과 함께 그 내용을 "6개 郡의 호걸스러운 侯王들 중에 한 명을 잡아오면 비단 백 필을 포상한다."[33]고 바꾸어 붙였다. 이에 유민들이 크게 두려워하여 이특에게 더욱더 많이 귀의하니, 그 수가 열흘에서 한 달 사이에 2만 명에 이르렀다.

이특은 다시 閻式을 보내어 羅尙에게 가서 기한을 거듭 연장해줄 것을 요구하니, 나상이 이를 허락하였다. 염식이 돌아와서 이특에게 이르기를 "나상은 위엄과 형벌이 확립되지 못한 상태이고 신염 등은 각기 강한 병력을 보유하였으니, 하루아침에 변고가 일어나면 그 형세는 나상이 통제할 수 있는 것이 아닙니다. 마땅히 대비를 해야 합니다." 하였다. 이특이 이 말을 따라서 아우 李流와 두 진영으로 나누어 갑옷을 수리하고 군대를 조련하여 변고에 대비하였다.

冉이 性貪暴하여 欲殺流民首領하고 取其資貨하여 乃與苾白尙하여 設關搜索①하다 特이 數(삭)爲流民請留하니 流民이 皆感而恃之하여 多相帥歸特이어늘 特이 乃結大營於綿竹以處之하다 辛冉이 又分牓하여 購募特兄弟어늘 特이 取以歸하여 與弟驤改之하여 爲募六郡豪傑侯王一首百匹하니 於是에 流民大懼하여 歸特愈衆하여 旬月間에 至二萬人이러라 復遣閻式하여 詣羅尙하여 求申期한대 尙이 許之②어늘 式이 還하여 謂特曰 尙이 威刑不立하고 冉等이 各擁彊兵하니 一旦爲變이면 非尙所能制라 宜爲備니라 特이 從之하여 與弟流分二營하여 繕甲治兵以待러라

① "設關"은 예전에는 관문을 세우지 않았는데, 이제 특별히 설치한 것이다.
設關者, 先未嘗立關, 今特設之.

② 申은 거듭함이니, 〈"求申期"는〉 기한을 거듭 연장해서 流民들로 하여금 스스로 여유를 가질 수 있도록 요구한 것이다.
申, 重也. 求重爲期限, 使流民得自寬也.

【目】 이때 辛冉과 李苾이 보병과 기병 3만을 거느리고 李特의 진영을 기습하자, 이특이

33) 6개……포상한다 : ≪資治通鑑≫에 "6개 郡의 酋豪인 李氏, 任氏, 閻氏, 趙氏, 上官氏 및 氐族과 叟族의 侯王 한 명을 잡아서 보내면 비단 백 필을 포상한다.〔能送六郡酋豪李任閻趙上官及氐叟侯王一首賞百匹〕"고 하였다.

매복했던 군대를 출동시켜 공격하니, 신염과 이필의 병사가 매우 많이 죽었다. 이에 유민들이 이특을 行鎭北大將軍으로 추대하고 황제의 명을 받아 관직을 제수하고 작위를 封해서 李流 및 형 李輔, 아우 李驤이 모두 將軍이라 칭하고 군대를 전진하여 廣漢에서 신염을 공격하니, 신염이 出戰하여 여러 번 패하고 德陽으로 달아났다.

이특이 廣漢郡에 들어가 점거하고 成都로 진격할 적에 蜀 지역 백성들과 법조문을 간략하게 3章으로 만들 것을 약속하였고, 은혜를 베풀고 노역을 면제하며 가난한 백성들을 구휼하고 곡식을 꾸어주며 어진 이를 예우하고 벼슬길이 침체한 자를 발탁하며 軍政을 엄숙히 하니, 蜀 지역 백성들이 크게 기뻐하였다.

羅尙이 여러 번 이특에게 패하고는 마침내 긴 둑에 의지하여 郫水(비수)를 따라 7백 리를 연이어 진영을 만들어서 이특과 서로 항거하고, 梁州와 南夷校尉에게 구원을 요청하였다.

至是하여 冉, 苾이 帥步騎三萬하여 襲特營이어늘 特이 發伏擊之하니 死者甚衆이라 於是에 流民이 推特行鎭北大將軍하고 承制封拜하여 流及兄輔, 弟驤이 皆號將軍하고 進兵攻冉於廣漢하니 冉이 出戰屢敗하고 犇德陽[①]하다 特이 入據郡하고 進攻成都할새 與蜀民約法三章하고 施捨賑貸하고 禮賢拔滯하고 軍政肅然하니 蜀民이 大悅[②]이러라 尙이 頻爲特所敗하고 乃阻長圍하여 緣郫水作營하여 連延七百里하여 與特相拒하고 求救於梁州及南夷校尉[③]하다

① 德陽縣은 後漢에서 설치하였으니, 廣漢郡에 속하였다.
德陽縣, 後漢置, 屬廣漢郡.
② "施捨"는 은혜를 베풀고 노역을 면제해주는 것이다.
施捨, 施恩惠, 捨勞役.
③ ≪水經註≫에 "綿水는 서쪽 綿竹縣에서 발원하여 또 湔水와 합류하니, 또한 이곳을 '郫江'이라 한다." 하였다. 郫는 音이 疲이다. 南夷校尉는 南中의 여러 郡을 통솔하였다.
水經註"綿水西出綿竹縣, 又與湔水合, 亦謂之郫江." 郫音疲. 南夷校尉, 統南中諸郡.

## 壬戌年(302)

**【綱】** 晉나라 孝惠皇帝 太安 원년이다. 여름에 河間王 司馬顒이 군대를 보내어 李特을 토벌하였는데 이기지 못하였다.

太安元年이라 夏에 河間王顒이 遣兵討李特이러니 不克하다

【目】河間王 司馬顒이 督護 衙博을 보내어 李特의 군대를 梓潼에서 토벌하게 하였고, 조정에서는 다시 張微을 廣漢太守로 삼아 德陽에 주둔시켰는데, 이특이 그의 아들 李蕩 등으로 하여금 아박의 군대를 패퇴시키니, 아박이 달아나고 군사들이 항복하였다. 이특이 스스로 大將軍 益州牧이라 칭하였다.

河間王顒이 遣督護衙博하여 討李特軍于梓潼①하고 朝廷이 復以張微爲廣漢太守하여 軍于德陽이러니 特이 使其子蕩等으로 敗博兵하니 博走하고 衆降이라 特이 自稱大將軍, 益州牧하다

① 衙博은 사람의 성명이다.
衙博, 姓名.

【綱】清河王 司馬覃을 세워 皇太子로 삼았다.

立清河王覃爲皇太子하다

【目】齊王 司馬冏은 오랫동안 정권을 전횡하고자 하였는데, 황제의 아들과 손자가 다 죽었고, 大將軍 司馬穎이 차례에 따라 즉위할 상황에 있었으며, 清河王 司馬覃은 武帝의 손자로 나이가 이제 8살이었다. 이에 표문을 올려 그를 황태자로 세울 것을 청하니, 사마경을 太子太師로 삼고 東海王 司馬越을 司空으로 삼아서 中書監을 겸하게 하였다.

齊王冏이 欲久專政한대 以帝子孫俱盡①이요 大將軍穎이 有次立之勢②하며 清河王覃은 武帝孫也③니 方八歲라 乃上表請立爲皇太子하니 以冏爲太子太師하고 東海王越爲司空하여 領中書監④하다

① 太子 司馬遹이 죽자 황제가 아들이 없게 되었고, 태자의 아들 司馬虨, 司馬臧, 司馬尚이 죽자 황제가 손자가 없게 되었다.
太子遹死, 帝無子矣, 虨・臧・尙死, 帝無孫矣.
② 司馬穎은 황제의 여러 아우 중에 마땅히 즉위할 차례가 되었다.
穎於帝諸弟之次當及.
③ 司馬覃은 司馬遐의 아들이다.
覃, 遐之子也.
④ 司馬越은 隴西王 司馬泰의 아들이니, 元康 원년(291)에 封地를 받았다. 司馬泰는 宣帝의 아우 司馬馗(사마규)의 아들이다. 馗는 渠龜의 切이다.
越, 隴西王泰之子也, 元康元年, 受封. 泰, 宣帝弟馗之子也. 馗, 渠龜切.

**【綱】** 가을 8월에 廣漢太守 張微가 李特을 토벌하였는데 패하여 죽고, 羅尙이 이특을 공격하였는데 역시 패하였다.

**秋八月**에 **廣漢太守張微 討李特**이러니 **敗死**하고 **羅尙**이 **擊之**러니 **亦敗**하다

【目】 張微가 李特의 군대를 격파하고 이특의 진영으로 진격하였는데, 李蕩이 병력을 인솔하고 이특을 구원하여 마침내 장미의 군대를 격파하여 그를 죽였으며, 李驤은 毗橋(비교)에 주둔해 있었는데 羅尙이 군대를 보내어 공격하였으나 여러 번 패하였다.

이양이 마침내 成都로 진격하고 李流는 成都의 북쪽에 주둔하였는데, 나상이 날래고 용감한 병사 만 명을 보내어 이양을 공격하게 하였다. 이양이 이류와 병력을 합하여 공격해서 대파하니, 살아 돌아온 자가 열에 한두 명이었다.

**張微擊破特兵**하고 **進攻其營**한대 **李蕩**이 **引兵救之**하여 **遂破微兵**하여 **殺之**하고 **李驤軍毗橋**①어늘 **羅尙**이 **遣軍擊之**러니 **屢爲所敗**하다 **驤**이 **遂進攻成都**하고 **李流軍成都之北**이어늘 **尙**이 **遣精勇萬人攻驤**이러니 **驤與流合擊**하여 **大破之**하니 **還者什一二**러라

① 胡三省이 말하였다. "지금 懷安軍 西北에 中江이 있는데 漢州에서 발원하니, 彌牟, 雒水(낙수), 毗橋水 세 물이 합하여 하나의 강이 된다. 懷安軍은 漢나라 廣漢 新都縣 지역이다."
胡三省曰 "今懷安軍西北有中江, 源從漢州, 彌牟·雒水·毗橋水三水, 會爲一江. 懷安軍, 漢廣漢新都縣之地."

**【綱】** 겨울 12월에 河間王 司馬顒이 長沙王 司馬乂로 하여금 齊王 司馬冏을 죽이게 하였다.

**冬十二月**에 **河間王顒**이 **使長沙王乂**로 **殺齊王**冏[34)]하다

---

34) 河間王顒……殺齊王冏 : "司馬冏이 교만하고 사치하여 조회를 폐했다면 죄가 있는 것인데, 어찌하여 이것을 〈'討'나 '誅'를 쓰지 않고〉 '殺'이라고 썼는가. 司馬顒이 사사로운 마음으로 죽였기 때문이다. 사마경은 사마옹의 뜻이 처음에 司馬倫에게 붙고자 했다 하여 그를 恨했으니, 이것은 바른 것이요, 사마옹이 마침내 핍박함을 두려워해서 司馬乂를 시켜 사마경을 죽인 것은 사사로운 것이다. ≪資治通鑑綱目≫에서 '殺'이라고 쓴 것은 骨肉 간에 서로 도륙한 禍를 드러낸 것이다.〔冏驕奢廢朝 則有罪矣 其書殺 何 顒私也 冏以顒意初欲附倫 恨之 正也 顒遂懼偪 使乂殺冏 則私矣 綱目書殺 所以著骨肉相屠之禍也〕" ≪書法≫

"齊王은 교만하고 사치하여 권력을 독단해서 멸망을 자초하였고, 司馬顒은 藩國(제후국)을 지키지 않고 군대를 일으켜 禍를 즐거워하였고, 司馬乂는 남의 사주를 받아 보필하는 신하를 살육하였다. 이것을 곧바로 책에 썼으니, 이는 세 사람을 모두 비난한 것이다.〔齊王驕奢擅權 自取亡滅 顒不守藩國

【目】 齊王 司馬冏이 교만하고 사치하고 권력을 독단하여 저택을 지을 적에 西宮과 똑같게 하니, 中外의 사람들이 실망하였다. 侍中 嵆紹(혜소)가 상소하기를 "'보존하여도 망함을 잊지 않음'은 ≪周易≫의 훌륭한 경계입니다. 신은 원컨대 폐하께서는 金墉에 유폐되어 있었던 것을 잊지 마시고 大司馬(사마경)는 潁水(영수) 가의 곤궁함을 잊지 말고 大將軍(司馬穎)은 黃橋에서의 패전을 잊지 않으면 禍亂의 싹이 생길 리가 없을 것입니다." 하였다.

사마경이 놀이와 향락에 빠져서 조회하여 황제를 뵙지 않고 앉아서 백관들에게 절을 받았으며, 符節로 三臺에 칙령을 내려 관리를 선발하고 등용함이 공평하지 못하였고 총애한 자들이 권력을 행사하였다.

齊王冏이 驕奢擅權하여 起府第에 與西宮等하니 中外失望이라 侍中嵆紹上疏曰 存不忘亡은 易之善戒也[①]라 臣願陛下無忘金墉하시고 大司馬無忘潁上하고 大將軍無忘黃橋하면 則禍亂之萌이 無由而兆矣리이다 冏이 耽於宴樂하여 不入朝見(현)하고 坐拜百官하며 符勅三臺하여 選擧不均하고 嬖寵用事[②]러라

① ≪周易≫ 〈大傳(繫辭傳)〉에 "君子는 편안하여도 위태로움을 잊지 않고, 보존되어도 망함을 잊지 않고, 다스려져도 어지러움을 잊지 않는다." 하였다.
易大傳曰 君子安而不忘危, 存而不忘亡, 治而不忘亂.

② "坐拜百官"은 앉아서 백관의 절을 받음을 이른다. 一說에 "天子가 三公과 九卿과 여러 將軍을 임용할 때에 오히려 사람을 시켜서 데리고 와서 除拜하는데, 지금 司馬冏은 저택에 편안히 앉아서 百官을 제배한 것이다." 하였다. 살펴보건대 漢나라 제도에는 尙書를 中臺라 하고 御史를 憲臺라 하고 謁者를 外臺라 하니, 이것이 三臺이다. 자신의 사사로운 생각으로 사람을 선발하여 등용해서 符節로 三臺에 칙령을 내려 자기 뜻을 받들어 행하게 함은 크게 공평하지 못한 것이다.
坐拜百官, 謂坐受百官之拜也. 一說 "天子用三公·九卿·諸將軍, 猶引而拜之, 今冏安坐府第, 拜授百官也." 案漢制, 以尙書爲中臺, 御史爲憲臺, 謁者爲外臺, 是爲三臺. 以私意選用, 符勅三臺, 使奉行, 不均之大者也.

【目】 南陽 處士 鄭方이 글을 올려 司馬冏에게 다음과 같이 諫하였다.

"大王이 편안하면서 위태로울 때를 생각하지 아니하여 편안하고 즐거움이 度에 지나치시니 이것이 첫 번째 잘못이요, 宗室의 骨肉들이 서로 의심하고 배반하니 이것이 두 번째 잘못이요, 蠻夷(오랑캐)들이 안정되지 못하였는데 여기에 관심을 두지 않으니 이

---

稱兵樂禍 乂爲人所使 殺戮輔臣 直書于冊 擧皆罪也]" ≪發明≫

것이 세 번째 잘못이요, 백성들이 곤궁한데도 창고를 열어 구휼한다는 말이 들리지 않으니 이것이 네 번째 잘못이요, 義兵이 功을 세웠는데 오랫동안 論功行賞을 하지 않으니 이것이 다섯 번째 잘못입니다."

孫惠 또한 글을 올려 다음과 같이 말하였다.

"천하에 다섯 가지 어려움과 네 가지 不可함이 있는데, 明公이 모두 이것을 차지하고 있으니, 다음과 같습니다. 〈國家를 위해〉 칼날을 무릅쓰고 죽는 것이 첫 번째 어려움이요, 영웅호걸을 불러 모음이 두 번째 어려움이요, 장병들과 노고를 똑같이 함이 세 번째 어려움이요, 약한 군대로 강한 군대를 이기는 것이 네 번째 어려움이요, 황제의 기업을 회복함이 다섯 번째 어려움입니다. 큰 명성은 오랫동안 간직해서는 안 되고, 큰 功은 오랫동안 차지해서는 안 되고, 큰 권력은 오랫동안 잡아서는 안 되고, 큰 위엄은 오랫동안 소유해서는 안 됩니다. 大王이 그 어려움을 행하시면서도 어렵게 여기지 않고 不可함에 처하여서도 이것을 可하다고 생각하시니, 저는 삼가 불안하게 여깁니다. 明公은 마땅히 功이 이루어지면 몸이 물러가는 방도를 생각해서 조정의 막중한 권세를 두 王에게 맡기고는 길게 읍하고 藩國으로 돌아가시면 太伯과 子臧이 옛날의 아름다움을 독차지하지 못할 것입니다."

사마경이 그 말을 따르지 못하니, 손혜는 병으로 사양하고 떠나갔다.

南陽處士鄭方이 上書諫曰 大王이 安不慮危하여 燕樂過度하시니 一失也요 宗室骨肉이 互相疑貳하니 二失也요 蠻夷不靜이어늘 不以爲意하니 三失也①요 百姓困窮이로되 不聞振救하니 四失也②요 義兵有功이로되 久未論賞하니 五失也③니이다 孫惠亦上書曰 天下에 有五難, 四不可어늘 而明公이 皆居之하니 冒犯鋒刃이 一難也요 聚致英豪 二難也요 與將士均勞苦 三難也요 以弱勝彊이 四難也요 興復皇業이 五難也며 大名不可久荷요 大功不可久任이요 大權不可久執이요 大威不可久居라 大王이 行其難而不以爲難④하고 處其不可而謂之可하시니 惠竊所不安也로소이다 明公이 宜思功成身退之道하여 委重二王하고 長揖歸藩이면 則太伯, 子臧이 不專美於前矣⑤리이다 冏이 不能用하니 惠辭疾去하다

① "蠻夷不靜"은 李特 등이 梁州와 益州 지역을 침략하고 어지럽힘을 말한 것이다.
蠻夷不靜, 謂李特等寇亂梁·益也.

② 이 한 잘못(네 번째 잘못)은 아마도 成都王 司馬穎이 쌀을 운반하여 河南의 人心을 수합한 것을 가리킨 것이나 〈司馬冏에게〉 이를 감히 분명하게 말하지 못한 것일 뿐이다.
此一失, 蓋指成都王穎運米, 以收河南人心, 而不敢察察言之耳.

③ "義兵有功 久未論賞"은 潁水 가의 功에 대해 아직도 상을 내려주지 않은 것이 있음을 말한

것이다.

此言潁上之功, 猶有未敍者.

④ 〈"行其難而不以爲難"은〉 潁水 가에 있을 때를 이른다.

謂在潁上時也.

⑤ ≪老子≫에 이르기를 "功이 이루어지고 이름이 이루어지면 몸이 물러남은 하늘의 도이다." 하였다. 두 王은 長沙王(司馬乂)과 成都王(司馬穎)이다. 吳나라 太伯은 天下를 가지고 사양하였고, 曹나라 子臧은 曹나라를 가지고 사양하였다.[35]

老子曰 "功成名遂身退, 天之道." 二王, 長沙·成都二王也. 吳太伯以天下讓, 曹子臧以國讓.

【目】 司馬冏이 曹攄(조터)에게 이르기를 "혹자가 나에게 권력을 내놓고 封國으로 돌아가라고 권하는데, 어떠한가?" 하니, 조터가 말하기를 "어떤 일이든 너무 심한 것을 禁하니, 大王이 진실로 높은 지위에 있으면서 위태로움을 염려해서 옷을 걷어 올리고 지금 자리에서 떠나시면 이는 잘하는 것 중에 잘하는 것입니다." 하였으나, 사마경은 듣지 않았다.

冏이 謂曹攄曰 或勸吾委權還國하니 何如오 攄曰 物禁太盛하니 大王이 誠能居高慮危하여 褰裳去之하시면 斯善之善者也니이다 冏이 不聽하다

張翰

【目】 張翰과 顧榮은 모두 禍가 자기 몸에 미칠까 염려하였는데, 장한은 가을바람이 일자, 고향의 菰菜와 蓴菜(순채) 국과 농어회를 그리워하여 탄식하기를 "인생은 뜻에 맞음을 귀하게 여길 뿐이니, 부귀를 어디에 쓰겠는가." 하고는 즉시 사직하고 떠나갔다.

張翰, 顧榮이 皆慮及禍러니 翰이 因秋風起하여 思菰

35) 吳나라……사양하였다 : 吳나라 太伯은 周나라 太王의 장자로, 태왕이 막내아들 季歷에게 왕위를 물려주려함을 알고는 아우 仲雍과 함께 荊蠻으로 도망가서 斷髮文身하여 스스로 후사가 될 수 없음을 보였다. 太伯은 '泰伯'으로도 표기하는바, ≪論語≫ 〈泰伯〉에 "泰伯은 지극한 덕이 있다고 이를 만하다. 세 번이나 천하를 가지고 사양하였는데, 백성들이 칭찬할 수 없게 하였다.〔泰伯 其可謂至德也已矣 三以天下讓 民無得而稱焉〕"라고 하신 孔子의 말씀이 보이며, ≪史記≫ 〈吳太伯世家〉에도 이 내용이 보인다. 曹나라 子臧은 춘추시대 曹나라 公子의 이름으로, 宣公이 죽은 뒤에 제후들과 曹나라 사람들이 새로 즉위한 임금 負芻를 의롭지 못하게 여기고는 자장을 군주로 삼으려 하자, 자장이 이를 사양하고 나라를 떠나 부추가 그대로 임금 노릇을 하게 한 것을 이른다.(≪春秋左氏傳≫ 襄公 14년)

菜, 蓴羹, 鱸魚膾하여 歎曰 人生貴適志耳니 富貴何爲리오하고 卽引去①하다

① 菰는 古胡의 切이니, 雕苽(조고)이다. 일명 蔣이라고도 하고, 또 茭라고도 한다. 세월이 오래되면 중심에서 흰 臺가 생기니, 이것을 菰米라 하며, 臺 가운데 검은 것을 茭라 한다. 뒤에 열매를 맺으니, 이것이 雕胡黑米이다. 蓴은 水葵(순채)이니, 물 가운데서 자라는데 잎은 鳧茨(부자)와 같으며, 봄과 여름에는 가늘게 자라 살지고 매끄러워 그 줄기를 채취해 먹을 수 있다. 3월부터 8월까지를 絲蓴이라 하고, 9월부터 11월까지를 猪蓴(저순)이라 한다. 농어는 입이 크고 비늘이 가느니, 吳 지역의 松江에서 나오는 것이 맛이 좋다. 吳 지역 사람들이 이것을 회로 먹는데, 맛이 매우 좋다.
菰, 古胡切, 雕苽也. 一名蔣, 又謂之茭. 歲久, 中心生白臺, 謂之菰米, 其臺中有黑者, 謂之茭, 至後結實, 乃雕胡黑米也. 蓴, 水葵也, 生水中, 葉似鳧茨, 春夏細長肥滑, 採莖可噉. 三月至八月爲絲蓴, 九月至十一月爲猪蓴. 鱸魚, 巨口細鱗, 出吳松江者佳, 吳人以爲膾, 甚美.

【目】顧榮은 일부러 술에 취해 府의 일을 살펴보지 않으니, 직무를 폐했다 하여 中書侍郞으로 轉職되었다. 穎川의 處士인 庾袞(유곤)은 司馬冏이 1년 동안 황제에게 조회하지 않았다는 말을 듣고는 탄식하기를 "晉나라 황실의 권위가 쇠하였다. 禍亂이 장차 일어날 것이다." 하고는 妻子를 거느리고 林慮山 속에 은둔하였다.

王豹는 사마경에게 다음과 같은 내용의 편지를 보내었다.

"河間王(司馬顒)과 成都王(司馬穎)과 新野王(司馬歆)이 모두 한창 젊은 나이로 함께 군대를 주관하여 要害地에 주둔해 있는데, 明公은 군주를 두려움에 떨게 하는 위엄을 가지고 홀로 京都를 점거하여 큰 권력을 독차지하고 있으니, 이것이 복인 줄을 모르겠습니다. 王侯들을 모두 封國으로 돌려보내고 周公과 召公의 법을 따라 成都王을 北州伯으로 삼아 鄴에 治所를 두게 하고, 王은 스스로 南州伯이 되어서 宛에 치소를 두어서 황하를 나누어 경계를 삼아서 각각 王侯를 통솔하여 天子를 좌우에서 보필하십시오."

榮은 故酣飮하여 不省府事하니 以廢職으로 徙爲中書侍郞하다 穎川處士庾袞이 聞冏期年不朝하고 歎曰 晉室卑矣라 禍亂將興이라하고 帥妻子하여 逃於林慮山中하다 王豹致牋於冏曰 河間, 成都, 新野三王이 以方剛之年으로 竝典戎馬하여 處要害之地어늘 而明公이 挾震主之威하고 獨據京都하여 專執大權하시니 未見其福也니이다 請悉遣王侯之國하고 依周, 召之法하여 以成都王爲北州伯하여 治鄴하고 王自爲南州伯하여 治宛하여 分河爲界하여 各統王侯하여 以夾輔天子①하라

① 周나라 때에 周公과 召公이 陜(섬) 지역을 나누어 다스려서 두 伯이 되어 왕실을 좌우에서 보필하였다. 그러므로 王豹가 이것을 따라 법으로 삼고자 한 것이다.
周之時, 周・召分陜而治, 爲二伯, 以夾輔王室, 故豹欲依以爲法.

顧榮이 거짓으로 술에 취해 齊王을 멀리하다

【目】長沙王 司馬乂가 王豹의 편지를 보고 司馬冏에게 이르기를 "小子가 骨肉 간을 이간질하니, 어찌 구리로 만든 낙타 아래에서 그를 쳐 죽이지 않습니까." 하였다. 사마경이 마침내 채찍으로 매질하여 그를 죽였는데, 왕표는 장차 죽을 적에 말하기를 "내 머리를 大司馬門에 매달아서 적병이 齊王(사마경)을 공격하는 것을 보게 하라." 하였다.

사마경은 河間王 司馬顒이 본래 趙王 司馬倫에게 붙었다 하여 그에게 원한을 품었는데, 사마옹의 長史인 李含이 이로 인하여 사마옹을 설득하기를 "成都王(司馬穎)이 황제의 至親으로 큰 功이 있는데, 자리를 사양하여 藩鎭으로 돌아가니 여러 사람의 마음을 크게 얻었고, 제왕이 소원한 친족인데도 정권을 독점하니 조정의 신하들이 두려워하여 곁눈질하고 있습니다. 이제 장사왕에게 격문을 보내어 제왕을 토벌하게 하면 제왕이 틀림없이 장사왕을 誅殺할 것이니, 우리가 이것을 이용하여 제왕의 죄로 삼아 토벌해서 제왕을 제거하고 성도왕을 세워, 핍박하는 자를 제거하고 황제의

至親을 세워 社稷을 평안히 한다면 이는 큰 功勳입니다." 하니, 사마옹이 그의 말을 따랐다.

사마옹이 표문을 올려 사마경의 죄를 아뢰고, 장사왕 사마예에게 사마경을 폐하고 사마영으로 정사를 보필할 것을 청하고는 마침내 군대를 일으켜서 李含과 張方 등을 보내어 洛陽으로 달려가게 하였다.

長沙王乂見豹戕하고 謂冏曰 小子離間骨肉하니 何不銅駝下打殺이니잇고 冏이 乃鞭殺之하니 豹將死에 曰 縣吾頭大司馬門하여 見兵之攻齊也①라하다 冏以河間王顒이 本附趙王倫이라하여 恨之러니 顒長史李含이 因說(세)顒曰 成都王이 至親有大功이어늘 推讓還藩하니 甚得衆心이요 齊王이 越親而專政하니 朝廷側目이라 今檄長沙王하여 使討齊하면 齊王이 必誅長沙하리니 吾因以爲齊罪而討之하여 去齊立成都하여 除逼建親하여 以安社稷이면 大勳也리이다 顒이 從之하다 顒이 表陳冏罪하고 請長沙王乂廢冏하고 以穎輔政이라하고 遂擧兵하여 遣李含, 張方等하여 趣洛陽하다

① 縣(매달다)은 懸으로 읽는다. 옛날 伍子胥가 吳王 夫差에게 살해당하였는데, 장차 죽을 적에 말하기를 "내 눈을 吳나라 東門에 매달아서 越나라 사람이 吳나라를 침입하는 것을 보게 하라." 하였으니,[36] 王豹가 이 말을 모방한 것이다.
縣, 讀曰懸. 昔伍子胥爲吳王夫差所殺, 將死, 曰 "縣吾目於吳東門, 見越之入吳也." 豹倣此語.

【目】 12월에 司馬顒의 표문이 이르니, 司馬冏이 크게 두려워해서 백관을 모아 의논할 적에 尙書令 王戎이 말하기를 "두 왕의 군대가 강성하니 당할 수가 없습니다. 만약 왕께서 사저로 나가고 권력을 다른 사람에게 맡겨 크게 사양한다면 거의 편안함을 구할 수 있을 것입니다." 하였다. 사마경의 從事中郎인 葛旟(갈여)가 怒하며 말하기를 "漢나라와 魏나라 이래로 王侯가 사저로 나감에 어찌 처자식을 보존한 자가 있습니까. 의논한 자를 참형에 처해야 합니다." 하니, 백관들이 놀라 두려워하였다. 왕융은 거짓으로 약독이 발작하여 측간에 빠져서 죽음을 면하였다.

十二月에 顒表至하니 冏이 大懼하여 會百官議之할새 尙書令王戎曰 二王兵盛하니 不可當也①라

36) 伍子胥가……하였으니 : 자서는 伍員의 자이다. 吳王 闔廬를 이어 왕이 된 夫差가 伯嚭(백비)를 太宰로 삼고 신임하자, 오자서가 부차에게 누차 간언하였으나 오왕은 오자서의 말을 듣지 않고 도리어 屬鏤라는 검을 내려 자결하게 하였는데, 오자서가 백비의 참언을 듣는 부차를 원망하면서 舍人에게 당부하기를 "내 무덤에 나무를 심도록 하라. 그 나무로 만든 그릇에 내 눈알을 담아 吳나라 東門에 매달아서 越나라가 오나라를 멸망시키는 것을 보게 하라."라고 하고는 자결한 고사를 인용한 것이다. 부차에게 복수할 기회를 노리고 있던 越王 句踐은 이후에 오자서가 죽었다는 말을 듣고 오나라를 공격하여 멸망시켰다.(≪史記≫ 권66 〈伍子胥列傳〉)

若以王就第하고 委權崇讓이면 庶可求安이리이다 冏의 從事中郎葛旟怒曰 漢, 魏以來로 王侯就第에 寧有得保妻子者邪오 議者可斬이라하니 百官震悚이러라 戎이 僞藥發墮厠하여 得免하다

① 두 왕은 河間王 司馬顒과 成都王 司馬穎을 이른다.
二王, 謂河間王顒・成都王穎.

【目】李含은 陰盤에 군대를 주둔하고 張方은 新安에 군대를 주둔하고서 司馬乂에게 격문을 보내어 司馬冏을 토벌하게 하니, 사마경이 董艾를 보내어 기습하게 하였다.

사마예가 左右 측근 백여 명을 거느리고 궁중으로 달려 들어가서 여러 문을 폐쇄한 다음 天子를 받들고 大司馬府를 공격해서 성안에서 크게 싸웠다. 황제가 上東門으로 행차하니, 화살이 임금 앞에 집중적으로 날아와 신하 중에 죽은 자가 서로 이어졌다. 연달아 3일을 싸워 사마경의 병력이 크게 패하였다. 사마경을 잡아 참수하고 그 도당을 모두 三族을 멸하니, 이함 등이 병력을 이끌고 長安으로 돌아갔다.

사마예가 비록 조정에 있었으나, 크고 작은 일을 막론하고 모두 鄴 지역에 가서 司馬穎에게 자문하였다.

李含은 屯陰盤하고 張方은 軍新安①하여 檄乂使討冏하니 冏이 遣董艾襲之하다 乂將左右百餘人하고 馳入宮하여 閉諸門하고 奉天子하여 攻大司馬府하여 城內大戰하다 帝幸上東門②하니 矢集御前하여 群臣死者相枕이라 連戰三日에 冏衆이 大敗어늘 執冏斬之하고 同黨을 皆夷三族하니 含等이 引兵還長安하다 乂雖在朝廷이나 事無巨細히 皆就鄴諮穎이러라

① 唐나라 涇州 良原縣은 隋나라의 陰盤縣이니, 이곳이 바로 漢나라 安定郡의 陰盤縣이다. 新安縣은 漢나라 때에는 弘農郡에 속하였고, 晉나라 때에는 河南郡에 속하였다.
唐涇州良原縣, 隋陰盤縣, 是卽漢安定之陰盤縣. 新安縣, 漢屬弘農郡, 晉屬河南郡.
② 이 上東門은 洛陽城의 上東門이 아니고, 宮城의 상동문이다.
此上東門, 非洛城之上東門, 宮城之上東門也.

【綱】陳留王 曹奐이 卒하니, 晉나라 사람들이 그를 장례하고 謚號를 魏元皇帝라 하였다.

陳留王曹奐이 卒하니 晉人이 葬之하고 謚曰魏元皇帝[37]라하다

---

37) 陳留王曹奐……謚曰魏元皇帝 : "'卒'이라고 쓴은 어째서인가. 厚德함을 보존함을 인정한 것이다. 陳留王이 폐위된 때부터 이때까지 38년이었다. ≪資治通鑑綱目≫에서 멸망한 나라의 군주를 '卒'이라고 쓴 것이 일곱 번이니(山陽公과 安樂公 劉禪, 歸命侯 孫皓, 陳留王, 陳叔寶, 楊溥, 〈酅公(휴공)〉, 오직

**【綱】** 鮮卑의 宇文部가 棘城을 포위하자, 慕容廆(모용외)가 그들을 격파하였다.

○**鮮卑宇文部 圍棘城**이어늘 **慕容廆擊破之**하다

【目】 慕容廆는 자기 신하 慕輿句가 부지런하고 조심하고 청렴하고 안정되다 하여 府庫를 맡게 하니, 모여구가 마음속으로 계산하고 묵묵히 기억해서 문서를 대조하지 않았으나 始終 빠트림이 없었다. 慕輿河가 明敏하고 정밀하게 살핀다 하여 모여하에게 獄訟을 주관하게 하니, 조사하고 심문함에 깨끗하고 정당하였다.

廆**以其臣慕輿句 勤恪廉靖**이라하여 **使掌府庫**①하니 **句心計默識**(지)하여 **不案簿書**호되 **終始無漏**②하고 **以慕輿河明敏精審**이라하여 **使典獄訟**하니 **覆訊淸允**이러라

① 慕輿는 또한 鮮卑族의 한 종족인데, 따로 한 姓이 된 것이다.
慕輿, 蓋亦鮮卑之種, 別爲一姓.

② 識는 音이 志이니, 기억함이다.
識音志, 記也.

癸亥年(303)

**【綱】** 晉나라 孝惠皇帝 太安 2년이다. 봄 2월에 羅尙이 李特을 대파하여 참수하니, 李流가 대신 그 무리를 거느렸다.

**二年**이라 **春二月**에 **羅尙**이 **大破李特**하여 **斬之**하니 **李流代領其衆**하다

---

鄒公은 '薨'이라고 썼다. 오랜 뒤에 죽은 자는 陳留王보다 더한 사람이 없다. 魏나라가 漢나라 孝獻皇帝를 장례하였을 적에 '魏'라고 쓴 것은 漢나라 篇이었고, 이것은 晉나라 篇인데 다시 '晉나라 사람이 장례하였다.'고 쓴 것은 어째서인가. 晉나라 사람의 厚德함을 인정한 것이다. ≪자치통감강목≫에서는 후덕함을 보존함을 인정하여 만일 先代(지난 王朝)에 禮가 있으면 반드시 그 나라를 써주었다. 그러므로 魏나라가 漢 獻帝를 장례했을 적에 '魏'라고 썼고, 晉나라가 陳留王을 장례했을 적에 '晉'이라고 썼고, 陳나라가 梁 孝元帝를 장례했을 적에 '陳'이라고 썼고, 石晉이 故唐主를 장례했을 적에 '晉'이라고 썼으니, 이는 모두 인정한 것이다. 그렇다면 孝獻皇帝는 '諡曰'이라고 쓰지 않았는데, 여기서는 '諡曰'이라고 쓴 것은 어째서인가. 晉나라를 거듭 인정한 것이다. 세상의 道가 날로 나빠져서 晉나라 이후에 멸망한 나라의 군주는 시해되지 않은 자가 없고 심하면 滅族까지 당하였는데, 오직 唐나라가 鄒公에 대해서만 거의 인정한 것이다.〔書卒 何 予存厚也 自廢至是三十八年矣 綱目卒國滅之主七(山陽公 安樂公劉禪 歸命侯孫皓 陳留王 陳叔寶 楊溥) 惟鄒公書薨 久而後卒者 無如陳留也 魏葬漢孝獻皇帝書魏 漢篇也 此晉篇也 復書晉人葬之 何 予晉人也 綱目予存厚 苟有禮於先代 必以國書之 故魏葬漢獻帝 書魏 晉葬陳留 書晉 陳葬梁孝元 書陳 石晉葬故唐主 書晉 皆予之也 然則孝獻皇帝不書諡曰 此其書諡曰 何 所以重予晉也 世道日降 晉以後 國滅之主 無不弑者 甚則至滅其族矣 唯唐於鄒公 其庶乎〕" ≪書法≫

【目】 李特이 남몰래 강을 건너가서 羅尙을 공격하니, 郫水(비수) 가에 주둔해 있던 군대가 모두 흩어져 달아났다. 蜀郡太守가 少城을 가지고 항복하자, 이특이 들어가 점거하였으나 오직 말을 취하여 군수물자에 보탤 뿐이었고 나머지는 침략하지 않았으며, 境內에 사면령을 내리고 建初라고 改元하니, 蜀 지역 백성들로서 서로 모여 塢[38]를 만든 자가 모두 이특에게 정성을 바쳤다. 이특이 유민들을 여러 塢에 나누어 그곳에 가서 먹게 하였다.

李流가 이특에게 말하기를 "여러 塢가 새로 귀부하였으니, 마땅히 그 大姓의 子弟들을 인질로 삼고 병력을 모아 스스로 지켜서 비상사태에 대비하여야 합니다." 하니, 이특이 怒하며 말하기를 "大事가 이미 정해졌다. 다만 백성들을 편안히 해야 하니, 어찌하여 다시금 의심과 시기를 미리 해서 離叛하게 하느냐." 하였다.

李特이 潛渡江하여 擊羅尙하니 水上軍이 皆散走①라 蜀郡太守以少城降이어늘 特이 入據之호되 惟取馬以供軍하고 餘無侵掠하며 赦境內하고 改元建初하니 蜀民相聚爲塢者 皆送款於特이어늘 特이 分流民於諸塢하여 就食하다 李流 言於特曰 諸塢新附하니 宜質其大姓子弟하고 聚兵自守하여 以備不虞니이다 特이 怒曰 大事已定이라 但當安民이니 何爲更逆加疑忌하여 使之離叛乎아

① "水上軍"은 郫水(비수) 가에 있는 군대이다.
水上軍, 郫水上軍也.

【目】 朝廷에서 荊州刺史 宗岱 등을 보내어 水軍 3만을 거느리고 가서 羅尙을 구원하게 하여 軍勢가 더욱 강성해지니, 여러 塢에서 모두 두 마음을 품었다.

任叡(임예)가 나상에게 말하기를 "李特이 병력을 분산하여 〈塢에〉 나아가 먹게 하고 교만하고 태만하여 방비가 없으니, 이는 하늘이 그를 망하게 하는 때입니다. 마땅히 여러 塢와 은밀히 약속해서 날짜를 잡아 동시에 출발하여 안팎으로 공격하면 틀림없이 격파할 것입니다." 하였다.

朝廷이 遣荊州刺史宗岱等하여 帥水軍三萬하여 救尙하여 軍勢益盛하니 諸塢皆有二志라 任叡言

38) 塢 : 魏晉時代의 혼란 속에서 유민들이 많아지게 되면서 등장한 것 중에 하나가 塢이다. 塢는 작은 성채나 보루를 뜻하는데, 後漢 시기 羌族의 침략으로 변방에 塢侯를 설치한 것에서 그 연원을 찾으며, 西晉 말엽에 들어서면서 백성들이 自衛를 위하여 직접 설치하게 된다. 특히 유민들에 의해서 많이 만들어졌는데, 이들 塢를 지배하는 자들을 塢主라 하였다. 塢는 그 구조와 규모가 일정하지 않으며 천연의 요새가 될 만한 곳에 세워진 경우도 많았다. 이들은 중앙정부의 통제를 받지 않고 자체 규약에 의한 독자적 활동을 하였다. 塢는 기존의 지역공동체였던 鄕里가 붕괴되면서 나타난 것으로 이 시대를 이해하는 대표적 특징이라 할 수 있다.

於尙曰 特이 散衆就食하고 驕怠無備하니 此는 天亡之時也라 宜密約諸塢하여 刻期同發하여 內外擊之하면 破之必矣리이다

【目】 2월에 조정에서 군대를 보내어 李特의 진영을 습격하니, 여러 塢가 모두 호응하였다. 이특의 군대가 크게 패하자, 이특을 참수하여 파발마로 그 머리를 洛陽으로 보내었다.

李流와 李蕩과 李雄이 남은 무리를 수합하여 돌아가 赤祖를 지켰는데, 이류는 益州牧이라 자칭하여 동쪽 진영을 지키고 이탕과 이웅은 북쪽 진영을 지켰다.

羅尙이 督護인 何沖을 보내어 이류를 공격하자, 이류가 그를 대파하고 乘勢를 타고 전진하여 成都에 이르니, 나상이 다시 성문을 닫고 스스로 지켰다. 이때에 이탕이 창을 맞아 죽었다.

이류는 宗岱의 병력이 장차 쳐들어오려 한다는 말을 듣고 매우 두려워 항복하고자 하였는데, 李驤과 이특의 아들 이웅이 번갈아 諫하였으나 듣지 않았다. 이웅은 마침내 流民들을 설득해서 그들과 함께 東軍(荊州의 군대)을 습격하여 대파하였다. 이때 마침 종대가 卒하여 荊州의 군대가 후퇴하니, 이류는 매우 부끄러워하였다. 이류가 이로 말미암아 이웅의 재주를 기특히 여겨 군대의 일을 모두 그에게 맡겼다.

二月에 遣兵하여 掩襲特營하니 諸塢皆應之라 特兵이 大敗어늘 斬特하여 傳首洛陽하다 李流及蕩, 雄이 收餘衆하여 還保赤祖①하여 流는 自稱益州牧하여 保東營하고 蕩, 雄은 保北營하다 尙이 遣督護何沖하여 攻流한대 流大破之하고 乘勝進抵成都하니 尙이 復閉城自守러니 蕩이 中矛而死하다② 流以宗岱將至라하여 甚懼하여 欲降한대 李驤及特子雄이 迭諫不納이어늘 雄이 乃誘說(세)流民하여 與襲擊東軍하여 大破之하다 會에 岱卒하여 軍退하니 流甚慙하여 由是로 奇雄才하여 軍事를 悉以任之하다

① 祖는 子邪의 切이다. 赤祖는 地名이니, 마땅히 綿竹의 동쪽에 있을 것이다.
祖, 子邪切. 赤祖, 地名, 當在綿竹東.

② 中(맞다)은 去聲이다.
中, 去聲.

【綱】 여름 5월에 義陽의 蠻族인 張昌이 배반하자, 詔令을 내려서 劉弘을 都督荊州軍事로 삼았다.

夏五月에 義陽蠻張昌이 反이어늘 詔以劉弘都督荊州軍事하다

【目】 新野王 司馬歆이 荊州를 도독하면서 정사를 엄하게 하고 몰아붙이니, 오랑캐들의 마음을 잃었다.

義陽의 蠻族인 張昌이 무리 수천 명을 모아 亂을 일으키고자 하였는데, 이때 마침 형주에서 詔令으로 武勇이 있는 자를 징발하여 李流를 토벌하게 하니, 백성들은 멀리 정벌하러 가는 것을 꺼려서 모두 가고자 하지 않았다. 詔書를 내려서 이들을 督責하여 보낼 적에 엄하게 다그쳐서 경유하는 곳의 郡 경계에서 5일을 지체한 자는 二千石의 관리(太守나 國相)를 파면하였다. 이로 말미암아 郡縣의 官長들이 모두 직접 나와 백성들을 몰아갔는데, 백성들은 展轉하여 멀리 가지 않고 곧 다시 한곳에 모여 도둑질을 하였다.

장창이 이로 인하여 백성들을 속이고 미혹시키니, 여러 유민들과 병역을 피하는 자들이 그를 많이 따라갔다. 江夏太守 弓欽이 그를 토벌하였는데 이기지 못하고 武昌으로 달아났다.

新野王歆이 督荊州하여 爲政嚴急하니 失蠻夷心이라 義陽蠻張昌이 聚黨數千人하여 欲爲亂①이러니 會에 州以詔發武勇하여 討李流하니 民憚遠征하여 皆不欲行이라 詔書督遣嚴急하여 所經郡界에 停五日者는 二千石免官하니 由是로 郡縣官長이 皆親出驅逐이러니 展轉不遠에 輒復屯聚爲盜러라 張昌이 因此하여 誑惑百姓하니 諸流民과 避戍役이 多往從之라 江夏太守弓欽이 討之러니 不勝하고 犇武昌②하다

① 義陽은 본래 漢나라 平氏縣의 義陽鄕이니, 魏나라 文帝 黃初 연간(221~226)에 義陽縣을 나누어 세우고 石城을 치소로 삼았다. 뒤에 南陽郡을 나누어 義陽郡을 세우고 安昌城을 치소로 삼았다.
義陽, 本漢平氏縣之義陽鄕, 魏文帝黃初中, 分立義陽縣, 蓋治石城. 後分南陽郡, 立義陽郡, 治安昌城.

② 弓은 姓이다.
弓, 姓也.

【目】 張昌이 마침내 江夏를 점거하고서 山都縣의 관리인 丘沈을 얻어 그의 姓名을 바꾸어 劉尼라 하고 거짓으로 漢나라 宗室의 후손이라 하였다. 江夏에서는 그를 받들어 主로 삼고 자신은 相國이 되고 연호를 神鳳이라고 하니, 長江과 沔水 사이의 여러 곳에서 군대를 일으켜 그에게 호응해서 열흘 내지 한 달 사이에 무리가 3만 명에 이르렀다. 이들은 모두 붉은 모자를 쓰고 말꼬리로 수염을 만들었다.

장창이 樊城에 이르자, 司馬歆이 출병하여 이들을 막다가 무리가 궤멸하여 장창에게 살해되니, 詔令을 내려 荊州刺史 劉弘으로 사마흠을 대신해서 鎭南將軍을 삼아 荊州의 군대를 도독하게 하였다. 유홍은 南蠻長史인 廬江 사람 陶侃을 大都護로 삼고 衙門將인 皮初를 都戰帥로 삼아서 나아가 襄陽을 점거하니, 장창이 이들을 공격하였으나 이기지 못하였다.

昌이 遂據江夏하여 得山都縣吏丘沈[①]하여 更(경)其姓名曰劉尼라하고 詐云漢後라하여 奉以爲主하고 而自爲相國하고 建元神鳳하니 江, 沔間이 所在起兵以應之하여 旬月間에 衆至三萬이라 皆著絳帽하고 以馬尾作髯이러라 昌이 至樊城하니 歆이 出拒之라가 衆潰하여 爲昌所殺이어늘 詔以荊州刺史劉弘代歆하여 爲鎭南將軍하여 督荊州軍하다 弘以南蠻長史廬江陶侃으로 爲大都護하고 衙門將皮初로 爲都戰帥하여 進據襄陽하니 昌이 攻之不克[②]하다

① 山都縣은 漢나라 때에는 南陽郡에 속하였고, 晉나라 때에는 襄陽郡에 속하였다.
山都縣, 漢屬南陽郡, 晉屬襄陽郡.

② 南蠻校尉는 長史와 司馬가 있었다. 都戰帥는 관직 이름이다. 杜佑가 말하기를 "襄陽은 漢中의 廬縣이다." 하였다.
南蠻校尉, 有長史・司馬. 都戰帥, 官名也. 杜佑曰 襄陽, 漢中廬縣也.

【綱】 李雄이 郫城(비성)을 공격하여 함락하였다.

李雄이 攻陷郫城하다

【目】 李雄이 汶山太守를 공격하여 죽이고 마침내 郫城을 점령하였다. 가을에 李流가 주둔지를 郫城으로 옮기니, 蜀 지역 사람들이 모두 험요한 곳을 확보하고 塢를 만들었으며, 혹은 남쪽으로 寧州로 들어가고 혹은 동쪽으로 荊州로 내려가서 城邑이 모두 비고 들에는 불을 때서 밥을 짓는 인가가 없었다. 李流의 무리가 굶주려 궁핍하였는데, 오직 涪陵에 있는 천여 가구가 靑城山의 處士인 范長生에게 의지해 있었다.

平西參軍 徐轝(서여)가 羅尙을 설득하여 자신이 汶山太守가 되어 범장생을 맞이하여 결탁해서 그와 함께 이류를 토벌하자고 하였으나, 나상이 허락하지 않았다. 서여는 노하여 나와 이류에게 항복하고 범장생을 설득하여 이류의 군대에 군량을 지급하게 하니, 이류의 군대가 다시 떨치게 되었다.

李雄이 攻殺汶山太守하고 遂取郫城[①]하다 秋에 李流徙屯郫하니 蜀民이 皆保險結塢하며 或南入

寧州하고 或東下荊州하여 城邑皆空하고 野無煙火라 流衆이 飢乏[2]호되 唯涪陵千餘家 依青城山處士范長生[3]이러라 平西參軍徐轝 說(세)羅尙하여 求守汶山하여 邀結長生하여 與共討流[4]한대 尙이 不許라 轝怒하여 出降於流하고 說長生하여 使給流軍糧하니 流軍이 復振이러라

① 汶은 音이 民이다. 郫縣은 蜀郡에 속하였다.
汶, 音民. 郫縣, 屬蜀郡.
② 晉 武帝 泰始 7년(271)에 益州의 南中 지역 4郡을 나누어 寧州를 설치하였다.
武帝泰始七年, 分益州南中四郡, 置寧州.
③ 青城山은 汶山郡 都安縣에 있다. 范長生은 涪陵 사람이니, 무리를 거느리고 이곳을 점령하였다.
青城山, 在汶山郡都安縣. 長生, 涪陵人, 率衆保之.
④ 羅尙은 平西將軍이 되어 徐轝를 參軍으로 삼았다.
尙爲平西將軍, 以轝爲參軍.

【綱】 가을 7월에 劉弘이 陶侃을 보내어 張昌을 토벌하니, 장창이 패주하고 무리가 항복하였다. 別將 石冰이 臨淮를 점거하였는데, 그곳을 함락시키지 못하였다.

秋七月에 劉弘이 遣陶侃하여 討張昌하니 昌走하고 衆降하다 別將石冰이 據臨淮하니 不下하다

【目】 張昌의 무리인 石冰이 揚州를 침략하여 刺史 陳徽(진휘)를 패퇴시키니, 여러 郡이 모두 함락되었다. 장창의 무리가 또다시 江州를 격파하고 武陵과 零陵, 豫章, 武昌, 長沙를 공격하여 모두 함락하니, 이에 荊州, 江州, 揚州, 豫州, 徐州 다섯 州의 지역이 대부분 장창에게 점거 당하였다.

장창은 牧使와 守令을 바꾸어 두니, 모두 凶暴한 小人이라서 오로지 겁탈하고 노략질하는 것을 힘썼다. 劉弘이 陶侃 등을 보내어 竟陵에서 장창을 공격하여 대파하니, 장창은 下雋山으로 도망하였고 그 무리가 모두 항복하였으나, 오직 석빙만은 아직도 臨淮를 점거하고 있었다.

張昌黨石冰이 寇揚州하여 敗刺史陳徽하니 諸郡이 盡沒하다 又破江州하고 攻武陵, 零陵, 豫章, 武昌, 長沙하여 皆陷之[1]하니 於是에 荊, 江, 揚, 豫, 徐五州之境이 多爲昌所據라 昌이 更置牧守하니 皆桀盜小人이라 專以劫掠爲務[2]러라 劉弘이 遣陶侃等하여 攻昌於竟陵하여 大破之[3]하니

**昌**이 **逃于下雋山**하고 **其衆悉降**호되 **惟石冰**이 **尙據臨淮**④러라

① 江州는 이때 豫章을 치소로 삼았다.
江州時治豫章.
② "桀盜"는 흉포한 도둑이다.
桀盜, 桀黠盜也.
③ 竟陵縣은 江夏郡에 속하였다.
竟陵縣, 屬江夏郡.
④ 下雋山은 長沙 下雋縣에 있는 山이다. 漢나라는 臨淮郡을 설치하였는데 後漢 章帝가 下邳國(하비국)으로 통합하였으며, 晉나라 太康 원년(280)에 다시 臨淮郡을 설치하였다.
下雋山, 長沙下雋縣之山也. 漢置臨淮郡, 章帝以合下邳國, 晉太康元年, 復置臨淮郡.

【目】 처음에 陶侃이 어려서 아버지를 여의고 가난하여 郡의 督郵가 되었는데, 長沙太守 萬嗣가 그를 보고 기이하게 여겨서 그 아들에게 명하여 그와 친구를 맺게 하였다. 뒤에 孝廉으로 천거되어 洛陽에 이르자, 郎中令 楊晫(양작)이 그를 顧榮에게 천거하니, 도간이 이로 말미암아 명성이 알려지게 되었다.

陶侃

도간이 張昌을 이기자, 劉弘이 그에게 이르기를 "내가 옛날에 羊公의 參軍이 되었는데, 양공이 나더러 뒤에 마땅히 이 자리에 있을 것이다 하였는데, 지금 卿을 보니 반드시 이 老夫의 뒤를 이을 것이다." 하였다.

이때에 荊州의 部에 있는 수령들이 결원이 많았다. 유홍이 수령들을 선발하여 보임할 것을 청하자, 조정에서 詔令을 내려 이를 허락하였다. 유홍은 功과 德을 헤아리고 재주에 따라 임무를 맡기니, 사람들이 모두 그의 공정하고 합당함에 복종하였다.

◑**初**에 **侃**이 **少孤貧**하여 **爲郡督郵**러니 **長沙太守萬嗣 見而異之**하여 **命其子與結交**하다 **後察孝廉**하여 **至洛陽**한대 **郎中令楊晫**이 **薦之於顧榮**하니 **侃**이 **由是知名**①이러라 **旣克張昌**하니 **劉弘**이 **謂曰 吾昔爲羊公參軍**하니 **謂吾後當居其處**라하더니 **今觀卿**하니 **必繼老夫矣**②로다 **時**에 **荊部守宰多闕**이라 **弘**이 **請補選**한대 **詔許之**어늘 **弘**이 **敍功銓德**하고 **隨才授任**하니 **人皆服其公當**③이러라

① 晫은 竹角의 切이다.
晫, 竹角切.

② 羊公은 羊祜을 이른다. 양호가 일찍이 都督荊州軍事가 되어 襄陽에 진주했었는데, 이에 劉弘이 또한 荊州刺史 都督荊州軍事가 되었으므로 劉弘이 羊公의 말이 맞았다고 말한 것이다. "其處"는 ≪資治通鑑≫에는 "身處"로 되어 있으니, 晉나라 사람들은 대부분 자신을 일러 身이라 하였다.
羊公, 謂羊祜也. 祜嘗都督荊州軍事. 鎭襄陽. 至是, 劉弘亦以荊州刺史都督荊州軍事, 故弘謂羊公之言驗也. 其處, 通鑑作身處, 晉人多自謂爲身.

③ 銓은 헤아림이요, 뽑음이다. 當(합당하다)은 去聲이다.
銓, 量也, 選也. 當, 去聲.

【目】 **劉弘**이 표문을 올려서 **皮初**로 **襄陽太守**로 보임하니, 조정에서는 피초가 명망이 낮다 하여 다시 유홍의 사위인 **夏侯陟**을 등용하였다. 유홍이 **教令**을 내리기를 "한 나라를 다스리는 자는 마땅히 한 나라를 마음으로 삼아야 하니, 반드시 **姻戚**이 된 뒤에야 등용해서는 안 되고, **荊州** 열 고을에 내가 어떻게 열 명의 사위를 얻은 뒤에야 정사를 하겠는가." 하고는 마침내 표문을 올리기를 "하후척은 저의 인척이니 옛 제도에 따르면 서로 감독해서는 안 되고, 피초의 **功勳**은 마땅히 보답을 받아야 합니다." 하자, **詔令**을 내려 이를 허락하였다.

유홍이 백성들에게 농사짓고 누에 치는 것을 권장하고, 형벌을 너그럽게 하고 부역을 줄이니, 공적으로나 사적으로나 재정이 풍족하고 백성들이 사랑하고 좋아하였다.

**表皮初補襄陽太守**하니 **朝廷以初望淺**이라하여 **更用弘壻夏侯陟**이어늘 **弘**이 **下教曰 夫治一國者**는 **宜以一國爲心**이니 **必若姻親然後**에 **可用**이면 **則荊州十郡**에 **安得十女壻然後爲政哉**①리오하고 **乃表陟姻親**이니 **舊制**에 **不得相監**이요 **皮初之勳**이 **宜見酬報**라한대 **詔聽之**하다 **弘**이 **於是**에 **勸課農桑**하고 **寬刑省賦**하니 **公私給足**하고 **百姓愛悅**이러라

① ≪晉書≫ 〈地理志〉를 살펴보건대 荊州는 22개 郡을 통솔하였는데, 이때 이미 桂陽, 武昌, 安成 3개 郡을 나누어 江州로 소속시켜서 여전히 19개 郡을 통솔하였다. 그러다가 또다시 新城과 魏興, 上庸 3개 郡을 나누어 梁州로 소속시켜서 여전히 16개 郡을 통솔하였는데, 懷帝 때에 다시 長沙, 衡陽, 湘東, 零陵, 邵陵, 桂陽의 6개 郡을 나누어 湘州로 소속시켰다. 그리하여 이때 荊州는 아직도 11개 郡을 통솔하고 있었으니, 이는 당시에 수령의 결원이 생긴 곳이 10개 郡임을 말한 것이다.
按晉志, 荊州統二十二郡, 時已分桂陽・武昌・安成三郡, 屬江州, 尙統十九郡. 又分新城・魏興・上庸三郡, 屬梁州, 尙統十六郡. 至懷帝, 分長沙・衡陽・湘東・零陵・邵陵・桂陽六

郡, 屬湘州, 此時荊州猶統十一郡. 此蓋言當時缺守者十郡也.

**【綱】** 河間王 司馬顒과 成都王 司馬穎이 군대를 일으켜 반란하자, 9월에 황제가 직접 군대를 거느리고 사마영을 토벌하니, 사마옹의 장수 張方이 도성에 들어가 크게 노략질하였다.

**河間王顒**과 **成都王穎**이 **擧兵反**이어늘 **九月**에 **帝自將討穎**하니 **顒將張方**이 **入城大掠**[39)]하다

【目】 河間王 司馬顒이 처음에는 李含의 계책을 따라 齊王 司馬冏이 長沙王 司馬乂를 죽이기를 기다려 그를 토벌하고, 마침내 황제를 폐위하고 成都王 司馬穎을 세운 다음 자기가 정승이 되려고 하였는데, 이윽고 계책한 바와 같이 되지 못하였다. 사마영 또한 자신의 功을 믿어 교만하고 사치하여 여러 가지 법도가 모두 해이해졌으며, 사마예가

39) 成都王穎……帝自將討穎 : "司馬顒과 司馬穎이 司馬乂가 조정을 전횡한다고 표문을 올린 것이, 사마예가 예전에 표문을 올려 司馬冏을 성토한 것과 똑같았는데, 여기에서는 어찌하여 '反'이라고 썼는가. 사마예가 비록 정권을 전횡하였으나 사마경에 견줄 바가 아닌데, 사마옹과 사마영이 곧 군대를 일으켰으니, 이는 반란일 뿐이다. 그러므로 '討'라고 쓴 것이다.〔顒穎表乂專朝 與前表冏 一也 此則曷爲書反 乂雖專政 非冏比也 而輒擧兵 是反而已矣 故書討〕" ≪書法≫

"典午(司馬氏)의 亂에 여러 왕들이 번갈아 서로 도륙하였는데, 누가 옳고 누가 그른 지를 밝힌 자가 있지 않았다. 司馬顒과 司馬穎이 군대를 일으킨 것은 ≪晉書≫의 기록에서 보면 '河間王 司馬顒과 成都王 司馬穎이 군대를 일으켜 長沙王 司馬乂를 토벌하였다.' 하였고, ≪資治通鑑≫에서 보면 '사마옹이 군대를 일으켜서 곧바로 장사왕 사마예를 토벌하였고 大將軍 사마영이 표문을 올려서 張昌을 토벌할 것을 청하였다.'고 써서 모두 두 사람의 반란을 분명하게 말한 자가 있지 않았다. 그런데 이제 ≪資治通鑑綱目≫은 사마옹과 사마영의 반란을 크게 써서 조금도 용서하지 않음은 어째서인가. 사마옹은 처음 李含의 계책을 따라 사마경이 사마예를 죽이기를 기다려 그를 토벌하고는 마침내 황제를 폐위하고 사마영을 세우려 하였으니, 이는 사마옹이 군주를 무시하는 마음이 있고 사마영 또한 이 계획에 참여하여 안 것이다. 이제 또다시 군대를 일으켜 대궐을 향해서 乘輿를 범하고 忠義로운 선비를 죽이기까지 하였으니, 이것이 반란이 아니고 무엇인가. 直筆로 이것을 썼으니, 또한 그 사실을 조사하여 밝혔을 뿐이다. 그러나 크게 혼란한 세상에는 진짜와 가짜가 구분되지 아니하고 옥과 돌이 분별되지 않는다. 그러므로 옛날의 역사책은 잘못을 그대로 인습해서 그 죄를 지적하여 밝히지 못하였고, 후인들이 역사책을 살펴볼 적에 또한 분별하지 못했으니, 옳고 그름을 근본적으로 미루어 연구하는 군자가 아니면 아득하고 아득한 천년에 누가 능히 이것을 밝혔겠는가. 아! 이것은 ≪자치통감강목≫이 훌륭한 ≪자치통감강목≫이 된 이유이니 이 세상에 功이 있는 것이다.〔典午之亂 諸王更相屠戮 未有明其孰是孰非者 顒穎擧兵 自晉紀觀之 則曰河間王顒 成都王穎 擧兵討長沙王乂 自通鑑觀之 則曰顒起兵 討長沙王乂 大將軍穎上表 請討張昌 皆未有明言二人之反者 今綱目 大書顒穎之反 略不少恕 何哉 顒初用李含計 欲俟冏殺乂而討之 遂廢帝立穎 是顒有無君之心 而穎亦預聞者也 今又擧兵向闕 至犯乘輿 殺忠義之士 是非反而何 直筆書之 蓋亦核其實耳 然大亂之世 眞贋不分 玉石無別 故前史承訛襲舛 不能指名其罪 後人觀之 亦不能辨 不有君子推原是否 則悠悠千載 孰能明之 嗚呼 此綱目之所以爲綱目 有功於斯世也歟〕" ≪發明≫

안에서 권력을 잡고 있어 자기 욕심을 부릴 수 없음을 혐의하여 사마옹과 함께 사마예를 공격하고자 하였다.

이에 盧志가 諫하기를 "公이 권력을 내놓고 영광스러운 자리를 사양하시니, 당시 명망이 아름다웠습니다. 이제 마땅히 郊關의 밖에 군대를 주둔하여 文臣의 의복을 입고 들어가 조회하여야 하니, 이는 霸主가 되는 일입니다." 하였다.

參軍 邵續이 諫하기를 "사람이 형제가 있음은 왼손과 오른손이 있는 것과 같은데, 이제 公이 천하의 적을 상대하고자 하면서 먼저 그 한 손을 제거하는 것이 옳겠습니까." 하였다.

그러나 사마영은 모두 듣지 않고 사마옹과 함께 표문을 올려서 "사마예가 論功行賞함에 공평하지 못하였으며 僕射 羊玄之와 將軍 皇甫商과 함께 조정의 권력을 전횡하니, 청컨대 사마예를 封國으로 보내고 양현지 등을 誅殺하소서." 하였다.

황제는 詔令을 내리기를 "사마옹과 사마영이 감히 군대를 일으켜 대궐을 향하니, 내가 장차 친히 六軍을 거느리고서 이들을 토벌하겠다. 사마예를 太尉 都督中外諸軍事로 삼는다." 하였다.

河間王顒이 初用李含計하여 欲俟齊王冏殺長沙王乂而討之하고 遂廢帝하고 立成都王穎하고 以己爲相이러니 旣而요 不如所謀라 穎亦恃功驕奢하여 百度廢弛하고 嫌乂在內하여 不得逞其欲하여 欲與顒共攻乂라 盧志諫曰 公이 委權辭寵하니 時望美矣라 今宜頓軍關外하고 文服入朝니 此는 伯(패)主之事也[①]니이다 參軍邵續이 諫曰 人有兄弟는 如左右手어늘 今公이 欲當天下之敵이로되 而先去其一手 可乎아 穎이 皆不聽하고 與顒共表乂論功不平하며 與僕射羊玄之와 將軍皇甫商으로 專擅朝政하니 請遣乂還國하고 誅玄之等이니이다 詔曰 顒, 穎이 敢擧兵向闕하니 吾將親帥六軍以討之라 其以乂爲太尉, 都督中外諸軍事하라

① 關外는 郊關(城邑의 사방 교외에 세운 관문)의 밖을 이른다.
關外, 謂郊關之外.

【目】司馬顒은 張方을 都督으로 삼아 정예병 7만을 거느리고서 동쪽으로 洛陽으로 달려갔고, 司馬穎은 군대를 이끌고 朝歌에 주둔하여 陸機를 前鋒都督으로 삼아서 王粹와 牽秀, 石超 등의 군대 20여 만을 거느리고 洛陽으로 향하게 하였다.

육기가 他地 사람으로서 사마영을 섬기다가 하루아침에 여러 장수의 위에 있게 되니, 王粹 등은 마음에 모두 복종하지 않았다. 孫惠가 육기에게 도독 자리를 왕수에게 사양

할 것을 권하였으나, 육기가 말하기를 "저들은 장차 내가 쥐가 구멍에서 나올 때처럼 이럴까 저럴까 망설이는 것이라 생각할 것이니, 다만 화를 부를 뿐이다." 하고 듣지 않았다.

황제가 十三里橋로 가니 司馬乂가 皇甫商으로 하여금 병력 만여 명을 거느리고서 張方을 宜陽에서 맞이하여 막게 하였는데, 장방이 기습 공격하여 격파하니 황제가 芒山에 군대를 주둔하였다.

羊玄之가 근심하고 두려워하여 卒하자, 황제가 마침내 緱氏(구지)로 행차하여 牽秀를 공격해서 패주시키니, 장방이 京城으로 들어와 크게 노략질하여 죽은 자가 만으로 헤아려졌다.

陸機

**顒**은 **以張方爲都督**하여 **將精兵七萬**하여 **東趨洛陽**하고 **穎**은 **引兵屯朝歌**하여 **以陸機爲前鋒都督**하여 **督王粹, 牽秀, 石超等軍二十餘萬**하여 **向洛陽**①하니 **機以羇旅事穎**이라가 **一旦**에 **頓居諸將之右**하니 **粹等**이 **心皆不服**이라 **孫惠勸機讓都督於粹**한대 **機曰 彼將謂吾首鼠兩端**이라하리니 **適所以速禍也**②니라 **帝如十三里橋**③하니 **乂使皇甫商**으로 **將萬餘人**하여 **拒張方於宜陽**이러니 **方**이 **襲敗之**하니 **帝軍于芒山**하다 **羊玄之憂懼而卒**하니 **帝遂幸緱氏**하여 **擊牽秀**하여 **走之**하다 **張方**이 **入京城**하여 **大掠**하여 **死者萬計**러라

① 石超는 石苞의 손자이다.
超, 苞之孫也.
② "首鼠"는 한 번 앞으로 가고 한 번 뒤로 물러나 주저하는 것이다. 쥐는 의심하는 성질이 있어서 구멍에서 나올 적에 과감하지 못한 경우가 많기 때문에 전진과 후퇴 두 가지를 유지하는 것을 首鼠라 한다.
首鼠, 一前一却也. 鼠性疑, 出穴多不果, 故持兩端者, 謂之首鼠.
③ 다리는 洛陽城의 서쪽에 있는데 城과 13리 떨어진 지점에 있으므로 인하여 十三里橋라 한 것이다.
橋在洛城西, 去城十三里, 因以爲名.

**【綱】** 李流가 죽으니, 李雄이 대신 그 무리를 거느렸다.

**李流死**하니 **雄**이 **代領其衆**하다

【目】 李流가 병이 위독하자, 여러 장수들에게 이르기를 "前將軍(李雄)의 英明과 武勇은 거의 하늘이 도운 것이니, 그와 함께 직무를 받도록 하라." 하였다. 이류가 卒하자, 여러 사람들이 李雄을 추대하여 益州牧으로 삼아서 郫城(비성)에 治所를 두었다.

李流疾篤에 謂諸將曰 前軍英武는 殆天所相이니 可共受事①하라 流卒에 衆推雄爲益州牧하여 治郫城하다

① 李雄이 前將軍이 되었었다. 相(돕다)은 息亮의 切이다.
雄爲前將軍. 相, 息亮切.

【綱】 겨울 10월에 長沙王 司馬乂가 황제(晉 惠帝)를 받들고 司馬穎의 군대와 建春門에서 싸워 크게 격파하였다.

冬十月에 長沙王乂奉帝하여 及穎兵戰于建春門하여 大破之하다

【目】 황제가 緱氏(구지)에서 還宮하니, 司馬穎이 將軍 馬咸을 보내어 陸機를 돕게 하였다. 司馬乂가 황제를 받들고 建春門에서 육기와 싸울 적에 사마예의 司馬인 王瑚가 수천 명의 기병으로 하여금 창을 말에 매달고 마함의 진영으로 돌진시키니, 마함의 군대가 혼란해지자 그를 잡아 참수하였다. 그리하여 육기의 군대가 대패하여 七里澗으로 뛰어들어 죽은 자가 산처럼 쌓이니, 물이 이 때문에 흘러가지 못하였다.

帝自緱氏還宮하니 穎이 遣將軍馬咸하여 助陸機어늘 乂奉帝하여 與機戰于建春門①할새 乂司馬王瑚 使數千騎로 繫戟於馬하여 以突咸陳하니 咸軍이 亂이어늘 執而斬之하다 機軍이 大敗하여 赴七里澗하여 死者如積하니 水爲之不流②러라

① 建春門은 漢나라 雒城(낙성)의 上東門이다.
建春門, 漢雒城之上東門也.

② ≪水經註≫에 "鴻臺陂는 洛陽 동북쪽 20리에 있는데, 그 물이 동쪽으로 흘러서 왼쪽으로 七里澗과 합류한다." 하였다. 爲(위하다)는 去聲이다.
水經註 "鴻臺陂, 在洛陽東北二十里, 其水東流, 左合七里澗." 爲, 去聲.

【目】 처음에 환관인 孟玖가 司馬穎에게 총애를 받으니, 맹구는 자기 아버지를 邯鄲令으로 임용하고자 하였으나, 右司馬인 陸雲이 고집하여 허락하지 않고 말하기를 "이 縣의 수령은 公府의 아전이 될 수 있는 품계이니, 어찌 黃門(환관)의 아비가 이 자리에 있을

수 있겠는가." 하니, 맹구가 깊이 원망하였다.

맹구의 아우 孟超가 小督이 되었는데, 싸우기 전에 군대를 풀어놓아 크게 노략질하자 陸機가 이를 주관한 자를 체포하니, 맹초가 鐵騎를 거느리고 곧바로 육기의 麾下로 쳐들어가 육기가 체포한 자를 빼앗고 돌아보고서 육기에게 이르기를 "오랑캐야, 네가 능히 督이 될 수 있겠느냐." 하였다. 육기의 司馬인 孫拯이 육기에게 그를 죽이도록 권하였으나, 육기는 그 말을 따르지 못하였다. 전투할 때에 맹초가 육기의 지휘를 받지 않고 경솔하게 군대를 출동하여 홀로 싸우다가 병사들이 敗沒하였다.

陸雲

맹구는 육기가 맹초를 죽였을 것이라 의심하고 사마영에게 참소하기를 "육기가 長沙王에게 두 마음을 품는다." 하니, 牽秀 등은 평소 맹구에게 아첨하여 섬겼으므로 서로 함께 증명하였다. 사마영이 크게 노하여 견수로 하여금 군대를 거느리고 가서 육기를 체포하게 하였다.

〈이 사실을 알지 못한〉 육기는 견수가 온다는 말을 듣고 군복을 벗고 白帢(일반 선비가 쓰는 관)을 쓰고서 견수와 서로 만나보고 편지를 써서 사마영에게 사례하였는데, 〈그만 붙잡히고 말았다.〉 이윽고 탄식하기를 "華亭에 학 우는 소리를 다시 들을 수 있겠는가." 하였다. 견수는 마침내 육기를 죽였다.

初에 宦人孟玖 有寵於穎하니 玖欲用其父爲邯鄲令①한대 右司馬陸雲이 固執不許하고 曰 此縣은 公府掾資니 豈有黃門父居之邪아하니 玖深怨之②러라 玖弟超 爲小督이러니 未戰에 縱兵大掠이어늘 機錄其主者③한대 超將鐵騎하고 直入麾下하여 奪之하고 顧謂機曰 貉奴아 能作督不④아하다 機司馬孫拯이 勸機殺之호되 機不能用이러니 及戰에 超不受機節度하고 輕兵獨戰이라가 敗沒하다 玖疑機殺之하고 譖於穎하여 曰 機有二心於長沙라한대 牽秀等이 素諂事玖라 相與證之하니 穎이 大怒하여 使秀將兵收機하다 機聞秀至하고 釋戎服하고 著白帢(갑)하여 與秀相見하고 爲牋辭穎⑤이러니 既而요 嘆曰 華亭鶴唳를 可復聞乎아 秀遂殺之⑥하다

① 邯鄲縣은 漢나라 때에는 趙나라에 속하였고, 魏나라와 晉나라 때에는 廣平郡에 속하였다. 邯鄲縣, 漢屬趙國, 魏・晉屬廣平郡.

② 公府는 三公의 府이다. 〈"公府掾資"는〉 이 縣의 수령을 지낸 자는 그 품계가 公府의 아전에

오를 수 있음을 말한 것이다.

公府, 三公之府也. 言歷此縣者, 其資級可得公府掾.

③ 錄은 收(체포함)이다.

錄, 收也.

④ 貉은 莫客의 切이니, 오랑캐이다. 陸機는 吳나라 사람이므로 꾸짖기를 오랑캐라 한 것이다. 一說에 "貉은 音이 鶴이니 짐승의 이름인바, 잠자기를 좋아하는데 여우와 비슷하다. 孟超가 육기를 꾸짖어 貉과 같은 종이라 한 것이다." 하였다. 不는 否로 읽는다.

貉, 莫客切, 蠻貉也. 機, 吳人, 故罵曰貉. 一說"貉, 音鶴, 獸名, 善睡, 似狐. 超蓋詈機爲貉奴." 不, 讀曰否.

⑤ 帢은 苦洽의 切이니, 모자이다. 弁에 네 귀퉁이가 없는 것을 帢이라 이른다.

帢, 苦洽切, 帽也. 弁缺四隅, 謂之帢.

⑥ 華亭은 이때 吳郡에 속하였다. 嘉興縣 경계에 華亭谷이 있고 華亭水가 있는데 이 지역에서 학이 나오니, 지역 사람들은 이곳을 鶴窠라 하였다. 唳는 郎計의 切이니, 학이 우는 것을 唳라 한다. 陸機가 이 말을 한 것에는 李斯가 咸陽의 시장에서 더 이상 누렁이를 끌고 사냥하러 가지 못함을 탄식한 뜻[40]이 있다.

華亭時屬吳郡. 嘉興縣界, 有華亭谷・華亭水, 其地出鶴, 土人謂之鶴窠. 唳, 郎計切, 鶴鳴曰唳. 機發此言, 有咸陽市上嘆黃犬之意.

【目】司馬穎은 또다시 陸雲과 孫拯을 체포하여 下獄시키니, 記室 江統과 蔡克 등이 눈물을 흘리며 굳이 간청하였다. 사마영은 측은히 여겨서 육운을 용서할 기색을 보였는데, 孟玖가 사마영을 붙들고 들어가서 재촉하여 육운을 죽이고 삼족을 멸하게 하였다.

獄吏가 손증을 수백 번 매질로 고문해서 살이 터져 두 복사뼈가 밖으로 드러났으나 손증은 끝내 陸機의 억울함을 말하였다.

옥리는 손증의 義烈함을 알고 말하기를 "두 陸氏의 억울함을 누가 모르겠는가마는 그대는 자기 몸을 아끼지 않는가?" 하니, 손증이 하늘을 우러러 탄식하기를 "陸君의 형제는 세상에 드문 재주를 가진 사람이다. 육씨가 나를 알아주고 아껴주었으니, 지금 내가 그의 죽음을 구원하지는 못하나 다시 차마 따라서 무함하겠는가." 하였다.

맹구 등은 옥리로 하여금 손증이 자백한 말을 거짓으로 만들어서 또한 삼족을 멸하게

40) 李斯가……뜻 : 黃犬은 털빛이 누런 개인 누렁이를 이르는바, 이 내용은 秦나라 승상 李斯가 무함을 받고 咸陽의 시장에서 사형을 당하기 직전에 그의 아들을 돌아보며 "내가 너와 함께 다시 누렁이를 끌고 上蔡의 동문으로 나가서 약빠른 토끼를 쫓으려고 한들 어떻게 그럴 수 있겠느냐.〔吾欲與若復牽黃犬 俱出上蔡東門 逐狡兎 豈可得乎〕"라고 탄식했던 고사를 말한 것이다.(≪史記≫ 권87 〈李斯列傳〉)

하였다. 손증의 門人인 費慈와 宰意가 옥에 나와 손증의 억울함을 밝히자, 손증이 타일러 보내며 말하기를 "나는 의리상 두 육씨를 저버릴 수 없으니, 죽는 것이 본래 나의 분수이지만, 卿들은 어찌하여 이러는가?" 하니, 대답하기를 "君께서 이미 두 육씨를 저버리지 않으시니, 저희들이 또 어찌 君을 저버리겠습니까." 하고는 굳이 손증의 억울함을 말하자, 맹구가 또다시 이들을 죽였다.

穎이 又收雲及拯하여 下獄하니 記室江統, 蔡克等이 流涕固請한대 穎이 惻然有宥雲之色이러니 玖扶穎入하여 催令殺雲하고 夷三族하다 獄吏掠拯數百하여 兩踝骨見(과골현)호되 終言機冤[①]이라 吏知拯義烈하고 謂曰 二陸之枉을 誰不知之리오마는 君可不愛身乎아 拯이 仰天歎曰 陸君兄弟는 世之奇才라 吾蒙知愛하니 今旣不能救其死나 忍復從而誣之乎아 玖等이 令獄吏詐爲拯辭하여 亦夷三族하다 拯門人費慈, 宰意 詣獄明拯冤[②]한대 拯이 譬遣之하여 曰 吾義不負二陸이니 死自吾分이어니와 卿何爲爾邪[③]오한대 曰 君旣不負二陸하시니 僕又安可負君이리오하고 固言拯冤한대 玖又殺之하다

① 大腿의 양옆 부분을 內外踝라 한다. 見(드러남)은 賢遍의 切이다.
腿兩傍曰內外踝. 見, 賢遍切.

② 費慈와 宰意는 두 사람이다.
費慈·宰意, 二人也.

③ 譬는 타이름이다. 分(분수)은 扶問의 切이다.
譬, 喩也. 分, 扶問切.

【綱】 11월에 長沙王 司馬乂가 황제(晉 惠帝)를 받들고 張方을 토벌하다가 이기지 못하니, 司馬穎이 군대를 전진하여 京師를 핍박하자, 雍州刺史 劉沈에게 詔令을 내려서 司馬顒을 토벌하게 하였다.

十一月에 長沙王乂 奉帝討張方이라가 不克하니 穎이 進兵逼京師어늘 詔雍州刺史劉沈하여 討顒하다

【目】 長沙王 司馬乂가 황제를 받들고 張方을 공격하자, 장방의 병사들은 황제가 탄 수레를 바라보고는 모두 물러나 달아났다. 마침내 장방을 대파하니, 여러 사람들이 두려워하여 밤에 도망하려 하였다. 장방이 말하기를 "한번 이기고 지는 것은 兵家의 常事이니, 용병을 잘하는 자는 능히 패전으로 인하여 성공한다. 지금 우리가 다시 앞으로 가서 보

루를 만들고 적이 예상하지 않은 곳으로 출격하면, 이는 기이한 계책이다." 하고는 마침내 밤중에 몰래 진군하여 洛陽城 7리까지 다가가서 몇 겹의 보루를 쌓고 밖에서 창고의 곡식을 끌어다가 군대의 식량을 충족하였다.

사마예는 싸워 승리하고는 "장방은 근심할 것이 못 된다." 하였는데, 장방이 보루를 만들었다는 말을 듣고 그를 공격하였으나 승리하지 못하였다.

長沙王乂奉帝攻張方한대 方兵이 望見乘輿하고 皆退走라 遂大敗하니 衆懼하여 欲夜遁이어늘 方曰 勝負는 兵家之常이니 善用兵者는 能因敗爲成이라 今我更前作壘하고 出其不意하면 此奇策也라하고 乃夜潛進하여 逼洛城七里하여 築壘數重하고 外引廩穀以足軍食[①]이러라 乂旣戰勝에 以爲方不足憂러니 聞方壘成하고 攻之不利하다

① 重(중첩)은 直龍의 切이다.
重, 直龍切.

【目】司馬穎이 전진하여 京師를 핍박하니, 공적으로나 사적으로나 곤궁해서 쌀 한 섬의 값이 萬錢이고, 詔命이 행해지는 것은 겨우 한 城뿐이었다. 驃騎將軍의 主簿인 祖逖(조적)이 司馬乂에게 말하기를 "劉沈은 忠義롭고 과감하고 굳세며 雍州의 兵力은 충분히 河間王(司馬顒)을 제압할 수 있으니, 마땅히 上에게 아뢰어 유침에게 命해서 군대를 출동시켜 사마옹을 기습하게 하여야 합니다. 사마옹이 곤란하고 급박하면 반드시 張方을 불러 자기를 구원하게 할 것이니, 이는 좋은 계책입니다." 하였다. 사마예가 그 말을 따르니, 유침이 詔命을 받들어 7개 郡의 병력 만여 명을 규합해서 長安으로 달려왔다.

穎이 進逼京師하니 公私窮踧하여 米石萬錢이요 詔命所行이 一城而已[①]러라 驃騎主簿祖逖이 言於乂曰[②] 劉沈忠義果毅하고 雍州兵力이 足制河間하니 宜啓上하여 詔沈發兵襲顒이니 顒窘急이면 必召張方以自救하리니 此良策也니이다 乂從之하니 沈이 奉詔하여 合七郡之衆凡萬餘人하여 趣長安[③]하다

① 踧은 蹙과 같으니, "窮踧"은 곤궁하여 압박을 받는 것이다.
踧, 與蹙同. 窮踧, 窮極迫促也.
② 祖는 姓이다. 司馬乂가 驃騎將軍이 되어 祖逖을 主簿로 삼았다.
祖, 姓也. 乂爲驃騎將軍, 以逖爲主簿.
③ 雍州는 통솔한 郡이 일곱이었는데, 京兆, 馮翊, 扶風, 安定, 北地, 始平, 新平이다.
雍州統郡七, 京兆・馮翊・扶風・安定・北地・始平・新平.

**【綱】** 12월에 議郎 周玘 등이 군대를 일으켜 石冰을 토벌하였다.

十二月에 議郎周玘等이 起兵討石冰하다

【目】 議郎 周玘 등이 江東에서 군대를 일으켜 石冰을 토벌할 적에 前 吳興太守 顧祕를 추대하여 揚州의 9郡을 도독하게 하고, 州郡에 격문을 돌려서 석빙이 임용한 장수와 관리들을 죽이니, 이에 前 侍御史인 賀循과 廬江內史인 華譚과 丹陽 사람 葛洪과 甘卓이 모두 군대를 일으켜 고비에게 응하였다. 석빙이 그의 장수를 보내어 주기를 막자, 주기가 공격하여 그를 참수하니, 석빙이 臨淮에서 후퇴하여 壽春으로 달려갔다.

征東將軍 劉準은 〈석빙의 군대가 몰려온다는 말을 듣고〉 어찌할 바를 몰랐는데, 廣陵度支인 陳敏이 병력을 거느리고 수춘에 있다가 유준에게 이르기를 "이들은 멀리 군역에 동원되는 것을 싫어한 자들로 〈빨리 정벌하러 갈 것을 재촉한 명령에〉 압박을 받고 적이 된 烏合之卒이니,[41] 형세상 쉽게 離散할 것입니다. 나는 公을 위하여 이들을 격파할 것을 청합니다." 하니, 유준이 마침내 진민에게 병력을 보태주었다.

議郎周玘等이 起兵江東하여 以討石冰①할새 推前吳興太守顧祕하여 都督揚州九郡하고 傳檄州郡하여 殺冰所署將吏②하니 於是에 前侍御史賀循과 廬江內史華譚과 及丹陽[42]葛洪, 甘卓이 皆起兵以應祕③하다 冰이 遣其將拒玘어늘 玘擊斬之하니 冰이 自臨淮로 退趨壽春이라 征東將軍劉準이 不知所爲어늘 廣陵度(탁)支陳敏이 統衆在壽春④이라가 謂準曰 此等은 以不樂遠戍로 逼迫成賊하여 烏合之衆이니 其勢易離라 請爲公破之하노이다 準이 乃益敏兵하다

① 周玘는 周處의 아들이다. 玘는 口紀의 切이다.
玘, 處之子也. 玘, 口紀切.

② 揚州는 18개 郡을 통솔하였는데, 황제가 豫章, 鄱陽(파양), 廬陵, 臨川, 建安, 南康, 晉安을 떼어서 江州에 소속시켜 揚州가 통솔하는 군은 11개 군이었다. 그런데 이제 다만 顧祕를 추대하여 丹陽, 宣城, 毗陵, 吳, 吳興, 會稽, 東陽, 新安, 臨海의 9개 군을 도독하게 하고,

41) 이들은……烏合之卒이니 : 이들은 원래 荊州의 蠻族과 백성들로 당시 蜀 지역 李流의 반란을 토벌하는 데 동원되었다. 이에 이들이 멀리 정벌하러 가는 것을 꺼려 만족 張昌의 반란에 합류하였다. 이들 중 石冰의 무리가 揚州를 침략한 것이다. 자세한 내용은 본서 167쪽과 169쪽 참조.

42) 丹陽 : 丹陽은 원래 丹水의 북쪽〔陽〕을 뜻한다. ≪資治通鑑≫ 권70 註에 丹陽은 丹陽山에 붉은 버드나무〔赤柳〕가 많아 ≪晉書≫와 ≪南史≫에서 楊字를 병용하였다고 한다. 저본에는 '丹楊'으로 되어 있는데, 丹陽으로 바꾸어 썼다. 晉나라 이후로 ≪資治通鑑綱目≫이나 ≪자치통감≫, 正史에서 丹陽과 丹楊이 혼용되어 사용된다. 다만 漢나라 때 단양과 晉·宋 이후의 단양의 위치에 대해서는 이견이 다수 존재한다.

淮南과 廬江은 江北에 있으므로 여기에 들지 않았다.
揚州統郡十八, 帝割豫章・鄱陽・廬陵・臨川・建安・南康・晉安, 屬江州, 揚州統十一郡. 今止推秘, 督丹陽・宣城・毗陵・吳・吳興・會稽・東陽・新安・臨海九郡, 淮南・廬江, 在江北, 不與也.

③ 賀循은 賀邵의 아들이다. 甘卓은 甘寧의 증손이다.
循, 邵之子. 卓, 寧之曾孫也.

④ 陳敏이 尙書令史로 있다가 외직으로 나가 合肥度支가 되었는데, 남방의 쌀과 곡식을 잘 漕運하여 中州(中國)를 구제하니, 廣陵度支로 승진하였다.
敏自尙書令史, 出爲合肥度支, 漕運南方米穀, 以濟中州, 遷廣陵度支.

【綱】 윤12월에 李雄이 羅尙을 공격하여 敗走시키고 마침내 成都로 쳐들어갔다.

**閏月**에 **李雄**이 **攻走羅尙**하고 **遂入成都**하다

【綱】 鮮卑의 段務勿塵을 봉하여 遼西公으로 삼았다.

**◑ 封鮮卑段務勿塵**하여 **爲遼西公**하다

【目】 幽州都督 王浚이 천하가 한창 혼란하다 하여 오랑캐들과 원조 관계를 맺고자 해서, 마침내 한 딸은 段務勿塵에게 시집보내고 한 딸은 宇文素怒延에게 시집보내고, 또 표문을 올려서 단무물진을 遼西郡으로 봉하게 하였으니, 王浚은 王沈의 아들이다.

**幽州都督王浚**이 **以天下方亂**이라하여 **欲結援夷狄**하여 **乃以一女妻務勿塵**하고 **一女妻宇文素怒延**[①]하고 **又表以遼西郡封務勿塵**하니 **浚**은 **沈之子也**라

① 宇文國에 별도의 장수가 있었으니, 素怒延이라고 하였다. ≪晉書≫에는 蘇恕延으로 되어 있다.
宇文國有別帥, 曰素怒延. 晉書, 作蘇恕延.

甲子年(304)

【綱】 晉나라 孝惠皇帝 永興 원년이다.

**永興元年**이라

【目】 漢나라(前趙) 高祖 劉淵 元熙 원년이고 成나라 太宗 李雄의 建興 원년이다. 이해에 僭國(혼란한 시기에 帝位를 찬탈하거나 지역에 웅거한 나라)이 두 나라이니, 큰 나라가 하나이고 작은 나라가 하나이다.

**漢高祖劉淵元熙元年**이요 ◑ **成太宗李雄建興元年**이라 ◑ **是歲**에 **僭國二**니 **大一小一**이라

**【綱】** 봄 정월에 尙書令 樂廣이 卒하였다

**春正月**에 **尙書令樂廣**이 **卒**하다

【目】 樂廣의 딸이 成都王의 왕비가 되었다. 혹자가 그를 太尉 司馬乂에게 참소하자, 사마예가 악광에게 물으니, 악광이 정신과 얼굴빛을 조금도 변치 않고 천천히 말하기를 "내 어찌 다섯 아들로 한 딸을 바꾸겠습니까." 하였다. 사마예가 여전히 의심하니, 악광은 근심으로 卒하였다

**廣女爲成都王妃**라 **或**이 **譖諸太尉乂**어늘 **乂以問廣**한대 **廣**이 **神色不動**하고 **徐曰 廣豈以五男易一女哉**①리오 **乂猶疑之**하니 **廣以憂卒**하다

① 〈"廣豈以五男易一女哉"는〉 司馬穎에게 붙으면 다섯 아들이 죽임을 당함을 말한 것이다. 謂附穎, 則五男被誅.

**【綱】 東海王 司馬越**이 **張方**을 시켜서 **長沙王 司馬乂**를 죽이니, **司馬穎**이 **京師**에 들어가서 스스로 **丞相**이 되고 얼마 후 돌아가 **鄴** 지역에 **鎭守**하였다.

**東海王越**이 **使張方殺長沙王乂**하니 **穎**이 **入京師**하여 **自爲丞相**하고 **尋還鎭鄴**[43)]하다

---

43) 東海王越……尋還鎭鄴 : "張方이 司馬顒을 도와 역적질을 하여 京城을 크게 노략질해서 친히 황제의 大駕와 항거하고 싸웠으니, ≪資治通鑑綱目≫에서 예전에 이미 '司馬乂가 황제를 받들고 장방을 토벌했다.'고 썼으면 그 逆·順이 매우 분명하다. 지금 비록 司馬穎의 군대가 전진하여 京師를 핍박하였으나, 신하의 도리에 있어서는 오히려 마땅히 서로 굳게 지켜서 외부의 구원을 기다려야 한다. 더구나 힘이 아직 꺾이지 않았는데 司馬越이 마침내 갑자기 스스로 생각을 바꾸었으니, 그렇다면 이는 사마영이 반란했을 뿐만이 아니요, 사마월 또한 반란한 것이다. '사마월이 장방으로 하여금 사마예를 죽이게 했다.'고 쓰고 '장방을 시켰다.'고 썼으면 사마월의 죄가 더욱 분명하다. 더구나 사마영이 이로 인하여 도성에 들어가서 스스로 丞相이 됨에 있어서랴. '들어갔다'는 것은 順하지 않음을 말한 것이고, '스스로 되었다'는 것은 君主를 무시하는 일이다.〔張方助顒爲逆 大掠京城 親與乘輿拒戰

【目】 司馬乂가 여러 번 司馬穎의 군대를 격파하고 일찍이 上(황제)을 받드는 禮를 손상한 적이 없었다. 성안의 양식이 날로 궁핍하였으나 士卒들이 배반할 마음이 없었다.

張方이 洛陽을 함락할 수 없다 하여 長安으로 돌아가고자 하였는데, 東海王 司馬越은 이 일이 이루어지지 못할 것(이 전쟁에서 승리하지 못할 것)을 염려하고 은밀히 殿中에 있는 여러 장수들과 함께 밤중에 사마예를 체포하였다. 그리고 황제에게 아뢰어 詔令을 내려 사마예의 관직을 파면해서 金墉城에 유치하고 大赦令을 내리고 改元을 하게 하였다.

성문이 열리자 장병들은 성 밖에 있는 장방의 병력이 많지 않은 것을 보고는 후회하여 다시 위협하여 사마예를 탈출시켜 사마영을 막고자 모의하였다. 이에 사마월이 두려워하고 사람을 보내어 장방에게 은밀히 告하자, 장방이 사마예를 구워서 죽이니, 장방의 병사들 또한 그를 위해 눈물을 흘렸다.

사마영이 京師로 들어갔다가 다시 돌아가 鄴 지역에 鎭駐하자, 詔令을 내려서 사마영을 丞相으로 삼고 사마월을 守尙書令으로 삼았다.

사마영이 石超 등을 보내어 군대를 거느려 12城門에 주둔하게 하고 殿中의 사람 중에 예전부터 미워하던 자들을 모두 죽이고는 宿衛하는 병사들을 모두 다른 사람들로 바꾸었다.

乂屢破穎兵하고 而未嘗虧奉上之禮라 城中糧食이 日窘이로되 士卒이 無離心이러라 張方이 以爲洛陽未可克이라하여 欲還長安이러니 而東海王越이 慮事不濟하고 潛與殿中諸將으로 夜收乂하고 啓帝下詔하여 免官하여 置金墉城하고 大赦, 改元①하다 城既開에 將士見外兵不盛하고 悔之하여 更謀劫出乂以拒穎이라 越이 懼하여 遣人密告張方한대 方이 炙(적)殺之하니 方軍士亦爲流涕②러라 穎이 入京師라가 復還鎭于鄴이어늘 詔以穎爲丞相하고 越守尙書令하다 穎이 遣石超等하여 帥兵屯十二城門하고 殿中宿所忌者를 皆殺之하고 悉代去宿衛兵③하다

① 永安으로 改元하였다.
改元永安.

② 炙는 之石의 切이니, 불 위에 고기를 올려놓는 것이다. 爲(위하다)는 去聲이다.
炙, 之石切, 置肉火上也. 爲, 去聲.

③ 洛陽城 동쪽에는 建春, 東陽, 淸明의 세 門이 있고, 남쪽에는 開陽, 津陽, 平昌, 宣陽의 네

綱目前已書乂奉帝討方 則其逆順甚明 今雖穎兵進逼京師 在臣子 猶當相與堅守 以待外援 况力尙未屈 越乃遽自改圖 然則非特穎反 越亦反也 書越使張方殺乂 曰使 則越之罪益明矣 况穎因以入京 自爲丞相者乎 入者 不順之詞 自爲者 無君之事]" ≪發明≫

門이 있고, 서쪽에는 廣陽, 西明, 閶闔의 세 門이 있고, 북쪽에는 大夏, 廣莫의 두 문이 있으니, 모두 12개 門이다.
洛陽城東, 有建春・東陽・淸明三門, 南有開陽・津陽・平昌・宣陽四門, 西有廣陽・西明・閶闔三門, 北有大夏・廣莫二門, 凡十二門.

【綱】 雍州刺史 劉沈이 司馬顒과 싸우다가 패하여 죽었다.

**雍州刺史劉沈**이 **及顒戰敗**하여 **死之**[44)]하다

【目】 司馬顒이 鄭縣에 군대를 주둔하여 동쪽 군대의 聲援이 되었는데, 劉沈이 군대를 일으켰다는 말을 듣고 후퇴하여 長安으로 들어가서 급히 張方을 부르자, 장방은 洛陽 안에 있는 官奴婢와 私奴婢 만여 명을 노략질하여 서쪽으로 데리고 갔다.

유침이 渭水를 건너 군대를 주둔하여 사마옹과 싸우니, 사마옹이 여러 번 패하였다. 유침이 衙博과 皇甫澹으로 하여금 정예병 5천 명을 거느리고 長安을 습격하게 하여 성문으로 들어가서 힘써 싸워 사마옹의 장막 아래에 이르렀다. 이때 유침의 군대가 서서히 왔는데, 사마옹의 도당인 張輔는 유침의 군대가 뒤이어 오지 않는 것을 보고는 가운데를 가로질러 공격하여 아박과 황보담을 죽이니, 유침의 군대가 마침내 패하였다.

유침이 남쪽으로 도망가자 그를 사로잡으니, 유침이 사마옹에게 다음과 같이 말하였다.

"나를 알아주는 은혜는 가볍고 君臣 간의 의리는 무겁습니다. 나는 천자의 詔命을 어기고서 세력의 강하고 약함을 헤아려 구차히 생명을 온전히 할 수가 없습니다. 옷소매를 떨치고 일어나는 날에 반드시 죽기로 기약하였으니, 죽어서 김치나 젓으로 담가지는 것을 냉이처럼 달게 여깁니다."

사마옹은 노하여 그를 참수하였다.

顒이 **頓軍于鄭**하여 **爲東軍聲援**[①]이러니 **聞沈兵起**하고 **退入長安**하여 **急召張方**한대 **方**이 **掠洛中官私奴婢萬餘人而西**하다 **沈**이 **渡渭而軍**하여 **與顒戰**하니 **顒**이 **屢敗**라 **沈**이 **使衙博, 皇甫澹**으로 **以精**

44) 雍州刺史劉沈……死之 : "앞에서 '劉沈에게 命하여 司馬顒을 토벌하게 했다.'고 썼으면 이는 황제의 명령을 받들어 죄인을 토벌해서 명분과 의리가 매우 바른 것이다. 그러나 이미 그의 관직을 썼었는데, 여기서 재차 그의 관직을 든 것은 그가 충절에 죽은 의리가 있음을 찬미한 것이다. 그러므로 중복함을 혐의하지 않은 것이다.〔前書詔沈討顒 則是奉命討罪 名義甚正 然已書其官矣 而此再擧之者 美其有死節之誼 故無嫌於重復也〕" ≪發明≫

甲五千으로 襲長安하여 入其門하여 力戰至顒帳下하다 沈兵來遲하니 顒黨張輔 見其無繼하고 橫擊之하여 殺博及澹하니 沈兵이 遂敗라 沈이 南走어늘 獲之하니 沈이 謂顒曰 知己之惠는 輕하고 君臣之義는 重②하니 沈이 不可違天子之詔하여 量彊弱以苟全이라 投袂之日에 期之必死하니 葅醢之戮은 其甘如薺니라 顒이 怒하여 斬之③하다

① 鄭縣은 京兆郡에 속하였다.
鄭縣, 屬京兆郡.

② 司馬顒이 劉沈을 붙잡아 軍師로 삼았다가 마침내 雍州刺史로 삼았다.
顒留沈爲軍師, 遂爲雍州刺史.

③ "投袂"는 소매를 떨친다는 말과 같다. ≪春秋左氏傳≫에 "宋나라가 楚나라 使者를 죽이자, 楚子가 이 소식을 듣고 분노하여 소매를 떨치고 일어났다." 하였다.[45]
投袂, 猶言拂袖也. 左傳"宋殺楚使, 楚子聞之, 投袂而起."

【目】新平太守 張光이 여러 번 劉沈을 위하여 좋은 계책을 올렸는데 司馬顒이 그를 붙잡아 힐문하자, 장광이 말하기를 "劉雍州가 저의 계책을 따르지 않았기 때문에 大王으로 하여금 오늘의 승리가 있게 하였습니다." 하니, 사마옹은 그를 壯하게 여겨서 표문을 올려 右衛司馬로 삼았다.

新平太守張光이 數(삭)爲沈畫計①러니 顒이 執而詰之한대 光曰 劉雍州不用鄙計라 故令大王得有今日이라하니 顒이 壯之하여 表爲右衛司馬하다

① 爲(위하다)는 去聲이다.
爲, 去聲.

## 【綱】羅尙에게 詔令을 내려 巴東의 세 郡을 임시로 통솔하게 하였다.

詔羅尙하여 權統巴東三郡하다

【目】羅尙이 도망하여 江陽에 이르자, 사자를 보내어 표문을 올려 상황을 아뢰니, 나상에게 詔令을 내려 巴東과 巴郡, 涪陵을 임시로 통솔하여 군수품을 공급받게 하였다. 나상이 別駕 李興을 보내어 劉弘에게 가서 양식을 구하게 하자, 유홍이 3만 斛을 그에게 지급하니, 나상이 이에 힘입어 보존되었다. 李興이 남아서 參軍이 되기를 원하였는데,

45) 春秋左氏傳에……하였다 : 이 내용은 ≪春秋左氏傳≫ 宣公 14년에 보이는바, 楚나라 莊王이 宋나라에서 자기 나라의 사신 申舟를 죽였다는 말을 듣고 송나라를 치러갈 때의 모습을 형용한 것이다.

유홍은 허락하지 않고 그의 手版을 빼앗아 나상에게 보내었다.

이때 유민으로서 荊州에 있는 자가 10여만 戶였는데, 寓居하며 가난하고 궁핍해서 도적질을 많이 하였다. 유홍이 이들에게 田地와 곡식의 종자를 많이 주고 어진이와 재주 있는 사람을 발탁하여 자질에 따라 등용하니, 유민들이 마침내 편안하였다.

羅尙이 逃至江陽하여 遣使表狀①한대 詔尙權統巴東, 巴郡, 涪陵하여 以供軍賦②하다 尙이 遣別駕李興하여 詣劉弘求糧이어늘 弘以三萬斛給之하니 尙이 賴以存하다 興이 願留爲參軍이어늘 弘이 奪其手板而遣之③하니라 于時에 流民在荊州者 十餘萬戶니 羈旅貧乏하여 多爲盜賊이라 弘이 大給其田及種糧④하고 擢其賢才하여 隨資敍用하니 流民이 遂安이러라

① ≪華陽國志≫에 말하였다. "瀘州의 瀘川縣은 본래 漢나라 江陽縣이다. 또 江安縣 또한 漢나라의 江陽縣이다."
華陽國志曰 瀘州瀘川縣, 本漢江陽縣, 又江安縣, 亦漢江陽縣也.
② 세 郡은 본래 梁州에 속하였는데, 羅尙이 임시로 통솔한 것이다.
三郡本屬梁州, 尙權統之.
③ 手板은 바로 옛 笏이다. 參佐가 府의 公에게 敬禮를 베풀므로 수판을 잡는데, 이제 劉弘이 李興의 수판을 빼앗아 보낸 것은 그가 羅尙을 버리고 자기를 섬기는 것을 허락하지 않은 것이다.
手板, 卽古笏也. 參(佔)〔佐〕[46]施敬府公, 故持手板, 今奪興手板遣之, 不許其去尙而事己也.
④ 種(종자)은 章勇의 切이다.
種, 章勇切.

【綱】 2월에 司馬穎이 皇后 羊氏와 太子 司馬覃을 폐하였다.

二月에 穎이 廢皇后羊氏及太子覃[47]하다

【綱】 廣陵度支 陳敏과 周玘가 石冰을 建康에서 공격하여 참수하였다.

◑ 廣陵度支陳敏及周玘 擊石冰於建康하여 斬之하다

46) (佔)〔佐〕: 저본에는 '佔'로 되어 있으나, ≪資治通鑑≫ 註에 의거하여 '佐'로 바로잡았다.

47) 廢皇后羊氏及太子覃 : "황후는 천하의 어머니요, 태자는 천하의 근본이다. 司馬穎이 신하로서 이들을 폐한 것이 옳겠는가. 사실에 입각하여 곧바로 썼으니, 죄악이 심하다.〔皇后 天下之母也 太子 天下之本也 穎以人臣廢之 可乎 據事直書 罪惡甚矣〕" ≪發明≫

【目】 石冰의 무리가 陳敏보다 10배나 되었는데, 진민이 이들을 공격할 적에 향하는 곳마다 모두 승리하였고, 마침내 周玘와 연합하여 석빙을 공격하여 참수하니, 揚州, 徐州 두 州가 평정되었다.

주기와 賀循은 모두 병력을 해산하여 집으로 돌아가서 功과 賞을 말하지 않으니, 조정에서 진민을 廣陵相으로 삼았다.

冰衆이 十倍於敏이로되 敏이 擊之에 所嚮皆捷하고 遂與玘合攻斬冰하니 揚, 徐二州平이라 玘及賀循이 皆散衆還家하여 不言功賞하니 朝廷이 以敏爲廣陵相하다

**【綱】 司馬顒이 표문을 올려 司馬穎을 皇太弟로 삼고 스스로 太宰와 雍州牧이 되었다.**

顒이 **表穎爲皇太弟**하고 **自爲太宰, 雍州牧**[48]하다

---

48) 顒表穎爲皇太弟……雍州牧 : "'皇太弟'라는 이름이 ≪資治通鑑綱目≫에 일찍이 있지 않았는데, 〈이때 처음 기록되었다.〉 司馬穎이 太子를 폐하였으니, 이는 자신이 태자가 될 뜻이 있는 것이다. 司馬顒이 사마영의 뜻을 받들어서 처음으로 이 칭호를 만들어내고 표문을 올려서 사마영으로 하여금 太弟가 되게 하였으니, 태제는 태자와 같다. 어찌 신하가 표문을 올려서 시킬 수 있겠는가. ≪資治通鑑綱目≫에서 위에서는 '사마영이 太子 司馬覃을 폐했다.'고 썼고, 아래에서는 '사마옹이 표문을 올려서 사마영을 황태제로 삼았다.'고 썼으니, 그렇다면 사마옹과 사마영이 서로 겉과 속이 됨을 볼 수 있는바, 두 사람 모두 죄책한 것이다. '황태제'라고 쓴 것이 이때 처음 시작되었다. ≪資治通鑑綱目≫이 끝날 때까지 '황태제로 삼았다.'고 쓴 것이 6번인데(成都王 司馬穎, 豫章王 司馬熾, 慕容沖, 唐나라 穎王 李瀍, 壽王 李傑, 南唐 李景遂), 즉위한 자가 넷이요, 지위를 사양한 자가 하나요(이경수), 폐위된 자가 하나이다.(사마영)〔皇太弟之名 入綱目以來 未有也 穎廢太子 意有在矣 顒承穎意 始創此號 而表使爲之 太弟 猶太子也 豈臣下所得表爲之哉 綱目 上書穎廢太子覃 下書顒表穎爲皇太弟 則顒穎之相表裏可見矣 交罪之也 書皇太弟始此 終綱目 書以爲皇太弟六(成都王穎 豫章王熾 慕容沖 唐穎王瀍 壽王傑 南唐景遂) 而卽位者四 辭位者一(景遂) 廢者一(穎)〕" ≪書法≫

"만일 司馬穎이 마땅히 太弟가 되어야 한다면 반드시 조정의 명령에서 나와야 옳은데, 이제 '司馬顒이 표문을 올려 태제를 삼았다.'고 썼으면 그 마땅하지 않음이 분명하다. 그리고 아래에 '스스로 太宰와 雍州牧이 되었다.'고 썼으면 사마옹이 배반하고 반란하여 君主가 없는 것이니, 이 또한 한 趙王 司馬倫일 뿐이다. 그렇다면 사마영은 홀로 죄가 없는가. 사마옹이 자신을 태제로 세우는 것을 받아주고 그 자리를 편안히 여겼으니, 또 어찌 貶斥하고 끊기를 기다린 뒤에 죄가 나타나겠는가. 그러나 사마영이 황후와 태자를 폐위하는 것을 어려워하지 않았는데, 어찌 홀로 스스로 태제가 되는 것을 어렵게 여겨서 반드시 사마옹의 표문을 기다렸는가. 亂臣賊子가 서로 겉과 속이 되어서 스스로 생각하기를 충분히 세상을 속일 수 있다고 여기고, 밝은 저울과 거울 아래에서는 진짜와 거짓이 분명히 드러남을 알지 못한 것이다. 그러므로 예전의 역사책에서는 '顒請(사마옹이 청하였다)'이라고 칭하고 '詔以(詔令을 내려 누구로서)'라고 칭하였는데, 여기서 모두 삭제한 것은 그 실제를 조사하여 이름을 정한 것이니, 아! 書法이 엄격하다.〔使穎當爲太弟邪 必出於朝廷之命 可也 今書顒表爲之 則其不當 明矣 下書自爲太宰雍州牧 則顒之反叛無君 是亦一趙王倫耳 然則穎獨無罪乎 受其所立而安於其位 又豈待貶絶而後見哉 雖然 穎不難於廢皇后太子 何獨難於自爲太弟 而必待於顒表邪 亂臣賊子相爲表裏 自謂足以欺世 而不知衡鑑之下 眞僞曉然 故前史稱顒請 稱詔以 而此皆削之者 所以核其實而定其

**【綱】** 가을 7월에 東海王 司馬越이 황제(晉 惠帝)를 받들어 司馬穎을 정벌하고, 황후와 태자를 복위시켰다. 사마영이 군대를 보내어 蕩陰에서 항거하여 싸우니, 이때 侍中 嵇紹가 죽었다. 황제가 마침내 鄴 지역으로 들어가니, 사마월이 달아나 자신의 封國으로 돌아갔다.

◑**秋七月**에 **東海王越**이 **奉帝征穎**하고 **復皇后, 太子**하다 **穎**이 **遣兵**하여 **拒戰蕩陰**하니 **侍中嵇紹死之**하다 **帝遂入鄴**하니 **越**이 **走歸國**[49]하다

【目】 司馬穎의 참람함과 사치함이 날로 심해지고 총애하는 자들이 권력을 행사하여 사람들의 信望을 크게 잃었다. 東海王 司馬越이 右衛將軍 陳眕과 함께 군대를 무장하고 雲龍門으로 들어가서 詔令으로 三公과 백관들을 불러 戒嚴을 하고 사마영을 토벌하자, 石超가 鄴 지역으로 달아나니, 皇后 羊氏와 太子 司馬覃을 복위시켰다.

司馬越이 황제를 받들고 북쪽으로 정벌할 적에 前 侍中 嵇紹를 불러 行在所에 나오게 하니, 侍中 秦準이 혜소에게 이르기를 "지금 갈 경우 一身의 安危를 예측하기 어렵다. 卿에게 좋은 말이 있는가?" 하니, 혜소가 正色을 하며 말하기를 "신하가 乘輿(황제)를

---

名也 嗚呼 嚴矣〕" ≪發明≫

49) 東海王越……侍中嵇紹死之 : "'征'이란 무엇인가. 윗사람이 아랫사람을 정벌함을 이른다. 長沙王 司馬乂는 '討'라고 썼는데, 여기서는 '討'라고 쓰지 않음은 어째서인가. 司馬越은 능히 토벌할 수 있는 자가 아니기 때문이다. 蕩陰의 패전에 嵇紹가 죽자 사마월이 달아나 封國으로 돌아갔으니, 의리를 지킨 것이 무엇이 있는가. 그러므로 그 군주를 받든 것은 똑같은데 司馬昭가 자기에게 잘못이 있으면 '攻'이라고 썼고, 동해왕 사마월이 토벌할 수 있는 자가 아니면 '征'이라고 썼으니, 반드시 장사왕 사마예와 같이 한 뒤에야 '討'라고 쓸 수 있는 것이다. 무릇 '황제를 받들었다.'고 쓰고 '그 군주를 받들었다.'고 쓴 것은 모두 일이 그 황제에게서 나오지 않은 것이다.〔征者 何 上伐下之辭也 長沙王乂書討 此其不書討 何 越非能討者也 蕩陰之敗 嵇紹死之 越走歸國 仗義何有焉 故奉其主一也 司馬昭曲在己則書攻 東海王越非能討則書征 必若長沙王乂而後得書討 凡書奉帝 奉其主 皆事不在其上也〕" ≪書法≫

"司馬越이 예전에 司馬乂를 죽이고 司馬穎을 도왔는데, 이제 도리어 황제를 받들어 사마영을 정벌하였으니, 과연 어디에 이르겠는가. 그런데도 ≪資治通鑑綱目≫에서 이를 씀에 조금도 폄하한 말이 없는 것은 順함을 가지고 역적을 토벌하여 前日의 죄를 책하지 않은 것이다. 그런데 蕩陰에서 크게 패하자, 嵇紹는 부름을 받고 行在所로 나와서 오히려 正色하고 절의를 지켜 죽었는데, 사마월은 남의 군대를 도모하다가 패하였는데도 죽지 못하고 마침내 몸을 받들어 쥐처럼 도망함은 과연 무슨 의리인가. 위에서 '사마월이 황제를 받들어 사마영을 정벌했다.'고 썼으니, 그렇다면 사마월이 이 거사에서 실로 그 일을 맡았음을 볼 수 있고, 아래에서 '사마월이 달아나 자신의 봉국으로 돌아갔다.'고 썼으니, 그렇다면 사마월이 乘輿(황제)를 버리고 난을 피하여 구차히 면해서 군주가 욕되면 신하가 죽는 의리에 어두웠음을 볼 수 있으니, 그 죄가 모두 말하지 않아도 저절로 드러난다.〔越前殺乂助穎 今乃奉帝征之 果何所及 而綱目書之 略無貶詞者 仗順討逆 不責其前日之罪也 至於蕩陰敗績 嵇紹召詣在所 猶能正色死節 越謀人之軍師 敗不能死 乃奉身鼠竄 果何義邪 上書越奉帝征穎 則見越於此擧實任其事 下書越走歸國 則見越委棄乘輿 逃難苟免 昧於主辱臣死之義 其罪皆不言自見矣〕" ≪發明≫

嵇紹衛帝(嵇紹가 황제를 보호하다)

호위함에 목숨을 바치는 것이니, 좋은 말이 무슨 필요가 있겠는가." 하였다.

사마월이 격문을 보내어 四方의 군대를 부르니, 安陽에 이르렀을 때 병사들이 10여 만이 되었다.

穎이 僭侈日甚하고 嬖倖用事하여 大失衆望[①]이라 東海王越이 與右衛將軍陳眕으로 勒兵하고 入雲龍門하여 以詔召三公百僚하여 戒嚴討穎한대 石超犇鄴하니 復皇后羊氏及太子覃하다 越이 奉帝北征할새 徵前侍中嵇紹하여 詣行在[②]하니 侍中秦準이 謂紹曰 今往에 安危難測이라 卿有佳馬乎아 紹正色曰 臣子扈衛乘輿에 死生以之니 佳馬何爲리오 越이 檄召四方兵하니 比至安陽에 衆이 十餘萬[③]이러라

① 당시 사람들은 司馬穎이 황실을 바로잡고 보필하기를 바랐는데, 지금 마침내 이와 같으므로 사람들의 신망을 크게 잃은 것이다.
時, 人望穎以匡輔帝室, 今乃若此, 故大失衆望.

② 長沙王 司馬乂가 국정을 담당하여 嵇紹를 侍中으로 삼았는데, 사마예가 죽자 혜소가 관직에서 내쫓겨 庶人이 되었다. 그런데 이제 사마영을 토벌하므로 다시 그를 불러 行在所로 나오게 한 것이다.
長沙王乂當國, 以紹爲侍中, 乂死, 紹黜免爲庶人. 今討穎, 故復徵詣行在.

③ ≪晉書≫ 〈地理志〉에 "安陽縣은 魏郡에 속하였다." 하였다.
晉志"安陽縣, 屬魏郡."

【目】 司馬穎이 여러 관리들을 모아 계책을 묻자, 東安王 司馬繇(사마요)가 말하기를 "天子가 친히 정벌하시니, 마땅히 갑옷을 벗고 흰옷을 입고서 나와 황제를 맞이하여 죄를 청해야 합니다." 하였으나, 사마영은 그 말을 따르지 않고 石超를 보내서 군대를 거느리고 항거하여 싸우게 하였다.

陳眕의 아우가 鄴 지역에서 行在所로 와서 말하기를 "鄴 지역은 모두 이미 병사들이 離散되었다." 하니, 이 때문에 매우 방비하지 않았다. 그런데 석초의 군대가 갑자기 몰려오자, 乘輿(황제)가 蕩陰에서 크게 패하여 황제가 뺨에 화살 세 발을 맞았고 百官과 侍御들이 모두 흩어졌다.

嵇紹가 朝服을 입고 輦에 올라 몸으로 황제를 擁衛하였는데 병사들이 혜소를 끌어내려 칼로 찌르자, 황제가 말하기를 "그는 충신이니 죽이지 말라." 하였다. 병사들이 대답하기를 "太弟(사마영)의 명령을 받들어 오직 폐하 한 사람만 犯하지 않을 뿐입니다." 하고는 마침내 혜소를 죽이니, 피가 황제의 옷에 튀었다. 황제가 풀 속으로 떨어져서 여

섯 개의 옥새를 잃었다.

석초가 황제를 받들고 자기 진영으로 갔는데, 황제가 몹시 굶주린 상태였다. 석초가 물을 올리고 좌우에서 가을 복숭아를 올렸다. 사마영이 황제를 받들어 鄴 지역으로 들어가서 建武로 改元하였다.

穎이 會群僚問計한대 東安王繇曰 天子親征하시니 宜釋甲縞素하여 出迎請罪니이다 穎이 不從하고 遣石超하여 師衆拒戰하다 陳昣弟自鄴赴行在하여 云 鄴中이 皆已離散이라하니 由是로 不甚設備러니 超軍이 奄至하니 乘輿敗績於蕩陰①하여 帝頰中三矢하고 百官侍御皆散②하다 嵇紹朝服登輦하여 以身衛帝러니 兵人이 引紹斫之어늘 帝曰 忠臣也니 勿殺하라 對曰 奉太弟令하여 惟不犯陛下一人耳라하고 遂殺紹하니 血濺帝衣러라 帝墮於草中하여 亡六璽하다 超奉帝幸其營하니 帝餒甚이라 超進水하고 左右奉秋桃③러라 穎이 迎帝入鄴하여 改元建武하다

① 蕩은 音이 湯이다. 蕩陰縣은 漢나라 때에는 河內郡에 속하였는데, 晉나라 때에는 魏郡에 속하였다.
蕩, 音湯. 蕩陰縣, 漢屬河內郡, 晉屬魏郡.
② 頰은 얼굴의 옆이다. 中(맞다)은 去聲이다.
頰, 面旁也. 中, 去聲.
③ 복숭아는 여름에 익은 것을 임금에게 올린다. 가을 복숭아는 至尊에게 올리는 것이 아닌데도 받들어 올린 것은 禮에 정한 것을 갖출 수 없음〔所無〕을 가엾게 여겼기 때문이다.
桃以夏熟者進御. 秋桃非所以奉至尊而奉之, 恤所無也.

【目】좌우 신하들이 황제의 옷을 빨려 하자, 황제가 말하기를 "嵇侍中의 피이니, 빨지 말라." 하였다. 陳昣과 上官巳가 太子 司馬覃을 받들어 洛陽을 지켰다.

司馬越이 東海로 돌아가니, 孫惠가 사마월에게 藩鎭들을 맞아 결탁하여 함께 황실을 도울 것을 권하자, 사마월은 손혜를 記室參軍으로 삼아서 모의에 참여하게 하였다. 北軍中候 苟晞(구희)가 豫州都督인 范陽王 司馬虓에게 달아나니, 사마효가 그를 兗州刺史로 삼았다.

左右欲浣帝衣①한대 帝曰 嵇侍中血이니 勿浣也하라 陳昣, 上官巳 奉太子覃하여 守洛陽하다 越이 還東海하니 孫惠勸邀結藩方하여 同奬王室한대 越以惠爲記室參軍하여 與參謀議하다 北軍中候苟晞 奔豫州都督范陽王虓하니 虓以爲兗州刺史②하다

① 浣은 戶管의 切이니, 세탁함이다.
浣, 戶管切, 濯也.

② 司馬虓는 范陽康王 司馬綏의 아들이니, 咸寧 5년(279)에 父王을 이어 봉해져서 이때 許昌에 鎭駐하였다. 司馬綏는 宣帝의 아우인 司馬馗(사마규)의 아들이다. 虓는 許交의 切이다.
虓, 范陽康王綏之子. 咸寧五年, 嗣封, 時鎭許昌. 綏, 宣帝弟馗之子也. 虓, 許交切.

**【綱】** 幽州都督 王浚과 幷州刺史 東嬴公 司馬騰이 군대를 일으켜 司馬穎을 토벌하였다.

**幽州都督王浚**과 **幷州刺史東嬴公騰**이 **起兵討穎**[50)]하다

**【目】** 처음에 세 王이 趙王 司馬倫을 토벌할 적에 王浚이 병력을 보유하고 있으면서 양쪽을 관망하여 관할하는 병사와 백성들에게 禁令을 내려 세 王의 모집에 달려가지 못하게 하니, 司馬穎이 은밀히 그를 제거하려고 도모하였으나 실행하지 못하였다.

이때 다시 詔令을 稱하여 그를 부르니, 왕준이 마침내 鮮卑의 段務勿塵과 烏桓의 羯朱, 幷州刺史인 東嬴公 司馬騰과 함께 군대를 일으켜 사마영을 토벌하자, 사마영이 石超를 보내어 그를 공격하였다. 사마등은 司馬越의 아우이다.

**初**에 **三王之討趙王倫也**에 **王浚**이 **擁衆**하고 **挾兩端**하여 **禁所部士民**하여 **不得赴三王召募**하니 **穎**이 **陰圖之**로되 **不克**하다 **至是**하여 **又稱詔徵之**하니 **浚**이 **遂與鮮卑段務勿塵**과 **烏桓羯朱及幷州刺史東嬴公騰**으로 **同起兵討穎**①한대 **穎**이 **遣石超擊之**하니 **騰**은 **越之弟也**라

① 羯은 居謁의 切이다. 羯朱는 사람의 이름이다.
羯, 居謁切. 羯朱, 人名也.

**【綱】** 8월에 司馬穎이 東安王 司馬繇를 죽이니, 琅邪王 司馬睿가 달아나 자신의 封國으로 돌아갔다.

**八月**에 **穎**이 **殺東安王繇**하니 **琅邪王睿走歸國**[51)]하다

---

50) 幽州都督王浚……起兵討穎 : "王浚은 강한 군대를 보유하였는데, 조정이 전복할 때를 당하여 가만히 앉아서 보기만 하고 구원하지 않았으니, 그 죄가 크다. 이제 司馬穎이 詔令을 칭하여 그를 부르자 처음으로 부득이 군대를 일으켰는데, ≪資治通鑑綱目≫에서 마침내 사마영을 토벌한 것을 인정함은 어째서인가. 사마영이 반역하여 난을 提唱해서 宗室을 전복시켰는데, 천자가 바로잡지 못하고 제후가 토벌하지 못하였다. 왕준이 비록 죄가 있으나 이러한 상황에서 능히 의리를 내세워 군대를 일으켰으니, 그렇다면 군자가 진실로 인정하지 않을 수 없는 것이다. 왕준을 인정함은 사마영을 주벌하기 위한 것이니, 그 뜻이 엄격하다.〔王浚身擁彊兵 當朝廷傾覆之時 坐視不救 其罪大矣 今穎稱詔召之 始不得已而擧兵 然綱目乃予其討穎者 何哉 穎反逆唱亂 傾陷宗室 天子不能正 諸侯不能討 浚雖有罪 然能仗義興師 則君子固不得不予之 蓋予浚 所以誅穎也 其旨嚴矣〕" ≪發明≫

王導

【目】 司馬穎은 東安王 司馬繇가 예전에 한 의논을 원망하여 그를 죽였다. 司馬繇의 형의 아들인 琅邪王 司馬睿는 침착하고 민첩하며 도량이 있었는데 左將軍이 되어서 東海王의 參軍인 王導와 친하였다. 왕도는 지식과 도량이 높고 원대하였는데, 조정에 변고가 많다 하여 매번 사마예에게 封國으로 갈 것을 권하였다.

사마요가 죽자 사마예는 황제를 따라 鄴 지역에 있었다. 그는 화가 자신에게 미칠 것을 두려워해서 장차 도망하여 돌아가려 하였으나, 사마영이 미리 관문과 나루터에 명하여 貴人을 내보내지 못하게 하였다. 사마예가 河陽에 이르러 나루터의 관리에게 저지를 당하자, 수행원인 宋典이 뒤쪽에서 와 채찍으로 사마예를 치고 웃으며 말하기를 "舍長아, 관청에서는 貴人을 禁하는데 너도 또한 제지를 당하는가." 하니, 나루터의 관리가 마침내 지나가는 것을 허락하였다. 洛陽에 이르러 太妃 夏侯氏를 맞이하여 함께 봉국으로 돌아갔다.

穎이 怨東安王繇前議하여 殺之①하다 繇兄子琅邪王睿 沈敏有度量이러니 爲左將軍하여 與東海參軍王導善②하다 導識量淸遠이러니 以朝廷多故라하여 每勸睿之國이러라 及繇死에 睿從帝在鄴이라 恐及禍하여 將逃歸러니 穎이 先勅關津하여 無得出貴人③이라 睿至河陽하여 爲津吏所止하니 從者宋典이 自後來하여 以鞭拂睿而笑曰 舍長아 官禁貴人이어늘 汝亦被拘邪④아하니 吏乃聽過라 至洛陽하여 迎太妃夏侯氏하여 俱歸國하다

① 司馬繇가 자기로 하여금 素服을 입고 천자를 맞이하여 죄를 청하게 함을 원망한 것이다.

---

51) 琅邪王睿走歸國 : "'司馬睿가 달아나 封國으로 돌아갔다.'고 썼으니, 司馬越이 달아나 봉국으로 돌아간 것과 무엇이 다르겠는가. 그렇다면 사마예 또한 乘輿(황제)를 버린 것인가. 위에서는 '司馬穎이 東安王 司馬繇를 죽였다.'고 쓰고 아래에서는 '사마예가 달아나 봉국으로 돌아갔다.'고 썼다. 그렇다면 사마예가 죽음을 피하는 데 압박을 받은 것이요, 사마월과 같은 무리가 아님을 볼 수 있으니, 이것은 글을 엮어 사건을 나란히 기록하는 뜻이다. 司馬繇가 이전에 올바른 議論을 하였는데 사마영이 그 말을 따르지 못했을 뿐만 아니라 또 따라 원망하여 그를 죽였으니, 죄가 있어서 죽은 것이 아니다. 그러므로 사마요의 관직을 제거하지 않은 것이다.〔書睿走歸國 與越走歸國 何異 然則睿亦委棄乘輿邪 曰 上書穎殺東安王繇 下書睿走歸國 則見睿迫於逃死 非越之比 此屬辭比事之意也 繇前有正議 穎不惟不能從 又追怨而殺之 死不以罪 故不去其官〕" ≪發明≫

怨其使己縞素迎天子請罪也.

② 王導는 王敦의 從父弟(사촌 아우)이니, 東海王 司馬越의 參軍事가 되었다.
導, 敦之從父弟也, 參東海王越軍事.

③ 關은 다니는 길의 중요한 곳에 세워 출입하는 자를 기찰하는 것이고, 津은 江河를 건널 때 반드시 경유하는 곳이다.
關, 立於經塗要會處, 以譏出入. 津者, 濟渡江河, 所必由之處.

④ 舍長은 집안의 어른이니, 보통 사람들 사이에 서로 칭하는 말이다. 宋典이 거짓으로 琅邪王을 칭하여 舍長이라고 해서, 나루터를 지키는 관리를 헷갈리게 한 것이다. 官자는 아래 句에 붙여 읽으니, 〈"官禁"은〉 官司, 官法이라는 말과 같다.
舍長, 舍中之長, 相稱常人之辭, 典詭稱琅邪王爲舍長, 以惑津吏也. 官字屬(촉)下句, 猶言官司·官法也.

**【綱】** 張方이 다시 京城에 들어가서 皇后와 太子를 폐위하였다.

**張方**이 **復入京城**하여 **廢皇后, 太子**하다

**【綱】** 劉淵이 스스로 大單于라 칭하였다.

◑ **劉淵**이 **自稱大單于**[52)]하다

【目】 처음에 司馬穎이 表文을 올려 匈奴의 左賢王 劉淵에게 五部軍事를 감독해서 병력을 거느리고 鄴 지역에 있게 하였다.

劉淵의 아들 劉聰은 날래고 용맹함이 보통 사람보다 크게 뛰어나고 經書와 역사책을 널리 섭렵하였으며, 글을 잘 짓고 3백 斤의 활을 당겨 쏠 수 있었다. 弱冠의 나이에 京師에 와서 유학하니, 名士들이 그와 사귀지 않는 이가 없었다. 유연의 從祖인 劉宣이 그 族人들에게 다음과 같이 말하였다.

"漢나라가 망한 이래로 우리 單于는 한갓 有名無實한 호칭만 있고 더 이상 한 자 되는 땅도 없으며 나머지 王·侯들은 降等하여 編戶와 같다. 지금 우리가 비록 쇠약하였으나 아직 2만 명을 밑돌지 않으니, 어찌하여 손을 걷고 남의 사역을 받으며 어느덧 백 년을

---

52) 劉淵稱大單于 : "劉淵이 어찌해서 '배반했다.'고 쓰지 않았는가. 晉나라가 中華와 오랑캐의 구분을 살피지 못하고서 그를 內地에 두었는데, 이제 骨肉 간에 서로 해쳐서 황실이 전복되자 오랑캐 무리들이 때를 틈타 몰래 나왔으니, 진실로 저들이 용감하게 中華를 어지럽힌 것이 아니요, 晉나라가 스스로 그렇게 만든 것이다. 이 때문에 書法이 이와 같은 것이다.〔劉淵何以不書反 晉氏不審華戎之辨 置之內地 今骨肉相殘 帝室傾覆 醜類乘時竊發 固非彼敢於猾夏也 晉自使之然耳 是以書法如此〕" ≪發明≫

지났는가. 左賢王(유연)의 英明과 武勇은 세상에서 특출하니, 하늘이 만약 우리 匈奴를 일으키려고 하지 않았다면 반드시 이 사람을 헛되이 탄생시키지 않았을 것이다. 지금 司馬氏가 骨肉 간에 서로 해쳐서 四海가 솥에 물이 끓듯 하니, 呼韓邪의 왕업을 회복하는 것은 바로 지금이 적기이다."

이어서 서로 모의하여 유연을 大單于로 추대할 적에 그 黨인 呼延攸로 하여금 鄴 지역에 가서 이를 〈司馬穎에게〉 告하게 하였다.

初에 穎이 表匈奴左賢王劉淵하여 監五部軍事하여 使將兵在鄴①하다 淵子聰이 驍勇絶人하고 博涉經史하며 善屬文하며 彎弓三百斤이라 弱冠에 遊京師하니 名士莫不與交러라 淵從祖宣이 謂其族人曰 漢亡以來로 我單于徒有虛號하고 無復尺土요 自餘王侯는 降同編戶라 今吾衆雖衰나 猶不減二萬하니 奈何斂手受役하여 奄過百年②이리오 左賢王이 英武超世하니 天苟不欲興匈奴인댄 必不虛生此人也리라 今司馬氏骨肉相殘하여 四海鼎沸하니 復呼韓邪之業이 此其時矣③라하고 乃相與謀하여 推淵爲大單于할새 使其黨呼延攸로 詣鄴告之④하다

① 楊駿이 정사를 보필할 적에 劉淵을 五部大都督으로 삼았는데, 元康 말년에 部族 사람의 반란에 걸려서 변방으로 나가 관직을 파면당했었다. 그러다가 司馬穎이 鄴 지역에 鎭駐하면서 표문을 올려 五部軍事를 감독하게 한 것이다.
楊駿輔政, 以淵爲五部大都督. 元康末, 坐部人叛, 出塞免官. 穎鎭鄴, 表監五部軍事.

② 奄은 갑자기이고, 급함이다.
奄, 忽也, 遽也.

③ 漢나라 宣帝 때 稽侯 珊(산)이 와서 조회하자 呼韓邪單于라고 칭하였고, 光武帝 때 日逐王 比가 조정에 歸屬하자 또한 呼韓邪單于라고 칭하였다.
漢宣帝時, 稽侯珊來朝, 稱呼韓邪單于, 光武時, 日逐王比內附, 亦稱呼韓邪單于.

④ ≪晉書≫ 〈北狄傳〉에 "匈奴의 네 성씨는 呼延氏와 卜氏, 蘭氏, 喬氏가 있는데 호연씨가 가장 귀하다." 하였다.
北狄傳 "匈奴四姓, 有呼延氏・卜氏・蘭氏・喬氏, 而呼延氏最貴."

【目】劉淵이 司馬穎에게 아뢰어 돌아가 〈族人의〉 葬禮에 참석할 것을 청하였는데, 사마영이 허락하지 않았다. 유연은 呼延攸로 하여금 먼저 돌아가서 劉宣 등에게 告하여 五部의 무리를 불러 모아 사마영을 돕는다고 소문을 내게 하였으나, 실제는 배반하고자 한 것이었다.

幽州와 幷州에서 군대를 일으키자, 유연이 사마영을 설득하기를 "지금 두 진영이 跋扈하니, 宿衛兵과 가까운 郡의 병사로는 능히 막아낼 수 있는 것이 아닐 듯합니다. 청

컨대 제가 돌아가 五部를 설득하여 國難에 달려오게 하겠습니다." 하였다. 사마영이 "내가 乘輿를 받들어 洛陽으로 돌아가서 천하에 격문을 돌려 逆·順으로 제재하고자 하니, 어떻겠는가?" 하고 묻자, 유연이 다음과 같이 대답하였다.

"殿下는 武皇帝의 아드님이고 황실에 큰 공이 있어서 위엄과 은혜가 멀리 드러나 있습니다. 王浚은 못난 자식이고 東嬴公은 소원한 친속이니, 어찌 전하와 비교가 되겠습니까. 다만 전하가 한 번 鄴宮을 출발하면 남에게 약함을 보이게 됩니다. 이렇게 되면 洛陽에 이를 수가 없고 비록 낙양에 이른다 하더라도 위엄과 권세가 다시 전하에게 있지 않게 될 것입니다. 원컨대 병사들을 어루만지고 권면해서 난을 조용히 鎭定하시기를 바랍니다. 제가 전하를 위하여 두 部로 동영공을 꺾고 세 部로 王浚을 梟首할 것이니, 두 사람의 머리를 며칠 안으로 매달 수 있을 것입니다."

사마영이 기뻐하고 유연을 北單于 參丞相軍事로 삼았다. 유연이 左國城에 이르자, 劉宣 등이 大單于의 칭호를 올리니, 20일 사이에 5만 명의 병력을 보유하여 離石에 도읍하였다.

淵이 白穎하여 請歸會葬한대 穎이 勿許라 淵이 令攸先歸하여 告宣等하여 使招集五部하여 聲言助穎이나 實欲叛之러라 及幽, 幷起兵에 淵이 說(세)穎曰 今二鎭跋扈하니 恐非宿衛及近郡士衆所能禦也[①]라 請還說五部하여 赴國難하리이다 穎曰 吾欲奉乘輿還洛陽하여 傳檄天下하여 以逆順制之何如[②]오 淵曰 殿下는 武皇帝之子요 有大勳於王室하여 威恩遠著하니이다 王浚은 豎子요 東嬴은 疏屬이니 豈能與殿下爭衡邪[③]잇가 但殿下一發鄴宮이면 示弱於人하여 洛陽을 不可得至요 雖至洛陽이나 威權이 不復在殿下也리이다 願撫勉士衆하여 靖以鎭之하소서 淵爲殿下하여 以二部摧東嬴하고 三部梟王浚하리니 二豎之首를 可指日而懸也리이다 穎이 悅하여 拜淵爲北單于, 參丞相軍事하다 淵이 至左國城[④]에 劉宣等이 上大單于之號하니 二旬之間에 有衆五萬하여 都於離石[⑤]하다

① 두 진영은 幽州(王浚)와 幷州(司馬騰)를 이른다.
二鎭, 謂幽·幷.

② 〈"傳檄天下 以逆順制之"는〉 힘이 幽州와 幷州 두 진영을 제압할 수 없음을 알므로 격문을 돌려 천하의 병력을 징발해서 忠順함을 가지고 反逆함을 제재하고자 한다는 말이다.
言見力不足以制二鎭, 欲檄徵天下兵, 杖順制逆.

③ 東嬴公 司馬騰은 宣帝의 아우인 東武侯 司馬馗(사마규)의 손자이므로 소원한 친속이라 한 것이다.
東嬴公騰, 宣帝弟東武侯馗之孫, 故云疏屬.

④ 左國城은 匈奴左部가 거주하는 城인 듯하다. 杜佑가 말하기를 "左國城은 石州의 離石縣에 있다." 하였다.

左國城, 蓋匈奴左部所居城也. 杜佑曰 左國城, 在石州離石縣.

⑤ 離石縣은 漢나라 이후로 西河郡에 속하였다.

離石縣, 自漢以來, 屬西河郡.

**【綱】幽州와 幷州의 군대가 鄴 지역에 이르자, 司馬穎이 황제를 받들고 洛陽으로 돌아가니, 王浚이 鄴 지역을 크게 노략질하고 돌아갔다.**

**幽, 幷兵**이 **至鄴**이어늘 **穎**이 **奉帝還洛陽**하니 **浚**이 **大掠鄴中而還**[53]하다

【目】王浚과 東嬴公 司馬騰이 병력을 규합하여 石超를 平棘에서 패퇴시키고 勝勢를 타고 進軍하니, 鄴 지역이 무너져 달아났다. 사마영은 수십 명의 기병을 거느리고 황제를 받들어 송아지가 끄는 수레를 몰고 남쪽으로 달아나니, 창졸간의 일이어서 챙겨간 물자가 없었다. 中黃門의 이불 주머니 안에 개인 돈 3천 錢을 휴대하였는데, 詔令을 내려 이것을 꾸어서 길 가운데서 밥을 사 질그릇에 담아 먹었다. 溫縣에 이르러 장차 陵을 배알하려 할 적에 황제가 신을 잃어 수행원의 신을 신고 내려가 절하면서 눈물을 흘렸다.

張方이 황제를 맞이하여 궁중으로 돌아가니, 흩어져 달아났던 자들이 다소 돌아와 백관이 대략 갖추어졌다. 왕준이 鄴 지역에 들어가서 포악하게 노략질하고 다시 薊縣(계현)으로 돌아갔다.

**王浚, 東嬴公騰**이 **合兵**하여 **敗石超於平棘**하고 **乘勝進軍**하니 **鄴中**이 **犇潰**①라 **穎**이 **將數十騎**하여 **奉帝御犢車**하고 **南犇**하니 **倉卒無齎**②라 **中黃門被囊中**에 **齎私錢三千**이어늘 **詔貸之**하여 **於道中買飯**하여 **食以瓦盆**하다 **至溫**하여 **將謁陵**③할새 **帝喪履**하여 **納從者之履**하고 **下拜流涕**러라 **張方**이 **迎帝還宮**하니 **犇散者稍還**하여 **百官粗備**러라 **浚**이 **入鄴暴掠**하고 **復還薊**하다

---

53) 浚大掠鄴中而還 : "크게 노략질하고 돌아갔다고 함은 어째서인가. 王浚의 죄를 책한 것이다. 왕준은 군대를 모아 역적을 토벌하다가 역적을 토벌하기도 전에 갑자기 돌아갔고 또 인하여 크게 노략질하였으니, 義擧가 될 수 없는 것이다. 그러므로 ≪資治通鑑綱目≫에 군대를 일으켜 司馬穎을 토벌했을 때에는 그의 관직을 갖추었고, 크게 노략질하고 돌아갔을 때에는 그의 이름을 그대로 指斥한 것이다.〔大掠而還 何 罪浚也 成師討賊 賊未討而遽還 又因以肆大掠 則不得爲義擧矣 故綱目於起兵討穎 則具其官 大掠而還 則斥其名〕" ≪書法≫

"王浚을 앞에서 가장 가벼운 죄로 책하였던 것은 司馬穎을 토벌함을 급하게 여겼기 때문인데, 지금 마침내 이와 같이 방종하고 포악하다면 용서할 수가 없다. 그러므로 '크게 노략질했다.'고 특별히 써서 그를 죄책한 것이다.〔浚前未減其罪者 爲急於討穎故也 今乃縱暴如此 則不可赦矣 故特書大掠以罪之耳〕" ≪發明≫

① 平棘縣은 漢나라 때에는 常山郡에 속하였고, 晉나라 때에는 趙나라에 속하였다.
平棘縣, 漢屬常山郡, 晉屬趙國.

② 晉나라 制度에 검은 수레바퀴를 달고 송아지가 끄는 수레는 諸公들이 탔다. 齎는 준비함이요, 가져옴이다.
晉制, 皁輪犢車, 諸公乘之. 齎, 備也, 裝也.

③ 황제의 선조는 河內 溫縣 孝敬里 사람인데, 京兆尹 司馬防 이상은 모두 溫縣에 장례하였다.
帝之先, 河內溫縣孝敬里人, 自京兆尹防以上, 皆葬于溫.

【目】 劉淵은 司馬穎이 鄴 지역을 떠나갔다는 말을 듣고 탄식하기를 "내 말을 따르지 않아서 마침내 스스로 달아나 무너졌으니, 참으로 종놈의 재주이다. 그러나 내가 그와 더불어 한 약속이 있으니, 구원하지 않을 수 없다." 하고, 장차 군대를 일으켜 鮮卑와 烏桓을 공격하려 하였다. 이에 劉宣 등이 다음과 같이 諫하였다.

"晉나라 사람들은 우리를 노예로 대하였는데 지금 그 골육들이 서로 해치니, 이는 하늘이 저들을 버리고 우리로 하여금 呼韓邪의 王業을 회복하게 하는 것입니다. 鮮卑와 烏桓은 우리와 같은 종류이니, 援助할 만합니다. 어찌 그들을 공격할 수 있겠습니까."

유연은 말하기를 "좋다. 大丈夫는 마땅히 漢나라 高祖(劉邦)와 魏나라 武帝(曹操)가 되어야 하니, 호한야를 어찌 본받을 것이 있겠는가." 하였다. 유선 등은 머리를 조아리며 "저희들이 미칠 바가 아닙니다."[54] 하였다.

劉淵이 聞穎去鄴하고 歎曰 不用吾言하여 遂自奔潰하니 眞奴才也로다 然이나 吾與之有言矣니 不可以不救라하고 將發兵擊鮮卑, 烏桓이러니 劉宣等이 諫曰 晉人이 奴隷御我러니 今其骨肉相殘하니 是天棄彼而使我復呼韓邪之業也라 鮮卑, 烏桓은 我之氣類니 可以爲援이라 奈何擊之[①]잇고 淵曰 善하다 大丈夫當爲漢高, 魏武니 呼韓邪를 何足效哉리오 宣等이 稽首曰 非所及也니이다

① 鮮卑와 烏桓은 東胡의 종족이니, 匈奴와 함께 북방의 강한 기운을 받고 태어났고 또 같은 族類이다.
鮮卑・烏桓, 東胡之種, 與匈奴同稟北方剛强之氣, 又同類也.

【綱】 겨울 10월에 李雄이 스스로 成都王이라 칭하였다.

---

54) 저희들이……아닙니다 : 劉宣 등은 자기들이 晉나라를 돕지 말고 自立하여 呼韓邪의 王業을 회복할 것을 주장하였으나, 劉淵은 한술 더 떠서 劉邦이나 曹操처럼 皇帝가 되겠다고 말하였으므로 "자신들은 도리어 미칠 수 없다."고 말한 것이다.

冬十月에 李雄이 自稱成都王하다

【目】李雄은 范長生이 명망과 덕이 있어서 蜀 지역 사람들에게 중망을 받는다 하여 그를 맞이하여 군주로 삼고자 하였으나, 범장생이 수락하지 않았다. 이웅은 마침내 成都王의 왕위에 올라 7章의 간략한 법을 시행하기로 약속하고, 叔父인 李驤을 太傅로, 형 李始를 太保로, 李離를 太尉로, 李國을 太宰로 삼았다. 이웅은 이국과 이리가 智謀가 있다 하여 일을 반드시 자문한 뒤에 행하였으나, 이국과 이리는 더욱 조심하여 이웅을 공손히 섬겼다.

雄以范長生有名德하여 爲蜀人所重이라하여 欲迎以爲君한대 長生이 不可라 雄이 遂卽王位하여 約法七章하고 以叔父驤爲太傅하고 兄始爲太保하고 李離爲太尉하고 李國爲太宰하다 以國, 離有智謀라하여 事必咨而後行이나 然國, 離事雄彌謹이러라

【綱】劉淵이 스스로 漢王이라 칭하였다.

劉淵이 自稱漢王[55]하다

---

55) 劉淵自稱漢王 : "아! 이것은 夷狄이 王이라 칭하고 황제라 칭한 시초이다. ≪春秋≫에서는 中華와 오랑캐의 구분을 엄격히 해서 吳와 楚, 徐와 越이 上世에 모두 드러난 공로가 있어서 周나라 왕실과 통하였으니, 본래는 모두 中華의 諸侯였다. 그런데 聖人은 이들이 분수를 따르지 않고 참람하게 왕을 칭했다 하여 마침내 일체 오랑캐로 대하였다. ≪춘추≫의 經文을 보건대 吳·楚 등에 대해 혹은 子라 칭하고 혹은 그 나라를 들지 않고 州라고 칭하였으니, 일찍이 이들이 王이라고 칭했다 하여 마침내 王이라고 불러준 적이 있지 않았다. 중국으로서 오랑캐로 변한 자도 聖人의 書法이 오히려 이와 같이 조심스러웠는데, 하물며 본래의 夷狄이 왕이라 칭하고 황제라 칭하여 우리 중국의 큰 칭호를 참칭해서 이른바 '德이 三皇을 겸하고 功이 五帝보다 더하다.'고 한 자에 있어서랴. 劉淵은 본래 匈奴族이다. 우리 中華에 들어와서 우리의 큰 칭호를 참칭하였는데, 지금은 漢王이라고 써주고 다른 날에는 또 황제라고 써주었으니, ≪춘추≫의 書法이 어찌 이와 같겠는가. 내가 일찍이 중화와 오랑캐가 盛하고 衰한 연고를 통하여 世道의 盛하고 衰하는 幾微에 대해 탄식하였다. 예로부터 夷狄이 中國의 폐해가 됨은 犬戎이 周나라 幽王을 시해한 것보다 심한 적이 없었다. 그러나 견융은 곧바로 멀리 도망하였고, 수십 년의 장기간에 중국의 영토를 점거하고 중국의 인민을 신하로 삼고 중국의 칭호를 참칭하는 데까지 이른 자가 없었다. 이러한 경우는 유연으로부터 시작되었으니, 이것을 초래한 근본 이유를 따져보면, 어찌 夷狄의 죄이겠는가. 중국 사람들이 감응하여 불러온 것이다.

옛날 平王이 동쪽으로 천도했을 적에 辛有가 伊川에 갔다가 머리를 산발하고 들에서 제사하는 자를 보고는 말하기를 "백 년 안으로 이 지역은 오랑캐들이 차지할 것이다." 하였는데, 뒤에 魯나라 僖公 때에 이르러 秦나라와 晉나라가 과연 陸渾의 戎族을 이곳으로 옮겼다. 아! 이미 못이 되었다면 장마 물이 저절로 돌아와 모이고, 이미 오랑캐 풍속을 하였다면 戎狄이 저절로 이르니, 氣數는 같은 것끼리 서로 감응하고 風聲은 같은 것끼리 서로 부르는바, 여기에는 연유가 있는 것이다. 漢나라 明帝 때를 당하여 황제는 이유 없이 꿈에 恍惚한 생각이 있었다 하여 먼 변방 사막에 사신을 보내어

【目】 劉淵이 左國城으로 천도하니, 오랑캐와 晉나라에서 귀의하는 자가 더욱 많았다. 유연은 여러 신하들에게 이르기를 "옛날에 漢나라가 천하를 소유한 기간이 長久하여 은혜가 백성들에게 깊이 베풀어졌다. 나는 漢나라의 외손으로 형제가 되기로 약속하였으니, 형이 죽으면 아우가 잇는 것이 또한 옳지 않겠는가." 하고는 마침내 국호를 漢이라고 公布하였다. 그리고 漢나라 高祖를 따라 漢王이라고 칭하고 蜀漢의 安樂公 劉禪을 높여 孝懷皇帝라 하고, 右賢王 劉宣을 丞相으로, 崔游를 御史大夫로, 後部의 사람인 陳元達을 黃門郎으로, 族子인 劉曜를 建武將軍으로 삼으니, 최유는 굳이 사양하고 취임하지 않았다.

**劉淵**이 **遷都左國城**하니 **胡, 晉歸之者愈衆**이라 **淵**이 **謂群臣曰 昔**에 **漢有天下 久長**하여 **恩結於民**이라 **吾**는 **漢氏之甥**으로 **約爲兄弟**하니 **兄亡弟紹 不亦可乎**아하고 **乃建國號曰漢**이라하다 **依高祖**하여 **稱漢王**하고 **尊安樂公禪**하여 **爲孝懷皇帝**하고 **以右賢王宣爲丞相**하고 **崔游爲御史大夫**하고 **後部人陳元達爲黃門郎**①하고 **族子曜爲建武將軍**②하니 **游固辭不就**하다

① 劉淵은 모두 漢나라 官制를 따랐다. 後部는 바로 匈奴의 北部이니, 新興에 거주하였다.
淵, 皆用漢官制. 後部, 卽匈奴北部也, 居新興.
② 沈約의 ≪宋書≫ 〈百官志〉에 "魏나라에서는 建武將軍을 설치했다." 하였다.
沈約志"魏置建武將軍."

【目】 陳元達은 젊어서부터 지조가 있었다. 劉淵이 일찍이 그를 불렀으나 응답하지 않

---

오랑캐 귀신인 부처를 맞이하고 오랑캐 책인 불교 서적을 가져와서 제왕의 궁궐을 지어 부처를 거처하게 하고 제왕의 높은 신분을 굽혀 부처를 섬겼다. 불교를 이처럼 높이 받들어 공경한 것은 고작 머리를 풀어 산발하고 들에서 제사하는 것과는 비교가 되지 않았다. 오랑캐로서 오랑캐를 불러 마침내 五胡가 中華를 어지럽히는 禍가 발생하여 北朝가 나누어 다스려지게 되는 발단을 만들었고, 蒙古가 천하를 통일하면서 오랑캐가 온 세상에 넘쳐나 중국의 토지와 인민이 모두 오랑캐의 소유가 되었다. 아! 성인이 다시 나오지 않는다면 중국의 제왕이 직접 이룩한 천하가 어찌 모두 오랑캐에게 망하지 않겠는가.〔嗚呼 此夷狄稱王稱帝之始 夫春秋謹華夷之辨 吳楚徐越 上世皆有顯功 通乎周室 本皆華夏之諸侯也 聖人以其不循分守 僭號稱王 遂一切以夷狄待之 其見于經 或稱以子 或不擧其國而稱其州 未嘗以其稱王而遂王之也 中國之變於夷者 聖人之書法 猶謹之如此 矧本夷狄稱王稱帝 而僭吾中國之大號 所謂德兼三皇功過五帝者哉 劉淵 本匈奴也 入我中華 僭我大號 今日以漢王書之 他日又以皇帝書之 春秋書法 豈若是哉 愚嘗因華夷盛衰之故 而歎世道升降之幾 自古夷狄爲中國害 莫甚於犬戎之弑幽王也 然旋卽遠遁 未有據中國之地 臣中國之人 僭中國之號 而至于數十年之久者 有之 始自劉淵焉 原其所以致此者 豈夷狄之罪哉 中國之人 有以感召之也 昔平王之東遷 辛有適伊川 見有被髮而祭于野者 曰 不及百年 此其戎乎 後至魯僖之時 秦晉果遷陸渾之戎于此 嗚呼 旣爲沮澤 潦水自歸 旣爲夷俗 戎狄自至 氣數之相感 風聲之相召 有由然矣 當漢明帝時 無故以夢寐恍惚之思 遣遐荒絶漠之使 迎胡鬼 致胡書 構帝王之宮以居之 屈帝王之尊以事之 其所以尊崇敬奉之者 不止被髮野祭而已也 以夷召夷 遂有五胡亂華之禍 濫觴於北朝之分治 滔天於蒙古之混一 而中國之土地人民 盡爲胡有矣 嗚呼 不有聖人復生 則中國帝王所自立之天下 幾何而不盡淪於夷哉〕" ≪發明≫

았다. 유연이 漢王이 되자 혹자가 그에게 이르기를 "그대는 두렵지 않은가?" 하니, 진원달이 웃으며 말하기를 "2, 3일 안에 파발마로 부르는 편지가 도착할 것이다." 하였는데, 그날 저녁에 유연이 과연 글을 보내어 불렀다. 진원달은 유연을 섬길 적에 충직한 말을 자주 올렸으나, 물러가면 초고를 삭제하여 비록 자제들이라도 알지 못하게 하였다.

劉曜는 태어나면서부터 눈썹이 희고 눈에 붉은 광채가 있었으며 어려서부터 총명하고 지혜롭고 담력과 큰 포부가 있었다. 일찍 아버지를 잃고 유연에게 양육되었는데, 장성하자 儀表가 훤칠하고 거룩하였으며 성품이 활달하고 高明하여 보통 사람과 무리 짓지 않았다. 책을 읽기 좋아하고 문장을 잘 지으며 한 치 두께의 쇠를 활로 쏘아 관통시키니, 劉聰이 그를 소중히 여겨서 漢나라 世祖(光武帝)와 魏나라 武帝(曹操)의 부류라 하였다.

元達이 少有志操라 淵이 嘗招之호되 不答이러니 及淵爲王에 或謂曰 君其懼乎아 元達이 笑曰 不過二三日에 驛書必至라하더니 其暮에 淵이 果徵之하다 元達이 事淵에 屢進忠言호되 退而削草하여 雖子弟라도 莫得知也①러라 曜生而眉白하고 目有赤光하며 幼聰慧하고 有膽量②이라 早孤하고 養於淵이러니 及長에 儀觀魁偉하고 性拓落高亮하여 與衆不群③하고 好讀書하고 善屬文하며 鐵厚一寸을 射而洞之④하니 劉聰이 重之하여 以爲漢世祖, 魏武帝之流라하니라

① 草는 아뢴 글의 草藁이다.
草, 奏藁也.

② 〈"有膽量"은〉 담력과 큰 포부가 있음을 이른다.
謂有膽氣志量.

③ 觀은 古玩의 切이다. "儀觀"은 儀形과 神觀(정신으로 나타남)이다. "拓落"은 활달한 모양이요, "高亮"은 高明한 뜻이다.
觀, 古玩切. 儀觀, 儀形神觀也. 拓落, 豁達之貌. 高亮, 高明之義.

④ 洞은 관통함이다.
洞, 貫也.

**【綱】 11월에 張方이 황제(晉 惠帝)를 長安으로 옮기니, 僕射 荀藩이 洛陽에 留臺를 세우고 皇后 羊氏를 다시 복위시켰다.**

十一月에 張方이 遷帝於長安하니 僕射荀藩이 立留臺于洛陽하고 復皇后羊氏하다

張方이 御駕를 겁박하여 長安으로 옮기다

【目】張方이 洛陽에 오랫동안 있자, 병사들이 노략질하니, 백성들의 재정이 거의 고갈되었다. 이에 군대를 이끌고 궁전으로 들어가서 자기가 탄 수레로 황제를 맞이해서 핍박하여 수레에 오르게 하니, 황제는 눈물을 떨구며 이를 따랐고, 장방으로 하여금 수레를 장만하여 궁인과 보물을 싣게 하였다. 軍人들이 이로 인하여 후궁들을 아내로 삼고 노략질하고, 창고에 있는 물건을 차지하려고 서로 다투었으며 流蘇가 달린 武帳(병기를 보관해두는 장막, 또는 武士를 무늬로 넣은 휘장)을 잘라 말안장으로 삼으니, 魏나라와 晉나라에서 저축해놓은 것들이 땅을 쓸 듯이 모두 없어졌다.

張方이 在洛旣久에 剽掠殆竭이라 乃引兵入殿하여 以所乘車迎帝하여 逼使上車어늘 帝垂泣從之하고 令方具車하여 載宮人, 寶物하니 軍人이 因妻略後宮하고 分爭府藏하며 割流蘇武帳하여 爲馬帴하니 魏, 晉蓄積이 掃地無遺①러라

① 武帳의 위에 流蘇(수레・깃발・휘장 등 가장자리에 늘어뜨린 술)의 꾸밈이 있으므로 "流蘇武帳"이라 하였다. 流蘇는 실을 감아 색을 입히고 수를 놓은 공에 五綵로 섞어서 同心結(비단실로 짠 끈을 고리형으로 엮은 매듭)을 만들어 아래로 드리운 것이다. 蘇는 수염과 같고 또 흩어진 모양인데, 그 술이 아래로 드리워져 있기 때문에 蘇라 한 것이다. 帴은 將先의 切이니, 말안장의 도구이다. 一本에는 韉으로 되어 있다.
武帳之上, 有流蘇之飾, 故曰流蘇武帳. 流蘇, 盤線繪繡之毬, 五綵錯爲之同心而下垂者也. 蘇, 猶鬚也, 又散貌. 以其蘂下垂, 故曰蘇. 帴, 將先切, 馬鞍具也. 一作韉.

**【目】** 張方이 황제와 司馬穎과 豫章王 司馬熾 등을 끼고 長安으로 달려가니, 司馬顒이 霸上에서 이들을 맞이하여 征西將軍의 府를 宮으로 삼았다. 오직 僕射 荀藩과 司隷 劉暾 등이 洛陽에 남아서 留臺를 만들고 制令을 받들어 일을 처리하면서 年號를 다시 永安이라 칭하였다. 羊后를 皇后로 세우고 洛陽을 東臺, 長安을 西臺라 칭하였다.

方이 擁帝及穎, 豫章王熾等하여 趨長安①하니 顒이 迎于霸上하여 以征西府爲宮②하다 唯僕射荀藩及司隷劉暾等이 在洛陽하여 爲留臺하여 承制行事하여 復稱永安하고 立羊后하고 號東, 西臺③러라

① 司馬熾는 太熙 원년(290)에 封地를 받았다.
熾, 太熙元年, 受封.
② 征西府는 征西將軍의 府이니, 司馬顒이 거처하는 곳이다.
征西府, 征西將軍府, 顒所居也.
③ 荀藩은 荀勖의 아들이다. 暾은 他昆의 切이다. 洛陽을 東臺라 하고, 長安을 西臺라 하였다.
藩, 勖之子也. 暾, 他昆切. 洛陽爲東臺, 長安爲西臺.

**【綱】** 12월에 太宰 司馬顒이 太弟 司馬穎을 폐위하고 다시 豫章王 司馬熾를 세워 皇太弟로 삼았다.

十二月에 太宰顒이 廢太弟穎하고 更(경)立豫章王熾하여 爲皇太弟[56]하다

56) 太宰顒……爲皇太弟 : "司馬顒과 司馬穎에 대해 '군대를 일으켜 반란했다.'고 쓴 뒤로부터 그들의 이름을 指斥하여 불렀을 뿐이다. 太宰는 사마옹이 스스로 된 것인데, '태재 사마옹'이라 씀은 어째서인가. 그가 칭한 것을 따라 칭한 것이니, 그의 도리에 어긋난 행위를 드러낸 것이다. 그리고 伏誅함에 이르러서는 다만 '河間王'이라고 칭하였다. 앞에서는 '표문을 올려 사마영을 太弟로 삼았다.'고 쓴 것은 비판한 것이었는데, 여기서 '태제 사마영'이라고 썼으니 여기서 사마영이 태제가 된 것을 이루어준 것은 어째서인가. 태제가 된 것을 이루어준 것은 거듭 사마옹을 죄책한 것이다 .사마옹이 표문을 올려 사마영을 태제로 삼은 것은 잘못이요, 사마영을 폐하고 다시 司馬熾를 태제로 세움은 더욱 큰 잘못이다.〔顒穎自書擧兵反 斥名而已 太宰 其自爲也 書曰太宰顒 何 因其稱而稱之 所以著其悖也 至伏誅則止稱河間王矣 前書表穎爲太弟 則譏之 此書太弟穎 是成之爲太弟 何也 成之爲太弟 所以重罪顒也 表爲太弟非矣 廢而更立 甚哉〕" ≪書法≫

【目】 황제의 형제 25명 중에 이때 생존한 자가 오직 司馬穎과 司馬熾, 吳王 司馬晏이었는데, 사마안은 재주가 용렬하였고 사마치는 검소하고 학문을 좋아하였다. 그러므로 太宰 司馬顒이 그를 세운 것이다. 詔令을 내려 사마영에게 本第로 돌아가게 하고, 사마옹을 都督中外諸軍事로 삼고, 또 東海王 司馬越을 太傅로 삼아 사마옹과 함께 帝室을 좌우에서 보필하게 하고, 王戎으로 하여금 조정의 정사를 참여하여 총괄하게 하고 王衍을 左僕射로 삼고 張方을 中領軍 錄尙書事로 삼았으며, 州郡으로 하여금 가혹한 정사를 제거하고 백성들을 사랑하고 농업에 힘쓰게 하였으며, 도로가 깨끗이 소통한 뒤에는 마땅히 東京(洛陽)으로 돌아가겠다 하였다.

사마옹은 사방이 乖離되어서 禍와 難이 그치지 않는다고 생각하였다. 그러므로 이 조령을 내려서 화해시켜 조금 편안해지기를 바란 것이었다. 사마월은 太傅를 사양하고 받지 않았다.

帝兄弟二十五人에 時存者唯穎, 熾及吳王晏①이라 晏은 材庸下하고 熾는 沖素好學이라 故太宰顒이 立之하니 詔穎還第하고 而以顒都督中外하고 又以東海王越爲太傅하여 與顒夾輔帝室하고 王戎이 參錄朝政하고 王衍이 爲左僕射하고 張方이 爲中領軍, 錄尙書事하다 令州郡蠲除苛政하고 愛民務本하며 淸通之後에 當還東京②하다 顒以四方乖離하여 禍難不已라 故下此詔하여 和解之하여 冀獲少安이러라 越이 辭太傅不受하다

① 司馬晏은 太康 10년(289)에 封地를 받았다.
晏, 太康十年受封.

② "淸通之後"는 병력으로 막고 있는 자가 군대를 해산해서 도로가 깨끗이 소통한 뒤를 이른다. 황제가 이때 長安에 있었으므로 洛陽을 일러 東京이라 한 것이다. ≪資治通鑑≫에는 "東京" 아래에 "크게 사면령을 내리고 改元을 하였다." 하니, 바로 永興이다.
淸通之後, 謂阻兵者解兵, 道路淸通之後也. 帝時在長安, 故謂洛陽爲東京. 通鑑, 東京下云"大赦, 改元." 卽永興.

---

"司馬顒과 司馬穎이 배반하고 반란을 일으켜서 번갈아 서로 겉과 속이 되었으니, 晉나라 황실의 혼란을 풀 수 없었던 이유가 이 두 사람의 죄에서 더욱 드러난다. 또 太弟가 이전에는 있지 않았는데 사마옹이 표문을 올려 세웠는바, 사마영 또한 의리를 돌아보지 않고 태제가 되었으며, 이제 사마영이 세력이 곤궁하자 사마옹은 또다시 그를 폐위하니, 사마옹과 사마영에 대해서는 본래 굳이 말할 것이 못 된다. 특별히 쓰고 여러 번 써서 우선 司馬氏〔典午氏〕의 혼란을 드러냈을 뿐이니, 이루 다 탄식할 수 있겠는가.〔顒穎反叛 更相表裏 晉室之亂 所以不可解者 二人之罪尤著 且太弟前此未有 而顒表立之 穎亦不顧義理而爲之 今穎勢窮 顒又從而廢之 在顒穎 本不足道也 特書屢書 姑以著典午氏之亂而已 可勝歎哉〕" ≪發明≫

【綱】 漢나라(前趙)가 太原과 西河郡을 침략하였다.

漢寇太原, 西河郡하다

【目】 漢王 劉淵이 劉曜를 보내 太原을 침략하여 泫氏(현지)를 점령하고, 喬晞를 보내어 西河를 침략하여 介休를 점령하게 하였다. 介休令 賈渾이 항복하지 않자, 교희가 그를 죽이고 장차 가혼의 아내 宗氏를 아내로 받아들이려 하였으나, 종씨가 교희를 꾸짖고 哭하자, 교희는 또다시 그녀를 살해하였다.

유연은 이 말을 듣고 크게 노하여 말하기를 "만일 天道가 知覺이 있다면 교희는 종자가 보존되기를 바랄 수 있겠는가." 하고는 뒤쫓아 돌아오게 해서 품계를 네 등급 낮추고 가혼의 시신을 거두어 장례하게 하였다.

漢王淵이 遣劉曜하여 寇太原하여 取泫氏①하고 喬晞寇西河하여 取介休②하다 介休令賈渾이 不降이어늘 晞殺之하고 將納其妻宗氏러니 宗氏罵晞而哭한대 晞又殺之하다 淵이 聞之하고 大怒하여 曰 使天道有知면 喬晞望有種乎아하고 追還하여 降秩四等하고 收渾屍하여 葬之하다

① 泫은 工玄의 切이다. ≪漢書≫ 〈地理志〉에는 "上黨에 泫氏縣이 있다." 하였다.
泫, 工玄切. 漢書地理志"上黨有泫氏縣."

② 介休縣은 漢나라 때에는 太原郡에 속하였고, 晉나라 때에는 西河郡에 속하였으며, 唐나라 때에는 汾州에 속하였다.
介休縣, 漢屬太原郡, 晉屬西河郡, 唐屬汾州.

# 思政殿訓義 資治通鑑綱目 제18권 상

-晉 惠帝 永興 2년(305)~晉 懷帝 永嘉 6년(312)-

≪資治通鑑綱目≫ 제18권은 乙丑年 晉나라 惠帝 永興 2년(305)부터 戊寅年 晉나라 元帝 太興 원년(318)까지이니, 모두 14년이다.

起乙丑晉惠帝永興二年하여 盡戊寅晉元帝太興元年하니 凡十四年이라

乙丑年(305)

【綱】 晉나라 孝惠皇帝 永興 2년이다.

二年이라

【目】 漢나라(前趙) 高祖 劉淵 元熙 2년이다.

漢元熙二年이라

【綱】 여름 4월에 張方이 다시 羊后를 폐위하였다.

夏四月에 張方이 復廢羊后[1)]하다

【綱】 가을 7월에 東海王 司馬越이 스스로 徐州都督을 겸하고, 격문을 돌려 張方을 토죄하였다.

---

1) 張方 復廢羊后 : "羊氏가 이때까지 모두 3번 폐출을 당하였다. 이보다 앞서 폐위하고 복위할 때 모두 '皇后 羊氏'라고 썼는데 여기에서 곧바로 '羊后'라고 쓴 것은 어째서인가. 생략한 것이다. 어찌하여 생략하였는가. 뒤에 '漢나라에서 妃 羊氏를 세워 后로 삼았다.'라고 쓴 것이 있으니, 여기의 양후가 바로 그 사람이다. 그러므로 생략한 것이다. ≪資治通鑑綱目≫이 끝날 때까지 后가 신하에 의하여 폐위되었다고 쓴 것이 3번인데(魏나라 張氏, 晉나라 賈氏·羊氏) 양씨처럼 3번 내침을 당한 자는 있지 않다.〔羊氏於是三廢矣 先是廢與復 皆書皇后羊氏 此其直書羊后 何 略之也 曷爲略之 後有書漢立妃羊氏爲后者 此其人也 故略之 終綱目 書后爲臣所廢者三(魏張氏 晉賈氏 羊氏) 未有三黜如羊氏者矣〕" ≪書法≫

◑ **秋七月**에 **東海王越**이 **自領徐州都督**하고 **傳檄**하여 **討張方**하다

【目】 東海의 中尉인 劉洽은 張方이 車駕(황제)를 위협하여 천도했다 해서 東海王 司馬越에게 그를 토벌할 것을 권하자, 사마월이 山東 지역에 격문을 돌렸는데, 격문에 "의병을 규합하여 거느리고서 천자를 맞이하여 옛 도읍인 洛陽으로 돌아가고자 한다." 하였다. 徐州長史 王脩가 徐州刺史인 東平王 司馬楙(사마무)를 설득하여 徐州를 사마월에게 주게 하니, 사마월은 이에 司空으로 徐州都督를 겸하고, 사마무는 스스로 兗州刺史가 되었다. 이때에 范陽王 司馬虓(사마효)와 王浚 등이 함께 사마월을 盟主로 추대하였다. 사마월이 전적으로 자사 이하를 선발하여 배치하니, 조정의 선비 중에 그에게 달려가는 자가 많았다.

**東海中尉劉洽**이 **以張方劫遷車駕**라하여 **勸東海王越討之**한대 **越**이 **傳檄山東**호되 **糾率義旅**하여 **迎天子**하여 **還舊都**①라하다 **徐州長史王脩 說**(세)**刺史東平王楙**하여 **以州授之**②한대 **越**이 **乃以司空**으로 **領徐州都督**하고 **楙自爲兗州刺史**하다 **於是**에 **范陽王虓及王浚等**이 **共推越爲盟主**라 **越**이 **輒選置刺史以下**하니 **朝士多赴之**③러라

① "舊都"는 洛陽을 이른다.
舊都, 謂洛陽.

② 司馬楙는 司馬望의 아들이니, 晉나라 武帝(司馬炎)가 선양을 받을 적에 東平王에 봉해졌다. 楙는 音이 茂이다.
楙, 望之子也. 武帝受禪, 封東平王. 楙, 音茂.

③ 輒은 전임함이다. 조정의 선비 중에 司馬越에게 달려간 자는 황제를 따라 長安에 있지 않았던 자들이다.
輒, 專也. 朝士赴越者, 不從帝在長安者也.

【綱】 成都王(司馬穎)의 옛 장수인 公師藩이 趙와 魏 지역을 침략하였다.

**成都故將公師藩**이 **寇掠趙, 魏**[2)]하다

2) 成都故將公師藩 寇掠趙魏 : "무릇 '故將(옛 장수)'이라고 쓴 것은 義를 인정한 것이다. 그런데 여기에서 '寇'라고 쓴 것은 어째서인가. 成都의 장수이기 때문이다. 公師藩을 '寇'라고 한 것은 司馬穎을 '寇'라고 한 것이다. 이 때문에 〈漢 高祖 5년(B.C. 202)에〉 楚가 역적인데 利幾가 楚의 옛 장수였으므로 '反'이라고 썼고, 사마영이 배반한 도둑인데 공사번이 사마영의 옛 장수였으므로 '寇'라고 썼으니 ≪資治通鑑綱目≫에서 포폄하는 것이 엄격하다. ≪자치통감강목≫이 끝날 때까지 '故將'이라고 쓴 것이 7번인데, 이기와 공사번은 그 義를 인정한 말이 아니다.〔凡書故將 予義也 此其書寇 何 成都將也 寇藩 所以寇穎也 是故楚逆賊也 利幾以楚故將書反 穎反寇也 公師藩以穎故將書寇 綱目之予奪 嚴矣 終綱目 書

【目】 成都王 司馬穎이 폐위되자, 河北 사람들 중에 그를 가엾게 여기는 사람이 많았다. 그의 옛 장수인 公師藩 등이 스스로 장군이라고 칭하고 趙와 魏 지역에서 군대를 일으키니, 병력이 수만에 이르렀다.

成都王穎이 既廢에 河北人이 多憐之①라 其故將公師藩等이 自稱將軍하고 起兵趙, 魏하니 衆至數萬②이러라

① 司馬穎이 鄴城에 진주해 있던 초기에는 당시 사람들의 칭송을 받았다. 뒤에 비록 교만과 사치로 禍를 초래하였으나, 河北 사람들은 난리를 싫어하고 옛날을 생각하였으므로 그를 가엾게 여긴 사람이 많았던 것이다.
穎鎭鄴, 初有時譽. 後雖以驕侈致禍, 河北之人, 厭亂而思舊, 故多憐之.
② 公師는 複姓이다.
公師, 複姓也.

【目】 처음에 上黨 武鄕의 羯族 출신인 石勒이 담력이 있고 말타기와 활쏘기를 잘하였다. 幷州에 큰 기근이 들자, 東嬴公 司馬騰이 山東에서 여러 오랑캐들을 붙잡아 팔아서 軍備를 충당하였는데, 이때 석륵도 붙잡혀 팔려서 茌平 사람 師懽의 노예가 되었다. 사환은 그의 용모를 기이하게 여겨 노예의 신분을 면해주었다. 석륵은 이에 牧師인 汲桑과 함께 壯士들을 규합하여 도둑 떼가 되었다.

公師藩이 군대를 일으키자, 급상과 석륵이 수백의 기병을 거느리고 그에게 달려가니, 급상이 처음으로 석륵에게 명하여 石을 姓으로 삼고 勒을 이름으로 삼게 하였다. 공사번이 郡縣을 공격하여 함락하고서 점차 전진하여 鄴城을 공격하였는데, 范陽王 司馬虓가 그의 장수 苟晞를 보내어 공사번을 격퇴하였다.

初에 上黨武鄕羯人石勒이 有膽力하고 善騎射①러라 幷州大饑하니 東嬴公騰이 執諸胡於山東하여 賣充軍實②할새 勒亦被掠하여 賣爲茌平人師懽奴③라 懽이 奇其狀貌而免之하니 勒이 乃與牧師汲桑으로 結壯士하여 爲群盜④라 及藩起에 桑與勒이 帥數百騎赴之하니 桑이 始命勒하여 以石爲姓하고 勒爲名⑤하다 藩이 攻陷郡縣하고 轉前攻鄴하니 范陽王虓 遣其將苟晞하여 擊走之하다

① 武鄕縣은 晉나라에서 설치한 것으로 上黨郡에 속하였는데, 뒤에 石勒이 나누어 武鄕郡을 설치하였다. 《晉書》 〈載記〉에 이르기를 "석륵은 흉노의 別部인 羌渠의 후손이다." 하였고, 또 《晉書》 〈匈奴傳〉에 이르기를 "변방 안에 들어와 살던 北狄은 19개의 종족이 있는데, 羯族은 그중 하나이다." 하였다.

---

故將七 惟利幾公師藩非予辭]" 《書法》

武鄕縣, 晉置, 屬上黨郡, 後石勒分置武鄕郡. 載記曰 "勒, 匈奴別部羌渠之胄." 又匈奴傳曰 "北狄入居塞內者, 有十九種, 羯, 其一也."

② "軍實"은 수레와 步兵, 병기와 꼴(말이나 소에게 먹이는 풀)과 양식의 따위를 이른다.
軍實, 謂車徒·器械·芻糧之類.

③ 茌은 仕疑의 切이다. 茌平縣은 前漢 때에는 東郡에 속하였고, 後漢 때에는 濟北國에 속하였고, 晉나라 때에는 平原國에 속하였다.
茌, 仕疑切. 茌平縣, 前漢屬東郡, 後漢屬濟北國, 晉屬平原國.

④ 牧帥는 말을 기르는 목장의 主帥(우두머리)이니, 茌平縣에 목장이 있었다.
牧帥, 馬牧之主帥. 茌平有牧苑

⑤ 石勒은 초명이 㔨이니, 㔨는 音이 背이다.
勒, 初名㔨. 㔨, 音背.

**【綱】** 8월에 東海王 司馬越과 范陽王 司馬虓가 군대를 징발하여 서쪽으로 가자, 豫州刺史 劉喬가 이들을 막았는데, 太宰 司馬顒이 張方을 보내어 유교를 돕게 하였다. 겨울 10월에 사마효를 기습하여 격파하였다.

八月에 東海王越과 范陽王虓 發兵西어늘 豫州刺史劉喬拒之러니 太宰顒이 遣張方助喬하여 冬十月에 襲虓破之하다

【目】東海王 司馬越이 琅邪王 司馬睿를 머물게 하여 平東將軍으로서 徐州의 軍事를 감독하게 하여 下邳를 지키게 하니, 사마예가 王導를 司馬로 삼아서 군대의 일을 왕도에게 맡길 것을 청하였다. 사마월은 3만의 甲士를 거느리고 서쪽으로 가서 蕭縣에 주둔하고 范陽王 司馬虓는 許昌에서 滎陽으로 가서 주둔하였는데, 사마월이 制命을 받들어 편의에 따라 豫州刺史 劉喬를 冀州刺史로 삼고 사마효로 하여금 예주자사를 겸하게 하자, 유교는 사마효가 천자의 명령으로 임명된 것이 아니라 하여 군대를 일으켜 항거하였다.

사마효는 劉琨(유곤)을 司馬로 삼고, 사마월은 劉蕃을 淮北護軍으로 삼고 劉輿를 潁川太守로 삼으니, 유교가 尙書省에 글을 올려서 유여 형제의 죄악을 나열하고는[3] 인하여

3) 유교가……나열하고는 : 劉喬가 올린 글의 내용은 다음과 같다. "寧川太守 劉輿는 范陽王 司馬虓를 협박하여 詔命을 거역하고 私黨을 심었으며 郡縣을 마음대로 겁박하여 군사들을 모았습니다. 또 유여 형제는 趙王 司馬倫과 인척이라는 이유로 권세를 농단하고 흉악무도한 짓을 하였습니다. 이들은 오래전에 주살을 당했어야 마땅한데 우연히 사면을 받아 목숨을 건졌습니다. 그런데도 소인은 거리끼는 바가 없어 악행이 날로 심해져서 제멋대로 苟晞를 兗州牧으로 삼아 王命을 금절시켰습니다." 유여 형제는 劉輿와 劉琨이다.

군대를 이끌고 許昌으로 가서 사마효를 공격하고 그의 아들 劉祐를 보내어 靈壁에서 사마월을 막게 하였다.

東海王越이 留琅邪王睿하여 以平東將軍으로 監徐州軍事하여 守下邳하니 睿請王導爲司馬하여 委以軍事하다 越이 帥甲卒三萬하여 西屯蕭縣①하고 范陽王虓 自許屯于滎陽②이러니 越이 承制하여 以豫州刺史劉喬로 爲冀州하고 使虓領豫州한대 喬以虓非天子命이라하여 發兵拒之하다 虓以劉琨爲司馬하고 越以劉蕃爲淮北護軍하고 劉輿爲潁川太守③하니 喬上尙書하여 列輿兄弟罪惡④하고 因引兵攻虓於許하고 遣其子祐하여 拒越於靈壁⑤하다

① 蕭縣은 漢나라 이래로 沛郡에 속하였다.
蕭縣, 自漢以來, 屬沛郡.
② 許는 바로 許昌이다.
許, 卽許昌.
③ 琨은 古渾의 切이다. 劉琨과 劉輿는 모두 劉蕃의 아들이다.
琨, 古渾切. 琨・輿, 皆蕃之子也.
④ 上(올리다)은 時掌의 切이니, 아래 "上事"의 上도 같다.
上, 時掌切. 下上事同.
⑤ 靈壁은 蕭縣에 있다.
靈壁, 在蕭縣.

【目】東平王 司馬楙가 兗州에 있으면서 끊임없이 조세를 징수하니, 郡縣들이 그 명령을 감당하지 못하였다. 司馬虓가 苟晞(구희)를 연주로 돌려보내고 사마무를 靑州로 옮기니, 사마무가 그의 명령을 따르지 않고 劉喬와 연합하였다. 司馬顒은 山東 지역에서 군대를 일으켰다는 말을 듣고는 매우 두려워하여 표문을 올려 成都王 司馬穎을 都督河北諸軍事로 삼아 다시 鄴城에 진주하게 하고, 司馬越 등에게 詔令을 내려 각각 封國으로 돌아가게 하였는데, 사마월 등은 그의 명을 따르지 않았다.

사마옹은 劉喬가 올린 일을 보고는 조령을 내리기를 "劉輿가 사마효를 협박하여 역모를 꾸몄으니, 鎭南將軍 劉弘과 征東將軍 劉準으로 하여금 유교와 힘을 합하게 하고, 張方을 都督으로 삼아서 함께 許昌에 모여 유여 兄弟를 주벌하라." 하고, 사마영으로 하여금 石超 等과 함께 河橋를 점거하여 유교의 후원이 되게 하였다. 劉弘이 유교와 사마월에게 편지를 보내어 하여금 원한을 풀고 군대를 해산하여 함께 왕실을 돕자고 말하였으나, 모두 따르지 않았다.

東平王楙在兗州하여 徵求不已하니 郡縣이 不堪命이라 虓遣苟晞하여 還兗州하고 徙楙靑州하니 楙不受命하고 與劉喬合하다 顒이 聞山東兵起하고 甚懼하여 表成都王穎都督河北諸軍事하여 復鎭鄴이러니 詔越等하여 各就國하니 越等이 不從하다 顒이 得喬上事하고 下詔하여 稱劉輿脅虓造逆하니 其令鎭南將軍劉弘과 征東將軍劉準으로 與喬幷力하고 以張方爲都督하여 共會許昌하여 誅輿兄弟①하고 使穎與石超等으로 據河橋하여 爲喬繼援하다 弘이 遺喬及越書하여 使解怨釋兵하여 同奬王室한대 皆不聽이러라

① 劉弘은 荊州를 都督하고 劉準은 揚州를 도독하였다.
弘都督荊州, 準都督揚州.

【目】 劉弘이 또다시 표문을 올려 다음과 같이 말하였다.

"지난번에 어지러이 전쟁이 일어난 뒤로부터 여러 왕이 원한을 맺어 옳고 그름이 자주 번복되어 서로 번갈아가며 전쟁을 일으키는 괴수가 되었으니, 서적이 있은 이래로 골육 간의 禍가 지금처럼 극심한 때가 있지 않았습니다. 만일 사방의 오랑캐가 빈틈을 타고 변란을 일으키면, 이 또한 사나운 호랑이가 서로 싸우다가 스스로 卞莊에게 잡히는 꼴[4)]이니, 속히 司馬越 등에게 명하여 쌍방이 모두 시기와 의심을 풀고 각각 나누어 점령한 지역을 보존하게 하되, 지금부터 멋대로 군대와 말을 일으키는 자가 있으면 천하가 함께 공격해야 합니다."

그러나 이때 司馬顒은 막 關東 지역을 점거하고 劉喬를 의지하여 원조로 삼고 있던 터라 그의 말을 받아들이지 않았다. 유교가 빈틈을 타고 許昌을 습격하여 격파하자, 劉琨과 劉輿, 司馬虓가 모두 河北으로 달아났다. 유홍은 張方이 잔인하고 포악하므로 사마옹이 반드시 패하리라는 것을 알고는 마침내 여러 군대를 거느리고 사마월에게 가서 그의 지휘를 받았다.

弘이 又上表曰 自頃兵戈紛亂으로 構於群王하여 翩其反(번)而하여 互爲戎首①하니 載籍以來로 骨肉之禍 未有如今者也②라 萬一四夷乘虛爲變이면 此亦猛虎交鬪하여 自效於卞莊者也니 謂宜速詔越等하여 令兩釋猜疑하고 各保分局③호되 自今으로 有擅興兵馬者어든 天下共伐之니이다 時에

4) 사나운……꼴 : 卞莊은 勇力이 뛰어났던 춘추시대 魯나라의 卞邑大夫 孟孫速이다. 어느 날 소를 잡아먹고 있는 호랑이 두 마리를 발견하고 활을 쏘아 잡으려고 하였는데, "서로 많이 먹으려고 다투다 보면 필시 작은 놈은 죽고 큰 놈도 크게 상처를 입을 것이니, 그때 잡으면 일거양득입니다."라고 한 하인의 충고를 듣고 기다렸다가 두 마리의 호랑이를 손쉽게 잡았던 고사가 있다.(≪古今事文類聚後集≫ 권36)

顒이 方拒關東하고 倚喬爲助하여 不納하다 喬乘虛襲許하여 破之한대 琨, 輿及虓 俱犇河北하니 弘以張方殘暴하여 知顒必敗하고 乃帥諸軍하여 受越節度하다

① "翩其反而"는 是非가 번복되기 쉬움을 말한 것이니, 司馬冏과 司馬乂, 司馬穎과 司馬顒의 일이 진실로 이와 같았다. "互爲戎首"는 번갈아 전쟁을 일으킨 괴수가 됨을 말한 것이다.
翩其反而, 言是非反覆之易, 冏・乂・穎・顒之事誠如此. 互爲戎首 言迭爲興戎之首也.

② "載籍"은 竹簡이니, 여기에 사실을 기재하기 때문에 '載籍'이라고 한 것이다.
載籍, 竹簡也. 以之記載, 故曰載籍.

③ 分(나누다)은 扶問의 切이다.
分, 扶問切.

【綱】 孛星이 北斗星에 나타났다.

有星孛于北斗하다

【綱】 11월에 將軍 周權이 詔命을 사칭하여 羊后를 세웠는데, 이 일이 발각되어 죽임을 당하였다.

◑ 十一月에 將軍周權이 矯詔하여 立羊后러니 事覺하여 伏誅[5]하다

---

5) 將軍周權……伏誅 : "羊后가 신하에게 폐위를 당했으면 양후를 다시 세우는 것이 바른 처사인데, '伏誅'라고 쓴 것은 어째서인가. 詔令을 사칭하였기 때문이다. ≪資治通鑑綱目≫에 '矯'라고 쓴 것이 많으나, 모두 일이 성공한 경우이다. 그리하여 ≪자치통감강목≫엔 '矯'라고 써서 백성들에게 군주가 있음을 겨우 보였을 뿐, 조령을 사칭하면 마땅히 죽여야 함을 나타낸 적이 없었다. 그런데 이때 周權이 조령을 사칭하고 실패한 뒤에야 ≪자치통감강목≫에서 그 죄를 바르게 지적하여 '伏誅'라고 썼으니 이는 조령을 사칭하는 벌을 밝혀 후세의 경계로 삼아서 '矯'라고 쓴 것은 모두 다 마땅히 죽임을 당해야 할 것임을 알게 한 것이다.〔羊后爲臣所廢 則立之 正也 書伏誅 何 矯詔也 綱目書矯多矣 然皆事成者也 綱目僅得以矯書之 示民有君而已 未有以見矯之當誅也 於是周權矯詔而敗 然後綱目正名其罪 書曰伏誅 所以明矯詔之罰 爲後世戒 使知凡書矯者 皆當誅者也〕" ≪書法≫
"羊后가 죄 때문에 폐위되지 않았으니, 그녀의 지위를 회복시킨 것은 바른 처사이다. 그러나 周權의 일이 발각되자 마침내 '伏誅'라고 쓴 것은 어째서인가. 황후는 천하의 어머니인데 주권이 偏校(지위가 낮은 武官)의 신분으로 조령을 사칭하여 황후로 세우고자 하였으니, 옳은 義가 아니다. 어찌 죽임을 당하지 않을 수 있겠는가.〔羊后廢不以罪 則復之者 正也 然周權事覺 乃以伏誅書之 何哉 皇后 天下之母也 權以偏校 乃欲矯詔立之 非其義矣 不誅何待〕" ≪發明≫
≪資治通鑑≫에 보면 다음과 같다. "立節將軍 周權이 거짓된 격문(司馬越의 격문)을 받고 스스로 西平將軍을 칭하고 다시 羊后를 세웠는데, 洛陽令 何喬가 주권을 공격하여 죽였다. 太宰 司馬顒이 조령을 사칭하기를 '양후가 누차 간사한 사람들에 의해 세워졌다.' 하여 尙書 田淑을 보내서 留臺에 신칙하여 황후에게 사약을 내리게 하였다.

【目】 이때 太宰 司馬顒이 詔令을 사칭하여 留臺[6)]에 명해서 羊后에게 사약을 하사하게 하였는데, 司隷校尉 劉暾이 上奏하여 固執해서 죽음을 免하게 되었다. 사마옹이 유돈을 체포하려 하자, 유돈은 青州로 달아났다.

於是에 太宰顒이 矯詔하여 勅留臺하여 賜后死①한대 司隷校尉劉暾이 上奏固執하여 得免이라 顒이 欲收暾한대 暾이 犇青州하다

① 이때 荀藩, 劉暾, 周馥이 留臺에 있었다.
時, 荀藩·劉暾·周馥居留臺.

【綱】 12월에 成都王 司馬穎이 洛陽을 점거하였다.

十二月에 成都王穎이 據洛陽하다

【綱】 范陽王 司馬虓가 스스로 冀州刺史를 겸하고 司馬穎의 장수 石超를 공격하여 참수하니, 劉喬의 무리가 궤멸되었다.

◑范陽王虓自領冀州刺史하고 擊穎將石超하여 斬之하니 劉喬衆潰하다

【目】 劉琨이 冀州刺史 溫羨을 설득하여 范陽王 司馬虓에게 지위를 양보하게 하였다. 사마효가 劉琨을 王浚에게 보내어 구원병을 청하게 하고, 마침내 군대를 이끌고 황하를 건너가 滎陽에서 石超를 공격하여 참수하고 동쪽으로 司馬越을 맞이하였으며, 또다시 劉祐를 譙 지역에서 공격하여 죽이니, 劉喬의 무리가 궤멸하여 달아났다.

劉琨이 說(세)冀州刺史溫羨하여 使讓位於范陽王虓하니 虓遣琨하여 乞師於王浚하고 遂引兵濟河하여 擊斬石超於滎陽하고 東迎越하고 又擊劉祐於譙하여 殺之하니 喬衆潰而走하다

【綱】 東海王 司馬越이 전진하여 陽武에 주둔하니, 王浚이 장수 祁弘을 보내어 군대를 거느리고 가서 돕게 하였다.

東海王越이 進屯陽武하니 王浚이 遣將祁弘하여 將兵助之①하다

① 陽武縣은 漢나라 때에는 河南郡에 속하였고, 晉나라 때에는 滎陽郡에 속하였다. 祁는 姓

---

6) 留臺 : 제왕이 변고로 京師를 떠날 적에, 경사의 수비를 위해 남겨두었던 관서를 이른다.

이다.
陽武縣, 漢屬河南郡, 晉屬滎陽郡. 祁, 姓也.

【綱】 陳敏이 江東을 점거하자, 劉弘이 江夏太守 陶侃을 보내어 군대를 거느리고 가서 토벌하여 격파하게 하였다.

◑ 陳敏이 據江東이어늘 劉弘이 遣江夏太守陶侃하여 將兵討破之하다

【目】 처음에 陳敏이 石冰을 이긴 뒤에 용맹과 지략이 자신을 대적할 자가 없다고 생각하여 마침내 歷陽을 점거하고서 배반하였다. 吳王의 常侍인 甘卓이 벼슬을 버리고 돌아오자, 진민은 아들 陳景을 감탁의 딸에게 장가들게 하고, 감탁으로 하여금 거짓으로 皇太弟의 命이라 칭하고서 자신을 揚州刺史로 제수하게 하였다. 또 錢端 등으로 하여금 남쪽으로 江洲를 경략하게 하고, 아우 陳斌(진빈)으로 하여금 동쪽으로 여러 郡을 경략하게 하였다. 마침내 江東을 점거하여 顧榮을 右將軍으로, 賀循을 丹陽內史로, 周玘를 安豐太守로 삼았으며, 豪傑과 名士들을 모두 거두어 예우하였다.

그러나 하순은 거짓으로 미친 체하여 관직에 제수되는 일을 피하고 주기 또한 병을 핑계로 사양하니, 진민은 여러 名士들이 자기를 위해 쓰이려 하지 않는 것이라고 의심해서 모두 죽이려고 하였다. 고영이 말하기를 "장군은 不世出한 武勇을 지니셨으니, 만약 군자들을 믿고 맡겨서 하찮은 일에 근심하는 혐의를 없애고 참소하고 아첨하는 입을 막는다면, 長江 상류 지역의 여러 州를 격문만 돌리고도 평정할 수 있을 것입니다. 그렇지 않으면 끝내 성공할 수가 없습니다." 하니, 진민은 마침내 중지하였다.

初에 敏이 旣克石冰에 自謂勇略無敵이라하여 遂據歷陽以叛①하다 吳王常侍甘卓이 棄官歸②어늘 敏爲子景하여 娶卓女하고 使卓假稱皇太弟命하여 拜敏揚州刺史하다 又使錢端等으로 南略江州하고 弟斌東略諸郡③하고 遂據江東하여 以顧榮爲右將軍하고 賀循爲丹陽內史하고 周玘爲安豐太守하고 豪傑名士를 咸加收禮④하다 循이 佯狂得免하고 玘亦稱疾하니 敏이 疑諸名士不爲己用하여 欲盡誅之어늘 榮曰 將軍은 神武不世하니 若能委信君子하여 散蔕(체)芥之嫌하고 塞(색)讒諂之口하면 則上方數州를 可傳檄而定이어니와 不然이면 終不濟也리라 敏이 乃止⑤하다

① 歷陽縣은 漢나라 때에는 九江郡에 속하였는데, 魏나라 때에는 구강군을 고쳐 淮南이라 하였고, 晉나라 때에는 그대로 그 이름(회남)을 따랐다.

歷陽縣, 漢屬九江郡, 魏改九江曰淮南, 晉因之.

② 晉나라의 여러 王國 중에 大國은 左常侍·右常侍 각각 한 사람을 두었다.
晉諸王國, 大國置左右常侍各一人.

③ 元康 원년(291)에 荊州와 揚州의 지역 10개 郡을 떼어 江州를 설치하였다.
元康元年, 割荊·揚二州之地十郡, 置江州.

④ 安豐縣은 後漢 때에는 廬江郡에 속하였고, 魏나라 때에는 여강군을 나누어 安豐郡을 만들었다.
安豐縣, 後漢屬廬江郡. 魏分廬江爲安豐郡.

⑤ 蒂는 丑介의 切이니, "蒂芥"는 가시이다. "上方數州"는 揚州의 서쪽인 荊州, 江州, 豫州, 梁州, 益州 등을 이른다.
蒂, 丑介切. 蒂芥, 刺鯁也. 上方數州, 謂揚州以西荊·江·豫·梁, 益等州也.

【目】 太宰 司馬顒이 張光을 順陽太守로 삼아 보병과 기병을 거느리고 가서 陳敏을 토벌하게 하였다. 劉弘이 江夏太守 陶侃을 보내어 夏口에 주둔하게 하고 또 南平太守 應詹(응첨)을 보내어 水軍을 감독하여 뒤를 잇게 하니, 도간과 진민은 같은 郡 출신이고 또 같은 해에 관리로 천거되었다. 혹자가 유홍에게 이르기를 "도간이 혹시라도 딴마음을 품으면 荊州 지역은 東門이 없게 될 것입니다." 하였다. 유홍이 말하기를 "내가 도간의 충성과 재능을 안 지 이미 오래이니, 반드시 그런 일은 없을 것이다." 하였다.

도간은 이 말을 듣고 아들 陶洪을 유홍에게 보내서 자신의 뜻을 확실하게 밝히니, 유홍은 도홍을 발탁하여 參軍으로 삼고 재물을 주어 보내며 말하기를 "匹夫가 교제할 때에도 마음을 저버리지 않는데, 하물며 대장부이겠는가." 하였다.

太宰顒이 以張光爲順陽太守하여 帥步騎討敏[①]하다 劉弘이 遣江夏太守陶侃하여 屯夏口하고 又遣南平太守應詹하여 督水軍以繼之[②]하니 侃與敏同郡이요 又同歲擧吏[③]라 或謂弘曰 侃이 脫有異志면 則荊州無東門矣리라 弘曰 侃之忠能을 吾得之已久하니 必無是也리라 侃이 聞之하고 遣子洪하여 詣弘以自固하니 弘이 引爲參軍하고 資而遣之曰 匹夫之交도 尙不負心이어든 況大丈夫乎[④]아

① 順陽縣은 前漢에서는 博山이라 하였는데, 後漢 明帝가 順陽으로 이름을 고쳐 南陽郡에 속하게 하였다. 獻帝 建安 연간(196~220)에 이르러 南陽의 오른쪽 지역을 떼어 南鄕郡을 삼았으며, 晉나라 武帝 太康 연간(280~289)에 順陽郡을 세우고는 南鄕을 縣으로 삼았다.
順陽縣, 前漢曰博山, 後漢明帝更名順陽, 屬南陽郡. 至建安中, 割南陽右壤, 爲南鄕郡. 晉太康中, 立順陽郡, 以南鄕爲縣.

② 吳나라가 南郡을 江南에 설치하였는데, 晉나라가 吳나라를 평정하고는 南平이라고 이름을

고쳐 江北의 南郡과 구별하였다. 應詹은 사람의 성명이다.
吳置南郡於江南. 晉平吳, 改曰南平, 以別江北之南郡. 應詹, 姓名.

③ 陶侃과 陳敏은 모두 廬江 사람이며, 같은 해에 천거되어 京師(洛陽)로 갔다.
侃與敏皆廬江人. 同歲擧赴京師.

④ "資而遣之"는 재물을 주어 돌려보냄을 말한 것이다.
資而遣之, 謂以貨物資送而遣其歸.

【目】 陳敏이 陳恢를 보내어 武昌을 침략하자, 陶侃이 그를 막을 적에 漕運船을 戰艦으로 삼으니 혹자가 불가하다고 하였으나, 도간은 말하기를 "관의 조운선을 사용하여 관의 적을 공격하는 것이 어찌 불가하겠는가." 하였다.

도간은 진회와 싸워 여러 번 격파하고 또 皮初, 張光과 함께 長岐에서 錢端을 격파하였는데, 혹자가 劉弘을 설득하기를 "장광은 太宰(司馬顒)의 심복이니, 公이 이미 東海王(司馬越)의 편에 섰다면 마땅히 장광을 참수하여 向背를 분명히 밝혀야 합니다." 하였다. 유홍은 말하기를 "宰輔의 잘잘못이 어찌 장광의 죄이겠는가. 남을 위태롭게 하여 스스로 편안함을 취하는 일은 군자가 하지 않는다." 하고는, 마침내 표문을 올려 장광의 공훈을 아뢰고 그를 발탁하여 승진시켜 줄 것을 청하였다.

**敏**이 **遣陳恢**하여 **寇武昌**[①]이어늘 **侃**이 **禦之**할새 **以運船爲戰艦**하니 **或以爲不可**한대 **侃曰 用官船擊官賊**이 **何爲不可**리오 **侃**이 **與恢戰**하여 **屢破之**하고 **又與皮初, 張光**으로 **共破錢端於長岐**[②]러니 **或**이 **說**(세)**弘曰 張光**은 **太宰腹心**이니 **公**이 **旣與東海**면 **宜斬光以明向背**[③]니라 **弘曰 宰輔得失**이 **豈張光之罪**리오 **危人自安**은 **君子弗爲也**라하고 **乃表光勳**하여 **乞加遷擢**하다

① 陳恢는 陳敏의 아우이다.
恢, 敏之弟也.

② 長岐는 마땅히 江夏郡의 경계에 있을 것이다.
長岐, 當在江夏郡界.

③ 東海王은 바로 司馬越이다.
東海, 卽越也.

【綱】 漢나라(前趙) 離石 지역에 큰 기근이 들었다.

**漢離石**이 **大饑**하다

## 丙寅年(306)

【綱】 晉나라 孝惠皇帝 光熙 원년이다.

光熙元年이라

【目】 漢나라(前趙) 高祖 劉淵 元熙 3년이고, 成나라 太宗 李雄 晏平 원년이다.

漢元熙三年이요 成晏平元年이라

【綱】 봄 정월 초하루에 일식이 있었다.

◑ 春正月朔에 日食하다

【綱】 太宰 司馬顒이 張方을 죽이니, 成都王 司馬穎이 長安으로 달아났다.

◑ 太宰顒이 殺張方하니 成都王穎이 奔長安[7]하다

【目】 東海王 司馬越이 군대를 일으킬 적에 사람을 보내어 太宰 司馬顒을 설득하게 하면서 그에게 황제를 받들어 洛陽으로 돌아오게 하고, 陝(섬) 지역을 경계로 삼아서 각자 伯이 되어 다스릴 것을 약속하였다. 사마옹은 그 말을 따르고자 하였으나, 張方은 자신

---

7) 太宰顒……奔長安 : "張方에게 '誅'라고 쓰지 않은 것은 司馬顒에게 토벌을 인정하지 않은 것이다. 장방의 죄는 사마옹이 시킨 것이다.〔方不書誅 不予顒以討也 方之罪 顒爲之〕" ≪書法≫

"張方이 한 번 죽음으로는 그 죄를 다 속죄할 수가 없으니, 어찌 제왕의 誅罰을 바로잡지 않을 수 있겠는가. 그러나 司馬顒의 입장에서는 장방을 주벌할 수가 없는 것이다. 저 장방이 약삭빠른 자질로 감히 亂을 일으켜 잔악하게 도륙하고 태자와 황후를 폐하고 천자를 협박한 것은 실로 누가 그렇게 하도록 시킨 것인가. 그러다가 事勢가 곤궁하게 되자, 사마옹이 마침내 그의 幕下 사람을 유인하여 장방을 죽이게 하였으니, 이것이 어찌 하늘의 토벌이 될 수 있겠는가. 亂臣賊子는 법에 마땅히 주벌해야 하지만 만일 자기가 그렇게 하도록 시키고 자기가 죽이면 이 또한 군자가 인정하지 않는 것이다. 더구나 사마옹은 실로 장방을 죽여서 그 죄를 바로잡을 수 있는 자가 아니요, 장방의 머리를 빌려서 司馬越에게 화친을 구하려고 했을 뿐이다. 그러므로 특별히 '顒殺(사마옹이 죽였다.)'이라고 써서 이를 드러내었으니, 이는 장방이 진실로 마땅히 주살을 당해야 하나 사마옹이 주살할 수 있는 것이 아님을 나타낸 것이다. 만약 '殺'이라고 쓴 것으로 한결같이 논한다면 그 본래의 뜻을 잃는 것이다.〔張方一死 不足以盡其罪 盍正王誅 然在顒則不得而誅之也 彼其以桀黠之資 所以敢行稱亂 殘虐屠戮 廢儲后 刦天子者 誰實使之然哉 及事窮勢蹙 乃誘其帳下 使殺之 是豈得爲天討耶 夫亂臣賊子 法所當誅 若己使之 己殺之 則亦君子之所不予 況顒實非能殺張方以正其罪 止欲借方首以求成於越耳 故特書顒殺以表之 所以見方固當誅 而非顒之所得誅也 若槪以書殺論之 則失其旨矣〕" ≪發明≫

司馬顒이 張方을 모살하다

의 죄가 무거워 가장 먼저 주벌을 당하게 될까 염려해서, 사마옹에게 이르기를 "지금 형세가 유리한 지역을 점거하고 있어서 나라가 부유하고 군대가 강성하니, 천자를 받들어 천하에 호령하면 누가 감히 따르지 않겠습니까. 어찌하여 아무것도 하지 않고 팔짱을 끼고서 남에게 제재를 받으려 하십니까." 하니, 사마옹이 이에 사마월과 연합하려던 생각을 접었다.

그러다가 劉喬가 실패하자, 사마옹이 두려워하여 군대를 해산하고자 하였으나, 장방이 따르지 않을까 염려하여 마침내 장방의 帳下督[8]인 郅輔(질보)를 유인하여 장방을 죽이게 하고 장방의 首級을 사마월에게 보내어 화친을 청하였다. 그러나 사마월은 이를 허락하지 않고 祁弘 등을 보내어 鮮卑族을 거느리고 서쪽으로 가서 車駕(황제)를 맞이

8) 帳下督 : 軍中의 보좌관의 일종으로 행군 중 帳中에 거하는 경우가 많기 때문에 이렇게 이른 것이다. 帳下督은 魏나라 왕공 중에 군대를 통솔하는 자, 한 방면에 임명된 자, 장군 등에게 1인을 두는데 帳下의 병사(親兵)를 통솔하며 7품관이다. 이후 晉나라에서도 두었다.

하게 하였다. 宋胄 등이 전진하여 洛陽 가까이 접근하니, 司馬穎이 長安으로 달아났다.

東海王越之起兵也에 使人說(세)太宰顒호되 令奉帝還洛하고 約與分陝爲伯하니 顒이 欲從之러니 張方이 自以罪重하여 恐爲誅首[①]하여 謂顒曰 今據形勝之地하여 國富兵彊하니 奉天子以號令이면 誰敢不從이리오 奈何拱手受制於人이니잇고 顒이 乃止하다 及劉喬敗에 顒이 懼하여 欲罷兵호되 恐方不從하여 乃誘方帳下督郅輔하여 使殺方하여 送首於越하여 以請和러니 越이 不許하고 遣祁弘等하여 帥鮮卑하여 西迎車駕하고 宋胄等이 進逼洛陽하니 穎이 奔長安하다

① 〈"自以罪重 恐爲誅首"는 張方 자신이〉 洛陽을 노략질하고 천자를 위협하여 서쪽으로 천도하게 하였기 때문이다.
以剽掠洛都, 劫天子西遷也.

【綱】 3월에 五苓(오령)의 夷族이 寧州 지역을 침략하니, 寧州刺史 李毅가 卒하였다.

三月에 五苓夷寇寧州하니 刺史李毅卒하다

【目】 寧州에 여러 해 동안 기근이 들고 역병이 유행하였는데, 五苓의 夷族이 강성하여 마침내 寧州의 성을 포위하였다. 刺史 李毅가 병으로 卒하였는데, 딸 李秀가 총명하고 사리에 통달하여 아버지의 풍모가 있으므로 여러 사람들이 그녀를 추대하여 州의 일을 대행하게 하였다. 이수는 전사들을 장려하여 성을 견고히 지키고, 성안에 양식이 떨어지자 쥐를 잡아 구워 먹고 풀뿌리를 뽑아 먹으며, 夷族들이 조금이라도 느슨하면 그를 틈타 곧바로 군대를 출동하여 습격해서 격파하였다.

寧州頻歲饑疫하고 五苓夷彊盛하여 遂圍州城[①]이러니 李毅病卒하니 女秀明達하여 有父風하니 衆推領州事하다 秀獎厲戰士하여 嬰城固守하고 城中糧盡이어늘 炙鼠拔草而食之하며 伺夷稍怠하여 輒出兵掩擊하여 破之하다

① 苓은 力丁의 切이다. 五苓의 夷族은 寧州 변방에 있는 부락(부족)의 이름이다.
苓, 力丁切. 五苓夷, 寧州附塞部落之名.

【綱】 여름 4월에 東海王 司馬越이 전진하여 溫 지역에 주둔하고, 祁弘을 보내어 長安으로 들어가서 황제를 받들어 모시고 동쪽으로 돌아오게 하였다.

夏四月에 東海王越이 進屯溫하고 遣祁弘하여 入長安하여 奉帝東還하다

【目】太宰 司馬顒이 군대를 보내어 祁弘 등을 湖에서 막자, 기홍이 이들을 격파하고 마침내 서쪽으로 關中에 들어가서 또다시 사마옹의 군대를 霸水에서 패퇴시키니, 사마옹이 한 필의 말을 타고 太白山으로 도망하여 들어갔다. 기홍 등이 長安에 들어가자 휘하의 鮮卑族이 크게 노략질하여 2만여 명을 죽이니, 百官들이 사방으로 흩어져서 산중으로 들어가 상수리 열매를 주워 먹었다.

기홍 등이 황제를 받들어 모시고서 소가 끄는 수레를 타고 동쪽으로 돌아오니, 관중 지역이 모두 東海王 司馬越에게 복종하였고, 사마옹은 겨우 장안의 한 성만 지킬 뿐이었다.

太宰顒이 遣兵하여 拒祁弘等於湖어늘 弘이 擊破之하고 遂西入關하여 又敗其兵於霸水하니 顒이 單馬逃入太白山[①]하다 弘等이 入長安에 所部鮮卑大掠하여 殺二萬餘人하니 百官이 犇散하여 入山中하여 拾(습)橡實食之[②]러라 弘等이 奉帝하여 乘牛車東還하니 關中이 皆服於東海王越하고 顒은 保城而已러라

① 《新唐書》〈地理志〉에 "太白山은 鳳翔府 郿縣에 있다." 하였다.
新唐書地理志"太白山, 在鳳翔府郿縣."

② 橡은 상수리 열매이니, 밤과 비슷한데 크기가 작다.
橡, 栩實也, 似栗而小.

【綱】6월에 황제(晉 惠帝)가 洛陽에 이르러 羊后의 지위를 회복시켰다.

六月에 至洛陽하여 復羊后하다

【綱】成都王 李雄이 成나라 皇帝를 칭하였다.

◑成都王雄이 稱成皇帝하다

【目】李雄이 황제에 즉위하여 국호를 大成이라 하고 아버지 李特을 추존하여 景皇帝라 하였다. 처음에 范長生이 〈青城山에서〉 成都로 나오니, 이웅이 조서를 손에 잡고서 문에서 맞이하여 丞相을 제수하고 范賢이라고 존칭하였었는데, 이때에 이르러 그를 天地太師라 칭하였다. 이때 여러 장수들이 이웅의 은총을 믿고서 서로 반열의 지위를 다투

자, 尙書令 閻式이 漢나라와 晉나라의 故事를 참고하여 百官의 제도를 세울 것을 청하니, 이웅이 그의 말을 따랐다.

雄이 卽帝位하여 國號大成하고 追尊父特曰景皇帝라하다 初에 范長生이 詣成都①하니 雄이 門迎執板하여 拜爲丞相하고 尊之曰范賢②이러니 至是하여 以爲天地太師하다 時에 諸將이 恃恩하여 互爭班位어늘 尙書令閻式이 請考漢, 晉故事하여 立百官制度하니 從之하다

① 靑城山에서 成都로 나온 것이다.
自靑城山, 詣成都也.
② 板은 詔書이다.
板, 詔書也.

【綱】 가을 7월 초하루에 일식이 있었다.

秋七月朔에 日食하다

【綱】 8월에 東海王 司馬越을 太傅 錄尙書事로 삼고, 范陽王 司馬虓를 司空으로 삼아서 鄴城에 진주하게 하였다.

◑ 八月에 以東海王越爲太傅, 錄尙書事하고 范陽王虓爲司空하여 鎭鄴하다

【目】 司馬越이 庾敳(유애)를 軍諮祭酒로, 胡母輔之를 從事中郎으로, 郭象을 主簿로, 阮脩를 行參軍으로, 謝鯤을 掾으로 삼았는데, 유애 등은 모두 玄妙하고 虛無한 道를 숭상하여 세상의 일을 마음에 두지 않았고 술을 마시며 방종하였다. 유애는 끝없이 재물을 증식하려 하였고, 곽상은 행실이 경박하여 권세를 부리기를 좋아하였으나, 사마월은 이들 모두 名望이 높다 하여 辟召하였다.

越以庾敳爲軍諮祭酒①하고 胡母輔之爲從事中郎하고 郭象爲主簿하여 阮脩爲行參軍하고 謝鯤爲掾②하니 敳等皆尙虛玄하여 不以世務嬰心하고 縱酒放誕이라 敳는 殖貨無厭하고 象은 薄行하여 好招權하되 越이 皆以其名重이라하여 辟之하다

① 敳는 魚開의 切이다.
敳, 魚開切.
② 晉나라 列卿은 각각 丞을 둔다.[9] 行參軍은 參軍事의 아래에 있는데, 행참군은 蜀漢의 丞相

9) 晉나라……둔다 : 본문 "阮脩爲行參軍"은 ≪資治通鑑≫에 "鴻臚丞阮脩爲行參軍"으로 되어 있고 ≪자치

諸葛亮의 丞相府에서 시작되었다.

晉列(鄕)〔卿〕,[10] 各置丞. 行參軍, 在參軍事之下. 行參軍, 始於蜀丞相諸葛亮府.

**【綱】 荊州都督 新城公 劉弘이 卒하였다.**

**荊州都督新城公劉弘**이 **卒**하다

【目】 이때 천하가 크게 혼란하였으나 劉弘이 江, 漢 지역을 전적으로 都督하여 위엄이 남쪽 지역에까지 미쳤다. 유홍은 일이 성공하면 말하기를 “아무개의 功이다.”라 하고, 만일 실패하면 “이 늙은이의 죄이다.”라 하였으며, 매번 군대를 동원하고 재물을 징발할 때마다 손수 守와 相에게 편지를 써서 간곡하고 다정하게 말하니, 사람들이 모두 감동하고 기뻐하여 다투어 그에게 달려가면서 말하기를 “劉公의 편지 한 장을 얻는 것이 10명의 部從事보다 낫다.” 하였다. 辛冉(신염)이 유홍에게 천하를 縱橫하는 일로 설득하자, 유홍이 노하여 그를 참수하였다. 이때에 유홍이 卒하니, 시호를 元이라 하였다.

**時**에 **天下大亂**호되 **弘**이 **專督江, 漢**하여 **威行南服**①하니 **事成則曰某人之功**이라하고 **如敗則曰老子之罪**라하고 **每有興發**에 **手書守, 相**하여 **丁寧款密**②하니 **人皆感悅**하고 **爭赴之**하여 **咸曰 得劉公一紙書**가 **賢於十部從事**③라하니라 **辛冉**이 **說**(세)**弘以從橫之事**어늘 **弘**이 **怒**하여 **斬之**러니 **至是卒**하니 **謚曰元**이라하다

① “南服”은 南方이다. 服이라고 한 것은 天子에게 복종하여 섬김을 직책으로 삼을 것을 요구하는 뜻이다.

南服, 南方也. 謂之服者, 責以服事天子爲職.

② “興發”은 군대를 일으켜 무리를 동원하고 재물과 賦稅를 조달함을 이른다. 相(정승)은 息亮의 切이다.

興發, 謂興師動衆, 調發財賦. 相, 息亮切.

③ 賢(낫다)은 勝이라는 말과 같다. 部從事는 都督의 屬官이니, 秩이 百石이었다. 이보다 앞서 매번 興發이 있을 때마다 반드시 부종사에게 명하여 소속된 고을을 나누어 순행하면서 독촉하게 하였는데, 劉弘만은 손수 편지를 써서 징발하여 소요함이 없이 쉽게 이루어졌으므

---

통감≫ 註에 “晉列卿各置丞”이 나오는데, 이는 鴻臚丞에 대한 주석이다. ≪資治通鑑綱目≫에서는 “阮脩爲行參軍”으로만 되어 있어서 이 주석이 없어도 되는데, 訓義에서는 ≪자치통감≫ 註를 인용하면서 잘못하여 이 부분까지 그대로 轉寫한 듯하다.

10) (鄕)〔卿〕: 저본에는 ‘鄕’으로 되어 있으나, ≪資治通鑑≫ 註에 의거하여 ‘卿’으로 바로잡았다.

로 낫다고 말한 것이다.

賢, 猶言勝也. 部從事, 都督屬官, 秩百石. 先是, 每有興發, 必勑部從事, 分行所屬催督. 唯劉弘, 則以手書徵之, 無擾而易集, 故云賢也.

【綱】 9월에 頓丘太守 馮嵩(풍숭)이 成都王 司馬穎을 잡아 鄴城으로 보내고, 兗州刺史 苟晞가 公師藩을 공격하여 참수하였다. 겨울 10월에 范陽王 司馬虓가 卒하니, 長史 劉輿가 사마영을 주살하였다.

**九月**에 **頓丘太守馮嵩**이 **執成都王穎**하여 **送鄴**하고 **兗州刺史苟晞 擊斬公師藩**하다 **冬十月**에 **范陽王虓卒**하니 **長史劉輿誅穎**[11)]하다

【目】 祁弘이 關中으로 들어갈 적에 成都王 司馬穎이 武關에서 新野로 도망하였다. 이때 마침 劉弘이 卒하자, 司馬 郭勱(곽매)가 난을 일으켜 사마영을 받들어 군주로 삼고자 하였으나, 결행하지 못하고 주살을 당하였다. 이에 사마영이 북쪽으로 황하를 건너 옛 장정들을 불러 모아서 公師藩에게 달려가고자 하였는데, 頓丘太守 馮嵩이 그를 잡아 鄴城으로 보내니, 范陽王 司馬虓가 그를 구금하였고, 苟晞 또한 공사번을 공격하여 참수하였다.

**祁弘之入關也**에 **成都王穎**이 **自武關**으로 **犇新野**①러니 **會**에 **劉弘**이 **卒**이라 **司馬郭勱作亂**하여 **欲奉穎爲主**러니 **不克而誅**라 **遂北濟河**하여 **收故將士**하여 **欲赴公師藩**이러니 **頓丘太守馮嵩**이 **執送鄴**②하니 **范陽王虓幽之**하고 **而苟晞亦擊斬藩**하다

① 新野縣은 漢나라 때에는 南陽郡에 속하였고, 晉나라 때에는 義陽郡에 속하였다.
新野縣, 漢屬南陽郡, 晉屬義陽郡.

② 勱은 莫敗의 切이다. 頓丘縣은 漢나라 때에는 東郡에 속하였고, 晉 武帝 泰始 원년(265)에 나누어 郡을 설치하였다.
勱, 莫敗切. 頓丘縣, 漢屬東郡, 武帝泰始元年分置郡.

【目】 10월에 司馬虓가 卒하니, 長史 劉輿가 평소 鄴城 사람들이 司馬穎에게 귀의하였다고 하여 詔令을 사칭하고 사마영에게 사약을 내렸다. 사마영의 官屬들이 모두 먼저 도

11) 長史劉輿誅穎 : "이때 劉輿가 詔令을 사칭하였는데 그것을 쓰지 않고 '誅'라고 쓴 것은 司馬穎을 거듭 죄책한 것이다. 배반한 역적은 누구나 다 주살할 수 있는 것이다.〔於是 劉輿矯詔 不書 書誅 重罪穎也 反賊 人得誅之〕" ≪書法≫

망하여 흩어졌으나 오직 盧志만이 떠나가지 않았는데, 이때에 사마영의 시신을 거두어 草殯하니, 太傅 司馬越이 노지를 불러 軍諮祭酒로 삼았다.

사마월이 또 장차 유여를 부르려 하자, 혹자가 말하기를 "유여는 더러운 때와 같아서 가까이 하면 사람을 오염시킵니다." 하였다. 유여가 오자 사마월이 그를 멀리 하였는데, 유여는 천하의 군대의 장부와 창고, 소와 말, 병기와 水陸의 지형을 자세히 살펴보고 모두 묵묵히 기억하고서 매번 회의할 때마다 상황에 맞게 사리를 분별하고 계획하였다. 이에 사마월이 가까이 다가가 무릎을 맞대고서 대접하였고 즉시 左長史로 삼아서 軍國의 사무를 모두 그에게 맡기었다.

十月에 虓卒하니 長史劉輿以穎素爲鄴人所附라하여 僞稱詔하고 賜死穎하다 官屬이 皆先逃散이로되 惟盧志不去러니 至是하여 收而殯之어늘 太傅越이 召爲軍諮祭酒하다 越이 又將召輿한대 或曰 輿는 猶膩(니)也라 近則汚人①이니라 及至에 越이 疎之러니 輿密視天下兵簿及倉庫, 牛馬, 器械, 水陸之形하여 皆默識(지)之하여 每會議에 應機辨畫②하니 越이 傾膝酬接하고 卽以爲左長史하여 軍國之務를 悉以委之하니라

① 膩는 女利의 切이니, 피부의 때 중에 기름지고 매끄러운 것을 膩라고 한다. 汚는 烏故의 切이니, 오염시킴이다.
膩, 女利切. 皮膚之垢, 其肥滑者爲膩. 汚, 烏故切, 染也.

② 識는 音이 志이니, 기억함이다. 辨은 일의 마땅함을 분별함이요, 畫는 그를 위하여 계획함이다.
識, 音志, 記也. 辨者, 辨析事宜. 畫者, 爲之區畫也.

**【綱】 11월에 황제(晉 惠帝)가 中毒되어 崩하니, 太弟 司馬熾가 즉위하여 황후(羊后)를 높여 惠皇后라 하고 妃 梁氏를 세워 황후로 삼았다.**

十一月에 帝中毒崩①하니 太弟熾卽位하여 尊皇后曰惠皇后라하고 立妃梁氏爲皇后[12]하다

---

12) 帝中毒崩 : "아! 사람들이 제 자식의 惡을 알지 못하고, 제 논의 벼 싹이 큰 줄은 알지 못한다. 그러므로 반드시 堯임금과 舜임금의 총명이 있어야 비로소 아들 丹朱와 商均의 불초함을 알고서 천하를 들어 舜임금과 禹임금에게 줄 수 있으니, 이것이 堯·舜 두 帝가 만세의 聖人이 될 수 있었던 이유이다. 晉 惠帝가 용렬하고 어리석다는 것을 사람들이 모두 알고 있었으나, 晉 武帝는 사랑하는 바에 빠져서 子弟 중에서 어진 자를 가려 세우지 못하여 마침내 禍와 亂이 번갈아 일어나서 四海가 분열하게 만들었다. ≪資治通鑑綱目≫은 惠帝의 일에 대하여 애당초 폄하한 말이 없으나, 금년에 '弑太后(태후를 시해했다.)'라고 쓰고, 명년에는 '殺太子(태자를 죽였다.)'라고 쓰고, 또 명년에는 '遷帝于金墉(황제를 金墉으로 옮겼다.)'이라고 쓰고, '廢皇后太子(황후와 태자를 폐위했다.)'라고 썼으며, 심지어는 司馬乂가 황제를 받들어 張方을 토벌하고, 司馬越이 황제를 받들어 司馬穎을 정벌하고 장방이 황제를 장안으로 옮기고, 祁弘이 황제를 받들어 동쪽으로 돌아간 것도 모두 책에 썼으니, 여기에서

① 향년이 48세이다.
壽, 四十八.

【目】 황제가 떡을 먹다가 中毒되어 崩하니, 혹자는 말하기를 "太傅 司馬越이 鴆毒을 올린 것이다." 하였다. 羊后는 자기가 太弟 司馬熾의 형수이므로 太后가 될 수 없을까 염려하여, 장차 清河王 司馬覃을 황제로 세우려고 하였다. 侍中 華混이 露板을 가지고 달려가 태부 사마월에게 알려서 태제를 궁중으로 불러들여 황제의 지위에 나아가게 하니, 황후(羊后)를 높여 惠皇后라 하여 弘訓宮에 거처하게 하였다.

懷帝(司馬熾)가 처음으로 옛 제도를 따라 東堂에서 政事를 다스리고, 매번 연회를 열 때마다 번번이 여러 신하들과 여러 政務를 논하고 經籍을 상고하니, 黃門侍郞 傅宣이 감탄하기를 "오늘날 다시 武帝(司馬炎)의 세상을 보게 되었다." 하였다.

帝食麩이라가 中毒而崩[①]하니 或曰 太傅越之鴆也러라 羊后自以於太弟熾에 爲嫂라 恐不得爲太后하여 將立清河王覃이러니 侍中華混이 露板馳告太傅越하여 召太弟入宮하여 卽帝位하니 尊后曰惠皇后라하여 居弘訓宮[②]하다 懷帝始遵舊制하여 於東堂聽政[③]하고 每至宴會에 輒與群臣으로 論衆務하고 考經籍하니 黃門侍郞傅宣이 歎曰 今日에 復見武帝之世矣로라

① 麩(떡)은 餠과 통한다.

---

혜제가 군주의 지위에 있으면서 번번이 다른 사람의 손에 제재를 받아 마치 어린아이가 어른의 다리와 손바닥 위에서 놀림을 당하듯 하여 동쪽으로 가자고 하면 동쪽으로 가고 서쪽으로 가자고 하면 서쪽으로 가서 자기가 주장이 되지 못하여 다만 나무로 만든 인형과 같을 뿐임을 볼 수 있다. 이 때문에 처음에는 母后를 보전하지 못하였고, 다음에는 처자를 보전하지 못하였고, 끝내는 자기 몸을 보전하지 못하였으니, 이는 모두 용렬하고 어리석었기 때문이었다. 저 漢나라 質帝는 나이가 어렸는데도 떡을 먹고 중독되자 급히 대신을 불러서 분명히 말하였다. 그러므로 ≪資治通鑑綱目≫에서 梁冀의 誅罰을 바로잡을 수가 있었다. 그러나 지금 晉나라 惠帝는 군주가 된 지가 오래되었는데도 마침내 한 마디 말도 제대로 하지 못하였다. 그러므로 비록 혹자가 "司馬越이 鴆毒을 올린 것이다."라고 하였으나, ≪자치통감강목≫에서 그 연고를 밝히지 않고 다만 '중독'이라고 썼으니, 이는 후세 사람들로 하여금 그가 용렬하고 어리석어서 자기 몸의 큰 禍조차도 알지 못하였음을 알게 하고자 한 것이다. 이는 바로 국가를 소유한 자가 후사를 세울 적에 삼가지 않으면 안 되고, 어질고 어리석음을 살피지 않으면 안 됨을 경계한 것이니, 이것이 바로 聖人이 천하를 공평하게 한 방도이다.〔嗚呼 人莫知其子之惡 莫知其苗之碩 故必有堯舜之聰明 乃能知朱均之不肖 擧天下而授之舜禹 此二帝所以爲萬世之聖人也 晉惠庸愚 人皆知之 晉武溺於所愛 不能於子弟中擇賢而立 遂使禍亂交作 四海分崩 綱目於惠帝之事 初無貶詞 然今年書弑太后 明年書殺太子 又明年書遷帝于金墉 書廢皇后太子 至於乂奉帝討張方也 越奉帝征穎也 張方遷帝長安也 祁弘奉帝東還也 莫不悉書于冊 於此見晉惠之爲君 動輒制於他人之手 如嬰兒玩弄於股掌之上 欲東而東 欲西而西 莫適爲主 特一木偶人而已 是以始焉不保母后 次焉不保妻子 終焉不保其身 是皆庸愚之故也 夫以漢質帝之幼沖 食餠中毒 尙能急召大臣 了了言之 故綱目得以正梁冀之誅 今晉惠歷年許久 乃莫能一言 故雖或者以爲越之所鴆 然綱目不明其故 直以中毒書之 蓋欲使後人知其庸繆 雖其身之大禍 且莫能知 所以戒有國者 置嗣不可不謹 賢愚不可不察 此聖人公天下之道也〕" ≪發明≫

麧, 通作餅.

② 露板(봉함하지 않은 문서)은 露布라는 말과 같다.
露板, 猶言露布也.

③ 東堂은 太極殿의 東堂이다.
東堂, 太極殿東堂也.

【綱】 12월 초하루에 일식이 있었다.

十二月朔에 日食[13)]하다

【綱】 南陽王 司馬模가 河間王 司馬顒을 주살하였다.

◑ 南陽王模 誅河間王顒[①14)]하다

① 司馬模는 司馬越의 아우이니, 이해 平昌公으로 있다가 南陽王이 되었다.
模, 越之弟也. 是年, 自平昌公爲南陽王.

【目】 太傅 司馬越이 詔令으로 司馬顒을 불러 司徒를 삼았다. 사마옹이 부름에 나아가려 하였는데, 司馬模가 許昌에서 장수를 보내어 중간에서 그를 맞이하여 죽였다.

太傅越이 以詔徵顒하여 爲司徒하니 顒이 就徵이어늘 模自許昌遣將하여 邀殺之하다

【綱】〈晉 惠帝를〉 太陽陵에 장례하였다.

葬太陽陵하다

【綱】 劉琨을 幷州刺史로 삼았다.

◑ 以劉琨爲幷州刺史하다

13) 日食 : “이때 한 해에 3번 일식이 있었으니, 世道가 어떠한가. ≪資治通鑑綱目≫에 한 해에 2번 일식이 있다고 쓴 것이 25번이고, 한 해에 3번 일식이 일어난 것은 1,361년 동안 단 1번 썼을 뿐이다.〔於是一歲三食 世道何如哉 綱目書一歲再食 二十有五 一歲三食 千三百六十一年 一書而已矣〕” ≪書法≫

14) 南陽王模 誅河間王顒 : “이때 詔令으로 司馬顒을 불렀는데, 司馬模가 중간에서 가로막아 죽인 일을 쓰지 않고 ‘誅’라고 쓴 것은 사마옹을 무겁게 죄책한 것이다.〔於是 詔徵顒 模要殺之 不書 書誅 重罪顒也〕” ≪書法≫
“司馬顒과 司馬穎이 禍를 일으켜 천하가 무너졌다. 그러므로 비록 남의 손을 빌려 죽였으나 모두 그 주벌을 바로잡은 것이다.〔顒穎煽禍 天下傾覆 故雖假手於人 皆正其誅〕” ≪發明≫

【目】 劉輿가 太傅 司馬越을 설득하여 劉琨을 幷州로 보내 진주하게 해서 북쪽 방면의 요지로 삼고, 東燕王 司馬騰을 鄴城으로 옮겨 진주하게 하니, 사마월이 그의 말을 따랐다. 유곤이 上黨에 이르자, 사마등이 즉시 井陘(정형)에서 동쪽으로 내려갔다. 이때 병주에 기근이 들어서 북쪽 오랑캐(胡寇)에게 자주 침략을 당하였다. 관리와 백성 만여 명이 사마등을 따라 冀州로 가서 먹고 〈살 길을 모색하니,〉 이들을 '乞活(구걸하여 삶)'이라고 하였다. 그리하여 남은 戶數가 2만이 채 되지 못하였고, 도둑 떼가 횡행하여 도로가 끊겼다.

유곤이 上黨에서 병사들을 모집하여 5백 명을 얻어 전전하여 싸우며 앞으로 나아가서 晉陽에 이르니, 府의 관사가 불타 훼손되고 邑과 촌락이 피폐하여 쓸쓸하였다. 유곤이 백성들을 어루만지고 위로하니, 流民들이 차츰 모여들었다.

劉輿說(세)太傅越하여 遣琨鎭幷州하여 以爲北面之重하고 而徙東燕王騰하여 鎭鄴하니 越이 從之[①]하다 琨이 至上黨에 騰이 卽自井陘東下하니 時에 幷州饑饉하여 數(삭)爲胡寇所掠[②]이라 吏民萬餘人이 悉隨騰하여 就穀冀州하니 號爲乞活이라 所餘戶不滿二萬이요 寇賊縱橫하여 道路斷塞이라 琨이 募兵上黨하여 得五百人하여 轉鬬而前하여 至晉陽하니 府寺(시)焚毁하고 邑野蕭條라 琨이 撫循勞徠하니 流民이 稍集[③]이러라

① 司馬騰이 이해에 東嬴公에서 東燕王이 되었다.
騰, 是年, 自東嬴公爲東燕王.

② "胡寇"는 劉淵의 무리를 이른다.
胡寇, 謂劉淵之黨也.

③ "府寺"는 府의 관사이다. 城市에 모여서 사는 것을 邑이라 하고, 성시 밖에 흩어져 사는 것을 野라 한다.
府寺, 府舍也. 聚居城市爲邑, 散居在外爲野.

## 丁卯年(307)

【綱】 晉나라 孝懷皇帝 永嘉 원년이다.

孝懷皇帝永嘉元年이라

【目】 漢나라(前趙) 高祖 劉淵 元熙 4년이다.

漢元熙四年이라

【綱】 봄 2월에 도적 떼 王彌가 靑州와 徐州 지역을 침략하였다.

春二月에 群盜王彌寇靑, 徐하다

【目】 처음에 惤縣(견현)의 縣令 劉柏根이 배반하자 王浚이 토벌하여 참수하니 마침내 그의 長史 王彌가 도적 떼가 되었는데, 이때에 靑州와 徐州를 침략하고 東萊太守를 살해하였다.

初에 (掖)〔惤〕[15)]令劉柏根이 反이어늘 王浚이 討斬之①하니 其長史王彌 遂爲群盜러니 至是하여 寇靑, 徐하고 殺東萊太守하다

① 惤은 堅, 弦 두 가지 음이다. 惤縣은 漢나라 이후로 東萊郡에 속하였다.
(掖)〔惤〕, 堅・弦二音. (掖)〔惤〕縣, 自漢以來, 屬東萊郡.

【綱】 3월에 陳敏의 장수 顧榮과 周玘가 진민을 죽이고서 항복하였다.

三月에 陳敏將顧榮, 周玘殺敏以降[16)]하다

【目】 陳敏은 형벌과 정사에 법도가 없고 자제들도 흉악하고 포악하니, 顧榮과 周玘 등이 걱정하였다. 廬江內史 華譚이 고영 등에게 편지를 보내어 다음과 같이 설득

---

15) (掖)〔惤〕: 저본에는 '掖'로 되어 있으나, ≪晉書≫에 의거하여 '惤'으로 바로잡았다.

16) 陳敏將顧榮周玘殺敏以降 : "'陳敏에 대해 일찍이 '토벌했다'라고 썼는데, 이때 그를 참수하였는데도 '誅'라고 쓰지 않은 것은 어째서인가. 顧榮과 周玘가 그를 주살할 수 없기 때문이다. 고영과 주기는 어찌하여 그를 주살할 수 없는가. 고영과 주기는 자신의 지조를 잃고 진민을 따랐으니, 이제 그를 죽인 것은 겨우 자신의 죄를 속죄했을 뿐, 진실로 토벌이라고 인정할 수가 없는 것이다. '진민의 장수 고영과 주기'라고 썼으니, 자신의 지조를 잃은 자를 경계하는 것이 두려워할 만하다. 그렇다면 〈前漢 景帝 때에〉 東越 또한 〈吳・楚 등 七國을〉 따라 배반하였다가 얼마 후 吳王 劉濞를 주살하였는데, 어찌하여 '誅'라고 썼는가. 越은 오랑캐이기 때문이다. ≪資治通鑑綱目≫은 夷狄의 죄를 다스리지 않고 현자에게 完備하기를 바란다. 이적의 죄를 다스리지 않기 때문에 '越나라 사람이 吳王 濞를 주살했다.'라고 써서 스스로 새로워지는 길을 열어주었고, 현자에게 완비하기를 바라기 때문에 진민의 장수가 진민을 죽였다고 써서 지조를 잃은 사람을 경계하는 뜻을 보인 것이다.〔敏嘗書討矣 於是斬之 則其不書誅 何 顧周不得而誅之也 顧周則曷爲不得而誅之 顧周失身從敏 今而殺之 僅足以自贖耳 固不可予之以討也 書曰陳敏將顧榮周玘 其爲失身者之戒 凜凜矣 然則東越亦從反者 旣而誅濞 則何以書誅 越夷也 綱目不治夷狄 而責備賢者 不治夷狄 故書越人誅濞 以開自新之塗 責備賢者 故書敏將殺敏 以示失身之戒〕" ≪書法≫

하였다.

"진민이 吳會 지역을 도둑질해 점거하여 목숨이 아침 이슬처럼 위태롭다. 이제 皇輿(황제)가 동쪽으로 돌아와서 준걸스러운 선비들이 조정에 가득하니, 장차 六軍을 동원하여 建業 지역을 깨끗이 청소할 것이다. 諸賢들이 무슨 얼굴로 다시 中州의 선비들을 만나보겠는가."

고영 등은 평소 진민을 도모할 마음을 가지고 있었는데, 이 편지를 보고는 매우 부끄러워하였다. 그리하여 은밀히 征東將軍 劉準에게 사자를 보내어서 알리고, 유준에게는 군대를 징발하여 강가로 오게 하고 자신들은 內應이 되기로 하고는 머리를 깎아 信標로 삼았다.

유준이 揚州刺史 劉機 등을 보내어 진민을 토벌하자, 진민이 그의 아우 陳昶으로 하여금 군대를 거느리고 烏江에 주둔하게 하고 陳宏은 牛渚에 주둔하게 하였다. 주기가 은밀히 진민의 司馬 錢廣으로 하여금 진창을 죽이고 이어서 朱雀橋 남쪽에서 군대를 무장하게 하자, 진민이 甘卓을 보내어 전광을 토벌하게 하였다. 고영은 진민이 자기를 의심할까 염려하여 진민에게 찾아가니, 진민이 말하기를 "卿은 마땅히 사방으로 나아가 사람들을 진정하여 나를 호위해야 하는데, 어찌 나에게 왔는가." 하였다.

陳敏이 刑政無(童)〔章〕[17]하고 子弟凶暴하니 顧榮, 周玘等이 憂之라 廬江內史華譚이 遺榮等書曰 陳敏이 盜據吳會하여 命危朝露하고 今皇輿東返하여 俊彦盈朝하니 將擧六師하여 以淸建業이라 諸賢이 何顔復見中州之士邪①아 榮等이 素有圖敏之心이러니 及見書에 甚慙하여 密遣使하여 報征東將軍劉準하여 使發兵臨江하고 己爲內應하여 翦髮爲信하다 準이 遣揚州刺史劉機等하여 討敏한대 敏이 使其弟昶으로 將兵屯烏江하고 宏屯牛渚②러니 玘密使敏司馬錢廣으로 殺昶하고 因勒兵朱雀橋南③한대 敏이 遣甘卓하여 討廣이러니 榮이 慮敏疑之라 故往就敏하니 敏曰 卿當四出鎭衛니 豈得就我邪④아

① "東返"은 長安에서 洛陽으로 돌아온 것을 이른다.
東返, 謂自長安還洛陽也.
② 晉나라는 烏江縣을 설치하여 淮南郡에 소속시켰다. 이곳은 바로 烏江의 亭長이 배를 대고 項羽를 기다리던 곳이므로 縣의 이름을 오강이라고 한 것이다.
晉置烏江縣, 屬淮南郡. 卽烏江亭長檥船待項羽之地, 以名縣.
③ 朱雀橋는 建業 宮城의 남쪽에 있으니, 秦淮水에 걸쳐 있는바 이는 朱雀門 앞이라는 뜻을 취

17) (童)〔章〕: 저본에는 '童'으로 되어 있으나, ≪資治通鑑≫에 의거하여 '章'으로 바로잡았다.

하여 이름한 것으로, 大桁이라고도 한다.
朱雀橋, 在建業宮城之南, 跨秦淮水. 蓋取前朱雀之義, 名之, 亦曰大桁.

④ "鎭衛"는 인심을 진정시키는 것이 바로 陳敏을 호위하는 것임을 말한 것이다.
鎭衛, 謂鎭安人心, 乃所以衛敏也.

【目】 顧榮이 마침내 나와서 周玘와 함께 다음과 같이 甘卓을 설득하였다.

"陳敏은 평범한 재주인데다가 정사와 명령도 이랬다저랬다 하니 실패할 것이 틀림없다. 그런데 우리들이 편안히 그의 관직과 녹봉을 받고 있으니, 일이 실패하는 날에 만일 江西의 여러 군대가 우리의 머리를 잘라 함에 넣어 洛陽으로 보내면서 '역적 고영과 감탁의 머리'라고 쓴다면, 이는 萬代의 치욕이 될 것이다."

감탁은 마침내 거짓으로 병을 칭탁하여 딸을 불러들이고 朱雀橋를 끊어 배를 南岸으로 거두어들이고서 주기와 고영, 紀瞻과 함께 진민을 공격하였다. 진민이 직접 만여 명을 거느리고 감탁을 토벌하였는데, 감탁의 병사들이 물을 사이에 두고 진민의 병사들에게 말하기를 "우리들이 본래 진민에게 힘을 바쳤던 이유는 바로 顧丹陽(고영)과 周安豐(주기) 때문이었는데, 지금 이들이 모두 딴마음을 품고 있다. 너희들은 무슨 짓을 하는가." 하였다. 진민의 병사들이 주저하며 결단하지 못하고 있었는데, 고영이 白羽扇을 흔드니, 모두 궤멸하여 도망하였다. 진민이 單騎로 도망하자 추격하여 참수하고 그의 삼족을 멸하고 머리를 파발마로 京師에 보내었다.

詔令을 내려 고영을 徵召하여 侍中으로 삼고 紀瞻을 尙書郎로 삼았으며, 太傅 司馬越은 주기를 辟召하여 參軍으로 삼았는데, 고영 등은 徐州에 이르러서 北方이 더욱 혼란하다는 말을 듣고는 도망하여 돌아갔다.

榮이 乃出하여 與玘共說(세)卓曰 敏旣常才요 政令反(번)覆하니 其敗必矣어늘 而吾等이 安然受其官祿하니 事敗之日에 使江西諸軍이 函首送洛하고 題曰逆賊顧榮, 甘卓之首라하면 此는 萬世之辱也[①]니라 卓이 遂詐稱疾迎女하고 斷橋하여 收船南岸하여 與玘, 榮及紀瞻으로 共攻敏[②]하다 敏이 自帥萬餘人하여 討卓이어늘 軍人이 隔水語敏衆曰 本所以戮力陳公者는 正以顧丹陽, 周安豐耳[③]러니 今皆異矣라 汝等何爲오하니 敏衆이 狐疑未決이어늘 榮以白羽扇麾之하니 衆皆潰去[④]라 敏이 單騎走어늘 追斬之하고 夷三族하고 傳首京師하다 詔徵顧榮爲侍中하고 瞻爲尙書郎하고 太傅越이 辟玘爲參軍이러니 榮等이 至徐州에 聞北方愈亂하고 逃歸하다

① "江西諸軍"은 劉準이 강가로 보낸 자들을 이른다.
江西諸軍, 謂劉準所遣臨江者也.

② 永興 2년(305), 陳敏이 아들 陳景을 甘卓의 딸에게 장가들게 하였다. 橋는 바로 朱雀橋이다. 建業의 城은 秦淮水 북쪽에 있으므로 감탁이 배를 거두어 南岸에 머물게 한 것이다.
永興二年, 敏爲子景娶卓女. 橋, 卽朱雀橋也. 建業城, 在秦淮水北, 故卓收船傍南岸.
③ 〈"顧丹陽 周安豐"은〉 陳敏이 顧榮을 丹陽太守로 삼고, 周玘를 安豐太守로 삼았으므로 이렇게 칭한 것이다.
敏以顧榮爲丹陽太守, 周玘爲安豐太守, 故以稱之.
④ 白羽扇은 흰 깃털을 엮어서 만든다. 諸葛亮은 항상 이 백우선을 들고 三軍을 지휘하였다.
白羽扇, 編白羽爲之. 諸葛亮, 常持白羽扇, 指揮三軍.

【綱】 西陽의 夷族이 江夏를 침략하였다.

西陽夷寇江夏하다

【目】 西陽의 夷族이 江夏를 침략하자, 江夏太守 楊珉이 督將들을 청하여 의논하였는데, 여러 장수들이 다투어 方略을 말하였으나, 유독 騎督 朱伺만은 한마디 말도 하지 않았다. 양민이 묻기를 "장군은 어찌하여 말하지 않는가." 하니, 주사가 대답하기를 "여러 사람들은 혓바닥으로 적을 공격하는데, 저는 오직 힘으로 공격할 뿐입니다." 하였다. 양민이 또 묻기를 "장군은 전후 여러 차례에 걸쳐 적을 공격하였는데, 어찌하여 항상 승리하였는가." 하니, 주사가 대답하기를 "두 적이 서로 대치할 적에는 오직 참아야 하니, 적들은 참지 못하였고 저는 참았습니다. 이 때문에 승리한 것입니다." 하니, 양민이 그 말을 좋게 여겼다.

西陽夷寇江夏①어늘 太守楊珉이 請督將議之러니 諸將이 爭獻方略이로되 騎督朱伺獨不言이라 珉曰 將軍은 何以不言고 伺曰 諸人은 以舌擊賊이어늘 伺는 惟以力耳니이다 珉이 又問將軍前後擊賊에 何以常勝고 伺曰 兩敵共對에 惟當忍之니 彼不能忍하고 我能忍이라 是以勝耳로이다 珉이 善之러라

① 西陽縣은 춘추시대 弦子의 나라이니, 漢나라 때에는 縣으로 만들어 江夏郡에 소속시켰고 晉나라 때에는 弋陽郡에 소속시켰다.
西陽縣, 春秋弦子之國, 漢爲縣, 屬江夏郡, 晉屬弋陽郡.

【綱】 淸河王 司馬覃의 아우 司馬詮을 세워 황태자로 삼았다.

立淸河王覃弟詮하여 爲皇太子하다

【綱】 太傅 司馬越이 나가 許昌에 진주하였다.

◑太傅越이 出鎭許昌[18])하다

【目】 황제가 직접 큰 정사를 총괄하고 여러 일에 마음을 두니, 司馬越이 좋아하지 아니하여 굳이 藩(지방)으로 나갈 것을 청하였다.

帝親覽大政하고 留心庶事하니 越이 不悅하여 固求出藩하다

【綱】 南陽王 司馬模를 都督秦雍等州軍事로 삼았다.

以南陽王模로 都督秦雍等州軍事하다

【綱】 여름 5월에 도적 떼인 汲桑과 石勒이 鄴城으로 쳐들어와 都督인 新蔡王 司馬騰을 죽이고 다시 兗州를 공격하자, 太傅 司馬越이 苟晞를 보내어 토벌하게 하였다.

○夏五月에 群盜汲桑, 石勒이 入鄴하여 殺都督新蔡王騰하고 復攻兗州어늘 太傅越이 遣苟晞討之[19])하다

---

18) 太傅越 出鎭許昌 : "이때 司馬越이 굳이 나가 진주할 것을 청하니 황제가 그 말을 따랐는데, '詔越(사마월에게 詔命을 내렸다.)'라고 쓰지 않고 '越出鎭(사마월이 나가 진주했다.)'라고 쓴 것은 어째서인가. 사마월이 제멋대로 했기 때문이다. 사마월이 나가고 들어옴을 자기 마음대로 하여 군주를 심하게 무시하였으니, 이것을 쓴 것은 그를 죄책한 것이다. 이 때문에 태부 사마월이 제멋대로 하면 '태부 사마월이 나가서 許昌에 진주했다.'라고 쓰고, 〈五代 시대에〉 徐溫이 제멋대로 하면 '서온이 나가서 潤州에 진주했다.'라고 썼으니, 《資治通鑑綱目》에서 기록하고 삭제하는 것이 엄격하다. 《자치통감강목》이 끝날 때까지 '出鎭'이라고 쓴 것이 4번인데(이해(307), 東晉 孝武帝 太元 10년(385), 安帝 義熙 원년(405), 後梁 乙亥年(915)), 劉裕는 글을 올렸기 때문에 비난하지 않은 것이다.〔於是 越固求出鎭 帝從之 不書詔越 書越出鎭 何 越專也 越之出入自己 無君甚矣 書 罪之也 是故太傅越專 則書太傅越出鎭許昌 徐溫專 則書徐溫出鎭潤州 綱目之筆削 嚴矣哉 終綱目 書出鎭四(是年 武帝太元十年 安帝義熙元年 後梁乙亥年) 惟劉裕上書 以無譏焉〕" 《書法》

19) 群盜汲桑……遣苟晞討之 : "'入(쳐들어갔다)'라고 쓰고, '殺(죽였다)'라고 쓴 것은 쉽게 이루었음을 나타낸 말이다. 전혀 방비가 없었으니, 그렇다면 어찌하여 '都督'이라고 썼는가. 司馬騰을 허물한 것이다. '도독'이라고 쓴 것이 어찌하여 허물한 것이 되는가. 이는 자신(사마등)이 도독으로 있는데 도둑이 들어와 죽였다고 말한 것이니, 이 도독이라는 이름에 부끄러움이 많은 것이다.〔書入 書殺 易辭也 無備甚矣 然則何以書都督 咎騰也 書都督則曷爲咎之 若曰身爲都督 盜得入而殺焉 有愧斯名 多矣〕" 《書法》

【目】公師藩이 죽자 汲桑이 도망하여 말을 기르는 목장으로 돌아와서 다시 병력을 모아 成都王 司馬穎의 원수를 갚겠다고 크게 선포하고 石勒을 선봉대로 삼으니, 향하는 곳마다 번번이 승리하였고 마침내 전진하여 鄴城을 공격하였다. 이때 업성은 재정이 이미 바닥이 났으나, 新蔡王 司馬騰은 재물이 매우 넉넉한데도 성품이 인색하여 은혜를 베푸는 바가 없었고, 위급하게 되어서야 비로소 장병들에게 쌀 몇 되와 비단 몇 자를 하사하니, 이 때문에 장병들이 그를 위해 사력을 다하지 않았다.

급상이 마침내 업성으로 쳐들어가서 사마등을 죽이고 궁궐을 불태우고 크게 노략질하고 떠나가서 남쪽으로 兗州를 공격하자, 太傅 司馬越이 苟晞 등을 보내어 토벌하게 하였다. 석륵과 구희 등이 서로 대치한 지 수개월 동안 크고 작은 싸움이 30여 차례 있었는데, 서로 승부를 내지 못하였다.

公師藩이 旣死에 汲桑이 逃還苑中[①]하여 更聚衆하여 聲言爲成都王報仇하고 以石勒爲前驅하니 所嚮輒克이라 遂進攻鄴하다 時에 鄴中空竭이로되 而新蔡王騰이 資用甚饒[②]로되 性吝嗇하여 無所振惠하고 臨急에 乃賜將士米各數升, 帛各丈尺하니 以是로 人不爲用이러라 桑이 遂入鄴하여 殺騰하고 燒宮하고 大掠而去하여 南擊兗州어늘 太傅越이 使苟晞等討之하니 勒, 晞等이 相持數月에 大小三十餘戰하여 互有勝負러라

① 〈"苑中"은〉 茌平縣의 말을 기르는 목장이다. 汲桑이 여기에서 군대를 일으켜 公師藩에게 달려갔었는데, 공사번이 죽자 도망하여 돌아온 것이다.
茌平牧苑也. 桑於此起兵, 赴公師藩, 藩死, 逃還.

② 이해에 東燕王 司馬騰을 新蔡王으로 삼았다.
是年, 以東燕王騰爲新蔡王.

**【綱】가을 7월에 琅邪王 司馬睿를 安東將軍 都督揚州諸軍事로 삼아 建業에 진주하게 하였다.**

**秋七月에 以琅邪王睿를 爲安東將軍, 都督揚州諸軍事하여 鎭建業하다**

【目】司馬睿가 建業에 이르러 王導를 謀主로 삼고 마음을 다하여 친애하고 신임해서 모든 일을 그에게 자문하였다. 사마예는 평소 명망이 낮으니, 吳 지역 사람들이 따르지 않아서 오랫동안 건업에 있었으나 士大夫 중에 찾아오는 자가 없었다. 마침 사마예가 밖에 나가 禊를 구경할 적에, 왕도가 사마예로 하여금 肩輿(가마)를 타고 威

儀를 갖추게 하고는 왕도와 여러 명사들이 모두 말을 타고 수행하니, 紀瞻과 顧榮 등이 이를 보고는 놀라고 기이하게 여겨서 서로 거느리고 따라와서 길 왼쪽에서 절하였다.

왕도가 인하여 사마예를 설득하기를 "顧榮과 賀循은 이 지역의 명망 있는 자들이니, 마땅히 그들을 불러들여 인심을 결속시켜야 합니다. 이 두 사람이 귀의해오면 오지 않는 자가 없을 것입니다." 하니, 사마예가 마침내 왕도로 하여금 직접 찾아가게 하였다. 하순과 고영이 모두 명에 응하여 오자, 하순을 吳國內史로 삼고 고영을 軍司에 散騎常侍를 겸직하게 하여 모든 軍府의 政事를 다 이들과 상의하였다. 또 기첨을 軍祭酒로 삼고 卞壼(변곤)을 從事中郎으로 삼고, 周玘와 劉超, 張闓(장개), 孔衍을 모두 掾屬[20]으로 삼았다.

睿至建業하여 以王導爲謀主하고 推心親信하여 每事咨焉이러라 睿名論素輕하니 吳人不附하여 居久之에 士大夫莫有至者①러니 會에 睿出觀禊할새 導使睿乘肩輿하고 具威儀하고 導與諸名勝이 皆騎從②하니 紀瞻, 顧榮等이 見之하고 驚異하여 相帥拜於道左라 導因說(세)睿曰 顧榮, 賀循은 此土之望이니 宜引之以結人心이니 二子旣至면 則無不來矣리이다 睿乃使導躬造之하니 循, 榮이 皆應命이어늘 以循爲吳國內史하고 榮爲軍司③하여 加散騎常侍④하여 凡軍府政事를 皆與之謀하다 又以紀瞻爲軍祭酒하고 卞壼爲從事中郎하고 周玘, 劉超, 張闓, 孔衍을 皆爲掾屬⑤하다

① "名論"은 명예와 의논(평가)이다.
名論, 名譽議論也.

② 禊는 胡計의 切이니, 상서롭지 못함을 제거하는 것이다. ≪漢儀≫에 "季春 上巳日에 관리와 백성들이 모두 동쪽 흐르는 물가에서 禊를 했다." 하였다. 肩輿는 平肩轝이니, 사람이 어깨에 이 가마를 메고 간다. 騎(타다)는 奇寄의 切이다. 從(거듭)은 才用의 切이다.
禊, 胡計切, 祓除不祥也. 漢儀"季春上巳. 官及百姓, 皆禊於東流水上." 肩輿, 平肩轝也. 人以肩擧之而行. 騎, 奇寄切. 從, 才用切.

③ 軍司는 軍司馬이다.
軍司, 軍司馬也.

④ 직책은 軍司이고, 이것(散騎常侍)은 겸직이다.
職爲軍司, 此加官也.

⑤ 張闓는 張昭의 증손이다. 孔衍은 孔子의 32세손이다.
闓, 昭之曾孫也. 衍, 孔子三十二世孫.

---

20) 掾屬 : 보좌하는 관리로, 漢나라 때부터 三公에서 郡縣에 이르기까지 上官이 모두 연속을 직접 선발하여 보좌로 두었는데, 魏·晉 이후로는 吏部에서 임명하였다.

【目】 王導가 司馬睿에게 겸허함으로써 선비를 대하고 검소함으로써 재정을 풍족히 하며 淸靜無爲로써 정사를 다스려서 新舊의 사람들을 어루만지고 편하게 할 것을 설득하니, 이 때문에 江東 지역의 인심이 사마예에게 돌아왔다. 사마예가 建業에 처음 와서는 술 때문에 정사를 폐한 경우가 많았는데, 왕도가 이에 대하여 말하자, 사마예는 술을 따르도록 명하고는 술잔을 가져다가 뒤엎고 이로부터 마침내 술을 끊었다.

導說(세)睿하여 謙以接士하고 儉以足用하며 以淸靜爲政하여 撫綏新舊하니 故江東歸心焉①이러라 睿初至에 頗以酒廢事러니 導以爲言한대 睿命酌하여 引觴覆之하고 於此遂絶하니라

① 〈"新舊"의〉 新은 中原에서 온 자를 이르고, 舊는 江東 사람을 이른다.
新, 謂自中原來者, 舊, 謂江東人.

【綱】 苟晞가 汲桑과 石勒을 공격하여 大破하니, 급상은 패주하다가 죽고 석륵은 漢나라(前趙)에 항복하였다.

苟晞擊汲桑, 石勒하여 大破之하니 桑은 走死하고 勒은 降漢하다

【目】 苟晞가 汲桑을 추격하여 그의 8개 보루를 격파하니, 죽은 자가 만여 명이었다. 급상은 말을 기르는 목장으로 달아나다가 살해를 당하였고, 石勒은 樂平으로 달아났다. 太傅 司馬越이 구희에게 都督靑兗諸軍事를 겸직하게 하였다.

구희는 강한 적을 여러 번 격파하여 위엄과 명성이 매우 성대하였고, 번거로운 일을 잘 처리하고 법을 준엄하게 적용하였다. 그의 이모가 그에게 의지하니, 봉양을 매우 잘하였다. 이모의 아들이 장수로 삼아 줄 것을 청하자, 구희는 허락하지 않고 말하기를 "나는 국법을 가지고 남을 용서하지 않으니, 장차 후회하는 일이 없겠느냐." 하였으나, 굳이 청하자, 마침내 그를 督護로 삼았다. 뒤에 그가 법을 범하자, 구희가 節을 잡고 가서 그를 참수하였는데, 이모가 머리를 땅에 조아리며 간청하였으나 듣지 않았다. 얼마 후 素服을 입고 가서 哭하며 말하기를 "卿을 죽인 자는 兗州刺史이고, 이종 아우를 哭하는 자는 苟道將이다." 하였다. 오랑캐의 部長인 張㔨督 등이 병력을 거느리고 上黨에 보루를 쌓아 주둔하였는데, 석륵이 가서 그를 따르고 인하여 장배독 등을 설득해서 함께 漢나라로 귀의하니, 漢王 劉淵이 석륵을 護漢將軍 平晉王으로 삼았다.

荀晞追擊汲桑하여 破其八壘하니 死者萬餘人이라 桑은 犇馬牧이러니 爲人所殺하고 石勒은 犇樂平[①]하다 太傅越이 加晞都督青兗諸軍事하다 晞屢破彊寇하여 威名甚盛하며 善治繁劇하고 用法嚴峻이러라 其從母依之하니 奉養甚厚[②]러니 其子求爲將이어늘 晞不許하고 曰 吾不以王法貸人이로니 將無後悔邪아 固求之한대 乃以爲督護러니 後犯法이어늘 晞杖節斬之하니 從母叩頭求之호되 不聽하다 旣而요 素服哭之曰 殺卿者는 兗州刺史요 哭弟者는 荀道將也[③]라하니라 胡部大張訇督等이 擁衆하여 壁于上黨[④]이러니 石勒이 往從之하고 因說(세)訇督等하여 與俱歸漢하니 漢王淵이 以勒爲護漢將軍, 平晉王하다

① "馬牧"은 茌平縣에 있는 말을 기르는 목장이다. 并州에 樂平郡이 있는데, 晉 武帝 泰始 연간에 설치되었으니, 唐나라의 遼州이다.
馬牧, 茌平馬牧也. 并州有樂平郡, 武帝泰始中置, 唐之遼州也.

② 從(친속)은 才用의 切이니, "從母"는 어머니의 자매이다.
從, 才用切. 從母, 母之姊妹也.

③ 道將은 荀晞의 字이다.
道將, 晞字.

④ 大는 長과 같으니, 오랑캐 사람들은 한 部의 長을 部大라고 칭하였다. 張은 성이고 訇督은 이름이다.
大, 猶長也, 胡人一部之長, 呼爲部大. 張, 姓也. 訇督, 名.

【綱】 겨울 11월 초하루에 일식이 있었다.

冬十一月朔에 日食하다

【綱】 王衍을 司徒로 삼았다.

◑ 以王衍爲司徒하다

【目】 王衍이 太傅 司馬越을 설득하기를 "조정이 위태롭고 혼란하니, 마땅히 方伯에게 의뢰하여야 합니다. 文武를 겸비한 인재를 구하여 방백을 맡겨야 합니다." 하고는, 마침내 아우 王澄을 荊州都督으로 삼고 族弟인 王敦을 青州刺史로 삼았다. 왕연이 이들에게 말하기를 "荊州는 長江과 漢水의 견고함이 있고, 青州는 바다를 등지고 있는 험함이 있는데, 卿 두 사람이 밖에 있고 내가 중앙(조정)에 있으니, 3개의 굴이 되기에 충분하다." 하였다.

왕징은 진영에 이르자 밤낮으로 술을 마셔서 여러 사무를 살펴보지 아니하여, 도적 떼와 오랑캐의 공격으로 사정이 급하더라도 개의치 않았다.

衍이 說(세)太傅越曰 朝廷이 危亂하니 當賴方伯하니 宜得文武兼資以任之라하고 乃以弟澄爲荊州都督하고 族弟敦爲青州刺史하고 語之曰 荊州는 有江, 漢之固하고 青州는 有負海之險이어늘 卿二人在外하고 而吾居中하니 足以爲三窟矣①로다 澄至鎭에 日夜縱酒하여 不視庶務하여 雖寇戎交急이나 不以爲懷하니라

① 窟은 굴이다. 세속에서 말하기를 "토끼가 굴을 팔 때에 반드시 언덕을 등져 서로 통하게 한다." 하니, 이른바 교활한 토끼는 굴이 3개라는 것이다.
窟, 穴也. 俗云 "兎營窟, 必背丘相通." 所謂狡兎三窟.

【綱】 太傅 司馬越이 스스로 兗州牧를 겸하고 苟晞를 옮겨 青州刺史로 삼았다.

**太傅越**이 **自領**兗州**牧**하고 **徙苟晞爲青州刺史**하다

【目】 처음에 司馬越은 苟晞와 친하여 서로 이끌고 堂에 올라가서 결의형제가 되었다. 司馬 潘滔가 사마월을 다음과 같이 설득하였다.

"兗州는 요충지로, 魏나라 武帝(曹操)가 이곳을 가지고 創業을 하였습니다. 구희는 큰 뜻을 품고 있어서 결코 순수한 신하가 아닙니다. 만약 그를 青州로 옮기고 公이 직접 兗州의 牧이 되어서 여러 中華를 다스리고 本朝를 호위한다면, 이는 이른바 혼란하기 전에 다스린다는 것입니다."

사마월이 그의 말을 옳게 여겨 스스로 兗州牧을 겸하고 구희를 征東大將軍 青州刺史로 삼으니, 사마월과 구희가 이로 말미암아 틈이 생기게 되었다. 구희가 청주에 부임하여 엄하고 각박함으로 위엄을 세워서 매일 사람을 죽이니, 고을 사람들이 그를 일러 '백정의 우두머리(屠伯)'라고 하였다.

初에 越이 與晞親善하여 引升堂하여 結爲兄弟러니 司馬潘滔說越曰 兗州는 衝要라 魏武以之創業하니 晞有大志하여 非純臣也라 若遷之青州하고 公自牧兗州하여 經緯諸夏하고 藩衛本朝하면 此所謂爲之於未亂者也①니이다 越以爲然하여 自領兗州牧하고 以晞爲征東大將軍, 青州刺史하니 越, 晞由是有隙이러라 晞至青州하여 以嚴刻立威하여 日行斬戮하니 州人이 謂之屠伯②이러라

① ≪老子≫에 이르기를 "일이 생기기 전에 방비하고 어지러워지기 전에 다스린다." 하였다.
老子曰 "爲之於未有, 治之於未亂."

② 〈"謂之屠伯"은〉 백정이 짐승을 죽이는 것처럼 사람을 죽이는 것을 말한 것이다. 伯은 우두머리이다.

言殺人, 若屠兒之殺六畜. 伯, 長也.

【綱】 王彌와 그의 무리인 劉靈이 漢나라에 항복하였다.

**王彌及其黨劉靈**이 **降漢**하다

【目】 劉靈은 젊은 시절 가난하고 미천하였으나, 힘이 세어 날뛰는 소를 제재하고 달리기를 잘하여 치달리는 말을 따라잡았다. 당시 사람들이 비록 그를 기이하게 여겼으나, 그를 천거하여 등용하는 사람이 없으니, 유영은 가슴을 치며 탄식하기를 "하늘이여! 언제나 난세를 만날 것인가." 하였다. 公師藩이 군대를 일으키자, 유영은 스스로 장군이라 칭하고 趙와 魏 지역을 침략하여 노략질하다가 王彌와 함께 漢나라(前趙)에 항복하였다.

**靈**이 **少貧賤**이로되 **力制犇牛**하고 **走及犇馬**하니 **時人**이 **雖異之**나 **莫能擧也**라 **靈**이 **撫膺歎曰 天乎**여 **何當亂也**오하더니 **及公師藩起**에 **靈**이 **自稱將軍**하고 **寇掠趙, 魏**러니 **與王彌俱降漢**하다

【綱】 慕容廆가 스스로 鮮卑 大單于라고 칭하였다.

**慕容廆自稱鮮卑大單于**하다

【綱】 拓跋祿官(탁발록관)이 卒하였다.

**◑ 拓跋祿官卒**[21)]하다

【目】 아우 拓跋猗盧가 3개의 部를 총괄하고서 慕容廆와 우호를 통하였다.

**弟猗盧摠攝三部**하여 **與慕容廆**로 **通好**하다

---

21) 拓跋祿官卒 : "처음으로 索頭라는 말을 빼고 '卒'이라고 썼으니, 이는 拓跋祿官을 올려준 것이다. 어찌하여 그를 올려주었는가. 그의 아우 拓跋猗盧가 晉나라에서 匈奴와 鮮卑를 토벌할 적에 도왔기 때문에 장차 탁발의로를 봉하려 하였으므로 그를 올려준 것이다.〔始去索頭 書卒 進之也 曷爲進之 弟猗盧將以助晉封 故進之〕" 《書法》

戊辰年(308)

【綱】 晉나라 孝懷皇帝 永嘉 2년이다.

二年이라

【目】 漢나라(前趙) 高祖 劉淵 永鳳 원년이다.

漢永鳳元年이라

【綱】 봄 정월 초하루에 일식이 있었다.

春正月朔에 日食하다

【綱】 漢나라(前趙) 劉聰이 太行山을 점거하고 石勒이 趙와 魏 지역을 함락시키자, 王浚이 석륵을 격파하였다.

◑ 漢劉聰이 據太行하고 石勒이 下趙, 魏어늘 王浚이 擊勒破之하다

【綱】 2월에 太傅 司馬越이 淸河王 司馬覃을 살해하였다.

◑ 二月에 太傅越이 殺淸河王覃[22]하다

【綱】 여름 5월에 漢나라(前趙) 王彌가 洛陽을 침략하자, 張軌가 督護인 北宮純을 보내 도성으로 들어가 호위하게 하고, 왕미를 격파하여 패주시켰다.

◑ 夏五月에 漢王彌寇洛陽이어늘 張軌遣督護北宮純하여 入衛하고 擊破走之[23]하다

---

22) 太傅越 殺淸河王覃 : "淸河王 司馬覃은 前 太子인데, '前 太子'라고 쓰지 않은 것은 어째서인가. 태자를 세우고 폐위하는 것이 惠帝의 뜻이 아니었으므로 평소에 쓰던 일반적인 칭호를 따른 것이다.〔淸河王覃 故太子也 不書故太子 何 太子之立之廢 非惠帝意也 故從其恒稱〕" ≪書法≫

23) 張軌遣督護北宮純入衛 擊破走之 : "'入衛(도성으로 들어가 호위했다.)'라고 쓴 것은 어째서인가. 北宮純의 의리를 인정한 것이다. 이때 王衍이 군대를 감독하였는데, 북궁순이 용사를 모집하여 적진을 충돌해서 王彌가 대패하였다. 왕연이 다시 王秉을 보내어 왕미를 추격하여 패퇴시켰는데, 이 일은 쓰지 않고 북궁순을 쓴 것은 북궁순의 의리를 인정한 것이니, '入衛'라고 쓴 것이 이때 처음 시작되었다. ≪資治通鑑綱目≫이 끝날 때까지 '入衛'라고 쓴 것이 3번인데(北宮純, 何倫, 謝尙), 오직 북궁순에게만 功勳으로 썼다. '兵入衛(군대를 이끌고 들어가 호위했다.)'라고 쓴 것이 12번이며(晉 愍帝 建興

【目】 王彌가 도망하고 흩어진 병졸들을 거두어 모아 군대의 기세가 다시 크게 진작되니, 여러 장수들을 나누어 보내어 郡縣을 공격해서 함락하고 마침내 許昌으로 쳐들어갔다. 張軌가 督護인 北宮純을 보내어 군대를 거느리고 가서 京師를 호위하게 하였는데, 왕미가 轘轅으로 쳐들어와서 伊水 북쪽에서 官軍을 패퇴시키고 마침내 洛陽에 이르렀다. 王衍이 군대를 감독하여 출전하였는데, 북궁순이 용사 백여 명을 모집하여 적진을 돌격하니, 왕미의 군대가 크게 패하여 建春門을 불태우고 동쪽으로 달아났다.

왕연이 左衛將軍 王秉을 보내어 추격하게 해서 七里澗에서 싸워 또다시 왕미를 패퇴시켰다. 왕미가 平陽郡으로 달아나니, 漢王 劉淵이 侍中을 보내어 교외에서 왕미를 맞이하게 하고 명령하기를 "내가 친히 장군의 관사에 행차하여 자리를 청소하고 술잔을 씻어서 공경히 장군을 기다리겠다." 하였다. 왕미가 도착하자, 유연은 그를 司隷校尉로 제수하였다.

황제가 詔令을 내려 장궤를 西平郡公으로 봉하니, 장궤는 사양하고 받지 않았다. 이때 각 州郡의 使者들 중에 京師에 오는 자가 없었는데, 장궤만이 홀로 계속하여 공물을 바쳤다.

王彌收集亡散하여 兵復大振하니 分遣諸將하여 攻陷郡縣하고 遂入許昌이어늘 張軌遣督護北宮純하여 將兵衛京師①러니 彌入自轘轅하여 敗官軍於伊北하고 遂至洛陽②하다 王衍이 督軍出戰이러니 北宮純이 募勇士百餘人하여 突陳하니 彌兵이 大敗하여 燒建春門而東이어늘 衍이 遣左衛將軍王秉追之하여 戰于七里澗하여 又敗之한대 彌走平陽③하니 漢王淵이 遣侍中郊迎하고 令曰 孤親行將軍之館하여 拂席洗爵하여 敬待將軍④호리라 及至에 拜司隷校尉하다 詔封張軌西平郡公하니 軌辭不受하다 時에 州郡之使 莫有至者로되 軌獨貢獻不絶이러라

① 北宮은 複姓이다.
北宮, 複姓也,
② 伊北은 伊水의 북쪽이다.
伊北, 伊水之北也.
③ 平陽은 郡의 이름이니, 司州에 속하였다.

---

4년(316)에 자세히 보인다.), '赴難(難에 달려왔다.)'이라고 쓴 것이 3번이며(晉 成帝 咸和 4년(329)에 자세히 보인다.), '아무 곳으로 나아갔다.'라고 쓴 것이 3번이다.(永嘉 4년(310)에 자세히 보인다.)〔書入衛 何 予義也 於是王衍督師 純募勇士突陳 王彌大敗 衍復遣王秉追敗之 不書 書純 予義也 書入衛始此 終綱目 書入衛三(北宮純 何倫 謝尙) 惟北宮純以功書 書兵入援十二(詳愍帝建興四年)赴難三(詳成帝咸和四年) 書詣某所三(詳永嘉四年)〕" ≪書法≫

平陽, 郡名, 屬司州.

④ 行(행차하다)은 下孟의 切이니, 〈"親行"은〉 親臨한다는 뜻이다.

行, 下孟切, 臨幸也.

【綱】 가을 7월에 漢나라(前趙)가 도읍을 蒲子로 옮겼다.

**秋七月**에 **漢**이 **徙都蒲子**①하다

① 蒲子縣은 漢나라 때에는 河東郡에 속하였고, 晉나라 때에는 平陽郡에 속하였다.

蒲子縣, 漢屬河東郡, 晉屬平陽郡.

【綱】 겨울 10월에 漢王 劉淵이 황제를 칭하였다.

◑ **冬十月**에 **漢王淵**이 **稱皇帝**하다

【綱】 12월에 漢나라(前趙) 石勒과 劉靈이 魏郡과 汲郡, 頓丘를 침략하였다.

◑ **十二月**에 **漢石勒, 劉靈**이 **寇魏, 汲, 頓丘**하다

【目】 石勒과 劉靈이 3만의 병력을 이끌고 3개의 郡(魏, 汲, 頓丘)을 침략하니, 이곳의 백성들 중에 소문만 듣고도 항복하여 따르는 자가 50여 보루였다. 석륵과 유령은 보루의 우두머리들에게 將軍과 都尉의 印綬를 임시로 수여하였다. 그리고 항복한 자들 중에 강하고 건장한 자 5만 명을 선발하여 병사로 삼으니, 노약자들은 예전처럼 안도하고 살았다.

**勒, 靈**이 **帥衆三萬**하고 **寇三郡**하니 **百姓**이 **望風降附者 五十餘壘**라 **皆假壘主將軍, 都尉印綬**하다 **簡其彊壯五萬**하여 **爲軍士**하니 **老弱**이 **安堵如故**러라

【綱】 成나라의 尙書令 楊褒가 卒하였다.

**成尙書令楊褒卒**[24]하다

24) 成尙書令楊褒卒 : "僭國의 신하인데도 그의 죽음에 '卒'이라고 쓴 것은 어째서인가. 그의 어짊을 기록한 것이다. 진실로 어질면 참국이라도 반드시 기록하였다. ≪資治通鑑綱目≫이 끝날 때까지 참국의 신하에게 '卒'이라고 쓴 것이 22번인데, 이중에 晉나라가 9번을 차지하였고(成나라의 楊褒와 范長生, 漢나라의 劉殷, 後趙의 張賓, 前秦 苻雄과 王猛, 前燕 李績과 慕容恪, 前涼 宋混) 五代가 13번을 차지하였다.(唐나라의 張承業, 前蜀 王宗僑, 吳나라의 陳彦謙과 徐溫, 南漢 楊洞潛과 趙光裔, 閩나라의 劉贊, 後

【目】 楊褒는 직언하기를 좋아하였다. 成主 李雄이 처음 蜀 지역을 얻었을 적에 재정이 부족하여 여러 장수들 중에 금과 은을 바치고 관직을 얻은 자가 있었다. 양포가 諫하기를 "폐하께서는 官爵을 설치하였으니, 마땅히 천하의 영웅호걸을 망라하여야 하는데, 어찌하여 관직을 팔아 금을 살 수 있습니까." 하니, 이웅이 사과하였다.

褒好直言이러니 成主雄이 初得蜀에 用度不足이라 諸將이 有以獻金銀得官者어늘 褒諫曰 陛下設官爵하니 當網羅天下英豪어늘 何有以官買金邪잇가 雄이 謝之하다

## 己巳年(309)

**【綱】 晉나라 孝懷皇帝 永嘉 3년이다**

三年이라

【目】 漢나라(前趙) 高祖 劉淵 河瑞 원년이다.

漢河瑞元年①이라

① 이때 汾水 가에서 옥새를 얻고는, 劉淵이 河瑞로 改元하였다.
時, 汾水得玉璽, 淵改元河瑞.

**【綱】 봄 정월 초하루에 熒惑星이 紫微宮(紫微垣)을 침범하였다.**

春正月朔에 熒惑이 犯紫微[25)]하다

---

漢 劉承訓, 南唐 李建勳, 後周 馮道와 鄭仁誨와 王朴, 南唐 柴克宏)〔僭國臣爾 其卒之 何 錄賢也 苟賢矣 雖僭國 必錄之 終綱目 卒僭國臣二十有二 晉世居九(成楊褒 范長生 漢劉殷 後趙張賓 秦苻雄王猛 燕李績慕容恪 涼宋混) 五代居十三焉(唐張承業 蜀王宗儔 吳陳彦謙徐溫 漢楊洞潛趙光裔 閩劉贊 漢劉承訓 唐李建勳 周馮道鄭仁誨王朴 唐柴克宏)〕" ≪書法≫

25) 春正月朔……犯紫微 : "일식이 아니면 그믐과 초하루를 쓰지 않는데, 여기에서 '朔(초하루)'이라고 쓴 것은 어째서인가. 큰 이변을 기록한 것이다. 熒惑星이 紫微宮을 침범한 것은 이변인데, 정월 초하루〔三朝〕에 나타났으니, 매우 큰 이변이다. 그러므로 자세히 썼는데 한 해를 사이하여 〈311년에〉 황제가 〈平陽으로〉 옮겼으니, 변고가 이유 없이 생기지 않는다는 말이 진실이다. ≪資治通鑑綱目≫이 끝날 때까지 별의 변고를 정월 초하루에 쓴 것은 이 한 번뿐이다.〔非日食 不書晦朔 此其書朔 何 記大異也 熒惑犯紫微 異矣 而見於三朝 甚大異也 故詳之 間一歲而帝遷 變不虛生 信哉 終綱目 星變書正月朔者一而已〕" ≪書法≫

"지난해 정월 초하루에 일식이 있었는데 이번에 또다시 熒惑星이 紫微宮을 침범하였다. 이때 국가의 권력이 司馬越에게 있었는데 하늘의 변고가 이와 같았으니, 이것을 써서 天心이 군주를 仁愛하여

【綱】 漢나라(前趙)가 도읍을 平陽으로 옮겼다.

◑ 漢이 徙都平陽하다

【目】 漢나라(前趙) 太史令 宣于修之가 별의 변고로 인하여 그의 군주인 劉淵에게 말하기를 "3년이 못 되어서 반드시 〈晉나라의 도성인〉 洛陽을 함락할 수 있을 것입니다. 蒲子는 지형이 평탄하지 않아서 오랫동안 편안하게 살기가 어렵고 平陽은 氣象이 한창 왕성하니, 그곳으로 도읍을 옮길 것을 청합니다." 하자, 유연이 그 말을 따랐다.

漢太史令宣于修之 以星變으로 言於其主淵曰① 不出三年하여 必克洛陽이라 蒲子는 崎嶇하여 難以久安이요 平陽은 氣象方昌하니 請徙都之하노이다 淵이 從之하다

① 姓氏에 관한 여러 책에 鮮于는 있으나 宣于는 없다.
姓氏諸書, 有鮮于而無宣于.

【綱】 3월에 山簡을 都督荊湘等州軍事로 삼았다.

三月에 以山簡都督荊湘等州軍事①하다

① 永嘉 원년(307)에 荊州와 江州의 8개 郡을 나누어 湘州로 만들었다.
元年, 分荊州·江州八郡, 爲湘州.

【目】 山簡은 山濤의 아들인데, 술을 좋아하여 政事를 돌보지 않았다. 처음에 荊州 지역의 도적을 금지하지 못하자, 詔令을 내려서 劉弘의 아들 劉璠(유번)을 喪을 마치기도 전에 불러 順陽內史로 삼으니, 江, 漢 지역의 백성들이 모두 그에게 귀의하였었다. 이때에 산간이 표문을 올려 "유번이 사람들의 마음을 얻으니, 백성들이 억지로 그를 군주로 삼을까 두렵습니다."라고 하자, 조령을 내려서 유번을 불러 越騎校尉로 삼았다. 남쪽 지역이 이 때문에 마침내 혼란해지니, 父老들 중에 유홍을 추모하여 그리워하지 않는 이가 없었다.

簡은 濤之子也니 嗜酒하여 不恤政事라 初에 荊州寇盜不禁이어늘 詔起劉弘子璠하여 爲順陽內史하니 江, 漢間이 翕然歸之①라 簡이 表璠得衆心하니 恐百姓劫以爲主라한대 詔徵璠爲越騎

---

비록 亂世라 할지라도 일찍이 경계하는 뜻이 없지 않음을 나타내려 한 것이다. 그런데도 사마월 등은 여전히 禍를 좋아하여 두려워할 줄 몰랐단 말인가.〔去年日食正旦 今玆熒惑又犯紫微 是時國柄在越 而天變如此 書之以見天心仁愛 雖亂世 亦未嘗無告戒之意耳 越等尙可樂禍而不知懼乎〕" ≪發明≫

**校尉**하다 **南州由是遂亂**하니 **父老莫不追思劉弘**이러라

① 劉璠의 아버지 劉弘의 喪이 끝나지 않았는데 거적을 자리로 삼고 흙을 베개로 삼아 시묘살이하는 곳에서 유번을 불러내었으니, 荊州의 백성들이 그의 아버지 유홍을 그리워하였으므로 일제히 그 아들에게 귀의한 것이다.
璠父弘之喪未終, 起之於苫塊, 荊州之民, 懷其父, 故翕然歸其子.

**【綱】** 太傅 司馬越이 京師에 들어와서 中書令 繆播(목파)와 황제의 외삼촌인 王延 등 10여 명을 죽였다.

**太傅越**이 **入京師**하여 **殺中書令繆播**와 **帝舅王延等十餘人**[26)]하다

**【目】** 司馬越이 京師로 들어오자, 中書監 王敦이 친한 사람들에게 이르기를 "太傅가 위엄과 권세를 전횡하는데, 인물을 선발하여 등용하고 표문을 올려 주청할 때마다 尙書에서 옛 제도를 가지고 제재하니, 태부가 이번에 반드시 몇 사람을 죽일 것이다." 하였다.

황제가 太弟로 있을 적에 繆播와 친하였는데 즉위하자마자 그에게 심복의 임무를 맡기고, 황제의 외숙인 散騎常侍 王延과 尙書 何綏와 太史令 高堂沖은 모두 機密에 참여하였다. 劉輿와 潘滔가 사마월에게 권하여 이들을 주살하게 하니, 사마월은 마침내 목파 등이 亂을 일으키려고 한다고 모함하여 甲士 3천 명을 궁중으로 들여보내 황제의 곁에서 목파 등 10여 명을 붙잡아 廷尉에 회부하여 죽이니, 황제는 탄식하며 눈물을 흘릴 뿐이었다. 하수는 何曾의 손자이다.

**越**이 **入京師**하니 **中書監王敦**이 **謂所親曰 太傅專執威權**이어늘 **而選用表請**에 **尙書猶以舊制裁之**하니 **今來**에 **必有所誅**리라 **帝之爲太弟也**에 **與繆播善**이러니 **及卽位**에 **委以心膂**하고 **帝舅散騎常**

---

26) 太傅越……帝舅王延等十餘人 : "'入(들어왔다)'은 司馬越을 미워하는 말이요, '殺(죽이다)'은 제멋대로 했음을 나타내는 말이다. 繆播에게 관직을 쓰고 王延에게 임금의 친척이라고 썼으니, 사마월이 몹시 군주를 무시한 것이다.〔入 惡辭也 殺 專辭也 播以官書 延以親書 越之無君 甚矣〕" ≪書法≫
"이때 海內가 크게 혼란하여 胡와 羯의 기세가 하늘을 찔렀으니, 上下가 서로 협력하여 나라를 부지해도 구제하지 못할까 두려운데, 司馬越의 소행이 마침내 이와 같았던 것은 어째서인가. 그러므로 '들어왔다'라고 썼으니 이로써 사마월이 군주를 무시한 것을 볼 수 있고, '죽였다'라고 썼으니 이로써 繆播 등이 죄가 없음을 볼 수 있고, 中書令이라고 쓰고 황제의 외삼촌이라고 썼으니 이로써 大臣과 貴戚이 스스로 몸을 보존하지 못한 것을 볼 수 있다. 그렇다면 사마월의 죄가 어떠한가. 관을 쪼개어 시신을 태워도 다행일 것이다.〔是時海內大亂 胡羯滔天 上下相與協力扶持 猶懼弗濟 而越之所爲乃爾 何哉 故書入 則見越之無君 書殺 則見播等之無罪 書中書令 書帝舅 則見大臣貴戚之不克自保 然則越之罪爲何如耶 剖棺焚尸猶爲幸也〕" ≪發明≫

侍王延과 尙書何綏와 太史令高堂沖이 竝參機密이러니 劉輿, 潘滔勸越誅之하니 越이 乃誣播等欲爲亂이라하여 遣甲士三千入宮하여 執播等十餘人於帝側하여 付廷尉殺之하니 帝는 歎息流涕而已러라 綏는 曾之孫也라

【目】 처음에 何曾이 武帝를 사사로이 모시고 있다가 물러 나와서 여러 아들들에게 이르기를 "主上이 국가의 큰 기업을 창건하였으나 매번 사사로이 뵐 적에 일찍이 나라를 경륜할 원대한 계책을 들은 적이 없고, 오직 平常의 일반적인 일만을 말씀하니, 이는 후손에게 좋은 계책을 물려주는 방도가 아니다. 〈창업의 영광이〉 자신에게만 미칠 뿐, 후손은 아마도 위태로울 것이다. 너희들은 그래도 禍를 면할 수 있을 것이다." 하고는 또 여러 손자들을 가리키며 말하기를 "이 아이들은 반드시 亂에 죽을 것이다." 하였다. 何綏가 죽자 형 何嵩(하숭)이 통곡하며 말하기를 "우리 할아버지는 아마도 聖人인가 보다." 하였다.

하증은 하루에 1만 錢 어치나 되는 식사를 하면서도 오히려 수저를 내려놓을 만한 찬이 없다고 음식 투정을 하였고, 아들 何劭는 하루에 2만 전 어치가 되는 식사를 하였으며, 하수와 그의 아우 何機, 何羨은 더욱 교만하고 사치하여 사람들에게 편지를 보낼 적에 말하는 禮가 간략하고 오만하였다.

王尼는 하수의 편지를 보고 사람들에게 이르기를 "伯蔚이 亂世에 살면서 이와 같이 오만하고 豪氣를 부리니, 어찌 화를 면할 수 있겠는가." 하였다. 어떤 사람이 말하기를 "백울이 卿의 이 말을 들으면 반드시 경을 해칠 것이다." 하니, 왕니가 말하기를 "백울이 나의 말을 들을 때쯤이면, 그는 이미 죽었을 것이다." 하였다. 永嘉 말년에 이르러 何氏 집안에는 남은 후손이 없게 되었다.

○初에 何曾이 侍武帝宴이라가 退하여 謂諸子曰 主上이 開創大業호되 吾每宴見(현)에 未嘗聞經國遠圖하고 唯說平生常事하니 非貽厥孫謀之道也니 及身而已라 後嗣其殆乎인저 汝輩는 猶可以免이어니와 指諸孫曰 此屬은 必死於難하리라 及綏死에 兄嵩이 哭之曰 我祖其殆聖乎인저하니라 曾이 日食萬錢호되 猶云 無下箸處하고 子劭日食二萬하고 綏及弟機, 羨이 汰侈尤甚하여 與人書疏에 詞禮簡傲라 王尼見綏書하고 謂人曰 伯蔚이 居亂世하여 而矜豪乃爾하니 其能免乎①아 人曰 伯蔚이 聞卿言이면 必相危害리라 尼曰 伯蔚이 比聞我言이면 自已死矣②리라 及永嘉之末에 何氏無遺種하니라

① 伯蔚는 何綏의 字이다.

伯蔚, 綏字.

② 比는 미침이다.

比, 及也.

【目】 司馬溫公(司馬光)이 다음과 같이 평하였다.

"何曾이 武帝가 구차하고 나태하여 당장 눈앞의 일에만 관심을 갖고 원대한 생각을 하지 않는 것을 비판하였으며, 천하가 장차 혼란하여 자기의 자손이 반드시 그 우환을 겪게 될 줄을 알았으니, 어쩌면 그리도 현명한가. 그러나 자신이 분수에 넘치고 사치한 짓을 하여 자식들로 하여금 그 유풍을 계승해서 끝내 교만과 사치로 집안을 망하게 했으니, 그 현명함을 어디에서 찾을 수 있는가. 또 자신이 宰相이 되어서 군주의 잘못을 분명히 알면서도 직접 아뢰지 않고 집안에서 사사로이 말했으니, 그는 忠臣이 아니다."

司馬公曰 何曾이 譏武帝偸惰하여 取過目前하고 不爲遠慮하고 知天下將亂하여 子孫必與其憂하니 何其明也[①]오 然이나 身爲僭侈하여 使子孫承流하여 卒以驕奢亡族하니 其明이 安在哉오 且身爲宰相하여 知其君之過에 不以告而私語於家하니 非忠臣也니라

① 與(참여하다)는 預로 읽는다.

與, 讀曰預.

【綱】 太尉 劉寔이 벼슬을 그만두고 집으로 돌아갔다.

**太尉劉寔이 罷就第하다**

【目】 劉寔이 해마다 致仕를 청하였으나, 조정에서 허락하지 않았다. 劉坦이 말하기를 "옛날에 조정에서 노인을 공양하는 것은 일을 맡기지 않는 것을 우대로 여겼고 벼슬을 시키는 것을 존중하는 것으로 여기지 않았으니, 마땅히 유식이 지키는 바를 따라야 합니다." 하자, 詔令을 내려서 유식이 侯의 작위를 갖고 집으로 돌아가게 하였다.

寔이 連年請老호되 朝廷이 不許러니 劉坦이 言 古之養老는 以不事爲優하고 不以吏之爲重하니 宜聽寔所守라한대 詔寔以侯就第[①]하다

① "不事"는 일을 맡기지 않음을 이른다.

不事, 謂不使任事也.

【綱】 王衍을 太尉로 삼았다.

以王衍爲太尉하다

【綱】 太傅 司馬越이 將軍 何倫으로 하여금 東海國의 군대를 거느리고 들어가 宿衛하게 하였다.

◑ 太傅越이 使將軍何倫으로 領國兵하고 入宿衛[27)]하다

【目】 司馬越은 그동안 일어난 일이 대부분 殿省에서 시작되었다고 하여 마침내 上奏하여 宿衛 중에 侯爵의 지위가 있는 자를 모두 파면하였다. 그리고 다시 장군 何倫과 王秉으로 하여금 東海國의 병사 수백 명을 거느리고 궁중으로 들어와 宿衛하게 하였다.

越이 以頃來興事 多由殿省①이라하여 乃奏宿衛有侯爵者를 皆罷之하고 更使將軍何倫, 王秉으로 領東海國兵數百人하여 宿衛②하다

① 〈"頃來興事 多由殿省"은〉 楊駿를 주살하고 賈后를 폐하고 趙王 司馬倫과 齊王 司馬冏을 주살한 것과 成都王 司馬穎을 토벌한 것과 羊后와 太子 司馬覃을 여러 번 폐했다가 다시 세운 것 모두를 殿中 사람이 했음을 이른다.
謂誅楊駿, 廢賈后, 誅趙王倫·齊王冏及討成都王穎, 及羊后·太子覃屢廢屢立, 皆殿中人爲之.
② 이로부터 황제 좌우는 모두 司馬越과 가까운 사람뿐이었다.
自是, 帝左右皆越私人.

【綱】 漢나라(前趙)가 黎陽을 침략하여 함락시켰다.

漢이 寇黎陽하여 陷之하다

27) 太傅越……入宿衛 : "北宮純에게는 '入衛(들어와 호위했다.)'라고 썼으나 누구를 거느렸는지를 쓰지 않았는데, 여기서는 '領國兵(東海國의 군대를 거느렸다.)'라고 쓴 것은 어째서인가. 司馬越의 마음을 주벌한 것이다. 이때 황제의 처소에는 사마월의 무리 아닌 자가 없었으니, 황제의 처지가 매우 위태로웠다. ≪資治通鑑綱目≫이 끝날 때까지 '入宿衛'라고 쓴 것이 3번인데(漢나라 高后 2년(B.C. 186), 武帝 建元 6년(B.C. 135), 이해(309)), 오직 何倫에 대해서는 인정한 말이 아니다.〔北宮純書入衛矣 不書所領 此其書領國兵 何 誅心也 於是帝所無非越黨者矣 危哉 終綱目 書入〔宿〕衛三(漢高后二年 武帝建元六年 是年) 惟何倫非予辭〕" ≪書法≫

【目】 漢主 劉淵이 劉景을 보내어 군대를 거느리고 黎陽을 공격하게 하여, 유경이 여양을 함락시키고 또 王堪을 延津에서 패퇴시켜 남녀 3만여 명을 황하에 빠뜨려 죽게 하였다. 유연은 이 말을 듣고 노하여 말하기를 "유경이 무슨 면목으로 다시 朕을 만나보겠는가. 또 天道가 어찌 이를 용납하겠는가. 내가 제거하고자 하는 자는 司馬氏뿐인데, 백성들이 무슨 죄가 있단 말인가." 하고 그를 내쳤다.

漢主淵이 遣劉景하여 將兵攻黎陽하여 克之하고 又敗王堪於延津하여 沈男女三萬餘人於河하다 淵이 聞之하고 怒曰 景이 何面復見朕이리오 且天道豈能容之리오 吾所欲除者는 司馬氏耳니 細民何罪오하고 黜之하다

【綱】 여름에 크게 가뭄이 들었다.

夏에 大旱하다

【目】 長江과 漢水, 黃河와 洛水를 〈도보로〉 건널 수가 있었다.

江, 漢, 河, 洛이 可涉하다

【綱】 漢나라(前趙) 石勒이 鉅鹿과 常山을 침략하였다.

漢石勒이 寇鉅鹿, 常山하다

【目】 石勒의 병력이 10여만 명에 이르렀는데, 衣冠한 인물(사대부)들을 모아 따로 君子營을 만들어서 張賓을 謀主로 삼고 刁膺(조응)을 股肱(보좌)으로 삼고 夔安(기안), 孔萇(공장), 支雄, 桃豹, 逯明(녹명)을 爪牙(용사)로 삼으니, 幷州의 여러 胡族과 羯族이 많이 그를 따랐다.

勒衆이 至十餘萬이라 集衣冠人物하여 別爲君子營하여 以張賓爲謀主하고 刁膺爲股肱하고 夔安, 孔萇, 支雄, 桃豹, 逯明爲爪牙하니 幷州諸胡, 羯이 多從之①러라

① 夔安과 孔萇, 支雄, 桃豹, 逯明은 다섯 사람의 성명이다. 萇은 直良의 切이고, 逯은 盧谷의 切이다.
夔安・孔萇・支雄・桃豹・逯明, 五人姓名. 萇, 直良切. 逯, 盧谷切.

石勒이 鉅鹿과 常山을 침략하다

【目】 처음에 張賓은 독서하기를 좋아하였으며 성품이 활달하고 큰 뜻이 있어서 항상 자신을 張子房(張良)에게 견주었다. 石勒이 山東 지역을 경략하자, 장빈이 친한 사람에게 이르기를 "내가 여러 장수를 두루 살펴보았으나 이 오랑캐 장군 같은 자가 없으니, 그와 더불어 대업을 이룰 만하다." 하고는 마침내 검을 차고 석륵의 軍門에 나아가서 큰소리로 만나보기를 청하였는데, 석륵은 그를 기특하게 여기지 않았다. 장빈이 자주 계책을 가지고 석륵에게 등용되기를 요구하였는데, 얼마 후 모든 일이 그가 말한 바와 같으니, 석륵이 이로부터 그를 기특히 여겼다.

初에 張賓이 好讀書하고 闊達有大志하여 常自比張子房이러니 及勒徇山東에 賓이 謂所親曰 吾歷觀諸將컨대 無如此胡將軍者하니 可與共成大業①이라하고 乃提劍詣軍門하여 大呼請見하니 勒이 亦未之奇也러라 賓이 數(삭)以策干勒이러니 已而요 皆如所言하니 由是로 奇之하니라

① 石勒은 본래 胡族이다. 그러므로 胡將軍이라 한 것이다.

勒, 本胡也, 故謂之胡將軍.

**【綱】** 漢나라(前趙)가 壺關을 침략하여 함락시켰다.

**漢**이 **寇壺關**하여 **陷之**하다

【目】 漢主 劉淵이 王彌와 楚王 劉聰으로 하여금 함께 壺關을 공격하게 할 적에 石勒을 前鋒都督으로 삼았다. 劉琨이 군대를 보내어 호관을 구원하게 하였으나 이기지 못하였다. 司馬越이 河南內史인 王曠과 將軍 施融을 보내어 왕미 등을 막게 하였는데, 왕광이 황하를 건너고서 쉬지 않고 앞으로 전진하고자 하자, 시융이 말하기를 "저들이 험한 지세를 의지하여 기회를 틈타 출동하니, 우리는 우선 강물을 사이에 두고 굳게 지키면서 형세를 살펴야 합니다." 하였다. 왕광이 노하여 말하기를 "그대가 여러 사람의 사기를 꺾으려 하는가." 하고는 마침내 太行山을 넘어 長平에서 유총과 싸우다가 크게 패하여 모두 죽으니, 호관이 漢나라(前趙)에 항복하였다.

漢主淵이 使王彌與楚王聰으로 共攻壺關할새 以石勒爲前鋒都督하니 劉琨이 遣軍救之호되 不克이라 越이 遣河南內史王曠과 將軍施融하여 拒之러니 曠이 濟河하여 欲長驅而前이어늘 融曰 彼乘險間出하니 且當阻水爲固하여 以量形勢①니이다 曠이 怒曰 君欲沮衆邪아하고 遂踰太行하여 與聰戰於長平이라가 大敗하여 皆死하니 壺關이 降漢하다

① 間(틈)은 古莧의 切이다.
間 古莧切

**【綱】** 가을 8월에 漢나라(前趙)가 洛陽을 침략하였는데, 弘農太守 垣延이 기습하여 패퇴시켰다.

**秋八月**에 **漢**이 **寇洛陽**이러니 **弘農太守垣延**이 **襲敗之**하다

【目】 劉聰 등이 洛陽을 공격하자 장군 曹武 등이 이들을 막았으나 모두 패하였다. 유총 등이 승승장구하여 宜陽에 이르러는 그 동안 승리한 것을 믿고 태만하여 대비를 갖추지 않았다. 垣延이 거짓으로 항복하고는 밤에 기습하여 유총을 패퇴시켰다.

聰等이 攻洛陽이어늘 將軍曹武等이 拒之러니 皆爲所敗라 長驅至宜陽하여 自恃驟勝하고 怠不設

備러니 垣延이 詐降하고 夜襲敗之[①]하다

① 垣延은 사람의 성명이다.
垣延, 姓名.

【綱】 겨울 10월에 漢나라(前趙)가 다시 洛陽을 침략하자, 北宮純이 이들을 공격하여 패퇴시켰다.

冬十月에 漢이 復寇洛陽이어늘 北宮純이 擊敗之하다

【目】 漢主 劉淵이 또다시 劉聰 등을 보내어 洛陽을 침략하여 西明門에 주둔하게 하자, 北宮純 등이 밤에 勇士를 거느리고 나가 漢나라 성벽을 공격하여 장군 呼延顥(호연호)를 참수하였다. 유총이 남쪽으로 洛水에 주둔하였는데, 大司空 呼延翼이 또 그의 부하에게 살해를 당하니, 무리가 마침내 궤멸하여 돌아갔다.

宣于脩之가 유연에게 말하기를 "辛未年이 되어야 마침내 낙양을 점령할 수 있을 것입니다. 지금은 晉나라 기운이 아직도 왕성하니, 우리의 大軍이 돌아오지 않으면 반드시 패할 것입니다." 하였다. 유연이 마침내 유총 등을 불러 돌아오게 하였다. 유총과 劉曜가 平陽으로 돌아오고 王彌가 남쪽으로 轘轅으로 출동하니, 潁川과 襄城, 汝南, 南陽, 河南에 있던 流民 수만 가호가 평소 이 지역에 원래부터 거주하던 백성들에게 괴롭힘을 당하던 터라, 모두 長吏를 살해하고 왕미에게 호응하였다.

漢主淵이 復遣劉聰等하여 寇洛陽하여 屯西明門[①]이어늘 北宮純等이 夜帥勇士하고 出攻漢壁하여 斬其將軍呼延顥하다 聰이 南屯洛水러니 而大司空呼延翼이 又爲其下所殺하니 衆遂潰歸[②]러라 宣于脩之言於淵曰 歲在辛未에 乃得洛陽이니 今晉氣猶盛하니 大軍不歸면 必敗하리이다 淵이 乃召聰等還하다 聰,曜歸平陽하고 彌南出轘轅하니 流民之在潁川, 襄城, 汝南, 南陽, 河南者 數萬家 素爲居民所苦라 皆殺長吏하고 以應彌[③]하다

① 西明門은 낙양성의 서쪽 방향 남쪽 가장자리에서 2번째 문이다.
西明門, 洛城西面南頭第二門也.

② 洛水는 낙양성 남쪽을 지나간다.
洛水, 過洛城南.

③ 襄陽縣은 漢나라 때에는 潁川郡에 속하였는데, 晉 武帝 泰始 2년(266)에 나누어 襄城郡을 세웠다.
襄陽縣, 漢屬潁川郡, 武帝泰始二年, 分立襄城郡.

### 庚午年(310)

【綱】 晉나라 孝懷皇帝 永嘉 4년이다.

四年이라

【目】 漢나라(前趙) 烈宗 劉聰 光興 원년이다.

漢烈宗劉聰光興元年이라

【綱】 봄 정월에 漢나라(前趙)가 徐州, 豫州, 兗州, 冀州의 여러 郡을 침략하였다.

春正月에 漢이 寇徐, 豫, 兗, 冀諸郡하다

【綱】 琅邪王 司馬睿가 周玘를 吳興太守로 삼았다.

◑ 琅邪王睿 以周玘爲吳興太守하다

【目】 錢璯(전회)가 陽羨을 침략하자, 周玘가 鄕里 사람들을 규합하여 토벌하고 전회를 참수하였다. 주기가 江南 지역을 세 차례 평정하니, 琅邪王 司馬睿는 그를 吳興太守로 삼고 그의 향리에 義興郡을 설치하여 旌表하였다.

錢璯寇陽羨이어늘 玘糾合鄕里하여 討斬之[①]하다 玘三定江南하니 琅邪王睿 以爲吳興太守[②]하고 於其鄕里에 置義興郡하여 以旌之[③]하다

① 璯는 黃外의 切이다. 陽羨縣은 前漢 때에는 會稽郡에 속하였고 後漢 때에는 吳郡에 속하였으며, 吳나라 이후로는 나뉘어 吳興郡에 속하였다.
璯, 黃外切. 陽羨縣, 前漢屬會稽郡, 後漢屬吳郡. 自吳以來, 分屬吳興郡.

② 〈"玘三定江南"은〉 惠帝 永興 원년(304)에 石冰을 토벌하였고, 永嘉 원년(307)에 陳敏을 토벌하였고, 이제 또다시 錢璯를 토벌하였으니, 이는 江南 지역을 세 차례 평정한 것이다. 吳나라는 吳郡의 丹陽을 나누어 吳興郡을 설치하였다.
惠帝永興元年, 討石冰, 永嘉元年, 討陳敏, 今又討璯, 是三定江南. 吳分吳郡丹陽, 置吳興郡.

③ 이때 吳興郡의 陽羨과 長城縣의 西鄕, 丹陽郡의 永世를 나누어 義興郡으로 만들었다.
時分吳興之陽羨及長城縣之西鄕・丹陽之永世, 爲義興郡.

**【綱】** 漢나라(前趙) 曹嶷(조억)이 東平과 琅邪를 침략하였다.

**漢曹嶷**이 **寇東平琅邪**①하다

① 嶷은 魚力의 切이다.
嶷, 魚力切.

**【綱】** 여름 4월에 王浚이 漢나라(前趙) 劉靈을 공격하여 죽였다.

◑ **夏四月**에 **王浚**이 **擊漢劉靈**하여 **殺之**[28]하다

**【綱】** 蝗蟲의 재해가 있었다.

◑ **蝗**하다

**【綱】** 가을 7월에 漢나라(前趙)가 河內를 침략하여 함락시켰다.

◑ **秋七月**에 **漢**이 **寇河內**하여 **陷之**하다

**【綱】** 漢主 劉淵이 卒하니 太子 劉和가 즉위하였는데, 그의 아우 劉聰이 시해하고 대신 즉위하였다.

**漢主淵**이 **卒**하니 **太子和立**이러니 **其弟聰**이 **弑而代之**[29]하다

【目】 漢主 劉淵이 병이 위독하자, 陳留王 劉歡樂을 太宰로 삼고 楚王 劉聰을 大司馬 大單

---

28) 王浚 擊漢劉靈 殺之 : "劉靈에게 '寇'라고 썼는데, 여기에서 '토벌하여 죽였다.'라고 쓰지 않은 것은 어째서인가. 王浚에게 토벌하는 것을 인정하지 않은 것이다. 어찌하여 왕준에게 토벌하는 것을 인정하지 않았는가. 왕준은 晉나라의 신하라 이름하지만 병력을 보유하고 관망하면서 나라의 어려움을 구원하지 않았으며, 또 일찍이 군대를 일으켜 司馬穎을 토벌하였으나 처음에는 모두 부득이해서였고 뒤에는 다시 크게 노략질하고 돌아갔으니, 황실에 마음을 둔 자가 아니다. 그러므로 ≪資治通鑑綱目≫에서 스스로 서로 공격한 것으로 썼으니, 그를 배척함이 심하다.〔劉靈書寇矣 不書討殺 何 不予浚以討也 浚則曷爲不予以討 浚名爲晉臣 擁兵觀望 不救國難 雖嘗興兵討穎 初皆迫不得已 旣復大掠而還 非心乎帝室者矣 故綱目以自相攻擊書之 外之甚矣〕" ≪書法≫

29) 漢主淵……弑而代之 : "'卒'이라고 쓰고 '弑'라고 써서 중국의 군주처럼 말하였으니, ≪資治通鑑綱目≫에서 漢나라(前趙)를 올려준 것은 부득이해서였다.(蠻夷의 경우 〈'卒'을〉 '死'라고 쓰고, '弑'를 '殺'이라고 쓴 것에 의거한 것이다.) 漢主에게 '卒'이라고 쓴 것은 晉나라가 잘못하였기 때문이다.〔書卒 書弑 如內辭 綱目之進漢 有不得已焉耳(據蠻夷書死 弑書殺) 主書卒 以晉也〕" ≪書法≫

于로 삼아서 錄尙書事를 겸하게 하였다. 安昌王 劉盛과 安邑王 劉欽과 西陽王 劉璿(유선)이 나누어 禁軍을 주관하였다.

漢主淵이 寢疾에 以陳留王歡樂爲太宰하고 楚王聰爲大司馬, 大單于하여 竝錄尙書事하고 安昌王盛과 安邑王欽과 西陽王璿이 分典禁兵하다

【目】 처음에 劉盛은 젊었을 적에 독서하기를 좋아하지 않고 오직 ≪孝經≫과 ≪論語≫를 외우며 말하기를 "이 두 책을 외워서 잘 행하면 충분하다. 많이 외우고 실행하지 않으면 무슨 소용이 있겠는가." 하였다. 李憙가 그를 보고 감탄하기를 "멀리서 바라볼 때에는 소홀히 여겨도 될 듯하다가, 가까이 다가가 보면 엄숙함이 엄한 군주와 같으니 군자라고 이를 만하다." 하였다. 劉淵은 그가 충성스럽고 독실하다고 여겨서 임종할 때에 그에게 중요한 임무를 맡겼다.

初에 盛이 少時에 不好讀書하고 唯誦孝經, 論語하고 曰 誦此能行이면 足矣라 安用多誦而不行乎리오 李憙見之하고 歎曰 望之엔 如可易(이)라가 及至엔 肅如嚴君하니 可謂君子矣①로다 淵이 以其忠篤이라 故臨終에 委以要任하니라

① 易는 弋豉의 切이니, 소홀히 하고 함부로 하는 것이다.
易, 弋豉切, 慢易也.

【目】 劉淵이 卒하자 太子 劉和가 즉위하였는데, 유화는 성품이 시기가 많고 은혜롭지 못하였다. 宗正인 呼延攸와 侍中 劉乘과 西昌王 劉銳가 유화를 설득하기를 "先帝께서 輕重의 형세를 생각하지 않고, 大司馬 劉聰으로 하여금 10만의 병력을 보유하고서 近郊에 주둔하게 하였으니, 폐하께서는 바로 황제의 자리에 더부살이하고 있을 뿐입니다. 마땅히 일찍 계책을 세워야 합니다." 하니, 유화는 그 말을 믿고 밤에 劉盛과 劉欽을 불러 이 말을 전하였다.

유성이 말하기를 "폐하께서는 참소하는 말을 믿어 형제를 의심하지 마소서. 형제도 믿을 수 없다면 타인을 어찌 믿을 수 있겠습니까." 하니, 호연유와 유예가 노하여 左右에게 명하여 유성을 칼로 베어 죽이고 마침내 單于臺에서 유총을 공격하였으나 승리하지 못하였다. 유예 등이 南宮으로 도망해 들어가자, 유총의 선봉부대가 뒤따라가서 유화와 유예, 호연유, 유승을 죽였다.

淵이 卒에 太子和卽位하니 和性猜忌無恩이라 宗正呼延攸와 侍中劉乘과 西昌王銳 說(세)和

曰① 先帝不惟輕重之勢하고 使大司馬擁十萬衆하여 屯於近郊하니 陛下便爲寄坐耳라 宜早爲之計②니이다 和信之하고 夜召盛, 欽告之③한대 盛曰 陛下勿信讒以疑兄弟하소서 兄弟도 尙不可信이면 他人을 誰足信哉잇가 攸, 銳怒하여 命左右刃之하고 遂攻聰于單于臺로되 不克④하다 銳等이 走入南宮한대 聰前鋒이 隨之하여 殺和及銳, 攸, 乘하다

① 呼延攸는 呼延翼의 아들인데, 劉淵은 그가 재주와 행실이 없다 하여 종신토록 관직을 승진시키지 않았고, 劉乘은 평소 楚王 劉聰을 미워하였고, 劉銳는 顧命(임종할 때 내린 명)에 참여하지 못한 것을 부끄럽게 여겼다. 이에 서로 모의하여 劉和를 설득한 것이다.
攸, 翼之子也, 淵以其無才行, 終身不遷官, 乘素惡(오)楚王聰, 銳恥不預顧命, 乃相與謀說和.
② 惟는 생각함이다. "屯於近郊"는 劉聰이 平陽의 서쪽에 주둔한 것을 이른다. 坐(자리)는 徂臥의 切이니, "寄坐"는 大權이 자기 몸에서 나오지 않고 신하와 백성들의 위에 지위를 의탁하고 있으므로, 형세가 더부살이하는 것과 같음을 말한 것이다.
惟, 思也. 屯於近郊, 謂聰屯平陽西也. 坐, 徂臥切. 寄坐, 言大權非己出, 託位於臣民之上, 勢同寄寓也.
③ 劉和는 呼延攸의 생질이므로 호연유를 깊이 신임하였다.
和, 攸之甥也. 深信之.
④ 劉淵이 平陽 서쪽에 單于臺를 설치하였다.
劉淵置單于臺於平陽西.

【目】 劉聰은 北海王 劉乂가 單后의 아들이라 하여 황제의 지위를 그에게 사양하였다. 그러나 유차가 눈물을 흘리며 굳이 유총에게 즉위할 것을 청하자, 유총이 마침내 즉위하여 유차를 皇太弟로 삼아 大單于를 겸하게 하고, 아들 劉粲을 河內王 都督中外諸軍事로 삼고, 石勒을 幷州刺史로 삼았다.

聰以北海王乂[30] 單后之子也라하여 以位讓之한대 乂涕泣固請이어늘 聰이 遂卽位하여 以乂爲皇太弟하여 領大單于하고 子粲爲河內王, 都督中外諸軍事하고 石勒爲幷州刺史하다

【綱】 氐族의 추장 蒲洪이 스스로 略陽公이라 칭하였다.

氐酋蒲洪이 自稱略陽公①하다

① 蒲洪의 집안에 있는 못 가운데에 부들이 났는데 길이가 5丈 5尺이고 마디가 대나무 모습과

30) 乂 : 劉乂는 보통 劉乂로 표기하는 경우가 많은데, 본서에서는 ≪資治通鑑考異≫에 "≪晉書≫ 〈載記〉에 '乂'로 되어 있으나, ≪十六國春秋≫에 '乂'로 되어 있으므로, 이를 따른다." 하였는바, 이 설을 취하였다. 또한 저본에도 劉乂로 되어 있으며, ≪資治通鑑綱目≫(≪朱子全書≫ 9, 上海古籍出版社)에도 劉乂로 되어 있다.

같으니, 이때 모두 포홍의 집을 蒲家라 일렀으므로 인하여 蒲를 氏로 삼았다. 또 隴右 지역에 큰 비가 내렸는데, 동요에 이르기를 "비가 만약 그치지 않으면 반드시 홍수가 일어날 것이다." 하였으므로 인하여 이름을 洪이라 한 것이다.
洪家池中蒲生, 長五丈五, 節如竹形. 時咸謂之蒲家, 因以爲氏. 又隴右大雨, 謠曰"雨若不止, 洪水必起." 因名曰洪.

【目】蒲洪은 略陽 臨渭縣에 있는 氐族의 추장이다. 날래고 용감하고 권모와 지략이 많으니, 여러 저족들이 두려워하여 복종하였다. 漢나라(前趙)가 蒲洪을 平遠將軍으로 제수하였는데, 이를 받지 않고 스스로 秦州刺史 略陽公이라 칭하였다.

洪은 略陽臨渭氐酋也①라 驍勇多權略하니 群氐畏服之라 漢이 拜洪平遠將軍이러니 不受하고 自稱秦州刺史, 略陽公하다

① ≪晉書≫ 〈地理志〉에 略陽郡에 臨渭縣이 있으니, 아마도 魏나라가 설치한 듯하다.
晉志, 略陽郡有臨渭縣, 蓋魏所置也.

【綱】流民 王如가 南陽을 침략하고서 漢나라(前趙)에 귀의하였다.

流民王如 寇南陽하여 以附漢하다

【目】雍州의 流民들이 대부분 南陽에 흩어져 살고 있었는데, 詔書를 내려 자기의 鄕里로 돌아가게 하니, 유민들은 關中 지역이 황폐하다 하여 모두 돌아가기를 원하지 않았다. 山簡이 군대를 파견하여 출발을 재촉하였는데, 京兆 사람 王如가 비밀리에 壯士들과 결탁하고 밤중에 산간의 군대를 기습해서 격파하고 城市를 공격하여 令長을 살해하니, 병력이 4, 5만에 이르렀다. 왕여는 스스로 大將軍이라 칭하고 漢나라(前趙)에 귀의하여 藩臣을 칭하였다.

雍州流民이 多在南陽이라 詔書遣還鄕里하니 流民이 以關中荒殘이라하여 皆不願歸라 山簡이 遣兵促發이러니 京兆王如 潛結壯士하여 夜襲其軍하여 破之하고 攻城鎭하여 殺令長하니 衆至四五萬이라 自號大將軍하고 稱藩于漢하다

【綱】겨울 10월에 漢나라가 洛陽을 침략하였다.

冬十月에 漢이 寇洛陽하다

【綱】〈晉나라가〉 拓跋猗盧를 大單于로 삼고서 代公을 봉하였다.

◑ 以拓跋猗盧爲大單于하여 封代公하다

【目】 처음에 匈奴의 우두머리인 劉猛이 죽자 劉虎가 대신 그 무리를 거느리고 新興에 거주하면서 鐵弗氏라 칭하고는 白部의 鮮卑와 함께 漢나라(前趙)에 귀의하였다.

劉琨이 장차 이들을 토벌하려 할 적에, 拓跋猗盧에게 使者를 보내어 말을 공손하게 하고 예물을 후하게 갖춰서 설득하여 병력을 내어 지원해줄 것을 청하였다. 탁발의로가 그 아우인 拓跋弗의 아들 拓跋鬱律로 하여금 2만의 기병을 거느리고 가서 돕게 하여 마침내 유호와 백부의 선비를 격파하였다.

유곤은 탁발의로와 결의형제를 맺고 표문을 올려서 탁발의로를 大單于로 삼고서 代郡을 그에게 봉하여 代公으로 삼을 것을 청하였다. 이때 代郡은 幽州에 속해 있었는데,

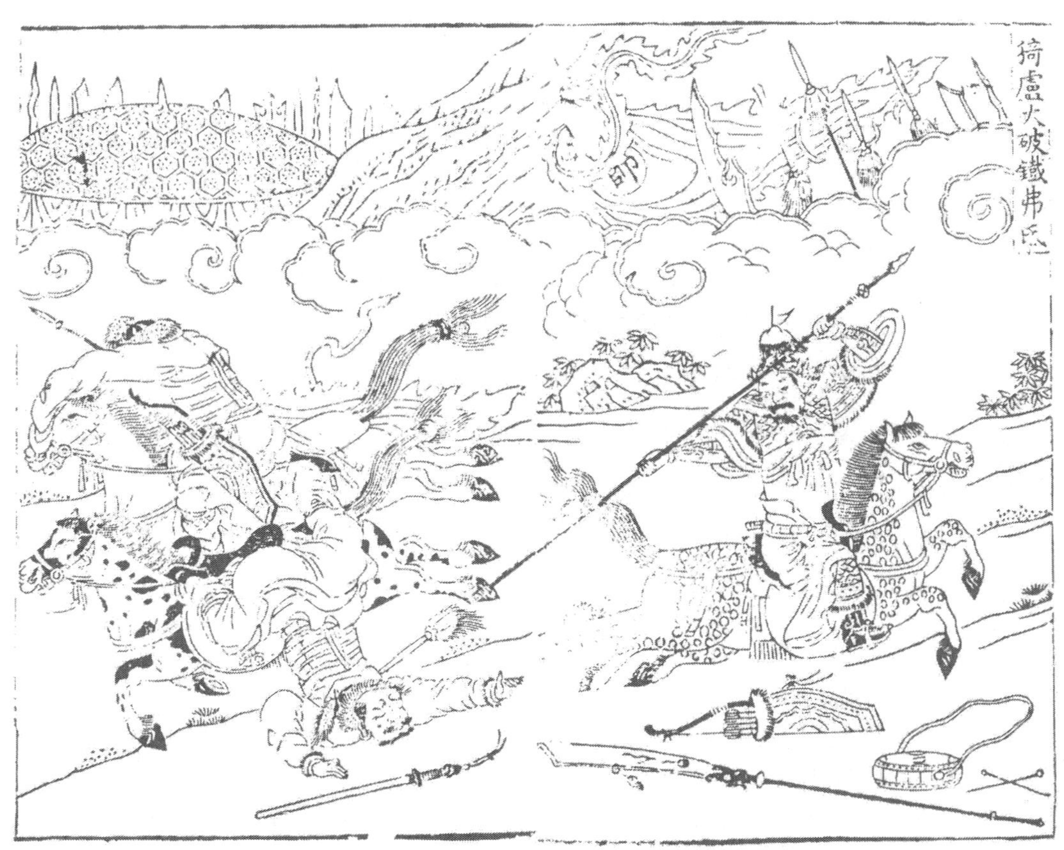


拓跋猗盧가 鐵弗氏를 크게 격파하다

王浚이 이를 허락하지 않고 군대를 보내어 탁발의로를 공격하였다. 탁발의로가 항거하여 왕준의 군대를 격파하니, 왕준이 이로부터 유곤과 틈이 생기게 되었다.

初에 匈奴劉猛이 死어늘 劉虎代領其衆하여 居新興하고 號鐵弗氏하고 與白部鮮卑로 皆附于漢①이러라 劉琨이 將討之할새 遣使하여 卑辭厚禮하여 說(세)拓跋猗盧하여 以請兵한대 猗盧使其弟弗之子鬱律로 帥騎二萬助之하여 遂破劉虎, 白部하니 琨이 與猗盧로 結爲兄弟하고 表爲大單于하여 以代郡封之하여 爲代公하다 時에 代郡이 屬幽州라 王浚이 不許하고 遣兵擊猗盧어늘 猗盧拒破之하니 浚이 由是與琨有隙이러라

① 劉虎는 匈奴의 右賢王 去卑의 손자이다. 북쪽 오랑캐들은 아비를 鮮卑라 하고 어미를 鐵弗이라고 하였는데, 인하여 鐵弗을 姓으로 삼은 것이다.
虎, 匈奴右賢王去卑之孫. 胡人謂父爲鮮卑, 母爲鐵弗, 因以鐵弗爲姓.

【目】 拓跋猗盧는 封邑이 자기의 나라와 너무 멀어서 두 곳의 백성들이 서로 왕래하지 못한다 하여, 마침내 만여 가호의 부락을 거느리고 雲中에서 雁門으로 들어가 劉琨에게 石陘關(석형관)의 북쪽 지역을 요구하였다. 유곤은 그를 제재하지 못하였고 또 그에게 의지하여 원조를 얻고자 해서 마침내 樓煩, 馬邑, 陰館, 繁畤(번치), 崞縣(곽현) 등 5개 縣의 백성을 석형관의 남쪽으로 이주시키고 이 지역을 그에게 주니, 이로 말미암아 탁발의로가 더욱 강성해졌다.

유곤이 太傅 司馬越에게 사신을 보내어 진언하여 군대를 출동해서 함께 劉聰과 石勒을 토벌할 것을 청하였는데, 사마월은 苟晞가 後患이 될까 염려하여 허락하지 않았다. 유곤은 이에 탁발의로의 지원군을 사절하여 封國으로 돌려보냈다.

猗盧以封邑이 去國懸遠하여 民不相接이라하여 乃帥部落萬餘家하고 自雲中으로 入雁門하여 從琨求陘北之地①하니 琨이 不能制하고 且欲倚之爲援하여 乃徙樓煩, 馬邑, 陰館, 繁畤, 崞五縣民於陘南하고 以其地與之하니 由是로 猗盧益盛②하다 琨이 遣使하여 言於太傅越하여 請出兵하여 共討劉聰, 石勒하니 越이 忌苟晞爲後患하여 不許③어늘 琨이 乃謝猗盧之兵하여 遣歸國하다

① "陘北"은 石陘關의 북쪽이다.
陘北, 石陘關之北也.

② 胡三省이 말하였다. "樓煩은 흉노가 거주하던 곳으로 그 지역은 北河의 남쪽에 있었는데, 지금 嵐州의 樓煩郡이요 옛 누번이 아니다. 漢나라 馬邑은 唐나라의 大同軍이 바로 그 지역이다. 漢나라 陰館縣은 句注의 서북쪽에 있고, 繁畤縣은 武州川에 있다. 崞縣은 北齊의 北顯州 平寇縣이 되었다. 지금 5개의 縣이 다 있기는 하나, 모두 옛 현이 있던 지역이 아

니다."

胡三省曰"樓煩, 匈奴之所居, 其地在北河之南, 今嵐州樓煩郡, 非古樓煩也. 漢馬邑, 則唐之大同軍是其地. 漢陰館縣, 在句(註)〔注〕[31]西北. 繁畤縣, 在武州川. 崞縣, 爲北齊北顯州平寇縣. 今五縣雖存, 皆非古縣地矣."

③ 司馬越과 苟晞가 틈이 생긴 것[32]이 永嘉 원년(307)에 보인다.

越·晞有隙, 事見元年.

【綱】〈晉나라가〉 使者를 보내어 천하의 군대를 징발하여 들어와 구원하게 하였다.

**遣使**하여 **徵天下兵**하여 **入援**하다

【目】京師인 洛陽에 기근이 들어 곤궁함이 날로 심해지자, 太傅 司馬越이 使者를 보내서 격문으로 천하의 병사를 징발하여 들어와 경사를 구원하게 하였다. 황제가 사자에게 이르기를 "나를 위하여 四征과 四鎭[33]의 장수들에게 말하라. 오늘은 그래도 구원할 수 있지만, 뒤늦으면 어찌할 도리가 없을 것이다." 하였는데, 이윽고 끝내 구원하러 오는 자가 없었다.

山簡이 督護를 보내어 군대를 거느리고 들어와 구원하게 하였는데, 王如에게 패하니 왕여는 마침내 沔水와 漢水 지역을 크게 노략질하고 전진하여 襄陽 가까이까지 접근하였다. 조정의 의논은 遷都하여 難을 피하고자 하는 자가 많았는데, 王衍이 불가하다 하고는 수레와 소를 팔아 여러 사람들의 마음을 안정시켰다.

**京師饑困日甚**이어늘 **太傅越**이 **遣使**하여 **以羽檄徵天下兵**하여 **使入援京師**하다 **帝謂使者曰 爲我**하여 **語諸征鎭**하라 **今日尙可救**어니와 **後則無及矣**리라 **旣而**요 **卒無至者**라 **山簡**이 **遣督護**하여 **將兵入援**이러니 **爲王如所敗**하니 **如遂大掠沔, 漢**하고 **進逼襄陽**이라 **朝議多欲遷都以避難**이어늘 **王衍以爲不可**라하고 **賣車牛以安衆心**하다

---

31) (註)〔注〕: 저본에는 '註'로 되어 있으나, ≪資治通鑑≫ 註에 의거하여 '注'로 바로잡았다.

32) 司馬越과……것 : 太傅 司馬越과 苟晞는 평소 친분이 두터워 결의형제를 맺었는데, 구희가 兗州에서 공을 세우자 潘滔가 사마월에게 구희를 참소하였다. 이에 사마월이 스스로 兗州牧을 겸하고 구희를 征東大將軍 靑州刺史로 삼으니, 사마월과 구희가 이로 말미암아 틈이 생기게 되었다. 본서 237쪽에 보인다.

33) 四征과 四鎭 : 征東·征西·征南·征北과 鎭東·鎭西·鎭南·鎭北을 이른다.

**【綱】** 漢나라(前趙) 石勒이 王如의 군대를 공격하여 합병하고 마침내 襄陽을 침략하자, 11월에 太傅 司馬越이 군대를 거느리고 가서 〈석륵을〉 토벌하고자 項 지역에 군대를 주둔하였다.

**漢石勒**이 **擊幷王如兵**하고 **遂寇襄陽**이어늘 **十一月**에 **太傅越**이 **率兵討之**하고 **次于項**[34]하다

【目】 司馬越은 북쪽 오랑캐(漢나라(前趙))의 침략이 더욱 치성하므로 내심 편안하지 못하여 마침내 군복을 입고 들어가 황제를 알현하고 石勒을 토벌할 것을 청하였다. 황제가 말하기를 "지금 북쪽 오랑캐가 이미 近郊인 王畿 지역 가까이까지 침략해왔는데, 公이 어찌 멀리 떠나가서 근본인 이곳을 외롭게 하려 하는가." 하자, 사마월이 대답하기를 "臣이 출정하여 다행히 적을 격파하면 국가의 위엄을 떨칠 수 있을 것이니, 앉아서 곤궁해지기를 기다리는 것보다는 그래도 낫습니다." 하고는 마침내 4만의 甲士를 거느리고서 許昌으로 향하고 何倫을 남겨두어 宮省을 방비하고 살피게 하였다. 그리고 行臺[35]를 거느리고 가서 王衍을 등용하여 軍司로 삼으니, 조정의 어진 사람과 평소 명망 있는 자가 모두 그의 佐吏가 되었고, 유명한 장수와 강한 병졸이 모두 그의 府로 들어갔다.

이에 宮省에는 더 이상 守衛하는 자가 없고, 또 기근이 날로 심하여 도적 떼가 공공연히 횡행하니, 府의 관사와 營署가 모두 참호를 파고서 스스로 지켰다. 사마월이 동쪽으로 가서 項 지역에 주둔하고는 스스로 豫州牧을 겸하였다.

**越**이 **以胡寇益盛**으로 **內不自安**하여 **乃戎服入見**(현)하고 **請討石勒**하다 **帝曰 今胡虜侵逼郊**

34) 太傅越 率兵討之 次于項 : "토벌할 적에 '率兵(군대를 거느리고 갔다.)'이라고 쓴 적이 있지 않았는데, '率兵'이라고 쓴 것은 어째서인가. 나라를 텅 비운 것을 죄책한 것이다. 나라를 텅 비우고 적을 토벌하면서 오랫동안 밖에 주둔하였으니, 司馬越에게 토벌할 뜻이 없었던 것이 분명하다. 이때에 군대를 징발하여 京師에 들어와 구원하게 하였으나 군대를 거느리고 들어온 자가 있지 않았는데도, 사마월이 마침내 현재 있는 병력을 모두 인솔하고 나라를 텅 비우고 떠나갔으니, 명분은 石勒을 토벌한다고 하였으나 실제는 자신을 호위하기 위한 것이었다. 끝내는 갑자기 적이 와서 乘輿를 호위할 사람이 없어 결국 걸어 나가지 못하여 城이 함락되자 황제가 사로잡히게 되었으니, 사마월이 나라를 그르친 것을 이루 다 죄책할 수 있겠는가. ≪資治通鑑綱目≫에 '군대를 거느리고 갔다.'라고 썼고, '項 지역에 군대를 주둔했다.'라고 쓴 것은 거듭 사마월을 죄책한 것이다. 무릇 토벌할 적에 '次(주둔했다)'라고 쓴 것은 모두 비난한 것인데, 사마월처럼 5개월 동안이나 머뭇거린 자는 일찍이 있지 않았다.〔討未有書率兵者 書率兵 何 罪空國也 空國討賊而久次于外 越之無討志 甚矣 於是徵兵入援 未有至者 越乃悉率見兵 空國而行 名爲討勒 實以自衛 卒之倉卒寇至 輿衛缺人 至於步行不前 城陷被執 越之誤國 可勝誅哉 綱目書率兵 書次于項 所以重罪越也 凡討伐書次 皆譏也 逗遛五月 未有如越者焉〕" ≪書法≫

35) 行臺 : 출정할 때 주둔지에 설치하여 중앙의 정무를 대신 수행하는 기구로, 魏晉時代부터 시작되었다.

畿하니 公이 豈可遠去하여 以孤根本이리오 對曰 臣出하여 幸而破賊이면 則國威可振이니 猶愈於坐待困窮也니이다 乃帥甲士四萬하여 向許昌하고 留何倫하여 防察宮省하고 以行臺自隨하여 用王衍爲軍司하니 朝賢素望이 悉爲佐吏요 名將勁卒이 咸入其府라 於是에 宮省에 無復守衛하고 荒飢日甚하여 盜賊이 公行하니 府寺, 營署 竝掘塹自守러라 越이 東屯項하여 自領豫州牧하다

【綱】 寧州刺史 王遜이 五茶의 夷族을 멸망시켰다.

寧州刺史王遜이 滅五茶夷하다

【目】 처음에 李毅가 죽자, 그의 아들 李釗(이쇠)가 낙양에서 오니, 寧州 사람들이 그를 받들어 州의 일을 주관하게 하였다. 이쇠가 京師로 사자를 보내어서 刺史를 파견해줄 것을 요구하자, 조정에서는 마침내 王遜을 刺史로 삼았는데, 왕손은 부임한 뒤에 표문을 올려서 이쇠를 朱提太守(수시태수)로 삼았다.

이때에 영주는 밖으로는 成나라에게 핍박을 받고 안으로는 오랑캐의 침략이 있어서 城邑이 폐허가 되었다. 왕손이 해진 옷을 입고 채소만을 먹으면서 흩어진 백성들을 불러 모아 부지런히 위로하니, 수년 사이에 영주의 경내가 다시 안정되었다. 왕손이 豪右들 중에 법을 받들지 않는 10여 가호를 주벌하고 五茶의 夷族을 공격하여 멸망시키니, 이에 내외가 놀라 복종하였다.

初에 李毅死에 其子釗自洛往하니 州人이 奉之하여 以主州事하다 遣使詣京師하여 求刺史한대 朝廷이 乃以遜爲刺史러니 旣至에 表釗爲朱提太守①하다 時에 寧州外逼於成하고 內有夷寇하니 城邑이 丘墟라 遜이 惡衣菜食하고 招集離散하여 勞徠不倦하니 數年之間에 州境이 復安이라 誅豪右不奉法者十餘家하고 擊滅五茶夷하니 內外震服이러라

① 朱提는 音이 銖時이다. 朱提縣은 前漢 때에는 犍爲郡에 속하였고 後漢 때에는 犍爲屬國都尉에 속하였으며, 蜀漢 때에는 나누어 朱提郡을 설치하였다.
朱提, 音銖時. 朱提縣, 前漢屬犍爲郡, 後漢屬犍爲屬國都尉, 劉蜀分置朱提郡.

【綱】 漢主 劉聰이 형 劉恭을 살해하였다

漢主聰이 殺其兄恭하다

【目】 漢主 劉聰은 자신이 차례를 뛰어넘어 즉위했으므로 형 劉恭을 꺼리고 미워하여 죽

였다.

漢主聰이 自以越次而立이라하여 忌其兄恭하여 殺之하다

【綱】 漢나라(前趙) 태후 單氏가 卒하였다.

漢太后單氏卒하다

【目】 單后는 나이가 젊고 용모가 아름다우니, 漢主 劉聰이 그녀와 私通〔烝〕하였다. 太弟 劉乂가 여러 번 말하자, 單后가 부끄러워하고 한스러워하다가 죽으니, 이로 말미암아 유차에 대한 유총의 은총이 점점 쇠하였다.

呼延后가 유총에게 말하기를 “아버지가 죽으면 자식이 뒤를 잇는 것은 古今의 떳떳한 도리이니, 太弟는 무엇 하는 자입니까. 폐하가 돌아가신 뒤에 劉粲 형제는 반드시 남은 종자가 없게 될 것입니다.” 하니, 유총은 내심 그 말을 옳게 여겼다.

유차의 외숙인 單沖이 유차에게 이르기를 “소원한 자가 친한 자를 이간질하지 않는 법이니, 주상은 河內王 유찬에게 뜻이 있습니다. 전하께서는 어찌하여 자리를 피하지 않습니까?” 하니, 유차가 대답하기를 “천하는 高祖(劉淵)의 천하이니, 형이 죽으면 아우가 계승하는 것이 어찌 불가하겠습니까. 유찬 등이 장성하면 오늘의 상황과 같을 것입니다. 또 아들과 아우 사이에 親疏의 차이가 얼마나 되겠습니까. 주상이 어찌 이런 마음을 가지고 있겠습니까.” 하였다.

單后年少美色하니 漢主聰이 烝焉①하니 太弟乂屢以爲言한대 單后慙恚而死하니 乂寵이 由是漸衰라 呼延后言於聰曰② 父死子繼는 古今常道니 太弟何爲者哉오 陛下百年後에 粲兄弟必無種矣리이다 聰이 心然之하다 乂舅沖이 謂乂曰 疎不間親이니 主上이 有意於河內王矣라 殿下何不避之오 乂曰 天下者는 高祖之天下③니 兄終弟及이 何爲不可리오 粲等旣壯이면 猶今日也요 且子弟之間에 親疎詎幾오 主上이 寧可有此意乎잇가

① 아랫사람이 윗사람과 간음하는 것을 烝이라 하고, 윗사람이 아랫사람과 간음하는 것을 報라 한다.
下淫上曰烝, 上淫下曰報.
② 呼延后는 劉聰의 아내이다.
呼延后, 聰妻.
③ 劉淵의 廟號가 高祖이다.
劉淵廟號高祖.

## 辛未年(311)

【綱】 晉나라 孝懷皇帝 永嘉 5년이다.

五年이라

【目】 漢나라(前趙) 烈宗 劉聰 嘉平 원년이고 成나라 太宗 李雄 玉衡 원년이다.

漢嘉平元年이라 ◑ 成玉衡元年이라

【綱】 봄 정월에 漢나라(前趙) 曹嶷(조억)이 靑州를 침략하니, 苟晞가 패주하였다.

春正月에 漢曹嶷이 寇靑州하니 苟晞敗走하다

【綱】 石勒이 江夏를 침략하여 함락시켰다.

◑ 石勒이 寇江夏하여 陷之하다

【目】 石勒이 江, 漢 지역을 점거할 것을 계획하였는데 張賓이 불가하다고 하였다. 이때 마침 軍中에 기근이 들고 역병이 유행하여 죽은 자가 태반이었으므로 마침내 沔水를 건너 江夏를 침략하였다.

勒이 謀保據江, 漢이어늘 張賓이 以爲不可러니 會에 軍中飢疫하여 死者太半이라 乃渡沔하여 寇江夏하다

【綱】 成나라가 涪城(부성)을 침략하여 함락시키니, 梓潼內史 譙登이 죽었다.

成이 寇陷涪하니 梓潼內史譙登이 死之[36]하다

---

36) 梓潼內史譙登死之 : "〈譙登이〉 원수의 손에 죽었는데, '死之'라고 쓴 것은 어째서인가. 초등의 의리를 인정한 것이다. 처음에 초등의 아버지가 成나라 태수에게 살해당했는데, 초등이 마침내 晉나라에 병력을 요청하여 태수를 죽이고 涪城을 점거하였다가, 이때 성이 함락되자 굽히지 않고 죽임을 당하였다. ≪資治通鑑綱目≫에서는 그의 의리를 인정하였으므로 특별히 '死之'라고 쓴 것이다.〔死讐也 書死之 何 予義也 初登父爲成太守所害 登遂請兵於晉 殺守據涪 及是城陷 不屈見殺 綱目予義 故特書死之〕" ≪書法≫

【目】 처음에 譙周의 아들이 巴西에 거주하다가 成나라 太守 馬脫에게 살해를 당하니, 그의 아들 譙登이 복수하기 위해 劉弘을 찾아가서 병력을 청하였다. 유홍이 표문을 올려 초등을 梓潼內史로 삼고 그로 하여금 직접 巴, 蜀의 流民들을 모집하게 하여 2천 명을 얻자 서쪽으로 올라가 宕渠縣을 공격하게 하였다. 초등이 마탈을 참수하여 그의 肝을 먹고 마침내 涪城을 점거하니, 成나라 사람들이 부성을 공격하였으나 여러 번 그에게 패하였다.

3년이 지난 이때에 양식이 다하고 후원이 끊기니, 백성들이 쥐를 잡아 구워먹고 굶어 죽는 자가 매우 많았으나 한 사람도 이반하는 자가 없었다. 城이 함락되자 초등이 사로잡혔는데, 成主 李雄이 용서하고자 하였으나, 초등이 어조를 굽히지 않자 마침내 그를 죽였다.

初에 譙周之子 居巴西라가 爲成太守馬脫所殺하니 其子登이 詣劉弘하여 請兵復讐한대 弘이 表登爲梓潼內史하여 使自募巴, 蜀流民하여 得二千人하고 西上하여 攻宕渠斬脫하다 食其肝하고 遂據涪城[①]하니 成人이 攻之에 屢爲所敗라 至是三年에 食盡援絶하니 士民이 熏鼠食之하여 餓死甚衆이로되 無一人離叛者러라 城陷에 見獲하니 成主雄이 欲宥之로되 登이 詞氣不屈하니 乃殺之하다

① 宕渠縣은 漢나라 때에는 巴郡에 속하였는데, 蜀漢 이래로 巴西에 속하였다.
宕渠縣, 漢屬巴郡, 自蜀以來, 屬巴西.

**【綱】 湘州의 流民이 亂을 일으켜 杜弢(두도)를 추대하여 刺史로 삼았다.**

**湘州流民**이 **作亂**하여 **推杜弢**하여 **爲刺史**하다

【目】 巴, 蜀의 流民들이 荊州와 湘州 사이에 흩어져 살면서 원래부터 거주하던 백성들에게 고통을 당하였다. 湘州參軍 馮素가 蜀 지역 사람 汝班과 원한이 있었다. 刺史 荀眺에게 말하여 유민들을 다 죽이고자 하니, 유민들이 크게 두려워하여 4, 5만 가호가 일시에 모두 배반하고 醴陵令 杜弢를 추대하여 湘州刺史로 삼았다.

巴, 蜀流民이 布在荊, 湘間하여 爲土民所困苦러니 湘州參軍馮素 與蜀人汝班有隙[①]이라 言於刺史荀眺하여 欲盡誅流民하니 流民이 大懼하여 四五萬家 一時俱反[②]하고 以醴陵令杜弢로 爲湘州刺史[③]하다

① 汝는 姓이다.
汝, 姓也.

② 荀眺는 《資治通鑑》에는 荀眺로 되어 있다.
荀眺, 通鑑作荀眺.

③ 醴陵縣은 長沙郡에 속하였다. 弢는 他刀의 切이다.
醴陵縣, 屬長沙郡. 弢, 他刀切.

**【綱】 琅邪王 司馬睿가 揚州都督 周馥을 축출하고 王敦을 揚州刺史 都督征討諸軍事로 삼았다.**

**琅邪王睿 逐揚州都督周馥**[37]하고 **以王敦爲刺史, 都督征討諸軍事**하다

【目】 周馥은 洛陽이 위태롭게 고립되었다 하여 표문을 올려서 壽春으로 遷都할 것을 청하였다. 太傅 司馬越은 주복이 먼저 자기에게 아뢰지 않았다 하여 크게 노여워해서 불렀으나, 주복이 가지 않았다. 司馬睿가 마침내 그를 공격하니, 주복이 패주하다가 죽었다. 사마예는 王敦을 揚州刺史 都督征討諸軍事로 삼았다.

馥以洛陽孤危라하여 表請遷都壽春①하다 太傅越이 以馥不先白己라하여 大怒召之하니 馥이 不行이라 睿遂攻之하니 馥이 敗走死어늘 睿以敦爲揚州刺史 督征討諸軍하다

① 周馥은 周浚의 從弟이다.
馥, 浚之從父弟也.

**【綱】 3월에 太傅 司馬越이 項 지역에서 卒하니, 苟晞를 大將軍으로 삼아 六州를 도독하게 하였다.**

**三月**에 **太傅越**이 **卒于項**[38]하니 **以苟晞爲大將軍**하여 **督六州**하다

37) 琅邪王睿逐揚州都督周馥 : "周馥은 황제가 임명하였다. 그러므로 비록 司馬睿라 하더라도 축출했다고 썼으니, 《資治通鑑綱目》을 편수한 것은 군주와 신하의 분별을 밝히기 위한 것일 뿐이다.〔馥 帝命也 故雖睿書逐 綱目之修 君臣之分而已矣〕" 《書法》

38) 太傅越卒于項 : "이때에 司馬越이 石勒을 토벌하다가 卒하였는데 '군대에서 卒했다.'라고 쓰지 않은 것은 어째서인가. 사마월을 죄책한 것이다. 지난해에 사마월이 군대를 거느리고 석륵을 토벌할 적에 '次于項(項 지역에 주둔했다.)'라고 썼는데, 이때 5개월이 지났으나 일찍이 군대를 전진하지 않았고 《資治通鑑綱目》에서 다시 '卒于項(項 지역에서 卒하였다.)'라고 썼으니, 사마월이 적을 두려워하여 죽음을 무릅쓰고 용감히 전진하지 못한 것을 나타낸 것이다.〔於是 越討石勒而卒 不書卒于師何 罪越也 自往歲 率兵討勒 書次于項 於是五閱月矣 未嘗進兵 綱目復書卒于項 見越之畏敵 至死而不敢前也〕" 《書法》

"晉나라의 혼란은 惠帝가 용렬하고 어리석은 데에서 근원하였고 요망한 황후(賈后)가 화를 부른 데에서 비롯되었고 諸王들이 서로 공격하는 데에서 이루어졌는데, 太傅 司馬越의 때에 이르러 또한

【目】 荀晞가 여러 州에 격문을 보내어 司馬越의 죄상을 열거하니, 황제 또한 사마월이 권력을 독단하고 명령을 어기고 그가 도성에 남겨놓은 何倫 등이 公卿의 재물을 노략질하고 公主를 핍박하여 욕보인 것을 미워하여 은밀히 구희에게 詔書를 내려 사마월을 토벌하게 하였다. 이에 사마월도 격문을 내려서 구희의 죄상을 나열하고 군대를 보내어 그를 공격하였다. 구희가 기병을 보내어 사마월의 도당인 尙書 劉曾과 侍中 程延을 체포하여 참수하니, 사마월은 근심하고 분노하던 끝에 병이 나서 死後의 일을 王衍에게 부탁하고 卒하였다.

사람들이 함께 왕연을 추대하여 元帥로 삼으려 하니, 왕연은 감히 감당할 수 없다 하여 사마월의 영구를 받들고 東海로 돌아가 장례하였다. 하륜 등이 裴妃와 世子 司馬毗를 데리고 洛陽에서 동쪽으로 달아나니, 성안에 있던 선비와 백성들이 다투어 따라갔다. 황제는 사마월을 追貶하여 縣王으로 삼고, 구희를 大將軍 都督靑徐兗豫荊揚州諸軍事로 삼았다.

荀晞移檄諸州하여 陳越罪狀하니 帝亦惡(오)越專權違命하고 所留何倫等이 抄掠公卿하고 逼辱公主하여 密賜晞詔하여 使討之러니 越亦下檄하여 罪狀晞하고 遣兵攻之하다 晞遣騎하여 收越黨尙書劉曾과 侍中程延하여 斬之하니 越이 憂憤成疾하여 以後事付王衍而卒하다 衆이 共推衍爲元帥하니 衍이 不敢當하여 奉越喪하여 還葬東海하다 倫等이 以裴妃及世子毗로 自洛陽東走하니 城中士民이 爭隨之러라 帝追貶越爲縣王하고 以晞爲大將軍하여 都督靑徐兗豫荊揚諸軍事하다

**【綱】 여름 4월에 漢나라(前趙) 石勒이 司馬越의 군대를 추격하여 苦縣에서 패퇴시키고 王衍 등을 사로잡아 죽였다.**

---

이미 지극하였다. 앞에서는 '漢나라(前趙)가 洛陽을 침략했다.'라고 썼으니 그렇다면 오랑캐가 이미 京師에 가까이 다가온 것이요, 뒤이어 '천하의 병사를 불러 들어와 구원하게 했다.'라고 썼으니 그렇다면 國勢가 이미 매우 위급한 것이요, 또 더구나 끝내 한 사람도 구원하러 온 자가 없었는데, 사마월은 이때에 근본인 도성을 지켜 호위할 마음이 전혀 없어서 마침내 군대를 거느리고 나갔으니, 이는 군주를 버려 적에게 준 것이다. 그러므로 '項 지역에 군대를 주둔했다.'라고 썼으니 그가 밖에 군대를 주둔하려는 뜻을 나타낸 것이요, '군대에서 卒하였다.'고 쓰지 않고 '項 지역에서 卒하였다.'라고 썼으니 그가 王事에 죽지 않으려는 뜻을 나타낸 것이다. 그렇다면 ≪資治通鑑綱目≫에서 사마월을 질책한 것이 어떠한가. 社稷이 폐허가 되고 中原이 도탄에 빠진 것은 진실로 백성들의 불행일 뿐이니, 사마월에게 무엇을 꾸짖을 것이 있겠는가.〔晉室之亂 原於惠帝之庸愚 肇於孽后之唱禍 成於諸王之交攻 蓋至於太傅越之時 亦已極矣 前書漢寇洛陽 則是賊虜已逼京師 繼書召天下兵入援 則是國勢已甚危急 又況竟無一人至者 越於是時 曾無守衛根本之心 乃率兵而出 則是棄主與賊耳 故書次于項 則見其頓兵于外之意 不書卒于軍而書卒于項 則見其不沒於王事之意 然則綱目之所以罪越者 爲如何哉 社稷爲墟 中原塗炭 是固生靈之不幸耳 於越乎何誅〕" ≪發明≫

**夏四月**에 **漢石勒**이 **追敗越軍於苦縣**하고 **執王衍等**하여 **殺之**[39]하다

石勒이 王衍이 천하를 어지럽힌 것을 책망하다

---

39) 漢石勒……殺之 : "石勒을 토벌한 것은 晉나라의 군대였는데 '司馬越의 군대'라고 쓴 것은 어째서인가. 추후에 사마월을 죄책한 것이다. 사마월에게는 적을 토벌할 뜻이 없었으니, 이 군대로는 자신을 호위했을 뿐이다. 王衍이 大臣으로서 사마월의 도당이 되어 나라를 그르쳤고, 석륵에게 사로잡히자 尊號를 칭할 것을 권하여 구차히 禍를 면하기를 바랐으니, 참으로 천하게 여길 만하다. 그의 관직인 太尉를 쓰지 않은 것은 그를 죄책한 것이다.〔討勒 晉兵也 書越軍 何 追罪越也 越無討志 是軍也 自衛而已 衍爲大臣 黨越誤國 及爲勒所執 勸稱尊號 冀以苟免 可賤甚矣 不書太尉 罪之也〕" ≪書法≫

"王衍은 풍류를 높이고 깨끗한 이름이 세상을 뒤덮었으며, 또 맨 먼저 교활한 토끼가 3개의 굴을 만든다는 계책을 내었는데, 이제 羯奴(石勒)에게 개, 돼지처럼 죽임을 당하였다. 그런데도 머리를 구부리고 애걸하기에 겨를이 없었으니, 한 시대의 인물이라는 것을 과연 어디에서 찾아볼 수 있는가. 그러나 襄陽王 司馬範이 의연하게 얼굴빛을 바로잡은 것에 대해서는 어찌하여 절개에 죽었다고 쓰지 않았는가. 司馬越이 천하를 패망하게 하고 혼란하게 할 적에 사마범 등이 그를 따라 도와서 황실을 망하게 하고 乘輿(황제)를 버렸다. 큰일이 이와 같았으니, 다른 것을 어찌 굳이 따질 것이 있

【目】石勒이 경무장한 기병을 거느리고 太傅 司馬越의 영구를 뒤쫓아 苦縣에서 따라잡아 晉나라 군대를 대파하고 기병을 풀어놓아 포위하고 활을 쏘니, 晉나라 장병 10여만 명 중에 한 사람도 죽음을 면한 자가 없었다.

太尉 王衍 등을 사로잡아 晉나라의 연고를 물으니, 왕연은 晉나라가 禍亂을 당하여 실패하게 된 연유를 자세히 말하고는 그 책임이 자신에게 있지 않다고 하였다. 또 스스로 말하기를 "젊어서부터 벼슬하고 싶은 마음이 없어서 세상일에 관여하지 않았다." 하고, 인하여 석륵에게 황제의 尊號를 칭할 것을 권하여 스스로 죽음을 면하고자 하였다. 석륵이 말하기를 "君은 젊었을 때 조정에 올라서 명성이 四海를 뒤덮고 몸이 막중한 임무를 맡았는데, 그러고도 어찌하여 벼슬할 마음이 없었다고 말하는가. 천하를 파괴한 것이 그대가 아니고 누구란 말인가." 하고 질책하였다.

勒이 帥輕騎하고 追太傅越之喪하여 及於苦縣①하여 大敗晉兵하고 縱騎圍而射之하니 將士十餘萬人이 無一免者라 執太尉衍等하여 問以晉故하니 衍이 具陳禍敗之由하고 云 計不在己라하고 且自言 少無宦情하여 不豫世事라하고 因勸勒稱尊號하여 冀以自免이러니 勒曰 君少壯登朝하여 名蓋四海하고 身居重任하니 何得言無宦情邪아 破壞天下 非君而誰오

① 苦縣은 陳郡에 속하였다.
苦縣, 屬陳郡.

【目】많은 사람들이 죽음을 두려워하여 대부분 스스로 晉나라가 패망하게 된 이유를 진술하였으나, 유독 襄陽王 司馬範은 정신과 기색을 엄숙히 하고서 사람들을 돌아보며 꾸짖기를 "오늘의 일을 어찌 다시 분분하게 말하는가." 하였다. 石勒이 孔萇에게 이르기를 "내가 천하를 많이 다녀보았으나, 일찍이 이런 사람을 보지 못했으니, 마땅히 살려두어야 하지 않겠는가." 하니, 공장이 말하기를 "저들은 모두 晉나라의 王公이니 끝내 우리에게 쓰이지 않을 것입니다." 하였다. 석륵이 말하기를 "그렇지만 그에게 칼날을 가해서는 안 된다." 하고는 밤에 사람을 시켜서 담장을 떠밀어 압사하게 하였다. 그리고 司馬

---

겠는가. 살펴보건대 이번 걸음에 왕연과 사마범 이하로 여러 왕과 貴臣 중에 죽은 자가 매우 많았는데, ≪資治通鑑綱目≫에서 모두 생략하여 기록하지 않고, 겨우 '왕연 등을 사로잡아 죽였다.'라고 쓰고 또 그의 관직을 삭제해버렸으니, 그렇다면 그를 천시한 뜻을 알 만하다. 생략하여 기록하지 않은 것은 애당초 지나친 것이 아니다.〔王衍風流相尙 淸名蓋世 且首爲三窟之計 今乃爲羯奴所殺 如甕犬豖方且俯首乞憐之不暇 一代人物 果安在哉 然襄陽王範 毅然正色 何以不得書死節 司馬越敗亂天下 範等從而和之 斲喪帝室 委棄乘輿 大節若此 他何足數 按此行 自衍範而下諸王及貴臣 死者甚衆 綱目皆棄而不錄 僅書執衍等殺之 且削去其官 則其賤之之意 爲可知矣 略而不書 初非過也〕" ≪發明≫

越의 관을 깨서 그의 시신을 불태우고 말하기를 "천하를 어지럽힌 자는 바로 이 사람이니, 내가 천하 사람들을 위하여 원수를 갚는다." 하였다.

世子 司馬毗와 宗室 48명의 왕이 모두 석륵에게 죽임을 당하였고, 裴妃는 남에게 붙들려 팔려갔다가 오랜 뒤에야 長江을 건너왔다. 처음에 琅邪王 司馬睿가 建業에 진주한 것은 裴妃의 뜻이었다. 그러므로 사마예는 그 일을 고맙게 여겨서 그녀를 극진하게 위문하고, 자기의 아들 司馬沖으로 하여금 사마월의 뒤를 잇게 하였다.

衆人이 畏死하여 多自陳述호되 獨襄陽王範이 神色儼然하여 顧呵之曰 今日之事는 何復紛紜[①]고 勒이 謂孔萇曰 吾行天下多矣로되 未嘗見此輩人하니 當可存乎아 萇曰 彼皆晉之王公이니 終不爲吾用이니이다 勒曰 雖然이나 要不可加以鋒刃이라하고 夜에 使人排牆殺之하다 剖越柩하여 焚其尸하고 曰 亂天下者는 此人也니 吾爲天下報之라하다 世子毗及宗室四十八王이 皆沒於勒하고 裴妃爲人所掠賣라가 久之에 渡江하다 初에 琅邪王睿之鎭建業은 裴妃意也라 故睿德之하여 厚加存撫하고 以其子沖으로 繼越後하다

① 司馬範은 司馬瑋의 아들이니, 永寧 원년(301)에 봉지를 받았다.
範, 瑋之子也, 永寧元年受封.

【綱】 5월에 杜弢가 長沙를 함락시켰다.

五月에 杜弢陷長沙하다

【目】 杜弢가 이로부터 남쪽으로는 零陵과 桂陽을 격파하고 동쪽으로는 武昌을 노략질하고서 長吏들을 매우 많이 죽였다.

弢自是로 南破零, 桂하고 東掠武昌하여 殺長吏甚衆[①]이러라

① 吳나라 孫權이 鄂縣을 고쳐 武昌이라고 하였는데, 晉 武帝 太康 원년(280)에 다시 악현을 세웠으나, 무창을 그대로 두고 吳나라의 江夏郡을 고쳐 武昌郡이라 하였다.
吳孫權改鄂曰武昌, 晉武帝太康元年, 復立鄂縣, 而武昌如故. 改吳之江夏曰武昌郡.

【綱】 漢나라(前趙) 사람들이 쳐들어와서 6월에 洛陽을 함락시키고, 太子 司馬詮을 죽이고, 황제를 平陽으로 옮기고서 平阿公에 봉하였다.

漢人이 入寇하여 六月에 陷洛陽하고 殺太子詮하고 遷帝于平陽하여 封平阿公하다

【目】荀晞가 표문을 올려서 倉垣으로 천도할 것을 청하자, 황제가 장차 그의 말을 따르려 하였는데, 公卿들이 머뭇거리고 결행하지 못하였다. 얼마 후 洛陽에 기근이 들어 곤궁하여 사람들이 서로 잡아먹기까지 하니, 百官 중에 흩어져 도망한 자가 10명 중에 8, 9명이었다. 황제가 길을 떠나려고 하였는데, 侍衛가 제대로 갖추어지지 않아서 타고 갈 수레조차 없었다. 마침내 도보로 西掖門을 나가 銅駝街에 이르렀는데, 도적에게 노략질을 당하여 더 이상 전진할 수가 없었다. 度支 魏浚이 수백 가호의 流民을 거느리고 河陰의 峽石을 지키면서 때때로 곡식과 보리를 노략질하여 황제에게 올렸다.

漢主 劉聰이 呼延晏으로 하여금 2만 7천의 병력을 거느리고 낙양을 침략하게 하니, 〈호연안의 군대가〉 河南 지역에 도착할 때까지 晉나라 군대가 전후로 모두 12번을 패하였다. 劉曜, 王彌, 石勒이 모두 병력을 인솔하고 호연안과 회합하기로 하였는데, 호연안이 먼저 도착해서 平昌門을 공격하여 함락시키고 마침내 관사를 불태웠다.

荀晞表請遷都倉垣①하니 帝將從之러니 公卿이 猶豫不果行하다 既而요 洛陽飢困하여 人相食하니 百官流亡者 什八九라 帝將行에 而衛從不備하여 無車輿②라 乃步出西掖門하여 至銅駝街하여 爲盜所掠하여 不得進③하다 度支魏浚이 帥流民數百家하여 保河陰之(硤)〔峽〕[40]石하고 時掠得穀麥하여 獻之④하다 漢主聰이 使呼延晏으로 將兵二萬七千하고 寇洛陽하니 比及河南에 晉兵이 前後十二敗⑤러라 劉曜, 王彌, 石勒이 皆引兵會之러니 晏이 先至하여 攻平昌門하여 克之하고 遂焚府寺⑥하다

① 倉垣城은 陳留 浚儀縣에 있다.
倉垣城, 在陳留浚儀縣.
② 從(따르다)은 才用의 切이다.
從, 才用切.
③ ≪水經註≫에 "洛陽城 가운데 太尉와 司徒의 두 관서 사이를 銅駝街라고 하니, 魏나라 明帝가 구리로 만든 낙타를 閶闔門 남쪽 거리에 세운 곳이 바로 여기이다." 하였다.
水經註 "洛陽城中太尉・司徒兩坊間, 謂之銅駝街, 魏明帝置銅駝於閶闔南街, 卽此."
④ ≪水經註≫에 "河南 新安縣은 동쪽에 千秋亭이 있고 천추정 동쪽에 雍谷溪가 있는데, 물줄기가 산을 굽이돌아 흐르고 돌길이 협곡에 막혔으므로 峽石이라는 칭호도 갖게 되었다." 하였다.
水經註 "河南新安縣, 東有千秋亭, 亭東有雍谷溪, 回岫縈紆, 石路阻峽, 故亦有峽石之稱."
⑤ 河南縣은 河南尹에 속하였다.

40) (硤)〔峽〕: 저본에는 '硤'으로 되어 있으나, ≪水經註≫에 의거하여 '峽'으로 바로잡았다.

河南縣, 屬河南尹.

⑥ 平昌門은 洛陽城 남쪽 방면의 동쪽 가장자리 첫 번째 문이다.
平昌門, 洛城南面東頭第一門.

【目】 6월에 司空 荀藩과 그의 아우 光祿大夫 荀組가 轘轅으로 달아나니, 王彌와 呼延晏이 宣陽門을 부수고 궁중으로 들어와서 크게 노략질하였다. 황제가 長安으로 달아나려고 하였는데, 漢나라(前趙) 군대가 뒤쫓아와서 사로잡고, 劉曜가 西明門으로 들어와 太子 司馬詮 등을 죽이니, 선비와 백성들 중에 죽은 자가 3만여 명이었다. 마침내 여러 陵을 도굴하고 궁궐과 종묘를 불태웠다. 유요가 羊后를 아내로 맞아들이고 황제와 6개의 옥새를 平陽으로 옮겼으며, 石勒은 병력을 인솔하고 나가 許昌에 주둔하였다. 漢나라는 황제를 左光祿大夫로 삼아 平阿公에 봉하고, 侍中 庾珉과 王儁(왕준)을 光祿大夫로 삼았다.

六月에 司空(苟)〔荀〕[41]藩과 及弟光祿大夫組 奔轘轅하니 彌, 晏이 克宣陽門하고 入宮하여 大掠[①]하다 帝欲奔長安이러니 漢兵이 追執之하고 曜自西明門入하여 殺太子詮等하니 士民死者 三萬餘人이라 遂發掘諸陵하고 焚宮廟하다 曜納羊后하고 遷帝及六璽於平陽하고 勒이 引兵하여 出屯許昌하다 漢以帝爲左光祿大夫하여 封平阿公하고 以侍中庾珉, 王儁으로 爲光祿大夫[②]하다

① 宣陽門은 洛陽城 남쪽 방면 동쪽 가장자리의 네 번째 문이다.
宣陽門, 洛城南面東(來)〔頭〕[42]第四門.

② 劉珉은 劉敳의 형이다.
珉, 敳之兄也.

【目】 처음에 劉曜는 王彌가 자신이 오기를 기다리지 않고 먼저 洛陽에 들어갔다 하여 그를 원망하였다. 왕미가 유요를 설득하기를 "낙양은 천하의 중앙입니다. 산과 江河가 사방으로 둘려 있고 城池와 宮室은 굳이 수리하고 경영할 필요가 없으니, 主上에게 아뢰어서 平陽에서 이곳 낙양으로 천도하여야 합니다." 하였으나, 유요는 천하가 아직 평정되지 못하였고 낙양이 四面으로 적의 침공을 받으므로 지킬 수 없다고 생각하여 왕미의 계책을 따르지 않고 불을 질렀다. 왕미가 유요를 꾸짖기를 "屠各(저각)의 자식에게 어찌

41) (苟)〔荀〕: 저본에는 '苟'로 되어 있으나, ≪資治通鑑綱目≫(≪朱子全書≫ 9, 上海古籍出版社)에 의거하여 '荀'으로 바로잡았다.

42) (來)〔頭〕: 저본에는 '來'로 되어 있으나, 문맥에 따라 '頭'로 바로잡았다.

제왕의 뜻이 있겠는가." 하고는, 마침내 유요와 틈이 생겨서 병력을 인솔하고 동쪽으로 가서 項關에 주둔하였다.

劉暾이 왕미를 설득하기를 "장군은 不世出의 공을 세우고 또 始安王(유요)과 사이가 좋지 못하니, 장차 어떻게 자신을 보전하려 합니까. 동쪽으로 本州(青州)를 점거하고 서서히 천하의 형세를 관망하는 것만 못하니, 이렇게 하면, 잘 되면 천하를 통일할 수 있고 잘못되더라도 솥발의 형세를 이루어 三分天下의 功業을 잃지 않을 것입니다." 하니, 왕미가 내심 그 말을 옳게 여겼다.

初에 **曜以彌不待己至**하고 **先入洛陽**이라하여 **怨之**라 **彌說**(세)**曜曰 洛陽**은 **天下之中**이라 **山河四塞**하고 **城池宮室**이 **不假修營**이니 **宜白主上**하여 **自平陽徙都之**니이다 **曜以天下未定**하고 **洛陽**은 **四面受敵**하니 **不可守**라하여 **不用彌策而焚之**하니 **彌罵曰 屠各子豈有帝王之意邪**①아하고 **遂與曜有隙**하여 **引兵東屯項關**②하니 **劉暾**이 **說**(세)**彌曰 將軍**이 **建不世之功**하고 **又與始安王相失**하니 **將何以自容**고 **不如東據本州**하고 **徐觀天下之勢**③니 **上可以混一四海**요 **下不失鼎峙之業**이니라 **彌心然之**러라

① 屠는 直於의 切이다. ≪晉書≫에 "北狄은 部落을 族類로 삼는바, 변방 안에 들어와 산 자 중에 屠各 등 19종류의 족속이 있는데 모두 部落이 따로 있어서 서로 뒤섞이지 않았다. 그중 屠各이 가장 호걸스럽고 귀하였으므로 單于가 되어 여러 종족들을 다스릴 수 있었다." 하였다.
屠, 直於切. 晉書曰"北狄以部落爲類, 其入居塞內者, 有屠各等十九種, 皆有部落, 不相雜錯. 屠各最豪貴, 故得爲單于, 統理諸種."
② 陳郡 項縣에 項關이 있다.
陳郡項縣, 有項關.
③ 王彌는 青州 東萊 사람이다. 〈그리하여 青州를 本州라고 한 것이다.〉
彌, 青州東萊人.

**【綱】** 司空 荀晞가 豫章王 司馬端을 받들어 蒙城에 行臺를 세웠고, 荀藩은 秦王 司馬業을 받들고서 許昌으로 갔다.

**司空荀晞 奉豫章王端**하여 **建行臺於蒙城**하고 **荀藩**이 **奉秦王業**하여 **趣許昌**하다

【目】 荀藩이 陽城縣에 있었는데 汝陰太守 李矩가 식량을 공급하니, 순번이 密縣에 行臺를 세우고 사방에 격문을 돌려서 琅邪王 司馬睿를 盟主로 추대하고 이구를 滎

陽太守로 삼았다. 豫章王 司馬端은 태자 司馬詮의 아우이다. 동쪽 倉垣으로 달아나니, 苟晞가 그를 받들어 황태자로 삼고서 행대를 설치하고 蒙城으로 옮겨 주둔하였다.

秦王 司馬業은 吳孝王 司馬晏의 아들이고, 순번의 생질이다. 나이가 12세였는데 남쪽 밀현으로 달아나니, 순번 등이 그를 받들고서 許昌으로 갔다. 天水 사람 閻鼎은 밀현에서 西州의 유민 수천 명을 모아 鄕里로 돌아가고자 하였는데, 순번은 염정이 재주가 있고 병력을 보유하고 있다고 해서 등용하여 豫州刺史로 삼고, 周顗 등을 參佐로 삼아 보좌하게 하였다.

**荀藩**이 **在陽城**이러니 **汝陰太守李矩 輸給之**①하니 **藩**이 **建行臺於密**하고 **傳檄四方**하여 **推琅邪王睿**하여 **爲盟主**하고 **以矩爲滎陽太守**②하다 **豫章王端**은 **太子詮弟也**라 **東奔倉垣**하니 **苟晞奉爲皇太子**하여 **置行臺**하고 (徒)〔徙〕[43] **屯蒙城**③하다 **秦王業**은 **吳孝王晏之子**요 **藩甥也**라 **年十二**에 **南奔密**하니 **藩等**이 **奉之**하여 **以趣許昌**④하다 **天水閻鼎**이 **聚西州流民數千於密**하여 **欲還鄕里**러니 **藩以鼎有才而擁衆**이라하여 **用爲豫州刺史**하고 **以周顗等爲參佐**⑤하다

① 陽城縣은 漢나라 때에는 潁川郡에 속하였고, 晉나라 때에는 河南郡에 속하였다. 汝陰縣은 漢나라 때에는 汝南郡에 속하였고, 魏나라 때에는 땅을 나누어 汝陰郡을 설치했다가 뒤에 폐지하였으며, 晉 武帝 泰始 2년(266)에 다시 郡으로 만들었다.
陽城縣, 漢屬潁川郡, 晉屬河南郡. 汝陰縣, 漢屬汝南郡, 魏分置汝陰郡, 後廢, 武帝泰始二年, 復爲郡.

② 密縣은 漢나라 때에는 河南郡에 속하였고, 晉나라 때에는 滎陽郡에 속하였다.
密縣, 漢屬河南郡, 晉屬滎陽郡.

③ 司馬端은 처음에 廣川王에 봉해졌다가 뒤에 豫章王에 봉해졌다. 蒙縣은 梁國에 속하였다.
端, 初封廣川王, 後封豫章. 蒙縣, 屬梁國.

④ 司馬業은 伯父인 秦獻王 司馬柬에게 양자로 나가 세습하여 秦王에 봉해졌다.
業, 出繼後伯父秦獻王柬, 襲封秦王.

⑤ 周顗는 周浚의 아들이다.
顗, 浚之子也.

**【綱】** 琅邪王 司馬睿가 군대를 보내어 江州刺史 華軼(화일)을 공격하여 참수하였다.

**琅邪王睿 遣兵**하여 **擊江州刺史華軼**하여 **斬之**하다

43) (徒)〔徙〕: 저본에는 '徒'로 되어 있으나, ≪資治通鑑≫에 의거하여 '徙'로 바로잡았다.

【目】이때 천하가 크게 혼란하였으나 유독 江東 지역만 다소 편안하니, 中國(中原)에서 피난한 선비와 백성들 중에 남쪽으로 長江을 건너가는 자가 많았다. 王導가 司馬睿를 설득하여 그중에 어질고 준걸스러운 사람을 거두어 刁協(조협), 王承, 卞壼, 諸葛恢, 陳頵(진균), 庾亮 등 100여 명을 掾屬으로 辟召하니, 당시 사람들이 이들을 일러 '百六掾'이라 하였다.

사마예가 荀藩의 격문을 받고는 制命을 받들어 官司(부서)를 설치하였는데,[44] 江州刺史 華軼과 豫州刺史 裴憲이 모두 명령을 따르지 않았다. 사마예가 王敦, 甘卓, 周訪을 보내어 병력을 규합하여 화일을 공격해서 참수하니, 배헌은 幽州로 달아났다. 사마예는 감탁을 湘州刺史로, 周訪을 尋陽太守로, 陶侃을 武昌太守로 삼았다.

司馬睿가 106명의 掾屬을 辟召하다

44) 制命을……설치하였는데 : ≪資治通鑑≫에는 "承制署置官司"로 되어 있다.

時에 海內大亂호되 獨江東差安하니 中國士民避亂者 多南渡江이라 王導說(세)睿하여 收其賢俊하여 辟掾屬刁協, 王承, 卞壼, 諸葛恢, 陳頵, 庾亮等百餘人하니 時人이 謂之百六掾①이러라 及承荀藩檄에 承制署置하니 江州刺史華軼과 及豫州刺史裴憲이 皆不從命②이어늘 睿遣王敦, 甘卓, 周訪하여 合兵擊軼하여 斬之하니 憲이 奔幽州하다 睿以卓爲湘州刺史하고 訪爲尋陽太守하고 陶侃爲武昌太守③하다

① 王承은 王渾의 아우의 아들이고, 諸葛恢는 諸葛靚의 아들이다. 頵은 居筠의 切이다. 庾亮은 庾袞의 아우의 아들이다. 掾은 官屬이니, 〈"百六掾"은〉 掾屬 106명을 둔 것을 말한 것이다.
承, 渾之弟子. 恢, 靚之子. 頵, 居筠切. 亮, 袞之弟子也. 掾, 官屬也, 言置掾屬一百六人.

② 華軼은 華歆의 증손이고, 裴憲은 裴楷의 아들이다.
軼, 歆之曾孫. 憲, 楷之子也.

③ 漢나라 때 尋陽縣은 廬江郡에 속하여 그 지역이 江北에 있었는데, 晉 惠帝 永興 원년(304)에 廬江과 武昌을 나누어 尋陽郡을 세우고 豫章의 柴桑을 治所로 삼으니, 마침내 尋陽이 江南에 있게 되었다.
漢尋陽縣, 屬廬江郡, 其地在江北, 惠帝永興元年, 分廬江・武昌, 立尋陽郡, 治豫章之柴桑, 尋陽遂在江南.

**【綱】** 가을 7월에 大司馬 王浚이 스스로 尙書令을 겸하였다.

秋七月에 大司馬王浚이 自領尙書令하다

【目】 王浚이 壇을 세워 告類[45]하고 황태자를 세우고 황제의 조서를 받고 制命을 받들어 관작을 제수한다고 하고는 百官을 갖추어 설치하고 四征과 四鎭을 설치하였다.

浚이 設壇告類하고 立皇太子하고 稱受中詔하고 承制封拜하여 備置百官하고 列置征, 鎭①하다

① 제사 지낼 때가 아닌데 하늘에 제사하는 것을 類라 이르니, 하늘에 제사하여 일을 告由하는 것을 이른다.
非時祭天, 謂之類, 言以事類告也.

**【綱】** 漢나라(前趙) 劉曜가 長安을 침략하니, 南陽王 司馬模가 나와 항복하였다. 유요가 그를 죽이고 마침내 長安을 점거하니, 사마모의 世子 司馬保가 上

---

45) 告類 : 하늘에 제사하여 告由하는 예로, 특별히 황제가 즉위하거나 황태자를 세우는 등 중대한 일이 있을 때에 행하던 의식이다.

邽를 지켰다.

**漢劉曜寇長安**하니 **南陽王模出降**한대 **曜殺之**하고 **遂據長安**하니 **模世子保 保上邽**하다

【目】南陽王 司馬模가 牙門 趙染을 蒲坂에 주둔시켜 지키게 하였는데, 조염이 병력을 거느리고 漢나라(前趙)에 항복하니, 漢나라는 조염과 將軍 劉雅를 보내 長安에서 사마모를 공격하게 하고 劉曜와 劉粲으로 하여금 뒤를 잇게 하였다. 조염이 사마모의 군대를 潼關에서 패퇴시키고 승승장구하여 下邽까지 이르자, 涼州의 장수 北宮純이 장안에서 병력을 거느리고 와서 漢나라에 항복하였다. 漢나라 군대가 장안을 포위하자, 사마모가 창고가 텅 비고 병졸들이 뿔뿔이 흩어져 마침내 漢나라에 항복하니, 劉粲이 그를 죽였다.

關西 지역에 기근이 들어서 白骨이 들판을 뒤덮고, 병사와 백성 중에 살아남은 자가 백 명 중에 한두 명 밖에 없었다. 漢主 劉聰은 劉曜를 雍州牧으로 삼아 中山王을 봉하고 장안을 지키게 하였다.

사마모의 都尉 陳安이 병력을 거느리고 上邽에 있는 세자 司馬保에게 돌아가니, 사마보가 마침내 秦州를 점거하였다. 얼마 후 사마보가 大司馬를 칭하고 制命을 받들어 부서를 설치하니, 隴右 지역의 氐族과 羌族이 모두 따랐다.

南陽王模 使牙門趙染으로 戍蒲坂①이러니 染이 帥衆降漢하니 漢이 遣染與將軍劉雅하여 攻模于長安하고 劉曜, 劉粲이 繼之하다 染이 敗模兵於潼關하고 長驅至下邽②한대 涼州將北宮純이 自長安으로 帥衆降漢이어늘 漢兵이 圍長安하니 模倉庫虛竭하고 士卒離散이라 遂降于漢하니 粲이 殺之하다 關西饑饉하여 白骨이 蔽野하고 士民存者 百無一二라 漢主聰이 以曜爲雍州牧하여 封中山王하고 守長安하다 模都尉陳安이 帥衆하고 歸世子保於上邽하니 保遂據有秦州러니 尋稱大司馬하고 承制署하니 隴右氐, 羌이 皆從之하다

① 劉聰이 平陽에 있으면서 關中 지역을 엿보려 하였다. 蒲坂은 군대의 요충지이다.
劉聰在平陽, 欲窺關中. 蒲坂, 兵衝也.

② 下邽縣은 前漢 때에는 京兆에 속하였는데, 後漢 때에는 없애고 鄭縣으로 합병하였다가 桓帝 때에 다시 설치하였으며, 晉나라 때에는 馮翊郡에 속하였다. 應劭가 말하기를 "上邽가 있기 때문에 下邽라고 칭하였으니, 秦나라 武公이 邽 지역의 戎族을 정벌하고 설치했다." 하였다.
下邽縣, 前漢屬京兆, 後漢省, 併入鄭縣, 桓帝復置, 晉屬馮翊郡. 應(邵)〔劭〕[46]曰 "有上邽,

46) (邵)〔劭〕: 저본에는 '邵'로 되어 있으나, ≪資治通鑑≫ 註에 의거하여 '劭'로 바로잡았다.

故稱下, 秦武公伐邽戎置."

【綱】 漢나라(前趙) 石勒이 蒙城을 함락시키고 苟晞와 豫章王 司馬端을 사로잡았다.

漢石勒이 陷蒙城하고 執苟晞及豫章王端하다

【目】 苟晞가 교만하고 사치하고 가혹하고 포악하니, 前 遼西太守 閻亨이 여러 번 諫하자, 그를 죽였다. 從事 明預가 병이 있었는데도 직접 수레를 타고 들어가서 간하자, 구희가 노하여 말하기를 "내가 閻亨을 죽인 것이 그대와 무슨 상관이 있기에 병든 몸으로 수레를 타고 와서 나를 꾸짖는가." 하니, 명예가 다음과 같이 말하였다.

"明公이 나를 禮로 대우하였기 때문에 나도 禮를 다하는 것입니다. 이제 明公이 나를 노여워하면 遠近에서 명공을 원망하고 노여워하는 사람들에게는 어찌하시겠습니까. 桀王은 天子인데도 교만함과 포악함으로 망하였는데 하물며 남의 신하된 자의 경우이겠습니까. 원컨대 명공은 우선 이 노여움을 가라앉히고 저의 말을 생각해보십시오."

구희가 그의 말을 따르지 않으니, 이로 말미암아 여러 사람들의 마음이 離反하고 원망하였으며, 게다가 역병과 기근이 들었다. 石勒이 蒙城을 습격하여 구희와 豫章王을 사로잡고는 구희의 목에 쇠사슬을 채워 左司馬로 삼았다.

晞驕奢苛暴하니 前遼西太守閻亨이 數諫한대 殺之①하다 從事明預有疾이러니 自轝入諫②한대 晞怒曰 我殺閻亨이 何關人事완대 而轝病罵我오 預曰 明公이 以禮待預라 故預以禮自盡하노니 今明公이 怒預면 其如遠近怒明公何오 桀爲天子로되 猶以驕暴而亡이어든 況人臣乎아 願明公은 且置是怒하고 思預之言하라 晞不從하니 由是로 衆心離怨하고 加以疾疫, 饑饉하다 勒이 襲蒙城하여 執晞及豫章王하여 鎖晞頸하여 以爲左司馬하다

① 閻亨은 閻纘의 아들이다.
亨, 纘之子也.
② 明은 姓이다.
明, 姓也.

【綱】 겨울 10월에 漢나라(前趙) 石勒이 王彌를 유인하여 죽였다.

冬十月에 漢石勒이 誘王彌하여 殺之하다

【目】 漢나라(前趙) 大將軍 王彌가 石勒과 겉으로는 서로 친하였으나 속으로는 시기하였다. 마침 왕미의 장수 徐邈이 배반하고 떠나가니, 왕미의 군대가 점점 쇠약해졌다. 왕미는 석륵이 苟晞를 사로잡았다는 말을 듣고 내심 언짢아하면서도 편지로 석륵에게 축하하기를 "公이 구희를 사로잡아 등용하였으니, 어쩌면 그리도 신묘합니까. 만일 구희가 공의 왼손이 되고 제가 공의 오른손이 되면 천하를 평정하는 것은 어렵지 않을 것입니다." 하였다.

석륵이 張賓에게 이르기를 "王公이 지위가 높은데 말을 겸손하게 하니, 틀림없이 나를 도모하려는 것이다." 하였다. 장빈이 인하여 석륵에게 왕미의 군대가 다소 쇠약한 틈을 타서 그를 유인하여 죽일 것을 권하였다.

漢大將軍王彌 與勒外相親而內相忌라 會에 其將徐邈이 叛去하니 彌兵이 漸衰러니 聞勒擒苟晞하고 心惡(오)之하여 以書賀勒曰 公이 獲苟晞而用之하니 何其神也오 使晞爲公(王)〔左〕[47)]하고 彌爲公右면 天下不足定也리라 勒이 謂張賓曰 王公이 位重而言卑하니 其圖我必矣로다 賓이 因勸勒하여 乘彌小衰하여 誘而取之하다

【目】 이때에 王彌가 劉瑞와 서로 대치하여 형세가 매우 위급하였다. 왕미가 石勒에게 구원을 청하였으나 석륵이 허락하지 않았다. 張賓이 말하기를 "公이 항상 王公을 제거할 기회를 얻지 못하는 것을 안타까워하였는데, 지금 하늘이 왕공을 우리에게 넘겨주었습니다." 하니, 석륵이 마침내 군대를 인솔하고 유서를 공격하여 참수하였다. 왕미는 크게 기뻐하여 석륵이 실제로 자기와 친하다고 생각해서 다시는 의심하지 않았다.

석륵이 왕미를 초청하여 연회를 베풀었는데, 왕미가 술에 취하자 그의 목을 베고 그 병력을 자기 휘하에 병합하였다. 漢主 劉聰은 〈이 일을 알고〉 크게 노하고 사자를 보내어 '마음대로 公輔(大臣)를 살해하여 君主를 무시하는 마음이 있다.'고 석륵을 책망하였으나, 또 한편으로는 석륵에게 鎭東大將軍을 加하여 그의 마음을 위로해주었다.

苟晞가 점차 석륵을 배반할 것을 모의하자, 석륵이 그를 죽이고, 군대를 이끌고서 豫

47) (王)〔左〕: 저본에는 '王'으로 되어 있으나, ≪資治通鑑≫에 의거하여 '左'로 바로잡았다.

州의 여러 郡을 노략질하다가 장강에 이르러 군대를 되돌려 葛陂에 주둔하였다.

時에 彌與劉瑞 相持甚急이라 請救於勒이어늘 勒未之許러니 賓曰 公이 常恨不得王公之便이러니 今天以王公授我矣니이다 勒이 乃引兵擊瑞하여 斬之하니 彌大喜하여 謂勒實親己라하여 不復疑也러라 勒이 請彌燕이라가 酒酣而斬之하고 幷其衆하다 漢主聰이 大怒하여 遣使讓勒專害公輔하여 有無君之心이라 然猶加勒鎭東大將軍하여 以慰其心이러라 苟晞漸謀叛勒이어늘 勒이 殺之하고 引兵掠豫州諸郡이라가 臨江而還하여 屯于葛陂①하다

① ≪續漢書≫ 〈郡國志〉에 "汝南郡 鮦陽縣에 葛陂가 있다." 하였다.
續漢書郡國志 "汝南郡鮦陽縣, 有葛陂."

【目】 처음에 石勒이 남에게 붙잡혀 팔려갈 적에 그 어머니 王氏와 헤어졌다. 劉琨이 그녀를 찾아내고는 사자를 보내어 그 從子 石虎와 함께 석륵에게 보내고, 인하여 편지를 보내기를 "將軍의 용병술이 귀신과 같으나, 천하를 두루 떠돌아다녀도 발을 용납할 땅이 없으니, 이는 훌륭한 군주를 얻으면 의로운 군대가 되고, 역적에게 붙으면 역적의 무리가 되기 때문이다. 성공과 실패가 나뉘는 이치는 마치 호흡과 같으니, 급히 숨을 내쉬면 차갑게 느껴지고 서서히 내쉬면 따뜻하게 느껴지는 법이다. 지금 내가 그대에게 侍中을 제수하고 護匈奴中郎將을 겸하게 하니, 장군은 이것을 받으라." 하였다.

석륵이 답장을 보내기를 "功을 세우는 것은 길이 다르니, 이는 진부한 儒者가 알 수 있는 것이 아니다. 그대는 마땅히 그대의 조정(晉나라)에 충절을 다할 것이요, 나는 직접 난을 평정하여 功效를 바치겠다." 하고는, 유곤에게 名馬와 진귀한 보물을 보내고 사자를 후하게 예우였으나, 그의 제의는 사절하였다.

初에 勒之爲人所掠賣也에 與其母王氏相失이러니 劉琨이 得之하여 遣使하고 幷其從子虎하여 送於勒하고 因遺書曰 將軍이 用兵如神이로되 所以周流天下而無容足之地者는 蓋得主則爲義兵이요 附逆則爲賊衆故也라 成敗之數 有似呼吸하니 吹之則寒하고 噓之則溫①이라 今相授侍中하고 領護匈奴中郎將하노니 將軍은 其受之하라 勒이 報書曰 事功殊途하니 非腐儒所知②라 君當逞節本朝요 吾自夷難爲効③라하고 遺琨名馬珍寶하고 厚禮其使로되 謝而絶之하다

① 숨을 급히 내쉬는 것을 吹라 하고, 천천히 내쉬는 것을 噓라 한다.
出氣急曰吹, 緩曰噓.

② 腐는 썩어 문드러진 모양이니, "腐儒"는 儒者가 진부한 견해만을 지키면서 時宜를 알지 못

함을 말한 것이다.
腐者, 爛敗貌. 腐儒, 言儒者但能守陳腐之見, 不達時宜.

③ 夷는 평정함이고, 難은 환란이고, "爲効"는 그 수고한 공효를 바치는 것이니, 〈"吾自夷難爲効"는〉 내(석륵)가 난을 평정하는 일로 스스로 공효를 바치겠다는 것이다.
夷, 平. 難, 患也. 爲効, 展其勤効也. 我當以平難之事自効.

【目】 이때 石虎의 나이가 17세였는데 끝없이 잔인하니, 石勒이 어머니에게 아뢰어 그를 제거하려 하였으나, 어머니가 말하기를 "잘 달리는 소는 송아지 시절에 수레바퀴를 망가뜨리는 경우가 많으니, 너는 조금 참고 두고 보아라." 하였다. 석호는 장성한 뒤에 활쏘기와 말 타기에 능하고 용맹이 당세에 으뜸이니, 매번 城邑을 공격하여 도륙할 때마다 살아남는 무리가 적었다. 그러나 병사들을 다스릴 적에 엄하면서도 번거롭지 않아서 감히 명령을 범하는 자가 없고, 그에게 공격할 임무를 지시해 주면 그가 가는 곳마다 앞을 가로막는 자가 없으니, 석륵이 마침내 그를 총애하고 신임하였다.

時에 虎年十七이라 殘忍無度하니 勒이 白母除之러니 母曰 快牛爲犢에 多能破車하나니 汝小忍之①하라 及長에 便弓馬하고 勇冠當時②하니 每屠城邑에 鮮有遺類라 然이나 御衆에 嚴而不煩이로되 莫敢犯者요 指授攻討에 所向無前하니 勒이 遂寵任之러라

① "破車"는 수레바퀴를 망가뜨림을 이른다.
破車, 謂破毁輿輪也.

② "便弓馬"는 활을 쏘고 말을 타는 사이에 재빠르고 신속함을 이른다.
便弓馬, 謂弓馬間便疾也.

**【綱】 馮翊太守 索綝(삭침) 등이 漢나라(前趙) 군대를 長安에서 격파하고, 12월에 秦王 司馬業을 맞이하여 雍城으로 들어갔다.**

**馮翊太守索綝等**이 **擊敗漢兵於長安**하고 **十二月**에 **迎秦王業**하여 **入雍城**하다

【目】 처음에 索綝이 馮翊太守가 되어서 安夷護軍 麴允, 安定太守 賈疋(가아)와 함께 晉나라를 회복할 것을 도모하고, 5만의 병력을 거느리고 長安으로 향하였다. 雍州刺史 麴特 등이 10만의 병력을 거느리고 와서 회합하여, 黃丘에서 劉曜를 대파하고 또다시 新豐에서 劉粲을 격파하니, 晉나라 군대의 기세가 크게 진동하였다. 關西 지역의 胡族과 晉

나라 사람들이 모두 일제히 호응하였다.

閻鼎이 秦王 司馬業을 받들고 關中에 들어가서 장안을 점거하여 사방을 호령하고자 하였는데, 荀藩과 周顗 등은 모두 山東 사람이라서 서쪽 장안으로 가려 하지 아니하여, 중도에 도망하여 흩어져서 주의는 江東으로 달아났다. 염정과 사마업이 藍田에 이르러서 사람을 보내어 가아에게 알리자, 가아가 군대를 보내어 그들을 맞이해서 雍城으로 들어가게 하고 梁綜으로 하여금 군대를 거느리고 호위하게 하였다.

初에 索綝이 爲馮翊太守하여 與安夷護軍麴允과 安定太守賈疋(아)로 謀復晉室하고 帥衆五萬하여 向長安①이러니 雍州刺史麴特等이 帥衆十萬하고 會之하여 大敗劉曜於黃丘하고 又破劉粲於新豐하니 兵勢大振이라 關西胡, 晉이 翕然響應②이러라 閻鼎이 欲奉秦王業하고 入關據長安하여 以號令四方이러니 荀藩, 周顗等이 皆山東人이라 不欲西行하여 中途逃散하여 顗奔江東하다 鼎與業이 至藍田하여 遣人告疋한대 疋遣兵迎之하여 入于雍城하고 使梁綜으로 以兵衛之③하다

① 索綝은 索靖의 아들이고, 賈疋는 賈詡의 증손이다. 疋는 雅의 古字이다.
綝, 靖之子. 疋, 詡之曾孫也. 疋, 古雅字.
② 黃丘는 馮翊의 雲陽縣 黃嶔山 아래에 있다.
黃丘, 在馮翊雲陽縣黃嶔山下.
③ 雍城은 扶風 雍縣의 城이다.
雍城, 扶風雍縣城也.

【綱】 琅邪王 司馬睿가 周顗를 軍諮祭酒로 삼았다.

琅邪王睿 以周顗爲軍諮祭酒하다

【目】 前騎都尉인 桓彝가 亂을 피하여 長江을 건너왔는데, 司馬睿의 세력이 미약한 것을 보고 周顗에게 이르기를 "나는 중원에 변고가 많으므로 이곳에 와서 일신의 안전을 바랐는데, 이와 같이 세력이 고립되고 약하니, 장차 어떻게 中原을 구제할 수 있겠는가." 하였다. 얼마 후 王導를 만나서 함께 세상일을 논하고는 물러나와 주의에게 이르기를 "지금 막 管夷吾를 만나보았으니, 더 이상 근심할 것이 없다." 하였다.

名士들이 新亭에서 놀며 잔치를 하였는데, 주의가 座中에서 한탄하기를 "풍경은 다르지 않으나 눈을 들어 바라봄에 황하가 장강으로 바뀌었구나." 하고는 인하여 서로 바라보며 눈물을 흘렸다. 왕도가 엄정하게 얼굴빛을 바꾸며 말하기를 "우리는 마땅히 황실

을 위하여 함께 힘을 다해서 神州[48]를 회복하여야 하는데, 어찌 楚나라 죄수가 되어 마주보며 눈물을 흘리고 있는가." 하였다. 이에 여러 사람들이 모두 눈물을 거두고 사과하였다.

**前騎都尉桓彝 避亂過江**이러니 **見睿微弱**하고 **謂顗曰 我以中州多故**라하여 **來此求全**이러니 **而單弱如此**하니 **將何以濟**오하더니 **旣而**요 **見王導**하여 **共論世事**하고 **退**하여 **謂顗曰 向見管夷吾**하니 **無復憂矣**①라하니라 **諸名士遊宴新亭**②이러니 **顗中坐歎曰 風景**은 **不殊**나 **擧目**에 **有江河之異**라하고 **因相視流涕**③한대 **導愀**(초)**然變色曰**④ **當共戮力王室**하여 **克復神州**⑤니 **何至作楚囚對泣邪**아하니 **衆皆收淚謝之**⑥하니라

① 〈"向見管夷吾"는〉 王導를 〈桓公을 도와 霸者가 되게 한〉 管仲(管夷吾)에게 견준 것이다.
以王導比管仲也.

② ≪金陵覽古≫에 "新亭은 江寧縣 10리에 있으니, 長江 가에 임해 있다." 하였다.
金陵覽古曰 "新亭在江寧縣十里, 近臨江渚."

③ 坐(자리)는 徂臥의 切이다. "江河之異"는 도성인 낙양에서는 대부분 黃河 가에서 노닐며 잔치하였는데, 新亭은 長江 가에 임해 있음을 말한 것이다.
坐, 徂臥切. 江河之異, 言洛都遊宴, 多在河濱, 而新亭臨江渚也.

④ 愀는 七小의 切이다.
愀, 七小切.

⑤ 전국시대에 騶衍이 말하기를 "中國은 천하에서 바로 81分 중에 그 1分을 차지할 뿐이다. 중국을 이름하여 '赤縣神州'라 하니, 적현신주의 안에 본래 九州가 있는데, 禹임금이 차례한 九州가 이것이다." 하였다.
戰國時, 騶衍以爲 "中國者, 於天下, 乃八十一分居其一分耳. 中國名曰赤縣神州, 赤縣神州內, 自有九州. 禹之所序九州是也."

⑥ ≪春秋左氏傳≫ 成公 9년에 "晉侯가 軍府를 관찰하다가 鍾儀를 보고 묻기를 '남쪽 지역의 冠을 쓰고 구속되어 있는 자가 누구인가?' 하니, 有司가 대답하기를 '鄭나라 사람이 바친 楚나라의 죄수입니다.' 했다." 하였다.
左傳成九年 "晉侯觀于軍府, 見鍾儀, 問之曰 '南冠而縶者誰也.' 有司對曰 '鄭人所獻楚囚也.'"

【目】 **陳頵**(진균)이 **王導**에게 다음과 같이 편지를 보내었다.

"**中華**가 기울고 피폐한 이유는 바로 인재를 선발하는 것이 마땅함을 잃어서 헛된 명

---

48) 神州 : 중국의 美稱인 '赤縣神州'를 줄인 말인데, ≪史記≫ 〈孟子荀卿列傳〉에 "중국 이름을 적현신주라 하는데 적현신주의 안에 九州가 있으니, 夏나라 禹王이 만든 九州가 바로 이것이다."라고 보인다.

성이 있는 자를 먼저 등용하고 실제의 일을 잘 처리하는 자를 뒤로 하여 실속이 없이 다투고 치달려 서로 인물을 천거하며, 게다가 老莊의 풍속이 조정을 미혹시켜서 헛된 명성을 기르는 자를 高雅한 사람이라 하고 政事를 잘 다스리는 자를 속된 사람이라 하였기 때문입니다. 먼 곳을 다스리고자 한다면 먼저 가까운 데에서 시작하여야 하니, 이제 마땅히 다시 개혁해서 信賞必罰을 명확히 하여 密縣에서 卓茂를 발탁하고[49] 桐鄉에서 朱邑을 드러나게 하여야 하니, 그런 뒤에야 大業을 이룰 수 있고 中興을 바랄 수 있습니다."

그러나 왕도는 그의 말을 따르지 못하였다.

陳頵이 遺導書曰 中華所以傾弊者는 正以取才失所하여 先白望而後實事하여 浮競驅馳하여 互相貢薦①하고 加有莊老之俗이 傾惑朝廷하여 養望者爲弘雅하고 政事者爲俗人이라 夫欲制遠인댄 先由近始니 今宜改張하여 明賞信罰②하여 拔卓茂於密縣하고 顯朱邑於桐鄉③이니 然後에 大業可擧요 中興可冀耳니이다 導不能從하다

① "白望"은 헛된 명성이라는 말과 같다.
白望, 猶言虛名.
② 漢나라 董仲舒가 정사를 논하기를 "비유하건대 거문고와 비파를 반드시 줄을 풀어 다시 조율해야 비로소 탈 수 있는 것과 같다." 하였다.
漢董仲舒論政曰 "譬猶琴瑟, 必改而更張之, 乃可鼓也."
③ 朱邑이 舒縣의 桐鄉 嗇夫가 되었는데, 청렴하고 공평하며 까다롭지 아니하여 백성을 사랑하고 이롭게 하는 정사를 행하였다. 이에 漢나라 宣帝가 그를 등용하여, 벼슬이 大司農에 이르렀다.
朱邑爲舒桐鄉嗇夫, 廉平不苛, 以愛利爲行. 漢宣帝擧而用之, 官至大司農.

**【綱】 劉琨이 劉希를 보내어 中山에서 병력을 규합하게 하였는데, 王浚이 유희를 죽였다.**

劉琨이 遣劉希하여 合衆於中山이러니 王浚이 殺之하다

【目】 劉琨이 사람들을 불러 회유하는 데에는 능숙하였으나 어루만지고 통솔하는 데에는

49) 密縣에서……발탁하고 : 後漢의 光武帝는 王莽을 멸하고서 漢나라를 중흥시키고 덕이 높은 사람에게 높은 관작으로 보답한다는 것을 보이기 위해 맨 먼저 卓茂에게 太傅의 높은 벼슬을 주고 褒德侯에 봉하였다. 탁무는 南陽 사람으로 자가 子康이다. 前漢 元帝 때에 侍郎에 천거되었고, 密縣令이 되어서 선정을 베풀었다.

능숙하지 못하니, 하루 동안에 비록 귀의한 자가 수천 명이었으나 떠나가는 자도 계속 이어졌다. 유곤이 劉希를 보내어 中山에서 병력을 규합하게 하니, 幽州에서 관할하고 있는 代郡, 上谷, 廣寧의 백성들이 대부분 그에게 귀의해서 병력이 3만에 이르렀다. 王浚이 이에 노하여 胡矩와 段疾陸眷을 보내어 함께 유희를 공격하게 해서 죽이고 대군, 상곡, 광녕 세 郡의 남녀를 위협하여 노략질하고서 떠나갔다.

**劉琨**이 **長於招懷**나 **而短於撫御**하니 **一日之中**에 **雖歸者數千**이나 **而去者亦相繼**라 **琨**이 **遣劉希**하여 **合衆於中山**하니 **幽州所統代郡, 上谷, 廣寧之民**이 **多歸之**하여 **衆至三萬**①이라 **王浚**이 **怒**하여 **遣胡矩與段疾陸眷**하여 **共攻希**하여 **殺之**하고 **驅掠三郡士女而去**②하다

① 廣寧縣은 漢나라 때에는 上谷郡에 속하였고, 晉나라 武帝 太康 연간(280~289)에 나누어 廣寧郡을 세웠고, 唐나라 때에는 嬀州의 경계에 속하였다.
廣寧縣, 漢屬上谷郡, 晉武帝太康中, 分立廣寧郡, 唐屬嬀州界.
② 段疾陸眷은 段務勿塵의 아들이다.
疾陸眷, 務勿塵之子也.

**【綱】** 慕容廆가 鮮卑族인 素喜連과 木丸津 두 部를 격파하였다.

**慕容廆擊破鮮卑素喜, 木丸部**하다

【目】 遼東의 변방에 사는 鮮卑族인 素喜連과 木丸津이 요동의 여러 縣을 공격하여 함락시키고 郡의 군대를 여러 번 격파하였으나, 東夷校尉 封釋이 이들을 토벌하지 못하였다. 백성들 중에 생업을 잃고 慕容廆에게 귀의하는 자가 매우 많았다.

모용외의 작은아들 慕容翰이 모용외에게 다음과 같이 말하였다. "예로부터 훌륭한 일을 한 군주는 모두 天子를 높여 백성들의 바람을 따르고서 대업을 이루었습니다. 지금 소희연과 목환진이 끊임없이 포악하게 도둑질을 하니, 그들의 죄를 열거하여 토벌하는 것만 못합니다. 이렇게 하면 위로는 어지러운 요동을 다시 회복하고 아래로는 소희연과 목환진 두 部를 병탄할 수가 있으니, 그리되면 우리의 忠義가 晉나라 조정에 드러나고 사사로운 이익이 우리나라로 돌아옵니다. 이는 霸王의 기반이 될 것입니다."

모용외가 웃으며 말하기를 "어린아이의 생각이 여기에까지 미친단 말인가." 하고는 마침내 소희연과 목환진을 공격할 적에 모용한을 선봉으로 삼아서 이들을 격파하여 참

수하고, 소희연과 목환진 두 部의 무리를 모두 병합하였다.

봉석이 병이 위독해지자, 손자인 封奕을 모용외에게 부탁하였다. 봉석이 卒하자 모용외가 봉혁을 불러 함께 말해보고는 매우 기뻐하여 말하기를 "기이한 선비이다."라 하고 小都督으로 임용하였다. 봉석의 아들 封悛(봉전)과 封抽가 喪에 달려왔는데, 모용외는 이들을 만나보고 말하기를 "이 집안사람들은 모두 하늘에서 내려온 千斤의 거세한 황소이다." 하였다. 봉석의 아들들은 길이 통하지 않아서 〈고향으로 돌아가지 못하고〉 모두 머물러 모용외에게 벼슬해서, 봉추는 長史가 되고 봉전은 參軍이 되었다.

遼東附塞鮮卑素喜連, 木丸津이 攻陷諸縣하여 屢敗郡兵이로되 東夷校尉封釋이 不能討라 民이 失業하고 歸慕容廆者甚衆이러라 廆少子翰이 言於廆曰① 自古有爲之君이 莫不尊天子以從民望, 成大業하니이다 今連, 津이 寇暴不已하니 不若數其罪而討之라 上則興復遼東하고 下則幷呑二部니 忠義彰於本朝하고 私利歸於我國이니 此霸王之基也②니이다 廆笑曰 孺子乃能及此乎아하고 遂擊連, 津할새 以翰爲前鋒하여 破斬之하고 盡倂二部之衆하다 封釋이 疾病에 屬(촉)其孫(弈)〔奕〕[50] 於廆러니 釋이 卒에 廆召(弈)〔奕〕與語하고 說(열)之曰 奇士也라하고 補小都督③하다 釋子悛, 抽來奔喪이어늘 廆見之하고 曰 此家抎抎千斤犍也라하니라 以道不通으로 皆留仕廆하여 抽爲長史하고 悛爲參軍④하니라

① ≪晉書≫ 〈載記〉에 근거해보면, 慕容翰은 慕容皝에게 庶兄이 되고 모용황은 慕容廆의 셋째 아들이니, 그렇다면 모용한은 작은아들이 아니다.
據載記, 翰於皝爲庶兄, 皝, 廆第三子, 則翰, 非少子也.

② 2部는 素喜連과 木丸津을 이른다.
二部, 謂素喜連及木丸津也.

③ 說(기뻐하다)은 悅로 읽는다.
說, 讀曰悅.

④ 抎은 羽敏의 切이니, 높은 곳에서 아래로 떨어지는 것이다. 犍은 居言의 切이니, 거세한 황소이다. 千斤의 거세한 황소는 마치 하늘에서 내려온 것처럼 인간 세상에서 많이 얻을 수 없음을 말한 것이다. 一說에 "'抎抎'은 강건하여 힘이 있는 모양이니, 犍은 바로 거세한 소로 강건하고 온순한데, 여기서는 다만 그 무겁고 큰 것만을 말했을 뿐이다." 하였다.
抎, 羽敏切, 從高而下也. 犍, 居言切, 犗牛也. 言千斤之犍, 人間不可多得, 若從天而下也. 一說 "抎抎者, 强健有力之貌, 犍乃犗牛, 健强而馴, 此但言其重大耳."

---

50) (弈)〔奕〕: 저본에는 '弈'으로 되어 있으나, ≪資治通鑑≫에 의거하여 '奕'으로 바로잡았다. 아래도 같다.

壬申年(312)

【綱】 晉나라 孝懷皇帝 永嘉 6년이다.

六年[51)]이라

【目】 漢나라(前趙) 烈宗 劉聰 嘉平 2년이다.

漢嘉平二年이라

【綱】 봄 정월에 漢主 劉聰이 劉殷의 두 딸을 들여 貴嬪으로 삼았다.

春正月에 漢主聰이 納劉殷二女하여 爲貴嬪[52)]하다

【目】 漢主 劉聰이 太保 劉殷의 딸을 貴嬪으로 들이려 할 적에 太弟 劉乂가 굳이 諫하자, 유총이 太宰인 劉延年과 太傅인 劉景에게 물으니, 모두 말하기를 "太保가 스스로 자신은 劉康公의 후손이라고 해서 폐하와 근원이 다르니, 그의 딸을 귀빈으로 들이는 것이 어찌 문제될 것이 있겠습니까." 하였다. 유총이 기뻐하여 유은의 두 딸인 劉英과 劉娥를 左右貴嬪으로 삼으니 그들의 지위가 昭儀보다 높았고, 또 유은의 손녀 네 명을 들여서 모두 貴人으로 삼으니 지위가 貴妃의 다음이었다. 이에 여섯 劉氏에 대한 총애가 後宮

---

51) 六年 : "이때에 황제가 平陽으로 옮겨간 지 1년이 넘었는데, '永嘉 6년'이라고 쓴 것은 어째서인가. 正統을 보존하려 한 것이다. 이때 황제가 아직 살해를 당하지 않았고 秦王(司馬業)이 雍州에 있었으니, 그렇다면 정통이 실제로 황제에게 있는 것이다.〔於是帝遷平陽 踰年矣 書六年 何 存正統也 帝未遇害 秦王在雍 則正統固在矣〕" ≪書法≫

52) 漢主聰……爲貴嬪 : "妃妾은 쓰지 않는데, 여기에서는 어찌하여 썼는가. 同姓임을 비난한 것이다. 동성임을 비난하려 했으면 劉氏를 貴嬪으로 삼았다고 쓰면 될 터인데, 어찌하여 굳이 '劉殷'을 썼는가. 유은 또한 함께 책임이 있기 때문이다. ≪資治通鑑綱目≫이 끝날 때까지 '명하여 妃妾을 들였다.'고 쓴 것이 10번인데(漢나라 獻帝 建安 18년(213)에 자세히 보인다.), 나머지 9번은 비난한 것이고, 오직 〈唐나라 太宗 貞觀 8년(634)〉 鄭氏를 맞이하여 充華로 삼은 것은 찬미한 말이다.〔妃妾不書 此何以書 譏同姓也 譏同姓 則書以劉氏爲貴嬪 可矣 曷爲必書劉殷 殷亦與有責焉耳 終綱目 書命納妃妾 十(詳漢獻帝建安十八年) 其九 譏也 惟聘鄭氏爲充華 爲美辭〕" ≪書法≫

"아내를 취할 적에 同姓을 취하지 않는 것은 嫌疑를 멀리하는 것이니, 어찌 근원이 같은지의 여부를 논하겠는가. 劉聰이 劉殷의 딸을 貴嬪으로 들이면 똑같이 姓이 劉氏이니, 吳孟子와 가깝다. 그러나 저들은 본래 오랑캐여서 여러 어미를 아내로 삼는 것도 어려워하지 않으니, 또 어찌 동성의 여부를 따지겠는가. 우선 이것을 써서 개, 돼지와 같은 오랑캐의 잡됨을 드러낸 것이다.〔娶妻不取同姓者 爲遠嫌也 豈論同源與否哉 聰納殷女 均之姓劉 則幾於吳孟子矣 然彼本夷狄 尙不難於妻群母 又何有於同姓哉 書之 姑以著犬羊之雜糅耳〕" ≪發明≫

을 진동하였다. 유총이 다시는 궁 밖에 나가는 일이 드물었고 정사도 모두 환관인 中黃門이 아뢰어 결정하였다.

漢主聰이 將納太保劉殷女할새 太弟乂固諫한대 聰以問太宰延年과 太傅景하니 皆曰 太保自云劉康公之後라하여 與陛下殊源하니 納之何害[①]니잇고 聰이 悅하여 拜殷二女英, 娥하여 爲左右貴嬪하니 位在昭儀上하고 又納殷女孫四人하여 皆爲貴人하니 位次貴妃하다 於是에 六劉之寵이 傾後宮이라 聰이 希復出外하고 事皆中黃門奏決이러라

① 劉康公은 周나라의 卿士로서 劉 땅에 식읍을 갖고 있었는데 그 뒤에 인하여 氏로 삼았다. 劉聰은 匈奴의 후손인데 漢나라 황실의 생질이라 하여 劉氏 姓을 사칭한 것이다. 그러므로 근원이 다르다고 한 것이다.
劉康公, 周之卿士, 食采於劉, 其後因以爲氏. 聰, 匈奴之後, 以漢之甥, 冒姓劉氏, 故云殊源.

【綱】 胡亢(호강)이 竟陵에서 군대를 일으켰다.

胡亢이 起兵竟陵하다

【目】 胡亢은 故 新野王(司馬歆)의 牙門將이었다. 竟陵에서 병력을 모아 荊州 지역을 침략하였는데, 杜曾을 竟陵太守로 삼았다. 두증은 용맹이 三軍의 으뜸이어서 무거운 갑옷을 입고서도 물속에서 헤엄칠 수 있었다.

亢은 故新野王牙門將[①]이라 聚衆竟陵하여 寇掠荊土러니 以杜曾爲竟陵守하니 曾이 勇冠三軍하여 能被甲游於水中이러라

① 亢은 音이 剛이다.
亢, 音剛.

【綱】 2월 초하루에 일식이 있었다.

二月朔에 日食하다

【綱】 琅邪王 司馬睿가 將軍 紀瞻을 보내어 葛陂에서 石勒을 토벌하니, 석륵이 군대를 이끌고 퇴각하였다.

◑ 琅邪王睿 遣將軍紀瞻하여 討石勒於葛陂하니 勒이 引兵退하다

【目】石勒이 葛陂에 보루를 축조하고 백성들에게 농사일을 독촉하고 배를 건조하게 하여 장차 建業을 공격하려 하였다. 司馬睿가 壽春에 江南의 병력을 크게 집결시키고 紀瞻을 揚威將軍으로 삼아 이들을 토벌하게 하였는데, 마침 큰 비가 내려서 3개월 동안 그치지 않으니, 석륵의 軍中은 굶주리고 역병이 유행하여 죽은 자가 태반이었다.

석륵이 장수와 보좌관들을 모아 대책을 의논하니, 刁膺이 우선 사마예에게 투항하고서 河朔 지역을 깨끗이 평정하여 속죄하기를 청하고 사마예의 군대가 후퇴하기를 기다려서 서서히 도모하자고 청하자, 석륵이 표정을 엄숙히 하고 길게 휘파람을 불었다. 그러자 孔萇 등이 길을 나누어 밤중에 壽春을 공격하여 城을 점거하고 성안에 있는 곡식을 먹으면서 기어이 금년에 江南 지역을 평정할 것을 청하자, 석륵이 웃으며 말하기를 "이는 용맹한 장수의 계책이다." 하고는 張賓을 돌아보고 말하기를 "그대의 뜻은 어떠한가." 하였다.

石勒이 築壘於葛陂하고 課農造舟하여 將攻建業이어늘 睿大集江南之衆於壽春하고 以紀瞻爲揚威將軍하여 討之러니 會에 大雨하여 三月不止하니 勒軍中이 飢疫하여 死者太半이라 集將佐議之하니 刁膺이 請送款於睿하여 求掃平河朔以自贖하고 俟其軍退하여 徐圖之한대 勒이 愀然長嘯러라 孔萇等이 請分道하여 夜攻壽春하여 據城食粟하고 要以今年에 定江南한대 勒이 笑曰 是勇將之計也①라하고 顧謂張賓曰 於君意에 何如오

① 〈"勇將之計"는〉 미리 승패를 계산하지 않고, 다만 적에게 용감하게 달려갈 뿐임을 말한 것이다.
言其不逆計勝敗, 但勇於赴敵耳.

【目】張賓이 다음과 같이 말하였다.

"장군이 京師를 공격하여 함락시켜 天子를 잡아 가두고 王公들을 살해하고 妃와 공주들을 겁탈하였으니, 장군의 머리털을 뽑아 세더라도 장군의 죄를 일일이 다 열거할 수가 없습니다. 어찌 다시 晉나라의 신하가 되어 받들 수 있겠습니까. 이제 하늘이 수백리 지역에 장맛비를 내리니, 이는 하늘이 장군에게 이곳에 머물러서는 안 된다는 뜻을 보이는 것입니다. 鄴城은 三臺의 견고함이 있고 서쪽으로 平陽과 인접하였으며, 산과 강하가 사방으로 둘러 있는 요새이니, 마땅히 북쪽으로 업성을 점거하여 河北 지방을 경영해야 합니다. 하북 지방이 평정되면 천하에 장군의 위에 있을 자가 없을 것입니다.

마땅히 輜重隊로 하여금 북쪽 길을 따라 먼저 출발하게 하고, 장군은 대군을 인솔하

紀瞻이 石虎의 무리를 크게 격파하다

고서 壽春으로 향해야 합니다. 치중대가 이미 멀리 떠나가고 대군이 서서히 철수하여 돌아간다면, 전진하고 후퇴함에 근거할 땅이 없음을 어찌 근심하겠습니까."

석륵이 소매를 걷고 수염을 실룩거리며 말하기를 "張君의 계책이 옳다." 하였다. 이에 刁膺을 내치고 장빈을 右長史로 발탁하여 '右侯'라고 칭하였다.

석륵이 군대를 이끌고 葛陂를 출발할 적에 石虎를 보내어 수춘으로 향하게 하였는데, 晉나라의 운반선을 만나 석호의 장병들이 다투어 곡식을 취하다가 紀瞻에게 패하여 백 리를 쫓겨 달려가서 앞에 있는 석륵의 군대와 만났다. 석륵이 진영을 설치하고 대비하니, 기첨이 감히 공격하지 못하였다.

賓曰 將軍이 攻陷京師하여 囚執天子하고 殺害王公하고 妻略妃主하니 擢將軍之髮이라도 不足以數將軍之罪니 奈何復相臣奉乎[1]잇가 今天이 降霖雨於數百里中하니 示將軍不應留此也니이다 鄴有三臺之固하고 西接平陽하고 山河四塞하니 宜北據之하여 以營河北이니 河北旣定이면 天下無處

將軍之右者矣[②]리이다 宜使輜重으로 從北道先發하고 將軍이 引大兵하여 向壽春이니 輜重既遠하고 大兵徐還이면 何憂進退無地乎잇가 勒이 攘袂鼓髥曰 張君計是也[③]라하다 於是에 黜膺하고 擢賓爲右長史하여 號曰右侯라하다 勒이 引兵發葛陂할새 遣石虎하여 向壽春이러니 遇晉運船하여 虎將士爭取之라가 爲紀瞻所敗하여 追奔百里하여 前及勒軍이러니 勒이 結陳待之하니 瞻이 不敢擊이러라

① 擢은 뽑음이다.
擢, 拔也.

② ≪水經註≫에 "鄴城의 서북쪽에 三臺가 있는데 모두 城을 따라 세웠으니, 漢나라 建安 15년(210)에 魏나라 武帝(曹操)가 세운 것이다. 가운데를 銅臺라 하니 높이가 10丈인데, 그 뒤에 石虎가 다시 2丈을 증축하였다. 남쪽은 金雀臺이니 높이가 8丈이고, 북쪽은 冰井臺이니 이 또한 높이가 8丈이다." 하였다. "西接平陽"은 漢나라(前趙) 도성과 가까워서 크게 성원할 수 있음을 말한 것이다. 處(자리하다)는 昌呂의 切이다.
水經注 "鄴城西北, 有三臺, 皆因城爲之基, 漢建安十五年, 魏武所起. 中曰銅臺, 高十丈. 其後石虎更增二丈. 南則金雀臺, 高八丈. 北則冰井臺, 亦高八丈." 西接平陽, 謂近漢都, 可以壯聲援. 處, 昌呂切.

③ "攘袂"는 소매를 걷어 팔뚝을 드러내는 것이다. 揎은 息全의 切이니, 손으로 옷을 걷어 올리는 것이다. "皷髥"은 뺨에 난 수염을 실룩거리는 것을 이른다.
攘袂, 揎袖出臂也. 揎, 息全切. 手發衣也. 皷髥, 謂皷頰須也.

【綱】 漢나라(前趙)가 황제(晉 懷帝)를 봉하여 會稽郡公으로 삼았다.

漢이 封帝爲會稽郡公하다

【目】 漢主 劉聰이 황제에게 이르기를 "卿이 옛날 豫章王으로 있을 적에 朕이 王武子와 함께 卿을 찾아가니, 卿이 朕에게 산뽕나무로 만든 활과 은으로 만든 벼루를 주었는데, 卿은 그 일을 모두 기억하는가?" 하니, 황제가 말하기를 "臣이 어찌 감히 그것을 잊겠습니까. 다만 그날 진즉에 龍顏을 알아보지 못한 것이 한스러울 뿐입니다." 하였다.

劉聰이 말하기를 "卿의 집안은 骨肉 간에 어찌 이와 같이 서로 해쳤는가?" 하니, 황제가 말하기를 "大漢이 장차 하늘의 뜻에 응하여 天命을 받게 될 것이므로 폐하를 위하여 자기들끼리 서로 몰아낸 것이니, 이는 아마도 하늘의 뜻이요 사람의 일이 아닌 듯합니다. 또 臣의 집안이 만약 武皇帝(司馬炎)의 大業을 받들어서 九族이 화목하였으면, 폐하가 어떻게 천하를 얻을 수 있었겠습니까." 하니, 유총은 기뻐하여 작은 劉貴人

을 황제에게 주어 妻를 삼게 하고는, 말하기를 "이는 名公의 손녀이니, 卿은 잘 대우하라." 하였다.

漢主聰이 謂帝曰 卿이 昔爲豫章王에 朕이 與王武子로 造卿하니 卿이 贈朕柘(자)弓, 銀硏이러니 卿頗記否①아 帝曰 臣이 安敢忘之리오 但恨爾日不早識龍顔이니이다 聰曰 卿家骨肉이 何相殘如此오 帝曰 大漢이 將應天受命이라 故爲陛下自相驅除니 此殆天意요 非人事也니이다 且臣家若能奉武皇帝之業하여 九族敦睦이면 陛下何由得之리잇고 聰이 喜하여 以小劉貴人妻帝하고 曰 此名公之孫也니 卿은 善遇之하라

① 武子는 王濟의 字이다. 柘(산뽕나무)는 之夜의 切이니, 산뽕나무는 가지가 길게 뻗어 올라가는데 단단하고 곧고 길며 잎이 작고 두터워서 활의 재료가 될 수 있다. 硏(벼루)은 硯과 같다.
武子, 濟字. 柘, 之夜切, 柘木抽條, 勁直而長, 葉小而厚, 可爲弓材. 硏, 與硯同.

【綱】張軌가 군대를 보내어 長安으로 달려가게 하였다.

張軌遣兵詣長安[53]하다

【目】涼州의 主簿 馬魴이 張軌를 설득하기를 "장수에게 명하여 군대를 출동해서 황실을 보좌하고 추대하여야 합니다."라고 하였다. 장궤가 그 말을 따라서 급히 關中 지역에 격문을 돌려 함께 秦王(司馬業)을 높이고 보필하기로 하고, 또 말하기를 "이제 선봉 宋配를 보내어 보병과 기병 2만 명을 거느리고 곧바로 長安으로 향하게 하니, 나머지 군대들도 계속 뒤를 이어 출발하라." 하였다.

涼州主簿馬魴이 說軌하여 宜命將出師하여 翼戴帝室이라한대 軌從之하여 馳檄關中하여 共尊輔秦

53) 張軌遣兵詣長安 : "'遣兵(군대를 보냈다)'라고 쓴 것은 어째서인가. 張軌의 忠義를 인정한 것이다. 懷帝 때에 '北宮純을 보내어 들어가 호위하게 했다.'라고 썼었는데, 이때 다시 '군대를 보내어 長安으로 달려가게 하였다.'라고 썼으니, 장궤와 같은 자는 신하된 도리를 알았다고 이를 만하다. 그러므로 이것을 써서 인정한 것이다. ≪資治通鑑綱目≫이 끝날 때까지 '군대를 보내어 아무 곳으로 달려가게 했다.'라고 쓴 것이 5번인데, 장궤가 군대를 보내어 장안으로 달려가게 하였고(이해(312)), 殷孝祖가 군대를 거느리고 建康으로 달려갔고(宋나라 丙午年(466)), 北魏 趙剛이 東荊州의 군대를 거느리고 장안으로 달려갔고(梁나라 甲寅年(534)), 河西와 安西 지역에서 모두 군대를 보내어 行在로 달려가게 하였고(唐나라 玄宗 天寶 15년(756)), 李懷光이 병력을 인솔하고 장안으로 달려갔으니(唐나라 德宗 建中 4년(783)), 모두 그 의리를 인정한 것이다.〔書遣兵 何 予義也 懷帝之世 書遣北宮純入衛矣 於是復書遣兵詣長安 若軌者 可謂知爲人臣矣 故書予之 終綱目 書遣兵詣某所者五 張軌遣兵詣長安(是年) 殷孝祖帥兵赴建康(宋丙午年) 魏趙剛以東荊兵赴長安(梁甲寅年) 河西安西皆遣兵詣行在(唐玄宗天寶十五載) 李懷光帥衆赴長安(唐德宗建中四年) 皆予之也〕" ≪書法≫

王하고 且言今遣前鋒宋配하여 帥步騎二萬하고 徑趨長安하니 諸軍은 絡繹繼發[①]하라하니라

① "絡繹"은 서로 끊이지 않고 이어지는 뜻이다.
絡繹, 相繼不絶之意.

【綱】 여름에 漢나라(前趙)가 王彰을 봉하여 定襄郡公으로 삼았다.

夏에 漢이 封王彰爲定襄郡公하다

【目】 漢主 劉聰은 물고기와 게를 제대로 공급하지 못했다 하여 左都水使者를 참수하고, 溫明殿과 徽光殿 두 궁전을 지을 적에 완성하지 못했다 하여 將作大匠을 참수하였으며, 汾水에서 물고기 잡는 것을 구경하느라 밤이 늦도록 궁으로 돌아오지 않았다. 이에 王彰이 諫하기를 "지금 어리석은 백성들이 漢나라(前趙)로 귀의하는 뜻은 견고하지 못하고, 晉나라를 그리워하는 마음은 아직도 지극합니다. 게다가 劉琨이 지척에 있어 刺客이 도처에서 횡행하니, 帝王이 함부로 출행하면 한 지아비의 상대가 될 뿐입니다." 하니, 유총이 크게 노하여 그를 참수하라고 명하였다. 왕창의 딸이 유총의 夫人이었는데 머리를 조아리며 자기 친정아버지의 생명을 애걸하자, 마침내 왕창을 가두었다.

漢主聰이 以魚蟹不供이라하여 斬左都水使者하고 作溫明, 徽光二殿에 未成이라하여 斬將作大匠하고 觀漁於汾水하여 昏夜不歸[①]하다 彰이 諫曰 今愚民이 歸漢之志未專하고 思晉之心猶盛이어늘 劉琨咫尺에 刺客縱橫[②]하니 帝王輕出이면 一夫敵耳니이다 聰이 大怒하여 命斬之러니 彰女爲夫人하여 叩頭乞哀한대 乃囚之하다

① ≪晉書≫ 〈百官志〉에 "都水使者는 漢나라 水衡의 직책이다." 하였다.
晉志 "都水使者, 漢水衡之職也."

② 〈"劉琨咫尺"은〉 漢나라(前趙)의 도성인 平陽이 劉琨이 있는 晉陽과 거리가 멀지 않음을 말한 것이다.
謂平陽去晉陽不遠也.

【目】 太后 張氏는 劉聰의 형벌이 지나치다 하여 3일 동안 밥을 먹지 않았고, 또 太弟 劉乂와 單于 劉粲이 棺을 수레에 싣고 가서 간절히 간하니, 유총이 노여워하며 말하기를 "내가 어찌 桀·紂와 같은 폭군이겠는가. 너희들은 내가 살아 있는데도 와서 곡하는가."

하였다.

太保 劉殷 등 백여 명이 모두 冠을 벗고 눈물을 흘리며 간하자, 유총이 서글퍼하며 말하기를 "朕이 어제 크게 취하여 그리하였을 뿐, 나의 본심이 아니다. 公 등이 말해주지 않았으면 朕이 잘못을 들을 수 없었을 것이다." 하고는, 그들에게 각각 비단 백 필을 하사하고, 侍中으로 하여금 節을 잡고 가서 왕창을 사면하게 하고 관직을 더하고 定襄郡公으로 봉하였다.

太后張氏 以聰刑罰過差라하여 三日不食①하고 太弟乂와 單于粲이 輿櫬切諫하니 聰이 怒曰 吾豈桀紂완대 而汝輩生來哭人고하다 太保殷等百餘人이 皆免冠涕泣而諫한대 聰이 慨然曰 朕昨大醉요 非其本心이니 微公等言之면 朕不聞過라하고 各賜帛百匹하고 使侍中持節赦彰하고 進封定襄郡公하다

① 張氏는 劉淵의 側室인데, 劉聰을 낳아 태후로 높여졌다.
張氏, 淵之側室, 生聰, 尊爲太后.

【綱】 雍州刺史 賈疋(가아) 등이 전진하여 長安을 호위하자, 漢나라(前趙) 劉曜가 패주하니, 秦王 司馬業이 장안으로 들어갔다.

雍州刺史賈疋等이 進圍長安하니 漢劉曜敗走어늘 秦王業이 入長安하다

【綱】 漢나라(前趙) 太保 劉殷이 卒하였다.

◑ 漢太保劉殷이 卒[54]하다

【目】 劉殷은 漢主 劉聰의 얼굴을 범하거나 뜻을 거스르지 않았으나, 일에 따라 간언을 올려서 유총을 보익하는 바가 매우 컸다. 한주 유총이 여러 신하들과 政事를 의논할 적에, 유은은 내내 옳다거나 그르다고 말하지 않다가, 여러 신하들이 나가면 홀로 남아서 조리 있게 설명하면서 일에 마땅함을 헤아리고 요점을 드니, 유총이 일찍이 그의 말을 따르지 않은 적이 없었다.

유은이 항시 자기 자손들을 경계하여 말하기를 "君主를 섬길 적에는 마땅히 은미하게 간할 것을 힘써야 하니, 보통 사람들에게도 대면하여 잘못을 지적해서는 안 되는데, 하

54) 漢太保劉殷卒 : "僭國의 신하에게 '卒'이라고 쓴 것은 그의 어짊을 기록한 것이다.〔卒僭國臣 錄賢也〕" ≪書法≫

물며 萬乘의 군주에 있어서이겠는가. 은미하게 간하는 것은, 그 효과가 군주의 얼굴을 범하여 直諫하는 것과 다름이 없으면서도 군주의 잘못을 드러내지 않으니, 이 때문에 훌륭한 방도가 되는 것이다." 하였다.

유은은 公卿들 사이에 있으면서 항상 信實하여 자신을 낮추고 사양하는 기색이 있었다. 그러므로 교만하고 포악한 군주가 다스리는 나라에 있으면서도 부귀를 보존하고 훌륭한 명성을 잃지 않아서 天壽를 누릴 수 있었다.

**殷**이 **不爲犯顔忤旨**나 **然因事進規**하여 **補益甚多**라 **漢主聰**이 **每與群臣議政事**에 **殷**이 **無所是非**라가 **群臣出**이면 **殷**이 **獨留**하여 **敷暢條理**하여 **商搉(각)事宜**하니 **聰**이 **未嘗不從之**[①]러라 **殷**이 **常戒子孫曰 事君**에 **當務幾諫**이니 **凡人**도 **尙不可面斥其過**어든 **況萬乘乎**아 **夫幾諫之功**이 **無異犯顔**이로되 **但不彰君之過**하니 **所以爲優耳**니라 **殷**이 **在公卿間**에 **常恂恂有卑讓之色**[②]이라 **故能處驕暴之國**하여 **保其富貴**하여 **不失令名**하여 **以壽考終**하니라

① 商은 헤아림이다. 搉은 그 대략을 드는 것이다.
商, 度也. 搉者, 擧其略也.
② "恂恂"은 信實한 모양이다.
恂恂, 信實之貌.

**【綱】** 石勒이 군대를 이끌고 襄國을 점거하였다.

**石勒**이 **引兵據襄國**하다

【目】 劉琨이 형의 아들 劉演을 鄴城에 진주하게 하였는데, 石勒이 황하를 건너가니, 유연이 三臺를 지켜 스스로를 견고히 하였다. 석륵의 여러 장수들이 유연을 공격하려고 하자, 張賓이 다음과 같이 만류하였다.

"공격하면 대번에 함락하기가 쉽지 않고, 공격하지 않고 그대로 두면 저들이 장차 스스로 궤멸할 것입니다. 지금 王彭祖(王浚)와 劉越石(劉琨)은 공의 큰 적입니다. 마땅히 먼저 이들을 공격해야 하니, 유연은 굳이 돌아볼 상대가 못 됩니다. 또 천하가 기근이 들고 혼란한데, 明公이 병력을 보유한 채 타향에 기거하고 있어서 사람들에게 안정된 뜻이 없으니, 공격하는 것은 萬全을 기하여 사방을 제어하는 방법이 아닙니다. 편리한 지역을 가려 점거해서 식량과 물자를 널리 모아 서쪽으로 平陽에 보내서 幽州와 幷州를 도모하는 것만 못하니, 이것이 霸王의 基業입니다."

석륵이 마침내 전진하여 襄國을 점거하고 여러 장수들을 나누어 명해서 冀州의 郡縣을 공격하고 곡식을 운반하여 양국으로 수송하게 하니, 漢나라(前趙)가 석륵을 冀州牧으로 삼았다.

劉琨이 以兄子演으로 鎭鄴이러니 石勒이 濟河하니 演이 保三臺以自固라 勒諸將이 欲攻之한대 張賓曰 攻之면 未易猝拔이요 捨之면 彼將自潰리이다 方今에 王彭祖, 劉越石은 公之大敵也라 宜先取之니 演은 不足顧也[①]니이다 且天下飢亂이어늘 明公이 擁兵羈旅하여 人無定志하니 非所以保萬全制四方也라 不若擇便地而據之하여 廣聚糧儲하여 西稟平陽하여 以圖幽, 幷이니 此는 霸王之業也[②]니이다 勒이 遂進據襄國하고 分命諸將하여 攻冀州郡縣하고 運穀以輸襄國하니 漢以勒爲冀州牧[③]하다

① 彭祖는 王浚의 字이고, 越石은 劉琨의 자이다.
彭祖, 浚字. 越石, 琨字.

② 위의 永嘉 3년(309)에, 漢나라가 도읍을 平陽으로 옮겼다. 幽州는 王浚을 이르고, 幷州는 劉琨을 이른다.
上三年, 漢徙(郡)〔都〕[55)]平陽. 幽, 謂王浚. 幷, 謂劉琨.

③ 襄國縣은 秦나라 때에는 信都라고 하였고, 項羽가 襄國으로 고쳤으며 漢나라 때에는 趙國에 속하였고, 晉나라 때에는 廣平에 속하였으며 信都는 따로 縣이 되었다.
襄國縣, 秦爲信都, 項羽改曰襄國, 漢屬趙國, 晉屬廣平, 而信都別爲縣.

**【綱】 漢나라(前趙) 劉曜가 晉陽을 습격하여 함락시키니, 劉琨이 常山으로 달아났다.**

漢劉曜襲晉陽하여 陷之하니 劉琨이 奔常山하다

【目】 劉琨이 州郡에 격문을 보내어 10월에 平陽에서 크게 모여 漢나라(前趙)를 공격하기로 기약하였는데, 유곤은 평소 사치스럽고 호방하였으며 음악과 여색을 좋아하였다. 徐潤이 音律로 유곤의 총애를 얻고는 교만하고 방자하여 政事에 간여하자, 護軍 令狐盛이 여러 번 이에 대해 말하니, 유곤이 영호성을 체포하여 죽였다. 유곤의 어머니가 말하기를 "네가 豪傑들을 제대로 통솔하여 원대한 方略을 넓히지 못하고, 오로지 너보다 나은 자를 제거하려 하니, 禍가 반드시 나에게 미칠 것이다." 하였다.

영호성의 아들 令狐泥가 漢나라로 달아나서 유곤의 虛實을 자세히 말하니, 漢主 劉聰

55) (郡)〔都〕: 저본에는 '郡'으로 되어 있으나, 본서 永嘉 3년 조 綱에 의거하여 '都'로 바로잡았다.

이 크게 기뻐하고 劉粲과 劉曜를 보내어 군대를 거느리고 幷州를 침략하게 하였는데, 이때 영호니를 鄕導로 삼았다. 유곤은 이 말을 듣고 동쪽으로 출발하여 常山에서 병력을 규합하고 또 사자를 보내어 代나라에 구원을 청하였다. 유찬과 유요가 빈틈을 타고 晉陽을 기습하니, 유곤이 미처 제때에 돌아와 구원하지 못하여 수십 명의 기병을 거느리고 常山으로 달아났다. 이에 영호니가 유곤의 부모를 죽였다.

劉琨이 移檄州郡하여 期十月會平陽하여 擊漢이러니 琨이 素奢豪하고 喜聲色이라 徐潤이 以音律得幸하고 驕恣하여 于預政事어늘 護軍令狐盛이 數(삭)以爲言하니 琨이 收盛殺之하다 琨母曰 汝不能駕御豪傑하여 以恢遠略하고 而專除勝己하니 禍必及我라하더니 盛子泥奔漢하여 具言虛實하니 漢主聰이 大喜하고 遣粲, 曜하여 將兵寇幷州할새 以泥爲鄕導하다 琨이 聞之하고 東出하여 收兵於常山하고 且遣使求救於代러니 粲, 曜乘虛襲晉陽하니 琨이 還救不及하여 帥數十騎하고 奔常山하니 泥殺琨父母하다

【綱】 가을 9월에 賈疋(가아) 등이 秦王 司馬業을 받들어 皇太子로 삼고 行臺를 세웠다.

秋九月에 賈疋等이 奉秦王業하여 爲皇太子하고 建行臺하다

【目】 賈疋 등이 司馬業을 받들어 황태자로 삼고는 行臺를 세우고 단에 올라 告類하고 종묘와 사직을 세웠다.

疋等이 奉業爲皇太子하여 建行臺하고 登壇告類하고 建宗廟, 社稷하다

【綱】 겨울 10월에 代公 拓跋猗盧가 晉陽을 공격하니 劉曜가 패주하였는데, 탁발의로가 추격하여 대파하였다.

冬十月에 代公猗盧攻晉陽하니 劉曜敗走어늘 猗盧追擊하여 大敗之하다

【目】 拓跋猗盧가 자기 아들 拓跋六脩를 보내어 수만의 병력을 거느려 선봉이 되게 하고, 자신은 직접 20만의 병력을 거느리고 뒤를 이었는데, 劉琨이 흩어진 병졸을 수합하여 鄕導가 되었다. 탁발륙수가 汾水 동쪽에서 劉曜와 싸웠는데, 유요의 군대가 패해서 유요는 말에서 떨어지고 몸에 일곱 군데의 상처를 입고는, 밤에 蒙山을 넘어 도망하여 돌

아갔다. 탁발의로가 그를 추격하여 藍谷에서 싸웠는데, 漢나라(前趙) 군대가 크게 패해서 시신이 수백 리에 널려 있었다.

탁발의로가 승세를 타고 壽陽山에서 크게 사냥하고서 짐승의 가죽과 고기를 진열하니, 산이 이 때문에 붉게 물들었다. 유곤이 〈자신을 낮추어〉 營門에서 걸어 들어가 절하여 사례하고 굳이 進軍할 것을 청하자, 탁발의로가 말하기를 "내 멀리 와서 병사와 말이 피로하니, 우선 훗날을 기다렸다가 다시 군대를 출동시키겠다. 劉聰은 쉽게 멸망시킬 수 있는 상대가 아니다." 하고는 그의 장수 箕澹 등을 남겨두어 晉陽을 지키게 하였다. 유곤이 陽曲으로 거처를 옮겨서, 도망해 흩어진 병사들을 불러 모았다.

猗盧遣其子六脩하여 帥衆數萬하여 爲前鋒하고 自帥二十萬繼之하니 劉琨이 收散卒爲鄕導러니 六脩與劉曜戰於汾東하여 曜兵敗하여 墜馬하고 中七創하고 夜踰蒙山而歸①하다 猗盧追之하여 戰於藍谷하니 漢兵이 大敗하여 伏尸數百里②러라 猗盧因大獵壽陽山하여 陳閱皮肉하니 山爲之赤③이러라 琨이 自營門으로 步入拜謝하고 固請進軍한대 猗盧曰 吾遠來하여 士馬疲弊하니 且待後擧라 劉聰을 未可滅也라하고 留其將箕澹等하여 戍晉陽하니 琨이 徙居陽曲하여 招集亡散④하다

① ≪五代史≫ 〈地理志〉에 "太原郡 石艾縣에 蒙山이 있다." 하였고, 魏收의 ≪魏書≫ 〈地形志〉에 "석애현은 바로 漢나라와 晉나라의 上艾縣이다." 하였으며, ≪晉書≫ 〈地理志〉에 "상애현은 樂平郡에 속하였다." 하였다. 또 ≪오대사≫ 〈지리지〉를 근거해보면 晉陽縣에 몽산이 있으니, 이는 아마도 몽산이 晉陽과 石艾 두 縣의 경계에 걸쳐 있는 듯하다.
五代志"太原郡石艾縣有蒙山." 魏收志曰"石艾縣, 卽漢·晉之上艾縣也." 晉志"上艾縣, 屬樂平郡." 又據五代志, 晉陽縣有蒙山, 此蓋蒙山跨晉陽·石艾二縣界也.

② 藍谷은 蒙山의 서남쪽에 있다.
藍谷, 在蒙山西南.

③ 壽陽山은 樂平의 壽陽縣에 있다.
壽陽山, 在樂平壽陽縣.

④ 陽谷縣은 太原國에 속하였으니, 晉陽의 북쪽에 있다.
陽谷縣, 屬太原國, 在晉陽北.

**【綱】** 12월에 盜賊(刺客)이 賈疋(가아)를 죽이니, 麴允이 雍州刺史를 겸하였다.

十二月에 盜殺賈疋하니 麴允이 領雍州刺史[56]하다

---

56) 盜殺賈疋 : "'盜'는 누구인가. 彭天護이다. 譙登이 아버지의 원수를 갚자, ≪資治通鑑綱目≫에서 '死之'라고 썼으니, 이는 초등을 의롭게 여긴 것이다. 그런데 여기에서도 팽천호가 아버지의 원수를 갚

【目】 처음에 賈疋가 關中에 들어가서 漢나라(前趙)의 梁州刺史 彭仲蕩을 죽였다. 이때에 그의 아들 彭天護가 여러 오랑캐들을 거느리고 가아를 공격하여 죽이니, 여러 사람들이 麴允을 추대하여 雍州刺史를 겸하게 하였다.

初에 賈疋入關하여 殺漢梁州刺史彭仲蕩이러니 至是하여 其子天護 帥群胡攻疋하여 殺之하니 衆이 推麴允領雍州하다

**【綱】 王浚이 襄國에서 石勒을 공격하다가 대패하고 돌아갔다.**

**王浚**이 **攻石勒於襄國**[57]이라가 **大敗而還**하다

【目】 王浚이 督護 王昌을 보내어 여러 군대를 거느리고 段疾陸眷과 그의 아우 段匹磾, 段文鴦과 從弟 段末杯와 함께 襄國에서 石勒을 공격하게 하니, 석륵의 군대가 출전할 때마다 모두 패하였다. 석륵이 장수와 보좌들을 불러 말하기를 "내가 병력을 총동원하여 결전을 하고자 하니, 어떠한가?" 하자, 여러 장수들은 모두 말하기를 "견고히 지키면서 저들이 후퇴하기를 기다렸다가 공격하는 것만 못합니다." 하였다.

그러나 張賓과 孔萇은 다음과 같이 말하였다.

"鮮卑 중에 段氏가 가장 용맹하고 사나운데, 그중에도 단말배가 특히 더 심하고 또 정예병이 모두 다 그에게 소속되어 있습니다. 이제 저들이 날짜를 정하고 와서 우리의 北城을 공격하니, 저들은 우리가 고단하고 약하여 감히 출전하지 못할 것이라 생각해서 반드시 마음이 해이해질 것입니다. 우선 출격하지 말고 두려워하는 듯한 모습을 보여주

---

았는데 '盜'라고 쓴 것은 어째서인가. 팽천호는 漢나라(前趙)의 신하이니, 逆과 順이 다르기 때문이다. 이 때문에 郭循이 魏나라 신하로서 漢나라(蜀漢) 費禕를 죽였을 때 '盜'라고 썼고, 팽천호가 漢나라 신하로서 晉나라의 賈疋를 죽였을 적에 '盜'라고 썼으니, ≪資治通鑑綱目≫에서 사람들에게 따를 바를 보여준 뜻이 매우 간절하다. 가아의 관직을 쓰지 않은 것은 위 글에 보이기 때문이다. ≪資治通鑑綱目≫이 끝날 때까지 '盜殺(자객이 죽였다.)'이라고 쓴 것이 11번이다.〔盜者 何 彭天護也 譙登復父讐 綱目書死之 義之也 此亦復父讐也 其書盜 何 天護臣漢者也 逆順異矣 是故郭循魏臣也 殺漢費禕 則書盜 天護漢臣也 殺晉賈疋則書盜 綱目示人所從之意深切矣 賈疋不書官 以上文見也 終綱目 書盜殺十一〕" ≪書法≫

"'以麴允'이라고 쓰지 않은 것은 어째서인가. 황제가 平陽에 있기 때문이다. 그렇다면 어찌하여 스스로 겸했다고 쓰지 않았는가. 황제가 평양에 있기 때문이다. ≪資治通鑑綱目≫은 한 글자의 筆削도 신중하게 하였다.〔○不書以 何 帝在平陽也 然則曷爲不書自領 帝在平陽也 綱目一字之筆削 審矣哉〕" ≪書法≫

57) 王浚 攻石勒於襄國 : "石勒에게 일찍이 '寇'라고 썼는데, 어찌하여 王浚에게 '討'라고 쓰지 않았는가. (紀瞻에게 '討'라고 쓴 것에 의거한 것이다.) 王浚은 晉나라에 마음을 둔 자가 아니므로 자기들끼리 서로 공격한 것으로 여겨 〈'攻'이라고〉 쓴 것이다.〔石勒嘗書寇矣 曷爲不書討(據紀瞻書討) 浚非心晉者也 故以自相攻擊書之〕" ≪發明≫

고 북성에 지하도를 파서 突門(성문 이외의 비밀 출구) 20여 개를 만들었다가, 저들이 쳐들어올 때를 기다려 적진이 아직 정해지기 전에 저들이 뜻하지 않은 때에 출동해서 곧바로 단말배의 막하를 충돌하면, 저들이 반드시 진동하고 놀라서 계책을 세울 겨를이 없을 것이니, 이렇게 하면 틀림없이 격파할 수 있을 것입니다. 단말배가 패하면 그 나머지는 공격하지 않아도 저절로 무너질 것입니다."

**王浚**이 **遣督護王昌**하여 **帥諸軍**하고 **及段疾陸眷與弟匹磾, 文鴦**과 **從弟末杯**로 **攻勒於襄國**이러니 **勒兵出戰**에 **皆敗**하다 **勒**이 **召將佐**하여 **曰 吾欲悉衆決戰**하노니 **何如**오 **諸將**이 **皆曰 不如堅守**하여 **俟其退而擊之**니이다 **張賓, 孔萇曰 鮮卑段氏最爲勇悍而末杯尤甚**하고 **其銳卒**이 **皆屬焉**이라 **今刻日來攻北城**하니 **必謂我孤弱**하여 **不敢出戰**이라하여 **意必懈惰**라 **宜且勿出**하여 **示之以怯**하고 **鑿北城**하여 **爲突門二十餘道**라가 **俟其來至**하여 **列守未定**에 **出其不意**하여 **直衝末杯帳**하면 **彼必震駭**하여 **不暇爲計**리니 **破之必矣**라 **末杯敗**면 **則其餘**는 **不攻而潰矣**[①]리이다

① ≪墨子≫ 〈備突篇〉에 "城 백 步마다 突門 하나를 설치한다. 돌문에는 수레바퀴 두 개를 사용하는데 수레바퀴에 나무를 묶고 그 위에 진흙을 발라서 돌문 안에 매어둔다. 문의 너비에 따라 수레바퀴의 크기를 조절한다. 사람을 문 안의 4尺 정도 되는 곳에 들여보내 아궁이와 굴뚝을 설치하게 한다. 문 옆에 불을 일으키는 풀무를 만들며 아궁이에는 나무와 쑥을 가득히 채워 넣는다. 적이 쳐들어오면 수레바퀴를 떨어뜨려 문을 막고 풀무질을 하여 연기를 피운다." 하였다. 杜佑가 말하기를 "突門은 城 밑을 파서 비밀 문을 만들되 많고 적음은 때에 따라 알맞게 하며 5, 6寸은 파지 말고 그대로 둔다. 혹 한밤중이나 적이 처음 쳐들어와서 대오와 진영이 정해지기 전에, 정예 기병이 돌문을 통하여 뛰쳐나가 적이 대비함이 없을 때 공격하고 적이 뜻하지 않을 때 기습한다." 하였다.
墨子備突篇曰"城, 百步一突門. 突門, 用車兩輪, 以木束之, 塗其上, 維置突門內. 度門廣狹之. 令人入門四尺中, 置窒突. 門旁爲橐, 充竈(狀又置艾)〔伏柴艾〕,[58] 又置艾. 寇卽入, 下輪而塞之, 鼓橐薰之也." 杜佑曰"突門, 鑿城內爲闇門, 多少臨事, 令五六寸勿穿. 或於中夜, 於敵初來, 營列未定, 精騎從突門躍出, 擊其無備, 襲其不意."

【目】石勒이 그의 말을 따라 은밀히 突門을 만들었는데, 얼마 후 段疾陸眷이 北城을 공격하였다. 석륵이 城에 올라가 바라보다가 단질륙권의 장병들이 혹 병기를 놓고 잠을 자는 것을 보고는, 마침내 孔萇에게 명하여 정예병을 이끌고 돌문을 따라 나가 공격하다가 이기지 못하고 후퇴하게 하였다. 段末杯가 추격하여 공장의 軍門으로 들어갔다가

58) (狀又置艾)〔伏柴艾〕: 저본에는 '狀又置艾'로 되어 있으나, ≪墨子閒詁≫에 의거하여 '伏柴艾'로 바로잡았다.

석륵의 병사들에게 사로잡히니, 단질륙권 등의 군대가 모두 후퇴하여 달아났다. 공장이 승세를 타고 추격하니, 시신이 30여 리에 이어졌다.

단질륙권이 석륵에게 갑옷을 입혀 무장한 말과 金銀을 뇌물로 보내고, 또 단말배의 세 아우를 인질로 보내고 단말배와 교환할 것을 청하였다. 여러 장수들이 모두 석륵에게 단말배를 죽이기를 권하였으나, 석륵이 말하기를 "遼西의 鮮卑는 强健한 나라이다. 평소 우리와 원한이 없고 다만 王浚에게 사주를 받았을 뿐이니, 이제 단말배 한 사람을 죽여서 한 나라와 원한을 맺는 것은 좋은 계책이 아니다. 그를 돌려보내면 반드시 우리를 매우 고맙게 여겨서 다시는 왕준에게 이용되지 않을 것이다." 하고는, 石虎를 보내어 단질륙권과 渚陽에서 맹약하고서 형제가 되기로 결의하였다. 이에 단질륙권 등이 병력을 이끌고 돌아가고, 王昌 또한 薊縣으로 돌아갔다.

석륵이 단말배를 불러 연회를 베풀어 함께 술을 마시고 父子가 되기로 맹세하고서 그를 돌려보내자, 이로부터 段氏가 오로지 한마음으로 석륵에게 귀의하니, 왕준의 형세가 마침내 쇠약해졌다.

勒이 從之하여 密爲突門이러니 旣而요 疾陸眷이 攻北城이어늘 勒이 登城望之라가 見其將士或釋仗而寢하고 乃命孔萇하여 督銳卒하고 從突門出擊之라가 不克而退하다 末柸逐之하여 入其軍門이라가 爲勒衆所獲하니 疾陸眷等軍이 皆退走어늘 萇이 乘勝追擊하니 枕尸三十餘里라 疾陸眷이 以鎧馬, 金銀賂勒하고 且以末柸三弟爲質而請末柸어늘 諸將이 皆勸勒殺之한대 勒曰 遼西鮮卑는 健國也라 與我素無仇讐요 爲王浚所使耳[①]니 今殺一人而結一國之怨은 非計也라 歸之하면 必深德我하여 不復爲浚用矣라하고 乃遣石虎하여 與疾陸眷으로 盟于渚陽하여 結爲兄弟[②]하다 疾陸眷等이 引歸하고 王昌亦還薊어늘 勒이 召末柸하여 與之燕飮하고 誓爲父子하여 遣還한대 由是로 段氏專心附勒하니 浚勢遂衰하니라

① 段疾陸眷이 이때 遼西公으로 있었다.
疾陸眷, 時爲遼西公.

② ≪水經註≫에 "絳瀆은 북쪽으로 信都城 동쪽을 지나 흩어져 澤渚로 들어가는데, 서쪽으로 신도성에 이르고 동쪽으로는 廣川縣의 張甲 옛 냇물과 이어져서 함께 바다로 들어간다." 하였으니, 段疾陸眷이 아마도 渚水의 북쪽에 주둔한 듯하다.
水經註"絳瀆, 北逕信都城東, 散入澤渚, 西至信都城, 東連于廣川縣張甲故瀆, 同歸于海." 疾陸眷蓋屯是渚之陽也.

【綱】 역병이 크게 유행하였다.

大疫하다

【綱】王敦이 그의 형인 荊州都督 王澄을 죽였다.

○王敦이 殺其兄荊州都督澄[59)]하다

【目】王澄은 어린 시절 형 王衍과 함께 명성이 海內에서 으뜸이었다. 劉琨이 王澄에게 이르기를 "卿은 겉으로는 소탈하고 자유분방한 듯하나 마음은 쉽게 동요하고 협기가 있으니, 이런 방식으로 세상 사람들을 대하면, 제대로 된 죽음을 맞기가 어려울 것이다." 하였다.

왕징이 荊州刺史로 있을 적에, 杜弢(두도)에게 여러 번 패하여 명망과 실제가 모두 훼손되었으나, 여전히 거만하고 스스로 만족하여 우쭐대면서 內史 王機와 함께 밤낮으로 술에 취해 장기와 바둑을 두니, 상하의 마음이 모두 떠나갔다. 故 山簡의 參軍인 王沖이 병력을 보유하고 스스로 刺史를 칭하니, 왕징은 두려워하여 治所를 沓中으로 옮겼다. 琅邪王(司馬睿)은 이 말을 듣고 왕징을 불러 軍諮祭酒로 삼고, 周顗로 그를 대신하였다.

澄이 少與兄衍으로 名冠海內라 劉琨이 謂澄曰 卿이 形雖散朗이나 而內實動俠하니 以此處世면 難得其死①리라 及在荊州에 屢爲杜弢所敗하니 望實이 俱損이로되 猶傲然自得하여 與內史王機로 日夜縱酒博奕하니 上下離心이러라 故山簡參軍王沖이 擁衆하고 自稱刺史하니 澄이 懼하여 徙治沓中②이어늘 琅邪王이 聞之하고 召爲軍諮祭酒하고 以周顗代之하다

① "散朗"은 소탈하고 자유분방함을 이른다. "動俠"은 마음이 가벼워 쉽게 동요하고, 또 호방하고 의협심이 있어서 스스로 잘난 체함을 말한다.

---

59) 王敦殺其兄荊州都督澄 : "'兄'이라고 쓰고 관직을 썼으니, 王敦이 아우 노릇 하지 않고 신하 노릇 하지 않은 죄가 구비되었다.〔書兄 書官 敦不弟不臣之罪具矣〕" ≪書法≫

"사람들이 늘 하는 말에 모두 父兄이라 하니, 형을 섬기기를 엄격히 하는 것은 바로 아버지 섬기기를 엄격히 하는 것으로, 이는 그 조짐을 삼가는 것이다. 王處中(王敦)이 자기 형을 죽이는 것을 어렵게 여기지 않았으니, 그렇다면 또한 자기 아버지가 있음을 알지 못한 것이다. 더구나 王澄은 方伯의 지위에 있었으니, 만일 그에게 죄가 있더라도 마땅히 조정에 청해야 할 터인데, 왕처중이 제멋대로 그를 죽였으니, 군주를 무시하는 마음이 또 이미 이때에 나타났다. 그러므로 왕징에게 '그 형'이라고 쓰고 또 '荊州都督'이라고 특별히 관직을 쓰면서도, 왕처중에게는 그 관직을 쓰지 않은 것이다.〔人有常言 皆曰父兄 蓋嚴於事兄 乃所以嚴於事父 正所以謹其漸也 王處仲不難於殺其兄 則亦不知有其父矣 況澄身爲方伯 正使有罪 合請于朝 而處仲專輒行戮 則其無君之心 又已見於此時矣 故澄既書其兄 又特以荊州都督書之 而處仲則去其官〕" ≪發明≫

散朗, 謂散誕也. 動俠, 言其心輕易動, 又豪俠自喜也.

② 여기의 沓中은 姜維가 보리를 심었던 沓中이 아니니, 아마도 孱陵의 동쪽에 있었던 듯하다.
此沓中, 非姜維種麥之沓中. 蓋在孱陵之東.

【目】 王敦이 杜弢를 토벌하고자 나아가 豫章에 주둔하였는데, 왕징이 이곳에 들렀을 적에 자신의 명성이 평소 왕돈보다 높다 하여 예전에 그랬던 것처럼 여전히 왕돈을 업신여기니, 왕돈이 노여워하여 그가 두도와 서신을 왕래하였다고 모함하여 죽였다. 왕징의 內史인 王機가 家奴와 門生 천여 명을 거느리고 廣州로 들어갔는데, 왕기의 아버지 王毅가 일찍이 廣州刺史로 있었기 때문에 그곳의 장병들이 모두 왕의의 부하였다. 광주자사 郭訥이 병력을 보내어 왕기를 막게 하였으나 그들이 모두 왕기를 맞이하고 그에게 항복하였다. 곽눌은 이에 자신의 지위를 양보하고 광주를 왕기에게 주었다.

王敦이 方討杜弢하여 進屯豫章이러니 澄이 過之할새 自以名聲이 素出敦右라하여 猶以舊意侮敦하니 敦이 怒하여 誣其與杜弢通信이라하여 殺之하다 機將奴客, 門生千餘人하고 入廣州하니 機父嘗刺廣州하여 將士皆其部曲①이라 刺史郭訥이 遣拒機로되 皆迎降하니 訥이 乃避位하고 以州授之하다

① 王機의 아버지 王毅가 廣州刺史로 있으면서 南越 지역의 인심을 크게 얻었다.
機父毅爲廣州刺史, 甚得南越之情.

【綱】 王如가 王敦에게 가서 항복하였다.

**王如詣王敦降**하다

【綱】 前 太子洗馬 衛玠가 卒하였다.

○ **前太子洗馬衛玠卒**[60]하다

【目】 衛玠는 衛瓘의 손자이다. 풍채가 아름답고 淸談을 잘하였는데, 항상 말하기를 "남이 나보다 못한 점이 있으면 情으로 용서하여야 하고, 남이 고의로 나를 범하지 않으면

60) 前太子洗馬衛玠卒 : "卒할 적에 예전의 관직을 쓴 것은 어짊을 기록한 것이다. ≪資治通鑑綱目≫이 끝날 때까지 卒했을 때에 예전의 관직을 쓴 것은 6번뿐이다(漢나라 安帝 元初 2년(115)에 자세히 보인다.).〔卒前官 錄賢也 終綱目 卒前官者六而已(詳漢安帝元初二年)〕" ≪書法≫

이치로 풀어야 한다." 하였다. 그러므로 종신토록 기뻐하고 노여워하는 기색을 나타내지 않았다.

玠는 瓘之孫也라 美風神하고 善淸談이러니 常以爲人有不及이어든可以情恕요 非意相干이어든 可以理遣이라하니 故終身不見喜慍之色①이러라

① 見(나타내다)은 賢遍의 切이다.
見, 賢遍切.

【綱】 羌族의 추장인 姚弋仲이 스스로 扶風公이라 칭하였다.

羌酋姚弋仲이 自稱扶風公하다

【目】 姚弋仲은 南安郡 赤亭의 羌族인데, 동쪽 楡眉로 옮기니, 戎族과 漢族이 포대기에 자식을 업고 따라오는 자가 수만 명이었다.

弋仲은 南安赤亭羌也라 東徙楡眉하니 戎,夏襁負隨之者數萬①이러라

① ≪水經註≫에 "漢 靈帝가 獂道를 나누어 南安郡을 만들었는데, 赤亭水는 南安郡의 東山 赤谷에서 발원하여 서쪽으로 흘러 城의 북쪽을 지나 남쪽으로 渭水에 들어간다." 하였는데, 이곳을 赤亭川이라 이른다. 楡眉는 바로 漢나라 扶風의 楡糜縣인데, 晉나라 때에 없앴다.
水經注 "漢靈帝分獂道爲南安郡. 赤亭水, 出郡之東山赤谷, 西流逕城北, 南入渭水." 謂之赤亭川. 楡眉, 卽漢扶風之楡糜縣, 晉省.

# 思政殿訓義 資治通鑑綱目 제18권 하

-晉 愍帝 建興 원년(313)~晉 元帝 太興 원년(318)-

癸酉年(313)

【綱】 晉나라 孝愍皇帝 建興 원년이다.

孝愍皇帝建興元年이라

【目】 漢나라(前趙) 烈宗 劉聰 嘉平 3년이다.

漢嘉平三年이라

【綱】 봄 2월에 漢主 劉聰이 황제(晉 懷帝)를 平陽에서 시해하니, 庾珉과 王儁이 이때 죽었다.

春二月에 漢主劉聰이 弑帝於平陽①하니 庾珉, 王儁이 死之[1]하다

---

1) 漢主劉聰……死之 : "戰國의 篇에서는 魏나라 사람이 衛나라 君主를 죽였을 때 '殺'이라고 썼으니, 이는 다른 나라의 군주를 죽였을 때 쓰는 말이다.(己酉年(B.C. 252)) 그런데 劉聰을 漢主라고 썼다면 그에게 '弑'라고 쓴 것은 어째서인가. 上下尊卑를 구분한 것이다. 이 때문에 황제를 '會稽郡公에 봉했다.'라고 썼는데, 이때 다시 '황제'라고 쓰고 漢主는 '유총'이라고 지척하여 썼으니, 이는 낮은 발을 높은 머리 위에 둘 수 없어서이다. 庾珉과 王儁이 처음에 슬퍼하고 분노했다는 이유로 유총에게 미움을 샀고 뒤이어 어떤 사람이 그들이 劉琨에게 호응할 것이라고 고발하자, 이에 그들을 죽였고 황제 또한 살해를 당했으니, 그렇다면 두 신하의 죽음이 황제보다 먼저인 것이다. 그런데 ≪資治通鑑綱目≫에서 어찌하여 시해를 먼저 썼는가. 시해를 먼저 쓴 것은 두 신하의 죽음이 황제를 위하여 죽은 것임을 드러낸 것이다. '死之'라고 크게 썼으니, 그가 절개를 지키기 위하여 죽은 것을 권면하는 뜻이 깊다.〔戰國之篇 魏人殺衛君 書殺 異國辭也(己酉年) 聰書漢主 則其書弑 何 首足之分也 是故帝書封會稽郡公矣 此復書帝 而漢主斥書劉聰 不以足加首也 珉儁始以悲憤 見惡(오)於聰 繼有告其應劉琨者 於是殺之 而帝亦遇害 則二臣之死 先於帝矣 綱目曷爲先書弑 先書弑 所以著二臣之死 爲帝而死也 大書死之 其爲死節之勸深矣〕" ≪書法≫

"劉淵이 군대를 일으켜 스스로 즉위했을 적에 그가 반란했다고 쓰지 않은 것은 晉나라가 중화와 오랑캐를 엄격하게 분별하지 않고 골육 간에 서로 해쳐서 적을 불러들였기 때문이다. 그런데 劉聰의 平陽의 禍에서 '弑'라고 쓴 것은 유총은 본디 晉나라의 신하였기 때문이고 또 바깥 오랑캐로 하여금 중국을 능멸할 수 없게 하려 한 것이다. 아! 夷狄의 禍가 이에 이르러 지극하였다. 천지가 이 때문에 어두워지고 일식과 월식이 이 때문에 일어났으니, 이는 진실로 고금의 큰 변고로서 보통 일로

① 〈晉 懷帝는〉 향년이 30세였다.
壽, 三十.

【目】 정월 초하루에 漢主 劉聰이 光極殿에서 여러 신하들에게 잔치를 베풀 적에 황제로 하여금 푸른 옷을 입고 차례로 술을 따라 술잔을 돌리게 하니, 庾珉과 王儁 등이 슬픔과 분노를 이기지 못하여 흐느껴 통곡하자, 유총이 그들을 미워하였다. 이때 마침 어떤 사람이 유민 등이 平陽을 가지고 劉琨 등에게 內應할 것을 도모한다고 고발하자, 유총은 마침내 유민과 왕준 등을 죽였다. 황제 또한 살해를 당하니, 시호를 孝懷라 하였다.

正月朔에 漢主聰이 宴群臣於光極殿할새 使帝著(착)青衣行酒①하니 庾珉, 王儁等이 不勝悲憤하여 因號哭한대 聰이 惡(오)之러니 有告珉等이 謀以平陽應劉琨等이어늘 聰이 遂殺珉, 儁等하고 帝亦遇害하니 謚曰孝懷라하다

① 劉淵이 平陽에 光極殿을 세웠다.
劉淵起光極殿於平陽.

【綱】 3월에 漢나라가 貴嬪 劉娥를 세워 황후로 삼았다.

三月에 漢이 立其貴嬪劉娥爲后2)하다

---

논할 수 있는 것이 아니다. 庾珉과 王儁에게 절개를 지키기 위해 죽었다고 쓴 것은, 바로 오랑캐와 중화의 구분을 엄격히 하고 군주와 신하의 뜻을 보존하여 三綱을 붙들고 사람된 도리의 표준을 세워서 먼 후대의 경계로 삼은 것이다. 人君이 이것을 본다면, 또한 은미할 때 방비하고 禍亂의 근원을 막아서 나타나지 않았을 때에 도모하여 공경히 예를 닦아 나라를 다스리고, 부지런히 정사를 돌보아 천하를 통치하고, 힘써 덕을 밝혀서 천하 사람들이 귀의해오게 하고, 게으르거나 방탕하지 않아서 사방 오랑캐가 왕으로 받들게 해야 할 것이다. 만일 밝은 태양이 떠오르면 반딧불이 저절로 꺼지고 중국이 다스려지면 外患이 저절로 사라지게 될 것이니, 이렇게 하면 거의 옳을 것이다. 천하를 소유한 자는 부디 이를 거울삼을지어다.〔劉淵擧兵自立 不書其反者 晉氏不謹華戎之辨 且又骨肉相殘 有以致寇也 劉聰平陽之禍 則書弑者 聰固晉之臣子 且不使外夷得以加中國也 嗚呼 夷狄之禍 至此極矣 天地爲之晦冥 日月爲之薄蝕 斯固古今之大變 而非可以常事論者 庾珉王儁書其死節 正以嚴夷夏之分 存君臣之意 扶三綱 立人極 爲萬世之戒也 人君觀此 其亦防微杜漸 不見是圖 謹於禮以處國 勤於政以御宇 務明其德而天下歸 無怠無荒而四夷王 必使大明旣升 而爝火自熄 中國旣治 而外患自弭 則亦庶乎其可也 有天下者 尙監玆哉〕" ≪發明≫

2) 漢立其貴嬪劉娥爲后 : "娥는 무엇인가. 字이다. 后를 세울 적에 氏를 쓰고 字를 쓴 적이 있지 않았은데, 여기서는 어찌하여 字를 썼는가. 비난한 것이다. 무엇을 비난하였는가. 劉英과 劉娥가 똑같이 貴嬪의 지위에 있었는데 나이가 적은 유아를 황후에 붙인 것을 비난한 것이다. 유아는 漢나라(前趙)와 同姓이었으니, 妾이 동성인 것도 잘못인데, 하물며 동성을 세워 황후로 삼는단 말인가.〔娥者 何 字也 立后書氏 未有書字者 此則曷爲書字 譏也 何譏 英娥同位 譏屬少者也 娥漢同姓 妾同姓 非矣 況立

【目】 漢主 劉聰이 劉后를 위하여 鴖儀殿을 지으려 하자, 廷尉 陳元達이 다음과 같이 간절히 諫하였다.

"하늘이 백성을 내고 군주를 세운 것은, 군주로 하여금 백성을 맡아 기르게 한 것이요, 결코 만백성의 목숨으로 군주 한 사람의 욕망을 만족시키려 한 것이 아닙니다. 이 때문에 先帝(劉淵)께서는 몸소 삼베옷을 입고 거처하는 곳에 이중으로 된 깔자리가 없었으며, 后妃들도 얇은 비단옷을 입지 않았고, 황제의 수레를 끄는 말은 곡식을 먹지 않았습니다. 폐하께서 즉위하신 이후로 이미 궁전과 누각 40여 곳을 지었고 게다가 군대를 자주 일으켜서 끊임없이 군량을 운반하였으며 또 기근과 역병으로 죽는 자가 계속 이어지고 있습니다. 그런데도 폐하께서는 궁실을 경영하고 수선할 것을 생각하시니, 어찌 하늘이 폐하를 백성의 부모로 세운 뜻이겠습니까."

유총이 크게 노하여 말하기를 "朕이 천자가 되어서 궁전 하나를 경영하는 것이 쥐새끼 같은 너희들에게 어찌 물을 것이 있단 말인가." 하고는, 좌우 신하에게 진원달을 끌어내어 참수하고 그 처자식까지 아울러 참수하여 동쪽 시장에 梟示하라고 명하였다.

漢主聰이 爲劉后하여 起鴖儀殿①한대 廷尉陳元達이 切諫하여 以爲 天生民而樹之君은 使司牧之요 非以兆民之命으로 窮一人之欲也라 是以로 先帝身衣大布하고 居無重茵하며 后妃不衣錦綺하고 乘輿馬不食粟②하니이다 陛下踐祚以來로 已作殿觀四十餘所하고 加之軍旅數(삭)興하여 餽運不息하고 饑饉, 疾疫으로 死亡相繼어늘 而益思營繕하시니 豈爲民父母之意乎잇가 聰이 大怒하여 曰 朕이 爲天子하여 營一殿이 何問汝鼠子乎아 命左右하여 曳出斬之하고 幷其妻子하여 梟首東市하다

① 鴖는 본래 凰으로 되어 있으니, "鴖儀"는 봉황이 와서 거동에 맞게 춤을 춘 것[3]에서 뜻을 취한 것이다.
鴖, 本作凰, 鴖儀, 義取鳳凰來儀.
② 衣(입다)는 於旣의 切이다.
衣, 於旣切.

【目】 이때에 劉聰이 逍遙園 李中堂에 있었는데, 陳元達이 먼저 허리에 쇠사슬을 감고 들

---

爲后乎]" ≪書法≫

3) 봉황이……것 : 帝王의 德化가 지극하여 靈物인 봉황에게까지 미쳤음을 이른다. ≪書經≫ 〈虞書 益稷〉에 "堂 아래에는 관악기와 鼗鼓를 진열하고 음악을 합하고 멈추되 柷과 敔(어)로써 하며 笙과 鏞(큰 종)을 번갈아 연주하니 새와 짐승이 너울너울 춤추고, 簫韶를 아홉 번 연주하니 봉황이 와서 거동에 맞게 춤을 추었다.〔下管鼗鼓 合止柷敔 笙鏞以間 鳥獸蹌蹌 簫韶九成 鳳凰來儀〕"라고 보인다.

어왔다가 즉시 쇠사슬로 堂 아래의 나무에 자신의 몸을 묶어 매고는, 큰 소리로 말하기를 "臣이 말씀드린 것은 社稷을 위한 계책인데, 폐하께서는 신을 죽이려 하십니다. 옛날 朱雲이 말하기를 '신이 죽어서 關龍逢과 比干을 따라 지하에서 노닐면 족합니다.'[4]라고 하였습니다." 하였다. 좌우의 신하들이 그를 끌어내려 하였으나 꿈쩍도 하지 않았다.

大司徒 任顗 등이 피가 나도록 땅에 머리를 조아리면서 말하기를 "진원달은 先帝에게 知遇를 받아 충성과 사려를 다해서 아는 것을 말하지 않은 것이 없었습니다. 臣 등은

陳元達이 쇠사슬로 허리를 묶고 漢王에게 간언하다

4) 옛날……족합니다 : 漢나라 成帝 때 朱雲이 大臣의 무능함을 지적하고 丞相이며 황제의 師傅인 張禹를 죽여 나머지 사람들을 격려하라고 청하자, 성제가 노하여 주운을 죽이라고 명하였다. 御史가 주운을 끌어내리려 하자 주운은 殿의 난간을 잡고 버티니, 난간이 부러졌다. 이때 주운이 큰소리로 "신은 죽어 충신 關龍逢(관용방)과 比干을 따라 지하에서 노닐면 족합니다." 하였다.(≪漢書≫ 권67 〈朱雲傳〉) 관용방은 직간을 하다가 桀王에게 살해된 夏나라의 현인이고, 비간은 殷나라 왕실의 종친으로, 포학하고 음란한 紂王에게 직간을 하다가 살해당하였다

매번 그를 볼 때마다 일찍이 부끄러운 생각이 들지 않은 적이 없습니다. 지금 그의 말이 비록 거칠고 솔직하나 폐하께서 용서해주시기를 바랍니다.” 하니, 유총이 아무 말도 하지 않았다.

時에 聰이 在逍遙園李中堂이러니 元達이 先鎖腰而入하여 卽以鎖로 鎖堂下樹하고 呼曰 臣所言者는 社稷之計어늘 而陛下殺臣하시니 朱雲有言호되 臣得與龍逢, 比干遊면 足矣라하니이다 左右曳之호되 不能動이라 大司徒任顗等이 叩頭出血하여 曰 元達이 爲先帝所知하여 盡忠竭慮하여 知無不言하니 臣等이 每見之에 未嘗不發愧니이다 今言雖狂直이나 願陛下容之하소서 聰이 默然이러라

【目】劉后가 이 말을 듣고 은밀히 좌우에게 명하여 刑의 집행을 중지하게 하고, 손수 상소문을 써서 다음과 같이 上言하였다.

“지금 궁실이 이미 구비되어 있으니, 번거롭게 다시 경영할 필요가 없습니다. 천하가 아직 통일되지 못하였으니, 마땅히 백성들의 힘을 아껴야 합니다. 廷尉(陳元達)의 말은 社稷의 福이니, 封爵과 賞을 내리셔야 마땅한데, 도리어 그를 죽이신다면 천하 사람들은 폐하를 어떤 분이라고 생각하겠습니까. 간언을 올리는 忠臣은 진실로 자기 한 몸의 安危를 돌아보지 않고, 간언을 거절하는 군주 또한 자기 한 몸에 대한 것을 돌아보지 않습니다.

폐하께서 妾을 위하여 궁전을 경영해서 간언하는 신하를 죽이신다면, 충직하고 선량한 신하들이 입을 다물고 간하지 않는 것도 첩 때문이요, 遠近에서 원망하고 노여워하는 것도 첩 때문이요, 공적으로나 사적으로나 곤궁하고 피폐해지는 것도 첩 때문이요, 사직이 위태로움에 빠지는 것도 첩 때문입니다. 이렇게 되면 천하의 죄가 모두 첩의 몸에 모일 것이니, 첩이 어떻게 이것을 감당하겠습니까.

첩이 보건대, 예로부터 나라가 망하고 집안이 망하는 것이 일찍이 婦人 때문이 아닌 적이 없었습니다. 첩은 마음속으로 항상 이것을 미워했는데, 뜻밖에 오늘 첩이 바로 이런 사람이 되었으니, 후세 사람들이 첩을 보기를, 지금 첩이 옛날 나라와 집안을 망친 부인을 보듯 할 것입니다. 첩은 진실로 다시 수건과 빗을 받들고 폐하를 모실 면목이 없으니, 원컨대 이 堂에서 첩에게 죽음을 내려주소서.”

劉后聞之하고 密勅左右停刑하고 手疏上言호되 今宮室已備하니 無煩更營이요 四海未一하니 宜愛民力이니이다 廷尉之言은 社稷之福也니 宜加封賞이어늘 而更誅之하시면 四海謂陛下何如哉잇가 夫忠臣進諫者는 固不顧其身也요 而人主拒諫者도 亦不顧其身也라 陛下爲妾營殿하여 而殺

諫臣이면 使忠良結舌者由妾이요 遠近怨怒者由妾이요 公私困弊者由妾이요 社稷阽(점)危者由妾①하여 天下之罪 皆萃於妾하리니 妾何以當之리잇고 妾觀自古敗國喪家에 未始不由婦人하고 心常疾之러니 不意今日에 身自爲之호니 使後世視妾이 由妾之視昔人也②라 妾은 誠無面目復奉巾櫛하오니 願賜死此堂하노이다

① 阽의 音은 反坫(술잔을 놓는 자리)의 坫이요, 또 屋櫓(처마)의 櫓이니, 가장자리에 가까우면 떨어질 줄 아는 뜻이다.
阽音, 反坫之坫, 又音屋櫓之櫓, 近邊, 知墮意.
② 由(같다)는 猶와 通한다.
由, 與猶通.

【目】劉聰이 劉后의 상소문을 보고 얼굴빛이 변하여 任顗 등에게 명하여 冠을 쓰고 신을 신고 자리로 나오게 하고, 陳元達을 인도하여 堂上으로 오르게 해서 유후의 상소문을 보여주며 말하기를 "밖에서는 公과 같은 사람이 보필하고 안에서는 황후와 같은 사람이 보필하니, 朕이 다시 무엇을 근심하겠는가." 하고는, 逍遙園의 이름을 고쳐 納賢園이라 하고 李中堂을 愧賢堂이라 하였다. 진원달에게 이르기를 "卿이 朕을 두려워해야 마땅한데, 도리어 朕으로 하여금 卿을 두려워하게 한단 말인가." 하였다.

聰이 覽之하고 變色하여 命顗等하여 冠履就坐하고 引元達上①하여 以表示之하고 曰 外輔如公하고 內輔如后하니 朕復何憂리오하고 更(경)命園曰納賢園이라하고 堂曰愧賢堂이라하고 謂元達曰 卿當畏朕이어늘 而反使朕畏卿邪아

① 上은 堂上으로 올라가는 것이다.
上, 升堂也.

【綱】 여름 4월에 太子 司馬業이 長安에서 즉위하니, 索綝(삭침)이 太尉를 겸하였다.

夏四月에 太子業이 卽位於長安하니 索綝이 領太尉[5)]하다

5) 太子業……領太尉 : "태자가 즉위하였는데 索綝에게 '以'라고 쓰지 않은 것은 어째서인가. 태자가 아직 어려서 삭침을 좌지우지할 수가 없었기 때문이다. 그러나 '自'라고 쓴 것과는 차이가 있으니, 이는 ≪資治通鑑綱目≫의 變例이다. 그러므로 황태자에게 '奉'이라고 쓴 적이 있지 않았는데, 司馬業에게는 특별히 '奉'이라고 썼으며(懷帝 永嘉 6년(312)), 上의 명령이 아니면 '自'라고 쓰지 않은 적이 없는데 麴允과 삭침에게는 '領'이라고만 썼으니, ≪資治通鑑綱目≫에서 일의 輕重을 따지는 것이 분명하다.〔太子卽位矣 綝不書以 何 太子尙幼沖 非能以之也 然與書自者 有間矣 此綱目之變例也 故皇太子未有書

【目】 懷帝의 凶問(부음)이 長安에 이르니, 皇太子가 喪을 발표하여 애도하고 인하여 冠禮를 행하고 帝位에 올라 梁芬을 司徒로 삼고, 麴允과 索綝을 僕射로 삼았다. 이때 長安城 안에는 戶口가 채 100호가 되지 못하였고 쑥과 가시나무가 숲을 이루었으며 공적으로나 사적으로나 보유한 수레가 4대뿐이었다. 또 백관들은 章服[6]과 印綬가 없고 오직 뽕나무 판에 관직명을 썼을 뿐이었다. 얼마 후 삭침을 衛將軍으로 삼아 太尉를 겸하게 하고서 軍國의 일을 모두 그에게 맡겨 처리하게 하였다.

懷帝凶問이 至長安하니 皇太子擧哀하고 因加元服하고 卽帝位하여 以梁芬爲司徒하고 麴允, 索綝爲僕射하니 是時에 長安城中에 戶不盈百하고 蒿荊成林하고 公私有車四乘이요 百官이 無章服, 印綬하고 唯桑版署號而已러라 尋以綝爲衛將軍하여 領太尉하여 軍國之事를 悉以委之하다

【綱】 漢나라(前趙)가 長安을 침락하니, 僕射 麴允이 막았다.

漢이 寇長安하니 僕射麴允이 拒之하다

【綱】 石勒이 石虎를 보내어 鄴城을 공격하여 함락시키고 점거하였다.

◑石勒이 遣石虎하여 攻陷鄴而據之하다

【目】 처음에 劉琨이 焦求를 등용하여 兗州刺史로 삼았는데, 荀藩이 또 李述을 등용하여 연주자사로 삼으니, 유곤이 초구를 불러 돌아오게 하였다. 鄴城이 함락되자, 유곤은 다시 劉演을 연주자사로 삼아서 廩丘縣에 진주하게 하였다.

前 中書侍郎 郗鑒(치감)은 어려서부터 청백한 절개로 이름이 났었는데, 高平의 천여 가호를 거느리고 亂을 피하여 嶧山을 지키자, 琅邪王(司馬睿)이 역산에 가서 그를 등용하여 연주자사를 삼아서 鄒山에 진주하게 하였다. 그리하여 이술, 유연, 치감 세 사람이 모두 한 고을에 주둔하게 되니, 연주의 관리와 백성들은 누구를 따라야 할지 알지 못하였다.

初에 劉琨이 用焦求하여 爲兗州刺史러니 荀藩이 又用李述爲之하니 琨이 召求還하다 及鄴城失

---

奉者 業特書奉(懷帝永嘉六年) 非上命 未有不書自者 允綝止書領 綱目之權衡 審矣〕” ≪書法≫ 사마업에게 특별히 ‘奉’이라고 쓴 것은 본서 296쪽 綱의 “奉秦王業爲皇太子”를 가리킨다.

6) 章服 : 해, 달, 별 등의 무늬를 수놓은 예복이다. 그림 하나가 1章인데, 천자는 12장의 예복을 입고 신하들은 품계에 따라 9장, 7장, 5장, 3장으로 등급을 낮췄다.

守에 琨이 復以劉演爲兗州하여 鎭廩丘[①]하다 前中書侍郎郗鑑이 少以淸節著名이러니 帥高平千餘家하여 避亂하여 保嶧山[②]이어늘 琅邪王이 就用爲兗州하여 鎭鄒山[③]하니 三人이 各屯一郡이라 兗州吏民이 莫知所從이러라

① 廩丘縣은 前漢 때에는 東郡에 속하였고, 後漢 때에는 濟陰郡에 속하였고, 晉나라 때에는 濮陽國에 속하였다.
廩丘縣, 前漢屬東郡, 後漢屬濟陰郡, 晉屬濮陽國.

② 郗鑑은 郗隆의 형의 아들이고, 치융은 郗慮의 玄孫이다. 高平縣은 옛날에는 梁나라에 속하였다가 晉나라 때에는 高平國이 되었는데, 泗水가 그 서쪽을 지나갔다. 여기에 高平山이 있는데, 산은 동서가 10리이고 남북이 5리이며 높이가 4리이다. 이 산의 최고 정상이 사방으로 평평하기 때문에 고평산이라고 이름하였으며, 고평현 또한 여기에서 이름을 취한 것이다. ≪水經註≫에 "嶧山은 鄒縣의 북쪽에 있으니, 繹邑은 이 산을 따라 이름한 것이다. 이 산은 동서가 20리인데 높이 빼어나 홀로 우뚝 솟아 있으며, 쌓인 돌들이 마주하고 있는데, 거의 흙덩이가 없다. 돌 사이에 구멍이 많아서 훤하게 뚫려 서로 통하였으며, 도처에 여러 칸의 집과 같은 동굴이 있다. 세속에서는 이곳을 일러 嶧孔이라 하는데, 亂을 만날 때마다 가솔을 거느리고 역공으로 들어가면, 밖에 적이 아무리 많아도 〈안에 있는 사람을〉 해칠 방법이 없었다." 하였다.
鑑, 隆之兄子也. 隆, 慮之玄孫. 高平縣, 舊屬梁國, 晉爲高平國, 泗水逕其西. 有高平山, 山東西十里, 南北五里, 高四里. 其山最高頂上方平, 故謂之高平山, 縣亦取名焉. 水經註"嶧山在鄒縣北, 繹邑之所依以爲名也. 山東西二十里, 高秀獨出, 積石相臨, 殆無土壤. 石間多孔穴, 洞達相通, 往往有如數間屋處, 其俗謂之嶧孔. 遭亂, 輒將家入嶧, 外寇雖衆, 無所施害."

③ 鄒山은 魯郡 鄒縣에 있다.
鄒山, 在魯郡鄒縣.

**【綱】** 琅邪王 司馬睿가 華譚을 軍諮祭酒로 삼고, 陳頵(진균)을 譙郡太守로 삼았다.

**琅邪王睿 以華譚爲軍諮祭酒**하고 **陳頵爲譙郡太守**하다

【目】 華譚이 일찍이 壽春에 있을 적에 周馥에게 의지해 있었다. 이때 司馬睿가 화담에게 이르기를 "周祖宣(주복)이 무슨 연고로 배반했는가?"[7] 하니, 화담이 다음과 같이 말하

---

7) 周祖宣(주복)이……배반했는가 : 周馥이 洛陽이 위태롭다 하여 표문을 올려 壽春으로 천도할 것을 청하였는데 당시 太傅였던 司馬越이 주복이 먼저 자기에게 말하지 않았다고 하여 그를 불렀으나 주복이 가지 않았다. 이에 司馬睿가 주복을 공격하여 죽였다. 이는 본서 265쪽에 보인다.

였다.

"주복이 비록 죽었으나 천하에는 아직도 직언하는 선비가 있습니다. 주복은 적들이 점점 불어나는 것을 보고 都邑을 옮겨 國難을 늦추려고 하였는데, 執政大臣이 좋아하지 않아서 군대를 일으켜 주복을 토벌하였습니다. 그러나 주복이 죽은 지 한 철이 지나지 않아서 都城인 洛陽이 함락되었으니, 만약 그가 배반했다고 말한다면 너무 지나친 것이 아니겠습니까."

사마예가 말하기를 "주복은 지위가 征, 鎭인데도 불구하고 불러도 들어오지 않고 나라가 위태로운데도 붙들어 지키지 않았으니, 그도 천하의 죄인이다." 하니, 화담이 말하기를 "그렇습니다. 그러나 나라가 위태로운데도 붙들어 지키지 않은 것은 비단 주복 한 사람뿐만이 아니니, 마땅히 천하 사람과 함께 그 책망을 받아야 합니다." 하였다.

譚이 嘗在壽春에 依周馥이러니 至是하여 睿謂譚曰 周祖宜이 何故反①고 譚曰 周馥이 雖死나 天下尙有直言之士니이다 馥이 見寇賊滋蔓하고 欲移都以紓國難이어늘 執政이 不悅하여 興兵討馥이러니 死未踰時에 而洛都淪沒하니 若謂之反이면 不亦誣乎잇가 睿曰 馥이 位爲征, 鎭하여 召之不入하고 危而不持하니 亦天下之罪人也니라 譚曰 然하니이다 危而不持는 當與天下共受其責이니 非但馥也니이다

① 祖宣은 周馥의 字이다.
祖宣, 馥字.

【目】 司馬睿의 참모들이 대부분 일을 피하면서 자신의 편안함을 꾀하자, 參軍 陳頵이 사마예에게 다음과 같이 말하였다.

"洛陽이 태평하던 때에 조정의 관리들이 조심하고 공손하고 근신하는 것을 평범하고 속되다 하고, 교만하고 방자한 것을 優雅하다 하니, 그 풍속에 물들어서 나라가 결국 패망하게 되었습니다. 지금 관속들이 모두 西臺(낙양)의 남은 병폐를 계승하여 虛名을 길러 높은 체하니, 이는 앞의 수레가 이미 전복되었는데 뒤의 수레가 또 그 前轍을 뒤따라 밟으려 하는 꼴입니다. 청컨대 지금부터는 使命을 받고도 병을 핑계하는 자는 모두 관직을 파면하여야 합니다."

사마예는 그의 말을 따르지 않았다.

睿參佐多避事自逸이어늘 參軍陳頵이 言於睿曰 洛中承平之時에 朝士以小心恭恪으로 爲凡

俗하고 偃蹇倨肆로 爲優雅하니 流風相染하여 以至敗國이러니 今僚屬이 皆承西臺餘弊하여 養望自高①하니 是는 前車已覆이어늘 而後車又將隨之也라 請自今으로 臨使稱疾者를 皆免官이니이다 不從하다

① 江東에서는 도성인 洛陽을 일러 西臺라고 하였다.
江東謂洛都爲西臺.

【目】 齊王 司馬冏, 成都王 司馬乂, 河間王 司馬顒의 세 왕이 趙王 司馬倫을 주벌할 적에 〈己亥格〉을 제정하여 功이 있는 사람에게 상을 주도록 명하였는데, 이후로 이것을 따라 사용하니, 陳頵이 다음과 같이 말하였다.

"옛날 趙王이 찬탈하고자 역모를 꾸며 孝惠皇帝가 지위를 잃었는데, 三王이 이들을 토벌하였으므로 후하게 상을 내려서 義로움에 향하는 마음을 품게 하였습니다. 그런데 지금 功의 크고 작음을 따지지 않고 모두 〈기해격〉의 예로 결단하여, 마침내 金紫를 士卒의 몸에 채우고 符策을 노예의 집에 맡기니, 이는 名器를 소중히 여기고 紀綱을 바로잡는 방도가 아닙니다. 일절 정지할 것을 청합니다."

진균은 미천한 가문 출신으로 자주 올바른 의논을 하니, 府中이 거의 다 그를 미워하여 譙郡太守로 내보냈다.

三王之誅趙王倫也에 制己亥格以賞功이러니 自是로 循而用之하니 頵曰 昔에 趙王簒逆하여 惠皇失位어늘 三王이 討之라 故厚賞以懷嚮義之心이러니 今功無大小히 皆以格斷①하여 乃至金紫佩士卒之身하고 符策委僕隷之門하니 非所以重名器, 正紀綱也라 請一切停之하노이다 頵이 出於寒微하여 數(삭)爲正論하니 府中이 多惡(오)之하여 出爲譙郡太守하다

① 〈"今功無大小、皆以格斷"은〉 功의 輕重에 따른 차등을 모두 〈己亥格〉에 준하여 결단함을 말한 것이다.
言功之輕重差次, 皆以己亥格例決斷之.

【綱】 吳興太守 周玘가 卒하였다.

吳興太守周玘卒[8)]하다

---

8) 吳興太守周玘卒 : "太守에게는 '卒'이라고 쓰지 않는데 周玘에게 '卒'이라고 쓴 것은 어째서인가. 그의 공을 인정한 것이다. 태수를 '卒'이라고 쓴 것이 이때 처음 시작되었다. ≪資治通鑑綱目≫이 끝날 때까지 태수에게 '卒'이라고 쓴 것이 4번이다.(周玘, 郗超, 謝瞻, 馮寶)〔太守不書卒 卒玘 何 錄功也 太守書卒始此 終綱目 太守書卒四(周玘 郗超 謝瞻 馮寶)〕" ≪書法≫

【目】 周玘의 宗族이 강성하니 琅邪王 司馬睿가 그를 몹시 의심하고 꺼려하였다. 사마예의 좌우에서 권력을 행사하는 자들은 대부분 중원에서 관직을 잃고 지키던 지역을 잃은 인사들이었는데, 이들이 吳 지역 사람들을 통솔하니 吳 지역 사람들이 매우 원망하였다. 주기는 자신이 직책을 잃었고 또 刁協에게 무시를 당했다고 여겨서 은밀히 그 무리와 함께 執政大臣을 주살하고 남쪽 인사로 대신할 것을 도모하였는데, 일이 누설되어 근심하고 울분을 터뜨리다가 卒하였다. 죽을 적에 그의 아들 周勰(주협)에게 이르기를 "나를 죽인 자는 저 傖子[9]들이니, 나를 위해 복수를 할 수 있어야 비로소 나의 아들이라 할 것이다." 하였다.

玘宗族이 彊盛하니 琅邪王睿 頗疑憚之하고 睿左右用事者 多中州亡官失守之士라 駕御吳人하니 吳人이 頗怨이러라 玘自以失職하고 又爲刁協所輕이라하여 陰與其黨으로 謀誅執政하고 以南士代之러니 事泄하여 憂憤而卒하다 將死에 謂其子勰曰① 殺我者는 諸傖子也니 能復之라야 乃吾子也②라하니라

① 勰은 音이 協이다.
勰, 音協.
② 傖은 士行의 切이니, 吳 지역 사람들은 중원 사람을 일러 傖이라 한다.
傖, 士行切. 吳人謂中州人曰傖.

【綱】 慕容廆가 段氏를 공격하여 徒河를 점령하였다.

慕容廆攻段氏하여 取徒河하다

【目】 처음에 중원의 백성 중에 난리를 피하는 자들이 대부분 王浚에게 의지했었는데, 왕준이 政事와 법을 제대로 확립하지 못하자, 도처로 떠나갔다. 또 段氏 형제는 오로지 武勇을 숭상하여 士大夫들을 예우하지 않았으나, 오직 慕容廆는 정사를 분명하게 처리하고 인재를 사랑하고 소중히 여겼으므로 그에게 귀의하는 자가 많았다.

모용외가 裵嶷(배억)과 陽耽(양탐)을 謀主로 삼고 游邃(유수)와 逢羨(봉선), 封抽와 裵開를 股肱으로 삼고 宋該와 皇甫岌과 그의 아우 皇甫眞과 封奕과 封裕에게 중요한 機務를 맡게 하였다.

初에 中國民避亂者 多依王浚이러니 浚이 政法不立하니 往往去之하고 段氏兄弟는 專尙武勇하여

9) 傖子 : 魏晉南北朝時代에 남쪽 지방 사람들이 북쪽 지방 사람들을 멸시하여 부른 호칭이다.

不禮士大夫로되 唯廆政事修明하고 愛重人物이라 故多歸之러라 廆以裴嶷, 陽耽으로 爲謀主하고 游邃, 逄羡, 封抽, 裴開로 爲股肱하고 宋該, 皇甫岌, 岌弟眞과 及封奕, 封裕로 典機要①하다

① 封裕는 封抽의 아들이다.
裕, 抽之子也.

【目】裴嶷은 청렴결백하고 방정하며 일을 주관하는 지략이 있었다. 배억은 형 裴武가 玄菟太守로 있다가 卒하자, 배무의 아들 裴開와 함께 형의 영구를 모시고 돌아갈 적에 慕容廆를 방문하니, 모용외가 공경히 예우하였다. 상여의 행차가 遼西에 이르렀을 적에 길이 막혀 배억이 모용외에게 돌아가려고 하니, 배개가 말하기를 "똑같이 더부살이를 할 것이라면, 段氏는 강하고 慕容氏는 약한데, 어찌 군이 이곳의 단씨를 버리고 저 모용씨에게 나갈 것이 있습니까." 하였다. 배억이 말하였다.

"발을 붙일 곳을 구하려고 한다면, 어찌 의탁할 사람을 신중히 가리지 않을 수 있겠는가. 네가 보건대, 여러 단씨들이 원대한 經略을 갖고 있으며, 또 우리들을 國士로 대우할 수 있겠는가. 慕容公은 仁과 義를 닦고 행하여 霸王의 뜻이 있고 게다가 나라가 풍족하고 백성들이 편안하니, 이제 우리가 가서 그를 따르면, 높게는 功名을 세울 수 있고 낮게는 우리 宗族을 비호할 수 있는데, 너는 무엇을 의심하는가."

배억이 모용외의 처소에 도착하자, 모용외가 크게 기뻐하였다.

嶷이 清方有幹略이러니 兄武爲玄菟太守라가 卒커늘 嶷이 與武子開로 以其喪歸할새 過廆한대 廆敬禮之하다 行及遼西에 道不通하여 嶷이 欲還하니 開曰 等爲流寓인댄 段氏彊하고 慕容氏弱하니 何必去此而就彼也잇고 嶷曰 欲求託足之地인댄 豈可不愼擇其人이리오 汝觀諸段이 豈有遠略이리오 且能待國士乎①아 慕容公은 修仁行義하여 有霸王之志하고 加以國豐民安하니 今往從之하면 高可以立功名이요 下可以庇宗族이니 汝何疑焉이리오 旣至에 廆大喜러라

① 여러 段氏는 段疾陸眷과 段匹磾, 段文鴦, 段末柸 등을 이른다.
諸段, 謂段疾陸眷·段匹磾·段文鴦·段末柸等.

【目】游邃가 일찍이 薊城에 피난하였었는데, 뒤에 慕容廆에게 귀의하였다. 王浚이 여러 번 손수 편지를 써서 그의 형인 游暢을 부르니, 유창이 부름에 달려가고자 하자, 유수가 말하기를 "彭祖(왕준)는 반드시 오래 가지 못할 것이니, 우선 떠나지 말고 머뭇거리면서 기다려야 합니다." 하였다. 유창이 다음과 같이 말하였다.

"팽조는 잔인하고 의심이 많다. 이제 손수 편지를 써서 간곡하게 청하였는데 내가 지체하고 가지 않으면, 장차 卿에게 累가 미칠 것이다. 또 亂世에는 종족이 마땅히 흩어져서 종족을 남기기를 바라야 한다."

유수가 그의 말을 따랐는데, 유창은 마침내 왕준과 함께 죽었다.

邃嘗避地於薊러니 後歸㕙하다 王浚이 屢以手書로 招其兄暢하니 暢이 欲赴之어늘 邃曰 彭祖必不能久니 宜且磐桓以俟之[①]니이다 暢曰 彭祖忍而多疑하니 今手書殷勤이어늘 而稽留不往이면 將累及卿[②]하리라 且亂世에 宗族宜分하여 以冀遺種이라하니 遂從之러니 卒與浚俱沒하니라

① "磐桓"은 머뭇거림이다.
磐桓, 旋也.

② 累는 일이 서로 연루되어 禍가 미침을 이른다.
累, 謂事相緣及也.

【綱】 5월에 琅邪王 司馬睿를 左丞相으로 삼고 南陽王 司馬保를 右丞相으로 삼아서, 陝東과 陝西의 여러 軍事를 나누어 감독하게 하였다.

五月에 以琅邪王睿爲左丞相하고 南陽王保爲右丞相하여 分督陝東西諸軍事하다

【目】 詔令을 내려 "이제 마땅히 큰 고래와 같은 적을 깨끗이 소탕하고 황제(晉 懷帝)의 梓宮을 받들어 맞이하여야 한다. 幽州와 幷州로 하여금 30만의 병력을 무장하여 곧바로 平陽으로 달려가게 하였으니, 右丞相은 마땅히 秦州, 涼州, 梁州, 雍州의 병력을 인솔하여 곧바로 長安으로 나아가고, 左丞相은 거느리고 있는 정예병을 인솔하고서 洛陽으로 가서 회합하기로 한 날에 맞추어 함께 나아가 큰 공을 이루라." 하였다. 또 조령을 내려 司馬睿에게 제때 진군해서 乘輿와 만나 함께 모여 中原의 적을 소탕하자고 하였다.

사마예는 막 江東 지역을 평정하여 북쪽을 정벌할 겨를이 없다고 사양하고는, 刁協을 丞相左長史로 삼고 劉隗를 司直로 삼았는데, 유외가 평소 文史에 익숙하고 사마예의 뜻을 잘 살폈으므로, 특별히 그를 친애하였다.

詔曰 今當掃除鯨鯢(경예)하고 奉迎梓宮이라 令幽, 幷兩州로 勒卒三十萬하여 直造平陽[①]하노니 右丞相은 宜帥秦, 涼, 梁, 雍之師하여 徑詣長安하고 左丞相은 帥所領精兵하여 造洛陽하여 同赴大期하여 克成元勳하라하다 又詔睿以時進軍하여 與乘輿會하여 除中原이라하니 睿辭以方平定江東하여

未暇北伐이라하고 以刁協爲丞相左長史하고 劉隗爲司直하니 隗雅習文史하고 善伺候睿意故로 特親愛之러라

① 고래는 큰 물고기로, 갈고리와 그물로 잡을 수 없으니, 敵들 중에 출중하고 호걸스러운 자를 비유한 것이다. "奉迎梓宮"은 懷帝가 平陽에서 살해당하였는데 재궁이 아직 돌아오지 않았음을 이른다.
鯨鯢, 大魚, 鉤網所不能制, 以比敵人之魁桀者. 奉迎梓宮, 謂懷帝遇害於平陽, 梓宮未返也.

【目】 主簿 熊遠이 글을 올려서 다음과 같이 말하였다.

"전란이 일어난 이래로 사무를 처리함에 律令을 따르지 않아서, 사무를 주관하는 자가 감히 법에 따라 행하지 못하고 매번 아뢰어 자문하니, 政事를 처리하는 바른 방도가 아닙니다. 어리석은 신이 생각하건대, 반박하는 의논을 하는 자는 모두 율령과 經傳을 인용해야 할 것이요, 의거하고 기준 삼는 바가 없이 곧바로 사사로운 情을 말하여 옛 법전을 훼손해서는 안 됩니다. 만약 개방하고 금지하는 것을 편의대로 하고 시의적절하게 변통하여 사무를 처리하는 것으로 말하면, 이는 人君만이 행할 수 있는 것이니 신하가 쓸 수 있는 바가 아닙니다."

司馬睿는 그의 말을 따르지 못하였다.

主簿熊遠이 上書하여 以爲軍興以來로 處事에 不用律令하여 主者不敢任法하여 每輒關諮하니 非爲政之體也①라 愚謂凡爲駁議者는 皆當引律令, 經傳이요 不得直以情言하여 無所依準하여 以虧舊典이니이다 若開塞(색)隨宜하고 權道制物은 此人君之所得行이니 非臣子所宜用也니이다 睿不能從하다

① 關은 아룀이다.
關, 白也.

**【綱】 左丞相 司馬睿가 祖逖(조적)을 豫州刺史로 삼았다.**

**左丞相睿 以祖逖爲豫州刺史**하다

【目】 祖逖은 范陽 사람이다. 젊어서부터 큰 뜻이 있어서 劉琨과 함께 司州主簿가 되었었는데 함께 잠을 자다가 한밤중에 닭이 우는 소리를 듣고는 유곤을 발로 차서 잠을 깨우고서 말하기를 "이것은 나쁜 소리가 아니다." 하고, 인하여 일어나 검무를 추며 〈무술을

연마하였다.〉

逖은 范陽人[①]이라 少有大志하여 與劉琨으로 俱爲司州主簿러니 同寢이라가 中夜에 聞鷄鳴하고 蹴琨覺(교)하여 曰 此非惡聲也라하고 因起舞[②]하니라

① 漢나라 涿郡을 魏나라 文帝가 이름을 고쳐 范陽郡이라 하였다.
漢涿郡, 魏文帝更(경)名曰范陽郡.
② 蹴은 발로 참이다. 覺는 居効의 切이니, 잠을 깨우는 것이다.
蹴, 蹋也. 覺, 居効切, 寤也.

【目】長江을 건넌 뒤에 左丞相 司馬睿가 祖逖을 軍諮祭酒로 삼으니, 조적은 京口에 머물면서 날래고 건장한 자들을 규합하고는, 사마예에게 다음과 같이 말하였다.

"晉나라가 혼란한 것은 윗사람이 無道하여 아랫사람이 원망하고 배반했기 때문이 아니요, 宗室이 권력을 다투느라 자기들끼리 서로 殺戮하여 마침내 오랑캐로 하여금 틈을 타고 침입하게 하여 그 禍가 중국에 미쳤기 때문입니다. 지금 晉나라의 遺民들이 분발할 것을 생각하니, 大王이 진실로 장수에게 명하여 군대를 출동시키고 저와 같은 자로 하여금 군대를 통솔하여 中原을 회복하게 하면, 郡國의 호걸들 중에 소문을 듣고 부응하는 자가 반드시 있을 것입니다."

사마예는 평소 북쪽을 정벌할 뜻이 없었으므로 조적을 豫州刺史로 삼아 천 명이 먹을 곡식과 3천 필의 삼베만 지급하고 갑옷과 병기를 지급하지 않고서는, 조적으로 하여금 직접 병사들을 불러 모집하게 하였다.

及渡江에 左丞相睿 以爲軍諮祭酒하니 逖이 居京口하여 糾合驍健[①]하고 言於睿曰 晉室之亂은 非上無道而下怨叛也요 由宗室爭權하여 自相魚肉하여 遂使戎狄乘隙하여 毒流中土라 今遺民思奮하니 大王이 誠能命將出師하고 使如逖者統之하여 以復中原이면 郡國豪傑이 必有望風響應者矣리이다 睿素無北伐之志라 以逖爲豫州刺史하여 給千人廩과 布三千匹[②]하고 不給鎧仗하여 使自召募하다

① 吳나라 孫權이 吳 지역에서 丹徒로 도읍을 옮기고 京城이라 하였다. 京峴山이 그 동쪽에 있는데 그 城이 산을 이용하여 보루를 만들고 강 나루터를 굽어보기 때문에 京口라고 하였다. 끈 3개가 합쳐진 것을 糾라 하니, 糾는 3개를 합하여 하나로 만듦을 말한 것이다.
吳孫權自吳徙丹徒, 謂之京城. 有京峴山在其東, 其城因山爲壘, 俯臨江津, 故曰京口. 繩三合爲糾. 糾, 言合三爲一也.
② 〈"給千人廩 布三千匹"은〉 천 명이 먹을 양식과 3천 필의 삼베를 공급했을 뿐이다.

給千人糧廩及布三千匹而已.

【目】 祖逖은 자기 部曲[10] 백여 가구를 거느리고 長江을 건너갈 적에 中流에서 노를 두드리면서 맹세하기를 "나 조적은 중원의 적을 쓸어내고 晉나라를 부흥시키고자 하니 만일 이를 이루지 못한다면 〈내가 벌을 받을 것을〉 장강의 신에게 맹세하노라." 하고는, 淮陰에 주둔하고서 대장간을 세워 병기를 주조하고 2천여 명을 모집한 뒤에 계속 전진하였다.

祖逖이 노를 두드리며 豫州를 취하다

10) 部曲 : 원래 군대의 편제를 지칭하는 말로 大將軍의 營이 五部이고 部에는 校尉가 한 명 있다. 部 아래에는 曲이 있는데, 曲에는 軍候가 한 명 있다.(≪後漢書≫ 권34 〈百官志〉) 따라서 部曲은 將軍의 휘하 부대 또는 將軍의 부하를 의미한다. 특히 後漢 末과 삼국시대에 부곡은 장군이나 호족의 사적 예속성을 띤 무장세력을 지칭하게 되었고 더 나아가 그들의 예속민까지 지칭하게 된다. 또한 이를 良賤制의 입장에서 南北朝時代를 거쳐 일반 民보다 사회적 지위가 낮은 賤民의 일종으로 바라보는 견해도 있다.(辛聖坤, 〈魏晉南北朝時期 部曲에 대한 再考察〉, ≪東洋史學研究≫ 40, 1992)

逖이 將其部曲百餘家하고 渡江할새 中流에 擊楫而誓曰 祖逖이 不能淸中原而復濟者면 有如大江이라하고 遂屯淮陰하여 起冶鑄兵하고 募得二千餘人而後에 進①하다

① 淮陰縣은 前漢 때에는 臨淮郡에 속하였고, 後漢 때에는 下邳國에 속하였고, 晉나라 때에는 廣陵郡에 속하였다.
淮陰縣, 前漢屬臨淮郡, 後漢屬下邳國, 晉屬廣陵郡.

【綱】陶侃이 杜弢를 격파하여 패퇴시키니, 王敦이 표문을 올려 도간을 荊州刺史로 삼았다.

陶侃이 破走杜弢하니 王敦이 表侃爲荊州刺史[11)]하다

【目】周顗가 潯水城에 주둔하여 杜弢에게 곤궁을 당하였는데 陶侃이 將軍 朱伺를 보내어 구원하니, 두도가 泠口로 후퇴하여 수비하였다. 도간이 주사를 보내어 두도를 맞아 공격하여 대파하니, 두도가 도망하여 長沙로 돌아갔다.

王敦은 마침내 표문을 올려 도간을 荊州刺史로 삼아서 沔江에 주둔하게 하니, 左丞相 司馬睿가 주의를 불러 다시 軍諮祭酒로 삼았다.

周顗屯潯水城하여 爲杜弢所困①이러니 陶侃이 使將軍朱伺救之하니 弢退保泠口②어늘 侃이 使伺로 逆擊大破之하니 弢遁歸長沙하다 敦이 乃表侃刺荊州하여 屯沔江③하니 左丞相睿召顗하여 復爲軍諮祭酒하다

① 潯은 본래 尋으로 되어 있다. ≪廬山記≫[12)]에 "尋陽縣은 大江(장강)의 북쪽 尋水의 북쪽에 있다." 하였으니, 潯水城은 옛날의 尋陽城이 아니겠는가.
潯, 本作尋. 廬山記曰 "尋陽縣, 在大江之北・尋水之陽." 潯水城, 無乃古之尋陽城乎.

② 泠은 音이 聆이다. 胡三省이 말하였다. "≪水經註≫에 '泠水가 남쪽 九疑山에서 발원하여 북쪽으로 흘러 泠道縣의 서남쪽을 지나서 또다시 북쪽으로 흘러 都溪水로 유입하며 또 서북쪽으로 흘러서 營水에 들어가니, 이곳이 이른바 泠口이다.' 하였다. 그러나 내가 상고해보건대, 이 泠口는 武昌과 거리가 매우 멀고, 또 ≪수경주≫에 '江水는 蘄春의

11) 王敦 表侃爲荊州刺史 : "王處仲(王敦)이 표문을 올려 陶侃을 荊州刺史로 삼았는데, 그 일을 씀에는 애당초 폄하하는 말이 없다. 그러나 또한 그가 專橫하려는 조짐을 볼 수 있으니, 닥쳐올 禍를 미리 알고 방비해야 하는 경계로 삼을 만하다.〔王處仲表陶侃刺荊州 書之 初無貶詞 然亦足見其專輒之漸 可爲履霜之戒〕" ≪發明≫

12) 廬山記 : 宋나라 陳聖兪가 熙寧 5년(1072)에 유교, 불교, 도교의 연고지로 유명한 廬山을 직접 돌아보고 지은 地理誌이다.

옛 城 남쪽에서 흘러 또다시 동쪽으로 銅零口를 만난다.' 하였으니, 이곳이 泠水가 아니겠는가."

泠, 音聆. 胡三省曰 "水經註 '泠水南出九疑山, 北流逕泠道縣西南, 又北流, 注于都溪水, 又西北入于營水, 所謂泠口也.' 余攷此泠口, 去武昌甚遠. 又水經註 '江水自蘄春故城南, 又東得銅零口.' 此無乃是乎."

③ ≪水經註≫에 "林障의 옛 城은 沔水의 남쪽에 있다." 하였으니, 沔江은 임장을 이른다.
水經注 "林障故城, 在沔南." 沔江, 謂林障也.

**【綱】** 겨울 10월에 氐族인 楊難敵이 梁州를 침략하여 함락시키니, 刺史 張光이 卒하였다.

**冬十月**에 **氐楊難敵**이 **寇陷梁州**하니 **刺史張光**이 **卒**[13)]하다

【目】 처음에 氐族의 王인 楊茂搜의 아들 楊難敵이 자신의 養子를 보내어 梁州에서 물건을 판매하자, 刺史 張光이 그를 죽였다.

장광이 王如의 잔당인 楊虎와 교전할 적에 양무수에게 구원을 청하니, 양무수가 양난적을 보내어 장광을 구원하게 하였다. 양호가 양난적에게 많은 뇌물을 주어 함께 협공해서 장광을 대파하였다.

장광이 성벽을 둘러싸고 스스로 지키다가 격분한 나머지 병을 얻게 되자, 관속들이 장광에게 魏興으로 후퇴하여 수비할 것을 권하였다. 그러나 장광은 劍을 어루만지며 말하기를 "내가 국가의 중한 책임을 맡아서 적을 토벌하지 못하였으니, 지금 싸우다가 죽을 수 있다면, 이는 마치 신선이 되는 것과 같다. 어찌 후퇴하라고 말하는가." 하고는 말을 마치고 卒하니, 양난적이 끝내 성을 공격하여 함락시켰다.

**初**에 **氐王楊茂搜之子難敵**이 **遣養子**하여 **販易於梁州**어늘 **刺史張光**이 **殺之**하다 **及光**이 **與王如餘黨楊虎**로 **相攻**에 **求救於茂搜**하니 **茂搜遣難敵救光**한대 **虎厚賂難敵**하여 **與夾擊光**하여 **大破之**하다

---

13) 氐楊難敵……刺史張光卒 : "이때에 張光이 卒한 뒤에 城이 함락되었는데, 먼저 '梁州를 침략하여 함락시켰다.'라고 쓴 것은 어째서인가. 양주를 함락당하게 한 잘못을 가지고 장광을 죄책한 것이다. 어찌하여 그를 죄책하였는가. 장광이 楊難敵의 자식을 죽이고서 楊茂搜에게 구원을 청하였다면, 양난적이 올 때 그에 대한 대비가 있어야 마땅하다. 비상사태에 대비하지 않으면 군대를 지휘할 수가 없으니, 梁州城이 함락된 것은 장광이 그렇게 만든 것이다. 먼저 함락되었다고 쓰지 않는다면, 장광이 그 책임을 회피할 수 있을 것이다.〔於是光卒而後城陷 先書寇陷 何 以失守之罪 罪光也 曷爲罪之 光殺難敵之子 而求援於茂搜 則難敵之來 宜有以備之矣 不備不虞 不可以師 城之陷 光爲之也 不先書陷 則光得以逃其責矣〕" ≪書法≫

光이 嬰城自守하여 憤激成疾이어늘 僚屬이 勸光退據魏興한대 光이 按劍하고 曰 吾受國重任하여 不能討賊하니 今得死如登仙이니 何謂退也오하고 聲絶而卒하니 難敵이 竟攻拔之하다

【綱】 陶侃이 다시 杜弢를 공격하여 대파하였다.

陶侃이 復擊杜弢하여 大破之하다

【綱】 漢나라(前趙) 劉曜가 長安을 침략하자, 11월에 麴允이 격파하여 패주시켰다.

◑ 漢劉曜寇長安이어늘 十一月에 麴允이 破走之하다

【目】 劉曜가 趙染을 보내어 정예 기병을 거느리고 장안을 기습하게 하여 조염이 밤중에 外城으로 들어가니, 황제가 射雁樓로 달아났다. 조염이 龍尾와 여러 營에 불을 놓고서 후퇴하여 逍遙園에 주둔하자, 將軍 麴鑑이 병력을 거느리고 장안을 구원하였는데, 零武에서 유요와 만나 국감의 병력이 대패하였다.

유요가 승리한 것을 믿고 대비하지 않았는데, 麴允이 군대를 이끌고 가서 기습하여 漢나라(前趙) 군대를 대패시키고서 漢나라의 장군 喬智明을 죽이니, 유요가 병력을 인솔하고 平陽으로 돌아갔다.

曜使趙染으로 帥精騎하고 襲長安하여 夜入外城하니 帝奔射雁樓하다 染이 焚龍尾及諸營하고 退屯逍遙園①이어늘 將軍麴鑑이 帥衆救長安이러니 與曜遇於零武하여 鑑兵이 大敗②하다 曜恃勝不設備러니 麴允이 引兵襲之하여 漢兵大敗하고 殺其將軍喬智明하니 曜引歸平陽하다

① 龍尾는 城에 의지하여 길을 낸 것으로 구불구불 우회하여 점점 높아지는데, 성가퀴에 오를 때에 경유하는 길이다. 또 ≪水經≫에 "秦나라 때에 黑龍이 남산에서 나와 渭水의 물을 마셨는데 그 용의 행적이 산을 따라 흔적을 이루어서 길이가 60여 리에 이르렀는바, 용의 머리는 渭水에 닿고 꼬리는 樊川에 도달하였다. 漢나라 蕭何가 未央宮을 지을 적에 龍首山을 잘라 궁궐을 경영하였는데, 머리 부분의 높이가 20丈이고 꼬리 부분은 점점 낮아져 높이가 5, 6丈이었으니, 이른바 龍尾는 이 산의 꼬리 부분이다." 하였다. ≪水經註≫에 "沈水는 위로 樊川에서 皇子陂를 이어서 북쪽으로 長安城 서쪽을 지나 昆明池의 물과 합하며, 침수는 또 동북쪽으로 흘러 鄧艾를 모시는 사당의 남쪽을 지나 또다시 동쪽으로 두 개의 물줄기로 나뉘는데, 한 물줄기는 逍遙園으로 들어간다." 하였다.

龍尾者, 依城築道, 陂陁而漸高, 登陴所由之路也. 又水經曰"秦時有黑龍, 從南山出, 飮渭水.

其行道因山成跡, 長六十餘里, 頭臨渭水, 尾達樊川. 漢蕭何起未央宮, 斬龍首山而營之, 頭高二十丈, 尾漸下, 高五六丈. 所謂龍尾者, 此山之尾也." 水經註 "沈水, 上承皇子陂於樊川, 北逕長安城西, 與昆明池水合. 沈水又東北流, 逕鄧(文)〔艾〕[14]祠南, 又東分爲二水. 一水東入逍遙園."

② 前漢의 北地郡에 靈武縣이 있었는데, 後漢과 晉나라 때에는 없앴다.
前漢北地郡, 有靈武縣, 後漢·晉省.

【綱】 12월에 石勒이 사자를 보내어 王浚에게 표문을 받들어 올렸다.

十二月에 石勒이 遣使하여 奉表於王浚하다

【目】 王浚이 尊號를 칭할 것을 도모하자, 劉亮과 高柔가 간절히 諫하니, 그들을 다 죽였다. 燕國 사람 霍原은 志節이 淸高하여 왕준의 부름을 여러 번 사양하였다. 왕준이 尊號하는 일로 물었는데 곽원이 대답하지 않으니, 왕준은 죄를 엮어 모함하여 죽여서 梟首하였다. 이에 선비와 백성들이 놀라고 원망하였으나, 왕준은 날로 점점 더 교만과 호기를 부리면서 정사를 직접 다스리지 않았다.

또 그가 신임하여 정사를 맡긴 사람들은 모두 가혹하고 각박한 소인이었고, 棗嵩과 朱碩이 특히 심하게 탐욕스럽고 횡포를 부리니, 북쪽 지방에서 백성들이 노래하기를 "府 안에서 〈권세가〉 赫赫한 자는 朱丘伯(주석)이요, 열 주머니 중에 다섯 주머니는 棗郞(조숭)에게 들어간다." 하였다.

浚이 謀稱尊號어늘 劉亮, 高柔切諫한대 皆殺之①하다 燕國霍原이 志節淸高하여 屢辭徵辟이러니 浚以尊號事問之한대 原이 不答이어늘 浚이 誣以罪하여 殺而梟其首하다 於是에 士民駭怨이로되 而浚이 矜豪日甚하여 不親政事하다 所任이 皆苛刻小人이요 棗嵩, 朱碩이 貪橫尤甚②하니 北州謠曰 府中赫赫은 朱丘伯이요 十囊五囊은 入棗郞③이라하니라

① 이것은 또 다른 高柔요, 魏나라의 高柔[15]가 아니다.
此又一高柔, 非魏之高柔.
② 棗嵩은 사람의 성명이다.

14) (文)〔艾〕: 저본에는 '文'으로 되어 있으나, ≪資治通鑑≫ 註에 의거하여 '艾'로 바로잡았다.

15) 魏나라의 高柔 : 陳留郡 圉縣 출신으로 자는 文惠이다. 袁紹 진영의 사람이었으나 원소가 멸망한 뒤에는 曹操 진영에 합류하였다. 이후 魏나라 文帝(曹丕), 明帝(曹叡) 대까지 활약하였다. 249년 반란을 일으킨 司馬懿를 진압하기 위하여 曹爽 진영에서 行大將軍事로서 큰 역할을 하였으며 이후 太尉로 승진하였다. 법을 존중한 장수였으며, 90세를 일기로 사망하였다.

棗嵩, 姓名.

③ 丘伯은 朱碩의 字이다. 棗嵩은 王浚의 사위이므로 棗郎이라 한 것이다.
丘伯, 碩字. 嵩, 浚之壻, 故曰棗郎.

【目】石勒이 王浚을 기습하고자 하였으나, 虛實을 알지 못하여 장차 사자를 보내어 엿보려 하였는데, 보좌들이 羊祜와 陸抗의 故事[16)]를 따라 왕준에게 편지를 보낼 것을 청하였다. 석륵이 張賓에게 물으니, 장빈이 다음과 같이 말하였다.

"왕준이 명목상으로는 晉나라 신하라고 하나 실제는 晉나라 황제를 폐하고 스스로 즉위하고자 하는데, 다만 四海의 영웅들이 자신을 따르지 않을까 근심할 뿐입니다. 장군은 위엄이 천하에 진동하니, 지금 허리를 굽혀 그를 섬기더라도 그가 믿지 않을까 두렵습니다. 그런데 하물며 양호와 육항이 서로를 대등한 적수로 여겼던 일을 하신단 말입니까. 남을 도모하면서 남으로 하여금 우리의 실정을 알게 하면 뜻을 얻기 어렵습니다."

石勒이 欲襲之로되 未知虛實하여 將遣使覘之러니 參佐請用羊祜, 陸抗故事하여 致書於浚[①]이어늘 勒以問張賓한대 賓曰 浚이 名爲晉臣이나 實欲廢晉自立이로되 但患四海英雄莫之從耳라 將軍이 威振天下하니 今折節事之라도 猶懼不信이어늘 況爲羊, 陸之亢敵乎잇가 夫謀人而使人覺其情이면 難以得志矣리이다

① 〈"請用羊祜 陸抗故事"는〉 敵國이 이웃나라와 사귀는 禮를 사용하고자 한 것이다.
欲用敵國交隣之禮

【目】石勒이 말하기를 "좋다." 하고는, 舍人인 王子春을 보내어 王浚에게 다음과 같이 표문을 올렸다.

"저 석륵은 본래 작은 오랑캐로 기근이 들고 혼란한 세상을 만나서 살 곳을 잃고 流離하면서 곤궁하여 冀州 지역으로 도망하여 목숨을 보전하고 삼가 서로 모여 지키면서 생명을 구원하고자 하였습니다. 지금 晉나라의 國統이 망하고 中原에 군주가 없으니, 公이 아니면 帝王이 될 자가 다시 누가 있겠습니까. 원컨대 殿下께서는 하늘의 뜻에 응

---

16) 羊祜와 陸抗의 故事 : 晉나라 양호가 鉅平侯에 봉해져 都督荊州諸軍事로 10년간 襄陽에 진주해 있었는데, 재임하는 동안 屯田을 실시하여 식량을 비축하면서 吳나라를 정복할 계획을 세웠지만, 평일에는 갑옷을 입지 않고 가벼운 갖옷에 허리띠를 느슨히 맨 차림으로 吳나라 장수 陸抗과 使臣을 교환하면서 우호를 유지하여, 江漢과 吳나라 사람들의 마음을 얻은 일을 말한다.(≪晉書≫ 권34 〈羊祜列傳〉)

하고 인심에 순응하여 속히 황제의 자리에 오르소서. 석륵은 천지와 부모처럼 전하를 받들어 섬기니, 전하께서 저의 보잘것없는 마음을 헤아리신다면, 또한 응당 저를 자식처럼 여기실 것입니다."

勒曰 善타하고 遣舍人王子春하여 奉表於浚하여 曰 勒은 本小胡로 遭世饑亂하여 流離屯厄하여 竄命冀州하여 竊相保聚하여 以救性命이니이다 今晉祚淪夷하고 中原無主하니 爲帝王者 非公復誰오 願殿下應天順人하여 早登皇祚하라 勒이 奉戴殿下를 如天地父母하니 殿下察勒微心이면 亦當視之如子也리이다

【目】王浚은 石勒이 올린 표문을 보고 몹시 기뻐하여 王子春에게 이르기를 "石公을 믿을 수 있는가?" 하니, 왕자춘이 다음과 같이 대답하였다.

"殿下는 中州의 현달하고 명망 있는 가문 출신으로 위엄이 오랑캐와 中夏 지역에 진동합니다. 예로부터 오랑캐 사람 중에 제왕을 보좌한 名臣은 있으나 제왕이 된 자는 있지 않습니다. 石將軍이 제왕의 지위를 싫어하여 제왕이 되려 하지 않고 전하에게 사양하는 것이 아닙니다. 다만 제왕은 본래 歷數(運數)가 있어서 지혜와 힘으로 취할 수 있는 것이 아니기 때문이니, 또 무엇을 괴이하게 여기십니까."

왕준이 크게 기뻐하여 사신을 보내어 聘問에 답하였다.

游綸의 형 游統이 왕준을 위하여 范陽을 鎭守하고 있었는데, 사자를 보내어 은밀히 석륵에게 귀의하려 하였다. 석륵이 그 사자를 참수하여 왕준에게 보내니, 왕준은 비록 유통을 처벌하지는 않았으나, 석륵의 충성을 더욱 믿어서 다시는 의심하지 않았다.

浚이 甚喜하여 謂子春曰 石公을 可信乎아 子春曰 殿下는 中州貴望으로 威行夷, 夏하니 自古胡人이 爲輔佐名臣則有矣어니와 未有爲帝王者也라 石將軍이 非惡(오)帝王不爲而讓於殿下요 顧以帝王이 自有歷數하여 非智力之所取故也니 又何怪乎잇가 浚이 大悅하여 遣使報聘하다 游綸兄統이 爲浚鎭范陽이러니 遣使私附於勒①이어늘 勒이 斬其使以送浚하니 浚이 雖不罪統이나 益信勒爲忠誠하여 無復疑矣러라

① 游綸이 苑鄕을 점거하고서 거짓으로 石勒에게 항복하였는데, 석륵이 끝내 그를 습격하여 사로잡았다.
游綸保據苑鄕, 僞降於勒, 勒已襲禽之.

【綱】 左丞相 司馬睿가 世子 司馬紹를 보내어 廣陵에 진주하게 하였다.

**左丞相睿 遣世子紹**하여 **鎭廣陵**하다

【目】 丞相의 掾인 蔡謨를 參軍으로 삼았다.

以丞相掾蔡謨爲參軍하다

【綱】 代나라가 盛樂과 平城에 성을 쌓았다.

**代城盛樂及平城**하다

【目】 代公 拓跋猗盧가 盛樂에 성을 쌓아 北都로 삼고 옛 平城을 수리하여 南都로 삼았으며, 또 灅水(누수)의 북쪽에 새로운 平城을 쌓고서 右賢王 拓跋六脩로 하여금 이곳에 거주하면서 南部를 통솔하게 하였다.

代公猗盧城盛樂하여 以爲北都하고 治故平城하여 爲南都①하고 又作新平城於灅水之陽하여 使右賢王六脩居之하여 統領南部②하다

① 平城은 漢나라 때에는 雁門郡에 속하였다.
平城, 漢屬雁門郡.

② 灅는 魯水의 切이니, 灅水는 馬邑에서 발원하여 동북쪽으로 흘러 平城의 남쪽을 지나간다.
灅, 魯水切. 灅水, 蓋出於馬邑, 而東北流, 逕平城之南.

### 甲戌年(314)

【綱】 晉나라 孝愍皇帝 建興 2년이다.

**二年**이라

【目】 漢나라(前趙) 烈宗 劉聰 嘉平 4년이다.

漢嘉平四年이라

【綱】 봄 정월에 해처럼 생긴 것이 땅에 떨어졌고, 또 세 개의 해가 있어 연이

어 동쪽으로 지나갔다.

**春正月**에 **有如日隕于地**하고 **又有三日**이 **相承東行**①[17]하다

① ≪天文占≫[18]에 "세 개와 네 개, 다섯 개와 여섯 개의 해가 함께 나와 서로 다투면 천하에 병란이 일어난다." 하였고, 또 "세 개의 해가 함께 나오면 30일이 못 되어 제후가 황제가 되기를 다툰다." 하였다.

天文占曰"三·四·五·六日, 俱出竝爭, 天下兵作." 又曰"三日竝出, 不過三旬, 諸侯爭爲帝."

**【綱】** 流星이 平陽의 북쪽에 떨어져 고깃덩어리로 변하였다.

◑ **有流星隕于平陽北**하여 **化爲肉**[19]하다

【目】 流星이 牽牛星에서 나와 紫微宮으로 들어가 빛이 땅에 비쳤고 平陽의 북쪽에 떨어져 고깃덩어리로 변하였는데, 길이가 30보이고 너비가 27보였다. 漢主 劉聰이 이 일을 싫어하여 公卿들에게 묻자, 陳元達이 이르기를 "女寵(제왕이 총애하는 여인)이 너무 많아

---

17) 有如日隕于地 又有三日相承東行 : "해처럼 생겼다고 한 것은 어째서인가. 해가 아니기 때문이다. 세 개의 해가 있다고 한 것은 어째서인가. 이 또한 해가 아니기 때문이다. 해가 아니기 때문에 있다고 하였으니, 있다는 것은 세상에 〈일찍이〉 없었던 것이다. 漢나라 成帝의 篇에 '두 개의 달이 서로 연이어 새벽에 동방에 나타났다.'라고 썼으니(建始 원년(B.C. 32)), 이 또한 〈일찍이〉 없었다는 말이다. 愍帝의 세상에 이보다 더 큰 異變이 없었는데, 太興 원년(318)에 이르러 또다시 '해가 밤중에 나왔는데 높이가 세 길〔丈〕이다.'라고 썼으니, 晉나라의 중엽에 어쩌면 그리도 災變이 많은가. ≪資治通鑑綱目≫이 끝날 때까지 1,361년 동안 세 개의 해가 서로 연이어 나오고, 해가 밤중에 나왔는데 세 길이라고 쓴 것은 각각 1번뿐이다.〔如日 何 非日也 有三日 何 亦非日也 非日也 故曰有 有也者 世所無有者也 漢成之篇 書有兩月相承 晨見東方(建始元年) 亦所無有之辭也 愍帝之世 變莫大於此者 至太興元年 又書日夜出 高三丈 晉之中葉 何其多變哉 終綱目 千三百六十一年 三日相承 夜出三丈 各一書而已矣〕" ≪書法≫

18) 天文占 : 전국시대 魏나라의 천문학자이자 점성가인 石申夫의 저작으로, 모두 8권이다. 石申夫는 石申甫, 石申父라고도 하는데, 중국 최초로 星表를 제작하였으며, 四分曆, 歲星紀年, 行星運動, 천상 관측 및 중국 고대의 占星 이론에 크게 기여하였다.

19) 有流星隕于平陽北 化爲肉 : "별이 떨어졌다고 쓴 것은 많으나 변하였다고 쓴 적은 있지 않았는데, 이때 고깃덩어리의 길이가 30보이고 너비가 27보였으니, 우주가 있은 이래로 일찍이 있지 않았던 큰 이변이다. 平陽은 漢나라(前趙) 지역인데도 ≪資治通鑑綱目≫에서 漢나라를 쓰지 않은 것은 천하를 위하여 災異로 여긴 것이다.〔書星隕多矣 未有書所化者 於是 肉長三十步 廣二十七步 宇宙以來所未有之大異也 平陽 漢地 綱目不書漢 爲天下異之也〕" ≪書法≫

"이때 劉聰이 제멋대로 중국(중원)을 점거하고서 음탕함과 포악함을 그치지 않았다. 그러므로 그가 도읍한 곳에 별이 떨어져 경계한 것인데, 유총은 경계할 줄을 알지 못하였으니, 이것을 책에 쓴 것 또한 우선 하늘이 변고를 보인 뜻을 드러내 보였을 뿐이다.〔是時 劉聰竊據中土 淫虐不已 故星隕於其所都之地 以警之 然聰則不知戒也 書之于冊 亦姑以見上天示變之意云爾〕" ≪發明≫

서 나라가 망할 징조입니다." 하니, 유총이 말하기를 "이는 陰陽의 이치일 뿐, 사람의 일과 무슨 관계가 있겠는가." 하였다.

流星이 出牽牛하여 入紫微하여 光燭地하고 隕平陽北하여 化爲肉하니 長三十步요 廣二十七步①라 漢主聰이 惡(오)之하여 以問公卿한대 陳元達이 以爲女寵太盛하여 亡國之徵이라하니 聰曰 此陰陽之理니 何關人事리오

① ≪晉書≫ 〈天文志〉에 "牽牛星의 여섯 별은 河鼓星의 남쪽에 있다." 하였다.
晉天文志 "牽牛六星, 在河鼓南."

【綱】 漢나라(前趙) 石勒이 다시 사자를 보내어 王浚에게 표문을 받들어 올렸다.

漢石勒이 復遣使하여 奉表於王浚[20]하다

【目】 王浚의 사자가 襄國에 도착하니, 石勒이 강한 병졸과 정예병을 숨기고 피로한 군대와 관청의 빈 창고를 보여주고는, 북향하고서 사자에게 절하고 왕준의 편지를 받았다. 왕준이 석륵에게 麈尾(주미)를 보내주자, 석륵이 감히 잡지 못하는 체하면서 벽에 걸어두고 아침저녁으로 절하며 말하기를 "내가 王公을 뵐 수 없으나, 그분이 보내주신 것을 보니, 왕공을 뵙는 것과 같다." 하였다.

또 董肇(동조)를 보내어 왕준에게 표문을 올려서 3월 중순에 직접 幽州에 나아가 尊號를 받들어 올리겠다고 약속하고, 동시에 棗嵩에게 편지를 보내어 幷州牧이 되기를 요구하였다.

浚使者至襄國하니 勒이 匿其勁卒精甲하고 羸師虛府以示之하고 北面拜使者而受書하다 浚이 遺勒麈尾①하니 勒이 陽不敢執하여 懸之於壁하여 朝夕拜之하고 曰 我不得見王公이로되 見其所賜하니

20) 漢石勒 復遣使奉表於王浚 : "표문을 받들어 올리는 것은 바로 신하가 임금을 섬기는 禮인데, 王浚이 신하의 신분으로 이것을 받는 것이 옳은가. ≪資治通鑑綱目≫에서 예전에 이미 '石勒이 왕준에게 표문을 받들어 올렸다.'라고 썼고, 지금 또 여기에 다시 쓴 것은 어째서인가. 한편으로는 석륵의 속임수를 나타내고 한편으로는 왕준의 어리석음을 나타낸 것이다. 그러나 석륵은 羯族의 역적일 뿐이니 속임수는 바로 그가 평소 가지고 있는 것이지만, 왕준은 몸이 晉나라의 신하가 되었으면서도 조정이 기울고 전복되는 것을 앉아서 보기만 하고 구원하지 않았으며, 또 석륵의 속임수를 기꺼이 받아들이고 바라서는 안 될 것을 요행으로 바랐으니, 죄가 석륵보다 더욱 크다. 그러므로 훗날 왕준이 석륵에게 죽임을 당했을 적에 그의 관직을 모두 삭제하고 쓰지 않은 것이다.〔奉表 乃人臣事上之禮也 浚爲臣子受之 可乎 綱目前已書勒奉表於浚 今又復書于此 何哉 一以見勒之詐 一以見浚之愚也 然勒羯賊耳 詐乃其所素有 浚身爲晉臣 乃坐視朝廷傾覆 而不救 方且甘受其詐 僥倖非望 其罪有加於勒 多矣 故他日見殺於勒 盡削其官也〕" ≪發明≫

如見公也라하다 復遣董肇하여 奉表于浚하여 期以三月中旬에 親詣幽州하여 奉上尊號하고 亦修牋于棗嵩하여 求幷州牧하다

① 麈는 音이 主로 사슴의 등속인데, 꼬리가 바람을 내어 파리와 모기를 쫓을 수 있다. 晉나라의 王公과 貴人들은 대부분 麈尾를 사용하였는데, 옥으로 자루를 만들었다.
麈, 音主, 麋屬, 尾能生風, 辟蠅(蝎)〔蚋〕.[21] 晉王公貴人多執麈尾, 以(王)〔玉〕[22]爲柄.

【目】石勒이 王子春에게 王浚의 情況을 묻자, 왕자춘이 다음과 같이 말하였다.

"幽州는 지난해에 큰 홍수가 져서 백성들이 곡식을 먹지 못하고 있습니다. 그런데 왕준은 백만 석의 곡식을 쌓아놓고 있으면서도 백성들을 구휼하지 않고, 형벌과 정사가 가혹하며, 부역이 많고 번거로워서 안으로는 忠賢들이 떠나고, 밖으로는 오랑캐들이 배반하고 있습니다. 사람들은 모두 그가 장차 망할 줄을 알고 있으나 왕준은 意氣가 태연자약해서 조금도 두려워하는 마음이 없습니다. 그리하여 막 다시 臺閣을 세워 백관들을 나열하고는 스스로 漢나라 高祖(劉邦)와 魏나라 武帝(曹操)도 자신과 견줄 수 없을 것이라고 합니다."

석륵이 안석을 어루만지고 웃으며 말하기를 "王彭祖(왕준)를 참으로 사로잡을 수 있겠구나." 하였다.

왕준의 사자가 薊城으로 돌아가서 석륵의 형세가 외롭고 약하며 석륵이 두 마음을 품지 않고 정성을 바치고 있다고 자세히 말하자, 왕준은 더욱 교만하고 나태하여 더 이상 대비하지 않았다.

勒이 問浚於王子春한대 子春曰 幽州去歲大水하여 人不粒食이어늘 浚이 積粟百萬이로되 不能賑贍하며 刑政苛酷하고 賦役殷煩하여 忠賢內離하고 夷狄外叛하니 人皆知其將亡이로되 而浚意氣自若하여 曾無懼心이라 方更置立臺閣하여 布列百官하고 自謂漢高, 魏武不足比也라하노이다 勒이 撫几笑曰 王彭祖眞可擒也로다 浚使者還薊하여 具言石勒形勢寡弱하고 款誠無二한대 浚이 益驕怠하여 不復設備러라

【綱】梁州 사람 張咸이 楊難敵을 축출하고 梁州를 가지고 成나라에 항복하였다.

梁州人張咸이 逐楊難敵하고 以州降成하다

21) (蝎)〔蚋〕: 저본에는 '蝎'로 되어 있으나, ≪資治通鑑≫ 註에 의거하여 '蚋'로 바로잡았다.
22) (王)〔玉〕: 저본에는 '王'으로 되어 있으나, ≪資治通鑑≫ 註에 의거하여 '玉'으로 바로잡았다.

【目】 이때에 漢嘉와 涪陵, 漢中의 지역이 모두 成나라의 소유가 되었다. 成主 李雄은 마음을 겸허히 하고 어진 이를 좋아하여 재주에 따라 임무를 맡겨서, 太傅 李驤에게는 안에서 백성을 잘 다스리게 하고 李鳳 등에게는 밖에서 사람들을 안무하고 회유하게 하였다. 또 형벌과 정사가 너그럽고 간략하여 감옥에는 오래된 죄수가 없었다.

학교를 일으키고 史官을 설치하였으며, 백성들에게 세금을 부과할 적에 성년 남자에게는 1년에 곡식 3섬을 거두고, 성년 여자에게는 이의 절반을 거두고 질병이 있는 자에게는 또 절반을 줄여주었으며, 戶稅는 비단 몇 필, 면이 몇 냥에 지나지 않았다. 일이 적고 부역이 드무니, 백성들이 대부분 부유하고 충실하였고, 새로 귀의해온 자에게는 부역과 세금을 면제하였다.

이때 천하가 크게 혼란하였으나 蜀 지역에는 홀로 일이 없었으며, 곡식이 여러 해 동안 풍년이 들어, 마을의 문을 닫지 않고 길에 흘린 물건을 줍지 않는 지경에 이르렀다.

그러나 조정에는 禮制와 봉록이 없어서 작위가 지나치게 많았고 관리들은 봉록이 없어서 백성들에게 공급을 받았으며, 군대에는 部伍가 없어서 號令이 엄숙하지 못하니, 이것이 成나라의 단점이었다.

於是에 漢嘉, 涪陵, 漢中之地 皆爲成有라 成主雄이 虛己好賢하여 隨才授任하여 命太傅驤은 養民於內하고 李鳳等은 招懷於外하며 刑政寬簡하여 獄無滯囚러라 興學校하고 置史官하며 其賦民에 男丁은 歲穀三斛하고 女丁은 半之하고 疾病은 又半之하며 戶調는 絹不過數丈이요 綿數兩①이라 事少役希하니 民多富實이요 新附者는 給復(복)除②러라 是時에 天下大亂이로되 而蜀獨無事하며 年穀屢熟하여 乃至閭門不閉하고 路不拾遺라 然이나 朝無儀品하여 爵位濫溢하고 吏無祿秩하여 取給於民하고 軍無部伍하여 號令不肅하니 此其所短也러라

① 調(세금)는 徒弔의 切이다.
調, 徒弔切.

② 復(부역을 면제하다)은 方目의 切이다.
復, 方目切.

【綱】 2월에 張軌를 太尉 涼州牧으로 삼고, 劉琨을 大將軍으로 삼았다.

二月에 以張軌爲太尉, 涼州牧하고 劉琨爲大將軍하다

【綱】 3월에 漢나라(前趙) 石勒이 薊城을 기습하여 함락시키고 王浚을 죽였다.

석륵의 군대가 돌아가자, 계현이 段匹磾에게 항복하였다.

◑ 三月에 漢石勒이 襲薊陷之하고 殺王浚하니 師還에 薊降於段匹磾하다

【目】 石勒이 병력을 모아 엄중하게 행장을 갖추고 王浚을 기습하려 하였으나 아직 출동하지 않았는데, 張賓이 말하기를 "〈출발을 늦추는 것은〉 劉琨과 鮮卑, 烏桓이 우리의 후환이 될까 두려워하시는 것이 아닙니까." 하였다. 석륵이 "그렇다."라고 대답하자, 장빈이 다음과 같이 말하였다.

"저 세 방면 중에는 지혜와 용맹이 장군에게 미칠 자가 없습니다. 장군이 비록 군대를 이끌고 멀리 출동하더라도 저들은 반드시 감히 움직이지 못할 것이요, 게다가 또 저들은 장군이 곧바로 천 리 멀리 군대를 이끌고 幽州를 점령할 것이라고 생각하지 못할 것입니다. 경무장한 군대로 공격하러 갔다가 돌아오면 20일이 넘지 않을 것이요, 가령 저들이 우리를 공격할 마음이 있더라도 저들이 출병하기를 모의할 때에는 우리가 이미 돌아와 있을 것입니다. 유곤과 왕준이 비록 명목상으로는 똑같이 晉나라 신하라고 하나 실제는 원수이니, 만약 유곤에게 편지를 보내고 인질을 보내어 화친을 청하면, 유곤은 반드시 우리가 자신에게 복종하는 것을 기뻐하고 왕준이 망하는 것을 통쾌하게 여겨서, 끝내 왕준을 구하려고 우리를 기습하지 않을 것입니다. 용병술은 신속함을 귀하게 여기니, 때에 뒤늦지 말아야 합니다."

勒이 纂嚴하여 將襲王浚而未發①이러니 張賓曰 豈非畏劉琨及鮮卑, 烏桓이 爲吾後患乎잇가 勒曰 然하다 賓曰 彼三方은 智勇이 無及將軍者라 將軍이 雖遠出이나 彼必不敢動이요 且彼未謂將軍便能懸軍千里取幽州也라 輕軍往返이면 不出二旬이요 藉使彼有心이라도 比其謀議出師에 吾已還矣②리이다 劉琨, 王浚이 雖同名晉臣이나 實爲仇敵하니 若修牋于琨하고 送質請和하면 琨必喜我之服하고 而快浚之亡하여 終不救浚而襲我也리이다 用兵은 貴神速하니 勿後時也니이다

① "纂嚴"은 군대가 모여 엄중하게 행장을 갖추고 출동하기를 기다림을 이른다.
纂嚴, 謂纂集兵嚴也.

② 藉(가령)는 慈夜의 切이다.
藉, 慈夜切.

【目】 石勒이 말하기를 "내가 결단하지 못한 것을 右侯(張賓)가 이미 결단했다." 하고서, 마침내 횃불을 들고 밤중에 출발하고는 사자를 보내어 劉琨에게 편지를 올려서 자신의

죄악을 직접 아뢰고 王浚을 토벌하여 스스로 功을 바칠 것을 청하였다. 유곤이 크게 기뻐하여 州郡에게 격문을 돌려서 "석륵이 이미 항복하였으니, 마땅히 平陽을 습격하여 참람하게 반역을 일삼는 자(劉聰)를 제거할 것이다."라고 말하였다.

勒曰 吾所未了를 右侯已了之①라하고 遂以火(霄)〔宵〕[23]行하고 遣使하여 奉牋于琨하여 自陳罪惡하고 請討浚自效하니 琨이 大喜하여 移檄州郡하여 言勒已降하니 當襲平陽하여 除僭逆이라하니라

① 了는 결단함이다.
了, 決也.

【目】 3월에 石勒의 군대가 易水에 도착하니, 王浚의 督護인 孫緯가 급히 사람을 보내어 왕준에게 아뢰고서 장차 군대를 무장하여 석륵의 군대를 막으려 하였는데, 游統이 이를 제지하였다. 왕준의 장수와 보좌들이 모두 말하기를 "오랑캐는 탐욕스럽고 신의가 없으니, 반드시 속임수가 있을 것입니다. 공격해야 합니다."라고 하였으나, 왕준이 노하여 말하기를 "石公이 이번에 오는 것은 바로 나를 받들어 황제로 추대하고자 해서일 뿐이니, 감히 그를 공격해야 한다고 말하는 자가 있으면 참수하겠다." 하고는, 연회를 마련하고서 석륵을 기다렸다.

三月에 勒軍이 達易水하니 浚의 督護孫緯 馳遣白浚하여 將勒兵拒之러니 游統이 禁之라 浚將佐皆曰 胡貪而無信하여 必有詭計라 請擊之라하니 浚이 怒曰 石公來는 正欲奉戴我耳니 敢言擊者는 斬하리라하고 設饗以待之하다

【目】 石勒은 새벽에 薊城에 도착해서 문지기에게 크게 소리쳐서 성문을 열게 하면서 혹 복병이 있을까 의심해서 먼저 소와 양 수천 마리를 앞세워 몰고 가서 이것을 예물로 바친다고 크게 말하였다. 그러나 실제는 길거리를 막고자 하였으니, 王浚이 그제야 비로소 두려워하였다.

석륵이 그의 廳事로 올라가서 면전에서 왕준을 사로잡자, 왕준이 꾸짖기를 "오랑캐 종놈이 너의 어르신을 조롱하니, 어찌 이와 같이 흉포하고 패역스럽단 말인가." 하였다. 석륵이 말하기를 "公은 지위가 최고로 높은 三公으로 강한 군대를 보유하고 있으면서도 本朝(晉나라의 조정)가 기울고 전복되는 것을 앉아서 보기만 하면서 일찍이 구원하지 않고 도리어 스스로 높여 천자가 되고자 하였으니, 그대가 바로 흉포하고 패역스러운 자

23) (霄)〔宵〕: 저본에는 '霄'로 되어 있으나, ≪資治通鑑≫에 의거하여 '宵'로 바로잡았다.

가 아니겠는가." 하고는 즉시 襄國으로 보내어 참수하였다.

勒이 晨至薊하여 叱門者開門이로되 猶疑有伏兵하여 先驅牛羊數千頭하여 聲言上禮하나 實欲塞諸街巷하니 浚이 始懼①러라 勒이 升其聽事하여 執浚於前②한대 浚이 罵曰 胡奴調乃公하니 何凶逆如此③오 勒曰 公이 位冠元台하고 手握彊兵하여 坐觀本朝傾覆하여 曾不救援하고 乃欲自尊爲天子하니 非凶逆乎④아하고 卽送襄國하여 斬之하다

① 上(올리다)은 時掌의 切이니, 〈"先驅牛羊數千頭 聲言上禮"는〉 소와 양을 王浚에게 올려서 禮物로 삼고자 한다고 말한 것이다.
上, 時掌切. 言欲以牛羊上浚, 以爲禮.
② 聽(관청)은 他丁의 切이다. 옛날 정사를 다스리는 곳을 聽事라 하였는데, 뒤에 말이 생략되어서 곧바로 聽이라고 하였다. 그러므로 广을 더하여 〈廳으로 썼다.〉
聽, 他丁切. 古者治官處, 謂之聽事, 後語省, 直曰聽, 故加(厂)〔广〕.[24)]
③ 調는 田聊의 切이니, 조롱함이다.
調, 田聊切, 戱也.
④ 三台星은 일명 天柱라 하는데, 上台司命은 太尉가 되고 中台司中은 司徒가 되고 下台司祿은 司空이 된다.
三台星, 一名天柱, 上台司命爲太尉. 中台司中爲司徒. 下台司祿爲司空.

【目】王浚의 장수와 보좌 등이 軍門에 나와 사죄하였으나, 前 尙書 裴憲과 從事中郎 荀綽(순작)은 오지 않았다. 石勒이 이들을 불러 질책하자, 대답하기를 "저희들은 대대로 晉나라 조정을 섬겨서 영화로운 祿을 받았으니, 王浚이 비록 횡포하고 추악하지만 그래도 晉나라의 藩臣이었으므로, 그를 따라서 감히 두 마음을 갖지 않은 것입니다. 明公이 만일 德義를 닦지 않고 오로지 위엄과 형벌만을 일삼는다면, 저희들은 죽는 것이 본래 분수에 마땅한 일이니, 죽음에 나아가기를 청합니다." 하고는 절하지 않고 나가니, 석륵이 그들에게 사죄하고 빈객의 예로 대하였다.

浚의 將佐等이 詣軍門謝罪호되 前尙書裴憲과 從事中郎荀綽이 獨不至①어늘 勒이 召而讓之한대 對曰 憲等이 世事晉朝하여 荷其榮祿하니 浚雖凶麤나 猶是晉之藩臣이라 故從之하여 不敢有貳라 明公이 苟不修德義하고 專事威刑이면 則憲等이 死自其分이니 請就死하노라하고 不拜而出②하니 勒이 謝之하고 待以客禮하다

① 荀綽은 荀勖의 손자이다.

24) (厂)〔广〕: 저본에는 '厂'으로 되어 있으나, 《資治通鑑》 註에 의거하여 '广'으로 바로잡았다.

綽, 勖之孫也.

② 分(분수)은 扶問의 切이다.

分, 扶問切.

【目】石勒은 朱碩과 棗嵩 등에게는 재물을 받아 정사를 어지럽힌 죄를 일일이 들어 질책하고, 游統에게는 섬기는 주인에게 不忠하였다고 책망하여, 모두 참수하였다.

王浚의 장수와 보좌와 친척들의 家產을 조사하여 몰수하니 모두 巨萬이었는데, 오직 裴憲과 荀綽은 다만 책 백여 질에 소금과 쌀이 각각 10여 섬이 있을 뿐이었다. 석륵은 말하기를 "내 幽州를 얻은 것을 기뻐하지 않고 이 두 사람을 얻은 것을 기뻐한다." 하고는, 배헌을 從事中郎으로 삼고 순작을 參軍으로 삼았다. 그리고 유민들을 나누어 보내서 각각 鄉里로 돌아가게 하였다.

勒이 數朱碩, 棗嵩等以納財亂政하고 責游統以不忠所事하여 皆斬之하다 籍浚將佐, 親戚家貲하니 皆巨萬이로되 惟憲, 綽은 止有書百餘袠(질)과 鹽, 米各十餘斛而已[①]러라 勒曰 吾不喜得幽州요 喜得二子라하고 以憲爲從事中郎하고 綽爲參軍하고 分遣流民하여 各還鄉里하다

① 袠(책질)은 帙과 같으니, 서책을 편집하여 질로 만든 것이다.

袠, 與帙同, 書卷編次成帙.

【目】石勒은 薊城에 머문 이틀 동안에 王浚의 궁전을 불태웠으며, 前 尙書인 劉翰을 行幽州刺史로 삼아서 계성을 지키게 하고 또 각 군현의 守宰을 세우고 돌아왔다. 돌아오는 길에 孫緯가 석륵을 가로막고 공격하니, 석륵이 겨우 죽음을 면하였다. 석륵이 사자를 보내어 왕준의 머리를 받들어 漢나라(前趙)에 승전보를 올리니, 漢나라가 석륵을 東單于로 삼았다.

勒이 停薊二日에 焚浚宮殿하고 以故尙書劉翰으로 行幽州刺史하여 戍薊하고 置守宰而還이러니 孫緯遮擊之하니 勒이 僅而得免하다 勒이 遣使奉浚首하여 獻捷于漢하니 漢以勒爲東單于하다

【目】劉琨이 拓跋猗盧에게 구원병을 청하여 漢나라를 공격하려 하였는데, 마침 탁발의로가 거느리고 있는 여러 오랑캐들이 石勒에게 호응할 것을 모의하였다. 이에 탁발의로가 이들을 다 주살하느라고 끝내 유곤과의 약속에 달려오지 못하였다.

유곤은 석륵이 항복할 뜻이 없음을 알고는 크게 두려워하였다. 劉翰이 석륵을 따르려

고 하지 않아서 마침내 段匹磾에게 귀의하니, 단필제가 마침내 薊城을 점거하였다.

劉琨이 請兵於拓跋猗盧하여 以擊漢이러니 會에 猗盧所部雜胡 謀應勒이어늘 猗盧悉誅之하여 不果赴約하다 琨이 知勒無降意하고 大懼러라 劉翰이 不欲從勒하여 乃歸段匹磾하니 匹磾遂據薊城하다

【綱】 左丞相 司馬睿가 邵續을 平原太守로 삼았다.

左丞相睿 以邵續爲平原太守하다

【目】 王浚이 임용한 樂陵太守 邵續이 石勒에게 귀의하자, 석륵이 그의 아들 邵乂를 督護로 삼았다.

勃海太守 劉胤이 郡을 버리고 소속에게 의지하고서 말하기를 "그대는 晉나라의 충신인데, 어찌하여 적을 따라 스스로를 더럽히는가?" 하였다. 이때 마침 段匹磾가 편지로

邵續이 아들을 버리고 晉 왕실에 귀순하다

소속을 불러 함께 江東에 귀의할 것을 청하자, 소속이 그의 말을 따랐다. 어떤 사람이 말하기를 "아들 소예는 어찌할 것인가?" 하자, 소속이 눈물을 떨구며 말하기를 "내 어찌 자식을 돌보느라 배반하는 신하가 되겠는가." 하고는 異議를 제기하는 자 몇 사람을 죽이니, 석륵이 이 말을 듣고 소예를 죽였다.

소속이 劉胤을 江東에 사자로 보내니, 司馬睿는 유윤을 參軍으로 삼고 소속을 平原太守로 삼았다. 석륵이 소속을 포위하자 단필제가 구원하니, 석륵은 병력을 이끌고 떠나갔다.

王浚所署樂(낙)陵太守邵續이 附勒①이어늘 勒이 以其子乂爲督護하다 勃海太守劉胤이 棄郡依續하여 謂曰 君은 晉之忠臣이어늘 奈何從賊以自汚乎②아 會에 段匹磾以書邀續하여 同歸江東한대 續이 從之하니 其人曰 其如乂何오 續이 泣曰 我豈得顧子而爲叛臣乎아하고 殺異議者數人하니 勒이 聞之하고 殺乂하다 續이 遣胤使江東하니 睿以胤爲參軍하고 續爲平原太守러니 石勒이 圍續이어늘 匹磾救之하니 勒이 引去하다

① 樂陵縣은 漢나라 때에는 平原郡에 속하였고, 晉나라 때에는 나누어 樂陵國으로 삼았다.
樂陵縣, 漢屬平原郡, 晉分爲樂陵國.
② 劉胤 또한 王浚이 임용한 자이다.
胤亦浚所署.

**【綱】** 襄國縣에 크게 기근이 들었다.

**襄國**이 **大饑**하다

【目】 이때에 곡식 2되의 값이 은 한 근이었다.

時에 穀二升이 直(치)銀一斤이러라

**【綱】** 여름 5월에 太尉 涼州牧인 西平公 張軌가 卒하니, 아들 張寔이 뒤를 이었다.

**夏五月**에 **太尉, 涼州牧, 西平公張軌卒**[25)]하니 **子寔**이 **嗣**하다

25) 太尉涼州牧西平公張軌卒 : "張軌에게 '卒'이라고 쓴 것은 어째서인가. 그의 충성을 인정한 것이다. 장궤는 '涼州刺史가 되었다.'라고 쓴 뒤로부터(惠帝 永寧 원년(301)) 뒤이어 '北宮純을 들여보내 호위했다.'라고 썼고(懷帝 永嘉 2년(308)), 또 '군대를 보내어 長安으로 달려가게 하였다.'라고 썼고(懷帝 永嘉 6년(312)), 또 '太尉 涼州牧으로 삼았다.'라고 썼었는데, 이때에 관작과 성씨를 갖추어 '卒'이라고 썼으니, 이는 모두 거듭 인정한 것이다.〔書卒 何 予忠也 軌自書爲涼州刺史(惠帝永寧元年) 繼書遣北宮

【目】張軌가 병이 위독해지자, 文武의 장수와 보좌들에게 遺命을 내리기를 "되도록 백성들을 편안하게 해서 위로는 국가에 보답할 것을 생각하고 아래로는 집안을 편안히 하라." 하였다.

장궤가 죽자, 長史 張璽 등이 표문을 올려 세자 張寔으로 하여금 아버지의 지위를 대신하게 하니, 詔令을 내려 장식을 都督, 刺史, 西平公으로 삼고, 장궤의 시호를 武穆이라 하였다.

軌寢疾에 遺令文武將佐호되 務安百姓하여 上思報國하고 下以寧家하라하다 軌卒에 長史張璽等이 表世子寔攝父位하니 詔寔爲都督, 刺史, 西平公하고 諡軌曰武穆이라하다

【綱】6월에 漢나라(前趙)가 長安을 침략하니, 索綝(삭침)이 대파하였다.

六月에 漢이 寇長安하니 索綝이 大破之하다

【目】漢나라(前趙) 大司馬 中山王인 劉曜와 趙染이 長安을 침략하자, 索綝이 군대를 이끌고 나와 막았다.

조염이 삭침을 가볍게 여기는 기색을 보이자, 長史 魯徽가 말하기를 "晉나라의 군주와 신하는 자신들의 세력의 강약이 대등하지 못함을 알고 있어서 장차 우리와 결사적으로 싸울 것이니, 가볍게 보아서는 안 됩니다." 하였다. 조염이 말하기를 "司馬模처럼 강한 적도 내가 썩은 나무를 꺾듯 손쉽게 취하였는데, 삭침처럼 하찮은 놈이 어찌 능히 나의 말발굽과 칼날을 더럽히겠는가." 하였다. 그리고 새벽에 경무장한 기병 수백 명을 거느리고서 삭침을 맞아 싸우며 말하기를 "반드시 삭침을 사로잡은 뒤에야 밥을 먹겠

---

純入衛(懷帝永嘉二年) 又書遣兵詣長安(懷帝永嘉六年) 又書以爲太尉涼州牧 至是具官爵姓書卒 皆所以重予之也〕" ≪書法≫

"≪資治通鑑綱目≫은 晉나라 때 할거한 여러 사람에 대하여 모두 '死'라고 썼는데, 유독 西涼의 張氏와 前燕의 慕容氏 父子에게만 그 관작을 쓰고 '卒'이라고 쓴 것은 어째서인가. 晉나라 황실을 바로잡고 도운 功이 있음을 인정한 것이다. 晉나라가 남쪽으로 천도한 것은 周나라가 동쪽으로 천도한 것과 같다. 周나라가 동쪽으로 천도한 뒤에 제후들이 다시는 周나라를 높이지 않았으나 유독 齊 桓公과 晉 文公은 간곡히 周나라의 왕실을 높이는 것을 일삼았으므로 ≪春秋≫에서 이들을 인정하였다. 五胡가 中華를 어지럽힐 때에 창과 방패가 어지러이 일어나서 세상에서는 晉나라가 있음을 더 이상 알지 못하였으나, 張氏는 西涼을 점거하고 慕容氏는 燕 지역을 점거하여, 유독 이 두 사람은 本朝를 잊지 않았으니, 이것이 바로 그들을 인정한 이유이다.〔綱目於晉世割據諸人 皆書死 獨於西涼張氏及前燕慕容氏父子 獨書其爵 及以卒書者 何 予其有匡輔晉室之功也 夫晉之南渡 猶周之東遷也 東遷之後 諸侯不復宗周 獨齊桓晉文拳拳以尊王室爲事 故春秋予之 當五胡亂華之時 干戈紛紛 世不復知有晉矣 而張氏據涼 慕容氏據燕 獨能不忘本朝 此其所以予之也〕" ≪發明≫

다." 하였다.

삭침이 조염과 新豐城 서쪽에서 싸웠는데, 조염이 패하고 돌아가면서 후회하며 말하기를 "내 노휘의 말을 따르지 아니하여 이 지경에 이르렀으니, 내 무슨 면목으로 그를 만나보겠는가." 하고는 먼저 노휘를 참수하라고 명하였다. 노휘가 말하기를 "장군이 어리석고 고집스러워서 패전하고는, 도리어 다시 자기보다 재주가 앞선 사람을 시기하고 자기보다 나은 자를 살해하려 하니, 아직도 천지가 있다면 어찌 이부자리에서 편안히 죽겠는가." 하였다. 조염은 北地를 공격하다가 쇠뇌를 맞고 죽었다.

漢大司馬, 中山王曜와 趙染이 寇長安한대 索綝이 出拒之러니 染이 有輕綝之色한대 長史魯徽曰 晉之君臣이 自知彊弱不敵하고 將致死於我하리니 不可輕也니이다 染曰 以司馬模之彊으로 吾取之如拉朽(랍후)하니 索綝小豎가 豈能汚吾馬蹄刀刃邪①아 晨에 帥輕騎數百하여 逆之하고 曰 要當獲綝而後食호리라 綝이 與戰于城西②러니 染이 兵敗而歸하여 悔曰 吾不用徽言至此하니 何面目見之리오하고 先命斬徽하니 徽曰 將軍이 愚愎以取敗하고 乃復忌前害勝하니 猶有天地면 其得死於枕席乎③아하더니 染이 攻北地라가 中弩而死④하다

① 拉(꺾다)는 落合의 切이다.
   拉, 落合切.
② 〈"城西"는〉 新豐城의 서쪽이다.
   新豐城西也.
③ "忌前"은 남의 재주가 자기보다 앞선 것을 시기하는 것이요, "害勝"은 자기보다 나은 자를 살해하는 것이다.
   忌前, 忌人在前, 害勝, 害勝己者.
④ 中(맞다)은 去聲이다.
   中, 去聲.

**【綱】** 漢나라(前趙) 石勒이 州郡에 명하여 실제 戶口를 조사하게 하였다.

**漢石勒이 命州郡하여 閱實戶口하다**

【目】 戶마다 비단 2필과 곡식 2섬을 내게 하였다.

戶出帛二匹, 穀二斛하다

**【綱】** 겨울에 漢主 劉聰이 아들 劉粲을 相國으로 삼았다.

冬에 漢主聰이 以子粲爲相國하다

【目】 漢나라(前趙) 晉王 劉粲이 젊어서는 준걸스러운 재주가 있었다. 그러나 相國이 된 이후로는 교만하고 사치하고 제멋대로 행동해서 어진 이를 멀리하고 아첨하는 자를 가까이하며, 엄하고 각박하여 諫言을 받아들이지 않으니, 나라 사람들이 그를 미워하기 시작하였다.

漢晉王粲이 少有儁才러니 自爲相으로 驕奢專恣하여 遠賢親佞하고 嚴刻愎諫하니 國人이 始惡(오)之하니라

乙亥年(315)

【綱】 晉나라 孝愍皇帝 建興 3년이다.

三年이라

【目】 漢나라(前趙) 烈宗 劉聰 建元 원년이다.

漢建元元年이라

【綱】 봄 정월에 左丞相 司馬睿가 周札을 吳興太守로 삼았다.

春正月에 左丞相睿 以周札爲吳興太守하다

【目】 周勰은 자기 아버지의 유언이라 하여 吳 지방 사람들이 원망하는 틈을 타서 亂을 일으킬 것을 도모하였다. 그리하여 吳興功曹인 徐馥으로 하여금 숙부인 周札의 命이라고 사칭하고 무리들을 거두어 모으게 하여 王導와 刁協을 토벌하려 하니, 豪傑들이 크게 따랐다.

이달에 서복이 吳興太守 袁琇(원수)를 죽이고 주찰을 받들어 君主로 삼고자 하였는데, 주찰이 이 말을 듣고 크게 놀라서 義興太守 孔侃에게 통고하였다. 주협은 주찰의 뜻이 자기와 같지 않음을 알고서 감히 亂을 일으키지 못하니, 서복의 무리들이 두려워하여 서복을 공격하여 죽였다.

周勰이 以其父遺言이라하여 因吳人之怨하여 謀作亂하여 使吳興功曹徐馥으로 矯稱叔(叉)〔父〕[26] 札之命하고 收合徒衆하여 以討王導, 刁協하니 豪傑이 翕然附之러라 是月에 馥이 殺吳興太守袁琇하고 欲奉札爲主러니 札이 聞之하고 大驚하여 以告義興太守孔侃하니 勰이 知札意不同하고 不敢發하니 馥黨이 懼하여 攻馥殺之하다

【目】周札의 아들 周續 또한 병력을 모아 徐馥에게 응하였는데, 左丞相 司馬睿가 군대를 일으켜 이들을 토벌할 것을 논하자, 王導가 말하기를 "지금 군대를 조금 출동하면 적을 평정할 수 없고, 많이 출동하면 근본인 도성(建康)이 텅 비게 됩니다. 주속의 族弟인 黃門侍郎 周莚(주연)은 충성스럽고 과감하고 지모가 있으니, 청컨대 주연 한 사람을 파견하면 충분히 주속을 주벌할 수 있습니다." 하였다. 사마예가 그의 말을 따랐다.

札子續이 亦聚衆應馥이어늘 左丞相睿 議發兵討之한대 王導曰 今少發兵이면 則不足以平寇요 多發兵이면 則根本空虛라 續族弟黃門侍郎莚(연)이 忠果有謀①하니 請獨使莚往이면 足以誅續이리이다 睿從之하다

① 莚은 夷然의 切이다.
莚, 夷然切.

【目】周莚이 길을 서둘러 하루에 이틀 길을 가서 郡府에 도착하여 막 들어가려 할 적에, 문에서 周續을 만나 협박하여 함께 孔侃에게 나아갔다. 자리에 앉은 뒤에 주연이 공간에게 이르기를 "府君께서는 어찌하여 역적을 이 자리에 두십니까." 하니, 주속이 즉시 옷 속에서 칼을 꺼내어 주연에게 가까이 다가왔다. 주연이 郡의 傳敎에게 큰소리로 명령하여 주속을 쳐서 죽이게 하고, 이어서 周勰을 주살하려고 하였는데, 周札이 그의 말을 듣지 않고 죄를 從兄인 周邵에게 전가하여 그를 주살하니, 주연은 집에 돌아가 어머니에게 문안도 하지 않고 마침내 먼 길을 떠나갔다.

司馬睿는 주찰을 吳興太守로 삼고 주연을 太子右衛率로 삼았으며, 周氏가 吳나라의 호걸이고 명망 있는 집안이므로 끝까지 죄를 다스리지 않고 주협을 예전과 같이 慰撫하였다.

莚이 兼行至郡하여 將入할새 遇續於門하여 逼與俱詣侃하다 坐定에 莚이 謂侃曰 府君이 何以置賊在坐오하니 續이 卽出衣中刀하여 逼莚이어늘 莚이 叱郡傳敎하여 格殺之하고 因欲誅勰①이러니 札이

26) (叉)〔父〕: 저본에는 '叉'로 되어 있으나, ≪資治通鑑≫에 의거하여 '父'로 바로잡았다.

**不聽**하고 **委罪於從兄邵而誅之**하니 **莚**이 **不歸家省母**하고 **遂長驅而去**러라 **睿以札爲吳興太守**하고 **莚爲太子右衛率**하고 **以周氏吳之豪望**이라 **故不窮治**하고 **撫綏如舊**러라

① 傳敎는 郡의 관리이니, 敎令을 선전하는 자이다.
傳敎, 郡吏也, 宣傳敎令者也.

**【綱】** 2월에 左丞相 司馬睿를 丞相 都督中外諸軍事로 삼고, 南陽王 司馬保를 相國으로 삼고, 劉琨을 司空으로 삼았다.

**二月**에 **以左丞相睿爲丞相, 都督中外諸軍事**하고 **南陽王保爲相國**하고 **劉琨爲司空**하다

**【綱】** 代公 拓跋猗盧의 관작을 높여 代王으로 삼았다.

◑ **進代公猗盧爵爲王**[27]하다

【目】 詔令을 내려서 拓跋猗盧의 관작을 높여 代王으로 삼고 官屬을 두고 代郡과 常山郡을 食邑으로 삼게 하였다. 탁발의로가 劉琨에게 幷州從事 莫含을 청하자, 막함이 가려고 하지 않았다. 이에 유곤이 다음과 같이 설득하였다.

"우리 幷州는 의지할 곳이 없어 외롭고 세력이 약한데다가 또 나는 재주가 없는데도 胡(劉淵)와 羯(石勒)의 사이에서 스스로 보존할 수 있었던 것은 代王의 힘(덕분)이다. 내가 공손히 몸을 낮추고 힘을 다해 물자를 마련하며 長子를 인질로 삼아서 대왕을 받드는 이유는, 행여 우리 조정을 위해서 큰 치욕을 설욕할 수 있을까 해서이다. 卿이 忠臣이 되고자 한다면, 어찌하여 나와 함께 일하는 작은 정성을 아까워하여 나라를 위해 헌신하는 큰 절개를 잊는단 말인가. 卿이 가서 代王을 잘 섬겨서 그의 심복이 된다면, 이것이야말로 바로 우리 한 州가 크게 의뢰할 수 있는 것이다."

막함이 마침내 탁발의로에게 가니, 탁발의로는 그를 매우 소중히 여겨서 큰 계책을 의논할 때마다 항상 참여하게 하였다.

---

27) 進代公猗盧爵爲王 : "'아무개의 작위를 높여주었다.'라고 쓴 것은 어째서인가. 명령이 황제에게서 나왔기 때문이니, '魏公 曹操가 작위를 높여 왕이 되었다.'라고 쓴 것과는 다르다.(漢 獻帝 建安 21년(216)) ≪資治通鑑綱目≫이 끝날 때까지 '아무개의 작위를 높여 왕으로 삼았다.'라고 쓴 것이 7번이요(拓跋猗盧, 朱全忠 2번, 李克用, 錢鏐, 王建, 羅紹威), '詔令을 내려서 아무개의 작위를 높여 왕으로 삼았다'라고 쓴 것이 3번이다.(北周 齊公 宇文憲, 李晟, 朱全忠)〔書進某爵 何 命自上出也 與書魏公操進爵爲王者異矣(漢獻帝建安二十一年) 終綱目 書進某爵爲王七(猗盧 朱全忠 再書 李克用 錢鏐 王建 羅紹威) 詔某進爵爲王三(周齊公憲 李晟 朱全忠)〕" ≪書法≫

詔進猗盧爵爲代王하고 置官屬하고 食代, 常山二郡[①]하다 猗盧請幷州從事莫含於劉琨[②]한대 含이 不欲行이어늘 琨曰 以幷州單弱하고 吾之不材로 而能自存於胡, 羯之間者는 代王之力也[③]니 吾傾身竭貲하고 以長子爲質而奉之者는 庶幾爲朝廷雪大恥也[④]라 卿이 欲爲忠臣인댄 奈何惜共事之小誠하여 而亡徇國之大節乎[⑤]아 往事代王하여 爲之腹心이면 乃一州之所賴也니라 含이 遂行하니 猗盧甚重之하여 常與參大計러라

① 常山은 이미 石勒의 소유가 되었다. 拓跋氏가 나라를 세우고 '代'라고 한 것이 이때 처음 시작되었다.
常山已爲石勒所有. 拓跋氏建國曰代, 始此.
② 含은 含과 같으니, 莫含은 사람의 성명이다.
含, 與含同. 莫含, 姓名.
③ 胡는 劉淵을 이르고, 羯은 石勒을 이른다.
胡, 謂劉淵. 羯, 謂石勒.
④ 劉琨은 長子 劉遵을 拓跋猗盧에게 인질로 보내었다.
琨以長子遵質於猗盧.
⑤ 亡은 《資治通鑑》에 忘으로 되어 있다.
亡, 通鑑作忘.

【目】 拓跋猗盧가 법을 엄격히 적용하여, 나라 사람 중에 법을 범한 자는 간혹 온 部族이 다 죽임을 당하였는데도, 늙은이와 어린이가 서로 손을 잡고 길을 가자, 사람들이 어디를 가느냐고 물으니, 대답하기를 "죽으러 간다." 하고는 한 사람도 감히 도망하여 숨는 자가 없었다.

猗盧用法嚴하여 國人犯法者 或擧部就誅로되 老幼相携(휴)而行이어늘 人問何之오 曰 往就死라하고 無一人敢逃匿者러라

【綱】 3월에 杜弢의 장수 張彦이 豫章을 함락시키니, 尋陽太守 周訪이 그를 공격하여 참수하였다.

三月에 杜弢將張彦이 陷豫章하니 尋陽太守周訪이 擊斬之하다

【目】 王敦이 杜弢를 토벌하기 위해 陶侃 등을 보내어 前後에 걸쳐 수십 번 싸우니, 두도의 장수와 병사들 중에 죽은 자가 많았다. 두도가 마침내 항복을 청하자, 丞相 司馬睿

는 두도를 巴東監軍으로 삼았다. 두도가 이미 명을 받았으나 여러 장수들이 여전히 계속하여 공격하니, 두도는 분노를 이기지 못하여 다시 배반하고 장수 張彦을 보내어 豫章을 함락시켰다. 이에 周訪이 그를 공격하여 참수하였다.

王敦이 遣陶侃等하여 討杜弢하여 前後數十戰하니 弢將士多死라 乃請降이어늘 丞相睿以爲巴東監軍하다 弢旣受命에 諸將이 猶攻之不已하니 弢不勝憤怒하여 復反하고 遣其將張彦하여 陷豫章이어늘 周訪이 擊斬之하다

**【綱】 漢나라(前趙) 太子太傅 崔瑋와 少保 許遐가 伏誅되었다.**

**漢太子太傅崔瑋와 少保許遐伏誅하다**

【目】 漢나라 東宮인 延明殿에 피가 섞인 비가 내리니, 太弟 劉乂가 이것을 꺼려하였다. 崔瑋와 許遐가 유차를 설득하기를 "지금 相國(劉粲)의 위엄과 권세가 東宮보다 더하니, 殿下께서 황제의 자리에 오르지 못할 뿐만 아니라, 朝夕 간에 장차 헤아릴 수 없는 위험이 있을 것이니, 조속히 계책을 세우는 것이 낫겠습니다." 하였으나, 유차가 이 말을 따르지 않았다.

동궁의 舍人이 이 일을 고발하자 漢主 劉聰이 최위와 허하를 죽이고, 將軍 卜抽로 하여금 군대를 거느리고 가서 동궁을 監守하게 하였다. 유차가 표문을 올려서 庶人이 되기를 청하고 또 유찬을 후사로 삼을 것을 청하였는데, 복추가 이것을 통고하지 않았다.

雨血於漢東宮延明殿하니 太弟乂惡(오)之어늘 崔瑋, 許遐說(세)乂曰 今相國威重이 踰於東宮①하니 殿下非徒不得立也라 朝夕에 且有不測之危하리니 不如早爲之計니이다 乂弗從이러니 舍人이 告之②한대 漢主聰이 殺瑋, 遐하고 使將軍卜抽로 將兵하여 監守東宮③하다 乂上表하여 乞爲庶人하고 且請以粲爲嗣러니 抽弗爲通하다

① 相國은 劉聰의 아들 劉粲이다.
相國, 聰子粲.
② 舍人은 東宮의 舍人을 이른다.
舍人, 謂東宮舍人.
③ "監守"는 감독하고 수비하는 것이다.
監守, 監察主守也.

**【綱】** 漢나라(前趙) 曹嶷이 臨淄를 점거하였다.

**漢曹嶷**이 **據臨淄**하다

【目】 漢나라(前趙) 靑州刺史 曹嶷이 齊와 魯 지역의 郡縣을 모두 차지하고 스스로 臨淄에 鎭守하였는데, 10여 만의 병력을 보유하고서 황하 가에 수자리를 설치하였다. 石勒이 표문을 올려서, 조억이 제멋대로 東方을 점거할 뜻을 갖고 있다 하여 토벌할 것을 청하였으나, 漢主 劉聰은 석륵이 조억을 멸망시키면 더 이상 그를 통제할 수 없게 될까 염려해서 허락하지 않았다.

**漢靑州刺史曹嶷**이 **盡得齊, 魯間郡縣**하고 **自鎭臨淄**하니 **有衆十餘萬**하여 **臨河置戍**하다 **石勒**이 **表稱嶷有專據東方之志**라하여 **請討之**한대 **漢主聰**이 **恐勒滅嶷**하면 **不可復制**하여 **弗許**하다

**【綱】** 漢나라(前趙)가 세 명의 后를 세웠다.

**漢立三后**[28)]하다

【目】 漢主 劉聰이 中護軍인 靳準의 두 딸인 月光과 月華를 들여 월광을 세워 上皇后으로 삼고 劉貴妃를 左皇后, 월화를 右皇后로 삼았다.

陳元達이 지극히 諫하기를 "세 명의 后를 동시에 세우는 것은 禮가 아닙니다." 하니, 유총이 좋아하지 않았다. 진원달이 또다시 월광에게 부정한 행실이 있다고 아뢰자, 유총이 부득이하여 그녀를 폐하였다. 월광이 부끄럽고 분한 나머지 자살하니, 유총이 이 때문에 진원달을 원망하였다.

**漢主聰**이 **納中護軍靳準二女月光, 月華**하여 **立月光**하여 **爲上皇后**하고 **劉貴妃與月華**를 **爲左, 右皇后**하니 **陳元達**이 **極諫**하여 **以爲竝立三后**는 **非禮也**니이다 **聰**이 **不悅**이러니 **元達**이 **又奏月光有穢行**이라하니 **聰**이 **不得已廢之**하다 **月光**이 **慙恚自殺**하니 **聰**이 **以是恨元達**이러라

**【綱】** 여름 6월에 도둑이 漢나라의 霸陵과 杜陵을 도굴하였다.

**夏六月**에 **盜發漢霸, 杜二陵**[①29)]하다

---

28) 漢立三后 : "이것을 쓴 것은 비난한 것이다. 漢나라(前趙)가 세 명의 后를 세운 뒤로부터 그 뒤에 北周에서는 네 명의 后를 세우고, 다섯 명의 后를 세웠으니, 더욱 말할 가치도 없다.〔書 譏也 自漢立三后 其後也 周立四后 立五后 益無謂矣〕"《書法》

① 霸陵은 漢나라 文帝의 陵이고, 杜陵은 漢나라 宣帝의 陵이다.
霸陵, 文帝陵. 杜陵, 宣帝陵.

【目】 도둑이 霸陵, 杜陵과 薄太后(漢나라 文帝의 모친)의 陵을 도굴하여 금과 비단을 매우 많이 얻었다. 조정에서는 재정이 부족하다 하여, 詔令을 내려 남아 있는 금과 비단을 거두어서 內帑庫(내탕고)를 채웠다.

盜發二陵及薄太后陵하여 得金帛甚多①라 朝廷이 以用度不足이라하여 詔收其餘하여 以實內府하다

① 薄太后를 南陵에 장례하였으니, 霸陵의 남쪽에 있다.
薄太后葬南陵, 在霸陵之南.

**【綱】 陶侃이 杜弢를 공격하여 격파하니, 두도가 달아나다가 길에서 죽었다. 湘州가 평정되니, 丞相 司馬睿가 王敦에게 都督江揚等州軍事를 加하였다.**

**陶侃**이 **擊杜弢**하여 **破之**하니 **弢走死**라 **湘州平**하니 **丞相睿 加王敦都督江, 揚等州軍事**하다

【目】 陶侃이 杜弢와 서로 공격할 적에 두도가 王貢으로 하여금 나아가 도전하게 하니, 도간이 멀리서 그에게 이르기를 "두도는 益州의 낮은 관리로 있으면서 국고의 돈을 盜用하였고, 아버지가 죽었는데도 喪에 달려가지 않았다. 卿은 본래 훌륭한 사람인데 무슨 연고로 두도를 따르는가. 천하에 어찌 백발이 된 賊이 있겠는가." 하니, 왕공이 마침내 항복하였다.

두도의 무리가 궤멸하여 두도가 도망가다가 길에서 죽자, 도간이 나아가 長沙를 함락시키니, 湘州가 완전히 평정되었다. 丞相 司馬睿가 王敦을 鎭東大將軍으로 승진시키고 都督江揚荊湘交廣六州諸軍事와 江州刺史로 삼으니, 왕돈이 처음으로 刺史 이하를 직접 선발하여 두고서는 점점 더 교만해지고 전횡하였다.

陶侃이 與杜弢相攻할새 弢使王貢出挑戰하니 侃이 遙謂之曰 弢爲益州小吏하여 盜用庫錢하고 父死에 不犇喪이라 卿은 本佳人이어늘 何爲隨之오 天下寧有白頭賊邪①아 貢이 遂降하니 弢衆潰하여

29) 盜發漢霸, 杜二陵 : "≪資治通鑑綱目≫에 '도둑이 두 陵을 도굴했다.'라고 썼는데, 分注(目)에서는 '금과 비단을 매우 많이 얻었다.'라고 썼으니, 이 또한 厚葬하는 자의 경계로 삼을 만하다.〔綱目書盜發二陵 分注載得金帛甚多 此亦可爲厚葬者之戒〕" ≪書法≫

遁走道死어늘 侃이 進克長沙하니 湘州悉平②하다 丞相睿 進王敦鎭東大將軍하여 都督江, 揚, 荊, 湘, 交, 廣六州諸軍事와 江州刺史하니 敦이 始自選置刺史以下하여 寖益驕橫이러라

① 〈"寧有白頭賊邪"는〉 賊이 된 자는 제대로 늙지 못함을 이른 것이다.
言爲賊者不得至老.

② 長沙는 杜弢의 소굴이다.
長沙, 弢之巢穴也.

【目】 처음에 王如가 항복할 적에 王敦의 종제인 王稜이 왕여의 날래고 용맹함을 사랑하여 왕돈에게 청해서 자기의 휘하로 배속시키고 매우 총애하고 후대하였다. 왕여가 왕돈의 장수들과 활쏘기를 하면서 자주 싸우므로 왕릉이 곤장을 치니, 왕여가 이 일을 몹시 부끄러워하였다.

왕돈이 남몰래 晉나라에 대해 딴마음을 품자 왕릉이 매번 諫하니, 왕돈이 노하여 은밀히 사람을 시켜서 왕여를 격노하게 하여 왕릉을 죽이게 하였다. 왕돈이 이 일을 듣고 거짓으로 놀라는 체 하고는, 왕여도 체포하여 주살하였다.

初에 王如之降也에 敦從弟稜이 愛如驍勇하여 請敦하여 配己麾下하고 甚加寵遇하다 如數(삭)與敦諸將으로 角射爭鬪어늘 稜이 杖之한대 如深以爲恥러니 及敦潛畜異志에 稜이 每諫之하니 敦이 怒하여 密使人激如殺稜이라가 敦이 聞之하고 陽驚하고 亦捕如誅之하다

【綱】 王敦이 陶侃을 옮겨 廣州刺史로 삼았다.

王敦이 徙陶侃爲廣州刺史[30)]하다

【目】 처음에 조정에서 第五猗를 荊州刺史로 삼으니, 杜曾이 襄陽에서 제오의를 맞이하고 만 명의 병력을 모아서 漢水와 沔水를 제오의와 나누어 점거하였다. 陶侃이 杜弢를 격파하고서 승세를 타고 전진하여 공격할 적에 두증을 경시하는 마음을 두었다가 도리어 그에게 패하니, 죽은 자가 수백 명이었다.

初에 朝廷이 以第五猗爲荊州刺史하니 杜曾이 迎猗於襄陽하고 聚兵萬人하여 與猗分據漢, 沔이러니 侃이 旣破杜弢하고 乘勝進擊曾할새 有輕曾之志라가 反爲所敗하니 死者數百人이러라

30) 王敦徙陶侃爲廣州刺史 : "곧바로 '王敦이 옮겼다.'라고 쓴 것은 왕돈의 전횡을 미워한 것이다.(앞(313)에서 陶侃을 荊州刺史로 삼을 적에 '왕돈이 표문을 올렸다.'라고 쓴 것에 의거한 것이다.)〔直書敦徙 惡(오)專也(據前爲荊州書敦表)〕" ≪書法≫

【目】 이때에 荀崧(순숭)이 荊州都督으로 宛 지역에 주둔하고 있었는데, 杜曾이 병력을 이끌고 가서 그를 포위하였다. 순숭은 병력이 적고 식량이 다하여 옛 관리인 襄城太守 石覽에게 구원을 청하고자 하였다. 순숭의 작은 딸 荀灌은 이때 나이가 13세였는데, 수십 명의 용사를 거느리고 밤중에 성을 넘어 포위망을 뚫고 나가서 싸우면서 전진하여 마침내 석람의 처소에 도달하고, 또 순숭을 대신하여 편지를 써서 周訪에게 구원을 청하였다. 주방이 아들 周撫를 보내어 병력을 인솔하고 석람과 함께 순숭을 구원하게 하니, 두증이 마침내 도망하였다.

두증이 다시 순숭에게 편지를 보내어 직접 功을 세워 속죄할 것을 청하자, 순숭이 이를 허락하였다. 陶侃이 순숭에게 편지를 보내기를 "두증은 흉악하고 교활하니, 이른바 제 어미를 잡아먹는 솔개와 올빼미 같은 자입니다. 이 사람이 죽지 않으면 荊州 지역이 편안하지 못할 것이니, 足下는 마땅히 내 말을 기억해야 합니다." 하였다. 그러나 순숭은 병력이 적다는 이유로 두증의 힘을 빌려 외부의 원조로 삼으려 해서 도간의 말을 따르지 않았다. 두증은 다시 유민 2천여 명을 거느리고서 襄陽을 포위했다가 이기지 못하고 돌아갔다.

時에 荀崧(순숭)이 都督荊州하여 屯宛하니 曾이 引兵圍之라 崧이 兵少食盡하여 欲求援於故吏襄城太守石覽하다 崧의 小女灌이 年十三이라 帥勇士數十人하고 踰城突圍하고 夜出하여 且戰且前하여 遂達覽所하고 又爲崧書하여 求救於周訪하다 訪이 遣子撫하여 帥兵하여 與覽共救崧하니 曾이 乃遁去하다 曾이 復致牋於崧하여 求自效한대 崧이 許之①하다 侃이 遺崧書曰 杜曾이 凶狡하니 所謂鴟梟食母之物이라 此人不死면 州土未寧이니 足下當識(지)吾言②하라 崧以兵少라하여 藉爲外援하여 不從이러니 曾이 復帥流亡二千餘人하여 圍襄陽이라가 不克而還하다

① ≪資治通鑑≫에는 "丹水賊을 토벌하여 功을 세워 속죄할 것을 청하였다." 하였다.
通鑑 "求討丹水賊以自效."

② 識(기억하다)는 音이 誌이다.
識, 音誌.

【目】 王敦이 총애하는 사람 錢鳳이 陶侃의 功을 시기하여 여러 번 도간을 헐뜯었다. 도간이 왕돈에게 가서 직접 해명하자, 왕돈은 荊州로 보내지 않고 廣州刺史로 좌천시키고는, 자신의 從弟 王廙를 荊州刺史로 삼았다. 형주의 將吏인 鄭攀 등이 왕돈에게 찾아가 도간의 유임을 청했으나 허락하지 않으니, 여러 사람들이 내심 원망하고 분개하여 마침내 杜曾과 第五猗를 맞이하여 왕이를 막았다.

王敦이 속으로 陶侃을 해치려고 하다

왕돈은 정반 등이 도간의 뜻을 받들었다고 생각하여, 갑옷을 입고 창을 잡고는 장차 도간을 죽이려 하였는데, 이때 나갔다가 다시 되돌아오기를 서너 차례 하였다. 도간이 정색하고 말하기를 "使君은 영명하게 결단하여 응당 천하를 제재해야 하는데, 어찌 이처럼 결단하지 못합니까." 하고는 바로 일어나서 측간에 갔다.

參軍 梅陶가 왕돈에게 말하기를 "周訪은 도간과 친하고 또 인척관계여서 마치 왼손과 오른손처럼 가깝습니다. 남의 왼손을 잘랐는데, 오른손이 응하지 않는 경우가 어찌 있겠습니까." 하였다. 왕돈의 마음이 풀려서 마침내 성대한 연회를 베풀어 도간을 전송하니, 도간이 곧바로 그날 밤에 출발하였다.

王敦의 嬖人錢鳳이 疾侃之功하여 屢毁之하니 侃이 詣敦自陳한대 敦이 留不遣하고 左轉廣州刺史하고 以其從弟廙로 刺荊州①하다 將吏鄭攀等이 詣敦留侃호되 不許하니 衆情憤惋하여 遂迎杜曾, 第五猗하여 以拒廙하다 敦이 意攀等承侃風旨②하여 被甲持矛하고 將殺侃에 出而復還者 數四③라

侃이 正色曰 使君이 雄斷하여 當裁天下하니 何此不決乎아하고 因起如厠이러니 參軍梅陶言於敦曰 周訪이 與侃親姻하여 如左右手④하니 安有斷人左手而右手不應者乎잇가 敦이 意解하여 乃設盛饌以餞之하니 侃이 便夜發하다

① "左轉(좌천시키다)"은 左遷이라는 말과 같다.
左轉, 猶言左遷也.
② 凪(의지)은 본음대로 읽는다.
凪, 如字.
③ 復(다시)는 扶又의 切이다.
復, 扶又切.
④ 周訪은 陶侃과 친구이고, 또 도간의 아들 陶瞻에게 딸을 시집보내었다.
訪與侃結友, 以女妻侃子瞻.

【目】 이때 王機가 廣州를 몰래 점거하고 있었는데 陶侃이 始興에 도착하니, 광주 사람들이 모두 말하기를 "마땅히 형세를 관찰하여야 한다." 하였다. 그러나 도간은 그 말을 듣지 않고 곧바로 광주로 가서 督護를 보내어 왕기를 토벌하여 패주시키니, 광주가 마침내 평정되었다.

도간은 광주에 있을 적에 일이 없었다. 그리하여 매일 아침마다 벽돌 백 장을 집 밖으로 옮겼다가 저녁이 되면 집 안으로 옮겨왔다. 사람들이 그 이유를 물으니, 도간이 대답하기를 "내 막 中原을 회복하기 위해 힘을 다하고 있는데, 지나치게 한가하고 편안하면 장차 큰일을 감당하지 못할까 염려되므로 수고로움을 익히는 것이다." 하였다.

時에 王機盜據廣州라 侃이 至始興하니 州人이 皆言宜觀察形勢①라호되 侃이 不聽하고 直至廣州하여 遣督護討機하여 走之하니 廣州遂平하다 侃이 在州無事라 輒朝運百甓於齋外하고 暮運於齋內②어늘 人이 問其故한대 答曰 吾方致力中原하니 過爾優逸이면 恐不堪事라 故習勞耳라하니라

① 吳나라 孫皓[31] 甘露 원년(265)에 桂陽의 南部都尉를 나누어 始興郡을 세우고 漢나라 曲江縣을 치소로 하였다.
吳孫皓甘露元年, 分桂陽南部都尉, 立始興郡, 治漢曲江縣.
② 甓은 蒲歷의 切이니, 벽돌이다.
甓, 蒲歷切, 瓴甋也.

31) 孫皓 : 삼국시대 吳나라 孫權의 손자로, 景帝의 뒤를 이어 임금이 되었으나 酒色에 빠져 정사를 돌보지 않았으며, 무고한 자들을 살육하면서 사람의 눈을 뽑고 얼굴 가죽을 벗기는 등 포악하게 굴다가 晉나라에 사로잡혀 洛陽에서 죽었다.(≪三國志≫ 권48 〈吳書 孫皓傳〉)

官齋運甓(官舍에서 벽돌을 나르다)

【綱】 겨울 10월에 漢나라(前趙)가 馮翊을 침략하여 함락시켰다.

冬十月에 漢이 寇馮翊하여 陷之하다

【目】 劉曜가 北地郡을 침략하고 진군하여 馮翊을 함락시키자, 麴允이 靈武縣에 군대를 주둔하였으나 병력이 약하여 감히 전진하지 못하였다. 황제(晉 愍帝)가 相國인 司馬保에게서 여러 번 군대를 징발하니, 사마보의 좌우들이 모두 말하기를 "독사가 손을 물면 장사가 팔뚝을 자르는 법입니다. 지금 오랑캐가 한창 강성하니 우선 隴 지역의 길을 차단하고서 사태의 변화를 관찰하여야 합니다." 하였다.

從事中郞 裴詵이 말하기를 "지금 독사가 이미 머리를 물었으니, 그렇다면 머리를 잘라야 하겠는가." 하니, 사마보가 마침내 胡崧을 行前鋒都督으로 삼고서 여러 군대가 모이기를 기다려 함께 출발하기로 하였다.

劉曜寇北地하고 進拔馮翊이어늘 麴允이 軍于靈武로되 以兵弱하여 不敢進①이라 帝屢徵兵於相國保하니 保左右皆曰 蝮(복)蛇螫(석)手면 壯士斷腕②하나니 今胡寇方盛하니 且宜斷隴道하여 以觀其變이니이다 從事中郞裴詵曰 今蛇已螫頭하니 頭可斷乎아하니 保乃以胡崧으로 行前鋒都督하여 須諸軍集하여 乃發하다

① 靈武는 漢나라 北地郡의 靈武縣이다.
靈武, 漢北地郡之靈武縣也.

② 蝮은 音이 福이니, 독사이다. 螫은 音이 釋이니, 蠚으로도 쓴다. ≪漢書≫ 〈田儋傳〉에 "齊王이 말하기를 '독사가 손을 물면 손을 자른다.'라고 했다." 하였으니, 이와 같이 하지 않으면 온 몸에 독이 퍼져서 죽음에 이르게 됨을 말한 것이다.
蝮, 音福, 毒蛇也. 螫, 音釋, 或作蠚. 漢書"齊王曰'蝮蠚手則斬手.'" 蓋以謂不如此, 則流毒於一身, 至於死也.

【目】 麴允이 황제를 받들어 모시고 司馬保에게 가려고 하였는데, 索綝이 말하기를 "사마보가 天子를 얻으면 반드시 자신의 사사로운 마음을 펼 것입니다." 하니, 마침내 중지하였다. 이에 長安의 서쪽 지역이 더 이상 공물을 바치지 않으니, 백관이 굶주리고 궁핍하여 자생하는 벼를 채취해서 먹으면서 목숨을 보존하였다.

允이 欲奉帝往就保러니 索綝曰 保得天子면 必逞其私志라하니 乃止하다 於是에 自長安以西 不復貢奉하니 百官이 饑乏하여 採稆(려)以自存①이러라

① 秬는 音이 呂이니, 벼가 자생하는 것을 秬라 한다.
　秬, 音呂. 禾自生曰秬.

**【綱】** 張寔이 옥새를 얻어 조정에 바쳤다.

**張寔**이 **得璽獻之**하다

【目】 涼州의 軍士가 옥새를 얻었는데, '皇帝行璽'라고 쓰여 있었다. 이것을 張寔에게 바치자 관속들이 모두 축하하니, 장식이 말하기를 "이것은 신하가 보관해둘 수 있는 물건이 아니다." 하고는 長安으로 올려 보냈다.

涼州軍士得璽하니 文曰皇帝行璽라 獻於張寔한대 僚屬이 皆賀하니 寔曰 是非人臣所得留라하고 歸之長安하다

丙子年(316)

**【綱】** 晉나라 孝愍皇帝 建興 4년이다.

**四年**이라

【目】 漢나라(前趙) 烈宗 劉聰 麟嘉 원년이다.

漢麟嘉元年이라

**【綱】** 봄 2월에 漢나라(前趙)가 少府 陳休 등 7명을 죽였다.

**春二月**에 **漢**이 **殺其少府陳休等七人**[32]하다

【目】 漢나라(前趙) 中常侍 王沈과 郭猗 등이 총애를 믿고 권력을 행사하였다. 漢主 劉聰

32) 漢殺其少府陳休等七人 : "陳休 등은 忠直함으로 군주를 섬겨 스스로 충절을 다하고서 죽겠다고 하였다. 그러나 오랑캐의 추장(劉聰)에게 지조를 잃었으니, 올바른 자리가 아니다. 그러므로 ≪資治通鑑綱目≫에서는 다만 '진휴 등 7명을 죽였다.'라고 쓰고 그 이름을 일일이 들어 쓰지 않았으니, 이는 생략한 것이다. 생략한 것은 천하게 여긴 것이다. 이 때문에 군자는 君主를 가리는 데에 신중함을 기하는 것이다.〔陳休等皆以忠直事人 自以爲盡節而死 然失身酋虜 則非其地矣 故綱目止書殺休等七人 而不列敍其名者 略之也 略之者 賤之也 是以君子謹於擇主〕" ≪發明≫

이 後宮에서 놀며 잔치를 하느라 혹 100일 동안 후궁에서 나오지 않고 모든 政事를 相國인 劉粲에게 맡겨두고서, 오직 살리고 죽이는 일과 관직을 제수하는 일만 왕침 등으로 하여금 들어와 아뢰게 하니, 왕침 등은 대부분 자기의 사사로운 생각으로 결정하였다.

곽의가 太弟 劉乂에게 원한이 있어 유찬에게 다음과 같이 말하였다.

"듣자하니 태제가 大將軍(劉敷)과 상의하여 上巳日(음력 3월 3일)에 여는 큰 잔치를 틈타 亂을 일으키려 한다고 합니다. 지금 禍가 닥칠 시기가 매우 임박하였으니, 빨리 도모하여야 합니다. 전하께서 혹시라도 신의 말을 믿지 못하시겠으면, 大將軍(유부)의 從事인 〈衛軍大將軍의〉 王皮와 司馬인 劉惇을 불러서 그들이 귀순하여 자수하기를 허락한 다음 물으시면, 반드시 실정을 알 수 있을 것입니다."

유찬이 이를 허락하였다.

漢中常侍王沈, 郭猗等이 寵幸用事라 漢主聰이 遊宴後宮하여 或百日不出하고 政事를 一委相國粲하여 惟殺生除拜를 乃使沈等入白하니 沈等이 多自以其私意決之러라 猗有怨於太弟乂하여 謂粲曰 聞太弟與大將軍謀하여 因上巳大宴하여 作亂①이라하니 今禍期甚迫하니 宜早圖之니이다 殿下儻不信臣言인댄 可召大將軍從事王皮와 司馬劉惇하여 許其歸首以問之하시면 必可知也리이다 粲이 許之②하다

① 劉粲의 아우 勃海王 劉敷가 이때 大將軍이었다.
粲弟勃海王敷, 時爲大將軍.

② ≪資治通鑑≫에는 "衛軍大將軍의 司馬인 劉惇이다." 하였으니, 유찬의 아우 齊王 劉勸이 이때 衛軍大將軍이었다.
通鑑"衛軍司馬劉惇." 粲弟齊王(勸)〔勱〕,[33] 時爲衛大將軍.

【目】郭猗가 은밀히 王皮와 劉惇에게 이르기를 "두 왕(勃海王 劉敷와 齊王 劉勱)의 반역하는 내용을 主上과 相國이 자세히 알고 있다. 卿들도 이 일에 함께 참여하였는가." 하니, 두 사람이 놀라며 말하기를 "그런 일이 없습니다." 하였다. 곽의가 말하기를 "이 일은 이미 결정되었다. 나는 卿들의 친척과 벗들 모두 족멸하게 되는 것을 가엾게 여긴다." 하고는, 탄식하며 눈물을 흘렸다.

두 사람이 크게 두려워하여 머리를 땅에 두드리면서 살려줄 것을 애걸하자, 곽의가 말하기를 "相國(劉粲)이 卿에게 물으시면, 卿들은 그런 일이 있었다고만 대답하

33) (勸)〔勱〕: 저본에는 '勸'으로 되어 있으나, ≪資治通鑑≫ 註에 의거하여 '勱'로 바로잡았다.

라.” 하니, 왕피와 유돈이 그렇게 하겠다고 하였다. 유찬이 물었는데, 동시에 오지 않았는데도 두 사람의 말이 한결같으니, 유찬은 두 왕이 참으로 모반한 것이라고 믿었다.

猗密謂皮, 惇曰 二王逆狀을 主上及相國이 具知之矣니 卿同之乎아 二人驚하여 曰 無之로라 猗曰 茲事已決하니 吾憐卿親舊幷見族耳라하고 因歔欷流涕한대 二人이 大懼하여 叩頭求哀라 猗曰 相國이 問卿이어든 卿但云有之라하니 皮, 惇이 許諾하다 粲이 問之에 二人이 至不同時로되 而其辭若一하니 粲以爲信然이러라

【目】 靳準이 또 劉粲을 다음과 같이 설득하였다.

“사람들이 太弟가 변고를 일으킨다고 아뢰면, 主上은 반드시 믿지 않을 것이니, 마땅히 東宮의 禁令을 느슨히 해서 賓客들로 하여금 왕래하게 해야 합니다. 그렇게 하면 태제가 평소 선비들을 대하기를 좋아하여 반드시 이것을 혐의하지 않을 것이니, 경박한 小人들 중에는 태제에게 영합하여 도모하는 자가 없지 않을 것입니다. 그런 뒤에 이 下官이 殿下를 위해서 태제의 죄를 드러내 밝히고 그의 빈객들을 체포하여 고문해서 獄辭(供招)가 갖추어지고 나면, 主上께서도 믿지 않을 리가 없을 것입니다.”

유찬이 마침내 卜抽에게 명해서 군대를 이끌고 東宮을 떠나게 하였다.

靳準이 復說(세)粲曰 人告太弟爲變이면 主上이 必不信하시리니 宜緩東宮之禁하여 使賓客得往來하면 太弟雅好待士하여 必不以此爲嫌이니 輕薄小人이 不能無迎合爲之謀者라 然後에 下官이 爲殿下하여 露表其罪하고 收其賓客하여 考問之하여 獄辭旣具하면 則主上이 無不信之理也①리이다 粲이 乃命卜抽하여 引兵去東宮②하다

① 下官은 靳準이 자기를 칭한 것이다.
下官, 準自稱.

② 지난해에 劉聰이 卜抽로 하여금 군대를 거느리고 가서 東宮을 監守하게 하였다.
去年, 聰令卜抽將兵監守東宮.

【目】 少府 陳休와 將軍 卜崇은 인품이 청렴하고 정직하니, 王沈 등이 몹시 이들을 미워하였다.

侍中 卜幹이 진휴와 복숭에게 이르기를 “왕침 등의 세력이 대단하여 하늘과 땅을 뒤

바꿀 수 있을 정도이니, 卿들은 스스로 황제와의 친분과 자신의 어짊을 헤아려보건대, 竇武, 陳蕃[34)]과 비교하여 누가 낫다고 여기는가?" 하였다. 진휴와 복숭이 말하기를 "우리는 나이가 50이 넘었고 지위가 이미 높으니, 오직 한 번의 죽음만 남았을 뿐이다. 忠義에 죽는다면 죽을 곳을 얻는 것이니, 어찌 머리를 숙이고 눈썹을 낮게 드리우고서 환관을 섬기겠는가." 하였다.

少府陳休와 將軍卜崇이 爲人淸直하니 沈等이 深疾之라 侍中卜幹이 謂休, 崇曰 沈等勢力이 足以回天地하니 卿輩自料親賢이 孰與竇武, 陳蕃①고 休, 崇曰 吾輩年踰五十하고 職位已崇하니 唯欠一死耳라 死於忠義면 乃爲得所니 安能俛首低眉以事閹豎(엄수)乎아

① 〈"自料親賢 孰與竇武, 陳蕃"은〉 "陳蕃은 어질고 竇武는 황제의 친척인데도 宦官에게 곤궁을 당하였는데, 하물며 陳休와 卜崇 등이랴."라고 말한 것이다.
言陳蕃之賢, 竇武之親, 且爲宦官所困, 況休·崇等乎.

【目】 이때에 劉聰이 명하여 陳休와 卜崇, 特進[35)]인 綦毋達 등 7명을 체포하여 주살하니, 이들은 모두 환관들이 미워한 자들이었다. 卜幹이 울며 諫하자 왕침이 그를 질타하니, 유총은 노하여 복간의 관직을 파면하여 庶人으로 삼았다. 河間王 劉易(유이)와 陳元達 등이 다음과 같이 諫하였다.

"지금 남아 있는 晉 왕조의 무리가 아직 완전히 없어지지 않았고, 巴·蜀 지역도 귀순하지 않았으며, 石勒은 趙와 魏 지역을 점거할 것을 도모하고, 曹嶷은 齊 지역 전체를 차지하여 왕이 되고자 하니, 陛下의 心腹과 四肢에 어느 곳인들 병통이 없단 말입니까. 그런데도 다시 왕침 등으로 하여금 亂을 조장하게 해서 巫咸을 죽이고 扁鵲을 죽이시니, 신은 마침내 膏肓(고황)의 병이 되어서 뒤에 치료하려고 해도 미칠 수 없게 될까 두렵습니다. 청컨대 왕침 등의 관직을 파면하고 有司에게 맡겨서 죄를 다스리기를 바랍니다."

유총은 이 표문을 왕침 등에게 보여주고는 웃으며 말하기를 "여러 아이들이 진원달에게 유인되어 마침내 바보가 되었다." 하였다.

---

34) 竇武, 陳蕃 : 竇武는 後漢 桓帝의 황후인 竇太后의 아버지로 환제가 죽은 뒤에 靈帝를 옹립하였다. 陳蕃은 자가 仲擧로, 국정을 보필하고 名賢을 임용하였으며, 사람됨이 방정하고 준엄하여 漢末의 士風이 그로 인해 氣節을 숭상하게 되었다. 두 사람은 함께 환관 曹節 등을 제거하려다가 일이 누설되어 도리어 죽임을 당하였다.

35) 特進 : 前漢 말기에 설치된 관직으로, 列侯 중에 특수한 지위에 있는 사람에게 수여하였는데, 三公의 아래에 자리하였다. 後漢부터는 겨우 명칭만 있을 뿐 實職이 없었다.

至是하여 聰이 命收休, 崇及特進綦毋達等七人하여 誅之하니 皆宦官所惡(오)也[①]라 卜幹이 泣諫이어늘 王沈이 叱之하고 聰이 怒하여 免幹爲庶人하다 河間王易及陳元達等이 諫曰[②] 今遺晉未殄하고 巴, 蜀不賓하며 石勒이 謀據趙, 魏하고 曹嶷이 欲王全齊하니 陛下心腹四支에 何處無患이니잇고 乃復以沈等助亂하여 誅巫咸하고 戮扁鵲하니 臣恐遂成膏肓之疾하여 後雖救之나 不可及已[③]니이다 請免沈等官하고 付有司治罪하노이다 聰이 以表示沈等하고 笑曰 群兒爲元達所引하여 遂成癡兒로다

① 綦毋는 音이 其無이니, 複姓이다. 7명은 陳休, 卜崇, 綦毋達, 公師彧, 王琰, 田歆, 朱諧이다.
綦毋, 音其無, 複姓也. 七人, 陳休・卜崇・綦毋達・公師彧・王琰・田歆・朱諧.

② 劉易는 劉聰의 아들이다.
易, 聰之子也.

③ 巫咸은 殷나라의 유명한 무당이고, 扁鵲은 옛날의 훌륭한 의원이다. 膏는 音이 高이니, 심장 아래를 膏라 한다. 肓은 音이 荒이니, 명치이다. ≪春秋左氏傳≫ 成公 10년 조에 "晉侯가 병이 위독하여 秦나라에 의원을 요구하자, 秦伯이 의원 緩을 보내 치료하게 하였다. 의원이 와서 보고 말하기를 '이 병은 치료할 수가 없습니다. 肓의 위, 膏의 아래에 있어서 약쑥으로 떠도 병을 공격할 수 없고 침을 놓아도 도달하지 못하고 약을 마셔도 약이 도달하지 못해서 치료할 수 없습니다.'라고 했다." 하였다.
巫咸, 殷巫也. 扁鵲, 古良醫也. 膏, 音高, 心下爲膏. 肓, 音荒, 鬲也. 左傳成十年 "晉侯疾病, 求醫于秦, 秦伯使醫緩爲之. 醫至, 曰 '疾不可爲也. 在肓之上, 膏之下. 攻之不可, 達之不及, 藥不至焉, 不可爲也.'"

【目】 劉聰이 劉粲에게 王沈 등에 대하여 묻자, 유찬이 그들이 충성스럽고 청백하다고 크게 칭찬하니, 유총은 기뻐하여 왕침 등을 봉하여 列侯로 삼았다.

劉易(유이)가 또다시 상소하여 지극히 諫하자, 유총이 크게 노하여 손수 그 상소문을 찢으니, 유이가 분을 이기지 못하고 卒하였다. 유이는 평소 충직하였기 때문에 陳元達이 그의 도움에 의지하여 지극히 간쟁을 할 수 있었다. 유이가 죽자, 진원달이 슬피 통곡하며 말하기를 "'훌륭한 사람이 죽음에 나라가 병든다.'라고 하였는데, 내 이미 더 이상 직언을 할 수 없게 되었으니, 어찌 침묵을 지키며 구차히 살겠는가." 하고는 돌아가 자살하였다.

얼마 후 유총이 여러 신하들에게 잔치를 베풀 적에, 太弟 劉乂를 引見하고서 그가 초췌한 모습으로 눈물을 흘리며 사죄하는 것을 보고는, 유총도 함께 통곡하고 그를 처음과 같이 대우하였다.

聰이 問沈等於粲한대 粲이 盛稱其忠清하니 聰이 悅하여 封沈等爲列侯하다 易(이) 又上疏極諫한대 聰이 大怒하여 手壞其疏하니 易 忿恚而卒하다 易 素忠直이라 元達이 倚之爲援하여 得盡諫爭이러니 及卒에 元達이 哭之慟하여 曰 人之云亡에 邦國殄悴라하니 吾既不復能言하니 安用默默苟生乎아하고 歸而自殺하다 既而요 聰이 宴群臣할새 引見太弟乂하여 見其憔悴하고 涕泣陳謝어늘 聰亦慟哭하여 待之如初러라

【綱】代나라 拓跋六脩가 그 君主 拓跋猗盧를 시해하니 拓跋普根이 그를 토벌하고 즉위하였는데, 얼마 후 탁발보근이 卒하자 拓跋鬱律이 즉위하였다.

代六脩弑其君猗盧어늘 普根이 討之而立이러니 尋卒하니 鬱律이 立하다

【目】처음에 代王 拓跋猗盧가 작은아들 拓跋比延을 사랑하여 그를 후사로 삼고자 해서 長子인 拓跋六脩로 新平城에 나가 살게 하고 그의 어미를 내쳤다.

탁발육수가 조회 왔을 적에, 탁발의로가 그로 하여금 탁발비연에게 절하게 하자, 탁발육수가 따르지 않고 떠나갔다. 이에 탁발의로가 크게 노해서 군사를 거느리고 탁발육수를 토벌하다가 군대가 패하여 마침내 시해를 당하였다.

拓跋猗㐌의 아들 拓跋普根이 탁발육수를 공격하여 멸망시키고 그를 대신하여 즉위하니, 나라 안이 크게 혼란하였다. 將軍 衛雄과 箕澹이 인질로 온 劉琨의 아들 劉遵과 함께 晉나라 사람과 烏桓의 3만 가호와 말, 소, 양 10만 마리를 거느리고 유곤에게 귀의하니, 유곤의 세력이 이로 말미암아 다시 크게 떨쳐졌다. 얼마 되지 않아 탁발보근이 卒하니, 나라 사람들은 拓跋鬱律을 왕으로 세웠다.

初에 代王猗盧 愛其少子比延하여 欲以爲嗣하여 使長子六脩로 出居新平城하고 而黜其母하다 六脩來朝에 猗盧使拜比延한대 六脩不從而去하니 猗盧大怒하여 帥衆討之라가 兵敗하여 遂爲所弑하다 猗㐌子普根이 攻六脩하여 滅之하고 代立하니 國中이 大亂이라 將軍衛雄, 箕澹이 與劉琨質子遵으로 帥晉人及烏桓三萬家와 馬, 牛, 羊十萬頭하여 歸于琨하니 琨兵이 由是復振이러라 普根이 尋卒하니 國人이 立鬱律하다

【綱】張寔이 군대를 들여보내 구원하였다.

張寔이 遣兵入援[36)]하다

【目】張寔이 자기가 통솔하고 있는 관리와 백성들에게 명령을 내려서, 자신의 잘못을 지적하는 자가 있으면 삼베와 명주와 양고기와 쌀을 상으로 주겠다고 하였다. 이에 賊曹佐[37]인 隗瑾이 다음과 같이 말하였다.

“明公이 정사를 함에 크고 작은 일을 막론하고 모두 스스로 결단하시니, 아랫사람들은 위엄을 두려워해서 明公이 내린 명령을 받을 뿐입니다. 이와 같으면 비록 천금의 상을 주더라도 그들은 감히 말하지 못할 것입니다. 생각하건대, 명공께서 빼어난 지혜와 타고난 총명을 다소 감추시고 아랫사람들을 불러 의견을 물어서 각각 마음속에 품은 생각을 다 말하게 해야 합니다. 그런 뒤에 채택하여 행하시면 아름다운 말이 저절로 이를 것입니다. 어찌 굳이 상을 줄 필요가 있겠습니까.”

장식이 기뻐하여 그의 말을 따르고, 외근에게 세 등급의 지위를 더 올려주었다.

---

36) 張寔遣兵入援 : “앞에서는 ‘張軌가 督護를 들여보내 호위했다.’라고 썼고, 또 ‘장궤가 군대를 長安으로 들여보냈다.’라고 썼고, 또다시 ‘張寔이 군대를 들여보내 구원하였다.’라고 썼으니, 張氏의 父子는 君主를 잘 섬겼다고 이를 만하다. 빠짐없이 모두 쓴 것은 그들 부자를 인정한 것이다. ‘入援’이라고 쓴 것이 이때 처음 시작되었으니, 《資治通鑑綱目》이 끝날 때까지 ‘入援’이라고 쓴 것이 15번이다. (이해(316), 梁나라 戊辰年(548) 湘東王 蕭繹・邵陵王 蕭綸・鄱陽王 蕭範 등과 韋粲 등, 庚午年(550) 武陵王 蕭紀, 唐나라 玄宗 天寶 15년(756) 回紇・于竇王, 肅宗 寶應 원년(762) 回紇, 德宗 建中 4년(783) 靈武諸道・李晟, 僖宗 廣明 원년(880) 王處存・王重榮, 昭宗 乾寧 2년(895) 王建과 3년 李克用)〔前書張軌遣督護入衛矣 又書張軌遣兵詣長安矣 於是復書張寔遣兵入援 張氏父子 可謂能事君矣 備書 予之 書入援始此 終綱目 書入援十有五(是年 梁戊辰年湘東王繹 邵陵王綸 鄱陽王範等 韋粲等 庚午年武陵王紀 唐玄宗天寶十五載回紇于竇王 肅宗寶應元年回紇 德宗建中四年靈武諸道李晟 僖宗廣明元年王處存王重榮 昭宗乾寧二年王建 三年李克用)〕”《書法》

“春秋의 법에 무릇 ‘구원했다’라고 쓴 것은 좋게 여기지 않은 것이 없으나, 구원하는 가운데에도 또 똑같이 논할 수 없는 점이 있다. 왕실을 구원하였으면 제후를 죄책한 것이니 鄭나라 子突이 衛나라를 구원한 경우가 이에 해당하고, 먼 나라를 구원하였으면 사방의 이웃나라를 죄책한 것이니 晉나라 陽處父가 江나라를 구원한 경우가 이에 해당하고, 夷狄을 구원하였으면 중원을 죄책한 것이니 狄이 齊나라를 구원하고 吳나라가 陳나라를 구원한 경우가 이에 해당한다. 이때 오랑캐의 기세가 하늘을 뒤덮어서 晉나라 황실이 累卵처럼 위태로운데도, 四方의 征, 鎭들은 병력을 보유하고 스스로 견고히 할 뿐, 勤王하는 일이 있다는 말을 듣지 못하였다. 그런데 張寔은 멀리 河西 지역에 있으면서도 마침내 군대를 들여보내 구원하였다. 《資治通鑑綱目》에서 사실에 근거하여 이것을 썼으니, 가까운 지역에 있는 여러 鎭이 부끄럽지 않겠는가. 먼 곳에 있는 자를 아름답게 여긴 것은 가까이 있는 자를 죄책한 것이니, 이것이 진실로 書法의 깊은 뜻이다. 아! 슬프다.〔春秋之法 凡書救未有不善者 然於救之中 又有不得而概論焉 救在王室 則罪諸侯 子突救衛是也 救在遠國 則罪四隣 晉陽處父救江是也 救在夷狄 則罪中國 狄救齊 吳救陳是也 是時虜寇滔天 晉室危如累卵 四方征鎭 擁兵自固 未聞有勤王之擧 張寔遠在河西 乃能遣兵入援 綱目據事書之 近地諸鎭 得無愧乎 美在遠者 則責在近者 此固書法之深意也吁〕”《發明》

37) 賊曹佐 : 賊曹는 관서의 명칭으로 前漢 때 三公府에 소속된 諸曹의 하나로 도적에 관련된 일을 주관하였다. 佐는 參佐의 의미이다. 後漢 때에는 秩 三百石의 掾이 이를 주관하였으며, 郡縣에도 설치하였는데 掾이 秩 百石이었다. 삼국시대 曹魏의 大將軍府에도 설치되었다. 晉代에도 이어서 설치하였으며 公府, 大將軍府에 증치되었다.

장식이 將軍 王該를 보내어 보병과 기병 5천 명을 거느리고 들어가서 長安을 구원하게 하고, 또 여러 郡에 貢物로 바칠 토산품의 장부를 보내자, 詔令을 내려서 장식을 都督陝西諸軍事로 제수하였다.

張寔이 下令所部吏民하여 有能擧其過者면 賞以布, 帛, 羊, 米라한대 賊曹佐隗瑾曰[①] 明公이 爲政에 事無巨細히 皆自決之하니 群下畏威하여 受成而已라 如此면 雖賞之千金이라도 終不敢言也리이다 謂宜少損聰明하고 延訪群下하여 使各盡所懷니 然後에 采而行之하면 則嘉言自至하리니 何必賞也잇가 寔이 悅하여 從之하고 增瑾位三等하다 寔이 遣將軍王該하여 帥步騎五千하여 入援長安하고 且送諸郡貢計[②]어늘 詔拜寔都督陝西諸軍事하다

① 漢나라 이래로 公府와 方州(州郡)와 郡國의 여러 曹에 掾이 있고 屬이 있고 佐史가 있었으니, 賊曹의 佐職은 盜賊을 잡는 일을 주관하였다.
自漢以來, 公府・方州・郡國諸曹, 有掾, 有屬, 有佐史. 賊曹佐職, 主盜賊事.

② 貢은 토산물이고, 計는 計吏의 장부이다.
貢, 土物也. 計, 計帳也.

【綱】 石勒이 廩丘를 침략하여 함락시켰다.

石勒이 寇廩丘하여 陷之하다

【目】 劉演이 段氏에게로 달아났다.

劉演이 奔段氏하다

【綱】 여름 6월 초하루에 일식이 있었다.

夏六月朔에 日食하다

【綱】 가을 7월에 漢나라(前趙) 劉曜가 北地를 함락시키고 진군하여 涇陽에 이르렀다.

◑ 秋七月에 漢劉曜陷北地하고 進至涇陽하다

【目】 劉曜가 北地를 포위하니 麴允이 이를 구원하려 하였는데, 유요가 反間을 하는 첩자

를 보내어 국윤을 속이기를 "郡의 城이 이미 함락되었으니, 이제 가도 이미 늦었다."라고 하였다. 국윤의 군대가 두려워하여 궤멸하니, 유요가 추격하여 국윤을 패퇴시키고 마침내 北地를 점령하였다.

국윤은 성품이 지나치게 인자하고 후덕하여 위엄과 과단성이 없었고, 작위를 가지고 남의 환심을 사기를 좋아하였다. 그리하여 여러 郡의 太守가 모두 征, 鎭의 장군을 겸하고 촌락의 우두머리 중 작은 자들도 銀靑將軍의 칭호를 갖고 있었으나, 은혜가 아래 사졸들에게까지는 미치지 못하였다. 그러므로 여러 장군들이 교만하고 방자하여 사졸들이 원망하고 離反하는 마음을 품었다.

曜圍北地하니 麴允이 救之①러니 曜使反間紿允하여 曰 郡城이 已陷하니 往無及也라하다 衆懼而潰하니 曜追敗允하고 遂取北地하다 允性仁厚하여 無威斷하고 喜以爵位悅人이라 諸郡太守皆領征, 鎭하고 村塢主帥小者도 猶假銀靑將軍之號②라 然이나 恩不及下라 故로 諸將軍驕恣하여 而士卒離怨이러라

① 晉나라 北地郡은 泥陽과 富平 두 縣만 거느렸다.
晉北地郡, 領泥陽・富平二縣耳.
② "征, 鎭"은 四征과 四鎭의 將軍의 칭호이다. 銀靑將軍에게는 將軍의 칭호를 주고 銀印과 푸른 인끈을 주었다.
征鎭, 四征・四鎭將軍號也. 銀靑將軍, 加將軍號而假以銀印靑綬.

【目】劉曜가 마침내 涇陽에 이르니 渭水 북쪽에 있는 여러 城이 모두 궤멸하였다. 유요가 장군 魯充과 梁緯를 사로잡아 술을 마시게 하며 말하기를 "내 그대들을 얻었으니, 천하를 굳이 평정할 것이 없다." 하였다. 노충이 말하기를 "이 몸이 晉나라의 장수가 되어서 국가가 패망하였으니, 이 몸이 감히 살기를 바랄 수가 없습니다. 만약 公의 은혜를 입을 수 있다면, 속히 죽는 것이 다행일 것입니다." 하니, 유요가 말하기를 "義士이다." 하고, 검을 주어서 자살하도록 허락하였다.

양위의 아내 辛氏는 용모가 매우 아름다웠다. 유요가 그녀를 아내로 삼으려고 하자, 辛氏가 크게 통곡하며 말하기를 "첩의 남편이 이미 죽었으니, 의리상 첩이 홀로 살 수가 없습니다. 게다가 한 부인이 두 남편을 섬기면, 明公이 이런 저를 또 어디에 쓰시겠습니까." 하였다. 유요가 말하기를 "정숙한 여인이다." 하고 그녀에게도 자살하도록 허락하고는, 모두 禮를 갖춰 장례하였다.

曜遂至涇陽하니 渭北諸城이 悉潰①라 曜獲將軍魯充, 梁緯하여 飮(임)之酒하고 曰 吾得子하니 天

下는 不足定也로라 充曰 身爲晉將하여 國家喪敗하니 不敢求生이라 若蒙公恩이면 速死爲幸이니라 曜曰 義士也라하고 與之劍하여 令自殺하다 緯妻辛氏 美色이라 曜將妻之②러니 辛氏大哭曰 妾夫已死하니 義不獨生이요 且一婦人而事二夫면 明公이 又安用之리오하니 曜曰 貞女也라하고 亦聽自殺하고 皆以禮葬之하다

① 涇陽은 涇水의 북쪽으로, 安定의 涇陽縣이 아니다.
涇陽, 涇水之陽, 非安定之涇陽縣也.
② 妻(아내로 삼다)는 본음대로 읽는다.
妻, 如字.

【綱】 漢主 劉聰이 계집종인 樊氏를 세워 황후로 삼았다.

漢主聰이 立婢樊氏爲后[38)]하다

【目】 樊氏는 故 張后를 모시던 계집종이었는데, 劉聰이 그녀를 세워 上皇后로 삼았다. 세 명의 后 외에 皇后의 옥새와 인끈을 찬 자가 또 7명이 있었는데, 이들이 총애를 믿고 권력을 행사하여 형벌과 상이 문란하였다.

大將軍 劉敷가 여러 번 눈물을 흘리며 간절히 諫하니, 유총이 노여워하며 말하기를 "너는 내가 빨리 죽기를 바라는가? 어찌하여 내가 살아 있는데도 아침저녁으로 와서 곡하는가." 하니, 유부가 근심하다가 울분에 쌓여 卒하였다.

---

38) 漢主聰立婢樊氏爲后 : "漢나라(前趙)에게는 '세 명의 后를 세웠다.'라고 썼고, 이때 또 계집종을 后로 삼아서 높은 지위에 올렸으니, 이들이 어떻게 國母로서 한 나라의 儀表가 될 수 있겠는가. 그러므로 ≪資治通鑑綱目≫에 곧바로 '계집종을 세웠다.'라고 쓰고 劉聰의 이름을 직접 가리켰으니, 이는 깊이 이 일을 미워한 것이다. 계집종을 세운 것은 치욕스러운 일이고, 그 아비의 계집종을 세운 것은 더 심한 치욕이다. ≪資治通鑑綱目≫이 끝날 때까지 '계집종을 세워서 황후로 삼았다.'라고 쓴 것이 3번인데(漢主 劉聰의 계집종, 乙未年(935) 閩主 王璘의 계집종과 丙申年(936) 閩主 王昶의 계집종은 모두 아비의 계집종이었다.) 그 이름을 직접 가리켜 밝히지 않은 적이 없다.〔漢書立三后矣 於是又以婢爲后而位之上 是何以母儀一國乎 故綱目直書立婢而斥名聰 所以深惡(오)之也 立婢恥矣 立其父婢 又甚哉 終綱目 書立婢爲后三(漢主聰婢 乙未年閩主璘 丙申年閩主昶 竝父婢) 未有不斥其名者也〕" ≪書法≫

"劉聰은 오랑캐이니 본래 굳이 책망할 것이 못 된다. 그러나 중국 지역을 점거하여 황제의 존호를 참칭하였으므로, 그 행한 바를 또한 다 생략할 수가 없는 것이다. 그러므로 앞에서는 '세 명의 后를 세웠다.'라고 쓰고 여기에서는 '계집종 樊氏를 后로 세웠다.'라고 썼으니, 모두 그 난잡한 醜行을 드러낸 것이다. 두 황후가 나란히 있게 하는 것도 亂의 시작이 되는데, 하물며 세 명의 后가 있음에랴. 媵妾도 황후로 삼을 수가 없는데, 하물며 천한 계집종이랴. 사실에 근거하여 곧바로 썼으니, 악이 저절로 드러나게 되었다.〔聰夷狄也 本無足責 然據有中土 僭號稱尊 故其所爲 亦不容盡略 是以前書立三后 此書立婢樊氏 皆以著其雜亂之醜也 夫竝后且爲亂階 況三后乎 妾媵且不可爲主 況賤婢乎 據事直書 惡自見矣〕" ≪發明≫

樊氏는 故張后侍婢也라 聰이 立爲上皇后하니 三后之外에 佩皇后璽綬者復七人①이라 嬖寵用事하여 刑賞紊亂이라 大將軍敷 數(삭)涕泣切諫하니 聰이 怒하여 曰 汝欲乃公速死邪아 何以朝夕生來哭人고하니 敷憂憤而卒하다

① 세 명의 后는 靳氏와 劉氏와 樊氏이다.
三后, 靳氏·劉氏及樊氏.

**【綱】** 漢나라(前趙)에 蝗蟲이 크게 발생하였다.

漢이 大蝗하다

【目】 河東과 平陽에 蝗蟲이 크게 발생하였다. 백성들 중에 流離하거나 굶어 죽은 자가 10명 중에 5, 6명이었다. 石勒이 장수를 보내어 幷州에 주둔시켜 유민들을 불러 모으니, 그에게 귀의한 자가 20만 호였다. 劉聰이 사자를 보내어 석륵을 책망하였으나, 석륵은 명령을 받지 않았다.

河東, 平陽이 大蝗하니 民流殍(표)者 什五六①이라 石勒이 遣將屯幷州하여 招納流民하니 歸之者二十萬戶라 聰이 遣使讓之호되 勒이 不受命이러라

① 殍는 被表의 切이다. 흩어져서 다른 지역으로 간 자를 流라 하고, 들 가운데에서 굶어 죽은 자를 殍라 한다.
殍, 被表切. 散而之他方者曰流, 餓死於中野者曰殍.

**【綱】** 겨울 11월에 漢나라(前趙) 劉曜가 長安을 함락시키니, 황제(晉 愍帝)가 나와 항복할 적에 御史中丞 吉朗이 죽었다. 漢나라가 황제를 봉하여 懷安侯로 삼았다.

冬十一月에 漢劉曜陷長安하니 帝出降할새 御史中丞吉朗이 死之하다 漢이 封帝爲懷安侯[39]하다

---

39) 漢劉曜陷長安……死之 : "'황제가 나와 항복했다.'라고 쓴 것은 황제를 옮긴 것과는 다르다. 平陽에 도착한 뒤에 황제가 머리를 조아리자, 麴允이 통곡하였다. 劉聰이 노하여 그를 가두니, 국윤이 자살하였다. 庾珉과 王儁에 비하면 사정이 똑같은데 어찌하여 그 사실을 쓰지 않았는가. 국윤이 통곡한 것은 의로웠으나, 갇혀서 자살한 것이 부득이해서 죽은 것이 아니라고 어찌 장담하겠는가. 진실로 吉朗이 자살한 것과 똑같이 볼 수가 없는 것이다. 유민과 왕준에게는 관직을 쓰지 않았는데, 길랑에게는 어찌하여 관직을 썼는가. 길랑이 말하기를 "차마 북향하여 적을 섬길 수 없다." 하였으니,

【目】劉曜가 長安을 압박하니, 安定太守 焦嵩과 新平太守 竺恢(축회)가 구원하려고 군대를 이끌고 왔으나, 모두 漢나라(前趙) 군대의 강성함을 두려워하여 감히 전진하지 못하였다. 相國인 司馬保가 胡崧을 보내어 들어가 구원하게 하니, 호숭이 靈臺에서 유요를 공격하여 격파하였다. 호숭은 나라의 위세가 다시 진작되면 麴允과 索綝의 세력이 강성해질까 염려해서 마침내 槐里로 돌아갔다.

유요가 長安의 外城을 공격하여 함락시키자, 국윤과 삭침이 작은 성으로 후퇴하여 수비하였는데, 성의 안팎이 단절된 까닭에 성안의 기근이 너무 심하여 도망하는 자들을 제재할 수 없었다. 오직 涼州의 義兵 천 명은 죽음을 불사하고 지키며 떠나지 않았다.

---

그는 진실로 晉나라 조정의 신하이다. 그러므로 특별히 관직을 쓰고 '死之'라고 쓴 것이다.〔書帝出降與遷異矣 既至平陽 帝稽首 麴允慟哭 聰怒 囚之 允自殺 其視庾珉王儁 等耳 則何以不書 允之慟哭 義也 囚而自殺 則安知其非有不得已者乎 固不可與朗之自殺同矣 珉儁不書官 朗何以書 朗稱不忍北面事賊 則固晉廷之臣也 故特書官 書死之〕" ≪書法≫

"懷帝에게는 '옮겼다'라고 쓰고 愍帝에게는 '나와 항복했다'라고 썼으니, 이는 각각 그 사실을 쓴 것이다. ≪春秋≫에서는 나라가 멸망하고 군주가 죽었을 때에는 '滅'이라고만 썼다. 혹 ≪춘추≫에서 군주가 사로잡히거나 옮겨가거나 죽임을 당했다고 했을 경우에는 모두 자기 나라를 멸망시킨 자(군주)의 죄이고, 혹 데리고 돌아가거나 나가 달아나거나 적군에게 항복했다고 했을 경우에는 모두 그 지위에 죽지 못한 자(군주)의 죄인 것이니, 이것이 진실로 書法이 똑같지 않은 뜻이요, 또한 ≪資治通鑑綱目≫이 근본으로 삼은 것이다.

晉나라가 세상을 제대로 다스리지 못하여 오랑캐의 기세가 하늘을 뒤덮어서 사방에 勤王하는 군대가 없고 京邑에 방어할 물자가 없으며, 愍帝가 형세가 곤궁하고 힘이 다하여 몸이 항복한 포로가 되었으니, 비록 치욕을 참고서 선비와 백성들을 살리겠다는 말을 하였으나, 치욕됨이 또한 심하다. ≪資治通鑑綱目≫에서 사실에 근거하여 곧바로 썼으니, 비록 에둘러 숨기려고 해도 불가능한 것이다.

그렇다면 强暴하고 橫逆한 자는 어찌 홀로 죄가 없단 말인가. 남의 집안과 나라를 멸망시키고 남의 토지를 빼앗고 남의 종묘를 파괴하였으면, 그 죄가 진실로 貶黜되기를 기다리지 않고도 드러난다. 더구나 夷狄이 中華를 어지럽힌 것은 또 기타 나라를 멸망시킨 것에 비할 바가 아니니, 이것을 책에 쓴 것은 다만 非常한 변고를 드러내어서 중국의 불행을 슬퍼했을 뿐이다.

御史中丞 吉朗이 자살을 했을 때에는 절개를 지키다 죽은 것으로 썼는데 麴允 또한 자살하였는데 어찌하여 쓰지 않았는가. 국윤은 정사를 맡은 대신이었다. 나라가 위태로워졌는데도 유지하지 못하고 나라가 넘어지는데도 부지하지 못하였으니, 이에 죽는 것은 본래 그의 직분일 뿐, 죽음으로써 겨우 조정을 그르친 죄를 보상했을 뿐이다. 劉曜에게 곧바로 '長安을 함락시켰다.'라고 써서, 마치 아무도 없는 지역을 쳐들어온 것처럼 하였으니, 여기에서도 또 晉나라의 허약함이 이와 같음을 볼 수 있다. 한탄스러움을 감당할 수 있겠는가. 아! 슬프다.〔懷帝書遷 愍帝書出降 各書其實也 春秋凡國滅君死 則止書滅 或執或遷或殺 則皆滅國者之罪 或以歸或出奔或降于師 則皆不能死於其位者之罪 此固書法不同之意 而亦綱目之所本也 晉氏失馭 虜寇滔天 四方無勤王之衆 京邑無守禦之資 愍帝勢窮力屈 身爲降虜 雖有忍恥以活士民之語 然辱亦甚矣 綱目據事直書 雖欲曲爲隱諱 不可得也 然則强暴橫逆者 獨無罪乎 夫滅人家國 奪人土地 毁人宗廟 其罪固無待於貶黜而後見 況夷狄亂華 又非其他滅國者之比 書之于冊 亦以著非常之變 哀中國之不幸而已 吉中丞自殺 則書死節 麴允亦自殺 何以不書 允任事大臣 危不能持 顚不能扶 死自其分 僅足以償誤朝之罪故耳 劉曜直書陷長安 如入無人之境 又以見晉之虛弱如此 可勝歎哉 吁〕" ≪發明≫

太倉에 수십 개의 떡이 있었는데, 국윤이 이 떡을 찧어 가루로 내어서 죽을 쑤어 황제(晉 愍帝)에게 올렸다.

**曜逼長安**하니 **安定太守焦嵩**과 **新平太守竺恢**(축회) **引兵來救**로되 **皆畏漢兵彊**하여 **不敢進**이라 **相國保 遣胡崧入援**하니 **擊曜於靈臺**하여 **破之**①하다 **崧**이 **恐國威復振**이면 **則麴, 索勢盛**하여 **乃還槐里**②하다 **曜攻陷長安外城**한대 **麴允, 索綝**이 **退守小城**하니 **內外斷絶**하여 **城中**이 **饑甚**하여 **亡逃**를 **不可制**로되 **唯涼州義衆千人**이 **守死不移**③러라 **太倉**에 **有麴數十𪍿**(병)이어늘 **允**이 **屑之**하여 **爲粥以進**④하다

① ≪三輔黃圖≫[40]에 "周나라 文王의 靈臺가 長安의 서쪽 40리 지점에 있었는데, 높이가 2길이고 둘레가 120보이다." 하였다.
三輔黃圖"周文王靈臺, 在長安西四十里, 高二丈, 周回百二十步."

② 槐里縣은 漢나라 때에는 扶風에 속하였고, 晉나라 때에는 始平郡에 속하였다.
槐里縣, 漢屬扶風, 晉屬始平郡.

③ 涼州의 義兵은 張軌 父子가 보낸 군대이다.
涼州義衆, 張軌父子所(遺)〔遣〕[41]兵也.

④ 𪍿(떡)은 必郢의 切이다.
𪍿, 必郢切.

【目】 이때에 황제가 울면서 **麴允**에게 이르기를 "지금 곤궁함이 이와 같고 밖에는 구원하는 세력이 없으니, 마땅히 치욕을 참고 나가 항복해서 선비와 백성들을 살리겠다." 하고는 인하여 탄식하기를 "나의 일을 그르친 자는 바로 **麴公**(麴允)과 **索公**(索綝)이다." 하였다.

**侍中 宗敞**을 보내서 **劉曜**에게 항복하는 글을 전달하려 하였는데, 삭침이 은밀히 종창을 붙들어두고 자기 아들을 보내어 유요를 설득하기를 "만약 나에게 **車騎將軍**과 **儀同三司**와 **萬戶**의 **郡公**을 허락해준다면, **城**을 가지고 항복하겠다." 하였다. 유요가 사자를 참수하고서 그 시신을 보내며 말하기를 "제왕의 군대는 **義**로써 일을 행하는 것이다. 내가 군대를 통솔한 지 15년에 일찍이 속임수로써 남을 패망하게 한 적이 없고, 반드시 상대로 하여금 무력을 다 쓰고 세력을 다하게 한 뒤에야 취하였다. 그런데 지금 삭침이 말하는 바가 이와 같으니, 천하에서 악한 짓을 하는 자는 똑같으므로, 내가 그대들을 위해 대신하여 삭침을 죽이겠다." 하였다.

---

40) 三輔黃圖 : 三輔 지역의 古跡과 풍속을 상세하게 기록한 地理書로, 모두 6권이다. 삼보는 長安의 동쪽인 京兆, 장안의 북쪽인 左馮翊과 渭城의 서쪽인 右扶風을 이른다.

41) (遺)〔遣〕: 저본에는 '遺'라 되어 있으나, ≪資治通鑑≫ 註에 의거하여 '遣'으로 바로잡았다.

愍帝가 나와 劉曜에게 항복하다

至是하여 帝泣謂允曰 今窮厄如此하고 外無救援하니 當忍恥出降하여 以活士民이라하고 因歎曰 誤我事者는 麴, 索二公也라하다 使侍中宗敞으로 送降牋於曜하니 綝이 潛留敞하고 使其子說(세)曜曰 若許綝以車騎, 儀同, 萬戶郡公者면 請以城降하리라하니 曜斬而送之하고 曰 帝王之師는 以義行也라 孤將兵十五年에 未嘗以詭計欺人하고 必窮兵極勢然後에 取之러니 今綝所言如此하니 天下之惡이 一也니 輒相爲戮之①호리라

① 爲(위하다)는 去聲이다.
爲, 去聲.

【目】 황제가 羊이 끄는 수레를 타고 웃통을 벗고 도성을 나와 항복할 적에 여러 신하들이 흐느껴 울며 수레를 부여잡으니, 황제 또한 슬픔을 이기지 못하였다. 御史中丞 吉朗이 탄식하기를 "나는 지혜가 국가를 위해 도모하지 못하고 용맹이 국가를 위해 싸우다

죽지 못하였으니, 어찌 차마 군주와 신하가 함께 북향하고서 오랑캐를 섬기겠는가.” 하고는 마침내 자살하였다.

劉曜가 황제를 平陽으로 보내자 漢主 劉聰이 光極殿에 나오니 황제가 그 앞에서 머리를 조아렸다. 麴允이 땅에 엎드려 슬피 통곡하자, 유총이 노하여 그를 가두니, 국윤이 자살하였다.

유총은 황제를 光祿大夫로 삼아서 懷安侯를 봉하고, 유요를 太宰로 삼아 黃鉞을 주어 陝西 지역을 도독하게 하고 秦王으로 봉하였으며, 국윤에게는 車騎將軍을 추증하고 시호를 節愍侯로 하였으며, 삭침은 시장에서 참수하였다.

帝乘羊車하고 肉袒出降할새 群臣이 號泣攀車하니 帝亦悲不自勝이라 御史中丞吉朗이 歎曰 吾智不能謀하고 勇不能死하니 何忍君臣相隨하여 北面事賊虜乎아하고 乃自殺하다 曜送帝於平陽한대 漢主聰이 臨光極殿하니 帝稽首於前이라 允이 伏地慟哭하니 聰이 怒하여 囚之한대 允이 自殺하다 聰以帝爲光祿大夫하여 封懷安侯하고 以曜爲太宰하여 假黃鉞하여 督陝西하고 封秦王하며 贈允車騎將軍하고 諡節愍侯하고 斬綝于市하다

【目】 干寶가 다음과 같이 평하였다.

“晉나라(西晉)가 망한 것은 후계자를 세움에 권도를 잃었고 정사를 부탁한 사람이 훌륭한 재주가 아니어서 四維가 제대로 펼쳐지지 못하여 〈目前의 편의만을 도모하는〉 구차한 정사가 많았기 때문이다.

터전이 넓으면 기울게 하기 어렵고, 뿌리가 깊으면 뽑기 어렵고, 조리와 절도가 있으면 어지럽지 않고, 굳게 뭉치면 옮기지 못하는 것이니, 옛날 천하를 소유한 자가 長久하게 나라를 유지할 수 있었던 것은 이 방도를 사용했기 때문이었다. 그런데 이제 晉나라가 일어난 것은 그 터전과 근본이 진실로 先代와 달랐고, 게다가 조정에는 순수한 덕행이 있는 사람이 적고 시골에는 같은 잘못을 두 번 다시 저지르지 않는 노인이 없어서, 풍속이 음탕하고 괴벽하여 제대로 부끄러워하거나 숭상할 줄을 몰랐다.

배우는 자들은 老莊을 宗主로 삼아 六經을 내쳤으며, 담론하는 자들은 허탕한 것을 변론의 자료로 삼고 名檢(禮儀와 法度)을 지키는 선비를 천시하였으며, 行身(修身)하는 자들은 방종하고 혼탁한 것을 達通한 것으로 여기고 절조와 신의를 하찮게 여겼으며, 나아가 벼슬하는 자들은 구차히 벼슬하는 것을 귀하게 여기고 正道에 거처하는 것을 비루하게 여겼으며, 관직을 담당하는 자는 정사의 시비를 묻지 않고 문서에 서명만 하는 것을 고상한 것으로 여기고 부지런하고 근신하는 것을 비웃었다.

이 때문에 劉頌이 여러 번 정치하는 道를 말하고 傅咸이 매번 간사함과 바름을 규찰하자, 모두 이들을 俗吏라고 하였고, 허황함을 의지하고 줏대가 없이 뜻을 굽혀 순종하는 자들의 이름이 海內에서 重望을 얻었다.

干寶曰① 晉之亡也는 樹立失權하고 託付非才하여 四維不張하여 而苟且之政이 多也②일새라 夫基廣則難傾하고 根深則難拔하고 理節則不亂하고 膠結則不遷③하나니 昔之有天下者 所以能長久는 用此道也라 今晉之興也는 其基本이 固異於先代矣요 加以朝寡純德之人하고 鄕乏不貳之老하여 風俗淫僻하여 恥尙失所④라 學者以莊老爲宗而黜六經하고 談者以虛蕩爲辯而賤名檢⑤하며 行身者以放濁爲通而狹節信하며 進仕者以苟得爲貴而鄙居正하며 當官者以望空爲高而笑勤恪⑥이라 是以로 劉頌이 屢言治道하고 傅咸이 每糾邪正에 皆謂之俗吏하고 而倚杖虛曠하고 依阿無心者 名重海內라

① 干寶는 新蔡 사람으로 東晉의 散騎常侍가 되어 國史를 겸하고 ≪晉紀≫를 撰하였는데, 宣帝로부터 愍帝에 이르기까지 모두 20권이다.
寶, 新蔡人, 爲東晉散騎常侍, 領國史, 撰晉紀, 自宣帝至愍帝, 凡二十卷.

② 賈誼의 대책에 이르기를 "禮·義·廉·恥를 일러 四維라 하니, 四維가 펼쳐지지 못하면 나라가 마침내 멸망한다." 하였다.
賈誼策曰 "禮義廉恥, 是謂四維, 四維不張, 國乃滅亡."

③ "理節"은 政敎에 조리와 절도가 있음을 이른다. 膠는 견고함이다. 君主가 인자하고 은혜로운 정사를 펼칠 적에 뿌리와 기반이 깊고 넓고 또 조리와 절도를 잃지 않으면 인심이 굳게 단결하여 옮길 수 없음을 말한 것이다.
理節, 謂政敎有條理節度也. 膠, 固也. 言君布仁惠之根基深廣, 又不失理節, 則人心固結而不可遷也.

④ ≪周官≫에 鄕老가 있다. "不貳"는 같은 잘못을 두 번 다시 저지르지 않는 것을 이른다. "恥尙失所"는 부끄러워하는 것이 부끄러워해야 할 바가 아니고, 숭상하는 것이 숭상해야 할 바가 아님을 말한 것이다.
周官有鄕(者)〔老〕.42) 不貳, 謂不貳過者. 恥尙失所, 言所恥者非所恥, 所尙者非所尙也.

⑤ 檢은 檢飭(단속하고 삼가다)을 이르니, "名檢"은 禮儀와 法度를 지키는 선비이다.
檢, 謂檢飭也. 名檢, 禮法之士.

⑥ "望空"은 정사의 시비를 따지지 않고 서명만 하는 것을 이른다.
望空, 謂不識是非, 但望空署名而已.

【目】이로 말미암아 비방과 칭찬이 선악의 실제에서 혼란하고, 실정과 거짓이 재화와 욕

42) (者)〔老〕: 저본에는 '者'로 되어 있으나, ≪資治通鑑≫ 註에 의거하여 '老'로 바로잡았다.

심의 길에서 분주하여, 관리를 선발하는 자는 〈국가를 위하지 않고〉 사람을 위하여 관직을 가려주고, 벼슬하는 자는 자신을 위하여 이익을 택하였다. 그리고 부녀자들은 여자가 해야 할 일을 알지 못하고, 마음 가는 대로 행동해서 시부모를 거스르고 侍妾을 죽였는데도, 父兄들은 이들을 죄책하지 않고 천하 사람들은 이들을 비난하지 않았다. 禮法과 刑政이 이에 크게 무너지니, 나라가 망하려 할 적에 반드시 뿌리가 먼저 쓰러진다는 것은 이것을 말함일 것이다.

由是로 毁譽亂於善惡之實하고 情慝犇於貨欲之途하여 選者爲人擇官하고 官者爲身擇利①라 其婦女不知女工하고 任情而動하여 逆舅姑하고 殺妾媵②호되 父兄이 弗之罪也하고 天下莫之非也라 禮法刑政이 於此大壞하니 國之將亡에 本必先顚은 其此之謂乎③인저

① 爲(위하다)는 去聲이니, 〈"選者爲人擇官 官者爲身擇利"는〉 관리를 선발하는 자는 더 이상 나라를 위하여 어진 사람을 가려 쓰지 않고, 벼슬살이하는 자는 다만 이로운 바를 가려 달려감을 말한 것이다.
爲, 去聲. 言選者不復爲官擇賢, 爲官者但擇所利而趨.

② 〈시부모를 거스르고 侍妾을 죽이는〉 두 가지 일은 모두 賈后(惠帝의 妃)가 倡導하였다.
二事, 皆賈后爲之倡.

③ ≪春秋左氏傳≫에 "나라가 망하려 할 적에는 반드시 뿌리가 먼저 쓰러지니, 그런 뒤에 가지와 잎이 따라 쓰러진다." 하였다.
左傳曰 "國將亡, 本必先顚, 而後枝葉從之."

【目】 그러므로 阮籍의 행실을 보면 禮敎가 무너지고 해이해진 이유를 깨달을 수 있고, 庾純과 賈充의 논쟁을 살펴보면 師尹(執政大臣)이 편벽됨이 많음을 볼 수 있으며, 吳나라를 평정한 功을 살펴보면 장수들이 사양하지 않았음을 알 수 있고, 郭欽의 계책을 생각하면 戎狄이 전쟁을 도발할 수 있음을 알 수 있으며, 傅玄과 劉毅의 말을 살펴보면 백관들의 간사함을 알 수 있고, 傅咸의 上奏文과 魯褒의 ≪錢神論≫[43]을 살펴보면 사사로운 총애와 뇌물이 치성했음을 볼 수 있다.

백성들의 풍속과 나라의 형세가 이미 이와 같았으니, 비록 中庸(보통)의 재주와 守文의 군주가 다스리더라도 亂을 불러올까 두려운데, 더구나 惠帝가 방탕한 덕으로 군림함에 있어서랴. 懷帝는 혼란을 뒤이어 황제에 즉위한 탓에 강성한 신하들에게

43) 錢神論 : 西晉의 南陽 사람 魯褒가 惠帝 元康 연간 이후로 기강이 크게 무너져 뇌물이 성행하자, 세상의 탐욕스런 풍조를 풍자하기 위해 성명을 숨긴 채 저술한 책이다. 錢神은 돈의 힘은 神物과 같다 하여 돈을 일컫는 말이다.

속박을 당하였고, 愍帝는 이리저리 播遷한 뒤에 한갓 빈이름만을 지켜서 천하의 대세가 이미 떠나갔으니, 당세에 이름난 걸출한 인재가 아니면 다시 취할 수가 없는 것이다."

故로 觀阮籍之行이면 而覺禮敎崩弛之所由[①]요 察庾純, 賈充之爭이면 而見師尹之多僻[②]이로되 考平吳之功이면 而知將帥之不讓[③]이요 思郭欽之謀면 而寤戎狄之有釁[④]이며 覽傅玄, 劉毅之言이면 而得百官之邪[⑤]요 核傅咸之奏, 錢神之論이면 而覩寵賂之彰[⑥]이라 民風, 國勢가 旣已如此하니 雖以中庸之才와 守文之主治之라도 猶懼致亂이어든 況惠帝以放蕩之德으로 臨之哉[⑦]아 懷帝는 承亂得位하여 羈以彊臣하고 愍帝는 奔播之後에 徒守虛名하여 天下之勢 旣去하니 非命世之雄才면 不能復取之矣니라

① 〈阮籍의 행실은〉 일이 蜀漢 後主 景耀 5년(262)에 보인다.
事見漢後主景耀五年.
② 〈"庾純과 賈充의 논쟁"은〉 일이 晉 武帝 泰始 8년(272)에 보인다.
事見武帝泰始八年.
③ 吳나라를 평정하고 功을 다툰 일은 晉 武帝 太康 원년(280)에 보인다.
平吳爭功, 見武帝太康元年.
④ 郭欽의 상소는 太康 2년(281)에 보인다.
郭欽疏, 見太康二年.
⑤ 傅玄과 劉毅는 晉 武帝 때에 司隸가 되었는데, 前後로 규찰하고 탄핵할 적에 현달하고 귀한 사람들을 피하지 않았으니, 이 두 사람이 말한 것을 통해서 백관들의 간사함을 알 수 있다.
玄・毅, 武帝時爲司隸, 前後糾核, 不避貴遊, 因其所言而得百官之邪也.
⑥ 傅咸의 上奏文은 晉 惠帝 元康 4년(294)에 보인다. ≪錢神論≫은 元康 9년(299)에 보이다.
咸奏, 見惠帝元康四年. 錢神論, 見元康九年.
⑦ "中庸"은 어질지도 않고 어리석지 않은 보통의 재주를 이르며, "守文"은 常法을 지키는 治世의 군주를 이른다.
中庸, 謂非賢非愚之才. 守文, 謂守常平治世之主也.

【綱】 石勒이 樂平(낙평)을 침략하였는데 劉琨이 구원하다가 대패하니, 낙평이 마침내 함락되었다.

石勒이 寇樂平이어늘 劉琨이 救之라가 大敗하니 樂平이 遂陷하다

【目】 石勒이 樂平을 포위하니, 太守 韓據가 劉琨에게 구원을 청하였다. 유곤은 막 拓跋

猗盧의 병력을 얻고는 그 銳氣를 이용하여 石勒을 토벌하고자 하였다. 이에 箕澹이 다음과 같이 諫하였다.

"이들은 비록 晉나라 백성이지만 오랫동안 異域(오랑캐)에 빠져 있어서 明公의 은혜와 신의를 잘 알지 못하니, 이들을 사용하기 어려울 듯합니다. 관문을 닫고 험한 요새를 지키고 농사에 힘쓰게 하면서 병사들을 쉬게 하는 것만 못합니다."

유곤은 그의 말을 따르지 않고 기담에게 명해서 2만 명의 기병을 거느려 선봉이 되게 하고, 유곤 자신은 廣牧縣에 주둔하고서 기담의 군대를 멀리서 지원하였다.

석륵은 험한 요새를 점거하고서 산 위에 疑兵을 설치하고 앞의 두 곳에 매복을 진설하고는, 날랜 기병을 출동하여 기담과 싸우다가 거짓으로 패한 것처럼 하고 달아났다. 기담이 군대를 풀어 추격해서 매복한 가운데 들어오자, 석륵이 전후에서 협공하여 대파하였다.

기담은 代郡으로 달아나고 韓據는 성을 버리고 달아나니, 幷州 지역이 놀라 진동하였다.

石勒이 圍樂平하니 太守韓據 請救於劉琨①한대 琨이 新得猗盧之衆하고 欲因其銳氣以討勒이어늘 箕澹이 諫曰 此雖晉民이나 久淪異域하여 未習明公恩信하니 恐其難用이라 不若閉關守險하고 務農息兵이니이다 琨이 不從하고 命澹帥騎二萬하여 爲前驅하고 琨이 屯廣牧하여 爲之聲援②하다 勒이 據險要하여 設疑兵於山上하고 前設二伏하고 出輕騎하여 與澹戰이라가 陽爲不勝而走하니 澹이 縱兵追之하여 入伏中이어늘 勒이 前後夾擊하여 大破之하다 澹은 犇代郡하고 據는 棄城走하니 幷土震駭③러라

① 晉 武帝 泰始 연간(265~274)에 上黨과 太原을 나누어 樂平郡을 설치하고 沾縣에 治所를 두었다.
武帝泰始中, 分上黨·太原, 置樂平郡, 治(沽)〔沾〕[44]縣.

② 廣牧縣은 漢나라 때에는 朔方郡에 속하였는데, 漢나라 말기에 삭방군을 없애고 陘南에 광목현을 설치하여 新興郡에 소속시켰으니, 광목현의 옛 지역이 아니다.
廣牧縣, 漢屬朔方郡, 漢末省朔方, 置廣牧縣於陘南, 屬新興郡, 非廣牧縣故地也.

③ "幷土"는 幷州 경내의 지역이다.
幷土, 幷州境土也.

【綱】 12월 초하루에 일식이 있었다.

十二月朔에 日食하다

44) (沽)〔沾〕: 저본에는 '沽'로 되어 있으나, ≪資治通鑑≫ 註에 의거하여 '沾'으로 바로잡았다.

**【綱】** 劉琨의 長史가 幷州를 가지고 배반하여 石勒에게 항복하니, 유곤이 薊城으로 달아났다.

◑ **劉琨長史以幷州叛**하여 **降石勒**하니 **琨**이 犇薊하다

【目】 司空의 長史인 李弘이 幷州를 가지고 石勒에게 항복하니, 劉琨이 나아가고 물러감에 의거할 곳이 없었다. 段匹磾가 서신을 보내어 불러들이자, 유곤이 무리를 거느리고 薊城으로 달려갔다. 단필제는 유곤을 보고 매우 친애하고 소중히 아껴서 그와 혼인을 맺고 형제가 되기로 약속하였다.

**司空長史李弘**이 **以幷州降勒**①하니 **琨**이 **進退失據**라 **段匹磾遣信邀之**한대 **琨**이 **帥衆犇薊**하니 **匹磾見琨**에 **甚相親重**하여 **與結婚**하고 **約爲兄弟**러라

① 劉琨이 司空이 되어서 李弘을 長史로 삼았다. 幷州는 이때 陽曲에 治所를 두었다. 劉琨爲司空, 以弘爲長史, 幷州時治陽曲.

**【綱】** 石勒이 李回를 高陽太守로 삼았다.

**石勒**이 **以李回爲高陽守**하다

【目】 石勒이 孔萇을 보내어 도적의 우두머리인 馮䐗(풍저)를 공격하게 하였으나 오랫동안 이기지 못하였다. 流民 수만 호가 遼西에 있었는데 여러 곳에서 번갈아 서로 불러들이니, 백성들이 편안하게 생업에 종사하지 못하였다.

석륵이 張賓에게 계책을 묻자, 장빈이 다음과 같이 말하였다.

"풍저는 본래 公의 원수가 아니고 流民들도 모두 본토를 그리워하니, 지금 회군하여 군대를 정돈하고서 훌륭한 牧使와 수령을 선발해서 그들로 하여금 유민들을 불러 회유하게 하면, 幽州와 冀州의 도적을 며칠이 못 되어 깨끗이 소탕할 수 있을 것이고, 요서의 유민들은 장차 서로 거느리고 항복해올 것입니다."

석륵이 이에 공장을 불러 돌아오게 하고 李回를 高陽太守로 삼으니, 풍저는 병력을 거느리고 항복해왔고 귀의하는 유민이 길에 줄을 지어 이어졌다.

**勒**이 **遣孔萇**하여 **攻賊帥馮䐗**로되 **久而不克**①이라 **流民數萬戶 在遼西**러니 **迭相招引**하니 **民不安業**이어늘 **勒**이 **問計於張賓**한대 **賓曰 馮䐗**는 **本非公仇**요 **流民**이 **亦皆戀本**하니 **今班師振旅**하고 **選良**

**牧守**하여 **使招懷之**하면 **則幽, 冀之寇**를 **可不日而淸**이요 **遼西流民**이 **將相帥而至矣**리이다 **勒**이 **乃召萇歸**하고 **以李回爲高陽太守**②하니 **賭帥其衆降**하고 **流民歸者 相繼於道**러라

① 賭는 張如의 切이다. 馮賭는 아마도 幽州와 冀州 사이에서 도둑질을 한 듯하다.
賭, 張如切. 賭蓋爲盜於幽・冀之間.

② 高陽縣은 前漢 때에는 涿郡에 속하였고 後漢 때에는 河間國에 속하였는데, 晉 武帝 泰始 원년(265)에 高陽國을 나누어 설치하였으니, 高河의 북쪽에 있었다.
高陽縣, 前漢屬涿郡, 後漢屬河間國, 武帝泰始元年, 分置高陽國, 在高河之陽.

**【綱】** 丞相 司馬睿가 군대를 출동하여 야외에서 노숙하면서 격문을 돌려 북쪽을 정벌하려 하였다.

**丞相睿出師露次**하여 **移檄北征**[45]하다

【目】 司馬睿는 長安이 함락되었다는 말을 듣고는, 군대를 출동하여 야외에서 노숙하면서 몸소 갑옷과 투구를 쓰고 사방에 격문을 돌려서 날짜를 정해 북쪽을 정벌하기로 하였다.

漕運이 기일보다 지체된다 하여 督運令史인 淳于伯을 참수하였는데, 형을 집행하는 자가 칼의 피를 기둥에 닦자 피가 역류하여 기둥 끝 2丈 남짓 올라갔다가 내려오니, 이

---

45) 丞相睿出師露次 移檄北征 : "정벌할 적에 '出師'라고 쓰지 않는데, '出師'라고 쓴 것은 어째서인가. 시기를 늦췄기 때문이다. 이는 司馬睿가 북벌할 뜻이 없고 다만 군대를 출동하여 야외에서 노숙하면서 격문을 돌려 북쪽을 정벌한다고 한 것을 나타냈을 뿐이라고 말한 것과 같다. 이 때문에 사마예가 북벌을 할 뜻이 없으면 '군대를 출동하여 야외에서 노숙하면서 격문을 돌려 북쪽을 정벌하려 했다.'라고 썼고(이해), 高駢이 역적을 토벌한 실제가 없으면 '격문을 돌려 역적을 토죄하고, 나가서 東塘에 주둔했다.'라고 썼으니(唐 僖宗 中和 원년(881)), 모두 그것이 진실된 마음에서 나온 것이 아님을 비난한 것이다. 《資治通鑑綱目》이 끝날 때까지 '書移(글을 발송했다.)'라고 쓴 것이 1번이고(漢 獻帝 初平 2년(191)) '移檄(격문을 돌렸다.)'이라고 쓴 것이 7번인데(初平 2년에 자세히 보인다.) 오직 사마예와 고변에게는 '出次'라고 썼다.〔伐不書出師 書出師 何 遷延也 若曰 睿無北伐之志 徒見出師露次 移檄北征而已矣 是故睿無北伐之志 則書曰出師露次 移檄北征(是年) 高駢無討賊之實 則書曰移檄討賊 出屯東塘(唐僖宗中和元年) 皆譏其非誠也 終綱目 書移書一(漢獻帝初平二年) 移檄七(詳初平二年) 唯睿及高駢書出次〕" 《書法》

"長安이 위축된 즈음에 琅邪王 司馬睿가 애당초 구원할 뜻이 없었는데 장안이 함락되었다는 말을 듣고서야 비로소 군대를 출동하여 야외에서 노숙하면서 격문을 돌려 북쪽을 정벌하려 하였다. 이것을 책에 크게 썼으니, 勤王하는 擧措를 충분히 보인 듯하다. 그러나 끝내 출정하여 토벌한 실제가 있다는 말을 듣지 못하였으니, 이는 다만 허장성세하였을 뿐이다. 《資治通鑑綱目》은 이에 대하여 비록 다행으로 여긴 것이나 또한 이를 애석히 여긴 것이니, 일을 나란히 놓고 보면 그 뜻이 저절로 드러난다.〔當長安危蹙之際 琅邪初無救援之意 及聞其不守 始出師露次 移檄北征 大書于冊 若足示勤王之擧 然亦卒不聞有征討之實 是特張大虛聲而已 綱目於此 雖曰幸之 蓋亦惜之也 比事觀之 其義自見〕" 《發明》

것을 지켜본 자들이 모두 순우백의 죽음을 억울하게 여겼다.

司直 劉隗가 上言하기를 "순우백의 죄가 죽음에 처해질 정도는 아니니니, 從事中郎인 周莚 등의 관직을 면직할 것을 청합니다." 하였다. 이에 王導 등이 책임을 지고 해임을 청하자, 사마예가 말하기를 "형벌이 지나쳐 중도를 잃은 것은, 모두 내가 우매하고 옹색한 탓이다." 하고는, 어느 누구에게도 죄를 묻지 않았다.

睿聞長安不守라하고 出師露次하여 躬擐甲冑하고 移檄四方하여 刻日北征[①]이러니 以漕運稽期라하여 斬督運令史淳于伯하다 刑者以刀拭柱한대 血流上하여 至柱末二丈餘而下하니 觀者咸以爲冤[②]이러라 司直劉隗上言호되 伯이 罪不至死하니 請免從事中郎周莚等官하노이다 於是에 王導等이 引咎請解職한대 睿曰 刑政失中은 皆吾闇塞所致라하고 一無所問하다

① "露次"는 야외에 나가 유숙해서 위에 지붕이 없는 것이다.
露次者, 出宿于野, 上無屋宇.
② "拭柱"는 칼의 피를 기둥에 씻음을 이른다.
拭柱, 謂拭刷於柱上.

【目】劉隗는 성품이 강직하고 바른말을 잘하니, 당시의 유명한 선비들이 대부분 그의 탄핵을 받았다. 그러나 司馬睿가 모두 용서하니, 이 때문에 사람들의 원망이 모두 유외에게 돌아갔다.

南中郎將 王含은 王敦의 형으로, 宗族이 강성하고 지위가 현달하다 하여 오만 방자하였다. 유외가 왕함을 탄핵하여 아뢸 적에 매우 까다롭게 법을 적용하여 죄를 엮으니, 일이 비록 중지되었으나 王氏들이 유외를 몹시 미워하였다.

隗性剛訐(알)하니 當時名士 多被彈劾이러니 睿率皆容貸하니 由是로 衆怨이 歸之러라 南中郎將王含은 敦之兄也라 以族彊位顯이라하여 驕傲自恣러니 隗奏含호되 文致甚苦[①]하니 事雖被寢이나 而王氏深忌疾之러라

① "文致"는 법조문을 까다롭게 하여 그 죄를 엮는 것을 이른다.
文致, 謂深文以致其罪.

【綱】丞相 司馬睿가 邵續을 冀州刺史로 삼고, 劉遐를 平原內史로 삼았다.

丞相睿以邵續爲冀州刺史하고 劉遐爲平原內史하다

【目】 劉遐는 邵續의 사위이니, 河水와 濟水 사이에서 병력을 모아 보유하고 있었다.

遐는 續女壻也니 聚衆河, 濟之間이러라

丁丑年(317)

【綱】 晉나라(東晉) 中宗 元皇帝 建武 원년이다.

中宗元皇帝建武元年이라

【目】 漢나라(前趙) 烈宗 劉聰 麟嘉 2년이다. 涼나라 元公 張寔이 建興 5년이라고 칭하였다. 예전에 있던 큰 나라(漢나라(前趙))가 하나에 작은 成나라 하나와 새로 생긴 작은 나라(涼나라) 하나를 합하여 모두 僭國(正統이 아닌 나라)이 셋이다.

漢麟嘉二年이라 ○ 涼元公張寔이 稱建興五年하다 ○ 舊大國一이요 幷成小國一, 新小國一하여 凡三僭國이라

【綱】 봄 정월에 張寔이 司馬 韓璞을 보내어 군대를 거느리고 漢나라(前趙)를 정벌하게 하였다.

春正月에 張寔이 遣司馬韓璞하여 將兵伐漢[46)]하다

【目】 黃門郎 史淑이 長安에서 涼州로 달려가서 다음과 같이 말하였다.

46) 張寔遣司馬韓璞 將兵伐漢 : "이때에 韓璞 등이 끝내 전진하지 못하고 돌아갔는데, '漢나라를 정벌했다.'라고 쓴 것은 어째서인가. 張寔의 의리를 인정한 것이다. 張氏 父子의 일을 ≪資治通鑑綱目≫에서 자세히 썼으니, 이는 의리를 권장하기 위해서이다.〔於是 璞等竟不能進而還矣 書伐漢 何 予義也 張氏父子之事 綱目悉書之 所以勸義也〕" ≪書法≫

"胡와 羯이 번갈아 중국을 어지럽힌 뒤로부터 懷帝와 愍帝가 蒙塵하였으나, 원근에서 勤王하는 군대가 있다는 말을 듣지 못하였다. 그런데 유독 張寔의 경우에는 이전에 '군대를 들여보내 구원하였다.'고 썼고, 長安이 함락되자 여러 군대들이 도망하여 흩어질 때에 오직 涼州의 義兵이 죽음을 불사하고 지키고 움직이지 않았다. 그리고 이제 또다시 장군을 보내어 역적을 토벌하였으니, 비록 끝내 전진하지는 못했으나, ≪資治通鑑綱目≫에서 이 일을 참으로 漢나라를 정벌한 것처럼 쓴 것은, 그의 忠義의 절개를 인정한 것이니, 그 본래의 뜻을 이루어주려 한 것이다. 書法이 이와 같으니, 이 세상을 위하여 권면하는 뜻이 훌륭하다.〔自胡羯交亂 懷愍蒙塵 未聞遠近有勤王之師 獨張寔前曰 遣兵入援 至於長安不守 諸軍逃散 惟涼州義衆 守死不移 今又遣將伐賊 雖卒不能進 然綱目書之 若眞能伐漢然者 蓋予其忠義之節 所以遂其本志云爾 書法若此 其爲斯世勸也 多矣〕" ≪發明≫

"愍帝가 나와 항복하기 하루 전에, 나 사숙으로 하여금 조서를 갖고 가서 張寔에게 내려서 涼州牧를 제수하여 황제의 명을 받들어 일을 행하게 하시고는, 또 말씀하시기를 '朕이 이미 琅邪王에게 명하여 적당한 시기에 황제의 큰 직위를 대행하게 하였으니, 그대들은 그를 도와 함께 국가의 많은 어려움을 구원하라.' 하셨다."

사숙이 姑臧에 도착하니, 장식은 3일 동안 크게 통곡하고는 관직을 사양하고 받지 않았다.

처음에 장식의 숙부 張肅이 西海太守로 있었는데, 長安이 위태로운 지경에 빠졌다는 말을 듣고는 선봉이 되어 들어가 구원할 것을 청하였으나, 장식은 그가 늙었다 하여 허락하지 않았었다. 이때에 장숙은 슬픔과 분노를 이기지 못하고 卒하였다.

黃門郎史淑이 自長安으로 犇涼州하여 稱愍帝出降前一日에 使淑齎詔賜張寔하여 拜涼州牧하여 承制行事하고 且曰 朕已詔琅邪王하여 時攝大位하니 君其協贊하여 共濟多難하라하다 淑이 至姑臧하니 寔이 大臨三日하고 辭官不受①하다 初에 寔叔父肅이 爲西海太守②러니 聞長安危逼이라하고 請爲先鋒入援한대 寔以其老弗許러니 及是에 肅이 悲憤而卒하다

① 姑臧縣은 武威郡에 속하였으니, 河西에 있다. 臨(통곡하다)은 力鴆의 切이다.
姑臧縣, 屬武威郡, 在河西. 臨, 力鴆切.

② 王莽이 西海郡을 설치하였는데, 光武帝가 中興하자 이를 버렸다. 漢 獻帝 興平 2년(195)에 武威太守 張雅가 西海郡을 설치할 것을 청하자, 張掖의 居延縣 하나를 나누어 소속시켰으니, 비록 郡의 이름은 같으나 王莽이 설치했던 서해군의 지역이 아니다.
王莽置西海郡, 光武中興, 棄之. 至獻帝興平二年, 武威太守張雅, 請置西海郡, 分張掖之居延一縣以屬之, 雖郡名同, 而非莽西海郡之地.

【目】張寔이 司馬 韓璞 등을 보내어 보병과 기병 1만을 거느리고 동쪽으로 漢나라(前趙)를 공격할 적에, 相國인 司馬保에게 다음과 같이 편지를 보냈다.

"皇室에 위태로운 일이 있으므로 몸을 바쳐 충성할 것을 잊지 아니하여, 지난번에 賈騫을 보내서 公의 거동을 살펴보게 하였는데, 중간에 내려보낸 符節을 받고서 가건에게 명하여 군대를 돌아오게 하였습니다. 마침 조정이 이미 전복되었다는 말을 들어 충성할 뜻을 이루지 못하였으니, 몹시 비분강개하여 죽어도 남은 죄책이 있습니다. 이제 한박 등을 보내어 오직 公의 명령을 따르겠습니다."

그러나 한박 등은 끝내 전진하지 못하고 돌아왔다.

寔이 遣司馬韓璞等하여 帥步騎一萬하고 東擊漢할새 遺相國保書하여 曰 王室有事하니 不忘

投軀하여 前遣賈騫하여 瞻公擧動이러니 中被符命하여 勅騫還軍[①]이라 會聞朝廷傾覆하여 爲忠不遂하니 憤痛之深에 死有餘責이라 今遣璞等하여 惟公命是從호리라 璞等이 卒不能進而還하다

① "符命"은 司馬保가 張寔에게 符節을 내린 것이다.
符命, 蓋保符下寔也.

【目】 이보다 앞서 長安의 백성들이 노래하기를 "秦川에 피가 흘러 팔뚝이 빠질 지경인데, 오직 涼州만은 기둥에 기대어 관망한다." 하였는데, 漢나라(前趙) 군대가 關中을 뒤엎고 氐族과 羌族이 隴右 지역을 노략질하여 雍州와 秦州 지역의 백성들 중에 죽은 자가 10 중에 8, 9명이었으나, 유독 양주만은 安全하였다.

先是에 長安謠曰 秦川中에 血沒腕이어늘 唯有涼州倚柱觀[①]이라하더니 及漢兵覆關中하고 氐, 羌掠隴右하여 雍, 秦之民이 死者什八九로되 獨涼州安全이러라

① 觀은 去聲이니, 살펴보는 것이다. 기둥에 기대어 살펴보는 것은 한가로운 모양이니, 팔짱을 끼고 옆에서 구경한다는 말과 같다.
觀, 去聲, 諦視也. 倚柱而觀, 閑雅貌, 猶言袖手傍觀.

**【綱】 2월에 漢나라(前趙)가 滎陽을 침략하자, 太守 李矩가 공격하여 패퇴시켰다.**

二月에 漢이 寇滎陽이어늘 太守李矩擊敗之하다

【目】 漢나라(前趙) 劉暢이 3만의 병력을 거느리고 滎陽을 공격하였는데, 李矩가 미처 대비하지 못하였다. 이구가 사자를 보내어 거짓으로 항복을 하자, 유창이 더 이상 대비하지 않았다. 이구가 밤중에 기습하려고 하였으나 士卒들이 모두 겁내고 두려워하므로 마침내 장수 郭誦을 보내어 子産의 사당에 가서 기도하게 하고, 또 무당으로 하여금 "자산이 명을 내렸는데 神兵을 보내어 도와줄 것이다 하였다."라고 크게 말하게 하였다. 이에 사졸들이 모두 기뻐 날뛰며 다투어 나가서 유창의 진영을 기습 공격하니, 유창이 겨우 몸만 빠져나와 죽음을 면하였다.

漢劉暢이 帥兵三萬하고 攻滎陽[①]하니 矩未及爲備라 乃遣使詐降한대 暢이 不復設備하다 矩欲夜襲之로되 士卒이 皆恇懼[②]어늘 乃遣其將郭誦하여 禱於子産祠[③]하고 使巫揚言曰 子産이 有教하니 當遣神兵相助라하니 衆皆踴躍爭進하여 掩擊暢營하니 暢이 僅以身免하다

① 劉暢은 劉聰의 從弟이다.
暢, 聰從弟.
② 恇은 音이 匡이니, 겁냄이다.
恇, 音匡, 怯也.
③ 子産은 鄭나라의 정승이었는데, 鄭나라 사람들이 그의 은혜를 생각하고 그를 위하여 사당을 세웠다.
子産相鄭, 鄭人懷其惠, 爲之立祠.

【綱】 3월에 丞相 司馬睿가 晉王에 즉위하였다.

三月에 **丞相睿卽晉王位**하다

【目】 弘農太守 宋哲이 漢나라(前趙)에게 공격을 받자, 郡을 버리고 建康으로 달려가서 말하기를 "愍帝의 조서를 받았는데, 丞相 司馬睿에게 국가의 모든 정사를 총괄하여 다스릴 것을 명하셨다."라고 하였다. 사마예는 素服을 입고 喪次로 나와 3일 동안 擧哀하고, 官屬들이 尊號를 올렸으나 받아들이지 않았다.

관리들이 한사코 허락할 것을 청하자, 사마예는 서글피 눈물을 흘리며 말하기를 "나는 罪人이다. 만일 그대들이 계속 나를 핍박한다면, 封國인 琅邪로 돌아갈 수밖에 없다." 하고는 수레에 말을 멍에 할 것을 명하여 봉국으로 돌아가려 하였다. 신하들이 魏나라와 晉나라의 故事를 따라 晉王을 칭할 것을 청하니, 사마예가 이에 허락하였다. 마침내 즉위하여 改元하고 百官을 설치하고 宗廟를 세우고 社稷을 만들었다.

**弘農太守宋哲**이 **爲漢所攻**하고 **棄郡奔建康**하여 **稱受愍帝詔**하고 **令丞相睿**로 **統攝萬機**①하니 **睿素服出次**하여 **擧哀三日**②하고 **官屬**이 **上尊號**호되 **不許**라 **固請不已**한대 **睿慨然流涕**하고 **曰 孤**는 **罪人也**라 **若見逼不已**면 **當歸琅邪耳**라하고 **命駕將歸國**이어늘 **請依魏, 晉故事**하여 **稱晉王**하니 **乃許之**하다 **遂卽位**하여 **改元**하고 **置百官**하고 **立宗廟**하고 **建社稷**하다

① 建康은 建業이니, 晉나라는 愍帝의 諱(司馬業)를 피하여 이름을 建康으로 고쳤다.
建康, 卽建業, 晉避愍帝諱改.
② "出次"는 正寢을 피한 것이다.
出次, 避正寢.

【目】 有司가 太子를 세울 것을 청하자, 王은 둘째 아들인 宣城公 司馬裒를 사랑하기 때

문에 그를 태자로 세우고자 하여 王導에게 이르기를 "태자를 세울 때에는 마땅히 德을 기준으로 해야 한다." 하였다. 왕도가 말하기를 "세자와 선성공이 모두 총명하고 준걸스러운 美德이 있는데, 세자는 나이가 많습니다." 하니, 王이 그의 말을 따라서 세자 司馬紹를 세워 왕태자로 삼고, 사마부를 봉하여 琅邪王으로 삼아서 恭王[47]의 뒤를 이어 廣陵에 진주하게 하였으며, 西陽王 司馬羕(사마양)을 太保로 삼고, 譙王 司馬遜의 아들 司馬氶(사마증)을 봉하여 譙王으로 삼았다.

또 王敦을 大將軍으로 삼고, 王導를 揚州刺史 領中書監 錄尙書事로 삼고, 刁協을 僕射로 삼고, 周顗를 吏部尙書로 삼고, 賀循을 太常으로 삼았다.

이때 군주가 죽고 나라가 혼란한 뒤를 이어 江東 지역에서 처음으로 政權이 세워졌는데, 조협은 오랫동안 중원의 조정에서 벼슬하여 조정의 옛일을 잘 알았고, 하순은 대대로 이어온 儒學의 宗主로서 禮學을 밝게 익혔으니, 의심스러운 의논이 있을 때마다 모두 이들에 의해 결정되었다.

有司請立太子한대 王이 愛次子宣城公裒하여 欲立之하여 謂王導曰 立子를 當以德이니라 導曰 世子, 宣城이 俱有朗雋之美어늘 而世子年長하니이다 王이 從之하여 立世子紹爲王太子하고 封裒爲琅邪王하여 奉恭王後하여 鎭廣陵①하고 以西陽王羕爲太保②하고 封譙王遜之子氶爲譙王③하다 王敦爲大將軍하고 王導爲揚州刺史, 領中書監, 錄尙書事하고 刁協爲僕射하고 周顗爲吏部尙書하고 賀循爲太常하다 時에 承喪亂之後하여 江東이 草創이러니 協은 久宦中朝하여 諳練舊事하고 循은 爲世儒宗하여 明習禮學하니 凡有疑議에 皆取決焉④이러라

① 황제는 大宗의 뒤를 이었기 때문에 司馬裒로 琅邪國의 제사를 받들게 한 것이다.
帝後大宗, 故以裒奉琅邪國祀.

② 司馬羕은 汝南王 司馬亮의 아들이다. 太康 말년에 西陽縣公에 봉해졌었는데 楚王 司馬瑋가 주살을 당하자 작위가 높아져서 王이 되었으며, 元康 초기에 승진하여 郡王에 봉해졌다. 羕은 音이 漾이다.
羕, 汝南王亮之子也. 太康末, 封西陽縣公, 及楚王瑋誅, 進爵爲王, 元康初, 進封郡王. 羕, 音漾.

③ 司馬遜은 晉 宣帝(司馬懿)의 아우인 司馬進의 아들로, 晉 武帝 초년에 封地를 받았다. 氶은 音이 拯이다.
遜, 宣帝弟進之子也, 武帝初, 受封, 氶音拯.

④ 諳은 烏含의 切이니, 앎이고 기억함이다.
諳, 烏含切, 悉也, 記也.

47) 恭王 : 司馬懿의 손자 琅邪恭王 司馬覲을 가리킨 것으로 司馬睿는 사마근의 아들이다.

**【綱】** 劉琨과 慕容廆가 모두 사자를 보내어 황제의 자리에 오를 것을 권하였다.

**劉琨, 慕容廆皆遣使勸進**[48)]하다

【目】 劉琨과 段匹磾가 입에 피를 바르고 함께 맹세하여 晉나라 황실을 떠받들기로 하였다. 이때 유곤이 격문을 돌려 중화와 오랑캐 사람들에게 두루 알리고 右司馬 溫嶠를 보내어 표문을 받들고 建康에 가서 司馬睿에게 황제의 자리에 오를 것을 권하였다.

유곤이 온교에게 이르기를 "晉나라의 국운이 비록 쇠하였으나 天命이 아직 바뀌지 않았다. 내 마땅히 河朔 지역에서 功을 세워 卿으로 하여금 江南에서 명성을 떨치게 할 것이니, 가서 힘쓸지어다." 하였다. 온교가 건강에 이르니, 王導와 周顗와 庾亮 등이 모두 그의 재주를 아껴서 다투어 교분을 맺었다.

**劉琨, 段匹磾相與歃**(삽)**血同盟**하여 **翼戴晉室**할새 **琨**이 **檄告華, 夷**하고 **遣右司馬溫嶠**하여 **奉表詣建康**하여 **勸進**①하다 **琨**이 **謂嶠曰 晉祚雖衰**나 **天命未改**하니 **吾當立功河朔**하여 **使卿延譽江南**하리니 **行矣勉之**②하라 **嶠至建康**하니 **王導, 周顗, 庾亮等**이 **皆愛其才**하여 **爭與之交**러라

① 溫嶠는 溫羨의 아우의 아들이다. "勸進"은 황제의 자리에 오를 것을 권함을 말한 것이다.
嶠, 羨之弟子也. 勸進, 言勸之升卽帝位也.

② 延은 이끎이요, 譽(명성)는 去聲이니, "延譽"는 傳名(명성을 떨친다)이라는 말과 같다. "行矣"는 好去(잘 가라)라는 말과 같다.
延, 引也. 譽, 去聲. 延譽, 猶言傳名也. 行矣, 猶言好去也.

【目】 晉王(司馬睿)이 慕容廆를 龍驤將軍 大單于 昌黎公으로 삼았는데 모용외가 받지 않자, 處士 高詡(고후)가 다음과 같이 말하였다.

"霸王의 바탕은 義가 아니면 이루지 못합니다. 지금 晉나라 황실이 비록 쇠약해졌으나 민심이 여전히 그를 따르니, 마땅히 사자를 江東에 보내어서 높이는 바가 있음을 보여야 합니다. 이렇게 한 뒤에 大義를 가지고 여러 部를 정벌하면, 정벌할 구실이 없음

48) 劉琨慕容廆皆遣使勸進 : "'勸進'이라고 쓴 것은 어째서인가. 司馬睿가 正統이기 때문이다. 그러므로 비록 아직 황제의 자리에 오르지 않았으나 특별히 원년이라고 쓴 것이다. ≪資治通鑑綱目≫이 끝날 때까지 '勸進'이라고 쓴 것은 오직 晉나라 元帝와 漢主인 劉知遠뿐이다.〔書勸進 何 正統也 故雖未卽帝位 特書元年 終綱目 書勸進者 惟晉元帝 漢主知遠而已〕" ≪書法≫

"劉琨은 중국인이고 慕容廆는 오랑캐인데 합하여 쓴 것은, 모용외가 능히 군주를 높이고 의리를 앎을 가상히 여긴 것이니, 이른바 '오랑캐가 중국으로 나오면 중국으로 여긴다.'는 것이다.〔琨 中國也 廆 夷狄也 合而書之者 嘉廆能尊主知義 所謂夷而進於中國 則中國之也〕" ≪發明≫

을 근심할 것이 없습니다."

모용외가 그의 말을 따라 長史 王濟를 보내어 바다를 건너 建康에 가서 晉王에게 황제의 자리에 오를 것을 권하도록 하였다.

王以慕容廆爲龍驤將軍, 大單于, 昌黎公하니 廆不受어늘 處士高詡曰 霸王之資는 非義不濟라 今晉室雖微나 人心이 猶附之하니 宜遣使江東하여 示有所尊이니 然後에 杖大義以征諸部하면 不患無辭矣①리라 廆從之하여 遣長史王濟하여 浮海詣建康하여 勸進하다

① 杖은 去聲이니, 가지고 있음이다.
杖, 去聲, 持也.

【綱】 여름 4월에 漢主 劉聰이 太弟인 劉乂를 죽였다.

夏四月에 漢主聰이 殺其太弟乂하다

【目】 相國 劉粲이 자기 黨을 시켜 劉乂에게 이르기를 "마침 궁중의 조령을 받았는데, '京師가 장차 변란이 있을 것이다.'라고 하니, 마땅히 衷甲(옷 안에 갑옷을 입는 것)을 하고 대비하여야 한다." 하였다. 유차가 이 말을 믿고 동궁의 신하들에게 명하여 모두 충갑을 하게 하였다.

유찬이 사람을 보내어 靳準과 王沈에게 이 사실을 알리니, 근준이 漢主 劉聰에게 아뢰기를 "太弟가 장차 난을 일으키려 하여 이미 충갑을 했습니다." 하였다. 유총이 이에 동궁의 관속들을 주살하고 동궁의 사졸 1만 5천여 명을 산 채로 묻어 죽이고, 유차를 폐하여 北部王으로 삼았는데, 얼마 후 유찬이 근준을 시켜 그를 죽이게 하였다.

유차는 모습과 정신이 수려하고 명랑하고 너그럽고 인자하며 도량이 있어서, 선비들 중에 내심 그를 따르는 자가 많았다.

유총은 그가 죽었다는 말을 듣고 슬피 통곡하면서 말하기를 "우리 형제가 오직 두 사람이 남았는데도 내 그를 포용하지 못하였으니, 어찌하면 천하 사람들로 하여금 내 마음을 알게 할 수 있겠는가." 하였다.

相國粲이 使其黨謂乂曰 適奉中詔호니 云 京師將有變이라하니 宜衷甲以備①니라 乂信之하고 命宮臣하여 皆衷甲하다 粲이 遣告靳準, 王沈하니 準이 白漢主聰曰 太弟將爲亂하여 已衷甲矣니이다 聰이 於是에 誅東宮官屬하고 阬士卒萬五千餘人②하고 廢乂爲北部王이러니 粲이 尋使準殺之③하다 乂形神秀爽하고 寬仁有器度라 故士心多附之러라 聰이 聞其死하고 哭之慟하여 曰 吾兄弟止餘二

人이어늘 而不相容하니 安得使天下知吾心邪아하니라

① 옷 안에 갑옷을 입는 것을 衷甲이라 한다.
甲在衣中, 爲衷甲.
② 산 채로 묻어 죽인 자들은 東宮 四衛의 병사들이다.
所阬者, 東宮四衛之兵也.
③ 北部는 바로 匈奴의 後部이니, 新興에 있었다.
北部, 卽匈奴後部, 居新興.

【綱】 5월에 일식이 있었다.

五月에 日食하다

【綱】 6월에 豫州, 冀州, 靑州, 寧州 등지에서 모두 표문을 올려 晉王(司馬睿)에게 황제의 자리에 오를 것을 권하였다.

◑六月에 豫, 冀, 靑, 寧等州 皆上表勸進하다

【目】 豫州牧인 荀組와 冀州刺史 邵續, 靑州의 曹嶷, 寧州의 王遜 등이 모두 표문을 올려 황제의 자리에 오를 것을 권하였는데, 晉王이 받아들이지 않았다.

豫州牧荀組와 及冀州刺史邵續과 靑州曹嶷과 寧州王遜等이 皆上表勸進하니 王이 不許하다

【綱】 祖逖이 譙城을 점령하니 漢나라(前趙) 石虎가 들어와 침략하였는데, 조적이 공격하여 패주시켰다.

祖逖이 取譙城하니 漢石虎入寇어늘 逖이 擊走之하다

【目】 처음에 유민인 張平과 樊雅가 譙城에서 각자 병력을 모아 塢主(성채의 주인)가 되었는데, 晉王(司馬睿)이 丞相으로 있을 적에 行參軍인 桓宣을 보내어서 장평과 번아를 설득하여 항복하게 하였다.

祖逖이 蘆洲에 주둔하자, 參軍인 殷乂로 하여금 장평과 번아를 찾아가게 하였다. 은예는 마음속으로 장평을 무시하여, 그의 집을 보고는 "마구간으로 쓰면 좋겠다."라고 하고, 큰 솥을 보고는 "철물을 주조하면 되겠다."라고 하였다. 장평이 말하기를 "이것은 바

로 제왕의 가마솥이니, 천하가 깨끗이 평정된 뒤에 비로소 쓰겠다." 하였다.

은예가 말하기를 "卿은 자기 머리도 보존하지 못하면서 이 가마솥을 아끼는가." 하니, 장평이 크게 노하여 앉은 자리에서 은예를 참수하고 군대를 무장하여 굳게 지켰다. 조적이 1년이 넘게 공격하였으나 함락시키지 못하여, 마침내 部將을 유인하여 장평을 죽이게 하였다. 그러나 번아가 여전히 譙城을 점거하고 있었으므로 조적이 공격하였으나 승리하지 못하였다.

初에 流民張平, 樊雅 各聚衆在譙하여 爲塢主어늘 王之爲丞相也에 遣行參軍桓宣하여 說(세)而下之하다 及逖屯蘆洲에 使參軍殷乂로 詣平, 雅한대 乂意輕平하여 視其屋하고 曰 可作馬廐로다 見大鑊(확)하고 曰 可鑄鐵器①로다 平曰 此乃帝王鑊이니 天下淸平에 方用之리라 乂曰 卿未能保其頭而愛鑊邪아하니 平이 大怒하여 於坐斬乂하고 勒兵固守하니 逖이 攻之歲餘에 不下라 乃誘其部將하여 使殺之로되 雅猶據譙城이어늘 逖이 攻之不克하다

① 발이 없는 솥을 鑊이라 한다. 江·淮 지역 사람들은 이것을 鍋라 하고, 浙江 사람들은 이것을 鑊이라 한다.
鼎(大)〔而〕[49]無足曰鑊, 江·淮人謂之鍋, 浙人謂之鑊.

【目】南中郎將 王含이 桓宣을 보내어 군대를 거느리고 가서 祖逖을 돕게 하자, 조적이 환선에게 이르기를 "卿은 信義가 이미 저들에게 드러났으니, 지금 다시 나를 위하여 樊雅를 설득하라." 하였다. 환선이 마침내 두 사람을 대동하고 한 필의 말을 타고서 번아에게 찾아가 말하기를 "祖豫州(조적)가 막 劉聰과 石勒을 깨끗이 소탕하고자 하면서 卿을 의지하여 원조로 삼으려 한다. 예전에 殷乂가 경박하여 무례했던 것은 조예주의 뜻이 아니다." 하였다. 이에 번아가 즉시 찾아와서 항복하였다.

南中郎將王含이 遣桓宣하여 將兵助逖이어늘 逖이 謂宣曰 卿은 信義已著於彼하니 今復爲我說雅①하라 宣이 乃單馬從兩人하고 詣雅하여 曰 祖豫州方欲平蕩劉, 石하여 倚卿爲援하니 前殷乂輕薄은 非豫州意也니라 雅卽詣降②하다

① 爲(위하다)는 去聲이다.
爲, 去聲.
② "劉, 石"은 劉聰과 石勒이다.
劉·石, 劉聰·石勒.

49) (大)〔而〕: 저본에는 '大'로 되어 있으나, ≪資治通鑑≫ 註에 의거하여 '而'로 바로잡았다.

【目】 祖逖이 譙城으로 들어가자 石勒이 石虎를 보내어 초성을 포위하였는데, 王含이 또 다시 桓宣을 보내어 구원하게 하니, 석호가 포위를 풀고 떠나갔다. 조적은 표문을 올려 환선을 譙國內史로 삼았다.

晉王이 천하에 격문을 돌려서 말하기를 "석호가 감히 개와 양 같은 오랑캐들을 거느리고서 黃河를 건너와 멋대로 해독을 끼치니, 이제 琅邪王 司馬裒 등을 보내어 수로와 육로 네 길로 출동하여 곧바로 적이 있는 곳으로 달려가게 하노니, 조적의 지휘를 받으라." 하였다. 얼마 후 다시 사마부를 불러 建康으로 돌아오게 하였는데, 몇 달 만에 卒하였다.

逖이 旣入譙城에 石勒이 遣石虎圍譙어늘 含이 復遣宣救之하니 虎解去하니 逖이 表宣爲譙國內史하다 晉王이 傳檄天下하여 稱石虎敢帥犬羊하여 渡河縱毒하니 今遣琅邪王裒等하여 水陸四道로 徑造賊場하노니 受逖節度하라 尋復召裒還建康이러니 數月而卒하다

【綱】 가을 7월에 크게 가물고 蝗蟲의 재해가 있었으며, 黃河와 汾水가 넘쳤다.

秋七月에 大旱, 蝗하고 河, 汾이 溢①하다

① 모두 漢나라(前趙) 경내이다.
皆漢境也.

【綱】 漢나라(前趙)가 아들 劉粲을 太子로 세웠다.

◑ 漢이 立子粲爲太子[50]하다

【綱】 劉琨과 段匹磾가 石勒을 토벌하려 하였는데, 출발하기 전에 해산하였다.

◑ 劉琨, 段匹磾討石勒이러니 未行而罷[51]하다

【目】 段匹磾가 劉琨을 추대하여 大都督으로 삼고는, 자기 형인 遼西公 段疾陸眷과 叔父

---

50) 漢立子粲爲太子 : "晉나라 때 僭國(正統이 아닌 나라)에서 太子를 세운 것은 다 쓰지 않고 반드시 연고가 있어야 썼으니, 劉粲을 태자로 세운 것을 쓴 것은 靳準이 시해한 것을 기록한 것이다.〔晉世僭國立太子 不悉書 必有故而後書 書立粲 志準弑也〕" ≪書法≫

51) 劉琨……而罷 : "일을 끝마치지 않았으면 쓰지 않았는데 여기서 쓴 것은 어째서인가. 庾袞과 段匹磾의 의리를 인정한 것이다.〔未卒事 不書 此其書 何 予義也〕" ≪書法≫

인 段涉復辰과 아우 段末杯 등에게 격문을 보내어 함께 石勒을 토벌하기로 하였다. 단말배가 단질륙권과 단섭복신을 설득하기를 "父兄으로서 子弟를 따르는 것은 치욕스러운 일이다." 하여 각자 군대를 이끌고 돌아가니, 유곤과 단필제도 홀로 남아 지킬 수 없어서 薊城으로 돌아갔다.

匹磾推琨爲大都督하고 檄其兄遼西公疾陸眷及叔父涉復辰과 弟末杯等하여 共討石勒한대 末杯說眷, 辰曰 以父兄而從子弟는 恥也라하고 各引兵還①하니 琨, 匹磾不能獨留하여 亦還薊하다

① 살펴보건대, 懷帝 永嘉 6년(312)에 石勒이 段末杯를 사로잡았는데 죽이지 않고 父子가 되기로 맹세하고 돌려보냈다. 그러므로 단말배가 이와 같이 설득한 것이다.
按懷帝永嘉六年, 石勒獲末杯, 不殺, 誓爲父子而遣還, 故杯爲之游說(세)也.

【綱】 杜曾이 揚口를 공격하여 함락시키자, 周訪이 토벌하여 격파하였다.

杜曾이 攻陷揚口어늘 周訪이 討破之하다

周訪이 揚口에서 杜曾을 격파하다

【目】鄭攀 등이 함께 王廙를 막을 적에, 사람들의 마음이 통일되지 못하였다. 정반이 두려워하여 왕이에게 항복을 청하고, 杜曾 또한 第五猗를 공격하여 스스로 속죄할 것을 청하였다.

왕이가 荊州로 부임하려 할 적에 長史를 남겨두어 揚口의 보루를 鎭守하게 하니, 竟陵內史 朱伺가 왕이에게 이르기를 "두증은 교활한 적입니다. 겉으로만 굴복하는 모습을 보이니, 우리는 마땅히 부대를 크게 만들어 대비해야지 곧바로 서쪽으로 가서는 안 됩니다." 하였다. 그러나 왕이는 남의 말을 듣지 않고 오만하고 잘난 체하여, 주사를 늙어서 겁이 많다 하고는 마침내 그대로 출동하였다. 두증 등이 과연 돌아와 揚口를 공격해서 함락시키고는 승세를 타고 곧바로 沔口에 이르렀다.

晉王(司馬睿)이 豫章太守 周訪으로 하여금 두증을 공격하게 하였는데, 주방은 8천 명의 병력을 보유하고 있었는바, 沌陽까지 진군하여 將軍 李恒으로 하여금 左甄을 감독하게 하고 許朝로 하여금 右甄을 감독하게 하고 자신은 中軍을 거느렸다.

鄭攀等이 相與拒王廙할새 衆心不一이라 攀이 懼하여 請降하고 杜曾이 亦請擊第五猗以自贖하다 廙將赴荊州할새 留長史하여 鎭揚口壘①하니 竟陵內史朱伺謂廙曰 曾은 猾賊也라 外示屈服하니 宜大部分이요 未可便西②니이다 廙矜厲自用하여 以伺爲老怯이라하고 遂行하니 曾等이 果還攻揚口하여 陷之하고 乘勝徑造沔口하다 王이 使豫章太守周訪擊之하니 訪이 有衆八千이라 進至沌(전)陽③하여 使將軍李恒督左甄(견)하고 許朝督右甄하고 自領中軍④하다

① ≪水經註≫에 "龍陂水는 郢城을 지나 동북쪽으로 흐르는데 이것을 揚水라 한다. 이 물이 북쪽으로 竟陵縣의 서쪽을 지나서 또 북쪽으로 沔水에 주입되는데, 이곳을 '揚口'라 하니 中夏口이다." 하였다.
水經註 "龍陂水逕郢城, 東北流, 謂之揚水. 水北逕竟陵縣西, 又北注于沔, 曰揚口, 中夏口也."

② 分(부대)은 扶問의 切이니, 〈"宜大部分"은〉 마땅히 부대를 크게 만들어서 杜曾의 기습 공격에 대비해야 함을 말한 것이다.
分, 扶問切. 言當大爲部分, 以備曾掩襲.

③ 沌은 音이 篆이다. 沈約이 말하기를 "沌陽縣은 江東에서 세웠으니 江夏郡에 속하였다." 하였고, ≪水經註≫에 "沔水가 沌陽縣 북쪽을 지나고 또 동쪽으로 林障의 옛 城 북쪽을 지나간다." 하였다. 沌陽은 沌水의 북쪽이다.
沌, 音篆. 沈約曰 "沌陽縣, 江左立, 屬江夏郡." 水經 "沔水逕沌陽縣北, 又東逕林障故城北." 沌陽者, 沌水之陽也.

④ 甄은 音이 堅으로 군대의 칭호이니, 晉나라 사람은 左翼과 右翼을 左甄과 右甄이라 하였다.
甄, 音堅, 軍號也, 蓋晉人以左右翼爲左右甄.

【目】 杜曾이 먼저 左甄과 右甄을 공격하자, 周訪이 〈여유 있는 모습을 보이고자〉 진영의 뒤에서 화살로 꿩을 쏘아 잡아 사람들의 마음을 안정시키고 병사들에게 명령하기를 "좌견과 우견 중 한쪽이 패하면 3번 북을 울리고, 좌우 양쪽이 모두 패하면 6번 북을 울려라." 하였다. 아침부터 申時(오후 3~5시)에 이르기까지 좌견과 우견이 모두 패하자, 주방은 정예 기병 8백 명을 선발하여 직접 술을 따라주어 마시게 하고서, 함부로 움직이지 말고 북소리를 들은 뒤에 전진할 것을 명하였다.

두증의 군대와의 거리가 30보가 되기 전에 주방이 직접 북을 울리니, 장병들이 모두 뛰쳐나가 싸워서 마침내 두증의 군대가 크게 궤멸되었다. 주방이 밤중에 두증의 군대를 추격하니, 여러 장군들이 날이 밝기를 기다려 추격할 것을 청하였다. 주방이 말하기를 "두증은 날래고 용맹하여 전투에 능하다. 지난번에 저들은 피로하고 우리는 편안했기 때문에 승리한 것이다. 마땅히 그의 기력이 쇠했을 때를 틈타 추격해야 하니, 이렇게 하면 멸망시킬 수 있다." 하고는, 북을 치고 행군하여 전진해서 마침내 漢水와 沔水 지역을 평정하였다.

두증이 달아나 武當을 지키니, 王廙가 그제야 비로소 荊州에 부임할 수 있었다. 주방은 이 功으로 梁州刺史로 승진하여 襄陽에 주둔하였다.

曾이 先攻左右甄이어늘 訪이 於陳後에 射雉하여 以安衆心[①]하고 令其衆曰 一甄敗어든 鳴三鼓하고 兩甄敗어든 鳴六鼓하라 自旦至申에 兩甄이 皆敗한대 訪이 選精鋭八百人하여 自行酒飮(임)之[②]하여 勅不得妄動하고 聞鼓音乃進하다 曾兵이 未至三十步에 訪이 親鳴鼓하니 將士皆騰躍犇赴하여 曾이 遂大潰라 訪이 夜追之하니 諸將이 請待明日이어늘 訪曰 曾이 驍勇能戰하니 向者에 彼勞我逸故로 克之라 宜及其衰하여 乘之면 可滅也라하고 乃鼓行而進하여 遂定漢, 沔하다 曾이 走保武當하니 廙始得至荊州[③]하다 訪이 以功遷梁州刺史하여 屯襄陽하다

① 陳(진영)은 陣으로 읽는다.
陳, 讀曰陣.
② 飮(마시게 하다)은 於禁의 切이다.
飮, 於禁切.
③ 武當縣은 漢나라 때에는 南陽郡에 속하였고 晉나라 때에는 順陽郡에 속하였으니, 무당현은 武當山 때문에 이름을 얻은 것이다.
武當縣, 漢屬南陽郡, 晉屬順陽郡, 縣以武當山得名.

【綱】 겨울 11월 초하루에 일식이 있었다.

冬十一月朔에 日食하다

【綱】劉琨을 太尉로 삼았다.

◑ 以劉琨爲太尉하다

【綱】太學을 세웠다.

◑ 立太學하다

【目】征南軍司 戴邈이 上疏하여 아뢰기를 "世道가 무너진 지 오래되어 禮儀의 풍속이 날로 피폐해지고 있는데, 이는 마치 등불이 기름을 태우는 것과 같아서 아무도 깨닫지 못합니다. 이제 王業이 처음 수립되고 만물이 막 시작되었으니, 마땅히 道를 돈독히 하고 유학을 숭상하여 교화를 장려하여야 합니다." 하니, 왕이 그의 말을 따랐다.

征南軍司戴邈이 上疏하여 以爲世道久喪에 禮俗日弊하니 猶火消膏하여 莫之覺也라 今王業肇建하고 萬物權輿하니 謂宜篤道崇儒하여 以勵風化라한대 王이 從之①하다

① "權輿"는 시작함이다.
權輿, 始也.

【綱】12월에 漢主 劉聰이 平陽에서 황제(晉 愍帝)를 시해하니, 辛賓이 이에 죽었다.

十二月에 漢主劉聰이 弑帝於平陽①하니 辛賓이 死之[52]하다

52) 漢主劉聰……辛賓死之 : "이때 漢나라(前趙)가 포악하게 황제(晉 愍帝)를 부리자 辛賓이 일어나 황제를 안고 크게 통곡하니, 劉聰이 죽였다. 趙固가 〈劉粲을 사로잡아〉 그와 天子를 맞교환하려 한다고 크게 말하여 황제가 마침내 살해당했으니, 이는 먼저 신빈을 죽인 것이다. 그런데 먼저 '황제를 시해했다.'라고 쓴 것은 어째서인가. 먼저 '황제를 시해했다.'라고 쓴 것은 신빈의 죽음이 황제 때문에 죽은 것임을 나타낸 것이다. '死之'라고 크게 썼으니, 절개와 충절을 위해 죽은 것을 권면하는 뜻이 깊다.〔於是 漢暴使帝 賓起 抱帝大慟 聰殺之 趙固揚言欲贖天子 帝遂遇害 是先殺賓也 先書弑帝 何 先書弑帝 所以見賓之死爲帝而死也 大書死之 其爲死節之勸 深矣〕" ≪書法≫

"무릇 僭國(정통이 아닌 나라)의 경우에는 '某王 某'라고 쓰는데, 지금 晉 懷帝와 晉 愍帝의 禍에 劉聰에게 두 번 모두 성을 쓰고 이름을 쓴 것은, 유총이 추악한 오랑캐로서 晉나라에게 신하로 복종하다가 마침내 때를 틈타 몰래 나와서 몸소 큰 죄악을 행하였으므로 성명을 게시하여 그가 弑逆한 죄를 주벌한 것이니, 어찌 僞國의 준례를 그에게 적용할 수 있겠는가. 한 글자 한 글자 사이에 깊은 뜻이 있다.〔凡僞國書某王某 今懷愍之禍 劉聰兩書姓書名者 聰 裔夷之醜 臣服於晉 乃乘時竊發 躬行大惡 故揭

① 〈晉 愍帝는〉 향년이 18세였다.
壽, 十八.

【目】 漢主 劉聰이 나가 사냥할 적에, 愍帝가 車騎將軍을 대행하여 군복을 입고 창을 잡고서 앞에서 인도하였다. 이 모습을 보는 자들이 민제를 가리키며 말하기를 "이분은 옛 長安의 天子이다." 하였고, 노인 중에는 눈물을 떨구는 자도 있었다.

太子 劉粲이 유총에게 말하기를 "옛날 周나라 武王이 어찌 殷나라 紂王을 죽이는 것을 좋아하였겠습니까. 바로 惡을 함께하는 자들이 서로 구하여 후환이 될까 염려하였기 때문입니다. 속히 제거하는 것만 못합니다." 하였다. 유총이 말하기를 "예전에 庾珉 등을 죽였는데도 민심이 아직도 이와 같으니, 내 차마 죽이지 못하겠다. 우선 다소 관망하라." 하였다.

漢主聰이 出畋(전)할새 以愍帝行車騎將軍하여 戎服執戟하여 前導하니 見者指之하고 曰 此故長安天子也라하고 故老有泣者라 太子粲이 言於聰曰 昔에 周武王이 豈樂殺紂乎잇가 正恐同惡相求하여 爲患故也니 不如早除之니이다 聰曰 前殺庾珉輩에 而民心이 猶如是하니 吾未忍也로라 且小觀之하라

【目】 12월에 劉聰이 신하들에게 연향을 베풀 적에 황제로 하여금 술을 따르고 술잔을 씻게 하고는 잠시 후 또 日傘을 잡게 하니, 晉나라 신하들이 눈물을 흘렸고 흐느껴 우는 자도 있었다. 尙書郞 辛賓이 일어나 황제를 안고 크게 통곡하자, 유총이 그를 참수하였다.

洛陽守將 趙固와 河內太守 郭默이 漢나라(前趙)의 河東 지역을 침공하고 크게 말하기를 "마땅히 劉粲을 산 채로 포박하여 天子와 맞교환하겠다." 하였다. 황제가 마침내 살해당하니, 시호를 孝愍이라 하였다.

十二月에 聰이 饗群臣할새 使帝行酒洗爵하고 已而요 又使執蓋하니 晉臣이 涕泣하고 有失聲者하고 尙書郞辛賓이 起抱帝大哭이어늘 聰이 斬之하다 洛陽守將趙固와 河內太守郭默이 侵漢河東하고 揚言曰 要當生縛劉粲하여 以贖天子라하다 帝遂遇害하니 諡曰孝愍이라하다

**【綱】 晉王(司馬睿)이 명하여 농사일을 독려하였다.**

---

姓名 以誅其弑逆之罪耳 豈得以僞國之例而比之哉 一字之間 蓋有深意矣〕" ≪發明≫

王이 **命課督農功**하다

【目】 晉王이 명하여 농사일을 독려해서 二千石(郡守)과 長吏(令長)들이 바친 곡식의 많고 적음으로 考課하고, 여러 군대는 각자 직접 밭을 경작하여 즉석에서 양식을 공급하게 하였다.

王이 命課督農功하여 二千石長吏 以入穀多少爲殿最하고 諸軍이 各自佃作하여 卽以爲稟①하다

① 佃은 밭을 다스림이다. 나아가 경작하는 것을 作이라 한다. 稟은 지급함이다.
佃, 治田也. 就耕, 謂之作. 稟, 給也.

**【綱】** 河南王 慕容吐谷渾(모용토욕혼)[53]이 卒하였다.

**河南王吐谷渾**이 **卒**하다

【目】 慕容吐谷渾은 慕容廆의 庶兄이니, 아버지 慕容涉歸가 戶口를 나누어 그에게 예속시켰다. 모용외가 지위를 계승한 뒤에, 모용외와 모용토욕혼의 두 부락의 말들끼리 싸웠는데, 모용외가 사자를 보내어 책망하기를 "부락을 나누어 세워 이미 分別이 있는데, 어찌 서로 멀리 떨어져 있지 않는가." 하자, 모용토욕혼이 노하여 말하기를 "말들이 싸우는 것은 본디 항상 있는 일인데, 어찌 사람에게 노여워하는가.[54] 멀리 떠나고자 하면 그것은 매우 쉬운 일이지만, 뒤에 만나기가 어려울까 염려된다." 하고는, 마침내 자기 무리를 거느리고 서쪽으로 옮겨갔다.

모용외가 長史를 보내어 쫓아가 사죄하니, 모용토욕혼이 마침내 서쪽으로 陰山 가까이에 거주하였다. 마침 永嘉의 亂[55]을 만나서 이를 틈타 隴 지역을 지나 洮水의 서쪽부터 白蘭山에 이르기까지 점거하니, 땅이 사방 수천 리였다.

鮮卑族은 형을 일러 阿干이라 하니, 모용외는 형을 추념하여 그를 위해 阿干이라는

53) 慕容吐谷渾(모용토욕혼) : 吐谷渾의 시조이다. 토욕혼은 지금의 중국 青海省에서 활동한 유목국가로, 모용토욕혼의 이름을 따서 부족명으로 삼았다가 나중에는 국명이 되었다.

54) 말들이……노여워하는가 : ≪北史≫ 〈吐谷渾傳〉에 "慕容土谷渾이 말하기를 '말이 풀을 먹고 물을 마실 적에 春氣가 발동하여 다툰 것이니, 다툰 것은 말이 했는데 노여움이 사람에게 미친단 말인가.' 하였다.〔吐谷渾曰 馬食草飮水 春氣發動 所以鬪 鬪在馬而怒及人〕" 하였다.

55) 永嘉의 亂 : 永嘉는 懷帝의 연호로, 앞서 영가 5년(311) 6월에 漢나라(前趙) 군대가 洛陽으로 쳐들어와서 회제를 잡아간 일을 이른다.

노래를 지었다. 모용토욕혼에게는 아들 60명이 있었는데, 長子 慕容吐延이 뒤를 이었다. 모용토연은 용맹과 힘이 있으니, 羌族과 胡族이 모두 두려워하였다.

**吐谷渾者**는 **慕容廆之庶兄也**①니 **父涉歸 分戶以隸之**러니 **及廆嗣位**에 **二部馬鬪**어늘 **廆遣使讓之**하여 **曰 分建有別**하니 **何不相遠異**②오 **渾**이 **怒曰 馬鬪**는 **乃其常**이니 **何至怒人**고 **欲遠別甚易**나 **恐後會爲難耳**라하고 **遂帥其衆**하고 **西徙**하다 **廆遣長史**하여 **追謝之**하니 **渾**이 **遂西傅陰山而居**③러니 **屬**(촉)**永嘉之亂**에 **因度隴**하여 **據洮水之西**하여 **極于白蘭**하니 **地方數千里**④라 **鮮卑謂兄爲阿干**하니 **廆追思之**하여 **爲之作阿干之歌**하니라 **渾**이 **有子六十人**하니 **長子吐延**이 **嗣**하다 **吐延**이 **有勇力**하니 **羌, 胡畏之**러라

① 吐는 他骨의 切이고, 谷은 音이 欲이며 渾은 胡昆의 切이니, 吐谷渾은 이름이다.
吐, 他骨切. 谷, 音欲. 渾, 胡昆切. 吐谷渾, 名也
② "遠異"는 서로 멀리 떨어져 있음을 말한 것이다.
遠異者, 言遠去以相別異.
③ 傅(가깝다)는 附로 읽는다.
傅讀曰附.
④ 屬은 音이 燭이니, 마침이다. ≪沙州記≫[56]에 "洮水가 強臺山에서 발원하여 동북쪽으로 흘러 吐谷渾 가운데를 지나고 또 동북쪽으로 흘러 변방으로 들어간다." 하였으니, 이 洮西는 변방 밖에 있는 洮水의 서쪽으로, 바로 沙漒 沓中의 지역이다. 白蘭은 산 이름이니, 羌族들이 거주하는 곳이다. 唐나라 때 이르러 丁零羌이 이곳에 거주하였는데, 왼쪽은 党項에 속하고 오른쪽은 多彌와 접하였다.
屬, 音燭, 會也. 沙州記曰 "洮水出強臺山, 東北流, 逕吐谷渾中, 又東北流入塞." 此洮西, 塞外洮水之西也, 卽沙漒沓中之地. 白蘭, 山名, 羌所居也. 至唐時, 丁零羌居之, 左屬党項, 右與多彌接.

## 戊寅年(318)

**【綱】** 晉나라(東晉) 中宗 元皇帝 太興 원년이다.

**太興元年**이라

【目】 漢主 劉曜 光初 원년이다.

56) 沙州記 : 南朝 시대 宋나라의 段國이 편찬한 地理雜記이다.

漢主劉曜光初元年이라

【綱】 봄에 遼西公 段疾陸眷이 卒하였다.

春에 遼西公段疾陸眷이 卒[57]하다

【目】 段疾陸眷의 아들이 어려서 叔父 段涉復辰이 스스로 서니, 段末杯가 빈틈을 타 습격하여 죽이고 스스로 單于라 칭하였다.

疾陸眷子幼하여 叔父涉復辰이 自立하니 末杯乘虛襲殺之하고 自稱單于하다

【綱】 3월에 晉王(司馬睿)이 皇帝의 자리에 올랐다.

三月에 王이 卽皇帝位[58]하다

【目】 晉 愍帝의 부음이 建康에 이르니, 晉王이 斬縗服(참최복)을 입고 廬幕에서 지냈다. 백관들이 황제의 尊號를 올릴 것을 청하였으나 허락하지 않으니, 紀瞻이 다음과 같이 말하였다.

"晉나라의 정통이 끊긴 지가 지금 2년이 되었습니다. 洛陽과 長安 두 도성이 불타 없

57) 遼西公段疾陸眷卒 : "段疾陸眷에게 '卒'이라고 쓴 것은 어째서인가. 그의 의리를 인정한 것이다. ≪資治通鑑綱目≫은 段氏에 대하여 매번 자세히 썼으니, 그들을 의롭게 여겼기 때문이다.〔卒疾陸眷何 予義也 綱目於段氏 每詳之 義焉而已矣〕" ≪書法≫

58) 王卽皇帝位 : "'皇帝의 자리에 올랐다.'라고 쓴 것은 어째서인가. 正統이기 때문이다. ≪資治通鑑綱目≫이 끝날 때까지 '황제의 자리에 올랐다.'라고 쓴 것이 4번이니, 漢나라는 高祖와 光武帝와 昭烈帝를 썼고, 晉나라는 元帝를 썼다. 이를 제외하고는 '황제의 자리에 올랐다.'라고 쓴 자가 없다.〔書卽皇帝位 何 正統也 終綱目 書卽皇帝位四 漢書高祖光武昭烈 晉則元帝 舍是 無書卽皇帝位者矣〕" ≪書法≫

"繼統(統을 이음)과 創業은 똑같지 않으니, 내 예전에 이미 이것을 논하였다. 이제 周嵩이 말한 것은 蜀漢의 費詩와 뜻이 같으니 진실로 견해가 없다고 할 수 없으나, 다만 정통을 잇는 것을 알지 못했을 뿐이다. 五代時代에 劉崇이 참람하게 황제가 되고는 그 신하들에게 이르기를 '朕은, 周祖(後周 太祖 郭威)의 基業이 하루아침에 실추되었으므로, 오늘날 지위와 칭호를 부득이하게 바로잡은 것이다.' 하였다. 유숭이 비록 참람하게 지위를 도둑질하였으나 그 말에는 일리가 있다. ≪資治通鑑綱目≫에서 光武帝와 昭烈帝와 元帝가 천하를 통일하지 못했을 때에도 모두 '황제의 자리에 올랐다.'라고 써서 혐의하지 않았던 것은, 바로 인심을 결속하고 정통을 이어서 천하 사람들이 귀의하고자 하는 바람에 부응하고 하늘에 계신 祖宗의 영혼을 위로하게 한 것을 다행으로 여긴 것이니, 진실로 기타 망령되이 스스로 높이고 큰 체한 자와 비교해서는 안 된다.〔繼統與創業不同 臣前已論之矣 今周嵩所言 與費詩同旨 固不爲無見 然特未知紹續之意耳 五代劉崇僭立 謂其臣曰 朕以周祖之業 一朝墜地 今日位號不得已而正之 崇雖僭竊 其言蓋亦有理 此綱目於光武昭烈元帝未混一之時 所以皆書卽皇帝位 而無嫌者 正以幸其繫人心 續正統 副四海依歸之望 慰祖宗在天之靈 固不得與其他妄自尊大者比也〕" ≪發明≫

어지고 宗廟에 주인이 없습니다. 그리하여 劉聰이 서북 지역에서 황제의 칭호를 도둑질하는데, 폐하께서는 동남 지역에서 높이 사양하시니, 이는 이른바 '揖하고 사양하면서 불을 끈다.'[59]는 것입니다."

그런데도 王은 여전히 허락하지 않고 殿中將軍 韓績으로 하여금 御座를 철거하게 하였다. 기첨이 한적을 질책하며 말하기를 "帝座(황제의 자리)는 위로 列星에 상응하니, 감히 이것을 옮기는 자가 있으면 참수하겠다." 하니, 왕이 이 말을 듣고 용모를 고쳤다.

晉元帝

愍帝凶問이 至建康하니 王이 斬縗居廬하다 百官이 請上尊號어늘 不許하니 紀瞻曰 晉氏統絶이 於今二年이라 兩都燔蕩하고 宗廟無主하여 劉聰이 竊號於西北이어늘 而陛下高讓於東南하시니 此所謂揖讓而救火也니이다 王이 猶不許하고 使殿中將軍韓績으로 撤去御座①한대 瞻이 叱績하여 曰 帝座는 上應列星하니 敢動者는 斬하리라 王이 爲之改容②이러라

① 殿中將軍은 二衛에 속하였으니, 晉나라 초기에 설치하였는데 조회하고 연향할 때에는 戎服을 입고 좌우에서 모시고 밤에 여러 城門을 열면 白虎旗를 잡고서 감시하였다.
殿中將軍, 屬二衛, 晉初置, 朝會宴饗, 則戎服直侍左右, 夜開諸城門, 則執白虎幡監之.

② ≪晉書≫ 〈天文志〉에 "帝座星은 紫微宮 안에 있다." 하였다.
天文志"帝座在紫宮中."

【目】 奉朝請[60]인 周嵩이 다음과 같이 上疏하였다.

"옛날의 王者들은 義가 온전한 뒤에 황제의 지위를 취하고 여러 번 사양한 뒤에 황제의 지위를 얻었기 때문에, 長久한 世代를 누렸습니다. 지금 〈懷帝와 愍帝의〉 梓宮(황제의 棺)이 아직 돌아오지 않았고 옛 서울이 깨끗이 청소되지 못했으니, 마땅히 言路를 열

59) 揖하고……끈다 : 3번 읍한 후에야 다른 사람에게 간청하여 불을 끈다는 것으로, 규칙이나 예법에 얽매여서 目前의 일을 분명하고 신속하게 처리하지 못하는 것을 비유하는 말로 쓰인다.

60) 奉朝請 : 제후가 봄에 천자를 朝見하는 것을 朝라 하고 가을에 조현하는 것을 請이라 하였으므로 정기적으로 朝會에 참석하는 것을 奉朝請이라고 하였다. 漢代에는 퇴직한 大臣과 將軍, 皇室, 外戚 등이 봉조청으로 조회에 참여하였으며, 晉代에는 奉車, 駙馬, 騎三都尉가 봉조청이 되었다. 朝鮮朝에서는 奉朝賀라고 칭하였다.

어 아름다운 계책을 받아들이고 병사들을 훈련시키고 병기를 수선해서 먼저 큰 치욕을 설욕하여 천하 사람들의 마음에 부응해야 합니다. 이렇게 하면 神器(황제의 지위)가 장차 어디로 가겠습니까."

주숭은 이 때문에 임금의 뜻에 거슬려서 新安太守로 폄출되었다. 주숭은 周顗의 아우이다.

奉朝請周嵩이 上疏하여 曰 古之王者는 義全而後取하고 讓成而後得이라 是以로 享世長久하니이다 今梓宮未返하고 舊京未淸하니 宜開延嘉謀하고 訓卒厲兵하여 先雪大恥하여 副四海之心이면 則神器將安適哉리잇고 由是忤旨하여 出爲新安太守하니 嵩은 顗之弟也①라

① 孫權이 丹陽을 나누어 新都郡을 세웠는데, 晉 武帝 太康 원년(280)에 新安郡으로 이름을 고쳤다.
孫權分丹陽, 立新都郡. 武帝太康元年, 改名新安郡.

【目】王이 마침내 황제의 자리에 오르니, 백관들이 모두 황제를 모시고 나열하였다. 황제가 王導에게 御牀으로 올라와 함께 앉으라고 명하자, 왕도가 굳이 사양하며 말하기를 "만약 太陽이 아래로 내려와 萬物과 함께 있으면, 蒼生들이 어떻게 우러러 그 빛을 쬘 수 있겠습니까." 하니, 이에 명을 거뒀다.

황제는 즉위한 다음 大赦免令을 내리고 文官과 武官에게 두 등급의 품계를 더하였다. 황제는 吏屬들 중에 명함을 올려 황제의 자리에 오를 것을 권한 자들에게는 한 등급의 품계를 더하고, 백성 중에도 명함을 올려 권한 자들을 모두 吏屬으로 제수하고자 하였는데, 이에 해당하는 자가 모두 20여만 명이었다.

散騎常侍 熊遠이 말하기를 "폐하가 하늘의 뜻에 응하여 大統을 이으심에 온 천하가 귀의하여 떠받드니, 어찌 유독 가까운 자만 정이 중하고 먼 자는 정이 가볍겠습니까. 漢나라의 法에 따라 천하 사람들에게 두루 작위를 내리는 것만 못하니, 이렇게 하면 은혜가 두루 미치게 되고 또 조사하는 번거로움이 사라지고 교묘하게 속이는 단서를 막을 수 있습니다." 하였으나, 황제는 그의 말을 따르지 않았다.

王이 遂卽皇帝位하니 百官이 皆陪(배)列①이러니 命王導하여 升御牀共坐한대 導固辭曰 若太陽이 下同萬物이면 蒼生이 何由仰照리잇고하니 乃止하다 大赦하고 文武增位二等하다 帝欲賜諸吏投刺(자)勸進者를 加位一等하고 民投刺者를 皆除吏하니 凡二十餘萬人②이라 散騎常侍熊遠曰 陛下應天繼統에 率土歸戴하니 豈獨近者情重하고 遠者情輕이리오 不若依漢法하여 徧賜天下爵이니 於恩에

爲普요 且可以息檢覈之煩하고 塞(색)巧僞之端也니이다 帝不從③하다

① 陪(모시다)는 音이 裴이니, "陪列"은 陪位(자리에 모시고 있다)라는 말과 같다.
　陪, 音裴. 陪列, 猶言陪位.
② 姓名을 써서 직접 연통하여 만나보기를 청하는 것을 刺라 하니, 秦나라와 漢나라 사이에서는 이것을 謁이라 하였다.
　書姓名以自通求見曰刺, 秦・漢之間, 謂之謁.
③ 漢나라는 惠帝가 황제의 지위를 이은 뒤로부터 백성들에게 爵位[61) ]1級을 하사하고 官秩이 있는 자는 근무한 年限에 따라 차등을 두어 작위를 하사하였다. 그 뒤에 여러 황제들은 처음 즉위하면 모두 백성들에게 작위 1급을 하사하였다.
　漢自惠帝嗣位, 賜民爵一級, 有官秩者, 以歲數爲差. 其後諸帝初卽位, 率賜民爵一級.

**【綱】** 王太子 司馬紹를 세워 皇太子로 삼았다.

立王太子紹爲皇太子하다

【目】 司馬紹는 성품이 인자하고 효성스러우며 문장을 좋아하고 무예를 잘하였다. 그리고 어진 사람을 좋아하고 선비들을 예우하고 남의 諫言을 포용하고 받아들였으며 庾亮, 溫嶠 등과 布衣之交를 맺었다.

유량은 풍격이 준엄하고 엄숙하며 老莊을 담론하기를 좋아하니, 황제(晉 元帝 司馬睿)가 그를 소중히 여겨서 그의 누이를 맞이하여 사마소의 妃로 삼고, 유량으로 하여금 東宮에서 侍講하게 하였다.

황제가 刑名家를 좋아하여 태자에게 ≪韓非子≫를 하사하였는데, 유량이 태자에게 諫하기를 "申不害와 韓非子는 각박하여 교화를 해치니, 태자의 聖心에 유념할 것이 못 됩니다." 하자, 태자가 그 말을 받아들였다.

紹仁孝하고 喜文辭하고 善武藝하며 好賢禮士하고 容受規諫하며 與庾亮, 溫嶠等으로 爲布衣之交러라 亮이 風格峻整하고 善談老莊하니 帝器重之하여 聘其妹爲紹妃하고 使亮侍講東宮하다 帝

---

61) 爵位 : 秦나라에서 軍功의 多寡에 따라 내린 爵制를 20等爵制라 한다. 이것이 漢代에 들어서 일반 백성을 대상으로 내리는 民爵制로 성격이 변화하였다. 이를 통해 향촌 내 사회질서를 확립하는 한편 이제는 백성들이 봉건귀족에게 귀속된 것이 아닌 백성들이 황제의 지배에 직접 속하게 되었음을 보이게 하였다. 20등작은 ① 公士 ② 上造 ③ 簪裊 ④ 不更 ⑤ 大夫 ⑥ 國大夫・官大夫 ⑦ 七大夫・公大夫 ⑧ 公乘 ⑨ 五大夫 ⑩ 左庶長 ⑪ 右庶長 ⑫ 左更 ⑬ 中更 ⑭ 右更 ⑮ 少上造 ⑯ 大良造・大上造 ⑰ 駟車庶長 ⑱ 大庶長 ⑲ 關內侯 ⑳ 徹侯・通侯・列侯인데, 열후가 가장 높고 공사가 가장 낮다. 이는 級을 기준으로 하였는데, 백성에게 작위를 내린 것은 1級인 공사에서 8級인 공승까지로 보인다.

好刑名家하여 以韓非書로 賜太子러니 亮이 諫曰 申, 韓은 刻薄傷化하니 不足留聖心이니이다 太子納之하다

【綱】 慕容廆를 龍驤將軍 大單于로 삼았다.

以慕容廆爲龍驤將軍, 大單于하다

【目】 慕容廆가 游邃(유수)를 龍驤長史로 삼고 劉翔을 主簿로 삼고는, 유수에게 명하여 조정의 儀式을 처음으로 만들게 하였다.

裴嶷이 말하기를 "晉나라가 쇠약하여 長江 이남에 외로이 머물고 있으니, 中原의 혼란은 明公이 아니면 구제할 수가 없습니다. 지금 여러 部들이 비록 각기 병력을 보유하고 있으나, 모두 완악하고 어리석은 자들이 모였으니, 마땅히 점차 그들을 兼幷하여 서쪽을 토벌하는 바탕으로 삼아야 합니다." 하였다. 모용외가 그를 長史로 삼아서 軍國의 계책을 맡기니, 여러 部 중에 약하고 작은 자들을 차츰차츰 공격하여 점령하였다.

廆以游邃爲龍驤長史하고 劉翔爲主簿러니 命邃하여 創朝儀하다 裴嶷曰 晉室衰微하여 介居江表하니 中原之亂이 非明公이면 不能拯也①라 今諸部雖各擁兵이나 然皆頑愚相聚하니 宜以漸幷取하여 爲西討之資②니이다 廆以爲長史하여 委以軍國之謀하니 諸部弱小者를 稍稍擊取之하다

① 介는 막힘이요, 홀로이다.
介, 隔也, 獨也.
② "西討"는 遼東으로부터 진군하여 서쪽으로 中州(중원)에 들어감을 이른다.
西討, 謂自遼東進兵, 西入中州也.

【綱】 李矩를 都督河南軍事로 삼았다.

以李矩都督河南軍事하다

【目】 滎陽太守 李矩가 郭默과 郭誦으로 하여금 趙固를 구원하게 하자, 곽송이 은밀히 휘하의 장수 耿稚 등을 보내어 밤중에 漢나라(前趙) 진영을 습격하게 하니, 漢나라 군대가 놀라 궤멸해서 죽고 부상한 자가 태반이었다. 태자 劉粲이 陽鄕으로 달아나 지키니, 경치 등이 漢나라 진영을 점거하여 얻은 병기와 군수물자가 이루 셀 수 없을 정도

로 많았다.

漢主 劉聰이 太尉 范隆으로 하여금 기병을 거느리고 가서 유찬을 돕게 하자, 경치 등이 사로잡은 소와 말을 죽이고 군수물자를 불태우고 포위망을 뚫고 虎牢로 달아났다. 詔令을 내려서 이구를 都督河南三郡諸軍事로 삼았다.

滎陽太守李矩 使郭默, 郭誦으로 救趙固[①]한대 誦이 潛遣其將耿稚等하여 夜襲漢營하니 漢軍이 驚潰하여 死傷太半이라 太子粲이 走保陽鄕[②]하니 稚等이 據其營하여 獲器械, 軍資를 不可勝數러라 漢主聰이 使太尉范隆으로 帥騎助之한대 稚等이 殺其所獲牛馬하고 焚其軍資하고 突圍犇虎牢[③]하니 詔以矩都督河南三郡諸軍事[④]하다

① ≪晉書≫ 〈李矩傳〉에 "劉聰이 太子 劉粲을 보내어 劉雅生 등 보병과 기병 10만을 거느리고 孟津의 北岸에 주둔하고는, 유아생 등을 나누어 보내어 趙固를 洛陽에서 공격하니, 조고가 陽城山으로 달아나 아우를 보내어 위급함을 알렸다. 이에 李矩가 郭誦을 보내어 洛口에 군대를 주둔하여 조고를 구원하게 했다." 하였다.
李矩傳 "聰遣其太子粲, 率劉雅生等步騎十萬, 屯孟津北岸, 分遣雅生, 攻趙固於洛. 固奔陽城山, 遣弟告急. 矩遣郭誦, 屯洛口以救之."
② 陽鄕은 春秋時代 陽樊의 지역이니, 汲郡 脩武縣 경계에 있었다.
陽鄕, 蓋春秋陽樊之地, 在汲郡脩武縣界.
③ 河南 成皐縣은 鄭나라의 虎牢이다.
河南成皐縣, 鄭之虎牢也.
④ 세 郡은 河南, 滎陽, 弘農이다.
三郡, 河南·滎陽·弘農也.

【綱】 漢나라(前趙) 螽斯則百堂에 화재가 났다.

漢螽斯則百堂이 災[①62)]하다

① 堂은 ≪詩經≫ 〈螽斯〉의 자손이 많은 것과 〈思齊〉의 아들이 100명이라는 뜻을 취한 것이다.
堂取螽斯子孫衆多, 思齊則百斯男之義.

【目】 漢主 劉聰의 아들 21명이 불타 죽었다.

62) 漢螽斯則百堂災 : "화재는 궁궐과 종묘가 아니면 쓰지 않는데, 堂인데도 어찌하여 '災'라고 썼는가. 劉聰의 멸망을 드러낸 것이다. 이때 유총의 자식 중에 죽은 자가 21명이었다.〔火災 非宮闕宗廟 不書 堂也 何以書 著聰滅也 於是聰子死者二十一人〕" ≪書法≫

燒殺漢主聰子二十一人하다

【綱】 張寔이 사자를 보내어 표문을 올렸다.

張寔이 遣使上表[63)]하다

【目】 都尉 陳安이 相國 司馬保를 배반하고서 군대를 일으켜 上邽(상규) 가까이까지 접근하였다. 사마보가 사자를 보내어 張寔에게 위급함을 알리자, 장식이 보병과 기병 2만 명을 보내어 달려가 구원하게 하였다. 군대가 新陽에 이르렀을 적에, 愍帝가 崩했다는 소식을 듣고, 사마보가 황제의 尊號를 칭할 것을 도모하였다. 破羌都尉 張詵이 장식에게 다음과 같이 말하였다.

"南陽王(사마보)이 큰 치욕을 잊고 조급하게 스스로 황제가 되고자 하니, 반드시 성공하지 못할 것입니다. 晉王(司馬睿)은 황실의 가까운 친척이고 또 명망과 덕이 있으니, 마땅히 천하 사람들을 거느리고 그를 받들어야 합니다."

장식이 그의 말을 따라 牙門將 蔡忠을 보내어 표문을 받들고 建康에 가게 하였다. 채충이 건강에 도착하였을 적에, 황제는 이미 즉위한 뒤였다. 그러나 장식은 끝내 江東의 연호를 사용하지 않고 여전히 민제의 연호인 建興을 칭하였다.

都尉陳安이 叛相國保하여 擧兵逼上邽어늘 保遣使告急於張寔한대 寔이 遣步騎二萬赴之러니 軍至新陽하여 聞愍帝崩하고 保謀稱尊號①라 破羌都尉張詵이 言於寔曰 南陽이 忘大恥而亟欲自尊하니 必不能成功②이라 晉王은 近親이요 且有名德하니 當帥天下以奉之③니이다 寔이 從之하여 遣牙門蔡忠하여 奉表詣建康이러니 比至에 帝已卽位러라 然이나 寔은 竟不用江東年號하고 猶稱建興④하니라

① ≪晉書≫ 〈地理志〉에 "新陽縣은 天水郡에 속하였다." 하였다.
晉志 "新陽縣, 屬天水郡."

② 君主(愍帝)와 아버지(司馬模)가 모두 적(漢나라(前趙))의 손에 죽었으니, 이것이 司馬保의 큰 치욕이다.

63) 張寔遣使上表 : "張寔이 뒤를 이어 즉위한 뒤로부터 한 번은 '玉璽를 바쳤다.'라고 썼고(愍帝 建興 3년(315)), 한 번은 '군대를 들여보내 들어와 구원하였다.'라고 썼고(愍帝 建興 4년(316)), 한 번은 '韓璞을 보내어 군대를 거느리고 漢나라(前趙)를 정벌하게 하였다.'라고 썼고(建武 원년(317)), 이때에는 '사자를 보내어 표문을 올렸다.'라고 썼으니, 모두 그의 충성을 인정한 것이다. 장식은 대대로 忠貞을 돈독히 했다고 이를 만하다.〔寔自嗣立 一書得璽獻之(愍帝建興三年) 一書遣兵入援(愍帝建興四年) 一書遣韓璞將兵伐漢(建武元年) 於是書遣使上表 皆予其忠也 寔可謂世篤忠貞矣〕" ≪書法≫

君父皆死於賊手, 保之大恥也.

③ 황제는 先帝(司馬懿)의 曾孫이므로 황실의 가까운 친척이라 한 것이다.
帝, 先帝之曾孫, 故曰近親.

④ 河西 張氏는 晉 愍帝의 연호인 建興을 사용하여 9대에 걸쳐 49년을 지냈는데, 晉 穆帝 升平 5년(361)에 이르러서야 張天錫이 비로소 升平의 年號를 받들어 사용하였다.
河西張氏, 用建興年號, 歷九世四十九年, 至穆帝升平五年, 張天錫乃奉升平年號.

【綱】 여름 4월 초하루에 일식이 있었다.

**夏四月朔**에 **日食**하다

【綱】 王導에게 驃騎大將軍 開府儀同三司를 加하였다.

**◑ 加王導驃騎大將軍, 開府儀同三司**하다

【目】 王導가 從事를 보내어 揚州의 郡國을 순행하게 하였는데, 종사들이 돌아와서 왕도를 접견하고는 각자 二千石 官長의 잘잘못을 말하였으나, 유독 顧和는 아무 말도 하지 않았다. 왕도가 그 이유를 묻자, 고화가 대답하기를 "明公이 국정을 보좌함에, 차라리 그물망으로 하여금 배를 삼킬 만한 큰 물고기를 빠져나가게 할지언정, 어찌하여 風聞을 채취하여 받아들여서 낱낱이 살피는 것으로 政事를 하려 합니까." 하니, 왕도가 감탄하고 좋은 말이라고 칭찬하였다.

**導遣從事**하여 **行揚州郡國**이러니 **還見**에 **各言二千石官長得失**①이로되 **獨顧和無言**②이어늘 **導問之**한대 **和曰 明公**이 **作輔**에 **寧使網漏呑舟**언정 **何緣採聽風聞**하여 **以察察爲政邪**잇가하니 **導咨嗟稱善**③하니라

① 從事는 將軍의 屬官이다. 行(순행하다)은 去聲이다.
從事, 將軍之屬官也. 行, 去聲.

② 顧和는 顧榮의 族子이다.
和, 榮之族子也.

③ ≪漢書≫ 〈刑法志〉에 "漢나라가 일어난 초기에 비록 約法三章[64]이 있었으나, 그물이 엉성하여 배를 삼킬 만한 큰 물고기가 빠져나갔다." 하였는데, 顔師古의 註에 "이는 법망이 엉

64) 約法三章 : 漢나라 高祖가 秦나라의 도성인 關中을 점령하고서 까다롭고 가혹한 법을 없애어 法令을 세 章으로 개정한 것을 말하는데, 그 내용은 사람을 죽인 자는 사형에 처하고 남에게 傷害를 입히거나 도둑질한 자는 죄를 받는 것이다.

성함을 말한 것이다. '呑舟'는 〈배를 삼킬 만한〉 큰 물고기를 이른다." 하였다.
漢書刑法志曰"漢興之初, 雖有約法三章, 網漏呑舟之魚." 師古曰"言踈闊. 呑舟, 謂大魚也."

**【綱】 成나라 丞相 范長生이 卒하였다.**

**成丞相范長生**이 **卒**[65]하다

【目】 范長生이 博學하고 藝能이 많고 나이가 100살에 가까우니, 蜀 지역 사람들이 神처럼 받들었다.

長生이 博學多藝能하고 年近百歲하니 蜀人이 奉之如神이러라

**【綱】 漢나라(前趙)가 尙書令 王鑒과 中書監 崔懿之와 中書令 曹恂을 죽였다.**

**漢**이 **殺其尙書令王鑒**과 **中書監令崔懿之, 曹恂**하다

【目】 中常侍 王沈의 養女가 용모가 아름다우니, 漢主 劉聰이 그녀를 세워 左皇后로 삼았다. 王鑒과 中書監 崔懿之와 中書令 曹恂이 諫하기를 "설령 王沈의 아우의 딸이라 할지라도 宮刑을 받은 미천한 무리가 椒房(后妃가 거처하는 宮室)을 더럽혀서는 안 되는데, 하물며 그의 집의 여종이란 말입니까." 하니, 유총이 크게 노하여 그들을 체포하여 참수하였다.

왕감 등이 형벌을 받을 적에, 왕침이 지팡이로 그들을 치며 말하기를 "못난 종놈들아, 다시 악행을 할 수 있겠는가?" 하니, 왕감이 눈을 부릅뜨고 꾸짖기를 "어린놈아, 大漢을 멸망시킬 자는 바로 쥐새끼 같은 너와 靳準일 것이다." 하였다. 崔懿之가 근준에게 이르기를 "네 마음이 올빼미, 破獍(전설상의 흉악한 짐승)과 같으니, 반드시 漢나라의 큰 근심이 될 것이다. 네가 이미 남을 잡아먹었으니, 남 또한 마땅히 너를 잡아먹을 것이다." 하였다.

---

65) 成丞相范長生卒 : "成나라가 나라를 세운 이래로 이때까지 15년 동안, ≪資治通鑑綱目≫에서 成나라의 政事를 쓴 것이 한두 가지도 없는데 그 신하가 죽은 것을 쓴 것이 2번이나 되니, 이는 어짊을 기록한 것이다. ≪資治通鑑綱目≫이 끝날 때까지 僭國의 신하를 쓴 것이 22번이며, 晉나라 때가 9번을 차지하는데, 成나라가 2번이니, 어느 지역인들 인재가 탄생하지 않겠느냐는 말이 참으로 옳다.〔成自立國以來 至是十有五年 綱目書成政事不一二 而卒其臣者再 錄賢也 終綱目 卒僭國臣 二十有二 晉世居九 成有二焉 何地不生才 信哉〕" ≪書法≫

中常侍王沈의 養女有美色이라 漢主聰이 立以爲左皇后하니 鑑及中書監崔懿之와 中書令曹恂이 諫曰 借使沈之弟女라도 刑餘小醜는 猶不可以塵汙椒房이어든 況其家婢邪①잇가 聰이 大怒하여 收斬之하다 鑑等이 臨刑에 沈以杖叩之하고 曰 庸奴아 復能爲惡乎아하니 鑑이 瞋目叱之하여 曰 豎子아 滅大漢者는 正坐汝鼠輩與靳準耳니라 懿之謂準曰 汝心如梟, 獍하니 必爲國患이라 汝旣食人하니 人亦當食汝②리라

① "刑餘"는 宦者를 이른다. 醜는 무리이다.
刑餘, 謂宦者. 醜, 類也.

② 올빼미는 어미를 잡아먹고 破獍은 아비를 잡아먹는다. 파경은 〈살쾡이와 비슷한 맹수인〉 貙(추)와 같이 생겼는데, 범의 몸을 하고 있다. 身은 一本에는 眼(눈)으로 되어 있다.
梟食母, 破獍食父. 破獍, 如貙而虎身. 身, 一作眼.

【綱】 5월에 段匹磾가 太尉 廣武侯 劉琨을 죽였다.

五月에 段匹磾殺太尉, 廣武侯劉琨[66]하다

【目】 처음에 劉琨의 世子인 劉群이 段末杯에게 사로잡혔는데, 단말배가 그를 후하게 예우하고 유곤을 幽州刺史로 삼기로 약속하고는, 유곤과 함께 단필제를 기습하고자 하였

66) 段匹磾殺太尉廣武侯劉琨 : "관직을 갖추어 쓴 것은 어째서인가. 劉琨의 義를 인정한 것이다. 유곤은 '幷州刺史가 되었다.'라고 쓴 뒤로부터 《資治通鑑綱目》에 모두 11번 썼는데, 劉希를 보내어 병력을 규합하게 했을 때에는 '王浚이 유희를 죽였다.'라고 썼고, 劉曜가 晉陽을 습격했을 때에는 '유곤이 常山으로 달아났다.'라고 썼고, 石勒이 樂平을 공격했을 때에는 '유곤이 구하다가 대패하여 낙평이 마침내 함락되었다.'라고 썼고, 長史가 幷州를 가지고 배반했을 때에는 '유곤이 薊城으로 달아났다.'라고 썼고, 段匹磾와 함께 석륵을 토벌했을 때에는 '출동하기 전에 해산했다.'라고 써서, 거의 한 번도 사람의 뜻을 크게 통쾌하게 한 적이 없다. 그 나머지는 '大將軍이 되었다.'라고 썼고, '司空이 되었다.'라고 썼고, '太尉가 되었다.'라고 썼고, '표문을 올려서 황제의 자리에 오르기를 권했다.'라고 썼을 뿐이다. 그리고 《자치통감강목》은 그가 살해당했을 때에 관직을 갖추어 '太尉 廣武侯'라고 썼으니, 이 또한 오직 그가 황실에 충성을 다했기 때문이다. '단필제가 죽였다.'라고 쓴 것은 단필제를 죄책한 것이니, 《자치통감강목》은 段氏에 대해 좋게 여겨 取한 바가 있으나, 功이 있다고 해서 죄를 덮어주지 않는 것이 옳다.〔具官 何 予義也 琨自書幷州刺史 綱目凡十一書 遣劉希合衆 則書王浚殺之 劉曜襲晉陽 則書奔常山 石勒攻樂平 則書救之大敗 樂平遂陷 長史以幷州叛 則書奔薊 與匹磾討石勒 則書未行而罷 殆亦無一大快人意 其餘書爲大將軍 書爲司空 書爲太尉 書上表勸進耳 綱目於其遇害 具官書太尉廣武侯 則亦唯其乃心帝室而已矣 書匹磾殺 罪匹磾也 綱目於段氏有取焉 功罪不相掩 可也〕"《書法》

"段匹磾는 鮮卑의 種族인데도 황실에 충성을 다하였으니, 또한 매우 가상하다. 그러나 힘을 다하여 함께 功을 세우는 義를 생각하지 않고 마침내 督將을 살해하기까지 하였으니, 그렇다면 그 나머지는 볼 것이 없다. '太尉 廣武侯 劉琨을 죽였다.'라고 써서 유곤을 인정한 것은 단필제를 주벌한 것이니, 그 뜻이 분명하다.〔匹磾 鮮卑之種 乃心帝室 亦甚可嘉 然不思戮力共功之義 遂至戕害督將 則其餘不足觀矣 書殺太尉廣武侯劉琨 予琨 所以誅匹磾也 其旨明矣〕"《發明》

다. 그리하여 단말배가 은밀히 사자를 보내어 유군의 편지를 가지고 가서 유곤에게 內應이 되어줄 것을 청하게 하였는데, 이 편지를 단필제의 巡邏하는 기병이 얻게 되었다. 이때에 유곤은 따로 征北將軍의 작은 성에 주둔하고 있었기 때문에 이 일을 알지 못하였다.

유곤이 단필제를 만나러오자, 단필제가 이 편지를 유곤에게 보여주며 말하기를 "내 마음에 公을 의심하는 뜻이 없기 때문에 公에게 알리는 것이다." 하였다. 유곤이 말하기를 "내 公과 동맹을 맺고서 국가의 치욕을 설욕하려 하니, 만약 내 자식의 편지가 나에게 은밀히 전달되었다 하더라도, 나는 끝내 자식 하나 때문에 公을 저버리고 義를 잊지 않을 것이다." 하였다.

初에 琨世子群이 爲段末杯所得①하니 末杯厚禮之하고 許以琨爲幽州刺史하여 欲與之襲匹磾하여 密遣使하여 齎群書하여 請琨爲內應이러니 爲匹磾邏騎所得②하니 時에 琨이 別屯征北小城하여 不知也③러라 來見匹磾한대 匹磾以書示琨하고 曰 意亦不疑公이라 是以白公耳로라 琨曰 與公同盟하여 庶雪國家之恥하니 若兒書密達이라도 亦終不以一子之故로 負公而忘義也로라

① ≪資治通鑑≫에 "段匹磾가 段疾陸眷의 喪에 달려갔을 적에, 劉琨이 자기의 세자인 劉群으로 하여금 단필제를 전송하게 하였는데, 단필제가 패하자, 유군이 段末杯에게 사로잡혔다." 하였다.
通鑑 "段匹磾之奔疾陸眷喪也, 劉琨使其世子群送之. 匹磾敗, 群爲段末杯所得."
② "邏騎"는 돌아다니며 譏察하는 군대이다.
邏騎, 遊兵也.
③ "征北小城"은 征北將軍의 治所이다.
征北小城, 蓋征北將軍所治.

【目】段匹磾는 평소 劉琨을 소중히 여겼기 때문에 애당초 그를 해칠 뜻이 없었다. 그리하여 유곤이 주둔지로 돌아가는 것을 허락하려 하였는데, 그의 아우 段叔軍이 諫하자, 마침내 유곤을 억류하였다. 마침 代郡太守 辟閭嵩이 은밀히 단필제를 습격하려고 모의하다가 일이 누설되니, 단필제가 유곤을 체포하여 목을 매달아서 죽였다. 이에 유곤의 從事 盧諶 등이 유곤의 남은 병력을 거느리고 段末杯에게 귀의하였다.

조정에서는 단필제가 여전히 강성하다고 여겨서 그가 河朔 지역을 평정해주기를 기대하여, 끝내 유곤을 위해 擧哀의 禮[67]를 행하지 않았다. 溫嶠가 표문을 올려서 아뢰기

67) 擧哀의 禮 : 喪事가 났을 때, 머리를 풀고 슬피 울어 초상난 것을 알리는 의식을 말한다.

를 "유곤은 황실에 충성을 다하여 집안이 패망하고 몸이 죽었으니, 마땅히 표창하여 구휼해야 합니다." 하였다.

몇 년 뒤에야 비로소 太尉를 더 추증하고 시호를 愍이라 하니, 이에 오랑캐와 晉나라 사람들이 모두 단필제를 따르지 않았다.

匹磾雅重琨이라 初無害琨意하여 將聽還屯이러니 其弟叔軍이 諫之한대 遂留琨하다 會에 代郡太守辟閭嵩이 潛謀襲匹磾라가 事泄하니 匹磾收琨하여 縊殺之[①]하다 琨의 從事盧諶等이 帥琨餘衆하고 依末杯하다 朝廷以匹磾尙彊이라하여 冀其能平河朔하여 乃不爲琨擧哀[②]러니 溫嶠表琨盡忠帝室하여 家破身亡하니 宜在褒恤이니이다 後數歲에 乃加贈太尉하고 謚曰愍이라하니 於是에 夷, 晉이 皆不附匹磾러라

① 辟閭는 複姓이고, 嵩은 이름이다.
辟閭, 複姓. 嵩, 名也.
② 爲(위하다)는 去聲이다.
爲, 去聲.

【目】溫嶠가 建康에 가려 할 적에 그의 어머니 崔氏가 굳이 만류하니, 온교는 완강하게 뿌리치며 소매를 자르고 떠나갔다. 건강에 도착해서는 여러 번 돌아갈 것을 청하였으나, 조정에서 허락하지 않았는데, 마침 劉琨이 죽자, 그에게 散騎侍郎를 제수하였다.

온교는 어머니가 죽었다는 말을 들었으나 亂에 길이 막혀서 喪에 달려가지 못한 터라, 굳이 사양하면서 拜謝하지 않고 북쪽으로 돌아갈 것을 간청하였다. 이에 詔令을 내리기를 "지금 큰 역적을 梟首하지 못하였고 또 諸軍이 梓宮(晉 懷帝와 愍帝의 棺)을 받들어 맞이하려고 하나 여전히 전진하지 못하고 있는데, 그대가 사사로운 환란 때문에 皇命을 따르지 않아서야 되겠는가." 하였다. 이에 온교는 부득이 관직을 받고 배사하였다.

嶠之詣建康也에 其母崔氏固止之하니 嶠이 絶裾而去러니 既至에 屢求返命호되 朝廷이 不許러니 會에 琨死하여 除散騎侍郎하다 嶠聞母亡이나 阻亂하여 不得犇喪이라 固讓不拜하고 苦請北歸어늘 詔曰 今桀逆未梟하고 諸軍이 奉迎梓宮이로되 猶未得進하니 嶠可以私難而不從王命邪[①]아하니 嶠不得已受拜하다

① 難(환란)은 去聲이다.

難, 去聲.

【綱】 青州刺史 曹嶷이 배반하여 石勒에게 항복하였다.

青州刺史曹嶷이 叛하여 降石勒하다

【目】 처음에 曹嶷은 青州를 점거한 다음 漢나라(前趙)를 배반하고 와서 항복하였다. 그런데 지금 또다시 建康이 매우 멀다 하여 다시 石勒과 결탁하였다.

初에 嶷이 旣據青州에 乃叛漢來降①이러니 又以建康懸遠이라하여 復與石勒相結하다

① 〈"叛漢來降"은〉 사자를 建康으로 보내서 표문을 받들어 올려 황제의 자리에 오를 것을 권한 일을 이른다.
謂遣使詣建康, 奉表勸進也.

【綱】 6월에 刁協(조협)을 尙書令으로 삼았다.

六月에 以刁協爲尙書令하다

【目】 刁協은 성질이 강하고 사나워서 남들과 화합하지 못하는 경우가 많았는데도, 侍中 劉隗와 함께 황제에게 총애와 신임을 받았다. 그는 당시의 병폐를 바로잡고자 하여 매번 군주를 높이고 아랫사람을 억눌러서 豪强들을 배격하고 저지하였으므로 王氏에게 미움을 받았다. 이에 왕씨는 여러 가혹하고 자질구레한 여러 정사는 모두 유외와 조협이 만든 것이라고 하였다. 조협은 게다가 또 술주정을 하면서 公卿들을 공격하고 비방하니, 보는 자들이 똑바로 쳐다보지 못했다.

協性이 剛悍하여 與物多忤러니 與侍中劉隗로 俱爲帝所寵任이라 欲矯時弊하여 每崇上抑下하여 排沮豪强이라 故로 爲王氏所疾하여 諸刻碎之政을 皆云隗, 協所建이러라 協이 又使酒하여 侵毁公卿하니 見者側目이러라

【綱】 가을 7월에 代王 拓跋鬱律이 劉虎를 공격하여 대파하였다.

秋七月에 代王鬱律이 擊劉虎하여 破之하다

【目】 劉虎가 拓跋氏의 西部를 침략하자 拓跋鬱律이 공격하여 유호가 변방으로 달아나니, 그의 部落이 탁발울률에게 항복하였다. 이에 탁발울률이 서쪽으로 烏孫의 옛 지역을 점령하고 동쪽으로 勿吉의 서쪽 지역을 겸병하니, 그의 군사와 말이 정예롭고 강하여 북방에서 가장 강성하였다.

**劉虎侵拓跋西部**어늘 **鬱律**이 **擊之**하니 **虎走出塞**한대 **其部落**이 **降于鬱律**이라 **於是**에 **鬱律**이 **西取烏孫故地**하고 **東兼勿吉以西**하니 **士馬精彊**하여 **雄於北方**①이러라

① 勿吉은 東胡의 종족 이름이다. 拓跋鬱律이 점령한 것은 勿吉의 서쪽 지역으로, 물길을 모두 겸병하지는 못하였다.
勿吉, 東胡種名. 鬱律所取者, 勿吉以西之地, 未能兼勿吉也.

**【綱】 漢主 劉聰이 卒하니, 太子 劉粲이 즉위하였다. 8월에 靳準이 유찬을 시해하고 대신 임금이 되자, 石勒이 군대를 이끌고 근준을 토벌하였다. 겨울 10월에 劉曜가 赤壁에서 스스로 즉위하고 石勒을 봉하여 趙公으로 삼았다.**

**漢主聰**이 **卒**하니 **太子粲**이 **立**이러니 **八月**에 **靳準**이 **弑而代之**68)어늘 **石勒**이 **引兵討準**하다 **冬十月**에 **劉曜自立於赤壁**하고 **封勒爲趙公**하다

【目】 漢主 劉聰이 병이 심해지자, 劉曜와 石勒를 불러 遺詔를 받아 정사를 보필하게 하니, 두 사람 모두 굳이 사양하였다. 이에 유요를 승상으로 삼아 雍州牧을 겸하게 하고, 석륵을 大將軍으로 삼아 幽州와 冀州의 牧을 겸하게 하고, 上洛王 劉景과 濟南王 劉驥를

---

68) 太子粲立……而代之 : "5胡의 禍가 劉淵에게서 시작되고 劉聰에게서 이루어지니, 백성들이 도륙당한 것을 이루 다 기록할 수가 없다. 그러나 자신이 죽고 자식이 시해를 당한 것이 마치 한 수레바퀴 자국에서 나온 것처럼 〈晉나라와〉 똑같았고, 나라도 얼마 후에 멸망하였다. ≪資治通鑑綱目≫에서는 일에 근거하여 곧바로 썼으니, 비록 그 應驗을 분명히 말하지 않았으나, 이미 응험이 진실로 이 가운데 들어 있다. ○아! 中華의 군주는 하늘이 세운 것이다. 그 좋고 나쁨, 보존과 멸망은 천지와 함께 流通하는데, 유총이 匈奴의 종자로서 감히 중화의 군주를 사로잡아 곤욕을 주었다. 이는 단지 중국에게 죄를 얻고 세상의 군주에게 죄를 얻을 뿐만 아니요, 실로 天帝에게 죄를 얻은 것이다. 하늘이 마침내 靳準의 손을 빌려서 그 종족을 죽이고 그 시신의 목을 베어서 禍가 그 아비의 뼈에 미치고 불이 그 사당에까지 뻗쳤으니, 아! 유총이 두 황제에게 욕을 보인 데 대한 하늘의 보복이 거의 서로 비슷하다. 天道의 밝고 밝음이 이와 같으니, 후세 사람들이 두려워하지 않을 수 있겠는가. 〔五胡之禍 始於淵 成於聰 生民屠戮 不可勝紀 然身死子弑 如出一轍 國亦尋滅 綱目據事直書 雖不明言其應 而應固已在中矣 ○嗚呼 中華之主 天所立也 其休戚存亡 與天地相爲流通 而劉聰以匈奴之孽 乃敢執而困辱之 非但得罪於中國 得罪於世主 而實得罪於天帝也 天乃假手於靳準 屠其族 戮其屍 禍及其父骨 火延其宗廟 嗚呼 天所以報劉聰之辱二帝者 亦略相當矣 天道之昭昭如此 後之人可不畏哉〕" ≪發明≫

모두 錄尙書事로 삼고, 靳準을 大司空으로 삼고서, 그들로 하여금 〈尙書가〉 上奏하는 일에 대해 번갈아 결정하게 하였다.

漢主聰이 寢疾하여 徵劉曜, 石勒하여 受遺詔輔政하니 皆固辭라 乃以曜爲丞相하여 領雍州牧하고 勒爲大將軍하여 領幽, 冀牧하고 上洛王景과 濟南王驥 竝錄尙書事하고 靳準爲大司空하여 皆迭決奏事①하다

① 劉驥는 劉聰의 아들이다.
驥, 聰之子也.

【目】 劉聰이 卒하자, 劉粲이 즉위하여 漢昌이라고 개원하였다. 유총의 네 명의 后는 모두 나이가 20이 못 되었는데, 유찬이 무례한 짓을 많이 행하였다. 靳準이 은밀히 딴마음을 품고서 사사로이 유찬에게 이르기를 "얼핏 들으니, 諸公들이 伊尹과 霍光의 일[69]을 행하려 한다고 합니다. 마땅히 속히 도모해야 합니다." 하니, 유찬이 마침내 劉景과 劉驥 등을 체포하여 죽였다. 유찬은 後宮에서 놀고 잔치하면서 軍國의 일은 한결같이 근준에게 맡겨 결정하게 하였다.

聰이 卒에 粲이 卽位하여 改元漢昌하다 聰后四人이 皆年未二十이라 粲이 多行無禮①하다 靳準이 陰有異志하여 私謂粲曰 如聞諸公이 欲行伊, 霍之事라하니 宜早圖之하라 粲이 乃收景, 驥等하여 殺之하다 遊宴後宮하여 軍國之事를 一決於準이러라

① 네 명의 后는 靳氏와 樊氏와 武氏와 王氏이다.
四人, 靳氏・樊氏・武氏・王氏.

【目】 8월에 靳準이 마침내 군대를 무장하고 궁전으로 올라가서 劉粲을 붙잡아 죽이고, 劉氏의 남녀를 어른 아이를 가리지 않고 모두 동쪽 시장에서 참수하였다. 劉淵과 劉聰의 두 능을 발굴하여 유총의 시신을 목 베고 유씨의 사당을 불태우고는, 스스로 大將軍漢天王이라 칭하였다.

근준은 胡嵩에게 이르기를 "예로부터 오랑캐 중에 天子가 된 자는 없다. 이제 傳國璽

69) 伊尹과……일 : 伊尹은 湯王을 도와 夏나라 桀王을 멸망시키고 난세를 평정한 商나라의 賢相으로, 탕왕의 적장손인 太甲이 즉위하여 예법을 지키지 않자 桐宮으로 축출했다가, 그가 개과천선하자 3년 뒤에 다시 영입하여 복위시켰다. 霍光은 前漢 때의 大將軍으로, 昭帝가 8세로 즉위하자 武帝의 遺詔를 받들어 보필하였다. 소제가 죽자 昌邑王을 세웠으나 음란하다고 하여 폐위하고 宣帝를 세웠다.

靳準이 漢王 劉粲을 멸할 것을 도모하다

를 너에게 맡기노니, 晉나라에 가서 돌려주어라." 하였다. 호숭이 감히 받지 못하자, 근준은 그를 죽이고 사자를 보내어서 司州刺史 李矩에게 通告하기를 "劉淵은 屠各(흉노의 한 부족)의 미천한 무리로 天命을 사칭하여, 懷帝와 愍帝 두 황제로 하여금 사로잡혀 죽게 하였다. 내 곧바로 무리를 거느리고 梓宮을 받들어 모시게 할 것이니, 청컨대, 황제(晉 元帝)에게 보고하라." 하였다. 이구가 말을 달려가서 표문을 올려 보고하자, 詔令을 내려서 太常 韓胤 등을 보내어 재궁을 받들어 맞이하게 하였다.

八月에 準이 遂勒兵升殿하여 執粲殺之하고 劉氏男女를 無少長히 皆斬東市하고 發淵, 聰二陵하여 斬聰屍하고 焚其廟하고 自號大將軍, 漢天王하다 謂胡嵩曰 自古無胡人爲天子者라 今以傳國璽付汝하노니 還如晉家[①]하라 嵩이 不敢受어늘 準이 殺之하고 遣使告司州刺史李矩曰 劉淵은 屠各小醜로 矯稱天命하여 使二帝幽沒이라 輒率衆扶侍梓宮하노니 請以上聞하노라 矩馳表聞한대 詔遣太常韓胤等하여 奉迎梓宮하다

① 洛陽이 함락될 때에 傳國璽를 平陽으로 옮겼다. 如는 감이다.
洛陽之陷, 傳國璽遷於平陽. 如, 往也.

【目】 靳準이 王延을 左光祿大夫로 삼으려고 하자, 왕연이 꾸짖기를 "屠各의 반역한 종놈아, 어찌 나를 빨리 죽이지 않는가. 나의 왼쪽 눈을 뽑아 西陽門에 두어서 相國(劉曜)이 쳐들어오는 것을 보게 하고, 오른쪽 눈을 뽑아 建春門에 두어서 大將軍(石勒)이 쳐들어오는 것을 보게 하라." 하니, 근준이 그를 죽였다.

유요는 난리가 났다는 말을 듣고 長安에서 달려왔고, 석륵은 정예 기병 5만 명을 거느리고 달려와서 근준을 토벌할 적에 襄陵의 북쪽 언덕을 점거하니, 근준이 여러 번 도전하였으나 석륵은 성벽을 굳게 지켜 근준의 기세를 꺾었다.

準이 欲以王延爲左光祿大夫한대 延이 罵曰 屠各逆奴아 何不速殺我오 以吾左目置西陽門하라 觀相國之入也[①]요 右目置建春門하라 觀大將軍之入也[②]호리라 準이 殺之하다 曜는 聞亂하고 自長安赴之하고 勒은 帥精騎五萬하여 以討準할새 據襄陵北原하니 準이 數(삭)挑戰호되 勒이 堅壁以挫之러라

① 〈"觀相國之入也"는〉 劉曜가 장차 서쪽에서 진군하는 것을 보겠다는 것이다.
以劉曜將自西進兵也.
② 〈"觀大將軍之入也"는〉 石勒이 장차 동쪽에서 진군하는 것을 보겠다는 것이다.
以石勒將自東進兵也.

【目】 11월에 劉曜가 赤壁에 이르러서 황제에 즉위하고, 石勒을 大司馬로 삼아서 九錫을 내리고 관작을 높여 趙公으로 삼았다. 석륵이 진군하여 平陽에서 靳準을 공격하니, 巴의 氐族과 羌族과 羯族 중에 항복한 자가 10여만 부락이었다. 석륵은 이들을 모두 자기가 다스리는 곳으로 옮겼다.

十一月에 曜至赤壁[①]하여 卽皇帝位하고 以勒爲大司馬하여 加九錫하고 進爵爲趙公하다 勒이 進攻準於平陽하니 巴及羌, 羯降者 十餘萬落이라 勒이 皆徙於所部[②]하다

① ≪水經註≫에 "河東 皮氏縣 서북쪽에 赤石川이 있다." 하였다.
水經註"河東皮氏縣西北, 有赤石川."
② 巴는 巴의 氐族이다. 魏나라 武帝가 漢中을 평정하고 巴의 氐族을 關中으로 옮겼는데, 그 뒤에 種類가 점점 불어나 河東과 平陽에도 그 종족이 있었다.
巴, 巴氐也. 魏武平漢中, 遷巴氐于關中, 其後種類滋蔓, 河東·平陽皆有之,

【綱】 11월에 해가 밤중에 나왔는데, 3丈 높이에 떠 있었다.

十一月에 日이 夜出하니 高三丈[70)]이러라

【綱】 王敦을 荊州刺史로 삼았다.

◑ 以王敦爲荊州刺史하다

【綱】 州郡에 詔令을 내려 秀才와 孝廉을 다시 經書에 대한 策問으로 시험하게 하였다.

◑ 詔州郡하여 秀, 孝를 復試經策하다

【目】 이때 여러 公, 卿과 士에게 詔令을 내려서 각각 정사의 잘잘못을 아뢰게 하니, 御史中丞 熊遠이 다음과 같이 上疏하였다.

"오랑캐들이 中夏를 어지럽혀서 梓宮이 아직 돌아오지 못하였는데도 군대를 보내어 나아가 토벌하지 못하니 이것이 첫 번째 잘못입니다. 여러 관원들이 원수인 적에게 보복하지 못하는 것을 치욕으로 여기지 않고 해학과 술과 음식에만 힘쓰니 이것이 두 번째 잘못입니다. 관리를 선발하여 인재를 등용할 적에 실제의 德行을 헤아리지 않고서 오직 虛名만 살피고 재간 있는 사람을 구하지 않고서 오직 청탁을 일삼습니다. 그리하여 관직을 담당한 자가 일을 제대로 다스리는 것을 俗吏라 하고, 법을 제대로 받드는 것을 가혹하고 각박하다 하고, 禮를 다하는 것을 아첨한다 하며, 열심히 일하지 않고 한가롭게 지내는 것을 高妙하다 하고, 구속을 받지 않고 제멋대로 행동하는 것을 통달한 선비라 하고, 교만하고 방자한 것을 간결하고 운치가 있다고 하니, 이것이 세 번째 잘못입니다.

세상 사람들이 싫어하는 자는 물이 없는 곳에서도 진흙에 빠지고, 당시 사람들이 좋게 여기는 자는 창공에서 높이 비상합니다. 이 때문에 萬機가 정돈되지 못하고 風俗이 거짓되고 야박해져서, 조정에서는 순종하면 善하다 하고 뜻을 어기면 貶黜하니, 어찌

70) 日夜出高三丈 : "앞에서는 '세 개의 해가 서로 연이어 동쪽으로 갔다.'라고 썼는데, 이때 또다시 '해가 밤중에 나왔는데 3丈 높이에 떠 있었다.'라고 썼으니, 해의 異變이 이때보다 더 심한 적이 없었다. 晉나라의 中世는 어찌면 그리도 災變이 많았던가.〔前書有三日相承東行矣 於是 又書日夜出高三丈 日之異 莫甚於此者 晉之中世 何多變哉〕" ≪書法≫

조정에 옳고 그름을 분변하고 다투는 신하가 있으며, 또 선비에게는 녹봉만을 얻기 위하여 벼슬하려는 뜻이 없겠습니까. 옛날에 선비를 취할 때에는 말로써 자신의 뜻을 펴서 아뢰게 하였는데, 지금은 시험을 치르지 않고 봉록을 받는 영광을 누리니, 옛 의리에 매우 위배됩니다. 또 賢良의 천거는 世族에서 벗어나지 않고, 법의 적용은 권력이 있고 귀한 사람에게는 미치지 않습니다. 이 때문에 선발된 인재가 사무를 제대로 처리하지 못하고 간악한 자가 징계를 받지 않으니, 만약 이러한 방법을 고치지 않으면 亂을 바로잡기를 바라기 어려울 것입니다."

時에 詔群公, 卿, 士하여 各陳得失하니 御史中丞熊遠이 上疏하여 以爲胡賊猾夏하여 梓宮未返이어늘 而不能遣軍進討하니 一失也요 群官이 不以讐賊未報爲恥하고 務在調戲酒食而已하니 二失也①요 選官用人에 不料實德하여 惟在白望하고 不求才幹하여 惟事請託하여 當官者 以治事爲俗吏하고 奉法爲苛刻하며 盡禮爲諂諛하고 從容爲高妙하며 放蕩爲達士하고 驕蹇爲簡雅하니 三失也니이다 世所惡(오)者는 陸沈泥滓하고 時所善者는 翱翔雲霄②라 是以로 萬機未整하고 風俗僞薄하여 朝廷이 以從順爲善하고 相違見貶하니 安得朝有辨爭之臣하고 士無祿仕之志乎아 古之取士는 敷奏以言이러니 今光祿不試[71]하니 甚違古義③니이다 又擧賢이 不出世族하고 用法이 不及權貴라 是以로 才不濟務하고 姦無所懲하니 若此道不改면 求以救亂이나 難矣리이다

① 〈"調戲"는〉 우스갯소리를 하면서 서로 놀리고 희롱하는 것이다.
諧謔以相調戲.
② "陸沈"은 물이 없어도 빠짐을 이른다.
陸沈, 謂無水而沈之.
③ "光祿不試"는 바로 秀才와 孝廉을 시험하지 않고 관리로 임명함을 말한 것이다.
此卽謂秀·孝不試而署吏.

【目】 이보다 앞서, 황제는 사람들의 마음을 위로하고 기쁘게 하려고 하여, 州郡에서 천거하여 서울로 올려 보낸 秀才와 孝廉들을 시험을 보이지 않고 모두 관리로 임명하려 하였다. 尙書 陳頵이 또한 上言하기를 "마땅히 옛 제도를 따라 經書에 대한 策問으로 시험하여야 합니다." 하니, 그의 말을 따르고, 이어서 詔令을 내리기를 "수재와 효렴이 시험에 합격하지 못하면, 그를 천거한 刺史와 太守의 관직을 파면하라." 하였다. 이에 수재와 효렴들이 모두 감히 서울로 올라가지 못하였고, 서울에 올라간 자들도 병을 칭탁하여 3년에 이르도록 시험에 응시한 자가 없었다.

---

71) 光祿不試 : ≪晉書≫ 〈熊遠傳〉에는 '先祿不試'로 되어 있다.

先是에 帝欲慰悅人心하여 州郡秀, 孝至者를 不試하고 皆署吏①러니 尙書陳頵이 亦上言호되 宜循舊制하여 試以經策②이라하니 從之하고 仍詔不中科者는 刺史, 太守免官③하니 於是에 秀, 孝皆不敢行하고 其有到者라도 亦託疾하여 比三年에 無就試者러라

① "秀, 孝"는 州郡에서 천거한 秀才와 孝廉을 이른다.
秀・孝, 謂州郡所擧秀才及孝廉.
② 晉나라 초기에 수재와 효렴 중에 經書의 策問으로 급제한 자는 華譚과 같은 사람이 이에 해당한다.
晉初, 秀・孝以經策中第者, 若華譚之類是也.
③ 〈"不中科者 刺史太守免官"은〉 천거한 주인에게 罪를 주고자 한 것이다.
欲罪擧主也.

【目】 황제가 이미 서울에 도착한 효렴들에게 관직을 특별히 제수하려고 하자, 尙書郎 孔坦이 다음과 같이 말하였다.

"서울과 가까운 郡의 수재와 효렴은 천거한 君父에게 누를 끼칠까 두려워하여 모두 감히 서울에 오지 못하고, 서울과 먼 郡의 수재와 효렴은 행여 시험 치지 않아도 될까 하여 달려옵니다. 만약 이들에게 관직을 제수한다면, 이는 謹愼하는 자는 직분을 잃고 요행을 바라는 자는 관직을 얻게 하는 것이니, 풍속을 무너뜨리고 교화를 손상함이 이로부터 시작될까 두렵습니다. 그들 모두를 罷하여 돌려보내고 시험을 보이는 시기를 늦춰서 그들로 하여금 학문에 힘쓰게 하는 것만 못하니, 이렇게 하면 법이 고르게 시행되고 명령이 신뢰를 받을 것입니다."

황제가 그의 말을 따라서 7년까지 연기했다가 시험을 보일 것을 허락하였다.

帝欲特除孝廉已到者官이어늘 尙書郎孔坦①이 以爲近郡은 懼累君父하여 皆不敢行하고 遠郡은 冀於不試하여 冒昧來赴②하니 若加除署면 是爲謹身者失分하고 僥倖者得官이라 頹風傷敎가 恐從此始③하니 不若一切罷之하고 而爲之延期하여 使得就學이면 則法均而令信矣④리이다 帝從之하여 聽申至七年乃試⑤하다

① 孔坦은 孔愉의 조카이다.
坦, 愉之從子也.
② "君父"는 刺史와 太守를 이른다.
君父, 謂刺史・太守.
③ 分(직분)은 扶問의 切이다.
分, 扶問切.

④ 爲(위하다)는 去聲이다. 延은 멀리 연기하는 것이다.
爲, 去聲. 延, 遠也.
⑤ 聽은 따름이다. 申은 伸과 같은바 시기를 늦춤이니, 시험 보는 시기를 늦추는 것이다.
聽, 從也. 申, 與伸同, 展也, 展其試期.

**【綱】** 12월에 漢나라(前趙) 將軍 喬泰가 靳準을 토벌하여 참수하였다.

十二月에 漢將軍喬泰討靳準하여 斬之하다

【目】 靳準이 侍中 卜泰에게 황제가 사용하는 乘輿와 服御(복식・거마・기물)를 가지고 가서 石勒에게 화친을 청하게 하였는데, 석륵이 복태를 가두었다가 漢主 劉曜에게 보냈다. 유요가 복태에게 이르기를 "先帝(劉粲)의 末年에 실로 큰 인륜을 어지럽혔다. 司空(靳準)이 伊尹과 霍光의 권한을 행하여 朕으로 하여금 이 황제의 자리에 오르게 하였으니, 그 功이 매우 크다. 만약 속히 朕의 大駕를 맞이하면 내 마땅히 모든 정사를 그에게 맡길 터인데, 하물며 죽음을 면하는 것에 있어서랴." 하였다.

복태가 돌아와 유요의 말을 전하였는데, 근준은 따르지 않았다. 將軍인 喬泰 등이 함께 근준을 죽이고 靳明을 君主로 추대하고는, 복태를 보내어 6개의 傳國璽를 받들어 올리고 漢나라(前趙)에 항복하였다. 石勒이 크게 노하고 진군하여 근명을 공격하니, 근명이 나와 싸우다가 대패하였다.

靳準이 使侍中卜泰로 送乘輿, 服御하고 請和於石勒이어늘 勒이 囚泰라가 送於漢主曜하니 曜謂泰曰 先帝末年에 實亂大倫[①]이라 司空이 行伊, 霍之權하여 使朕及此하니 其功이 大矣라 若早迎大駕者면 當悉以政事相委어든 況免死乎아 泰還言之하니 準이 未從이러니 將軍喬泰等이 相與殺準하고 推靳明爲主[②]하고 遣卜泰하여 奉傳國六璽하여 降漢하다 石勒이 大怒하여 進軍攻明하니 明이 出戰이라가 大敗하다

① 先帝는 劉粲을 이른다. "亂倫(인륜을 어지럽혔다)"은 여러 어미를 간음한 일을 이른다.
先帝, 謂粲也. 亂倫, 謂烝其諸母.
② 靳明은 靳準의 從弟이다.
明, 準從弟.

**【綱】** 琅邪王 司馬煥이 卒하였다.

## 琅邪王煥이 卒[72]하다

【目】 司馬煥은 鄭夫人의 아들이니, 이때 겨우 2살이었다. 황제는 그를 사랑하여 그가 병이 위독하다는 이유로 琅邪王으로 봉하였다. 사마환이 薨하자, 황제가 吉凶의 禮服을 구비하고 園陵을 경영하여 일으키니, 공사에 드는 비용이 매우 많았다. 右常侍 孫霄가 다음과 같이 諫하였다.

"옛날에 흉년이 들면 禮를 줄였는데 하물며 지금은 나라가 혼란하니, 법전에 있는 옛 제도도 오히려 마땅히 절약하고 줄여야 하는데, 禮典에 없는 것을 도리어 이와 같이 높이 꾸민단 말입니까. 이미 피로한 백성들의 힘을 고갈시켜 유익함이 없는 일을 경영하고 이미 곤궁한 재력을 탕진하여 쓸데없는 비용을 지출하니, 이것은 臣이 불안하게 여기는 바입니다."

황제는 그의 말을 따르지 않았다.

煥은 鄭夫人之子니 時生二年矣라 帝愛之하여 以其疾篤故로 王之러니 及薨에 帝備吉凶儀服하고 營起園陵하니 功費甚廣이라 右常侍孫霄諫曰① 古者에 凶荒殺(쇄)禮②어든 況今喪亂하니 憲章舊制도 猶宜節省(생)이어든 而禮典所無를 顧崇飾如是乎③잇가 竭已罷(피)之民하여 營無益之事④하고 殫已困之財하여 修無用之費하니 此臣之所不安也니이다 不從하다

① ≪晉書≫ 〈百官志〉에 "王國에는 左常侍와 右常侍 각각 한 사람을 두었다." 하였다.
晉志 "王國置左右常侍各一人."
② 殺(줄이다)는 所戒의 切이다.
殺, 所戒切.
③ 省은 所景의 切이니, 줄임이다. 服이 없는 殤을 成人의 예로써 장례하는 것은 옛 법전에 없는 일이다. 顧는 도리어이다.
省, 所景切, 減也. 葬無服之殤以成人之禮, 古典所無也. 顧, 反也.
④ 罷(피로하다)는 疲로 읽는다.
罷, 讀曰疲.

---

72) 琅邪王煥卒 : "琅邪王 司馬裒가 卒했을 때에는 쓰지 않았는데(建武 원년(317)에 자세히 보인다.) 司馬煥이 卒한 것을 쓴 것은 어째서인가. 懷帝와 愍帝의 梓宮이 아직 돌아오지 않았는데, 服이 없는 殤(상복을 입지 않는 어린아이의 죽음)에 禮와 情을 지나치게 하였으니, 이 때문에 비난한 것이다.〔琅邪王裒卒 不書(詳建武元年) 書煥卒 何 譏也 二帝梓宮未返 而越禮過情於無服之殤 是以譏之〕" ≪書法≫
"이때 梓宮이 아직 돌아오지 못하였고 국운에 어려움이 많았는데도, 포대기 속에 있는 아이를 成人의 禮로 장례한 것은 어째서인가. 사마환이 卒한 것을 특별히 쓴 것은 비난한 것이다.〔于時 梓宮未返 國步多艱 乃以成禮葬襁褓之物 何哉 特書其卒 蓋譏之也〕" ≪發明≫

【綱】彭城內史 周撫가 배반하여 石勒에게 항복하자, 詔令을 내려서 下邳內史 劉遐와 泰山太守 徐龕(서감)으로 하여금 토벌하게 하였다.

**彭城內史周撫叛**하여 **降石勒**이어늘 **詔下邳內史劉遐**와 **泰山太守徐龕**하여 **討之**하다

【綱】石勒이 平陽을 공격하여 함락시키니, 靳明이 赤壁으로 달아났다. 漢主 劉曜가 그의 종족을 다 주살하였다.

◑ **石勒**이 **攻拔平陽**하니 靳明이 犇**赤壁**이어늘 **漢主曜族誅之**하다

【目】靳明이 여러 번 패하고는 사신을 보내어 漢나라(前趙)에 구원을 요청하자, 漢主 劉曜가 사람을 보내서 그를 맞이하게 하였다. 근명이 平陽의 남녀 1만 5천 명을 거느리고 漢나라로 달아나자, 劉曜가 靳氏의 남녀를 모두 생포하여 참수하였다.

石勒은 平陽의 宮室을 불태우고 劉淵과 劉粲의 두 능을 수리하고 유찬 이하 백여 명의 시신을 수습하여 장례하고는, 수비하는 군대를 배치하고 돌아갔다.

靳明이 屢敗하고 遣使하여 求救於漢이어늘 漢主曜使人迎之한대 明이 帥平陽士女萬五千人하고 犇漢하니 曜收靳氏男女하여 皆斬之하다 石勒이 焚平陽宮室하고 修二陵하고 收粲已下百餘口하여 葬之하고 置戍而歸하다

# 1. 思政殿訓義 資治通鑑綱目13 年表

| 年度 | 在位年 | 역문쪽수 | 주요 사건 |
|---|---|---|---|
| 280<br>庚子年 | 晉 武帝(司馬炎) 太康 1 | 13<br><br><br>23<br>25<br><br>31<br>32 | • 晉나라가 吳나라를 침공하여 晉나라 王濬이 수군을 거느리고 建業의 石頭城으로 들어가니 吳나라 황제 孫皓가 항복함.(晉나라의 天下統一)<br>• 晉나라가 孫皓를 歸命侯로 봉함.<br>• 晉나라가 平吳功臣을 봉함. 이때 王濬과 王渾이 공을 놓고 다툼.<br>• 晉나라 尙書 胡威 사망.<br>• 晉나라가 司州를 설치하여 19州를 둠.<br>• 晉나라가 州郡 군대를 해산하고 큰 郡에는 武官 100명을 두고, 작은 郡에는 무관 50명을 둠. |
| 281<br>辛丑年 | 晉 武帝 太康 2 | 34<br>35<br><br>37 | • 晉 武帝가 吳나라 伎妾 5천 명을 뽑음.<br>• 鮮卑 慕容涉歸가 晉나라를 배반하고 昌黎를 침략함. 郭欽이 內地의 이민족의 폐해를 상소함.<br>• 揚州刺史 周浚이 秣陵으로 治所를 옮기고, 吳 지역에서 일어난 반란을 진압하여 복종시킴. |
| 282<br>壬寅年 | 晉 武帝 太康 3 | 39<br><br>40<br><br>42<br>44<br><br>46 | • 中護軍 羊琇를 면직하였다가, 얼마 뒤 白衣의 서민 신분으로 만들어 직무를 수행하게 함.<br>• 張華가 명망이 높자 荀勗과 馮紞이 武帝에게 참소하여 都督幽州軍事로 내보냄.<br>• 魯公 賈充이 사망함.<br>• 荀勗과 馮紞이 齊王 司馬攸를 참소하여 大司馬 都督靑州軍事로 삼아 내보냄.<br>• 散騎常侍 薛瑩 사망. |
| 283<br>癸卯年 | 晉 武帝 太康 4 | 46<br><br><br>50 | • 博士 庾旉와 祭酒 曹志 등이 齊王 司馬攸가 外方에 있는 것을 반대하자 武帝가 이들을 除名하고 사마유에게는 備物과 典策, 殊禮를 내림.<br>• 大司馬 齊王 司馬攸가 封國에 가기 전에 사망함. |

| 年度 | 在位年 | 역문쪽수 | 주요 사건 |
|---|---|---|---|
| 283<br>癸卯年 | 晉 武帝 太康 4 | 51<br>52 | • 琅邪王 司馬伷 사망.<br>• 歸命侯 孫皓 사망. |
| 284<br>甲辰年 | 晉 武帝 太康 5 | | |
| 285<br>乙巳年 | 晉 武帝 太康 6 | 53<br><br><br><br>58<br>59 | • 尙書左僕射 劉毅 사망. 이전에 유의가 九品中正制의 폐해에 대해 상소하였는데, 이때 衛瓘·李重이 구품중정제의 폐단을 비판하면서 土斷을 통해 거주지 중심으로 호적을 재편성할 것을 주장함.<br>• 王渾을 尙書左僕射로 삼음.<br>• 鮮卑의 慕容刪이 죽자 그의 조카 慕容廆가 즉위함. 모용외가 晉나라에 宇文部를 토벌할 것을 청했다가 거절당하자 遼西 지역을 침략함. |
| 286<br>丙午年 | 晉 武帝 太康 7 | 60 | • 司徒 魏舒가 벼슬을 그만둠. |
| 287<br>丁未年 | 晉 武帝 太康 8 | 61 | • 太廟殿이 무너져 다시 지음. |
| 288<br>戊申年 | 晉 武帝 太康 9 | | |
| 289<br>己酉年 | 晉 武帝 太康 10 | 62<br>63<br><br><br>64<br><br><br><br><br><br><br><br><br><br>70 | • 太廟殿이 완성됨.<br>• 鮮卑의 慕容廆가 항복하자, 그를 鮮卑都督으로 삼음. 또한 遼東에 徒河의 靑山으로 옮김.<br>• 明堂 및 南郊·五帝의 자리를 회복함.<br>• 尙書令 荀勖이 사망함.<br>• 汝南王 司馬亮을 大司馬 都督豫州諸軍事로 許昌에 鎭駐하고, 南陽王 司馬柬을 秦王으로 봉하고 都督關中으로 삼고, 司馬瑋를 楚王으로 봉하고 都督荊州로 삼고, 司馬允을 淮南王으로 봉하고 都督揚州江州諸軍事로 삼음. 皇子인 司馬乂를 長沙王, 司馬穎을 成都王, 司馬晏을 吳王, 司馬熾를 豫章王, 司馬演을 代王으로 삼고 皇孫 司馬遹을 廣陵王으로 삼음.<br>• 劉淵을 匈奴의 北部都尉로 삼음. |
| 290<br>庚戌年 | 晉 惠帝(司馬衷) 永熙 1 | 71 | • 晉 武帝가 楊駿을 太尉로 삼아 정사를 보필하게 하고 崩하자, 惠帝가 즉위함. 楊皇后를 높여 皇太后라 하고 賈氏를 皇后로 세움. |

| 年度 | 在位年 | 역문쪽수 | 주요 사건 |
|---|---|---|---|
| 290<br>庚戌年 | 晉 惠帝(司馬衷) 永熙 1 | 74<br><br><br>79<br><br>80 | • 晉 武帝를 峻陽陵에서 장사 지내고, 楊駿이 賈后를 경계하여 段廣과 張劭에게 정사와 禁軍을 주관하게 함.<br>• 廣陵王 司馬遹을 太子로 세움. 태자의 모친인 謝氏를 淑媛으로 삼음.<br>• 劉淵을 匈奴五部大都督으로 삼음.<br>• 琅邪王 司馬覲이 사망하자 司馬睿가 이음. |
| 291<br>辛亥年 | 晉 惠帝 元康 1 | 80<br><br><br>85<br><br><br><br>86<br><br><br>90 | • 賈后가 太傅 楊駿의 제제를 받자 楚王 司馬瑋와 함께 楊駿을 죽이고, 楊太后를 폐하여 庶人으로 삼고 金墉城에 유폐함.<br>• 賈后가 汝南王 司馬亮을 불러 太宰로 삼고 太保 衛瓘과 함께 錄尚書事로 삼음. 또한 가후가 친족인 賈模와 賈謐과 楚王 司馬瑋와 함께 정사에 관여함.<br>• 賈后가 楚王 司馬瑋를 이용하여 太宰 司馬亮과 太保 衛瓘을 제거하게 하고, 다시 사마위를 제거함.(賈后의 專權)<br>• 賈后가 散騎常侍 賈模와 張華, 裴頠(배외)에게 侍中의 직책을 더하여 모든 중요한 기밀을 관장하게 함. |
| 292<br>壬子年 | 晉 惠帝 元康 2 | 91 | • 賈后가 楊太后를 金墉城에서 시해함. |
| 293<br>癸丑年 | 晉 惠帝 元康 3 | | |
| 294<br>甲寅年 | 晉 惠帝 元康 4 | 92<br>93 | • 司隸校尉 傅咸 사망.<br>• 鮮卑 慕容廆가 大棘城으로 옮김. |
| 295<br>乙卯年 | 晉 惠帝 元康 5 | 94 | • 鮮卑 索頭部가 3部로 나누어 拓跋祿官, 拓跋猗㐌, 拓跋猗盧이 1部씩 다스림. |
| 296<br>丙辰年 | 晉 惠帝 元康 6 | 95<br><br><br><br>96 | • 張華를 司空으로 삼음.<br>• 匈奴 郝度元(학도원)이 馬蘭羌·盧水胡와 함께 배반하여 北地의 太守를 살해함.<br>• 秦州·雍州의 氐族과 羌族인 齊萬年이 稱帝하고 배반하자, 周處 등을 보내어 토벌하게 함.(齊萬年의 반란) |

| 年度 | 在位年 | 역문쪽수 | 주요 사건 |
|---|---|---|---|
| 296<br>丙辰年 | 晉 惠帝 元康 6 | 97 | • 關中 지방에 기근이 들고 역병이 유행함.<br>• 略陽의 氐族인 楊茂搜가 齊萬年의 반란을 피해 무리를 거느리고 仇池를 점거함. |
| 297<br>丁巳年 | 晉 惠帝 元康 7 | 98<br>99<br><br><br><br>103 | • 周處가 齊萬年과 싸우다가 戰死함.<br>• 雍州와 秦州에 가뭄이 들고 역병이 유행함.<br>• 竹林七賢의 하나인 王戎이 司徒가 됨. 이 당시 淸談과 老莊思想이 유행하면서 죽림칠현이 당시에 명성을 얻음. 이에 裴頠가 〈崇有論〉을 지음.<br>• 索頭部 拓跋猗㐌가 漠北을 건너 서쪽 지역을 순행하며 여러 나라를 공략함. |
| 298<br>戊午年 | 晉 惠帝 元康 8 | 104<br><br><br><br>105 | • 齊萬年의 반란으로 流民이 漢中으로 몰리자, 조정에서 李苾을 보내 유민을 위로하게 함. 이때 巴氐인 李特이 유민들의 마음을 얻고 이들을 이끌고 巴蜀으로 들어감.<br>• 將軍 孟觀을 보내어 齊萬年을 토벌하게 함. |
| 299<br>己未年 | 晉 惠帝 元康 9 | 106<br><br><br>111<br><br>113<br>118 | • 孟觀이 齊萬年을 공격하여 사로잡음. 이에 太子洗馬 江統이 〈徙戎論〉을 지어 중국 내지에 있던 이민족을 본래 지역으로 옮길 것을 주장함.<br>• 成都王 司馬穎을 平北將軍으로 鄴에 鎭駐시키고, 河間王 司馬顒을 鎭西將軍으로 關中에 鎭駐시킴.<br>• 侍中 賈模 사망. 裴頠(배외)를 尙書僕射로 삼음.<br>• 賈后가 太子 司馬遹을 폐위하고 庶人으로 삼음. |
| 300<br>庚申年 | 晉 惠帝 永康 1 | 124<br>126<br><br><br>128<br><br><br><br><br><br><br>133 | • 옛 太子 司馬遹을 許昌에 유폐함.<br>• 衛督 司馬雅와 趙王 司馬倫이 賈后를 폐할 것을 도모하다가 사마륜이 太子 司馬遹을 복위할 것을 염려하여 가후에게 태자를 죽이게 함.<br>• 趙王 司馬倫이 衛督인 司馬雅와 내통하여 賈后가 太子를 죽인 것을 명분으로 궁성의 병사들을 유인하고, 궁성으로 진입해서 가후를 폐하고 賈謐 등을 죽임. 사마륜은 司空 張華와 僕射 裴頠를 죽이고 相國이 됨. 사마륜이 陸機 등 명망 있는 인사를 선발하고 가후를 독살함.<br>• 臨淮王 司馬臧을 皇太孫으로 세움.<br>• 淮南王 司馬允이 군사를 거느리고 司馬倫과 孫秀를 토벌하였다가 이기지 못하고 죽임을 당함. |

| 年度 | 在位年 | 역문쪽수 | 주요 사건 |
|---|---|---|---|
| 300<br>庚申年 | 晉 惠帝 永康 1 | 134<br><br>136<br><br><br><br><br>137 | • 孫秀가 사적인 원한으로 黃門侍郎 潘岳과 衛尉 石崇 등을 司馬允의 사건에 연루시켜 죽임.<br>• 齊王 司馬冏(사마경)이 司馬倫이 정권을 잡는데 공훈을 세웠으나 孫秀가 그를 平東將軍으로 삼아 許昌에 鎭駐하게 함.<br>• 趙王 司馬倫에게 九錫을 가함.<br>• 孫秀의 徒黨인 尙書郎 羊玄之의 딸을 세워 皇后로 삼음.<br>• 賈后의 인척인 益州刺史 趙廞(조흠)을 소환하자 조흠이 李特 형제를 심복으로 삼아 반란을 일으킴. |
| 301<br>辛酉年 | 晉 惠帝 永寧 1 | 140<br><br><br><br><br><br>142<br><br>143<br><br><br>146<br><br><br><br><br>148<br><br><br><br><br>152 | • 散騎常侍 張軌를 涼州刺史로 삼음.<br>• 趙王 司馬倫이 皇帝를 칭함. 惠帝를 太上皇으로 삼고 金墉城에 유폐하고, 皇太孫 司馬臧을 폐하여 濮陽王으로 삼았다가 죽임.(八王의 亂 발발)<br>• 益州刺史 趙廞이 李特의 아우인 李庠을 죽이자 이특이 조흠을 죽임. 羅尙을 益州刺史로 삼음.<br>• 齊王 司馬冏 · 成都王 司馬穎 · 河間王 司馬顒 등이 군대를 일으켜 司馬倫을 토벌하니, 사마륜이 군대를 보내 막게 함.<br>• 司馬倫의 군대가 黃橋에서 成都王 司馬穎의 군대를 격파하였으나 사마영이 溴水에서 사마륜의 군대를 격파하고 황하를 건너자, 左衛將軍 王輿 등이 군대를 거느리고 황제를 맞이하여 復位시키고 사마륜과 孫秀를 주살함.<br>• 齊王 司馬冏을 大司馬로 삼아 정사를 보필하게 하고 九錫, 備物, 典策을 하사함. 成都王 司馬穎을 大將軍 都督中外諸軍事 錄尙書事로 삼고 九錫을 가하고, 河間王 司馬顒을 侍中 太尉로 삼음. 사마영과 사마옹은 그들의 鎭으로 돌아감.<br>• 益州刺史 羅尙이 李特과 流民을 本地로 돌아가게 하니 이특이 廣漢을 점거하고 成都로 진격함. 羅尙이 이특에게 패하고는 郫水에서 대치함. |
| 302<br>壬戌年 | 晉 惠帝 太安 1 | 154 | • 河間王 司馬顒이 李特을 토벌하였으나 승리하지 못함. 이특이 大將軍 益州牧을 칭함. |

| 年度 | 在位年 | 역문쪽수 | 주요 사건 |
|---|---|---|---|
| 302<br>壬戌年 | 晉 惠帝 太安 1 | 155<br>156<br><br><br><br><br><br>163<br><br>164 | • 齊王 司馬冏이 淸河王 司馬覃을 皇太子로 세움.<br>• 廣漢太守 張微가 李特을 토벌하였으나 패배하여 죽고, 羅尙이 다시 공격하였으나 패배함.<br>• 齊王 司馬冏이 권력을 독단하자 司馬顒이 長沙王 司馬乂로 하여금 사마경을 죽이게 함. 이후 사마예가 집정하였지만 모든 일을 鄴에 주둔하고 있는 成都王 司馬穎에게 자문함.<br>• 陳留王 曹奐(魏 元帝)이 사망하니, 晉나라 사람들이 그를 장례하고 諡號를 魏元皇帝라 함.<br>• 鮮卑의 宇文部가 棘城을 포위하자, 慕容廆가 그들을 격파함. |
| 303<br>癸亥年 | 晉 惠帝 太安 2 | 164<br><br><br><br>166<br><br><br><br><br><br><br>168<br><br><br>169<br><br><br>172<br><br><br><br>174<br><br>175 | • 李特이 益州刺史 羅尙을 격파하고 建初라고 改元함. 조정에서 荊州刺史 宗岱 등을 보내어 나상을 구원하여 이특을 격파하고 참수함. 李流가 이특을 대신하고 李雄에게 軍事를 맡김.<br>• 新野王 司馬歆이 荊州의 정사를 가혹하게 하자 義陽蠻 張昌이 난을 일으킴. 荊州에서 益州의 李流를 토벌하는 군대를 징발하자 백성들이 익주로 가려 하지 않아서 장창에게 합류함. 사마흠이 장창에게 패하여 죽임을 당함. 조정에서 劉弘을 都督荊州軍事로 삼음. 유홍은 陶侃과 皮初를 등용하여 襄陽을 점거하니 장창이 이기지 못함.<br>• 李雄이 郫城을 공격하여 함락하자 李流가 비성으로 옮기고 靑城山의 處士인 范長生에게 의지하여 군세를 회복함.<br>• 劉弘이 陶侃을 보내어 張昌을 토벌하니, 장창이 패주하고 무리가 항복하였으나, 別將 石冰만이 臨淮를 점거한 채로 항전함.<br>• 長沙王 司馬乂가 정권을 잡자 司馬顒과 司馬穎이 이를 싫어하여 반란하자, 惠帝가 사마예를 太尉 都督中外諸軍事로 삼고 직접 출진함. 사마옹의 장수 張方이 洛陽에 들어가 노략질함.<br>• 李流가 죽자 무리들이 李雄을 益州牧으로 추대하니, 이웅이 郫城에 治所를 둠.<br>• 長沙王 司馬乂가 惠帝를 받들고 司馬穎의 군대와 建春門에서 싸워 크게 격파함. 이때 사마영의 前鋒都督 陸機가 참소를 당해 죽임을 당함. |

| 年度 | 在位年 | 역문쪽수 | 주요 사건 |
|---|---|---|---|
| 303<br>癸亥年 | 晉 惠帝 太安 2 | 178<br><br><br>180<br><br><br>181 | • 司馬乂가 張方을 토벌하다가 이기지 못함. 司馬穎의 군대가 京師를 핍박함. 이에 사마예가 雍州刺史 劉沈에게 司馬顒의 본진을 공격하게 함.<br>• 議郎 周玘 등이 江東에서 군대를 일으켜 石冰을 토벌하자 석빙이 壽春으로 달아나니, 征東將軍 劉準이 陳敏에게 석빙을 막게 함.<br>• 李雄이 羅尙을 敗走시키고 成都로 진격함.<br>• 幽州都督 王浚이 鮮卑의 段務勿塵을 봉하여 遼西公으로 삼음. |
| 304<br>甲子年 | 晉 惠帝 永興 1<br>漢(前趙) 光文帝(劉淵) 元熙 1<br>成 武帝(李雄) 建興 1 | 182<br><br><br><br><br><br><br><br><br>184<br><br><br>185<br>186<br><br><br>187<br><br>188<br><br><br><br><br>192<br><br><br><br>194 | • 晉나라 尙書令 樂廣 사망.<br>• 長沙王 司馬乂가 司馬穎의 군대를 격파하였으나 東海王 司馬越이 전쟁에서 질 것을 걱정하여 사마예를 체포함. 사마월이 군사들이 따르지 않을 것을 걱정하여 성 밖에 있던 張方에게 사마예를 죽이게 함. 사마영이 京師에 들어가 丞相이 되어 싫어하던 자들을 죽이고 자신의 군사로 황제의 宿衛兵으로 삼고 鄴으로 돌아감.<br>• 雍州刺史 劉沈이 長安에 있던 司馬顒을 공격하자 사마옹이 洛陽에 있던 張方을 불러들임. 사마옹의 군대가 유침을 격파하여 사로잡아 죽임.<br>• 羅尙이 巴東의 세 郡을 임시로 통솔하게 함.<br>• 司馬穎이 羊后와 太子 司馬覃을 폐함.<br>• 廣陵度支 陳敏이 周玘와 연합하여 石冰을 建康에서 공격하여 참수함.<br>• 司馬顒이 표문을 올려 司馬穎을 皇太弟로 삼고 太宰, 雍州牧이 됨.<br>• 東海王 司馬越이 惠帝를 받들어 司馬穎을 정벌하고, 황후와 태자를 복위시킴. 사마영이 군대를 보내 蕩陰에서 싸워서 侍中 嵇紹를 죽이고 혜제를 잡아 鄴으로 돌아가서 建武로 改元함. 사마월이 東海로 도망가서 勤王兵을 규합함.<br>• 幽州都督 王浚과 幷州刺史 東嬴公 司馬騰이 군대를 일으켜 司馬穎을 토벌함.<br>• 司馬穎이 東安王 司馬繇를 죽이자, 琅邪王 司馬睿가 자신의 封國으로 도망감.<br>• 張方이 洛陽에 들어가서 羊后와 太子 司馬覃을 폐함.<br>• 劉淵이 大單于를 칭함. |

| 年度 | 在位年 | 역문쪽수 | 주요 사건 |
|---|---|---|---|
| 304<br>甲子年 | 晉 惠帝 永興 1<br>漢(前趙) 光文帝(劉淵) 元熙 1<br>成 武帝(李雄) 建興 1 | 197<br><br><br>198<br>199<br><br>201<br><br><br><br><br>203<br><br>205 | • 王浚과 東嬴公 司馬騰이 鄴에 이르자, 司馬穎이 惠帝를 받들고 洛陽으로 도망감. 왕준이 鄴을 크게 노략질하고 薊縣으로 돌아감.<br>• 李雄이 成都王을 칭함.(成漢의 성립)<br>• 劉淵이 左國城으로 천도하고 漢王을 칭함.(漢(前趙)의 성립)<br>• 張方이 惠帝를 모시고 司馬穎과 司馬熾 등과 長安으로 가니 司馬顒이 霸上에서 이들을 맞이하여 征西將軍府를 宮으로 삼음. 僕射 荀藩이 洛陽에 留臺를 세우고 정사를 처리하며 年號를 다시 永安이라 칭함. 羊后를 복위시킴.<br>• 太宰 司馬顒이 皇太弟 司馬穎을 폐위하고 豫章王 司馬熾를 세워 皇太弟로 삼음.<br>• 漢王 劉淵이 太原과 西河郡을 침략함. |
| 305<br>乙丑年 | 晉 惠帝 永興 2<br>漢(前趙) 光文帝 元熙 2<br>成 武帝 建興 2 | 206<br><br><br><br><br>207<br><br><br><br>209<br><br><br><br><br>213<br><br><br><br><br><br>214 | • 張方이 다시 羊后를 폐위함.<br>• 東海王 司馬越이 격문을 돌려 張方을 토벌할 것을 주창하자 徐州刺史 東平王 司馬楙가 徐州를 사마월에게 주니 사마월이 徐州都督을 겸하고 맹주가 되어 勤王兵을 일으킴.<br>• 司馬穎 장수였던 公師藩이 趙·魏 지역에서 군대를 일으키자 汲桑과 石勒이 그의 휘하가 됨. 공사번이 鄴을 공격하자 范陽王 司馬虓가 苟晞를 보내어 공사번을 격퇴함.<br>• 東海王 司馬越이 琅邪王 司馬睿를 徐州에 남겨 지키게 하고, 자신과 司馬虓는 군대를 거느리고 서쪽으로 진격함. 豫州刺史 劉喬가 항거하여 이들을 막음. 司馬顒이 司馬穎을 보내 業에 鎭駐하게 하고 張方을 보내어 유교를 도와 사마효를 격파함.<br>• 成都王 司馬穎이 洛陽을 점거함.<br>• 范陽王 司馬虓가 冀州刺史를 겸하고 司馬穎의 장수 石超를 공격하여 참수하니, 劉喬의 무리가 궤멸됨.<br>• 東海王 司馬越이 전진하여 陽武에 주둔하니, 王浚이 장수 祁弘을 보내 돕게 함.<br>• 陳敏이 江東을 점거하자, 劉弘이 江夏太守 陶侃을 보내 군대를 거느리고 가서 토벌하게 함.(陳敏의 亂) |

| 年度 | 在位年 | 역문쪽수 | 주요 사건 |
|---|---|---|---|
| 306<br>丙寅年 | 晉 惠帝 光熙 1<br>漢(前趙) 光文帝 元熙 3<br>成 武帝 晏平 1 | 217 | • 이전에 東海王 司馬越이 司馬顒에게 惠帝를 받들어 洛陽에 돌아오게 하고 각자의 영역을 다스리자고 하였는데, 張方이 이를 반대함. 이때 劉喬가 패하여 사마옹이 이를 수락하고자 장방을 죽이고 화친을 청하였는데, 사마월이 수용하지 않고 군대를 보내 혜제를 맞이하게 함. |
| | | 219 | • 東海王 司馬越이 전진하여 溫에 주둔하고, 祁弘을 보내 關中으로 들어가게 하였는데, 기홍이 司馬顒의 군대를 격파하고 惠帝를 모시고 동쪽으로 돌아옴. |
| | | 220 | • 晉 惠帝가 洛陽에 이르러 羊后를 복위시킴.<br>• 成都王 李雄이 成나라 皇帝를 칭하고 李特을 景皇帝로 추존하고 范長生을 丞相에 제수하고 范賢이라 존칭하고 天地太師라 칭함. |
| | | 221 | • 東海王 司馬越을 太傅 錄尙書事로 삼고, 范陽王 司馬虓를 司空으로 삼아 鄴城에 鎭駐하게 함. |
| | | 222 | • 荊州都督 新城公 劉弘 사망. |
| | | 223 | • 頓丘太守 馮嵩이 成都王 司馬穎을 붙잡아 鄴城으로 보내자 司馬虓가 구금함. 사마효가 죽자 長史 劉輿가 사마영을 독살함. 兗州刺史 苟晞가 公師藩을 공격하여 참수함. |
| | | 224 | • 晉 惠帝가 中毒되어 崩하니, 皇太弟 司馬熾가 즉위함. 羊后를 높여 惠皇后라 하고 梁妃를 세워 皇后로 삼음. |
| | | 226 | • 司馬越이 司馬顒을 불러 司徒로 삼으니 사마옹이 가는 도중에 南陽王 司馬模에게 주살됨.<br>• 晉 惠帝를 太陽陵에 장례함.<br>• 劉琨을 幷州刺史로 삼음. |
| 307<br>丁卯年 | 晉 懷帝(司馬熾) 永嘉 1<br>漢(前趙) 光文帝 元熙 4<br>成 武帝 晏平 2 | 228 | • 도적 떼 王彌가 靑州와 徐州 지역을 침략하여 東萊太守를 살해함.<br>• 陳敏의 장수 顧榮과 周玘가 征東將軍 劉準과 모의하여 진민을 죽이고 항복함. |
| | | 231 | • 淸河王 司馬覃의 아우 司馬詮을 황태자로 삼음. |
| | | 232 | • 晉 惠帝가 직접 정사를 총괄하자 太傅 司馬越이 許昌에 나가 鎭駐함.<br>• 南陽王 司馬模를 都督秦雍等州軍事로 삼음. |

| 年度 | 在位年 | 역문쪽수 | 주요 사건 |
|---|---|---|---|
| 307<br>丁卯年 | 晉 懷帝(司馬熾) 永嘉 1<br>漢(前趙) 光文帝 元熙 4<br>成 武帝 晏平 2 | 232<br><br><br>233<br><br><br>235<br><br>236<br>237<br><br>238 | • 도적 때 汲桑과 石勒이 鄴으로 쳐들어와 都督 新蔡王 司馬騰을 죽이고 兗州를 공격하자, 太傅 司馬越이 苟晞를 보내어 토벌하게 함.<br>• 琅邪王 司馬睿를 安東將軍 都督揚州諸軍事로 삼아 建業에 鎭駐하게 함. 사마예가 王導의 권유로 顧榮, 賀循, 紀瞻을 등용함.<br>• 苟晞가 汲桑과 石勒을 大破하여 급상은 패주하다가 죽고 석륵은 漢나라에 항복함.<br>• 王衍을 司徒로 삼음.<br>• 太傅 司馬越이 兗州牧을 겸하고 苟晞를 옮겨 靑州刺史로 삼음.<br>• 王彌와 劉靈이 漢나라에 항복함.<br>• 慕容廆가 鮮卑 大單于를 칭함.<br>• 索頭部 拓跋祿官이 사망하자 아우 拓跋猗盧가 3部를 총괄하고서 慕容廆와 우호를 맺음. |
| 308<br>戊辰年 | 晉 懷帝 永嘉 2<br>漢(前趙) 光文帝 永鳳 1<br>成 武帝 晏平 3 | 239<br><br><br><br><br><br>241 | • 漢나라 劉聰이 太行山을 점거하고 石勒이 趙와 魏 지역을 함락시키자, 王浚이 석륵을 격파함.<br>• 太傅 司馬越이 淸河王 司馬覃을 살해함.<br>• 漢나라 王彌가 洛陽을 침략하자, 張軌가 督護인 北宮純을 보내 도성으로 들어가 호위하게 함.<br>• 漢나라가 蒲子로 천도함.<br>• 漢王 劉淵이 황제를 칭함.<br>• 漢나라 石勒과 劉靈이 魏·汲·頓丘를 침략함.<br>• 成나라 尙書令 楊褒 사망. |
| 309<br>己巳年 | 晉 懷帝 永嘉 3<br>漢(前趙) 光文帝 河瑞 1<br>成 武帝 晏平 4 | 243<br><br>244<br><br>246<br>247<br><br><br>248<br>250 | • 漢나라가 平陽으로 천도함.<br>• 山濤의 아들 山簡을 都督荊湘等州軍事로 삼음.<br>• 太傅 司馬越이 洛陽에 들어와 中書令 繆播와 王延, 尙書 何綏 등 10여 명을 죽임.<br>• 太尉 劉寔이 致仕함.<br>• 王衍을 太尉로 삼음.<br>• 太傅 司馬越이 將軍 何倫과 王秉에게 東海國의 군대를 거느리고 궁중으로 들어와 宿衛하게 함.<br>• 漢나라 石勒이 鉅鹿과 常山을 침략함.<br>• 漢나라가 壺關을 함락시킴.<br>• 漢나라 劉聰이 洛陽을 침략하자, 弘農太守 垣延이 기습하여 패퇴시킴. |

| 年度 | 在位年 | 역문쪽수 | 주요 사건 |
|---|---|---|---|
| 309<br>己巳年 | 晉 懷帝 永嘉 3<br>漢(前趙) 光文帝 河瑞 1<br>成 武帝 晏平 4 | 251 | • 漢나라 劉聰이 낙양을 침략하니 北宮純이 패퇴시킴. 劉淵이 유총 등을 돌아오게 하고 王彌가 남쪽으로 출동함. |
| 310<br>庚午年 | 晉 懷帝 永嘉 4<br>漢(前趙) 廢帝(劉聰)<br>光興 1<br>成 武帝 晏平 5 | 252 | • 琅邪王 司馬睿가 周玘를 吳興太守로 삼음. |
| | | 253 | • 漢나라 曹嶷(조억)이 東平과 琅邪를 침략함. |
| | | | • 王浚이 漢나라의 劉靈을 공격하여 죽임. |
| | | | • 漢나라가 河內를 함락시킴. |
| | | | • 漢主 劉淵이 사망하고 太子 劉和가 즉위함. 劉聰이 유화를 시해한 뒤 즉위하고 北海王 劉乂를 皇太弟 大單于로 삼고, 아들 劉粲을 河內王 都督中外諸軍事로 삼고, 石勒을 幷州刺史로 삼음. |
| | | 255 | • 氐族의 추장 蒲洪이 秦州刺史 略陽公이라 칭함. |
| | | 256 | • 流民 王如가 南陽을 침략하고 漢나라에 귀의하여 藩臣을 칭함. |
| | | | • 漢나라가 洛陽을 침략함. |
| | | 257 | • 劉琨이 鐵弗氏를 토벌할 적에 拓跋猗盧가 이를 도와 격파하자 유곤이 탁발의로를 大單于로 삼고 代公으로 봉하기를 청하자 조정에서 승낙함. |
| | | 259 | • 洛陽에 饑饉이 심해져, 使者를 보내 천하의 병사를 징발하여 京師를 구원하게 하였는데, 山簡이 보낸 군대가 王如에게 패함. |
| | | 260 | • 漢나라 石勒이 王如의 군대를 합병하고 襄陽을 침략하자, 司馬越이 석륵을 토벌하고자 項에 주둔함. |
| | | 261 | • 漢主 劉聰이 그의 형 劉恭을 살해함. |
| | | 262 | • 漢나라 太后 單氏가 漢主(劉聰)와 私通하다가 太弟 劉乂에게 질책을 받아 부끄러움에 사망하자, 유차에 대한 유총의 은총이 쇠함. |
| 311<br>辛未年 | 晉 懷帝 永嘉 5<br>漢(前趙) 廢帝 嘉平 1<br>成 武帝 玉衡 1 | 263 | • 漢나라 曹嶷이 靑州를 침략하니, 苟晞가 敗走함. |
| | | | • 石勒이 江夏를 침략하여 함락시킴. |
| | | | • 成나라가 涪城을 침략하여 함락시킴. |
| | | 264 | • 湘州의 流民이 亂을 일으켜 杜弢를 추대하여 湘州刺史로 삼음. |
| | | 265 | • 琅邪王 司馬睿가 揚州都督 周馥을 축출하고 王敦을 揚州刺史 都督征討諸軍事로 삼음. |

| 年度 | 在位年 | 역문쪽수 | 주요 사건 |
|---|---|---|---|
| 311<br>辛未年 | 晉 懷帝 永嘉 5<br>漢(前趙) 廢帝 嘉平 1<br>成 武帝 玉衡 1 | 265 | • 荀晞가 격문을 보내 太傅 司馬越의 죄를 열거하니 惠帝가 조서를 내려 사마월을 토벌하게 함. 사마월이 項에서 병이 나서 후사를 王衍에게 부탁하고 사망함. 왕연은 사마월의 영구를 받들고 東海로 돌아감. 혜제는 구희를 大將軍 都督靑徐兗豫荊揚州諸軍事로 삼음. |
| | | 266 | • 漢나라 石勒이 王衍의 군대를 추격하여 苦縣에서 섬멸시키고 왕연 등을 사로잡아 죽임.(苦縣 전투) |
| | | 269 | • 杜弢가 長沙를 함락시킴.<br>• 漢主 劉聰이 呼延晏에게 洛陽을 침략하게 함. 또한 劉曜, 王彌, 石勒이 낙양으로 향함. 漢나라가 洛陽을 함락시키고 太子 司馬詮을 죽이고, 晉 懷帝를 平陽으로 옮기고서 平阿公으로 봉함.(永嘉의 亂) |
| | | 272 | • 荀藩이 密縣에 行臺를 세우고 격문을 돌려 琅邪王 司馬睿를 盟主로 추대함. 豫章王 司馬端이 倉垣으로 달아나자 荀晞는 사마단을 받들어 蒙城에 行臺를 세움. 순번은 秦王 司馬業을 받들어 許昌으로 감. |
| | | 273 | • 琅邪王 司馬睿가 王導의 간언을 받아들여 준걸 100여 명을 官屬으로 辟召함(百六掾). 사마예가 荀藩의 격문을 받고 官司를 설치하였는데, 江州刺史 華軼 등이 따르지 않자 토벌함. |
| | | 275 | • 大司馬 王浚이 尙書令을 겸하고 백관을 설치함.<br>• 漢나라 劉曜가 長安을 침략하자 南陽王 司馬模가 항복함. 유요가 長安을 점거하니, 司馬保가 秦州를 점령하고 上邽를 지킴. 이후 사마보가 制命을 받들어 부서를 설치하니 隴右 지역의 氐族과 羌族이 따름. |
| | | 277 | • 漢나라 石勒이 蒙城을 함락시키고, 荀晞와 豫章王 司馬端을 사로잡음.<br>• 漢나라 石勒이 大將軍 王彌를 유인해 죽이고 그 세력을 차지함. 석륵이 荀晞를 죽임. |
| | | 280 | • 馮翊太守 索綝 등이 漢나라 劉曜를 대파하자 閻鼎이 秦王 司馬業을 맞이하여 雍城으로 들어감. |
| | | 281 | • 琅邪王 司馬睿가 周顗를 軍諮祭酒로 삼음. |

| 年度 | 在位年 | 역문쪽수 | 주요 사건 |
|---|---|---|---|
| 311 辛未年 | 晉 懷帝 永嘉 5<br>漢(前趙) 廢帝 嘉平 1<br>成 武帝 玉衡 1 | 283 | • 劉琨이 劉希를 中山으로 보내 병력을 규합하자, 王浚이 노하여 유희를 죽임. |
| | | 284 | • 慕容廆가 遼東의 鮮卑族인 素喜連과 木丸津 두 部落을 병합하고, 東夷校尉 封釋의 아들 封悛과 封抽, 손자인 封奕을 등용함. |
| 312 壬申年 | 晉 懷帝 永嘉 6<br>漢(前趙) 廢帝 嘉平 2<br>成 武帝 玉衡 2 | 286 | • 漢主 劉聰이 劉殷의 딸 劉英과 劉娥를 맞이하여 左貴嬪과 右貴嬪으로 삼고 유은의 손녀 네 명을 貴人으로 삼음. 이때 정사가 환관에 의해 결정됨. |
| | | 287 | • 胡亢이 竟陵에서 군대를 일으켜 荊州를 공격하였는데, 杜曾을 竟陵太守로 삼음. |
| | | | • 琅邪王 司馬睿가 將軍 紀瞻을 보내어 葛陂에서 石勒을 토벌하였는데, 역병이 돌자 張賓의 권유로 석륵이 퇴각함. |
| | | 290 | • 漢나라가 晉 懷帝를 봉하여 會稽郡公으로 삼음. |
| | | 291 | • 涼州 張軌가 長安에 구원병을 보냄. |
| | | 293 | • 雍州刺史 賈疋(가아) 등이 전진하여 長安을 호위하자, 漢나라 劉曜가 패주하니, 秦王 司馬業이 장안으로 들어감. |
| | | | • 漢나라 太保 劉殷 사망. |
| | | 294 | • 石勒이 襄國을 점거하고 冀州牧이 됨. |
| | | 295 | • 漢나라 劉曜가 晉陽을 함락시키니, 劉琨이 常山으로 달아남. |
| | | 296 | • 賈疋 등이 秦王 司馬業을 받들어 皇太子로 삼고, 行臺를 세움. |
| | | | • 代公 拓跋猗盧가 拓跋六脩를 보내 晉陽을 공격함. 劉曜가 敗走하자 탁발의로가 추격하여 대파함. |
| | | 297 | • 자객이 賈疋를 죽이니, 麴允이 雍州刺史를 겸함. |
| | | 298 | • 王浚이 襄國에서 石勒을 공격하였다가 大敗하였는데, 석륵이 段末杯를 사로잡자 段疾陸眷이 그를 돌려줄 것을 청하니, 석륵이 이를 허락함. |
| | | 301 | • 王敦이 형인 荊州都督 王澄을 모함하여 죽임. |
| | | 302 | • 王如가 王敦에게 가서 항복함. |
| | | | • 前 太子洗馬 衛玠 사망. |
| | | 303 | • 羌族의 추장 姚弋仲이 扶風公을 칭함. |
| 313 癸酉年 | | 304 | • 漢主 劉聰이 晉 懷帝를 平陽에서 죽임. |
| | | 305 | • 漢나라가 貴嬪 劉娥를 皇后로 세움. |

| 年度 | 在位年 | 역문쪽수 | 주요 사건 |
|---|---|---|---|
| 313<br>癸酉年 | 晉 愍帝(司馬業) 建興 1<br>漢(前趙) 廢帝 嘉平 3<br>成 武帝 玉衡 3<br>前涼 武王(張軌) 建興 1<br>(前涼은 西晉의 연호 사용) | 309 | • 太子 司馬業이 長安에서 황제에 즉위함. 索綝을 衛將軍으로 삼아 太尉를 겸하게 함. |
| | | 310 | • 漢나라가 長安을 침략하니, 僕射 麴允이 막음.<br>• 石勒이 石虎를 보내 鄴城을 공격하여 함락시킴. |
| | | 311 | • 琅邪王 司馬睿가 華譚을 軍諮祭酒로 삼고, 陳頵(진군)을 譙郡太守로 삼음. |
| | | 313 | • 吳興太守 周玘 사망. |
| | | 314 | • 慕容廆가 段氏를 공격하여 徒河를 점령하고 裴嶷과 陽耽을 謀主로 삼고 游邃와 逄羨, 封抽와 裴開를 股肱으로 삼고 宋該, 皇甫岌과 皇甫眞, 封奕과 封裕에게 중요한 機務를 맡게 함. |
| | | 316 | • 愍帝가 琅邪王 司馬睿를 左丞相으로 삼고 南陽王 司馬保를 右丞相으로 삼아 함께 진군하여 중원을 평정하자고 하였으나 사마예가 북벌을 거절함. |
| | | 317 | • 左丞相 司馬睿가 祖逖(조적)을 豫州刺史로 삼아 군량과 무기를 지원하고 江北으로 진격하게 함. |
| | | 320 | • 陶侃이 杜弢를 격파하니, 王敦이 표문을 올려 도간을 荊州刺史로 삼게 함. |
| | | 321 | • 氐族인 楊難敵이 梁州를 침략하여 함락시킴. 梁州刺史 張光이 사망함. |
| | | 322 | • 陶侃이 다시 杜弢를 공격하여 대파함.<br>• 漢나라 劉曜가 長安을 침략하자, 麴允이 격파함. |
| | | 323 | • 石勒이 王浚에게 귀의하여 방심하게 만듦. |
| | | 326 | • 左丞相 司馬睿가 世子 司馬紹를 보내어 廣陵에 鎭駐하게 함.<br>• 代나라가 盛樂과 平城에 성을 쌓음. |
| 314<br>甲戌年 | 晉 愍帝 建興 2<br>漢(前趙) 廢帝 嘉平 4<br>成 武帝 玉衡 4<br>前涼 明王(張寔) 建興 2 | 328 | • 石勒이 다시 王浚에게 표문을 올리자 왕준이 석륵을 대비하지 않음. |
| | | 329 | • 梁州 사람 張咸이 楊難敵을 축출하고, 梁州를 가지고 成나라에 항복함. 이때 成나라가 漢嘉, 涪陵, 漢中 지역을 모두 차지함. |
| | | 330 | • 張軌를 太尉 涼州牧으로 삼고, 劉琨을 大將軍으로 삼음. |

| 年度 | 在位年 | 역문쪽수 | 주요 사건 |
|---|---|---|---|
| 314<br>甲戌年 | 晉 愍帝 建興 2<br>漢(前趙) 廢帝 嘉平 4<br>成 武帝 玉衡 4<br>前涼 明王(張寔) 建興 2 | 337<br><br>338 | • 漢나라 劉曜와 趙染이 長安을 침략하자, 索綝이 조염을 크게 격파함.<br>• 漢나라 石勒이 州郡의 실제 戶口를 조사하여 戶마다 비단 2필과 곡식 2섬을 내게 함.<br>• 漢主 劉聰이 아들 劉粲을 相國으로 삼음. |
| 315<br>乙亥年 | 晉 愍帝 建興 3<br>漢(前趙) 廢帝 建元 1<br>成 武帝 玉衡 5<br>前涼 明王 建興 3 | 339<br><br><br>341<br><br><br><br><br>342<br><br>343<br><br>344<br><br><br><br>345<br><br><br><br>346<br><br><br>351<br><br><br><br>352 | • 周玘의 아들 周勰이 吳 지역에서 반란을 일으킴. 左丞相 司馬睿가 黃門侍郎 周莚을 파견하여 평정하고, 周札을 吳興太守로 삼음.<br>• 晉 愍帝가 左丞相 司馬睿를 丞相 都督中外諸軍事로 삼고, 南陽王 司馬保를 相國으로 삼고, 劉琨을 司空으로 삼음.<br>• 晉 愍帝가 代公 拓跋猗盧를 높여 代王으로 삼고, 代郡과 常山郡을 食邑으로 삼게 함.<br>• 杜弢의 장수 張彦이 豫章을 함락시키니, 尋陽太守 周訪이 그를 공격하여 참수함.<br>• 漢나라 崔瑋와 許遐가 太弟 劉乂에게 劉粲을 도모할 것을 권하다가 발각되어 伏誅됨.<br>• 漢나라 青州刺史 曹嶷이 臨淄를 점거함.<br>• 漢主 劉聰이 靳準의 딸인 月光과 月華를 들여 월광을 세워 上皇后으로 삼고 劉貴妃를 左皇后, 월화를 右皇后로 삼음.<br>• 陶侃이 杜弢를 격파하니, 두도가 敗死함. 長沙를 함락시키고 湘州를 평정하니, 丞相 司馬睿가 王敦에게 都督江揚等州軍事를 더해주자 왕돈이 점차 교만해짐.<br>• 王敦이 陶侃을 좌천시켜 廣州刺史로 삼자 荊州의 사람들이 杜曾과 第五猗를 맞이하여 荊州刺史 王廙를 막음.<br>• 漢나라 劉曜가 北地郡을 침략하고 馮翊을 함락시킴. 晉나라 麴允이 晉 愍帝를 모시고 司馬保에게 가려고 하였는데 索綝이 막자 長安의 서쪽 지역이 공물을 바치지 않음.<br>• 涼州의 軍士가 옥새를 얻어 張寔에게 바치니, 장식이 옥새를 조정에 바침. |

| 年度 | 在位年 | 역문쪽수 | 주요 사건 |
|---|---|---|---|
| 316<br>丙子年 | 晉 愍帝 建興4<br>漢(前趙) 廢帝 麟嘉1<br>成 武帝 玉衡6<br>前涼 明王 建興4 | 352 | • 漢나라 中常侍 王沈과 郭猗가 전횡하면서 相國 劉粲에게 太弟 劉乂를 이간질하여 少府 陳休・卜崇・特進 綦毋達 등을 죽임. |
| | | 357 | • 代나라 拓跋六脩가 拓跋猗盧를 시해하니 拓跋普根이 그를 토벌하고 즉위함. 얼마 후 탁발보근이 죽자 國人들이 拓跋鬱律을 왕으로 세움. |
| | | | • 張寔이 군대를 보내 長安을 구원하게 함. |
| | | 359 | • 石勒이 廩丘를 침략하여 함락시킴. |
| | | | • 漢나라 劉曜가 麴允을 패퇴시키고 北地를 함락시킴. 涇陽으로 진군함. |
| | | 361 | • 漢主 劉聰이 죽은 張后를 모시던 계집종인 樊氏를 세워 上皇后로 삼음. |
| | | 362 | • 漢나라 劉曜가 長安을 함락시키니, 晉 愍帝가 나와 항복하자 유요가 그를 平陽으로 보내니, 漢主 劉聰이 愍帝를 봉하여 懷安侯로 삼음. |
| | | 371 | • 劉琨의 長史 李弘이 幷州를 가지고 石勒에게 항복함. 段匹磾가 유곤을 부르니 유곤이 薊城으로 달아남. |
| | | | • 石勒이 李回를 高陽太守로 삼으니 賊帥 馮䐗가 항복함. |
| | | 372 | • 丞相 司馬睿가 長安이 함락되었다는 소식을 듣고 격문을 돌려 군대를 출동하고자 하였으나 실행하지 않음. |
| | | 373 | • 丞相 司馬睿가 邵續을 冀州刺史로 삼고, 劉遐를 平原內史로 삼음. |
| 317<br>丁丑年 | 晉 元帝(司馬睿) 建武1<br>漢(前趙) 廢帝 麟嘉2<br>成 武帝 玉衡7<br>前涼 明王 建興5 | 374 | • 前涼의 張寔이 司馬 韓璞 등을 보내어 군대를 거느리고 漢나라를 공격하였으나 한박이 전진하지 못하고 돌아옴. |
| | | 376 | • 漢나라 劉暢이 滎陽을 침략하자, 太守 李矩가 거짓으로 항복하였다가 공격하여 패퇴시킴. |
| | | 377 | • 丞相 司馬睿가 晉王에 즉위하고, 世子 司馬紹를 세워 王太子로 세움. 王敦을 大將軍, 王導를 揚州刺史 領中書監 錄尙書事, 刁協을 僕射, 周顗를 吏部尙書, 賀循을 太常으로 삼음. |
| | | 379 | • 劉琨과 慕容廆가 모두 사자를 보내 晉王에게 황제에 오를 것을 권함. |

| 年度 | 在位年 | 역문쪽수 | 주요 사건 |
|---|---|---|---|
| 317<br>丁丑年 | 晉 元帝(司馬睿) 建武 1<br>漢(前趙) 廢帝 麟嘉 2<br>成 武帝 玉衡 7<br>前涼 明王 建興 5 | 380 | • 漢主 劉聰이 太弟 劉乂를 폐하여 北部王으로 삼았다가, 얼마 뒤 靳準을 보내 죽임. |
| | | 381 | • 豫州牧인 荀組와 冀州刺史 邵續, 青州의 曹嶷, 寧州의 王遜 등이 모두 표문을 올려 晉王에게 황제에 오를 것을 권함. |
| | | | • 祖逖이 流民 張平과 樊雅를 공격하여 譙城을 점령하니, 漢나라 石勒이 石虎를 보내 침략함. 南中郎將 王含이 桓宣을 보내 조적을 돕게 하자 조적이 환선을 번아에게 보내 번아를 항복시키고 초성으로 들어감. |
| | | 383 | • 漢나라가 아들 劉粲을 太子로 세움. |
| | | | • 劉琨과 段匹磾가 石勒을 토벌하려 하였는데, 단필제의 아우 段末柸가 父兄을 설득하여 출발하기 전에 해산시킴. |
| | | 384 | • 杜曾이 揚口를 공격하여 함락시키자, 豫章太守 周訪이 토벌하여 격파함. 이에 王廙가 荊州에 부임함. 주방이 梁州刺史가 되어 襄陽에 주둔함. |
| | | 387 | • 劉琨을 太尉로 삼음. |
| | | | • 晉王 司馬睿가 征南軍司 戴邈의 상소를 받아들여 太學을 세움. |
| | | | • 漢主 劉聰이 平陽에서 晉 愍帝를 죽임. |
| | | 389 | • 慕容廆의 庶兄인 河南王 慕容吐谷渾 사망. |
| 318<br>戊寅年 | 東晉 元帝 太興 1<br>漢(前趙) 昭文帝(劉曜) 光初 1<br>成 武帝 玉衡 8<br>前涼 明王 建興 6 | 391 | • 遼西公 段疾陸眷이 죽자 叔父 段涉復辰이 이었다가, 段末柸가 그를 죽이고 單于를 칭함. |
| | | | • 晉 愍帝의 부음을 듣고 晉王 司馬睿가 皇帝의 자리에 오름.(東晉 성립) |
| | | 394 | • 王太子 司馬紹를 세워 皇太子로 삼음. |
| | | 395 | • 慕容廆를 龍驤將軍 大單于로 삼음. |
| | | | • 滎陽太守 李矩가 漢나라 군대를 궤멸시키자 漢나라 劉粲이 陽鄉으로 달아남. 劉聰이 太尉 范隆을 보내 유찬을 구원하여 虎牢로 달아남. 晉 元帝가 이구를 都督河南三郡諸軍事로 삼음. |
| | | 397 | • 相國 司馬保가 愍帝가 시해 당했다는 소식을 듣고 尊號를 칭할 것을 도모함. 前涼 張寔은 愍帝의 연호(建興)를 계속해서 사용함. |
| | | 398 | • 晉 元帝가 王導에게 驃騎大將軍 開府儀同三司를 더해줌. |

| 年度 | 在位年 | 역문쪽수 | 주요 사건 |
|---|---|---|---|
| 318<br>戊寅年 | 東晉 元帝 太興 1<br>漢(前趙) 昭文帝(劉曜) 光初 1<br>成 武帝 玉衡 8<br>前涼 明王 建興 6 | 399 | • 成나라 丞相 范長生 사망.<br>• 漢나라 劉聰이 中常侍 王沈의 養女를 左皇后로 삼자 이를 반대한 尙書令 王鑒, 中書監 崔懿之, 中書令 曹恂을 죽임. |
| | | 400 | • 段匹磾가 太尉 廣武侯 劉琨을 죽이자 유곤의 남은 병력이 段末柸에게 귀의함. |
| | | 403 | • 靑州刺史 曹嶷이 漢나라를 배반하고 晉나라에 귀의하였으나, 다시 배반하여 石勒에게 항복함.<br>• 晉 元帝가 刁協을 尙書令으로 삼음.<br>• 代王 拓跋鬱律이 劉虎를 공격하여 대파함. |
| | | 404 | • 漢主 劉聰이 사망하고 太子 劉粲이 즉위하였는데, 靳準이 유찬을 시해함. 石勒이 군대를 이끌고 근준을 토벌함. 劉曜가 赤壁에서 황제에 즉위하고 석륵을 大司馬로 삼아서 趙公으로 봉함. |
| | | 408 | • 晉 元帝가 王敦을 荊州刺史로 삼음.<br>• 晉 元帝가 郡에 詔令을 내려 秀才와 孝廉으로 선발한 자들을 다시 經策으로 시험하게 함. |
| | | 411 | • 漢나라 將軍 喬泰가 靳準을 토벌하여 참수함.<br>• 琅邪王 司馬煥 사망. |
| | | 413 | • 彭城內史 周撫가 배반하여 石勒에게 항복하자, 晉 元帝가 詔令을 내려서 下邳內史 劉遐와 泰山太守 徐龕으로 하여금 토벌하게 함.<br>• 石勒이 平陽을 함락시키니, 靳明이 赤壁으로 달아남. 漢主 劉曜가 靳氏의 종족을 모두 誅殺함. |

## 2. 思政殿訓義 資治通鑑綱目13 地圖

1) 晉 武帝 太康 원년(280) 晉나라의 吳나라 征伐圖

2) 晉나라 19州圖

3) 晉 惠帝 元康 원년(291) 三王의 洛陽 進入圖

4) 晉나라 洛陽城圖

5) 晉 惠帝 元康 5년(295) 鮮卑族 諸部 分布圖

6) 晉 惠帝 永寧 원년(301) 司馬穎의 司馬倫 討伐圖

7) 晉 惠帝 太安 2년(303) 司馬穎·司馬顒의 司馬乂 討伐圖

8) 晉 惠帝 永興 2년(305) 山東 지역 勤王軍의 分布圖

9) 晉 懷帝 永嘉 4년(310) 漢나라(前趙)의 洛陽 包圍圖

10) 晉 懷帝 永嘉 5년(311) 苦縣 戰役圖

11) 晉 懷帝 永嘉 5년(311) 永嘉大亂圖

12) 晉 愍帝 建興 4년(316) 劉曜의 長安 經略圖

13) 東晉의 成立時期 全國 勢力圖

14) 東晉 元帝 太興 원년(318) 石勒의 平陽 進攻圖

※ 이 지도는 ≪柏楊白話版 資治通鑑≫(北岳文藝出版社, 2006)을 참조하여 本書를 이해하는 데 도움이 되도록 수정 편집하였다.

1) 晉 武帝 太康 원년(280) 晉나라의 吳나라 征伐圖(13~22쪽)

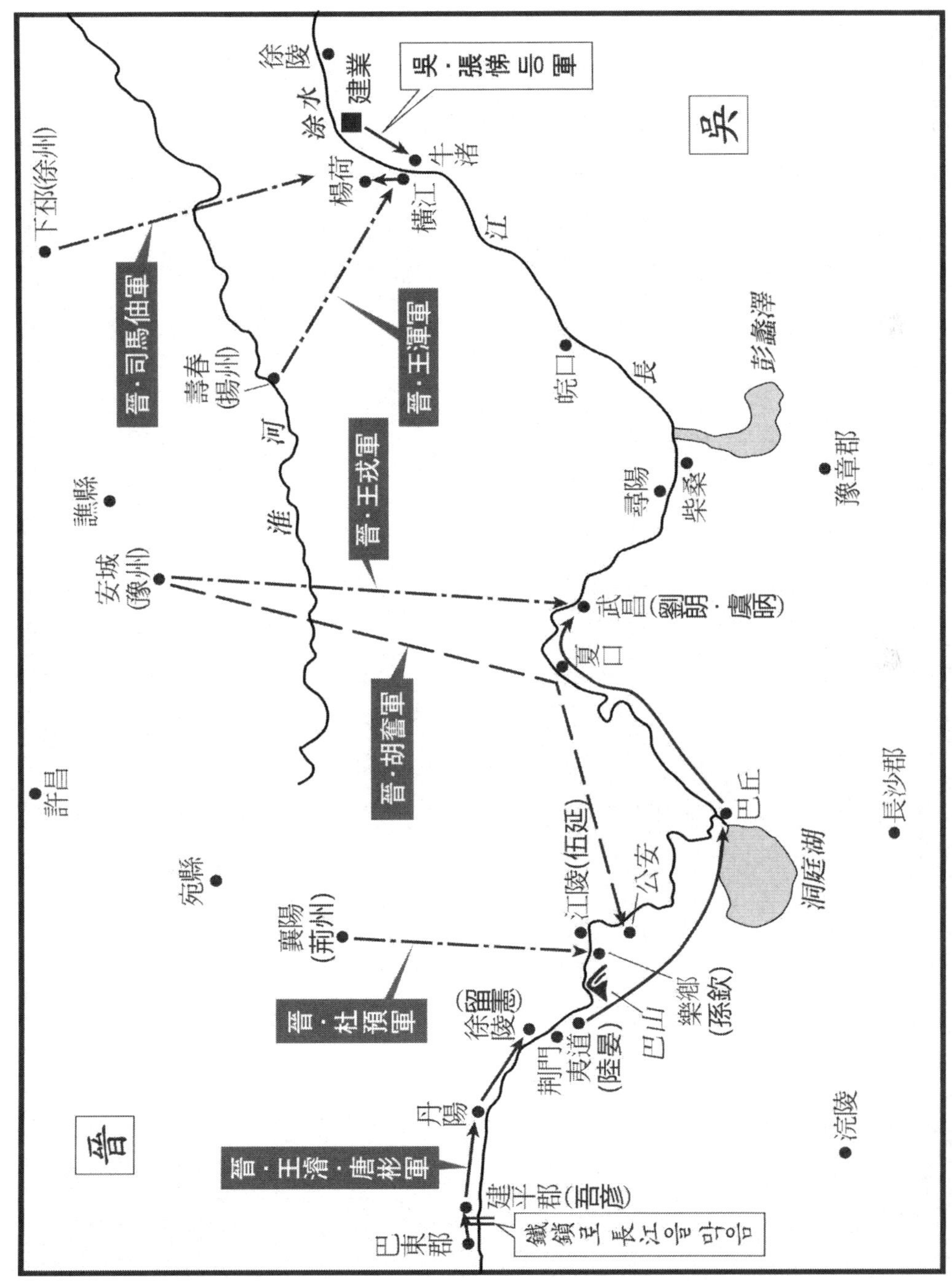

## 2) 晉나라 19州圖(32쪽)

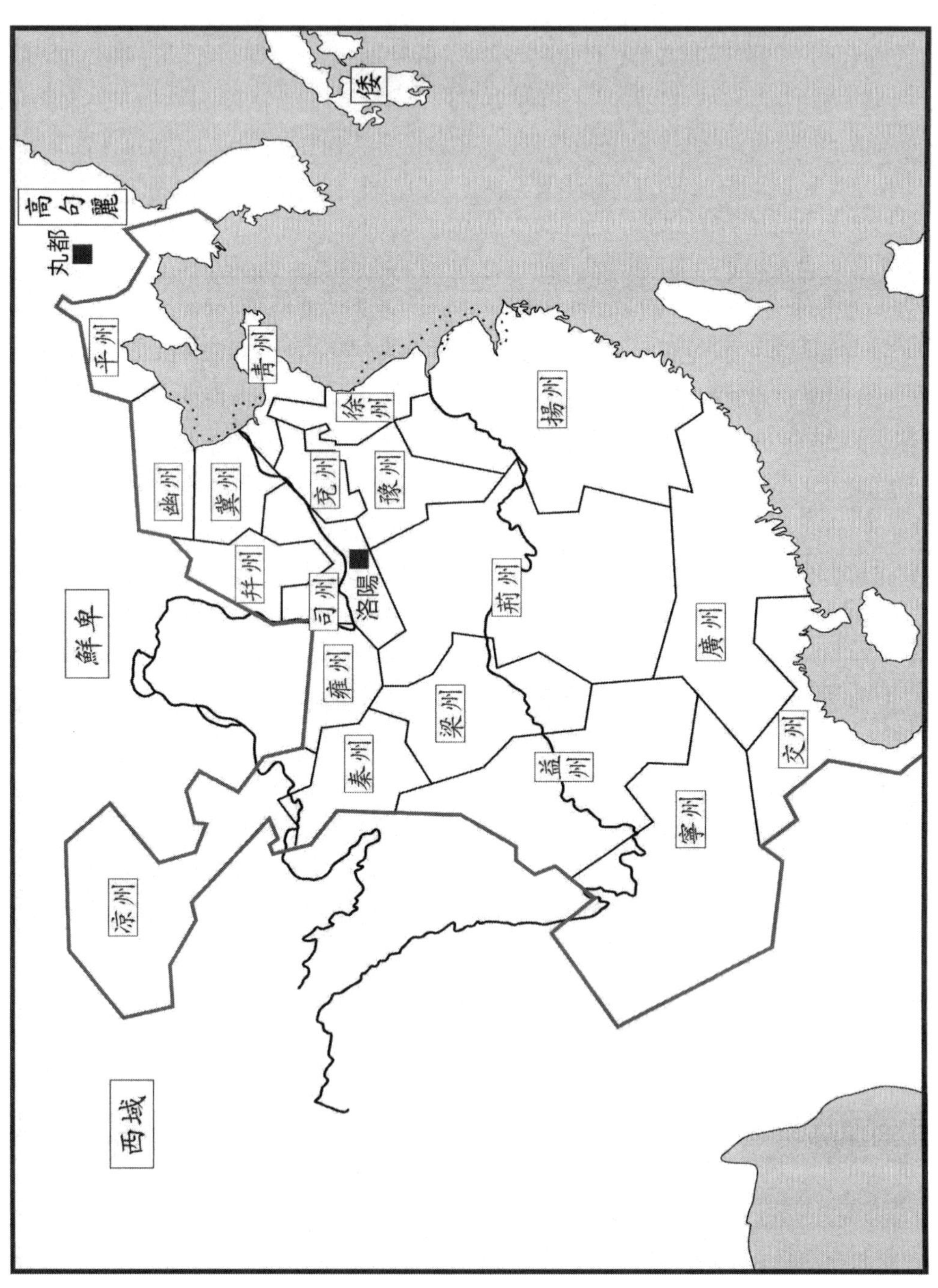

3) 晉 惠帝 元康 원년(291) 三王의 洛陽 進入圖(85~89쪽)

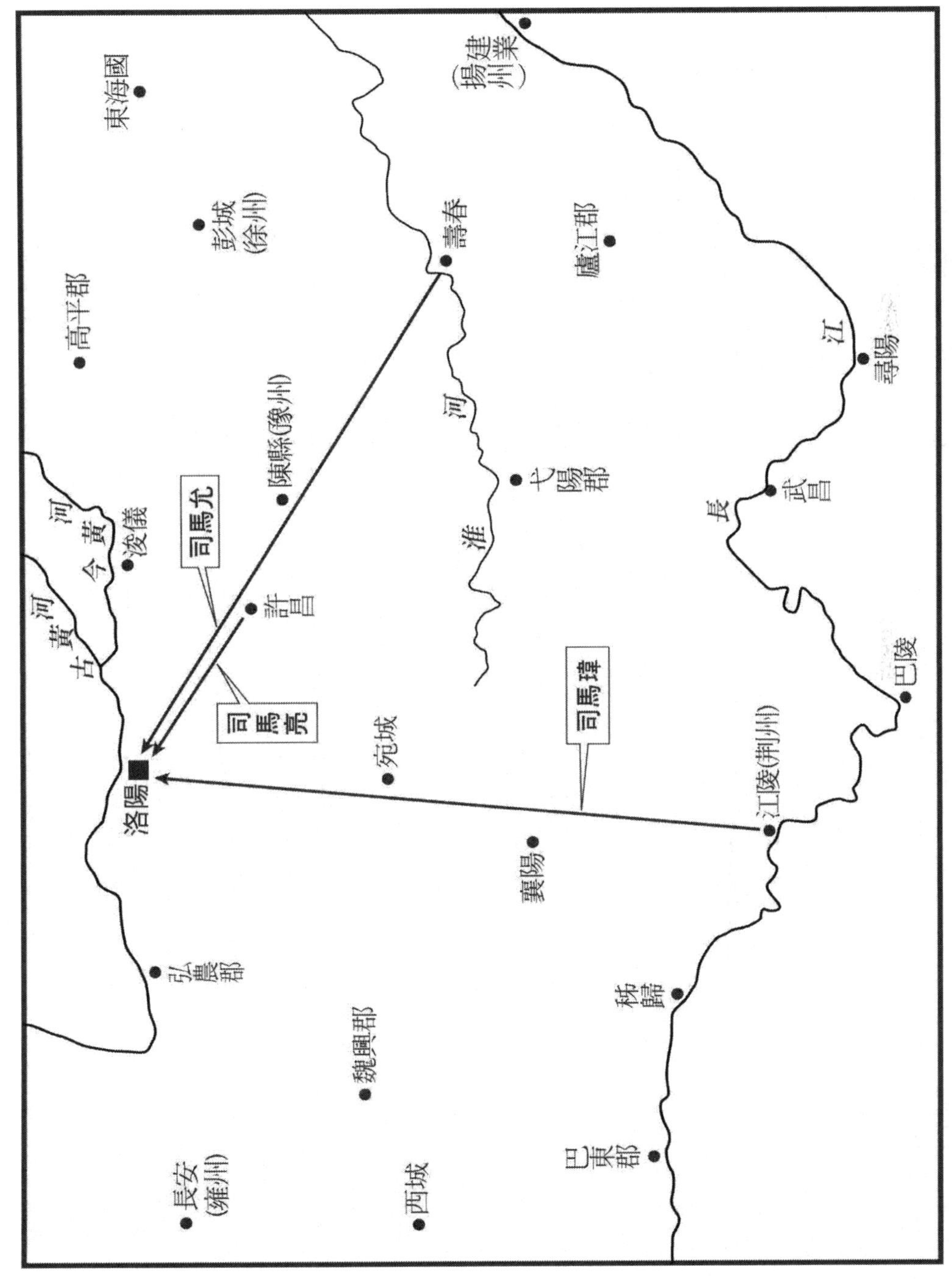

## 4) 晉나라 洛陽城圖(183~184쪽)

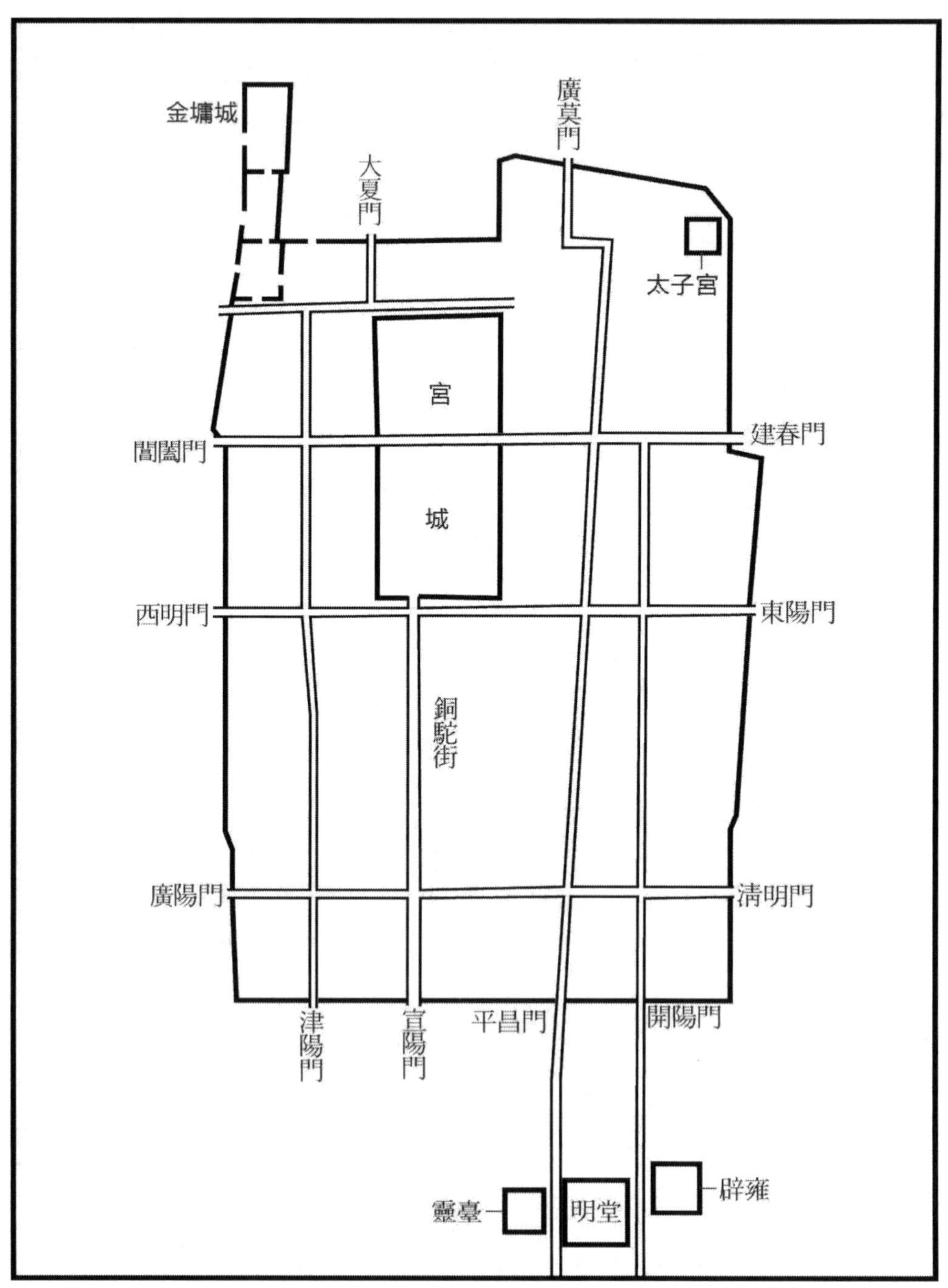

5) 晉 惠帝 元康 5년(295) 鮮卑族 諸部 分布圖(94쪽)

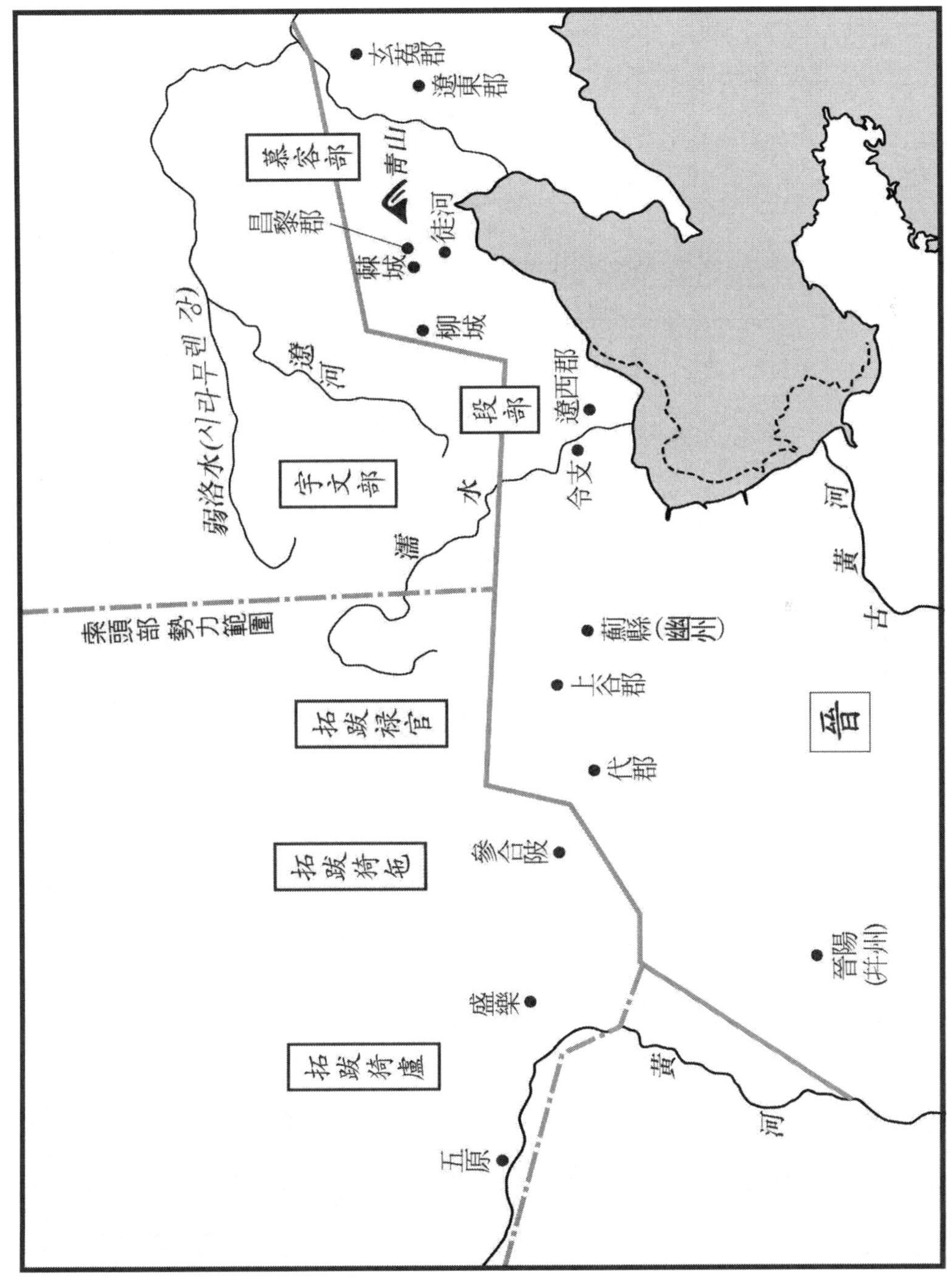

6) 晉 惠帝 永寧 원년(301) 司馬穎의 司馬倫 討伐圖(146~148쪽)

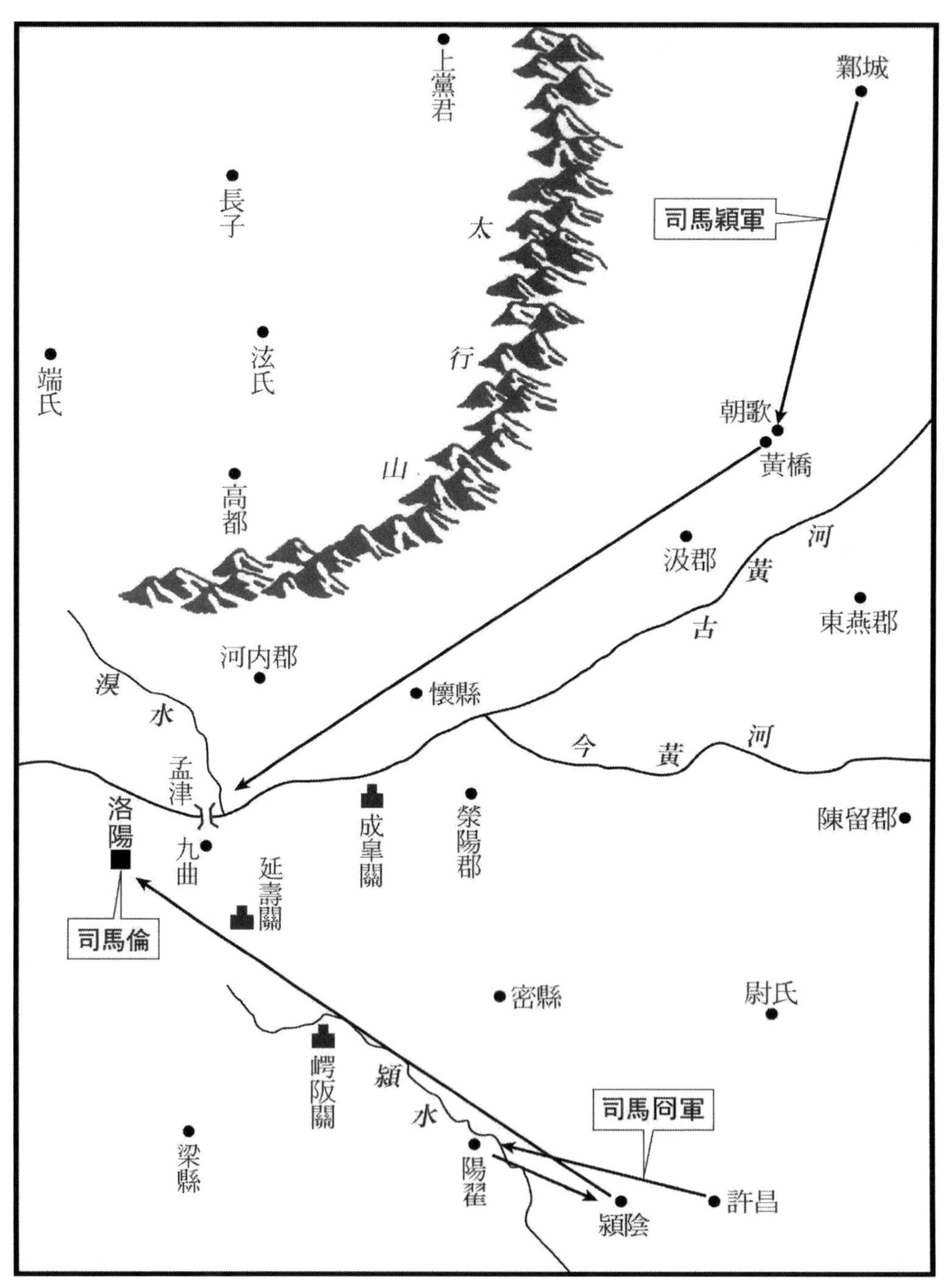

7) 晉 惠帝 太安 2년(303) 司馬穎·司馬顒의 司馬乂 討伐圖(172~179쪽)

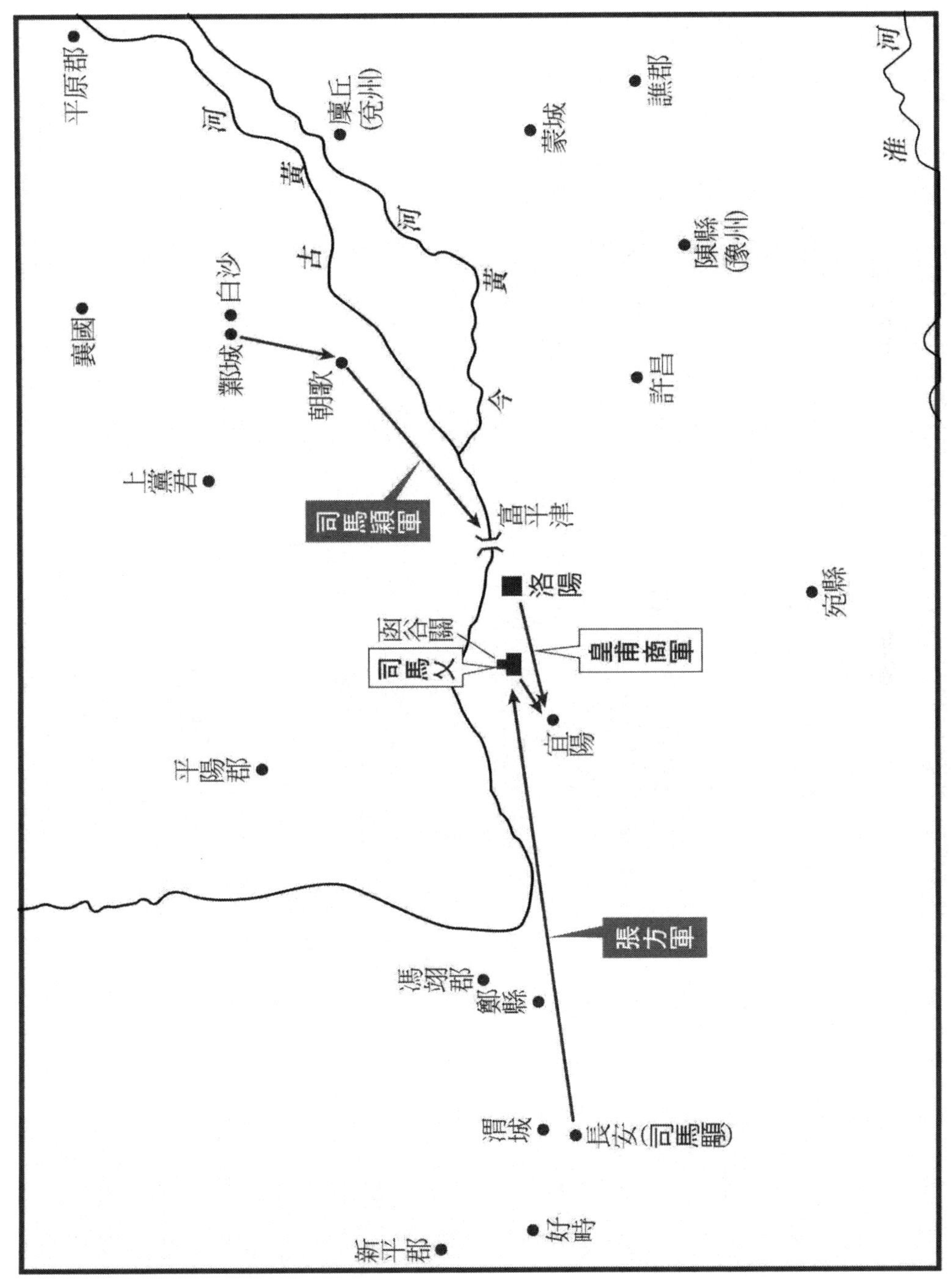

8) 晉 惠帝 永興 2년(305) 山東 지역 勤王軍의 分布圖(207~212쪽)

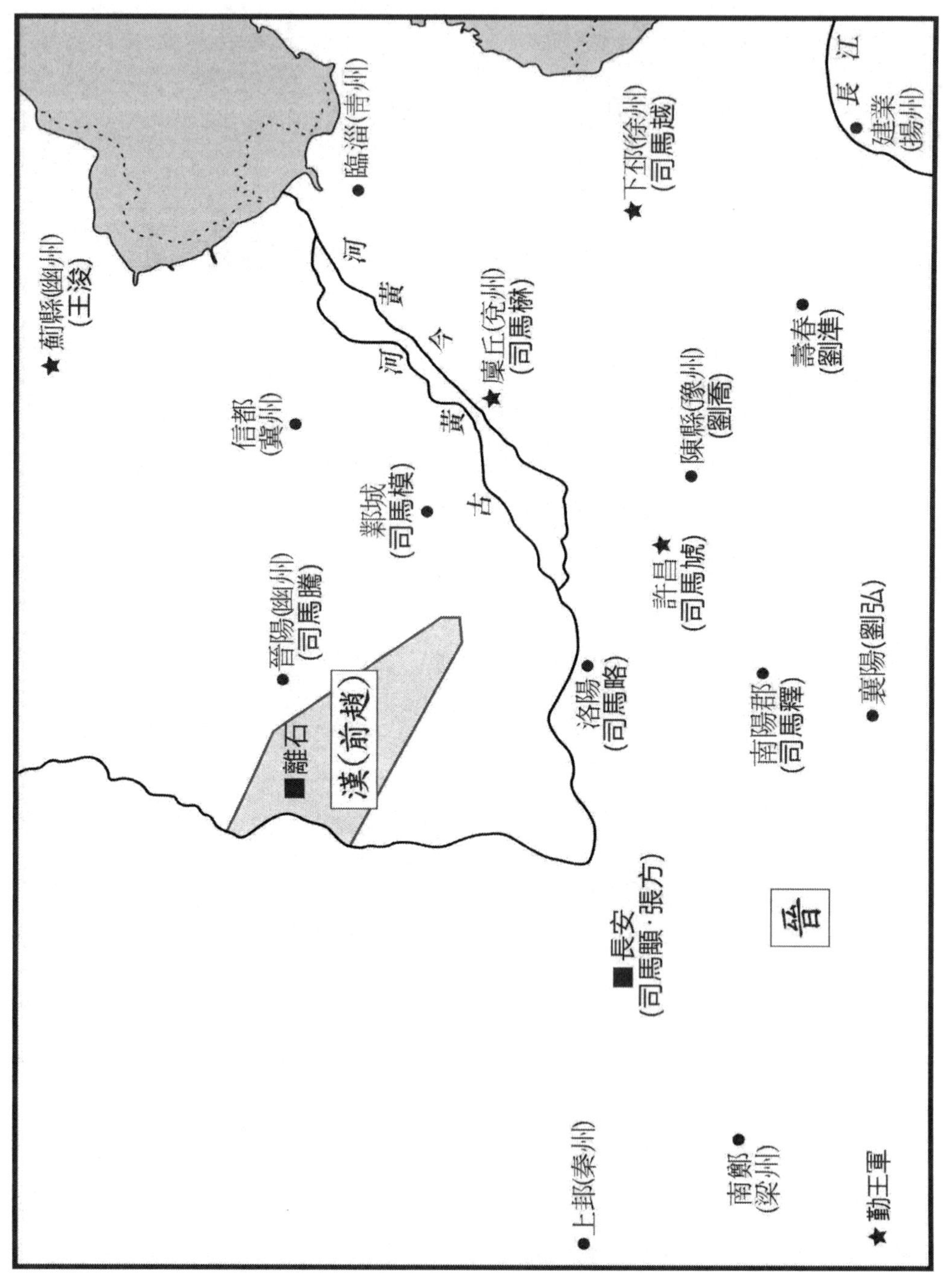

## 9) 晋 懷帝 永嘉 4년(310) 漢나라(前趙)의 洛陽 包圍圖(260쪽)

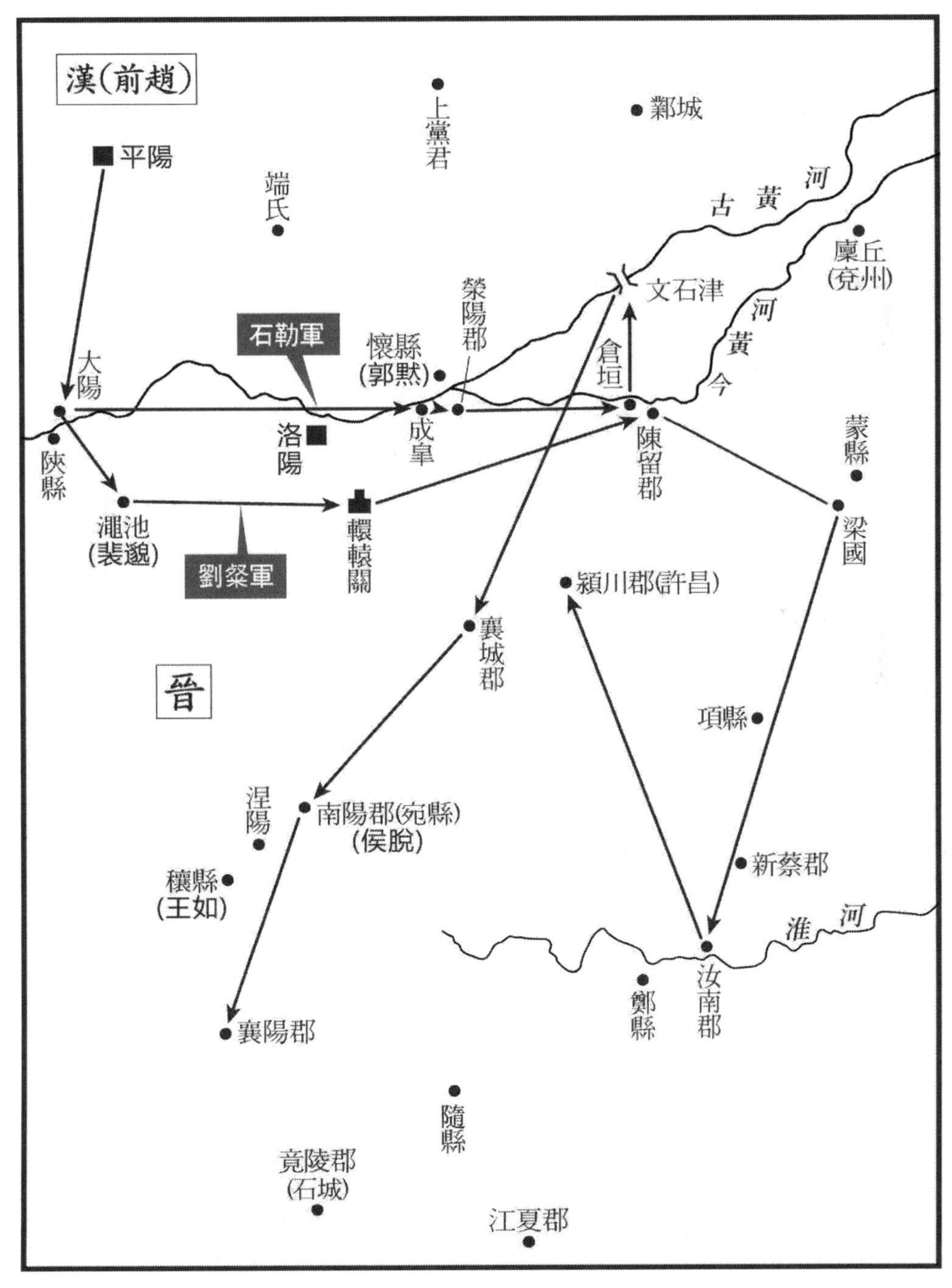

10) 晉 懷帝 永嘉 5년(311) 苦縣 戰役圖(265~269쪽)

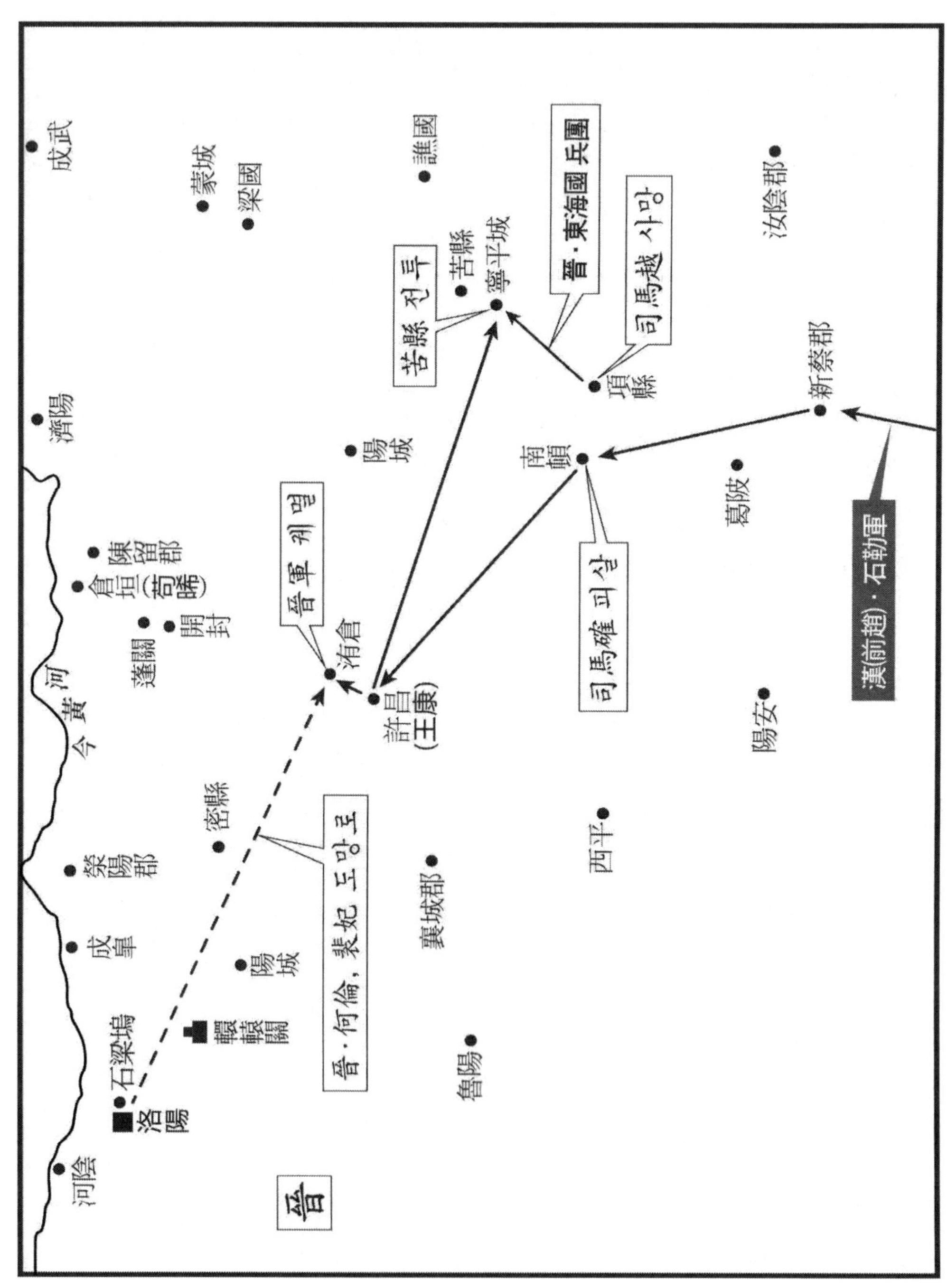

## 11) 晉 懷帝 永嘉 5년(311) 永嘉大亂圖(269~272쪽)

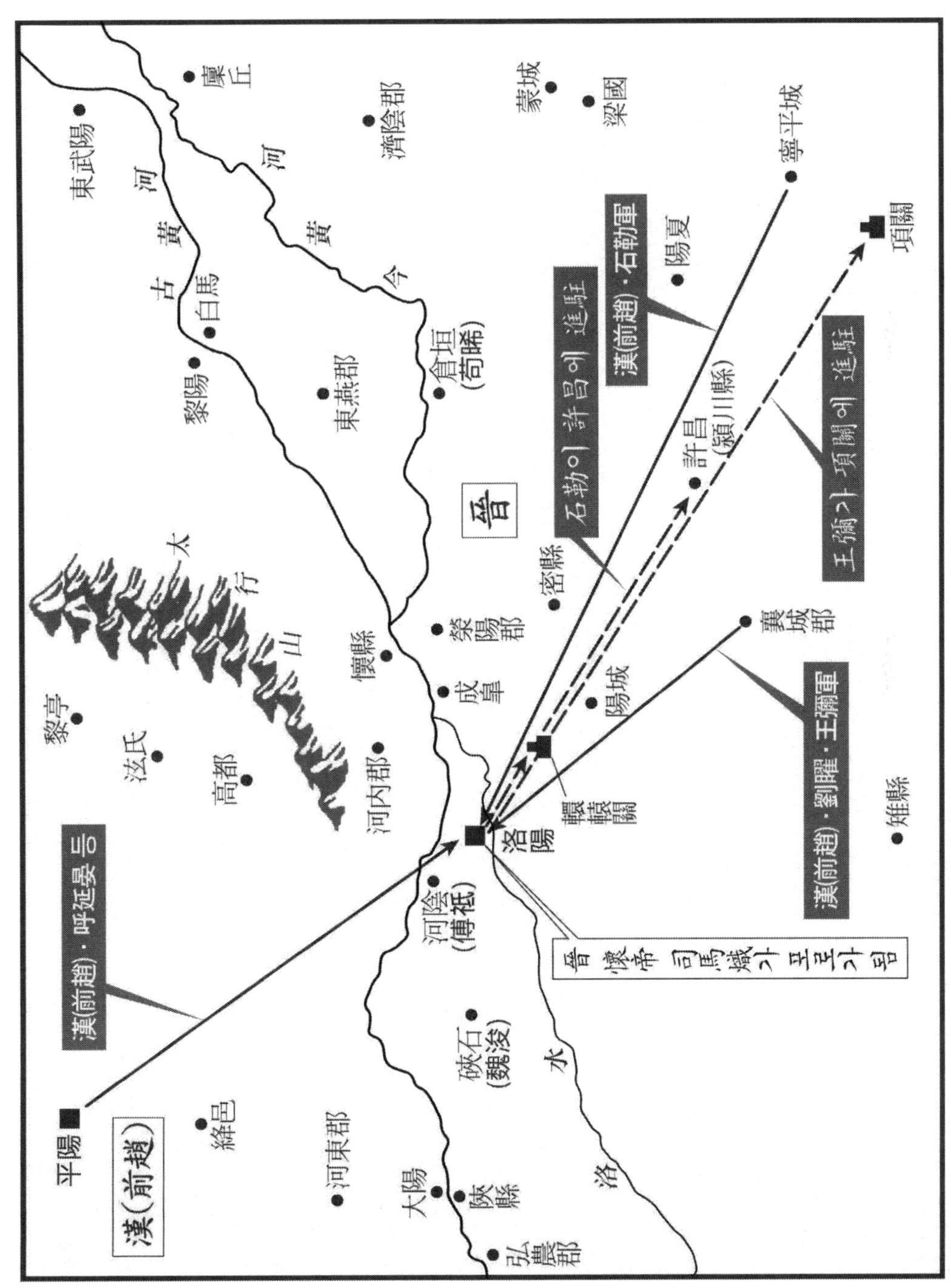

12) 晉 愍帝 建興 4년(316) 劉曜의 長安 經略圖(359~366쪽)

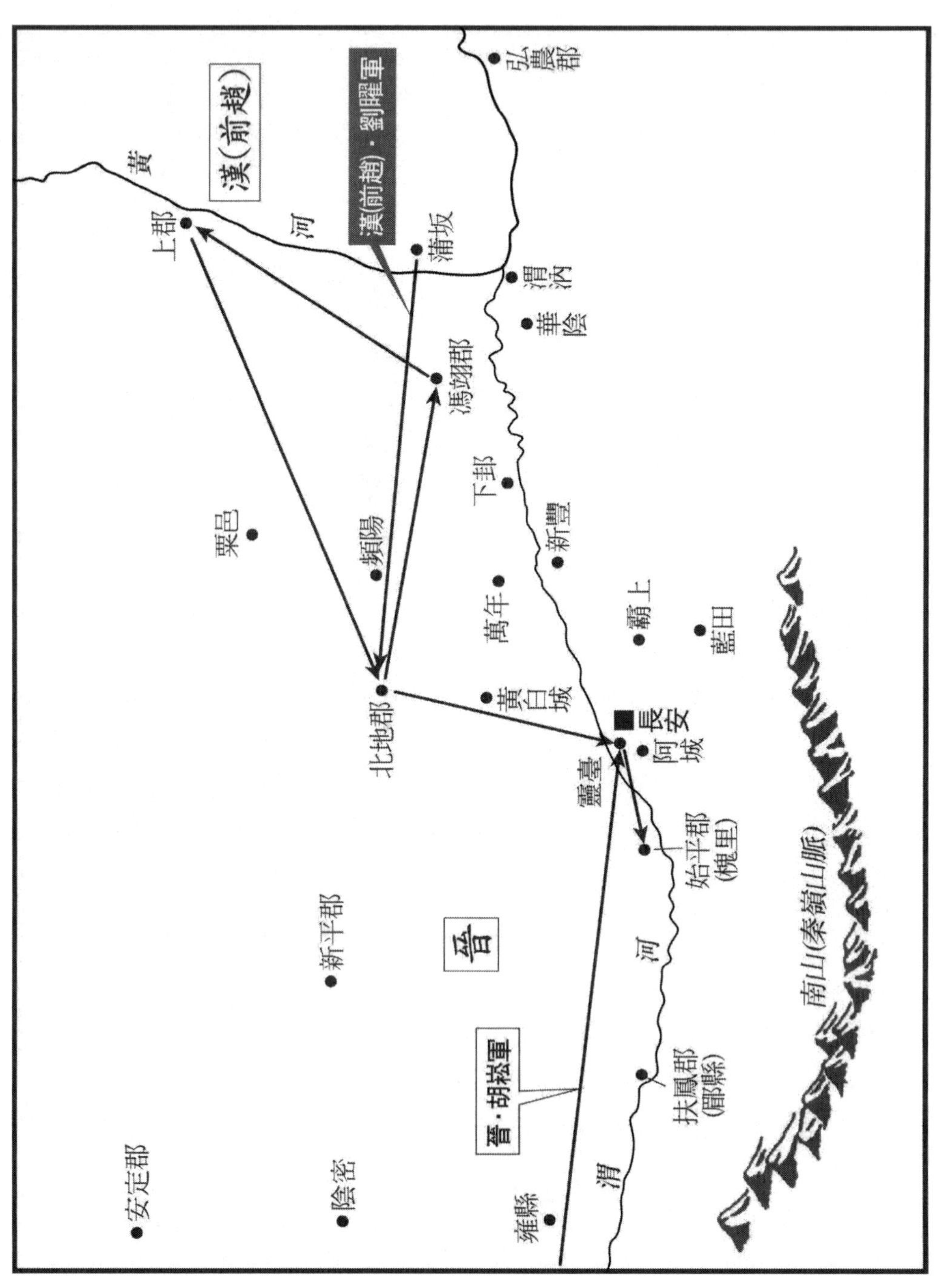

## 13) 東晉의 成立時期 全國 勢力圖(377쪽)

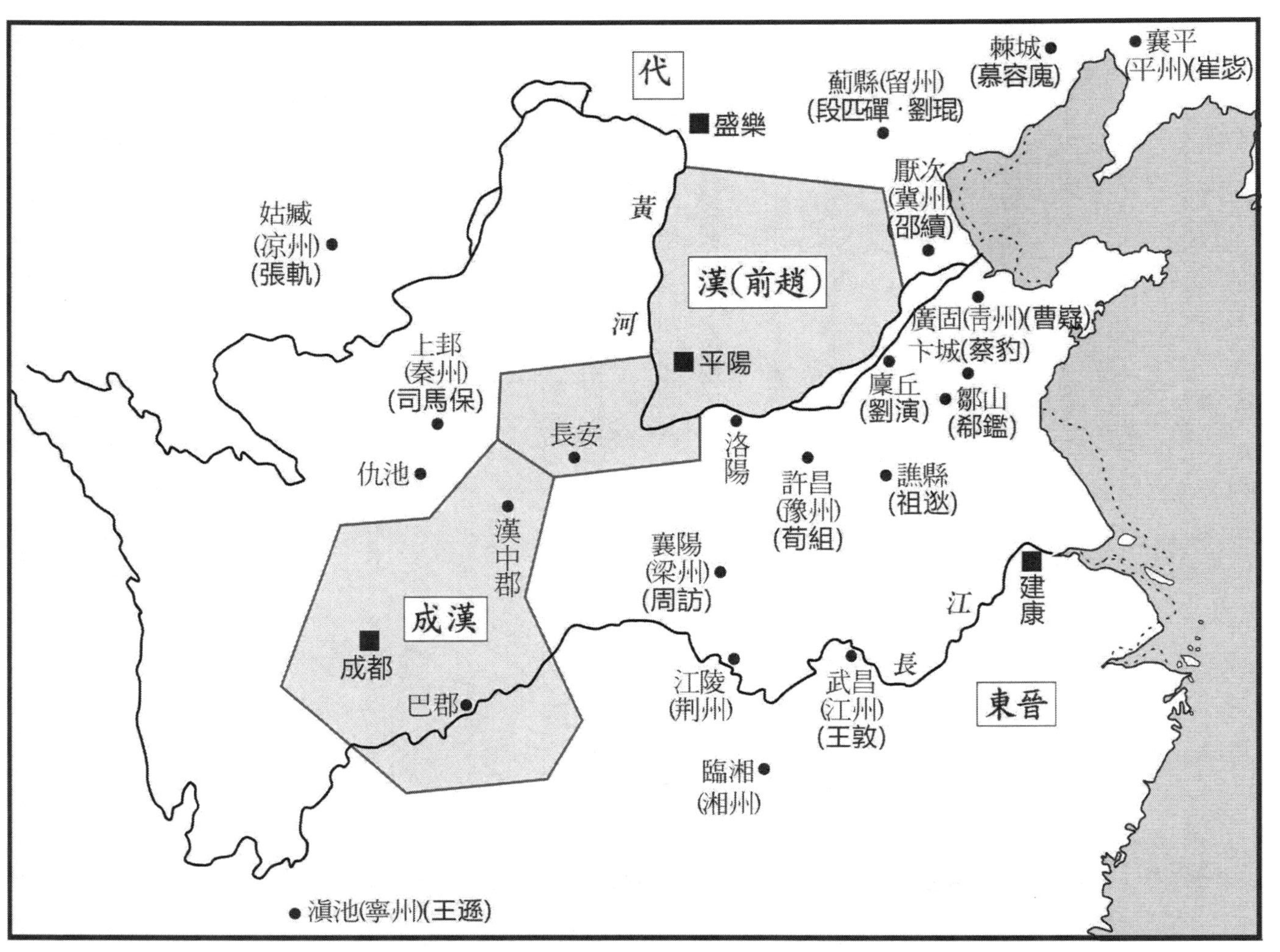

14) 東晉 元帝 太興 원년(318) 石勒의 平陽 進攻圖(404~411쪽)

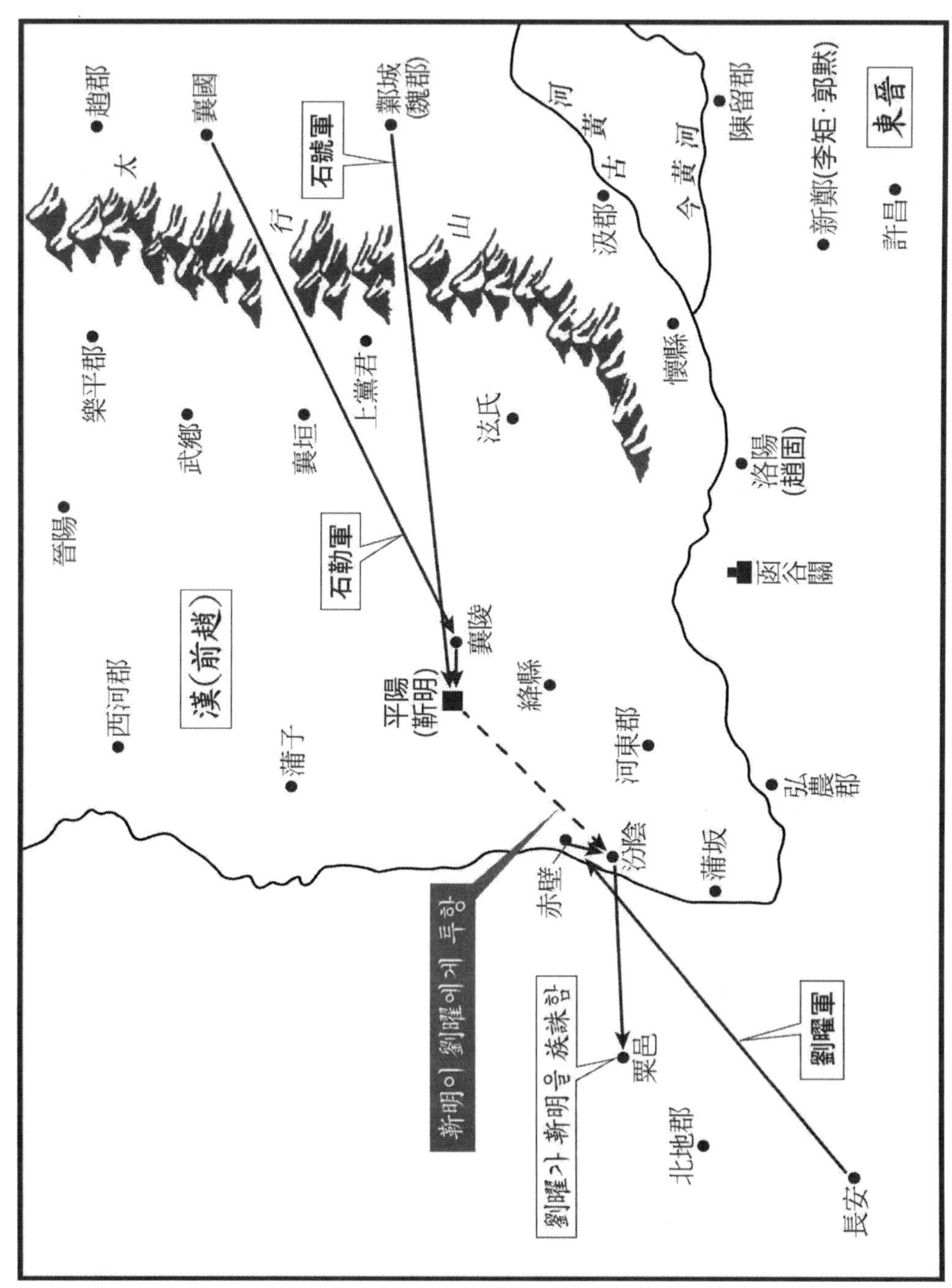

# 3. 西晉 世系表

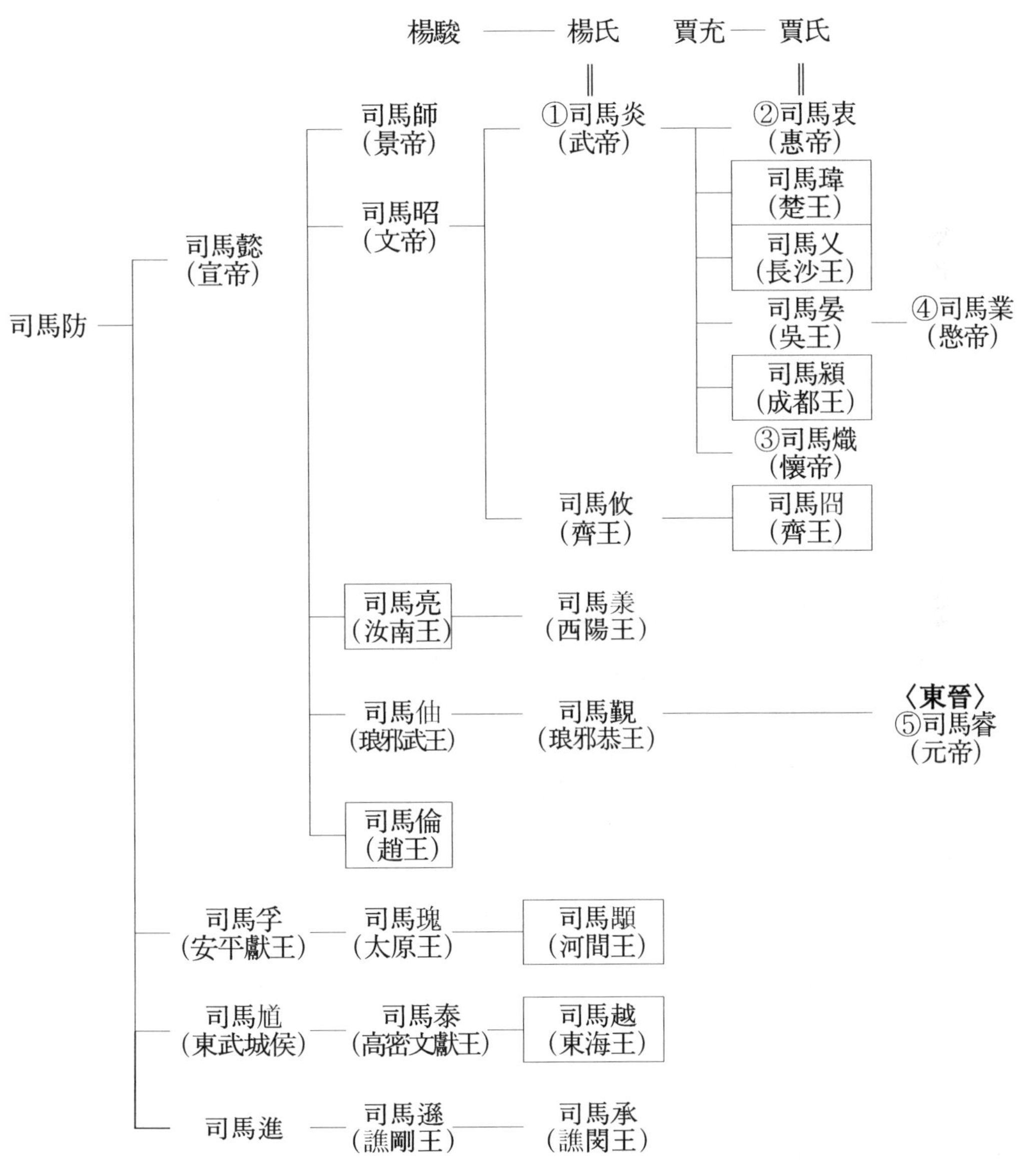
楊駿
楊氏
賈充
賈氏
司馬防
司馬懿
(宣帝)
司馬師
(景帝)
司馬昭
(文帝)
①司馬炎
(武帝)
②司馬衷
(惠帝)
司馬瑋
(楚王)
司馬乂
(長沙王)
司馬晏
(吳王)
④司馬業
(愍帝)
司馬穎
(成都王)
③司馬熾
(懷帝)
司馬攸
(齊王)
司馬冏
(齊王)
司馬亮
(汝南王)
司馬羕
(西陽王)
司馬伷
(琅邪武王)
司馬覲
(琅邪恭王)
〈東晉〉
⑤司馬睿
(元帝)
司馬倫
(趙王)
司馬孚
(安平獻王)
司馬瑰
(太原王)
司馬顒
(河間王)
司馬馗
(東武城侯)
司馬泰
(高密文獻王)
司馬越
(東海王)
司馬進
司馬遜
(譙剛王)
司馬承
(譙閔王)
— 親屬關係 ═ 姻戚關係 □ 八王의 난 ○ 帝位 순서

# 4. 成나라 世系表

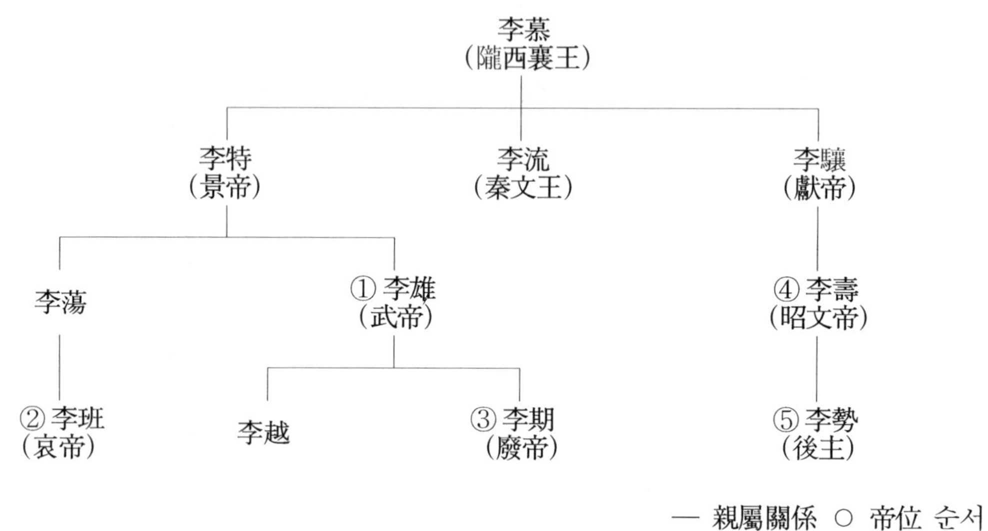


— 親屬關係 ○ 帝位 순서

# 5. 漢(前趙) 宗室表

<table>
<tr><td rowspan="5">羌渠<br>單于</td><td rowspan="4">於扶羅</td><td rowspan="3">劉豹</td><td rowspan="3">① 劉淵<br>(光文帝)</td><td>② 劉和(廢帝)<br>劉恭, 劉裕<br>劉隆, 劉乂</td><td></td><td></td></tr>
<tr><td rowspan="2">③ 劉聰(昭武帝)</td><td>④ 劉粲(隱帝)</td><td>劉元公</td></tr>
<tr><td>劉易, 劉翼, 劉悝, 劉敷<br>劉驥, 劉鸞, 劉鴻, 劉權<br>劉操, 劉持, 劉逞, 劉朗<br>劉皐, 劉旭, 劉京, 劉坦<br>劉晃, 劉衷, 劉約</td><td></td></tr>
<tr><td>去卑</td><td>誥升爰</td><td>劉虎</td><td>劉務桓</td><td>劉衛辰</td></tr>
<tr><td>呼廚泉</td><td></td><td></td><td></td><td></td><td></td></tr>
<tr><td>劉亮</td><td>劉廣</td><td>劉防</td><td></td><td>⑤ 劉曜(昭文帝)</td><td>⑥ 劉熙(末帝)<br>劉儉, 劉胤, 劉襲, 劉闡<br>劉沖, 劉敞, 劉高, 劉徽</td><td></td></tr>
</table>

○ 帝位 순서

# 6. 思政殿訓義 資治通鑑綱目 13 圖版目錄

## 7. 思政殿訓義 資治通鑑綱目 總目次

總目次

※ 總目次는 QR코드를 통해 스마트 기기로만 이용 가능

## 8. 思政殿訓義 資治通鑑綱目 解題

解 題

※ 解題는 QR코드를 통해 스마트 기기로만 이용 가능

## 譯註者 略歷

### 成百曉

忠南 禮山 出生
家庭에서 父親 月山公으로부터 漢文 修學
月谷 黃璟淵, 瑞巖 金熙鎭 先生 師事
民族文化推進會 國譯硏修院 修了
高麗大學校 敎育大學院 漢文敎育科 修了
한국고전번역원 부설 고전번역교육원 名譽漢學敎授(現)
傳統文化硏究會 副會長(現) 해동경사연구소 소장(現)
古典國譯賞 受賞

論文 및 譯書

〈艮齋의 性理說小考〉〈燕岩의 學問思想硏究〉
四書集註 ≪詩經集傳≫ ≪書經集傳≫ ≪周易傳義≫
≪古文眞寶≫ ≪牛溪集≫ 등 數十種 國譯
≪宣祖實錄≫ ≪宋子大全≫ ≪茶山集≫ ≪退溪集≫ 등 共譯

### 尹銀淑

德成女子大學校 經營學科 졸업
放送通信大學校 中文學科 졸업
仁川永化女子高等學校 敎師
民族文化推進會(現 古典飜譯院) 硏修部 및 一般硏究部 卒業
海東經史硏究所 硏究委員(現)

譯書

≪思政殿訓義 資治通鑑綱目4~11≫ 등 共譯

### 延錫煥

慶北 奉化 出生
啓明大學校 漢文敎育科 卒業
高麗大學校 一般大學院 古典飜譯協同課程學科 碩·博士課程 卒業
韓國古典飜譯院 硏修課程Ⅰ 및 專門課程Ⅰ 卒業
海東經史硏究所 硏究員(現)

譯書

≪晦隱 南鶴鳴의〈雜說〉硏究≫, ≪南鶴鳴의 ≪晦隱集≫ 譯注≫
≪梅山集≫, ≪承政院日記≫, ≪槿域書彙≫ 共譯 등

譯註 思政殿訓義 資治通鑑綱目 13　정가 36,000원

2018년 12월 30일 초판 발행
2019년 05월 15일 초판 2쇄

編　　著 朱 熹
責任飜譯 成百曉
共同飜譯 尹銀淑 延錫煥
諮問委員 吳圭根
潤文校訂 朴勝珠 南賢熙 李孝宰 金曉東 咸明淑
編　　輯 東洋古典飜譯編輯委員會
發 行 人 李啓晃
發 行 處 社團法人 傳統文化硏究會

서울시 종로구 삼일대로 428 낙원빌딩 411호
전화 : (02)762-8401　전송 : (02)747-0083
전자우편 : juntong@juntong.or.kr
홈페이지 : juntong.or.kr
사이버書堂 : cyberseodang.or.kr
온라인서점 : book.cyberseodang.or.kr
등록 : 1989. 7. 3. 제1-936호

인쇄처 : 한국법령정보주식회사(02-462-3860)
총　판 : 한국출판협동조합(070-7119-1750)

ISBN 979-11-5794-186-5 94910
979-11-5794-061-5(세트)

※ 이 책은 2018년도 교육부 고전문헌 국역지원사업 지원비에 의해 초판(비매품) 간행.